ΟΙ ΕΚΔΟΣΕΙΣ ΨΥΧΟΓΙΟΣ ΔΙΑΘΕΤΟΥΝ
0,10 €
ΑΠΟ ΚΑΘΕ ΒΙΒΛΙΟ ΤΟΥΣ
ΣΕ ΚΟΙΝΩΦΕΛΕΙΣ ΣΚΟΠΟΥΣ
ΓΙΑ ΟΛΟ ΤΟ 2011

SLASH

ΤΙΤΛΟΣ ΠΡΩΤΟΤΥΠΟΥ: SLASH
Από τις Εκδόσεις HarperEntertainment, Νέα Υόρκη 2007
ΤΙΤΛΟΣ ΒΙΒΛΙΟΥ: **Slash**
ΣΥΓΓΡΑΦΕΙΣ: Slash & Anthony Bozza
ΜΕΤΑΦΡΑΣΗ: Αλέξης Καλοφωλιάς
ΕΠΙΜΕΛΕΙΑ – ΔΙΟΡΘΩΣΗ ΚΕΙΜΕΝΟΥ: Πέτρος Γιαρμενίτης
ΣΥΝΘΕΣΗ ΕΞΩΦΥΛΛΟΥ: Γιώργος Παζάλος
ΗΛΕΚΤΡΟΝΙΚΗ ΣΕΛΙΔΟΠΟΙΗΣΗ: Ραλλού Ρουχωτά
ΕΚΤΥΠΩΣΗ: Ι. Πέππας ΑΒΕΕ
ΒΙΒΛΙΟΔΕΣΙΑ: Κωνσταντίνα Παναγιώτου & ΣΙΑ Ο.Ε.

Πρώτη έκδοση: Οκτώβριος 2011
Πρώτη ανατύπωση: Δεκέμβριος 2011

ISBN 978-960-496-021-7

Τυπώθηκε σε χαρτί ελεύθερο χημικών ουσιών, προερχόμενο αποκλειστικά και μόνο από δάση που καλλιεργούνται για την παραγωγή χαρτιού.

ΕΚΔΟΣΕΙΣ ΨΥΧΟΓΙΟΣ Α.Ε.
Έδρα: Τατοΐου 121
144 52 Μεταμόρφωση
Βιβλιοπωλείο: Μαυρομιχάλη 1
106 79 Αθήνα
Τηλ.: 2102804800
Telefax: 2102819550
www.psichogios.gr
e-mail: info@psichogios.gr

PSICHOGIOS PUBLICATIONS S.A.
Head office: 121, Tatoiou Str.
144 52 Metamorfossi, Greece
Bookstore: 1, Mavromichali Str.
106 79 Athens, Greece
Tel.: 2102804800
Telefax: 2102819550
www.psichogios.gr
e-mail: info@psichogios.gr

SLASH

Slash & Anthony Bozza

Μετάφραση: Αλέξης Καλοφωλιάς

ΠΡΩΤΗ ΑΝΑΤΥΠΩΣΗ

ΨΥΧΟΓΙΟΣ

Ο SLASH [illegible] μπλες με [illegible] Περα και τους [illegible]
[illegible]

Ο ANTHONY BOZZA γεννήθηκε στο [illegible] μεγάλωσε στο Long Island. Σπούδασε στην Αγγλία [illegible] Northwestern [illegible] εργάστηκε [illegible] στο Rolling Stone [illegible] Rolling Stone [illegible] [illegible]

Για [illegible] πληροφορίες [illegible] επισκεφθείτε [illegible]
[illegible]

Ο **SLASH** ζει στο Los Angeles με τη γυναίκα του Perla και τους δυο γιους τους, London και Cash.

Ο **ANTHONY BOZZA** γεννήθηκε στο Brooklyn και μεγάλωσε στο Long Island. Σπούδασε στην Ακαδημία Friends και στο Πανεπιστήμιο του Northwestern, και στη συνέχεια εργάστηκε ως δόκιμος δημοσιογράφος στο *Paper Magazine* και το *Rolling Stone Press*. Αργότερα, προσλήφθηκε ως μόνιμος συνεργάτης στο μουσικό τμήμα του *Rolling Stone*, και πολύ σύντομα ξεχώρισε για τις συνεντεύξεις του. Πολλά θέματά του έχουν γίνει εξώφυλλο στο περιοδικό, ενώ ήταν υπεύθυνος και για πολλά αφιερώματα σε προσωπικότητες της μουσικής όπως οι Jennifer Lopez, N'Sync, Eminem και Slash.

Για περισσότερες πληροφορίες επισκεφθείτε την ιστοσελίδα
www.psichogios.gr/slash

Αφιερωμένο στην αγαπημένη μου οικογένεια, που με στήριξε τόσο στις καλές όσο και στις δύσκολες στιγμές.

Και στους fans των Guns N' Roses σε όλο τον κόσμο, νέους αλλά και παλιούς – χωρίς την άσβεστη πίστη τους και την ιώβεια υπομονή τους, τίποτε απ' όλα αυτά δεν θα είχε νόημα.

Μερικές σκέψεις εκ των υστέρων

Ένιωσα λες και κάποιος με χτύπησε στο στήθος με ένα μπαστούνι του μπέιζμπολ, μόνο που το χτύπημα ερχόταν από τα μέσα. Γαλαζωπές, διάφανες κηλίδες τρεμόπαιξαν στις άκρες των ματιών μου. Ήταν ένα πλήγμα αιφνίδιο, αναίμακτο και βουβό. Τίποτε δεν είχε σπάσει, τίποτε δεν είχε αλλάξει για το γυμνό μάτι, αλλά ο πόνος με πάγωσε σύγκορμα. Συνέχισα να παίζω· τελείωσα το κομμάτι. Το κοινό δεν κατάλαβε ότι πριν το σόλο η καρδιά μου είχε κάνει μια τούμπα. Το σώμα μου είχε γίνει αποδέκτης καρμικής ανταπόδοσης, θυμίζοντάς μου επί σκηνής πόσες φορές το είχα αναγκάσει να κάνει τούμπες στον αέρα.

Γρήγορα το σοκ μετατράπηκε σε έναν αμβλύ πόνο που με έκανε να αισθανθώ καλύτερα. Ένιωθα πιο ζωντανός απ' όσο μια στιγμή νωρίτερα, επειδή *ήμουν* πιο ζωντανός. Ο μηχανισμός της καρδιάς μου μού είχε θυμίσει πόσο πολύτιμη είναι η ζωή. Η χρονική επιλογή ήταν ιδανική: με ένα γεμάτο στάδιο μπροστά μου, τη στιγμή που έπαιζα την κιθάρα μου, έλαβα το μήνυμα δυνατά και καθαρά. Και δεν ήταν η μόνη φορά που το έλαβα εκείνη τη νύχτα. Ούτε η τελευταία επί σκηνής. Δεν ήξερα τι με περίμενε, και όσο συγκλονιστικές κι αν ήταν εκείνες οι στιγμές της αποξενωτικής διαύγειας, δεν μου λείπουν καθόλου.

Ένας γιατρός τοποθέτησε βηματοδότη στην καρδιά μου όταν ήμουν τριάντα πέντε χρονών. Δεκαπέντε χρόνια κατάχρησης αλκοόλ και ναρκωτικών την είχαν κάνει να διογκωθεί τόσο, που ήταν σχεδόν έτοιμη να εκραγεί. Όταν τελικά νοσηλεύτηκα σε νοσοκομείο, μου είπαν ότι μου απέμεναν έξι εβδομάδες ζωής. Πάνε έξι χρόνια από τότε, και η συσκευή έχει σώσει τη ζωή μου πάνω από δύο φορές. Όμως απολαμβάνω και μία ευεργετική παρενέργεια την οποία ο γιατρός μου ξέχασε να αναφέρει: όταν τα πάθη μου κάνουν την καρδιά μου να χτυπάει επικίνδυνα αργά, ο βηματοδότης μπαίνει σε λειτουργία, κρατώντας μακριά το θάνατο για άλλη μια μέρα. Επίσης, επαναφέρει την καρδιά μου σε κανονικούς ρυθμούς, κάθε φορά που χτυπάει τόσο γρήγορα που κινδυνεύω να πάθω καρδιακή προσβολή.

Είναι ευτύχημα που τον ρύθμισα λίγο πριν την πρώτη περιοδεία των Velvet Revolver. Στο μεγαλύτερο μέρος της ήμουν νηφάλιος· αρκετά νηφάλιος ώστε η συγκίνηση που μου χάριζε το γεγονός ότι έπαιζα με ένα συγκρότημα στο οποίο πίστευα, μπροστά σε fans που πίστευαν με τη σειρά τους σε εμάς, να μιλάει κατευθείαν στην καρδιά μου. Χρόνια είχα να

νιώσω τέτοια έμπνευση· η συλλογική μας ενέργεια μου είχε δώσει φτερά. Χωρίς αμφιβολία, η έξαψη έκανε την καρδιά μου να χτυπάει τόσο δυνατά ώστε να θέτει σε λειτουργία αυτή τη μυστική συσκευή κάθε βράδυ. Πλέον, αυτές οι υπενθυμίσεις μού ήταν άχρηστες, αλλά τις αντιμετώπιζα ως αυτό που ήταν πραγματικά: Κάποιες παράξενες στιγμές στο περιθώριο του χρόνου, που συμπύκνωναν σύνολη τη «σκληρά αποκτημένη» σοφία μιας ολόκληρης ζωής.

SLASH

Οι γονείς του Slash αγαπούσαν τις φωτογραφίες. Αυτή εδώ φαίνεται να την τράβηξε ο πατέρας του.

Τα χρόνια στο Stoke

1 Κεφάλαιο

Γεννήθηκα στις 23 Ιουλίου του 1965, στο Hampstead της Αγγλίας και μεγάλωσα στο Stoke-on-Trent, την πόλη όπου είκοσι χρόνια πριν είχε γεννηθεί ο Lemmy Kilmister των Motorhead. Ήταν η χρονιά που το rock and roll όπως το γνωρίζουμε, απέκτησε μεγαλύτερη σπουδαιότητα απ' ό,τι το άθροισμα των συστατικών του μερών η χρονιά που μερικά μεμονωμένα συγκροτήματα άλλαξαν για πάντα το τοπίο της pop. Η χρονιά που οι Beatles κυκλοφόρησαν το *Rubber Soul* και οι Stones το *Rolling Stones No. 2*, μία υπέροχη ανθολογία με διασκευές σε παλιά blues κομμάτια. Μία δημιουργική επανάσταση άνευ προηγουμένου ήταν στα σκαριά, και είμαι περήφανος που αποτελώ παράπλευρο προϊόν της.

Η μητέρα μου είναι Αφροαμερικανίδα, ενώ ο πατέρας μου Άγγλος και λευκός. Γνωρίστηκαν στο Παρίσι στη δεκαετία του '60, ερωτεύτηκαν και με έφεραν στον κόσμο. Η διηπειρωτική, διαφυλετική τους ένωση δεν ήταν κάτι συνηθισμένο· ούτε όμως η ασυγκράτητη δημιουργικότητά τους. Τους ευχαριστώ για αυτό που είναι. Με εξέθεσαν σε περιβάλλοντα τόσο πλούσια, πολύχρωμα και ιδιαίτερα, ώστε όσα βίωσα σε πολύ νεαρή ηλικία εντυπώθηκαν για πάντα στην ψυχή μου. Οι γονείς μου μού φέρονταν ως ίσος προς ίσον αμέσως μόλις μπόρεσα να σταθώ στα πόδια μου. Και με δίδαξαν, από την πρώτη στιγμή, πώς να αντιμετωπίζω ό,τι συναντούσα στο δρόμο μου στον μόνο τρόπο ζωής που έχω γνωρίσει.

Ο Tony Hudson με τους δυο γιους του, το 1972. Στη συγκεκριμένη φωτογραφία, ο Slash μοιάζει εκπληκτικά με το γιο του London.

Την εποχή που γνωρίστηκαν, η μητέρα μου Ola ήταν δεκαεπτά χρονών και ο πατέρας μου Anthony («Tony») είκοσι. Εκείνος ήταν γεννημένος ζωγράφος, και όπως συνέβαινε πάντα με τους ζωγράφους, έφυγε από την πνιγηρή πόλη όπου γεννήθηκε για να βρεθεί στο Παρίσι. Εκείνη ήταν ένα πληθωρικό κορίτσι με πρώιμη ανάπτυξη, δροσερό και όμορφο· είχε φύγει από το Los Angeles για να γνωρίσει τον κόσμο και να έρθει σε επαφή με ανθρώπους από το χώρο της μόδας. Όταν οι δρόμοι τους διασταυρώθηκαν, ερωτεύτηκαν και ήρθαν να παντρευτούν στην Αγγλία. Και όταν γεννήθηκα εγώ, είχαν αρχίσει να στήνουν μαζί μια ζωή που ξεχείλιζε από δημιουργικότητα.

Η καριέρα της μητέρας μου ως σχεδιάστριας μόδας και δημιουργού κοστουμιών ξεκίνησε το 1966, και στην πορεία της δούλεψε με πελάτες όπως ο Flip Wilson, ο Ringo Starr και ο John Lennon. Δούλεψε επίσης με τις Pointer Sisters, την Helen Reddy, τη Linda Ronstadt και τον James Taylor. Επίσης, με τον Sylvester, ο οποίος δεν ζει πια, αλλά ήταν ένας καλλιτέχνης της disco που θα μπορούσες να τον θεωρήσεις gay εκδοχή του Sly Stone. Είχε απίθανη φωνή και στα παιδικά μου μάτια ήταν ένας πολύ καλός άνθρωπος· μου χάρισε ένα ασπρόμαυρο ποντίκι που το βάφτισα Mickey. Ο Mickey ήταν πολύ σκληρό καρύδι. Στιγμή δεν λιγοψύχησε όταν με έβλεπε να ταΐζω τα φίδια μου με ποντίκια. Επέζησε από μια πτώση από το παράθυρο του δωματίου μου, απ' όπου τον εκτόξευσε ο μικρότερος αδελφός μου, και όταν εμφανίστηκε στην πίσω πόρτα μας, τρεις ημέρες αργότερα, δεν φαινόταν σακατεμένος. Ο Mickey επιβίωσε επίσης όταν ο σουμιές του κρεβατιού μας έκοψε κατά λάθος ένα κομμάτι της ουράς του, όπως και όταν πέρασε κοντά ένα χρόνο δίχως φαγητό και νερό. Τον αφήσαμε κατά λάθος σε ένα διαμέρισμα που χρησιμοποιούσαμε για αποθήκη και φύγαμε, και όταν κάποια στιγμή ξαναπήγαμε εκεί για να πάρουμε κάτι κουτιά, ο Mickey ήρθε κοντά μου, άνετος κι ωραίος, λες και είχε περάσει μία μόνο μέρα, και ήθελε να μου πει: «Έι, φιλαράκο! Μα πού χάθηκες;»

Ο Mickey ήταν ένα από τα κατοικίδιά μου που δεν θα ξεχάσω ποτέ. Από τότε ακολούθησαν πολλά: από το κούγκαρ μου (τον Curtis) μέχρι τα εκατοντάδες φίδια που έχω αναθρέψει. Βασικά, είμαι ερασιτέχνης θηριοδαμαστής, και έχω αναπτύξει καλύτερες σχέσεις με τα ζώα με τα οποία έχω ζήσει παρά με τους περισσότερους ανθρώπους που έχω γνωρίσει. Με αυτά τα ζώα μοιράζομαι μία άποψη που οι περισσότεροι άνθρωποι ξεχνούν: η ουσία της ζωής είναι η επιβίωση. Μόλις μαθαίνεις αυτό το μάθημα, το να κερδίσεις την εμπιστοσύνη ενός ζώου που –αν ήταν ελεύθερο– θα μπορούσε να σε κατασπαράξει, είναι μια εμπειρία που σου μαθαίνει πολλά.

ΛΙΓΟ ΑΦΟΤΟΥ ΓΕΝΝΗΘΗΚΑ, Η ΜΗΤΕΡΑ ΜΟΥ ΕΠΕΣΤΡΕΨΕ ΣΤΟ Los Angeles για να επεκτείνει τη δουλειά της και να θέσει τα οικονομικά θεμέλια που πάνω τους χτίστηκε η οικογένειά μας. Ο μπαμπάς μου με μεγάλωσε στην Αγγλία, στο σπίτι των γονιών του Charles και Cybil Hudson, μέχρι που έφτασα τα τέσσερα και δεν ήταν εύκολο για κείνον. Απ' ό,τι καταλάβαινα, οι σχέσεις του πατέρα μου με τον παππού μου Charles δεν ήταν οι καλύτερες. Ο Tony ήταν το μεσαίο από τρία αρσενικά παιδιά, και όπως συμβαίνει συνήθως με τα μεσαία παιδιά, ήταν ο επαναστάτης της οικογένειας. Ο μικρότερος αδελφός του, ο Ian, όπως και ο μεγαλύτερος, ο David, ήταν πολύ περισσότερο εναρμονισμένοι με τις οικογενειακές αξίες. Ο πατέρας μου σπούδασε σε κολλέγιο Τεχνών και κατέληξε να γίνει όλα όσα δεν ήταν ο πατέρας του. Ο Tony ενσάρκωνε ατόφιο το πνεύμα της δεκαετίας του '60, και όσο ο παππούς μου καταδίκαζε τις ιδέες του τόσο εκείνος τις υπερασπιζόταν με πείσμα. Ο παππούς μου Charles ήταν πυροσβέστης στο Stoke, μια κοινότητα που έμοιαζε να έχει παγώσει στο χρόνο. Οι περισσότεροι κάτοικοι του Stoke δεν φεύγουν ποτέ από την πόλη· πολλοί, όπως ο παππούς και η γιαγιά μου, δεν είχαν επιχειρήσει ποτέ να καλύψουν τα εκατόν πενήντα χιλιόμετρα που χώριζαν την πόλη τους από το Λονδίνο. Ο Charles δεν μπορούσε να χωνέψει την αταλάντευτη αποφασιστικότητα του Tony να σπουδάσει σε κολλέγιο Τεχνών και να ζήσει από τη ζωγραφική. Η σύγκρουση των απόψεών τους πυροδοτούσε συνεχείς διαφωνίες και συχνά οδηγούσε σε βίαιες αντιπαραθέσεις· ο Tony υποστηρίζει ότι, μέχρι να ενηλικιωθεί, ο Charles τον έδερνε, μέχρι λιποθυμίας σχεδόν, σε τακτική βάση.

Ο παππούς μου ήταν ένας τέλειος εκπρόσωπος της Βρετανίας της δεκαετίας του '50, όπως ο γιος του ήταν το αντίστοιχο για τη δεκαετία του '60. Ο Charles ήθελε να βλέπει τα πάντα στη θέση τους, ενώ ο Tony ήθελε να τους αλλάζει θέση και χρώμα. Φαντάζομαι ότι ο παππούς μου θα κόντεψε να πάθει αποπληξία όταν ο γιος του επέστρεψε από το Παρίσι ερωτευμένος με μία ανέμελη μαύρη Αμερικανίδα. Αναρωτιέμαι τι θα είπε όταν ο Tony τον πληροφόρησε ότι σκόπευε να την παντρευτεί και να μεγαλώσει το νεογέννητο παιδί τους στο πατρικό σπίτι μέχρι εκείνος και η μαμά μου να μπορέσουν να σταθούν στα πόδια τους. Τώρα που το ξανασκέπτομαι, εντυπωσιάζομαι με το επίπεδο διπλωματικότητας που επέδειξαν τα εμπλεκόμενα μέρη.

ΑΜΕΣΩΣ ΜΟΛΙΣ ΜΠΟΡΕΣΑ ΝΑ ΤΑΞΙΔΕΨΩ ΜΕ ΤΡΕΝΟ, ο μπαμπάς μου με πήγε στο Λονδίνο. Ήμουν μόνο δύο ή τριών ετών, αλλά από ένστικτο καταλάβαινα πόσο μακριά βρισκόταν από τις ατέλειωτες σειρές με τούβλινα σπίτια του Stoke και τις καθωσπρέπει οικογένειες, γιατί ο πατέρας μου αποτελούσε μέλος της μποέμ σκηνής. Υπήρχαν lava lamps [Σ.τ.Μ.: φωτιστικά με υγρό κερί] και λάμπες υπεριώδους φωτός, ενώ στους υπαίθριους πάγκους και τους καλλιτέχνες της Portobello Road κυριαρχούσαν οι συναρπαστικοί ηλεκτρικοί ήχοι της εποχής. Ο πατέρας μου δεν θεωρούσε ποτέ τον εαυτό του beatnik, αλλά είχε απορροφήσει τα στοιχεία αυτού του τρόπου ζωής σχεδόν σαν μέσα από όσμωση. Έμοιαζε να έχει επιλέξει τα καλύτερα στοιχεία αυτής της κουλτούρας: λάτρευε την περιπέτεια· του άρεσε να παίρνει τους δρόμους κουβαλώντας μόνο ένα σάκκο με ρούχα και να εξασφαλίζει κατάλυμα σε διαμερίσματα γεμάτα ενδιαφέροντες ανθρώπους. Οι γονείς μου με δίδαξαν πολλά, αλλά το πιο σημαντικό μάθημα το πήρα πολύ νωρίς: τίποτε δεν συγκρίνεται με τη ζωή στο δρόμο.

Θυμάμαι τα καλά της Αγγλίας. Ήμουν το κέντρο της προσοχής των γονιών μου. Πήγα σχολείο. Συμμετείχα σε θεατρικές παραστάσεις όπως στις *Δώδεκα ημέρες των Χριστουγέννων,* ενώ είχα τον πρώτο ρόλο στον *Μικρό Τυμπανιστή.* Ζωγράφιζα ασταμάτητα. Μια φορά την εβδομάδα έβλεπα το

The Avengers και το *Thunderbirds*. Το τηλεοπτικό τοπίο στα τέλη των 60s ήταν εξαιρετικά φτωχό· αντανακλούσε την εικόνα του κόσμου μετά τον Β΄ Παγκόσμιο Πόλεμο και τις αντιλήψεις της γενιάς των παππούδων μου. Υπήρχαν μόνο τρία κανάλια, και πρόβαλλαν όλα μόνο ειδήσεις, εκτός από δύο ώρες την εβδομάδα που κάποιο πρόβαλλε μία από τις παραπάνω δύο σειρές. Δεν είναι ν' απορεί κανείς που η γενιά των γονιών μου αφοσιώθηκε στην πολιτιστική αλλαγή που γεννιόταν τότε.

Αφότου ο Tony κι εγώ πήγαμε να βρούμε την Ola στο Los Angeles, ο πατέρας μου δεν ξαναμίλησε με τους γονείς του. Οι παππούδες μου γρήγορα χάθηκαν από τη ζωή μου και –καθώς μεγάλωνα– συχνά μου έλειπαν. Η μητέρα μου παρακινούσε τον πατέρα μου να διατηρήσει επαφές μαζί τους, αλλά εκείνος δεν έδινε σημασία· δεν τον ένοιαζε πια. Μόνο όταν οι Guns N' Roses έγιναν διάσημοι ξαναείδα τους Άγγλους συγγενείς μου. Όταν παίξαμε στο Wembley Stadium, το 1992, η φαμίλια των Hudson ενέσκηψε σε πλήρη σύνθεση. Πριν τη συναυλία, είδα στα παρασκήνια έναν από τους θείους μου, τον ξάδελφό μου και τον παππού μου, στο πρώτο του ταξίδι από το Stoke στο Λονδίνο, να στραγγίζουν και την τελευταία σταγόνα αλκοόλ που υπήρχε στο καμαρίνι. Αν κάποιος από τους Guns έπινε όσα ποτά είχαμε ζητήσει από τους υπεύθυνους της διοργάνωσης, θα είχε πέσει νεκρός.

Η ΠΡΩΤΗ ΜΟΥ ΑΝΑΜΝΗΣΗ ΑΠΟ ΤΟ LOS ANGELES ΕΙΝΑΙ το «Light My Fire» των Doors να ακούγεται στη διαπασών από το πικάπ των γονιών μου, κάθε μέρα, όλη μέρα. Στα τέλη των 60s και στις αρχές των 70s το Los Angeles ήταν το κέντρο του κόσμου, ειδικά για νεαρούς Βρετανούς που καταπιάνονταν με τις Καλές Τέχνες ή τη μουσική: υπήρχε μεγάλη δημιουργική έξαρση σε σύγκριση με το παλαιών αρχών σύστημα στην Αγγλία, και οι καιρικές συνθήκες ήταν παραδεισένιες σε σύγκριση με το βροχερό και ομιχλώδες Λονδίνο. Εκτός αυτού, το να εγκαταλείψεις την Αγγλία για τις ακτές της Αμερικής ήταν ο καλύτερος τρόπος να ανατρέψεις το σύστημα και την ανατροφή σου – κάτι που ο μπαμπάς μου έκανε με χαρά.

Η μητέρα μου συνέχισε να εργάζεται ως σχεδιάστρια μόδας, ενώ ο πατέρας μου εκμεταλλεύτηκε το φυσικό του ταλέντο στη γραφιστική. Η μαμά μου είχε γνωριμίες στη μουσική βιομηχανία – έτσι πολύ γρήγορα ο σύζυγός της βρέθηκε να σχεδιάζει εξώφυλλα δίσκων. Ζούσαμε στην αρχή της Lookout Mountain Road κοντά στη Laurel Canyon Boulevard, σε μία τυπική κοινότητα των 60s. Η συγκεκριμένη περιοχή του Los Angeles αποτελούσε ανέκαθεν πόλο έλξης καλλιτεχνών λόγω της... μποέμ διάταξης του τοπίου. Τα σπίτια ήταν σκαρφαλωμένα σε μια πλαγιά του βουνού πνιγμένη στη βλάστηση. Είναι μπανγκαλόου με ξενώνες και παράσπιτα που επιτρέπουν έναν ελεύθερο, σχεδόν κοινοβιακό τρόπο ζωής. Όταν ήμουν μικρός, ζούσε εκεί μια πολύ γνωστή παρέα από καλλιτέχνες και μουσικούς. Η Joni Mitchell έμενε λίγα σπίτια παρακάτω από το δικό μας. Ο Jim Morrisson έμενε πίσω από το Canyon Store, όπως και ο νεαρός Glen Frey, που εκείνη την εποχή σχημάτιζε τους Eagles. Ήταν μια κοινότητα όπου όλοι συνδέονταν μεταξύ τους: η μαμά μου σχεδίαζε τα ρούχα της Joni Mitchell, ενώ ο μπαμπάς μου αναλάμβανε τα εξώφυλλα των δίσκων της. Ο David Geffen ήταν στενός μας φίλος και τον θυμάμαι πολύ καλά. Χρόνια αργότερα, ο David υπήρξε ο άνθρωπος που υπέγραψε συμβόλαιο με τους Guns N' Roses, αν και όταν το έκανε δεν ήξερε ποιος ήμουν – ούτε φρόντισα να του το πω. Τα Χριστούγεννα του 1987 τηλεφώνησε στην Ola και τη ρώτησε τι έκανα. «Θα 'πρεπε να ξέρεις τι κάνει», του είπε, «μόλις κυκλοφόρησες το δίσκο του».

ΕΠΕΙΤΑ ΑΠΟ ΚΑΝΑ ΔΥΟ ΧΡΟΝΙΑ ΣΤΟ LAUREL CANYON μετακομίσαμε νότια, σε ένα διαμέρισμα στην Doheny. Άλλαξα σχολείο, και τότε ανακάλυψα με πόσο διαφορετικό τρόπο ζούσε ένα μέσο Αμερικανάκι. Δεν είχα ποτέ ένα τυπικό «παιδικό» δωμάτιο γεμάτο παιχνίδια και τοίχους βαμμένους με χτυπητά χρώματα. Συνήθως, στην ατμόσφαιρα πλανιόταν το άρωμα της μαριχουάνας και η βαριά μυρωδιά των ινδικών στικ. Η διάθεση ήταν πάντοτε χαρούμενη, αλλά τα χρώματα που κυριαρχούσαν ήταν μονίμως σκούρα. Δεν είχα κανένα πρόβλημα με όλη αυτή την κατάσταση, επειδή δεν με ενδιέφερε να κάνω παρέα με παιδιά της ηλικίας μου. Προτιμούσα την παρέα των ενηλίκων, επειδή ανάμεσα στους φίλους των γονιών μου εξακολουθούν και σήμερα να συγκαταλέγονται μερικές από τις πιο φωτεινές και δημιουργικές προσωπικότητες που έχω γνωρίσει.

Άκουγα ραδιόφωνο απ' το πρωί ως το βράδυ, συνήθως τον σταθμό KHJ στα μεσαία. Κοιμόμουν με το ραδιόφωνο ανοιχτό. Διάβαζα τα μαθήματά μου και έπαιρνα καλούς βαθμούς, αν και ο δάσκαλός μου έλεγε ότι δεν πρόσεχα στο μάθημα και χάζευα όλη μέρα. Η αλήθεια είναι ότι το πάθος μου ήταν η τέχνη. Λάτρευα τον Γάλλο μετα-ιμπρεσιονιστή ζωγράφο Henri Rousseau και, όπως κι εκείνος, ζωγράφιζα σκηνές ζούγκλας γεμάτες με τα αγαπημένα μου ζώα. Η εμμονή μου με τα φίδια ξεκίνησε από πολύ νωρίς. Την πρώτη φορά που η μητέρα μου με πήγε στο Big Sur της California για να επισκεφτούμε μια φίλη της και να κάνουμε κάμπινγκ εκεί, ήμουν έξι χρονών και πέρασα πολλές ώρες στο δάσος κυνηγώντας φίδια. Τα αναζητούσα ψάχνοντας κάτω από θάμνους και δέντρα, ώσπου γέμιζα μ' αυτά ένα άδειο ενυδρείο. Έπειτα τα άφηνα ελεύθερα.

Όμως αυτή δεν ήταν η μοναδική συγκίνηση που βίωσα σε εκείνη την εκδρομή: η μαμά και η φίλη της ήταν ελεύθερες, ανέμελες γυναίκες που απολάμβαναν το να κάνουν βόλτες με τον «Σκαραβαίο» της μητέρας μου στους στριφογυριστούς δρόμους στις πλαγιές των λόφων. Θυμάμαι που το αυτοκίνητο έτρεχε και εγώ, δεμένος στη θέση του συνοδηγού, κοιτούσα φοβισμένος έξω από το παράθυρο τον ωκεανό και τον γκρεμό που έχασκε λίγα εκατοστά από την πόρτα μου.

Η ΔΙΣΚΟΘΗΚΗ ΤΩΝ ΓΟΝΙΩΝ ΜΟΥ ΗΤΑΝ ΑΨΟΓΗ. ΑΚΟΥΓΑΝ τα πάντα, από Μπετόβεν μέχρι Led Zeppelin, και εγώ συνέχισα να ανακαλύπτω σ' αυτήν κρυμμένα διαμάντια, ακόμα και όταν μπήκα για τα καλά στην εφηβεία. Ήξερα όλους τους καλλιτέχνες της εποχής, επειδή οι γονείς μου μ' έπαιρναν συνεχώς μαζί τους σε συναυλίες, αλλά κι επειδή η μητέρα μου με έπαιρνε στη δουλειά της. Ήρθα από πολύ μικρός σε επαφή με το κύκλωμα της διασκέδασης. Είδα το εσωτερικό πολλών στούντιο για ηχογραφήσεις και πρόβες, όπως και κινηματογραφικά και τηλεοπτικά πλατό. Είδα πολλές ηχογραφήσεις και πρόβες της Joni Mitchell· είδα επίσης τον Flip Wilson (έναν κωμικό που εκείνη την εποχή ήταν διάση-

Αρχικά ο Slash ήταν σίγουρος πως ήταν δεινόσαυρος· έπειτα πέρασε στη φάση του Μόγλη.

Η θέα μιας κιθάρας εξακολουθεί να με «φτιάχνει».

μος αλλά έκτοτε ξεχάστηκε) να κινηματογραφεί την τηλεοπτική εκπομπή του. Είδα την Αυστραλιανή pop τραγουδίστρια Helen Reddy να κάνει πρόβες και να εμφανίζεται ζωντανά, ενώ ήμουν παρών όταν η Linda Rodstandt έπαιξε για πρώτη φορά στο Troubadour. Η μαμά με πήρε μαζί της όταν έντυσε τον Bill Cosby για εμφανίσεις του ως stand-up κωμικός, και έραψε μερικά αποκλειστικά κομμάτια για τη γυναίκα του· τη θυμάμαι να φεύγει για να συναντήσει τις Pointer Sisters. Όλα αυτά συνέβησαν σε όλο το φάσμα της σταδιοδρομίας της, αλλά η εποχή που ζούσαμε στο διαμέρισμα στην Doheny ήταν κυριολεκτικά η χρυσή εποχή. Η Carly Simon περνούσε συχνά από το σπίτι, το ίδιο και η τραγουδίστρια της soul, Minne Ripperton. Γνώρισα τον Stevie Wonder και την Diana Ross. Η μητέρα μου λέει ότι γνώρισα και τον John Lennon, αλλά δυστυχώς δεν το θυμάμαι καθόλου. Θυμάμαι όμως τον Ringo Starr: η μαμά μου σχεδίασε το α λα Parliament-Funkadelic κοστούμι που φορούσε ο Ringo στον τέταρτο προσωπικό του δίσκο, του 1974, το *Goodnight Vienna*. Είχε γκρι μεταλιζέ χρώμα και ήταν ψηλοκάβαλο, με ένα λευκό αστέρι στο στήθος.

Κάθε σκηνή που έβλεπα όταν βρισκόμουν με τη μαμά μου στα παρασκήνια ή στο soundcheck κάποιας συναυλίας ασκούσε μια παράξενη, σχεδόν μαγική επίδραση πάνω μου. Δεν είχα ιδέα τι συνέβαινε, αλλά ήμουν σαγηνευμένος από το μηχανισμό που βρισκόταν πίσω από την παράσταση, και το ίδιο μου συμβαίνει ακόμα και σήμερα. Μια σκηνή γεμάτη όργανα που περιμένει το συγκρότημα για να τους δώσει ζωή είναι ένα θέαμα που με εντυπωσιάζει. Η θέα μιας κιθάρας εξακολουθεί να με «φτιάχνει». Μου προκαλεί ένα αίσθημα δέους! Στα χέρια του κατάλληλου μουσικού, διαθέτει την ικανότητα να μετασχηματίσει την πραγματικότητα.

Ο ΑΔΕΛΦΟΣ ΜΟΥ ALBION ΓΕΝΝΗΘΗΚΕ ΤΟΝ ΔΕΚΕΜΒΡΙΟ ΤΟΥ 1972. Η γέννησή του μετέβαλε κάπως τη δυναμική της οικογένειας· ξαφνικά, υπήρχε ανάμεσά μας μια καινούργια προσωπικότητα. Μου άρεσε που είχα μικρό αδελφό και χαιρόμουν να τον φροντίζω: μου άρεσε πολύ όταν οι γονείς μού ζητούσαν να κάνω babysitting.

Όμως, λίγο καιρό μετά τη γέννηση του Albion, άρχισα να παρατηρώ μία αλλαγή στην οικογένειά μας. Οι γονείς μου δεν ήταν οι ίδιοι όταν

Ο Slash και ο αδελφός του Albion, στο La Brea Tar Pits.

βρίσκονταν μαζί – πολύ συχνά δε, ήταν χώρια. Τα πράγματα άρχισαν να παίρνουν την κάτω βόλτα μόλις μετακομίσαμε στο διαμέρισμα της οδού Doheny και η μητέρα μου άρχισε να γίνεται πραγματικά *επιτυχημένη* στη δουλειά της. Η διεύθυνσή μας ήταν North Doheny 710 – τώρα το σημείο είναι ένα άδειο οικόπεδο όπου πουλάνε έλατα για τα Χριστούγεννα. Θα έπρεπε να αναφέρω ότι στο απέναντι διαμέρισμα από μας έμενε ο αυθεντικός Μαύρος Elvis, ο οποίος ήταν διαθέσιμος για ενοικίαση σε πάρτι στο Las Vegas – αν βέβαια ενδιαφερόταν κανείς.

Τώρα που είμαι μεγαλύτερος, μπορώ να δω μερικά από τα προφανή ζητήματα που υπονόμευσαν τη σχέση των γονιών μου. Στον πατέρα μου ποτέ δεν άρεσε η στενή σχέση της συζύγου του με τη μητέρα της. Ένιωθε να θίγεται κάθε φορά που η πεθερά του μας βοηθούσε οικονομικά, και ποτέ δεν είδε με καλό μάτι την ανάμιξή της στα εσωτερικά της οικογένειας. Το γεγονός ότι έπινε, έκανε τα πράγματα χειρότερα: στον πατέρα μου άρεσε να πίνει – να πίνει πολύ. Ήταν ο κλασικός κακός πότης: δεν γινόταν ποτέ βίαιος, επειδή ήταν πολύ έξυπνος και περίπλοκος χαρακτήρας ώστε να καταφύγει στην ωμή βία με σκοπό να εκφραστεί, αλλά όταν μεθούσε είχε κακή διάθεση. Έκανε ανάρμοστα σχόλια για όσους ήταν παρόντες. Περιττό να πω ότι έτσι κατέστρεψε πολλές σχέσεις του.

Ήμουν μόλις οκτώ χρονών, αλλά θα έπρεπε να είχα καταλάβει ότι κάτι δεν πήγαινε καθόλου καλά. Οι γονείς μου φέρονταν πάντα ο ένας στον άλλο με σεβασμό, αλλά τους μήνες πριν το χωρισμό τους απέφευγαν εντελώς ο ένας τον άλλο. Η μαμά μου ήταν έξω τα περισσότερα βράδια, και ο μπαμπάς μου περνούσε εκείνες τις νύχτες στην κουζίνα, μόνος και λυπημένος, πίνοντας κόκκινο κρασί και ακούγοντας πιανιστικές συνθέσεις του Eric Satie. Όταν η μαμά μου ήταν στο σπίτι, ο μπαμπάς με έπαιρνε μαζί του και βγαίναμε για μεγάλους περιπάτους.

Τόσο στην Αγγλία όσο και στο Los Angeles πήγαινε παντού με τα πόδια. Στην εποχή πριν τον Charles Manson –προτού δηλαδή η ομάδα του Manson δολοφονήσει τη Sharon Tate και τους φίλους της– πηγαίναμε παντού με ωτοστόπ. Το Los Angeles ήταν ένας τόπος αθωότητας πριν από αυτό το περιστατικό· αυτές οι δολοφονίες σηματοδότησαν το τέλος των ουτοπικών οραμάτων του Flower Power της δεκαετίας του '60.

Οι παιδικές μου αναμνήσεις από τον Tony έχουν κινηματογραφικό χαρακτήρα· θυμάμαι όλα αυτά τα απογεύματα που περνούσα κοιτάζοντάς τον ενώ περπατούσα στο πλάι του. Μία από αυτές τις βόλτες κατέληξε στο Fatburger, όπου μου είπε ότι θα χώριζαν με τη μαμά. Ένιωσα συντετριμμένος· η μοναδική αίσθηση σταθερότητας που είχα γνωρίσει είχε πια χαθεί. Δεν έκανα καμία ερώτηση, απέμεινα μόνο να κοιτάζω το χάμπουργκερ που κρατούσα στο χέρι μου. Όταν η μαμά μου μού εξήγησε την κατάσταση το ίδιο βράδυ, φρόντισε να μου παρουσιάσει τα θετικά της στοιχεία: Τώρα θα είχα δύο σπίτια για να μένω. Το σκέφτηκα για λίγο, και μου φάνηκε ότι είχε κάποια λογική, αλλά ακουγόταν σαν ψέμα· έγνεψα ενώ μιλούσε, αλλά σταμάτησα να ακούω.

Ο χωρισμός των γονιών μου ήταν συναινετικός αλλά δύσκολος, επειδή επισήμως πήραν διαζύγιο χρόνια αργότερα. Έμεναν συχνά σε κοντινή απόσταση και κινούνταν στους ίδιους κύκλους. Την εποχή που χώρισαν, ο μικρός αδελφός μου ήταν μόνο δύο χρονών – έτσι, για προφανείς λόγους συμφώνησαν να αναλάβει την κηδεμονία του η μητέρα μου, ενώ σε εμένα άφησαν τη δυνατότητα επιλογής, κι εγώ επέλεξα να μείνω με τη μητέρα μου. Η Ola φρόντισε να με μεγαλώσει όσο καλύτερα μπορούσε, αλλά ταξίδευε συνεχώς για να ανταποκριθεί στις απαιτήσεις του επαγγέλματός της. Από ανάγκη, εγώ και ο αδελφός μου ζούσαμε άλλοτε στο σπίτι της μαμάς και άλλοτε σ' αυτό τη γιαγιάς. Το σπίτι των γονιών μου ήταν πάντα γεμάτο, ενδιαφέρον και αντισυμβατικό – αλλά προπάντων παρείχε μια σταθερότητα. Μόλις ο δεσμός τους διαλύθηκε, το κύριο χαρακτηριστικό της ζωής μου έγινε η συνεχής μετακίνηση.

Ο χωρισμός ήταν πολύ δύσκολος για τον πατέρα μου, και έκανα κάμποσο καιρό να τον δω. Ήταν δύσκολος για όλους μας· το συνειδητοποίησα όταν είδα τη μητέρα μου με τη συντροφιά ενός άλλου άνδρα. Ο άνδρας εκείνος ήταν ο David Bowie.

ΤΟ 1975, Η ΜΗΤΕΡΑ ΜΟΥ ΑΡΧΙΣΕ ΝΑ ΣΥΝΕΡΓΑΖΕΤΑΙ ΣΤΕΝΑ με τον David Bowie, εποχή κατά την οποία ηχογραφούσε το *Station to Station*· είχε αρχίσει να σχεδιάζει ρούχα για λογαριασμό του την εποχή του *Young Americans*. Όταν δέχθηκε να πρωταγωνιστήσει στο *The Man Who Fell to Earth,* η μαμά μου ανέλαβε τα κοστούμια της ταινίας, η οποία γυρίστηκε στο Νέο Μεξικό. Στη συνέχεια, εκείνη και ο Bowie έζησαν μία σύντομη σχέση. Τώρα που το ξανασκέφτομαι, ίσως να μην ήταν κάτι σοβαρό, αλλά εκείνη την εποχή ήταν λες και έβλεπα έναν εξωγήινο να προσγειώνεται στην αυλή του σπιτιού μου.

Μόλις χώρισαν οι γονείς μου, η μαμά μου, ο αδελφός μου κι εγώ μετακομίσαμε σε ένα σπίτι στη Rangely Drive. Ήταν ένα πολύ μοντέρνο σπίτι: οι τοίχοι του καθιστικού ήταν βαμμένοι στο γαλάζιο του ουρανού και είχαν ζωγραφιστά σύννεφα. Υπήρχε ένα πιάνο, και η δισκοθήκη της μαμάς μου έπιανε έναν ολόκληρο τοίχο. Ήταν ζεστό και φιλικό. Ο Bowie περνούσε συχνά με τη γυναίκα του Angie και το γιο του Zowie. Τα 70s ήταν μοναδική εποχή: έμοιαζε πολύ φυσικό για τον Bowie να φέρει τη γυναίκα και το γιο του στο σπίτι της ερωμένης του για να κάνουμε όλοι μαζί παρέα. Εκείνη την εποχή η μητέρα μου εξασκούσε το ίδιο είδος υπερβατικού διαλογισμού με τον David. Έψαλλαν μαζί μπροστά στο βωμό που είχε στην κρεβατοκάμαρα.

Αμέσως μόλις γνώρισα τον David τον αποδέχθηκα γιατί αποδείχθηκε έξυπνος, αστείος και εκπληκτικά δημιουργικός άνθρωπος. Η επαφή μου μαζί του ενίσχυσε την εικόνα που έβλεπα επί σκηνής. Πήγα να τον δω με τη μαμά μου στο Forum του Los Angeles το 1975, και ήταν η πρώτη από πολλές φορές που –βλέποντάς τον να βγαίνει επί σκηνής– ένιωσα σαγηνευμένος. Η συναυλία του ήταν η πεμπτουσία της ερμηνείας. Είδα τα οικεία χαρακτηριστικά ενός ανθρώπου που γνώριζα, μεγεθυμένα στο έπακρο. Είχε επαναφέρει την έννοια του rock star στις ρίζες της. Η ταυτότητα ενός rock star είναι η διατομή αυτού που είσαι και αυτού που θέλεις να γίνεις.

Ιπτάμενοι αλητάμπουρες

2
Κεφάλαιο

Κανείς δεν περιμένει να του τραβήξουν το χαλί κάτω από τα πόδια· τα γεγονότα που αλλάζουν ριζικά τη ζωή ενός ανθρώπου δεν προαναγγέλλουν τον ερχομό τους. Παρόλο που το ένστικτο και η ενόραση μπορούν να παράσχουν κάποια προειδοποιητικά σημάδια, δεν σε προετοιμάζουν για την αίσθηση κενού που νιώθεις όταν η μοίρα φέρνει τη ζωή σου ανάποδα. Οργή, σύγχυση, λύπη και αμηχανία αναδεύονται μέσα σου σαν μια εσωτερική θύελλα. Παίρνει χρόνια μέχρι να κατακάτσει η σκόνη, ενώ μέχρι τότε εσύ κάνεις τα πάντα για να δεις μέσα από τη θύελλα των συναισθημάτων.

Επιφανειακά, ο χωρισμός των γονιών μου έγινε με κοινή συναίνεση. Δεν υπήρξαν καυγάδες, ούτε άσχημες συμπεριφορές, δικηγόροι ή δικαστήρια. Ωστόσο, μου πήρε χρόνια για να συμφιλιωθώ με το γεγονός. Έχασα ένα κομμάτι αυτού που ήμουν και αναγκάστηκα να επαναπροσδιορίσω τον εαυτό μου με τους δικούς μου όρους. Έμαθα πολλά, αλλά αυτά τα μαθήματα δεν με βοήθησαν αργότερα, όταν η μοναδική άλλη οικογένεια που είχα γνωρίσει διαλύθηκε. Είδα τα σημάδια εκείνη την εποχή, όταν οι Guns N' Roses άρχισαν να εμφανίζουν σημάδια διάλυσης. Όμως, παρόλο που σε αυτή την περίπτωση εκείνος που έφυγε ήμουν εγώ, με περίμενε ο ίδιος συναισθηματικός κυκλώνας. Δυσκολεύτηκα πολύ να ξαναβρώ το δρόμο μου.

Όταν χώρισαν οι γονείς μου, η ξαφνική αλλαγή με μεταμόρφωσε. Μέσα μου ήμουν ένα καλό παιδί· εξωτερικά έγινα ένα προβληματικό παιδί. Η δυνατότητα έκφρασης των συναισθημάτων παραμένει ένα αδύνατό μου σημείο, και καθώς δεν μπορούσα να εκφράσω αυτό που ένιωθα, ακολούθησα τις φυσικές μου κλίσεις – έβγαλα προς τα έξω αυτό που ένιωθα και έγινα πρόβλημα για την πειθαρχία του σχολείου.

Η υπόσχεση των γονιών μου ότι το γεγονός πως θα ζούσα σε δύο σπίτια δεν θα άλλαζε τίποτα, αποδείχθηκε κούφια. Τον πρώτο χρόνο του χωρισμού τους δεν είδα καθόλου τον πατέρα μου και, όταν τον έβλεπα, οι συναντήσεις μας ήταν αμήχανες και παράξενες. Όπως προανέφερα, το διαζύγιο ήταν για κείνον μεγάλο χτύπημα, και το να τον βλέπω να προσπαθεί να προσαρμοστεί ήταν δύσκολη εμπειρία για μένα· για κάποιο διάστημα ήταν ανίκανος να δουλέψει. Ζούσε με πενιχρά μέσα και έκανε παρέα με τους καλλιτέχνες φίλους του. Όταν τον επισκεπτόμουν, τον ακολουθούσα στη βόλτα με τους φίλους του και τους έβλεπα να πίνουν άφθονο κόκκινο κρασί, να μιλούν για τέχνη και λογοτεχνία, ενώ η συζήτηση συνήθως κατέληγε στον Picasso, τον αγαπημένο ζωγράφο του πατέρα μου. Όταν ήμουν με τον πατέρα μου κάναμε περιπετειώδεις εξορμήσεις – είτε στη βιβλιοθήκη είτε στην πινακοθήκη, όπου καθόμαστε μαζί και ζωγραφίζαμε.

Η μητέρα μου έλειπε από το σπίτι περισσότερο από ποτέ· δούλευε συνεχώς και ταξίδευε συχνά για να ζήσει εμένα και τον αδελφό μου. Περνούσαμε πολύ καιρό με τη γιαγιά μας, την Ola Sr., που ήταν πάντα η σωτηρία μας όταν η μαμά δυσκολευόταν να τα φέρει βόλτα. Περνούσαμε επίσης πολλή ώρα με τη θεία και τα ξαδέλφια μας που ζούσαν στα περίχωρα του Los Angeles. Το σπίτι τους ήταν θορυβώδες, γεμάτο από την ενέργεια των πολλών παιδιών. Οι επισκέψεις μας προσέδιδαν κάποια κανονικότητα στην ιδέα που είχαμε για το τι σημαίνει οικογένεια. Όμως, τώρα που το σκέφτομαι εκ των υστέρων, είχα πολύ χρόνο στα χέρια μου και δεν τον άφησα ανεκμετάλλευτο.

Μόλις έγινα δώδεκα χρονών, άρχισα να μεγαλώνω γρήγορα. Έκανα σεξ, κάπνιζα, έπαιρνα ναρκωτικά, έκλεβα, με απέβαλαν από το σχολείο, και σε ορισμένες περιπτώσεις αν δεν ήμουν ανήλικος θα είχα καταλήξει στη φυλακή. Εξωτερίκευα αυτό που ένιωθα μέσα μου και έκανα τη ζωή μου το ίδιο έντονη και ασταθή με τα συναισθήματά μου. Ένα χαρακτηριστικό που θα με καθόριζε πάντα, απέκτησε υπόσταση εκείνη την περίοδο: η ένταση με την οποία επιδιώκω αυτά που με ενδιαφέρουν. Το πρωταρχικό μου πάθος, όταν έφτασα τα δώδεκα, μετατοπίστηκε από τη ζωγραφική στο μότο-κρος με ποδήλατα.

Το 1977, οι αγώνες με ποδήλατα BMX ήταν το τελευταίο extreme sport μετά την τρέλα με το surf και το skateboard στα τέλη της δεκαετίας του '60. Το είδος είχε ήδη κάποιους σταρ, όπως ο Stu Thompson και ο Scott Breithaupt, καθώς και μερικά περιοδικά, όπως το *Bicycle Motocross Action* και το *American Freestyler*, ενώ πολύ συχνά οργανώνονταν ημιεπαγγελματικοί και επαγγελματικοί αγώνες. Η γιαγιά μου μού αγόρασε ένα Webco, και αυτό ήταν· έγινα σκλάβος του. Άρχισα να κερδίζω αγώνες και μερικά περιοδικά με ανέφεραν ως ανερχόμενο ποδηλάτη στις κατηγορίες ηλικίας δεκατρία με δεκατέσσερα. Το λάτρευα· ήμουν έτοιμος να γίνω επαγγελματίας αμέσως μόλις έβρισκα χορηγό, αλλά κάτι έλειπε. Δεν μπορούσα να αποκρυπτογραφήσω τα συναισθήματά μου, ώστε να εκφράσω το γεγονός ότι βαθιά μέσα μου το BMX δεν με ικανοποιούσε. Το διαπίστωσα λίγα χρόνια αργότερα.

Μετά το σχολείο περνούσα την ώρα μου χαζεύοντας σε καταστήματα ποδηλάτων, και έγινα μέλος της ομάδας ενός καταστήματος που λεγόταν Spokes and Stuff, όπου άρχισα να κάνω παρέα με παιδιά πολύ μεγαλύτερα από μένα· κάποια απ' αυτά δούλευαν στο κατάστημα ποδηλάτων Schwinn στη Santa Monica. Μαζευόμαστε καμιά δεκαριά και κάναμε βόλτες στο Hollywood· όλοι μας εκτός από δύο –που ήταν αδέλφια– προερχόμαστε από οικογενειακά περιβάλλοντα με τον ένα ή τον άλλο τρόπο διαταραγμένα. Βρίσκαμε παρηγοριά ο ένας στον άλλο: η ώρα που περνούσαμε μαζί ήταν η μοναδική τακτική ανθρώπινη επικοινωνία στην οποία μπορούσαμε να βασιζόμαστε.

Συναντιόμαστε κάθε απόγευμα στο Hollywood και ξεχυνόμαστε παντού· από το Culver City μέχρι το La Brea Tar Pits, όλοι οι δρόμοι ήταν για μας μια τεράστια ποδηλατική πίστα. Πηδούσαμε σε όποια κεκλιμένη επιφάνεια βρίσκαμε και ενοχλούσαμε τους πεζούς, άσχετα αν ήταν μεσάνυχτα ή ώρα αιχμής. Ήμαστε τσαμπουκαλεμένα πιτσιρίκια πάνω σε ποδήλατα με ύψος μισό μέτρο, αλλά καθώς ήμαστε δεκάδες, ολόκληρες αγέλες που τρέχαμε σαν δαιμονισμένοι στα πεζοδρόμια, αποτελούσαμε υπολογίσιμη δύναμη. Πηδούσαμε πάνω στα παγκάκια των στάσεων, πολλές φορές την ώρα που κάποιος άτυχος περίμενε το λεωφορείο, όπως και πάνω από πυροσβεστικούς κρουνούς, ενώ συναγωνιζόμαστε όλη την ώρα ποιος θα κάνει τα πιο παράτολμα κόλπα. Ήμαστε απογοητευμένοι έφηβοι που προσπαθούσαμε να περάσουμε τα φουρτουνιασμένα νερά μιας δύσκολης ηλικίας, και το κάναμε χοροπηδώντας πάνω στα πεζοδρόμια του Los Angeles.

Τρέχαμε στη χωμάτινη πίστα που υπήρχε στο Valley, δίπλα στο Κέντρο Νεότητας του Reseda. Απείχε περίπου είκοσι πέντε χιλιόμετρα από το Hollywood, πράγμα καθόλου εύκολο πάνω σε ποδήλατο BMX. Για να κόψουμε δρόμο, αρπαζόμαστε από τους προφυλακτήρες των αυτοκινήτων που περνούσαν από τη Laurel Canyon Boulevard. Δεν θα το συνιστούσα σε κανένα, αλλά χρησιμοποιούσαμε τα περαστικά αυτοκίνητα σαν τελεφερίκ του σκι. Περιμέναμε στην άκρη του δρόμου, και έπειτα ο καθένας μας πιανόταν από ένα αμάξι και έτσι ανηφορίζαμε στο λόφο. Το να ισορροπείς πάνω σε ένα ποδήλατο, έστω και με χαμηλό κέντρο βάρους, ενώ κρατιέσαι από ένα αυτοκίνητο που τρέχει με πενήντα ή εξήντα χιλιόμετρα την ώρα, είναι συναρπαστικό, αλλά δύσκολο ακόμα και σε επίπεδο έδαφος. Αν το επιχειρείς σε μια σειρά από στροφές στους ελικοειδείς ανηφορικούς δρόμους όπως η Laurel Canyon, είναι το κάτι άλλο. Απορώ πώς κάποιος από μας δεν κατέληξε κάτω από τις ρόδες ενός αυτοκινήτου. Επίσης απορώ όταν θυμάμαι ότι τις περισσότερες φορές ανέβαινα ή κατέβαινα το λόφο χωρίς φρένα. Στο μυαλό μου, το γεγονός ότι ήμουν ο νεότερος σήμαινε ότι σε κάθε βόλτα έπρεπε να αποδείξω κάτι στους φίλους μου: κρίνοντας από το ύφος στα πρόσωπά τους έπειτα από κάποιο κόλπο μου, μάλλον είχα πετύχει. Οι φίλοι μου μπορεί να ήταν μόλις έφηβοι, αλλά δεν εντυπωσιάζονταν εύκολα.

Για να λέμε την αλήθεια, ήμαστε σκληρή παρέα. Ανάμεσά μας ήταν ο Danny McCracken. Ήταν δεκάξι χρονών· ένα δυνατό, βαρύ και σιωπηλό παιδί, που όλοι καταλάβαιναν ότι καλύτερα ήταν να μην του πήγαιναν κόντρα. Μια νύχτα εγώ και ο Danny κλέψαμε ένα ποδήλατο με στραβά πηρούνια, και ενώ έκανε επίτηδες πήδους με αυτό για να τα σπάσει και να μας κάνει να γελάσουμε, έπεσε πάνω στο τιμόνι και έσκισε τον καρπό του. Παρακολουθούσα τη σκηνή και είδα το αίμα να πετάγεται παντού, όπως σε αργή κίνηση.

«Άααααα!» φώναξε ο Danny. Ακόμα και εκείνες τις στιγμές του πόνου, η φωνή του Danny ήταν παράξενα απαλή σε σχέση με το μέγεθός του – κάπως σαν του Mike Tyson.

«Να πάρει!»

«Γαμώτο!»

«Ο Danny κόπηκε!»

Ο Danny έμενε στη γωνία· έτσι δύο από μας τον συνοδεύσαμε σπίτι του, σφίγγοντας τον καρπό του για να σταματήσει ο πίδακας του αίματος.

Φτάσαμε στην εξώπορτα και χτυπήσαμε το κουδούνι. Η μαμά του ήρθε στην πόρτα και της δείξαμε τον καρπό του Danny. Τον κοίταξε ατάραχη, με μια έκφραση δυσπιστίας.

«Τι *στο διάβολο* θέλετε να κάνω;» είπε, και έκλεισε με δύναμη την πόρτα.

Δεν ξέραμε τι να κάνουμε· τώρα το πρόσωπο του Danny είχε χλομιάσει. Δεν ξέραμε ούτε πού βρίσκεται το πιο κοντινό νοσοκομείο. Αρχίσαμε να περπατάμε στο δρόμο, με το αίμα να πετάγεται πάνω μας, και κάναμε σήμα στο πρώτο αυτοκίνητο που είδαμε, να σταματήσει.

Έσκυψα στο παράθυρο του οδηγού: «Ο φίλος μου αιμορραγεί και φοβόμαστε ότι θα πεθάνει, μπορείτε να τον πάτε στο νοσοκομείο;» είπα σε κατάσταση υστερίας. «Θα πεθάνει!» Ευτυχώς, η οδηγός ήταν νοσοκόμα. Έβαλε τον Danny να καθίσει στο μπροστινό κάθισμα και εμείς ακολουθήσαμε το αυτοκίνητο με τα ποδήλατά μας. Όταν έφτασε στο τμήμα επειγόντων περιστατικών, ο Danny δεν χρειάστηκε να περιμένει· το αίμα πεταγόταν από τον καρπό του λες και ήταν κανένα θύμα σε ταινία τρόμου. Έτσι λοιπόν τον ανέλαβαν αμέσως, ενώ το πλήθος των ανθρώπων που περίμεναν στην αίθουσα αναμονής κοιτούσαν εκνευρισμένοι. Οι γιατροί τού έραψαν τον καρπό, αλλά το πράγμα δεν τελείωσε εκεί· όταν βγήκε από το ιατρείο, στην αίθουσα αναμονής όπου τον περιμέναμε, κατάφερε να κόψει ένα από τα φρέσκα του ράμματα, εκτοξεύοντας έναν νέο πίδακα από αίμα που άφησε μια γραμμή στο ταβάνι, κάνοντας όσους ήταν παρόντες να φρικάρουν και να αηδιάσουν. Περιττεύει να πούμε ότι τον έβαλαν ξανά στο ιατρείο· χρειάστηκε ένας δεύτερος γύρος από ράμματα για να γίνει η δουλειά.

ΤΑ ΜΟΝΑ ΜΕΛΗ ΤΗΣ ΣΥΜΜΟΡΙΑΣ ΜΑΣ ΠΟΥ ΠΡΟΕΡΧΟΝΤΑΝ από σταθερά οικογενειακά περιβάλλοντα ήταν ο John και ο Mike, τους οποίους ονομάζαμε Αδελφούς Cowabunga. Ήταν σταθεροί για τους παρακάτω λόγους: κατάγονταν από το Valley, όπου ανθούσε ο τρόπος ζωής των αμερικανικών προαστείων, οι γονείς τους δεν είχαν χωρίσει, είχαν αδελφές, και τα μέλη της οικογένειάς τους ζούσαν όλα μαζί στο ίδιο σπίτι. Όμως δεν ήταν τα μόνα αδέλφια στην παρέα μας: υπήρχαν επίσης ο Jeff και ο Chris Griffin· ο Jeff δούλευε στην εταιρεία ποδηλάτων Schwinn και ο Chris ήταν ο μικρότερος αδελφός του. Ο Jeff ήταν ο πιο ώριμος απ' όλους μας· ήταν δεκαοκτώ χρονών και είχε μια δουλειά που την έπαιρνε στα σοβαρά. Όμως αυτοί οι δύο δεν λειτουργούσαν τόσο καλά όσο οι Cowabungas, επειδή ο Chris προσπαθούσε απεγνωσμένα αλλά μάταια να μοιάσει στον μεγάλο αδελφό του. Είχαν μια πολύ σέξι αδελφή που την έλεγαν Tracey, η οποία είχε βάψει τα μαλλιά της μαύρα επειδή όλοι στην οικογένεια ήταν ξανθοί. Η Tracey είχε υιοθετήσει το γοτθικό look προτού ακόμα το goth γίνει της μόδας.

Υπήρχε επίσης και ο Jonathan Watts, ο πιο τρελάρας ανάμεσά μας. Ήταν απλώς τρελός· έκανε τα πάντα αγνοώντας τον σωματικό κίνδυνο ή την πιθανότητα φυλάκισης που αντιμετώπιζε. Ήμουν μόνο δώδεκα χρονών, αλλά ακόμη και σ' αυτή την ηλικία ήξερα αρκετά γύρω από τη μουσική και τους ανθρώπους ώστε να μου φαίνεται λιγάκι παράξενο που ο Jonathan αλλά και ο μπαμπάς του ήταν πιστοί fans των Jethro Tull. Στ' αλήθεια *λάτρευαν* τους Jethro Tull. Δυστυχώς, ο Jonathan βρήκε τραγικό θάνατο από υπερβολική δόση, αφού πέρασε πολλά χρόνια ως παθιασμένος αλκοολικός αλλά και ως ενεργό μέλος των Ανώνυμων Αλκοολικών (ΑΑ). Έχασα επαφή μαζί του εκείνη την εποχή, αλλά τον είδα ξανά σε μια συνάντηση των ΑΑ την οποία με είχαν υποχρεώσει να παρακολουθήσω (αργότερα θα φτάσουμε και σ' αυτά) μετά τη σύλληψή μου κάποιο βράδυ στα τέλη της δεκαετίας του '80. Δεν μπορούσα να το πιστέψω· μπήκα στην αίθουσα της συνάντησης και άκουγα όλους αυτούς τους ανθρώπους να μιλάνε, και ύστερα από λίγο συνειδητοποίησα ότι ο τύπος που ήταν επικεφαλής της συνάντησης, αυτός που υμνούσε την αποχή από το αλκοόλ όπως έκανε ο υπολοχαγός Bill Kilgore (ο χαρακτήρας που έπαιξε ο Robert Duval στο *Αποκάλυψη Τώρα*) με το surfing, δεν ήταν άλλος από τον Jonathan Watts. Ο χρόνος είναι ένας πανίσχυρος καταλύτης· ποτέ δεν ξέρεις πώς θα καταλήξουν οι αδελφές ψυχές σου – ούτε πού μπορεί να τις ξαναδείς.

Εκείνη την εποχή περνούσα με τα παιδιά αυτά πολλές βραδιές στο Δημοτικό σχολείο του Laurel, την αυλή του οποίου χρησιμοποιούσαμε με δημιουργικό τρόπο. Ήταν το στέκι κάθε παιδιού του Hollywood που είχε ποδήλατο, skateboard, λίγο αλκοόλ ή μαριχουάνα στη διάθεσή του. Η αυλή είχε δύο επίπεδα που συνδέονταν με μεγάλες τσιμεντένιες ράμπες· ήταν παράδεισος για ποδήλατο ή skateboard. Τον εκμεταλλευόμαστε διαλύοντας τα τραπέζια του πικ νικ για να φτιάξουμε εμπόδια για υπερπήδηση ανάμεσα στα δύο επίπεδα. Δεν νιώθω περήφανος για την επανειλημμένη καταστροφή δημόσιας περιουσίας, αλλά το να πετάω ανάμεσα στις δύο ράμπες και να προσγειώνομαι πάνω από το φράχτη με το ποδήλατο μου άρεσε τόσο, που την έκαναν να αξίζει τον κόπο. Όσο παραβατική κι αν ήταν η δραστηριότητα αυτή, προσέλκυε και πολλές δημιουργικές προσωπικότητες, πολλά παιδιά από το Hollywood, που αργότερα έκαναν σπουδαία πράγματα στη ζωή τους. Θυμάμαι τον Mike Balzary, γνωστό με το όνομα Flea (Ψύλλος), να συχνάζει εκεί και να παίζει την τρομπέτα του, όπως και πολλούς δημιουργούς graffiti που ζωγράφιζαν ασταμάτητα τους τοίχους. Δεν ήταν το πιο σωστό μέρος για εφήβους, αλλά όλοι νιώθαμε περήφανοι για την κατάσταση που δημιουργούσαμε. Δυστυχώς, τη νύφη πλήρωναν οι μαθητές και οι δάσκαλοι του σχολείου, που κάθε πρωί ήταν αναγκασμένοι να καθαρίζουν τους τοίχους.

Ο Slash σε ένα άλμα με το ποδήλατό του, τύπου Cook Bros.

Όμως ο διευθυντής έκανε το λάθος να αποφασίσει να βάλει τα πράγματα στη θέση τους, κι ένα βράδυ ήρθε να μας αντιμετωπίσει. Τα πράγματα δεν του πήγαν και πολύ καλά· τον αντιμετωπίσαμε με ειρωνεία, εκείνος εκνευρίστηκε, και οι φίλοι μου πιάστηκαν στα χέρια μαζί του. Πολύ γρήγορα η κατάσταση βγήκε εκτός ελέγχου, οπότε ένας περαστικός τηλεφώνησε στην αστυνομία. Τίποτε δεν κάνει μια αγέλη παιδιών να διαλυθεί πιο γρήγορα από τη σειρήνα ενός περιπολικού – έτσι, οι περισσότεροι από τους παρόντες πρόλαβαν να το σκάσουν. Δυστυχώς, εγώ δεν ήμουν ανάμεσά τους. Μαζί με ένα άλλο παιδί ήμαστε οι μόνοι που έπιασαν οι αστυνομικοί· μας έδεσαν με χειροπέδες στα κάγκελα μπροστά από το σχολείο, στο πεζοδρόμιο, σε πλήρη δημόσια θέα. Μοιάζαμε σαν δεμένα ζώα, που δεν μπορούσαμε να πάμε πουθενά, κι αυτό δεν μας άρεσε καθόλου. Αρνηθήκαμε να συνεργαστούμε με τους αστυνομικούς· τους ειρωνευόμαστε, δώσαμε ψεύτικα στοιχεία, το μόνο που δεν κάναμε ήταν να αρχίσουμε να γρυλίζουμε και να τους λέμε «γουρούνια».

Οι αστυνομικοί μάς ανέκριναν και έκαναν ό,τι μπορούσαν για να μας τρομάξουν, αλλά εμείς αρνηθήκαμε να δώσουμε τα ονόματά μας και τις διευθύνσεις μας, και μια και τα δωδεκάχρονα παιδιά δεν έχουν ταυτότητες, αναγκάστηκαν να μας αφήσουν ελεύθερους.

Η ΕΦΗΒΕΙΑ ΧΤΥΠΗΣΕ ΤΗΝ ΠΟΡΤΑ ΜΟΥ ΣΤΑ ΔΕΚΑΤΡΙΑ, ενώ φοιτούσα στο Γυμνάσιο Bancroft του Hollywood. Όποια κι αν ήταν τα αισθήματά μου για τη διάλυση της οικογένειάς μου, πέρασαν σε δεύτερο πλάνο καθώς οι ορμόνες πήραν το πάνω χέρι. Μου φαινόταν άσκοπο να κάθομαι όλη μέρα στο σχολείο· άρχισα λοιπόν να κάνω σκασιαρχείο. Κάπνιζα μαριχουάνα τακτικά και έκανα όλη την ώρα ποδήλατο. Δυσκολευόμουν να ελέγξω της παρορμήσεις μου· ήθελα μόνο να κάνω ό,τι μου περνούσε από το μυαλό την κάθε στιγμή. Μια μέρα οι φίλοι μου κι εγώ σχεδιάζαμε πώς να διαρρήξουμε το Spokes and Stuff –το ίδιο το μαγαζί ποδηλάτων όπου συχνάζαμε–, και για κάποιο λόγο που δεν μπορώ να θυμηθώ, πρόσεξα ένα παιδί να μας κατασκοπεύει πίσω από το παράθυρο ενός σπιτιού στο απέναντι πεζοδρόμιο.

«Τι κοιτάς, ρε;» του φώναξα. «Μη με κοιτάς!» Έπειτα πέταξα ένα τούβλο στο παράθυρο του παιδιού.

Βεβαίως, οι γονείς του φώναξαν την αστυνομία, και οι δύο αστυνομικοί που έσπευσαν επί τόπου άρχισαν να κυνηγούν εμένα και τους φίλους μου σε όλη την πόλη για την υπόλοιπη νύχτα. Τρέχαμε με τα ποδήλατά μας κυνηγημένοι σε όλο το Hollywood και το Δυτικό Hollywood·

μπαίναμε αντίθετα σε μονόδρομους, κόβαμε δρόμο μέσα από σοκάκια και πάρκα. Οι αστυνομικοί ήταν επίμονοι σαν τον Jimmy «Popeye» Doyle, το χαρακτήρα που υποδυόταν ο Gene Hackman στην ταινία *The French Connection*· κάθε φορά που στρίβαμε σε μια γωνία, τους βλέπαμε μπροστά μας. Τελικά φτάσαμε στους λόφους του Hollywood και κρυφτήκαμε σε μια απόμερη πλαγιά σαν συμμορία παρανόμων της Άγριας Δύσης. Και, όπως συμβαίνει στις καουμπόικες ταινίες, όταν θεωρήσαμε ασφαλές το να αφήσουμε το κρησφύγετό μας και να επιστρέψουμε στο ράντσο, βρεθήκαμε μπροστά στους συγκεκριμένους αστυνομικούς.

Υποθέτω ότι φταίει το γεγονός πως όταν η παρέα μας σκόρπισε στα τέσσερα σημεία του ορίζοντα, αποφάσισαν να κυνηγήσουν εμένα. Έκανα πετάλι όσο πιο γρήγορα μπορούσα, μην μπορώντας να τους ξεφύγω, μέχρι που τελικά αναζήτησα καταφύγιο σε ένα υπόγειο γκαράζ. Κατέβηκα μερικούς ορόφους κάνοντας σλάλομ ανάμεσα στα παρκαρισμένα αυτοκίνητα και ξάπλωσα στο δάπεδο, ελπίζοντας ότι θα τους γλίτωνα. Είχαν κατέβει πεζή τους τέσσερις ορόφους, και μέχρι να φτάσουν στο δικό μου επίπεδο νομίζω ότι είχαν κουραστεί. Έψαξαν σχολαστικά τους χώρους ανάμεσα στα αυτοκίνητα με τους φακούς τους· καμιά τριανταριά μέτρα προτού φτάσουν σε μένα, έκαναν μεταβολή. Στάθηκα τυχερός. Η αναμέτρηση της παρέας μου με την αστυνομία του Los Angeles συνεχίστηκε το υπόλοιπο καλοκαίρι – σίγουρα δεν ήταν ένας δημιουργικός τρόπος για να περνώ το χρόνο μου, αλλά στο μυαλό μου, εκείνη την εποχή, ήταν κάτι εξαιρετικά διασκεδαστικό.

Ακόμη και τότε είχα την τάση να μη μιλάω σε άλλους για τις υποθέσεις μου, αλλά όταν το έκανα, η μητέρα και η γιαγιά μου ήταν πολύ ανεκτικές. Στα μέσα της φοίτησής μου στο Γυμνάσιο, βρισκόμουν στο σπίτι όσο λιγότερη ώρα μπορούσα. Το καλοκαίρι του 1978, δεν είχα ιδέα για το ότι η γιαγιά μου μετακόμιζε σε ένα διαμέρισμα το οποίο ανήκε σε ένα τεράστιο οικιστικό συγκρότημα που καταλάμβανε ένα ολόκληρο τετράγωνο, ανάμεσα στην Kings Road και τη Santa Monica Boulevard, αν και ήξερα καλά το συγκεκριμένο κτίριο επειδή εκεί έκανα κόλπα με το ποδήλατό μου τότε που ήταν ακόμα εργοτάξιο. Οι φίλοι μου κι εγώ φτιαχνόμαστε και παραβγαίναμε ο ένας με τον άλλο στους διαδρόμους και τις σκάλες, κλείνοντας τις πόρτες ο ένας στα μούτρα του άλλου, πηδώντας πάνω από κάγκελα και αφήνοντας σημάδια από φρένα στους φρεσκοβαμμένους τοίχους. Σε κάποια τέτοια εξόρμηση έστριψα σαν παλαβός σε μια γωνία και βρέθηκα μπροστά στη μητέρα μου και τη γιαγιά μου που κουβαλούσαν τα κιβώτια με τα πράγματα στο καινούργιο διαμέρισμα της δεύτερης. Ποτέ δεν θα ξεχάσω την έκφραση στο πρόσωπο της γιαγιάς μου· ακροβατούσε ανάμεσα στο σοκ και τον τρόμο. Προσπάθησα να συνέλθω από την έκπληξη και κοίταξα πίσω, μου, αλλά είδα τον τελευταίο από τους φίλους μου να στρίβει και να χάνεται. Εγώ είχα το ένα πόδι στο έδαφος, το άλλο στο πετάλι, και έψαχνα τρόπο να τη γλιτώσω.

«Saul!» είπε η Ola Sr. με τη γλυκιά, τσιριχτή, γιαγιαδίστικη φωνή της. «Εσύ;»

«Ναι, γιαγιά», είπα. «Εγώ. Τι κάνεις; Ερχόμαστε να σας κάνουμε μια επίσκεψη με τους φίλους μου».

Η δικαιολογία δεν έπιασε στη μητέρα μου, αλλά η Ola Sr. χάρηκε τόσο που με είδε, ώστε κατάφερα να τη σκαπουλάρω. Μάλιστα, το πράγμα πήγε τόσο καλά που λίγες εβδομάδες αργότερα μετακόμισα στο καινούργιο της διαμέρισμα, και τότε τα εφηβικά μου ανδραγαθήματα στο Hollywood πέρασαν σε νέα ένδοξη φάση. Όμως δεν θα αργήσουμε να φτάσουμε και σε αυτά εντός ολίγου.

ΔΕΝ ΣΚΟΠΕΥΩ ΝΑ ΥΠΕΡΑΝΑΛΥΣΩ ΑΥΤΟ ΠΟΥ ΕΓΙΝΕ ΣΧΕΔΟΝ το δεύτερο ενδιαφέρον μου –η κλεπτομανία–, αρκεί, πιστεύω, να πω ότι ήμουν ένα οργισμένο παιδί στο κατώφλι της εφηβείας.

Ό,τι πίστευα πως χρειαζόμουν αλλά δεν μπορούσα να το αποκτήσω, το έκλεβα. Έκλεβα ό,τι πίστευα πως θα με έκανε χαρούμενο· και μερικές φορές, απλώς έκλεβα για να κλέψω.

Έκλεβα ένα σωρό βιβλία, επειδή πάντα μου άρεσε να διαβάζω· έκλεβα τόνους από κασέτες, επειδή πάντα μου άρεσε η μουσική. Για όσους είναι πολύ μικροί σε ηλικία για να το γνωρίζουν, οι κασέτες είχαν σοβαρά μειονεκτήματα: η ποιότητα του ήχου φθειρόταν, η ταινία μπερδευόταν στις κεφαλές του κασετοφώνου, ενώ έλιωναν όταν ήταν εκτεθειμένες στον ήλιο. Όμως ήταν απόλαυση να τις κλέβεις. Μοιάζουν με ένα λεπτό πακέτο τσιγάρα· έτσι, ένας φιλόδοξος κλέφτης μπορούσε να χώσει μια ολόκληρη δισκογραφία κάτω από τα ρούχα του και να φύγει απαρατήρητος.

Στα χειρότερά μου, έκρυβα τα κλοπιμαία κάτω από τα ρούχα μου, άδειαζα το φορτίο μου στους θάμνους και έπειτα συνέχιζα τις κλοπές, μερικές φορές κι από το ίδιο κατάστημα. Ένα απόγευμα έκλεψα μερικά φίδια από το Aquarium Stock Company, ένα κατάστημα ζώων στο οποίο σύχναζα τόσο πολύ, που μόλις συνήθισαν την παρουσία μου νομίζω ότι δεν τους πέρασε ποτέ από το μυαλό ότι θα τους έκλεβα. Ήταν μεγάλα κορόιδα· πήγαινα εκεί εξαιτίας της αληθινής αγάπης μου για τα ζώα που πουλούσαν – απλώς δεν έτρεφα και αρκετό σεβασμό για το κατάστημα ώστε να μην πάρω μερικά μαζί μου φεύγοντας. Άρπαζα τα φίδια αφήνοντάς τα να τυλιχτούν γύρω από τον καρπό μου κι έπειτα φορούσα το τζάκετ μου, ενώ τα ζώα φώλιαζαν ψηλά στο μπράτσο μου. Μια μέρα θυμάμαι ότι πήγα στην πόλη, και αφού έκλεψα κάμποσα, τα έκρυψα κάπου κι έπειτα επέστρεψα κι έκλεψα βιβλία που με δίδασκαν πώς να φροντίζω τα σπάνια φίδια που είχα μόλις κλέψει.

Μιαν άλλη φορά, έκλεψα έναν τρίκερο χαμαιλέοντα, κάτι που δεν ήταν εύκολο να περάσει απαρατήρητο· πρόκειται για κερασφόρους χαμαιλέοντες που έχουν μήκος περίπου είκοσι πέντε εκατοστά και τρέφονται με μύγες· μοιάζουν με μικρά ιγκουάνα και έχουν παράξενα, γουρλωτά, πυραμιδοειδή μάτια. Είχα πολλά κότσια όταν ήμουν παιδί· απλώς βγήκα από το κατάστημα κρατώντας αυτόν τον πανάκριβο, εξωτικό κάτοικο της ζούγκλας που στεγαζόταν στο κατάστημα. Γυρίζοντας σπίτι με το ζωντανό, μου ήταν αδύνατον να σκεφτώ μια ιστορία που θα δικαιολογούσε πειστικά την παρουσία του στο δωμάτιό μου. Κατέληξα ότι δεν είχα άλλη επιλογή από το να τον αφήσω να ζήσει έξω, στην κληματαριά του φράχτη της πίσω αυλής μας, δίπλα στους σκουπιδοτενεκέδες. Είχα

«Βάζοντας φωτιά» στην πίστα, στο Κέντρο Νεολαίας του Reseda.

κλέψει ένα βιβλίο σχετικά με τους τρίκερους χαμαιλέοντες, ήξερα λοιπόν ότι τους άρεσαν πολύ οι μύγες. Έτσι, δεν μπορούσα να σκεφτώ καλύτερο μέρος για τον γερο-Τζακ από το φράχτη δίπλα στους σκουπιδοτενεκέδες, επειδή εκεί υπήρχαν μύγες. Κάθε πρωί ο εντοπισμός του ήταν μια μικρή περιπέτεια, επειδή είχε την ικανότητα να γίνεται ένα με το περιβάλλον του, όπως συμβαίνει με αυτά τα ζώα. Μου έπαιρνε λίγη ώρα μέχρι να τον βρω, και απολάμβανα την πρόκληση. Αυτό κράτησε για μερικούς μήνες· έπειτα από λίγο, το καμουφλάζ του έγινε τόσο καλό, που μια μέρα στάθηκε αδύνατον να τον βρω. Πήγαινα εκεί κάθε απόγευμα για δύο μήνες, αλλά χωρίς αποτέλεσμα. Δεν έχω ιδέα τι συνέβη στον γερο-Τζακ, αλλά λαμβάνοντας υπόψη τις μυριάδες πιθανότητες που υπήρχαν να του έχει τύχει κάτι κακό, εύχομαι η εξαφάνισή του να είχε αίσιο τέλος.

Είμαι τυχερός που δεν με συνέλαβαν για τα περισσότερα ανδραγαθήματά μου στις κλοπές, δεδομένου ότι τα αντικείμενα που έκλεβα ήταν πανάκριβα. Έφτασα σε τέτοιο σημείο ηλιθιότητας, ώστε υπακούοντας σε μια παρόρμηση έκλεψα μια φουσκωτή βάρκα από κατάστημα αθλητικών ειδών. Χρειάστηκε να καταστρώσω λεπτομερές σχέδιο, αλλά τελικά τα έβγαλα πέρα και, όσο απίστευτο κι αν ακούγεται, *δεν με έπιασαν*.

Όμως δεν ήταν και σπουδαίο πράγμα, και σκοπεύω ευθύς αμέσως να αποκαλύψω τις μεθόδους μου: Η βάρκα κρεμόταν σε έναν τοίχο κοντά στην πίσω πόρτα του καταστήματος, που έβγαζε στο σοκάκι πίσω απ' το κτίριο. Αφού κατάφερα να ανοίξω την πίσω πόρτα χωρίς να κινήσω υποψίες, δεν δυσκολεύτηκα να ξεκρεμάσω τη βάρκα από τον τοίχο. Αφού την έριξα στο πάτωμα και την έκρυψα κάτω από κάτι είδη κάμπινγκ, απλώς περίμενα την κατάλληλη στιγμή για να την κουβαλήσω έξω και να φτάσω μέχρι την άλλη γωνία όπου με περίμεναν οι φίλοι μου. Ούτε καν κράτησα εκείνη τη βάρκα. Αφού κατάφερα να αποδείξω ότι τα είχα βγάλει πέρα, την παράτησα ένα τετράγωνο πιο πέρα, στη πρασιά κάποιου σπιτιού.

Δεν είμαι περήφανος γι' αυτό, αλλά τώρα που το ξανασκέφτομαι, όταν βρισκόμουν δεκαπέντε χιλιόμετρα μακριά από το σπίτι χωρίς χρήματα και το ποδήλατό μου πάθαινε λάστιχο, χαίρομαι που δεν μου ήταν δύσκολο να κλέψω μια σαμπρέλα από κάποιο κατάστημα παιχνιδιών. Αλλιώς, θα ήμουν υποχρεωμένος να γυρίσω σπίτι με οτοστόπ, και ποιος ξέρει σε τι μπελάδες θα έμπλεκα. Επιπλέον, όπως κάθε άνθρωπος που προκαλεί συνέχεια τη μοίρα, πρέπει να παραδεχθώ ότι όσο συχνά κι αν λες στον εαυτό σου ότι οι πράξεις σου είναι αναγκαίες, παρόλο που ξέρεις ότι είναι λάθος, στο τέλος θα σε πιάσουν.

Στην περίπτωσή μου, και εφόσον μιλάμε για τις κλοπές από καταστήματα, τελικά με τσίμπησαν στο Tower Records της Sunset Boulevard, που ήταν το αγαπημένο δισκοπωλείο των γονιών μου. Θυμάμαι πολύ καθαρά εκείνη τη μέρα: ήταν μία από εκείνες τις περιπτώσεις που ξέρεις ότι κάτι θα πάει στραβά, αλλά αυτό το προαίσθημα δεν αρκεί για να σε αποτρέψει από την περιπέτεια. Ήμουν δεκαπέντε χρονών, και θυμάμαι πως όταν άφησα το BMX μου στο πεζοδρόμιο, σκέφτηκα ότι στο συγκεκριμένο κατάστημα θα έπρεπε να είμαι προσεκτικός στο μέλλον. Όμως δεν έλαβα άμεσα υπόψη μου αυτή τη διαίσθηση. Άρχισα να παραχώνω κασέτες στο μπουφάν μου, στο παντελόνι μου, και τα ρούχα μου φούσκωσαν σε τέτοιο βαθμό που σκέφτηκα ότι θα έπρεπε να αγοράσω μερικά άλμπουμ ώστε να ξεγελάσω τους ταμίες. Νομίζω ότι πήγα στο ταμείο με το *Dream Police* των Cheap Trick και το *Houses of Holy* των Led Zeppelin, και μόλις πλήρωσα, με φαντάστηκα ελεύθερο, σπίτι μου.

Είχα βγει και πήγαινα να καβαλήσω το ποδήλατό μου, έτοιμος να την κοπανήσω, όταν ένιωσα ένα χέρι να με αρπάζει απότομα από τον ώμο. Αρνήθηκα τα πάντα, αλλά με είχαν πιάσει στα πράσα· με οδήγησαν σε ένα δωμάτιο πάνω από το κατάστημα, απ' όπου με είδαν να κλέβω πίσω από το παράθυρο-καθρέφτης και μου έδειξαν το σχετικό βίντεο. Τηλεφώνησαν στη μαμά μου. Παρέδωσα όλες τις κασέτες που είχα στο παντελόνι μου και τις αράδιασαν πάνω σε ένα τραπέζι, για να τις δει όταν θα έφτανε. Συνήθως τη γλίτωνα εύκολα από τα δύσκολα όταν ήμουν παιδί, αλλά το να με συλλαμβάνουν επειδή έκλεβα κασέτες στο δισκάδικο όπου ψώνιζαν οι γονείς μου επί τόσα χρόνια ήταν ένα παράπτωμα που σήμαινε περισσότερα στο πλαίσιο της οικογένειάς μου απ' όσα σύμφωνα με το γράμμα του νόμου. Δεν θα ξεχάσω ποτέ την έκφραση της Ola όταν ανέβηκε στο γραφείο πάνω από το κατάστημα και με βρήκε να κάθομαι μπροστά σε όλα όσα είχα κλέψει. Δεν είπε πολλά, ούτε χρειαζόταν, άλλωστε· μου ήταν ξεκάθαρο ότι η εμπιστοσύνη της στο πρόσωπό μου είχε πάει περίπατο.

Στο τέλος, οι άνθρωποι του Tower δεν υπέβαλαν μήνυση, επειδή είχαν ανακτηθεί όλα τα κλοπιμαία. Με άφησαν να φύγω υπό τον όρο ότι δεν θα ξαναπατούσα το πόδι μου στο μαγαζί, μάλλον επειδή κάποιος υπεύθυνος αναγνώρισε στο πρόσωπο της μητέρας μου κάποιον συμπαθή πελάτη.

Βεβαίως, όταν έπειτα από έξι χρόνια με προσέλαβαν στο ίδιο κατάστημα, στο τμήμα βίντεο, ήμουν σίγουρος ότι κάποιος θα θυμόταν ότι στο παρελθόν με είχαν πιάσει να κλέβω και θα με απέλυαν. Υπολόγισα ότι –από μέρα σε μέρα– κάποιος θα έπαιρνε χαμπάρι πως είχα πει κατάφωρα ψέματα στην αίτησή μου και θα υπέθετε αυτό που ήξερα ότι ήταν αλήθεια: Όσα είχα καταφέρει να κλέψω μέχρι να με πιάσουν, άξιζαν περισσότερα από τους μισθούς μερικών μηνών.

Συνήθως καπνίζαμε μαριχουάνα, που ήταν ανέκαθεν εξαιρετικά δημοφιλής.

ΟΛΕΣ ΑΥΤΕΣ ΟΙ ΜΕΤΑΛΛΑΓΕΣ ΘΑ ΣΥΝΕΧΙΖΟΝΤΑΝ ΣΤΑ επόμενα χρόνια της ζωής μου, και θα έπαυαν μόνο όταν θα έβρισκα μια σταθερή οικογένεια δικής μου επινόησης.

Για να καλύψω το κενό που άφησε πίσω της η διάλυση της οικογένειάς μου, έφτιαξα τον δικό μου κόσμο. Είμαι πολύ τυχερός γιατί, παρά την ηλικία μου, στη διάρκεια της περιόδου που δοκίμαζα τα όριά μου έκανα ένα φίλο που δεν έχει απομακρυνθεί ποτέ από κοντά μου, ακόμα και όταν μας χώριζαν ολόκληρα έτη φωτός. Παραμένει ένας από τους πιο πιστούς συντρόφους μου, γεγονός που, έπειτα από τριάντα χρόνια, λέει πολλά.

Το όνομά του είναι Mark Canter· η οικογένειά του έχει στην ιδιοκτησία της το διάσημο σε όλο το Los Angeles εστιατόριο Canter's Deli, στη North Fairfax. Η οικογένεια Canter ήρθε από το New Jersey· άνοιξε το εστιατόριο στα τέλη της δεκαετίας του 1940, και από τότε το μέρος αποτελεί στέκι των ανθρώπων της βιομηχανίας του θεάματος, καθώς έχει εξαιρετική κουζίνα και μένει ανοικτό όλο το εικοσιτετράωρο. Απέχει μόνο ενάμισι χιλιόμετρο από το Sunset Strip, και στα τέλη της δεκαετίας του '60 υπήρξε στέκι μουσικών, χαρακτηριστικό που διατηρεί μέχρι σήμερα. Στη δεκαετία του '80, συγκροτήματα όπως οι Guns έτρωγαν συχνά εκεί. Το Kibbitz Room, το μπαρ-χώρος συναυλιών της ίδια επιχείρησης που βρίσκεται ακριβώς δίπλα, έχει φιλοξενήσει τόσο πολλές σπουδαίες βραδιές που είναι δύσκολο να τις αναφέρω· η οικογένεια Canter με αντιμετώπισε με υπέροχο τρόπο· μου έδωσαν δουλειά, μου πρόσφεραν καταφύγιο – όσα και να πω για να τους ευχαριστήσω, θα είναι λίγα.

Γνώρισα τον Mark στο Δημοτικό Σχολείο της 3rd Street αλλά δεν γίναμε φίλοι παρά μόνο στην Ε΄ Τάξη, όταν λίγο έλειψε να του κλέψω το ποδήλατο.

Η φιλία μας έδειξε τη δύναμή της από νωρίς. Αλητεύαμε παρέα στο πάρκο Hancock, που βρισκόταν δίπλα στην εύπορη συνοικία όπου κατοικούσαμε. Πηγαίναμε στα χαλάσματα του Pan Pacific Theater, που βρίσκονταν εκεί όπου σήμερα ορθώνεται το εμπορικό κέντρο Grove. Το Pan Pacific ήταν ένα εκπληκτικό κατάλοιπο μιας αλλοτινής εποχής· στο παρελθόν είχε υπάρξει μία σχεδόν μυθική κινηματογραφική αίθουσα, με θολωτό ταβάνι και τεράστια οθόνη που πρόβαλλε επίκαιρα· πρόκειται για ένα μέρος που καθόρισε την κινηματογραφική κουλτούρα μιας ολόκληρης γενιάς. Στην εποχή μου, παρέμενε όμορφο: οι πράσινες Art Deco καμάρες του διατηρούνταν σχεδόν άθικτες, αν και το υπόλοιπο κτίριο ήταν σχεδόν ερείπιο. Δίπλα στο οικόπεδο υπήρχε μια δημόσια βιβλιοθήκη και ένα πάρκο με γήπεδο μπάσκετ και πισίνα. Όπως και το Δημοτικό Σχολείο του Laurel, έτσι και το Pan Pacific ήταν σημείο συνάντησης για παιδιά από δώδεκα έως δεκαοκτώ, που για τον ένα ή τον άλλο λόγο βρίσκονταν έξω τα βράδια.

Οι φίλοι μου κι εγώ ήμαστε οι μικρότεροι· υπήρχαν κορίτσια τόσο απρόσιτα για μας που δεν μας περνούσε καν από το μυαλό να τις φλερτάρουμε – αν και... στην πραγματικότητα, περνούσε και παραπερνούσε. Υπήρχαν άστεγοι και απόβλητοι, πολλοί από τους οποίους ζούσαν στα χαλάσματα του θεάτρου και τρέφονταν με το φαγητό που έκλεβαν από τη λαϊκή αγορά που γινόταν εκεί δύο φορές την εβδομάδα. Ο Marc κι εγώ ήμαστε σαγηνευμένοι· κερδίσαμε την αποδοχή τους επειδή συνήθως είχαμε μαριχουάνα, που ήταν πάντα εξαιρετικά δημοφιλής. Η γνωριμία μου με τον Marc πυροδότησε μια αλλαγή μέσα μου· ήταν ο καλύτερός μου φίλος – κάποιος που με καταλάβαινε τις στιγμές που ένιωθα ότι κανείς άλλος δεν το έκανε. Ούτε εγώ ούτε εκείνος ζήσαμε ζωές που μπορείς να τις πεις φυσιολογικές, αλλά μπορώ να δηλώσω με περηφάνια ότι σήμερα είμαστε όσο κοντά ήμαστε και τότε. Αυτό είναι για μένα ο ορισμός της οικογένειας. Ένας φίλος σε γνωρίζει πάντα καλά, έστω και αν έχει να σε δει χρόνια. Ένας αληθινός φίλος βρίσκεται πάντα στο πλευρό σου όταν τον χρειάζεσαι· δεν είναι κοντά σου μόνο στις διακοπές και τα σαββατοκύριακα.

Αυτό το διαπίστωσα από πρώτο χέρι λίγα χρόνια αργότερα. Παρόλο που καλά καλά δεν είχα να φάω, δεν νοιαζόμουν – αρκεί να είχα χρήματα για να προωθήσω τους Guns N' Roses. Και όταν δεν είχα χρήματα ούτε για να τυπώσω φυλλάδια για τις συναυλίες μας ή να πάρω χορδές για την κιθάρα μου, ο Marc Canter με βοήθησε. Μου έδινε τα χρήματα που χρειαζόμουν για να κάνω αυτό που έπρεπε. Του τα έδωσα πίσω όταν μπόρεσα, μόλις οι Guns υπέγραψαν συμβόλαιο, αλλά ποτέ δεν θα ξεχάσω ότι ο Canter με βοήθησε όταν ήμουν στα δύσκολα.

Πώς να γίνετε ένας rock and roll κιθαρίστας

Ο Slash ροκάρει με τους Tidus Sloan (Ιούνιος 1982).

3
Κεφάλαιο

Το να βιώνεις την ύπαρξή σου εκτός πλαισίου, αποκομμένος από τη σκοπιά που έχεις συνηθίσει, αλλοιώνει την αντίληψή σου – είναι λες και ακούς τη φωνή σου μέσα από αυτόματο τηλεφωνητή. Σχεδόν είναι λες και συναντάς έναν ξένο· ή σαν να ανακαλύπτεις ένα ταλέντο που δεν γνώριζες ότι είχες. Κάπως έτσι ένιωσα την πρώτη φορά που κατάφερα να παίξω μια μελωδία σε μια κιθάρα τόσο καλά που ακούστηκε σαν το πρωτότυπο. Όσο περισσότερο μάθαινα να παίζω τόσο περισσότερο ένιωθα σαν εγγαστρίμυθος. Αναγνώριζα τη δική μου δημιουργική φωνή να περνάει μέσα από αυτές τις έξι χορδές, αλλά ήταν και κάτι άλλο, εντελώς διαφορετικό. Οι νότες και οι συγχορδίες έχουν γίνει η δεύτερη γλώσσα μου και, πολύ συχνά, αυτό το λεξιλόγιο εκφράζει όσα αισθάνομαι και η γλώσσα δεν μου επιτρέπει να εκφράσω. Επίσης, η κιθάρα είναι η φωνή της συνείδησής μου – όποτε χάνω το δρόμο μου, με επαναφέρει στην πορεία μου· όποτε ξεχνάω γιατί βρίσκομαι στον κόσμο, μου το θυμίζει.

Τα οφείλω όλα στον Steven Adler – αυτός τα ξεκίνησε. Ο Steven είναι ο λόγος που παίζω κιθάρα. Γνωριστήκαμε μια νύχτα στο γήπεδο του Δημοτικού Σχολείου του Laurel, όταν ήμαστε δεκατριών χρονών. Απ' ό,τι θυμάμαι, στο skate δεν ήξερε πού πάνε τα τέσσερα. Έπειτα από μια ιδιαίτερα οδυνηρή πτώση, πλησίασα με το ποδήλατό μου, τον βοήθησα να σηκωθεί και από τότε γίναμε αμέσως αχώριστοι.

Ο Steven είχε μεγαλώσει στο Valley με τη μητέρα του, τον πατριό του και τα δυο του αδέλφια, μέχρι που η μαμά του δεν μπορούσε πια να αντέξει την κακή του διαγωγή και τον έστειλε να ζήσει με τη γιαγιά και τον παππού του στο Hollywood. Εκεί έμεινε για όσο διάστημα πήγαινε στο Γυμνάσιο, μαζί και τα καλοκαίρια, προτού τον στείλουν πίσω στη μαμά του για να βγάλει το Λύκειο. Ο Steven είναι ιδιαίτερος τύπος· είναι το τυπικό προβληματικό παιδί που μόνο μια γιαγιά μπορεί να αγαπήσει, αλλά ακόμα κι αυτή αδυνατεί να ζήσει μαζί του.

Με τον Steven γνωριστήκαμε το καλοκαίρι πριν τη Β΄ Γυμνασίου και κάναμε παρέα μέχρι το Λύκειο, μια και είχα μόλις μετακομίσει από το διαμέρισμα της μαμάς μου στο Hancock Park στο καινούργιο σπίτι της γιαγιάς μου, σε ένα συγκρότημα στο Hollywood. Ήμαστε και οι δύο νέοι στο σχολείο μας, το Γυμνάσιο Bancroft, όπως και στη γειτονιά. Όσο καιρό τον ήξερα, ο Steven δεν εμφανίστηκε ποτέ μια συνεχόμενη εβδομάδα στο μάθημα. Εγώ περνούσα τις τάξεις επειδή τα πήγαινα αρκετά καλά στις τέχνες, τη μουσική και το μάθημα των αγγλικών, με αποτέλεσμα ο μέσος όρος μου να το επιτρέπει. Έπαιρνα Α στις τέχνες, τα αγγλικά και τη μουσική επειδή αυτά ήταν τα μόνα αντικείμενα που με ενδιέφεραν. Για τα υπόλοιπα δεν νοιαζόμουν και πολύ, και έκανα διαρκώς κοπάνες. Καθώς είχα κλέψει ένα πάκο με σημειώματα ασθένειας από το γραφείο των καθηγητών και είχα πλαστογραφήσει την υπογραφή της μαμάς μου όταν είχα ανάγκη, για τη διεύθυνση του σχολείου ήμουν παρών πολύ πιο συχνά απ' ό,τι στην πραγματικότητα. Όμως ο μόνος λόγος για τον οποίο αποφοίτησα από το Γυμνάσιο ήταν χάρη σε μια απεργία των καθηγητών στη διάρκεια της τελευταίας χρονιάς. Οι κανονικοί μας καθηγητές αντικαταστάθηκαν από έκτακτους, τους οποίους μου ήταν πολύ πιο εύκολο να παραπλανήσω και να σαγηνεύσω. Δεν θέλω να μπω σε λεπτομέρειες, αλλά σε πολλές περιπτώσεις θυμάμαι να παίζω το αγαπημένο τραγούδι κάποιου καθηγητή στην κιθάρα για ολόκληρη την τάξη. Φτάνει όμως. Αρκετά είπα.

Για να είμαι ειλικρινής, το σχολείο δεν ήταν καθόλου άσχημο. Είχα έναν σταθερό κύκλο από φίλους, όπως και κοπέλα (για την οποία θα μιλήσουμε σε λίγο), και συμμετείχα σε κάθε δραστηριότητα που κάνει το σχολείο διασκεδαστικό στους μαστούρηδες. Η παρέα μας έδινε ραντεβού νωρίς το πρωί μπροστά στην αίθουσα ακροάσεων για να κάνει εισπνοές locker room (Σ.τ.Μ.: ημιπαράνομη μορφή νιτρικού άμυλου, χημική ουσία που οι αναθυμιάσεις της διευρύνουν τα αιμοφόρα αγγεία και ρίχνουν την αρτηριακή πίεση προκαλώντας μια σύντομη αίσθηση ευφορίας). Έπειτα από μερικές εισπνοές locker room καπνίζαμε μερικά τσιγάρα, και την ώρα του διαλείμματος ξαναμαζευόμαστε στο προαύλιο για να καπνίσουμε ένα τσιγαριλίκι μαριχουάνας... Κάναμε ό,τι μπορούσαμε ώστε η μέρα μας στο σχολείο να γίνει πιο ευχάριστη.

Όταν δεν πήγαινα σχολείο, ο Steven κι εγώ περνούσαμε τη μέρα κάνοντας βόλτες στην ευρύτερη περιοχή του Hollywood μαστουρωμένοι, μιλώντας για μουσική και ψάχνοντας τρόπο να βγάλουμε κάνα ψιλό. Πού και πού ζητιανεύαμε και κάναμε μικροθελήματα, όπως το να μεταφέρουμε έπιπλα για κάποιους από τους τύπους που συναντούσαμε τυχαία. Το Hollywood ήταν ανέκαθεν ένα παράξενο μέρος που προσέλκυε αλλόκοτους τύπους ανθρώπων, αλλά στα τέλη της δεκαετίας του '70, με την παράξενη τροπή που είχε πάρει η κουλτούρα, από την κάμψη της επανάστασης των 60s μέχρι τη διαδεδομένη χρήση ναρκωτικών και τη χαλάρωση των σεξουαλικών ηθών, κυκλοφορούσαν μερικοί πολύ περίεργοι χαρακτήρες.

Υπήρχε ένας τύπος μεγάλος σε ηλικία, που δεν θυμάμαι πώς τον γνωρίσαμε, αλλά μας έδινε χρήματα για το τίποτα. Το μόνο που χρειαζόταν ήταν να πηγαίνουμε σπίτι του και να μιλάμε. Θυμάμαι ότι μου φαινόταν παράξενο, αλλά δεν ήταν τόσο απειλητικός ώστε να κάνει κάτι που δεν θα μπορούσαν να αντιμετωπίσουν δύο δεκατριάχρονοι. Εκτός αυτού, το έξτρα χαρτζιλίκι που εξασφαλίζαμε, άξιζε τον κόπο.

Ο Steve δεν είχε αναστολές, κι έτσι κατάφερνε να βρίσκει χρήματα σε τακτική βάση με πολλούς τρόπους, ένας από τους οποίους ήταν από την Clarissa, μια γειτόνισσα γύρω στα είκοσι πέντε που ζούσε λίγο παρακάτω από τα σπίτια μας. Μια μέρα την είδαμε να κάθεται στη βεράντα εισόδου καθώς περνούσαμε, και ο Steven αισθάνθηκε την ανάγκη να της πει ένα «γεια». Άρχισαν να μιλούν και μας προσκάλεσε μέσα· μείναμε κάμποση ώρα, και κάποια στιγμή εγώ αποφάσισα να την κοπανήσω, αλλά ο Steven είπε ότι θα έμενε για λίγο. Όπως αποδείχθηκε, έκανε σεξ μαζί της εκείνη τη νύχτα *και* του έδωσε χρήματα για να φύγει. Δεν έχω ιδέα πώς τα κατάφερε, αλλά ξέρω ότι βρέθηκαν τέσσερις-πέντε φορές ακόμα, και κάθε φορά έπαιρνε χρήματα. Μου φαινόταν απίστευτο· ζήλευα στ' αλήθεια.

Όμως ο Steven έμπλεκε και σε καταστάσεις που συχνά δεν είχαν αίσια κατάληξη. Όπως τη φορά που πηδούσε την Clarissa και μπήκε στο σπίτι η λεσβία φίλη της. Τράβηξε τον Steven από πάνω της και τον έριξε φαρδύ πλατύ στο πάτωμα. Αυτό ήταν το τέλος της σχέσης του με την Clarissa.

Όμως ο Steven κι εγώ τα βγάζαμε πέρα· εγώ έκλεβα τους δίσκους και τα rock περιοδικά που χρειαζόμαστε. Δεν υπήρχαν άλλα πράγματα που μας έκαναν να ξοδεύουμε χρήματα, καθώς, εκτός από τα αναψυκτικά και τα τσιγάρα μας, δεν χρειαζόμαστε τίποτε άλλο. Σουλατσάραμε στη Sunset Boulevard, έπειτα παίρναμε τη Hollywood Boulevard από τη Sunset μέχρι την Doheny, χαζεύοντας τις αφίσες για τις συναυλίες στα πολλά χίπικα μαγαζιά και μπαίνοντας σε όποιο δισκάδικο ή κατάστημα σουβενίρ μάς κινούσε το ενδιαφέρον. Απλώς περιφερόμαστε, απολαμβάνοντας τη ζωντάνια και το χρώμα της περιοχής. Συχνάζαμε για ώρες σε ένα κατάστημα που λεγόταν Piece O' Pizza, βάζοντας τραγούδια των Van Halen στο τζουκ μποξ ξανά και ξανά. Ήταν κάπως σαν τελετουργικό: πριν από λίγους μήνες, ο Steven μου είχε βάλει να ακούσω τον πρώτο τους δίσκο. Ήταν από εκείνες τις στιγμές που ένιωσα να με κατακλύζει μία νέα μουσική αίσθηση.

«Αυτό πρέπει να το ακούσεις!» μου είπε ο Steven, με τα μάτια γουρλωμένα. «Είναι ένα συγκρότημα που λέγεται Van Halen, είναι φοβεροί!» Είχα τις αμφιβολίες μου, επειδή τα μουσικά μου γούστα δεν συνέπιπταν πάντα με του Steven. Έβαλε το δίσκο στο πικ-απ, και το σόλο του Eddie που ξεκινάει το «Eruption» πετάχτηκε από τα ηχεία. «Χριστέ μου», είπα, «τι στο διάβολο είναι *αυτό*;»

Ήταν μια μορφή έκφρασης απολαυστική και ιδιαίτερη όσο η ζωγραφική, αλλά σε ένα πολύ βαθύτερο επίπεδο.

ΤΗΝ ΙΔΙΑ ΧΡΟΝΙΑ ΕΙΔΑ ΤΗΝ ΠΡΩΤΗ ΜΕΓΑΛΗ ROCK ΣΥΝΑΥΛΙΑ ΜΟΥ. Ήταν στο πλαίσιο του California World Music Festival, και έγινε στο L.A. Memorial Coliseum, στις 8 Απριλίου του 1979. Υπήρχαν εκεί 110.000 άνθρωποι, και ο κατάλογος των καλλιτεχνών που εμφανίζονταν ήταν απίστευτος: έπαιζαν δεκάδες μικρότερα γκρουπ, αλλά τα μεγάλα ονόματα ήταν ο Ted Nugent, οι Cheap Trick, οι Aerosmith και οι Van Halen. Χωρίς αμφιβολία, οι Van Halen «έσβησαν» κάθε άλλο συγκρότημα που έπαιζε εκείνη τη μέρα, ακόμα και τους Aerosmith. Φαντάζομαι ότι δεν θα ήταν και πολύ δύσκολο: οι Aerosmith ήταν τόσο χωμένοι στα ναρκωτικά εκείνη την εποχή που μου ήταν αδύνατον να ξεχωρίσω το ένα κομμάτι από το άλλο στο σετ τους. Ήμουν φανατικός οπαδός τους, αλλά το μόνο τραγούδι που αναγνώρισα ήταν το «Seasons of Wither».

Τελικά ο Steve κι εγώ πήραμε μεταπτυχιακό στο να χαζεύουμε έξω από το Rainbow και το Starwood, επίκεντρα της προ-glam metal σκηνής. Οι Van Halen είχαν κάνει τις πρώτες τους απόπειρες σε αυτό το κύκλωμα και οι Mötley Crüe ήταν έτοιμοι να κάνουν το ίδιο· εκτός από αυτά τα συγκροτήματα, την ίδια περίοδο έκαναν την εμφάνισή τους τα πρώτα δείγματα του punk rock του Los Angeles. Έξω από τα κλαμπ υπήρχαν μαζεμένα εκατοντάδες άτομα, και μια και είχα πρόσβαση σε ναρκωτικά, τους πουλούσα όχι μόνο για να βγάλω λεφτά, αλλά και για να χωθώ περισσότερο στη σκηνή.

Στο Δυτικό Hollywood και το Hollywood οι νύχτες έσφυζαν από ζωή: εκεί βρισκόταν και η σκηνή των ομοφυλόφιλων – γύρω από ένα ακριβό gay εστιατόριο, το French Quarter, και gay μπαρ όπως το Rusty Nail, που βρίσκονταν σπαρμένα ανάμεσα στα στέκια της κατά βάση ετεροφυλόφιλης rock σκηνής. Η όλη συμβίωση μας φαινόταν παράξενη και ενδιαφέρουσα. Υπήρχαν άπειροι τρελαμένοι γύρω μας, και μας άρεσε να «ρουφάμε» τα πάντα, όσο αλλόκοτα και ανόητα κι αν ήταν τα περισσότερα.

Καθώς μεγαλώναμε, ο Steve κι εγώ μπλέκαμε σε κάθε είδος δήθεν αθώων μπελάδων. Μια νύχτα ο μπαμπάς μου μας πήγε σε ένα πάρτι που έκανε μια παρέα από τους καλλιτέχνες φίλους του, οι οποίοι ζούσαν σε κάτι σπίτια σε ένα αδιέξοδο του Laurel Canyon. Η Alexis, η οικοδέσποινα και φίλη του πατέρα μου, είχε φτιάξει ένα βαρέλι ποντς, τόσο θανατηφόρο που όλοι είχαμε πέσει ξεροί. Καθώς είχε μεγαλώσει στο Valley, ο Steven δεν είχε δει ποτέ του τόσο άνετο και μοντέρνο σκηνικό: βρισκόταν ανάμεσα σε ενήλικες, φευγάτους μετα-χίπις, και ο συνδυασμός των ανθρώπων και του ποντς κυριολεκτικά τον διέλυσε. Πίναμε αρκετά για δεκατριάχρονοι, αλλά αυτό το ποτό ήταν πολύ προχωρημένο για μας. Ήμουν τόσο λιώμα που δεν πρόσεξα τον Steve να ξεγλιστράει με ένα κορίτσι που έμενε στον ξενώνα του κάτω ορόφου. Κατέληξε να την πηδήξει, κάτι που αποδείχθηκε μάλλον λάθος. Η κοπέλα ήταν παντρεμένη και πάνω από τριάντα χρονών· στο δεκατριάχρονο μυαλό μου, ήταν μία αξιοσέβαστη πολίτης. Για μένα, ο Steve είχε πηδήξει μια μεγάλη γυναίκα... που τύχαινε να είναι και γυναίκα κάποιου άλλου.

Το πρωί, ξύπνησα στο πάτωμα με τη γεύση του ποντς στο στόμα μου και την αίσθηση ότι κάποιος είχε μπήξει μια σιδερένια σφήνα στο μυαλό μου. Γύρισα στο σπίτι της γιαγιάς μου για να συνεχίσω τον ύπνο· ο Steven έμεινε πίσω, καθώς ήθελε να μείνει για λίγο ακόμα στο κρεβάτι του κάτω ορόφου. Δέκα λεπτά αφότου έφτασα σπίτι, μου τηλεφώνησε ο πατέρας μου για να μου πει ότι η ζωή του Steven διέτρεχε κίνδυνο. Η γυναίκα με την οποία είχε πλαγιάσει το είχε ομολογήσει στο σύζυγό της και αυτό δεν του άρεσε καθόλου. Ο άνδρας, σύμφωνα με τον πατέρα μου, σκόπευε να «καρυδώσει» τον Steven, μια απειλή που, όπως με διαβεβαίωσε ο Tony, ήταν πολύ σοβαρή. Όταν κατάλαβε ότι δεν τον πήρα στα σοβαρά, ο πατέρας μου είπε ότι ο τύπος είχε ορκιστεί να σκοτώσει τον Steven. Τελικά δεν συνέβη τίποτε. Έτσι ο Steven τη γλίτωσε, αλλά ήταν μια ξεκάθαρη ένδειξη όσων θα ακολουθούσαν. Στα δεκατρία του, ο Steven είχε περιορίσει τους σκοπούς της ύπαρξής του σε δύο βασικές επιδιώξεις: να πηδάει κορίτσια και να παίζει σε rock and roll συγκρότημα. Οφείλω να παραδεχθώ ότι δεν του έλειπε η ικανότητα πρόγνωσης.

Στον κόσμο της δεκατριάχρονης μουσικής σοφίας του, την οποία (μάλλον λόγω των ανώτερων ερωτικών του επιδόσεων) θεωρούσα ανώτερη από τη δική μου, ο Steven είχε καταλήξει ότι υπήρχαν μόνο τρία rock and roll συγκροτήματα που άξιζε να ακούει κανείς: οι Kiss, οι Boston και οι Queen. Ο Steven τα άκουγε καθημερινά από το πρωί ως το βράδυ, ενώ θα έπρεπε να βρίσκεται στο σχολείο. Η γιαγιά του δούλευε σε φούρνο και έφευγε από το σπίτι κάθε μέρα στις πέντε τα ξημερώματα· δεν είχε ιδέα για το ότι ο Steven σπανίως πατούσε στα μαθήματα. Περνούσε τη μέρα του ακούγοντας δίσκους των Kiss στη διαπασών, ενώ γρατζούνιζε μια μικρή κιθάρα που είχε αγοράσει από το Wall Mart μαζί με έναν ενισχυτή, με την ένταση στο δέκα, επίσης. Πήγαινα και του έκανα παρέα, και μου φώναζε δυνατά για να ακουστεί με όλο αυτό το σαματά: «*Έι!* Πρέπει να φτιάξουμε συγκρότημα, εντάξει;»

Ο Steven ήταν ανοιχτός, ξέγνοιαστος τύπος, και ο ενθουσιασμός του ήταν εξαιρετικά μεταδοτικός. Μου ήταν αδύνατον να αμφισβητήσω τις προθέσεις του και την όρεξή του. Είχε διαλέξει για τον εαυτό του το ρόλο του κιθαρίστα, και αποφασίσαμε ότι εγώ θα έπαιζα μπάσο. Σήμερα, όταν ακούω μουσική, έπειτα από είκοσι πέντε χρόνια παίξιμο, ξεχωρίζω όλα τα όργανα, διακρίνω το κλειδί της κιθάρας και μπορώ να σκεφτώ διάφορους εναλλακτικούς τρόπους για να παίξω ένα κομμάτι. Όμως στα δεκατρία μου είχα ακούσει rock and roll για χρόνια· είχα δει πολλές συναυλίες και ήξερα από τι όργανα απαρτίζεται ένα rock συγκρότημα, αλλά δεν είχα ιδέα για τον ήχο του κάθε οργάνου. Ήξερα τι ήταν κιθάρα, αλλά δεν είχα ιδέα για τις διαφορές ανάμεσα σε μια κιθάρα και ένα μπάσο, και το παίξιμο του Steven εκείνη την εποχή δεν με βοήθησε καθόλου σ' αυτό.

Όταν κάναμε βόλτες στην πόλη, περνούσαμε από ένα ωδείο στη γωνία Fairfax και Santa Monica που λεγόταν Fairfax Music School (σήμερα είναι ιατρείο χειροπρακτικής). Φαντάστηκα ότι θα ήταν ένα καλό μέρος για να μάθω μπάσο. Έτσι μια μέρα σταμάτησα, πλησίασα τη ρεσεψιόν και είπα: «Θέλω να μάθω μπάσο». Η κοπέλα στην υποδοχή με σύστησε σε έναν καθηγητή, έναν τύπο που λεγόταν Robert Wolin. Όταν ο Robert ήρθε να μου μιλήσει, είδα ότι δεν ήταν αυτό που περίμενα: ήταν ένας κοντούλης λευκός που φορούσε τζιν παντελόνι και καρό πουκάμισο χωμένο στη ζώνη. Είχε παχύ μουστάκι, ήταν αξύριστος και είχε αχτένιστα καστανά μαλλιά – κάποτε, υποθέτω ότι τα χτένιζε με συγκεκριμένο τρόπο, αλλά η κατάσταση έμοιαζε πια να του έχει ξεφύγει. Περιττό να πω ότι ο Robert δεν έμοιαζε καθόλου με rock star.

Παρ' όλα αυτά, με πληροφόρησε υπομονετικά ότι για να κάνω μαθήματα χρειαζόταν να έχω δικό μου μπάσο, κάτι που δεν μου είχε περάσει από το μυαλό. Ζήτησα βοήθεια από τη γιαγιά μου και εκείνη μου έδωσε μια παλιά ισπανική κιθάρα με μία νάιλον χορδή, την οποία είχε κρυμμένη στην ντουλάπα. Όταν ξαναπήγα στον Robert στο ωδείο, έριξε μια ματιά στην κιθάρα μου και κατάλαβε ότι έπρεπε να ξεκινήσει από τα βασικά, επειδή δεν είχα ιδέα ότι το πράγμα που κρατούσα μπορεί και να μην ήταν μπάσο. Ο Ρόμπερτ έβαλε στο πικ απ το «Brown Sugar», έπιασε την κιθάρα του και έπαιξε το riff και το σόλο του κομματιού. Και τότε άκουσα *τον* ήχο. Ό,τι κι αν ήταν αυτό που έκανε ο Robert, ήταν μαγικό. Κοιτούσα την κιθάρα του με πραγματικό δέος.

«*Αυτό* θέλω να κάνω», του είπα. «*Αυτό ακριβώς*».

Ο Robert ήταν πολύ ενθαρρυντικός· μου έπαιξε μερικά ακόρντα, μου έδειξε τη σωστή δακτυλοθεσία και κούρδισε τη μοναδική χορδή που είχα. Με πληροφόρησε επίσης ότι θα έπρεπε το συντομότερο να αγοράσω τις υπόλοιπες πέντε χορδές. Τόσο ξαφνικά και αθώα μπήκε η κιθάρα στη ζωή μου. Δεν υπήρξε καμία σκέψη, καμία προμελέτη, δεν ήταν μέρος κάποιου ευρύτερου σχεδίου εκτός από αυτό της συμμετοχής μου στο φανταστικό συγκρότημα του Steven. Δέκα χρόνια αργότερα θα βρισκόμουν με όλα τα προνόμια που είχε ονειρευτεί ο Steven: ταξίδια σε όλο τον κόσμο, sold-out εμφανίσεις και περισσότερα κορίτσια στη διάθεσή μας απ' όσα θα μπορούσαμε να βολέψουμε... Και όλα αυτά χάρη σε ένα χιλιοκοπανημένο κομμάτι ξύλο που η γιαγιά μου είχε ξεθάψει από την ντουλάπα της.

Κυριολεκτικά, εν μιά νυκτί, η κιθάρα αντικατέστησε το BMX στη θέση του μεγάλου μου πάθους. Δεν έμοιαζε με τίποτε απ' όσα είχα κάνει: ήταν μια μορφή έκφρασης τόσο απολαυστική και ιδιαίτερη όσο η τέχνη και η ζωγραφική, αλλά σε ένα πολύ βαθύτερο επίπεδο. Το να είμαι ικανός να δημιουργήσω τον ήχο που μου είχε «μιλήσει» στη μουσική από τότε που μπορώ να θυμηθώ τον εαυτό μου, με έκανε να νιώθω πανίσχυρος. Η αλλαγή ήταν τόσο άμεση όσο το να ανάβεις ένα φως, και μάλιστα εξίσου διαφωτιστική. Γύρισα στο σπίτι από το ωδείο και άρχισα να αντιγράφω τις μεθόδους του Robert, βάζοντας τα αγαπημένα μου τραγούδια και συνοδεύοντάς τα όπως μπορούσα με μία χορδή· έπειτα από λίγες ώρες μπορούσα να ακολουθήσω τις αλλαγές τόνου και να μιμηθώ τη μελωδία μερικών τραγουδιών με ακατέργαστο τρόπο. Τραγούδια όπως το «Smoke on the Water» των Deep Purple, το «25 or 6 to 4» των Chicago, το «Dazed and Confused» και το «Hey Joe» του Jimi Hendrix μπορούν να παιχτούν μόνο στη χορδή μι· έτσι πάσχιζα ξανά και ξανά να τα παίξω. Η επίγνωση και μόνο ότι μπορούσα να μιμηθώ τα τραγούδια που άκουγα στο στερεοφωνικό μου, αρκούσε για να εντυπώσει για πάντα την κιθάρα στη ζωή μου.

Όλο το καλοκαίρι πριν την Γ΄ Γυμνασίου έκανα μαθήματα με τον Robert στην καραβοτσακισμένη κιθάρα μου – με τις έξι χορδές στη θέση τους, κάτι που, βεβαίως, με ανάγκασε να μάθω να κουρδίζω. Έμενα πάντα έκπληκτος όταν του έβαζα κάποιον δίσκο που δεν ήξερε αλλά μάθαινε να τον παίζει επιτόπου, μέσα σε λίγα λεπτά. Άρχισα να επιδιώκω το να αποκτήσω κι εγώ αυτή την ικανότητα. Όπως κάθε μαθητής που ξεκινάει όψιμα τη μάθησή του, προσπάθησα να φτάσω αμέσως σε αυτό το επίπεδο, ενώ ο Robert, όπως κάθε καλός δάσκαλος, με ανάγκαζε να μάθω τα βασικά. Με δίδαξε τις βασικές ματζόρε, μινόρε και blues κλίμακες και πώς να πιάνω όλα τα βασικά ακόρντα. Μου έγραψε επίσης τα βασικά ακόρντα για τα αγαπημένα μου τραγούδια, όπως τα «Jumping Jack Flash» και «Whole Lotta Love», τα οποία έπαιζα ως ανταμοιβή μόλις τελείωνα τις ασκήσεις της εβδομάδας. Συνήθως πήγαινα κατευθείαν στην ανταμοιβή, και όταν εμφανιζόμουν στο ωδείο την επόμενη μέρα ο Robert καταλάβαινε αμέσως ότι δεν είχα αγγίξει τις ασκήσεις μου. Μερικές φορές μου άρεσε να παίζω λες και είχα ακόμη μόνο μία χορδή. Κάθε τραγούδι που μάθαινα είχε ένα riff, οπότε είχε περισσότερη πλάκα να ανεβοκατεβαίνω σε μία χορδή αντί να μάθω να βάζω τα χέρια μου με τον σωστό τρόπο.

Τα σύνεργα για τους αγώνες BMX μάζευαν σκόνη στην ντουλάπα μου. Οι φίλοι μου άρχισαν να αναρωτιούνται τι έκανα τα βράδια. Μια μέρα, καθώς γύριζα από το ωδείο κουβαλώντας την κιθάρα μου, πέτυχα τον Danny McCracken. Με ρώτησε πού είχα χαθεί και αν είχα κερδίσει σε κανέναν αγώνα τώρα τελευταία. Του είπα ότι τώρα ήμουν κιθαρίστας. Με κοίταξε περίεργα, έπειτα έριξε μια ματιά στη διαλυμένη μου κιθάρα και με ξανακοίταξε στα μάτια. «Α, ναι...;» Πήρε μια σαστισμένη όψη, λες και δεν ήταν σίγουρος πώς να εκλάβει αυτό που του είχα πει. Μείναμε αμήχανοι και σιωπηλοί για ένα λεπτό πάνω στα ποδήλατά μας και έπειτα χαιρετηθήκαμε. Ήταν η τελευταία φορά που τον είδα.

Έτρεφα σεβασμό για το δάσκαλο της κιθάρας μου, τον Robert, αλλά αφελής και ανυπόμονος όπως ήμουν, δεν κατάφερνα να δω τι σχέση είχαν όσα με δίδασκε με τα τραγούδια των Rolling Stones και των Led Zeppelin που ήθελα να παίξω. Σύντομα το πράγμα έφτασε στο μη περαιτέρω, μόλις ανακάλυψα τη δική μου μέθοδο διδασκαλίας άνευ διδασκάλου. Ήταν ένα μεταχειρισμένο βιβλίο που βρήκα σε προσφορά σε ένα κατάστημα μουσικών οργάνων, με τον τίτλο *How to Play Rock Guitar*. Αυτό το βιβλίο περιείχε όλα τα ακόρντα, τις παρτιτούρες για κιθάρα και πρότυπα για σόλο από μεγάλους κιθαρίστες όπως ο Eric Clapton, ο Johnny Winter και ο Jimi Hendrix. Είχε μέχρι και ένα μικρό πλαστικό δισκάκι flexi disc 45 στροφών που έδειχνε πώς να παίζεις όσα υπήρχαν στο βιβλίο. Το πήρα σπίτι μου και το ξεκοκκάλισα, και μόλις μπόρεσα να μιμηθώ τους ήχους που είχε εκείνο το δισκάκι, άρχισα να αυτοσχεδιάζω μόνος μου· έπειτα *ξέφυγα*. Μόλις με άκουσα να παίζω σχήματα που θύμιζαν rock and roll κιθάρα ένιωσα λες και βρήκα το Ιερό Δισκοπότηρο. Αυτό το βιβλίο μού άλλαξε τη ζωή· έχω ακόμα το φθαρμένο αντίτυπο κάπου στην ντουλάπα μου, και από τότε δεν έχω ξαναδεί κάποιο άλλο. Το έχω ψάξει πολλές φορές, αλλά χωρίς αποτέλεσμα. Νιώθω λες και ήταν το μοναδικό αντίτυπο που υπήρχε στον κόσμο, και την ημέρα που το πρωτοείδα περίμενε εμένα. Αυτό το βιβλίο μού έδωσε την τεχνική που αναζητούσα, και μόλις άρχισα να την αποκτώ παράτησα το ωδείο.

Πίστευα ότι ήμουν πια κανονικός «rock κιθαρίστας»· έτσι λοιπόν από ανάγκη δανείστηκα εκατό δολάρια από τη γιαγιά μου και αγόρασα μια ηλεκτρική κιθάρα. Ήταν μια πολύ φτηνή απομίμηση Les Paul, φτιαγμένη από μια εταιρεία που λεγόταν Memphis Guitars. Το σχήμα της με γοήτευε, επειδή οι περισσότεροι από τους αγαπημένους μου κιθαρίστες έπαιζαν με Les Paul – ήταν για μένα η επιτομή της rock κιθάρας. Παρ' όλ' αυτά δεν είχα ιδέα ποιος ήταν ο Les Paul, δεν είχα ακούσει το υπέροχο jazz παίξιμό του ούτε ήξερα τον θεμελιώδη ρόλο που είχε παίξει στην εξέλιξη των ηλεκτρικών οργάνων, των εφέ και των τεχνικών ηχογράφησης. Δεν ήξερα ότι οι κιθάρες από μασίφ ξύλο που είχαν το όνομά του θα γίνονταν το αγαπημένο μου όργανο. Ούτε φανταζόμουν ότι, πολλά χρόνια αργότερα, θα είχα επανειλημμένα την τιμή να παίξω μαζί του επί σκηνής. Όχι, εκείνη τη μέρα ήξερα μόνο τα βασικά· στο μυαλό μου, το σχήμα εκείνο ήταν η οπτική εκδοχή του ήχου που ήθελα να βγάλω.

ΑΝΑΚΑΛΥΠΤΟΝΤΑΣ ΤΗΝ ΚΙΘΑΡΑ ΕΝΙΩΘΑ ΟΤΙ ΑΝΑΚΑΛΥΠΤΑ τον εαυτό μου. Η επαφή μαζί της με καθόρισε, έδωσε ένα σκοπό στη ζωή μου. Ήταν μια δημιουργική διέξοδος που μου επέτρεψε να κατανοήσω τον εαυτό μου. Δεν κρατούσα ημερολόγιο· μου ήταν πολύ δύσκολο να εκφράσω με τα λόγια τον εαυτό μου με δημιουργικό τρόπο, αλλά η κιθάρα μού χάριζε πνευματική διαύγεια. Μου άρεσε πολύ να ζωγραφίζω· ήταν μια ενασχόληση που με έκανε να ξεχνιέμαι, αλλά δεν ήταν το όχημα που θα μου επέτρεπε να εκφράσω πλήρως τον εαυτό μου. Πάντα ζήλευα τους καλλιτέχνες που μπορούσαν να εκφραστούν μέσω της τέχνης, και μόνο μέσω της κιθάρας μπόρεσα να καταλάβω πόσο μεγάλη λύτρωση είναι κάτι τέτοιο.

Μελετούσα επί ώρες όπου κι αν βρισκόμουν· το έβρισκα απελευθερωτικό. Όταν έπαιζα, βίωνα μία εκστατική αίσθηση που γαλήνευε την ψυχή μου· με τα χέρια μου απασχολημένα και το μυαλό μου προσηλωμένο, βρήκα τη γαλήνη. Μόλις μπήκα σε συγκρότημα, ανακάλυψα ότι η εξουθενωτική προσπάθεια μιας συναυλίας έγινε το βασικό μου όχημα για τη λύτρωση· όταν παίζω επί σκηνής νιώθω περισσότερο ο εαυτός μου από οποιαδήποτε άλλη στιγμή της ζωής μου. Υπάρχει ένα υποσυνείδητο συναισθηματικό πεδίο που ενεργοποιείται με το παίξιμο, και καθώς δεν είμαι ιδιαίτερα εξωστρεφής άνθρωπος, τίποτε δεν με έχει βοηθήσει περισσότερο να δώσω διέξοδο στα συναισθήματά μου.

Το γεγονός ότι στα δεκαπέντε μου βρήκα τη φωνή μου μέσα από την κιθάρα, ήταν επαναστατικό· αποτελούσε τεράστιο άλμα στην εξέλιξή μου· Δεν μπορώ να σκεφτώ κάτι που να άσκησε πιο έντονη επίδραση στη ζωή μου. Η μοναδική στιγμή που πλησιάζει, είχε διαδραματιστεί δύο χρόνια νωρίτερα, όταν βίωσα για πρώτη φορά το μυστήριο του αντίθετου φύλου... Μόλις το έκανα, πίστευα ότι τίποτε δεν ήταν καλύτερο από το σεξ... μέχρι που έπαιξα κιθάρα. Και λίγο αργότερα ανακάλυψα ότι αυτές οι δύο επιδιώξεις μπορούν να συνυπάρχουν αρμονικά στον εφηβικό μου κόσμο.

Το πρώτο μου κορίτσι το έλεγαν Melissa. Ήταν ένα χαριτωμένο, στρουμπουλό κορίτσι, ένα χρόνο μικρότερό μου. Εκείνη ήταν δώδεκα κι εγώ δεκατριών χρονών, όταν χάσαμε κι οι δυο την παρθενιά μας. Αυτό δεν προξενεί εντύπωση με τα σημερινά δεδομένα, που οι έφηβοι ξεκινούν τις σεξουαλικές επαφές νωρίτερα από ποτέ, αλλά το 1978 ήμαστε πολύ προχωρημένοι: οι περισσότεροι συνομήλικοί μας απλώς φιλιόντουσαν στο στόμα. Μέσα μας ξέραμε και οι δύο ότι δεν έπρεπε να χαλάσουμε κάτι καλό· έτσι συνεχίσαμε να είμαστε μαζί, κατά διαστήματα, για χρόνια. Η πρώτη φορά που κάναμε κάτι ήταν στο πλυσταριό της πολυκατοικίας της, που βρισκόταν στον πρώτο όροφο, στο βάθος του κτιρίου. Μου τον έπαιξε· ήταν η πρώτη φορά και για τους δυο μας. Τελικά μεταφερθήκαμε στη μοναδική κρεβατοκάμαρα του σπιτιού όπου έμενε με τη μαμά της, την Carolyn. Δυστυχώς, την πρώτη φορά που το κάναμε, η Carolyn γύρισε σπίτι νωρίς· έτσι αναγκάστηκα να συρθώ μέσα από το παράθυρο της κρεβατοκάμαρας της Melissa με κατεβασμένα τα παντελόνια. Ευτυχώς που οι θάμνοι δεν είχαν αγκάθια.

Τα πράγματα προχώρησαν πολύ γρήγορα μεταξύ μας· όταν έλειπε η μαμά της το κάναμε στο κρεβάτι της Melissa, και όταν ήταν σπίτι, το κάναμε στον καναπέ μόλις η Carolyn έχανε τις αισθήσεις της από τα Valium, ελπίζοντας να μην ξυπνήσει και μας κάνει τσακωτούς. Βέβαια, δεν ήταν πάντα εύκολο το να περιμένουμε να πιάσουν την Carolyn τα Valium. Λίγο αφότου η Melissa και η Carolyn μετακόμισαν σε ένα διαμέρισμα του επάνω ορόφου με δύο κρεβατοκάμαρες, η μητέρα της παραιτήθηκε από την προσπάθεια να μας εμποδίσει. Αποφάσισε ότι ήταν καλύτερα να το κάνουμε στο σπίτι της παρά κάπου αλλού, και μας το εκμυστηρεύτηκε. Για τη Melissa και μένα, δύο σεξουαλικά αχόρταγους έφηβους, η μαμά της ήταν η πιο ξηγημένη μαμά που υπήρχε.

Η Carolyn κάπνιζε κιλά μαριχουάνα και αντιμετώπιζε το θέμα χωρίς προκαταλήψεις· έστριβε τέλεια τσιγαριλίκια και με άφηνε να μένω μαζί τους, στο δωμάτιο της Melissa, για εβδομάδες. Μια και βρισκόμαστε τα καλοκαίρια, η μαμά μου δεν είχε πρόβλημα. Η μητέρα της δεν εργαζόταν, είχε έναν πολύ ευγενικό, μεγαλύτερο σε ηλικία φίλο ο οποίος πουλούσε κόκα, μαριχουάνα και LSD, τα οποία μας τα έδινε τσάμπα, υπό τον όρο ότι δεν θα τα απολαμβάνουμε εκτός σπιτιού.

Η πολυκατοικία τους ήταν στη γωνία Edinbourgh και Willoughby, περίπου δύο τετράγωνα δυτικά της Fairfax και μισό τετράγωνο νότια της Santa Monica Boulevard. Το σημείο ήταν τέλειο· το Δημοτικό Σχολείο του Laurel όπου συχνάζαμε εγώ και οι φίλοι μου ήταν δυο βήματα παρακάτω. Στην πραγματικότητα, εκεί βρισκόμαστε με τη Melissa. Το γήπεδο του σχολείου ήταν μέρος της κοινότητας, όπως και το τετράγωνο όπου έμενε η Melissa. Η γειτονιά της ήταν ένα ενδιαφέρον πολιτιστικό συνονθύλευμα: νεαροί gay, παλιές εβραϊκές οικογένειες, Ρώσοι, Αρμένιοι και Μεσανατολίτες ζούσαν ο ένας δίπλα στον άλλο. Υπήρχε ένα φιλικό αλλά περίεργο κλίμα, όπως στις τηλεοπτικές σειρές, όπου όλοι χαμογελούν και χαιρετούν ο ένας τον άλλο, μόνο που δεν λείπει και μία υποβόσκουσα ένταση.

Σε μια συνηθισμένη βραδιά, η Melissa κι εγώ φτιαχνόμαστε και ακούγαμε μουσική με τη μαμά της, κι έπειτα πηγαίναμε στην απέναντι πολυκατοικία για επίσκεψη στον Wes και τον Nate, τους δύο gay που ζούσαν στη μοναδική μονοκατοικία σε ακτίνα έξι τετραγώνων. Είχαν μια τεράστια αυλή κοντά στα τέσσερα στρέμματα και μια ψηλή βελανιδιά απ' όπου κρεμόταν μια κούνια. Καπνίζαμε μαζί τους ένα joint και έπειτα βγαίναμε στην πίσω αυλή, όπου ξαπλώναμε κάτω από τη βελανιδιά και βλέπαμε τ' αστέρια.

Επίσης, εκείνη την εποχή εντρύφησα στη σύγχρονη μουσική. Έχω ήδη αναφέρει ότι οι γονείς μου άκουγαν μουσική ασταμάτητα· είναι η πιο ευχάριστη παιδική ανάμνηση που έχω. Εξακολουθώ να τα ακούω όλα ακόμη και τώρα, από τους κλασικούς συνθέτες που άρεσαν στον μπαμπά μου μέχρι τους θρύλους των 60s και των 70s που λάτρευαν και οι δύο. Εκείνη η εποχή ήταν η πιο δημιουργική περίοδος του rock and roll. Ψάχνω συνεχώς, αλλά σπάνια βρίσκω μουσική καλύτερη απ' αυτή. Κάθε φορά που νομίζω ότι κάτι βρήκα, μια πιο προσεκτική εξέταση μου αποκαλύπτει ότι πρόκειται για ένα ακόμη αναμάσημα της δουλειάς των πρωτοπόρων. Και έπειτα συνειδητοποιώ ότι θα προτιμούσα να ακούω Stones, Aerosmith ή ό,τι άλλο αποτελεί τη βάση του, παρά να συνεχίσω να το ακούω.

Όταν όμως ήμουν δεκατριών, η δισκοθήκη των γονιών μου είχε πάψει να με ικανοποιεί. Αναζητούσα νέους ήχους, και στο σπίτι της Melissa βρήκα μια ατέλειωτη παρακαταθήκη. Εκεί πρωτοάκουσα Supertramp, Journey, Styx, April Wine, Foghat και Genesis – αλλά κανένα απ' αυτά τα συγκροτήματα δεν κάλυπτε τα γούστα μου. Η μαμά της Melissa άκουγε συνέχεια Pink Floyd, που τους ήξερα και από τη μαμά μου, αλλά η μαριχουάνα της Carolyn ήταν τόσο καλή, που ξαφνικά η μουσική απέκτησε εντελώς νέα διάσταση. Εκείνο το διαμέρισμα ήταν παράδεισος για έναν εκκολαπτόμενο κιθαρίστα: φτιαχνόμουν τσάμπα, ανακάλυπτα νέα τραγούδια, και έκανα σεξ με το κορίτσι μου όλη νύχτα, και όλα αυτά προτού αποφοιτήσω από το Γυμνάσιο.

Δεν πιστεύω πως υπάρχει κάτι καλύτερο από το να ακούς το αγαπημένο σου συγκρότημα να παίζει ζωντανά.

ΠΕΡΑΣΑ ΤΗΝ ΥΠΟΛΟΙΠΗ ΔΕΥΤΕΡΑ ΓΥΜΝΑΣΙΟΥ ΚΑΙ ΟΛΗ την Τρίτη τριγυρίζοντας στο Hollywood με τον Steven όλη μέρα, παίζοντας κιθάρα στο δωμάτιό μου και πλαγιάζοντας με τη Melissa. Κάποια στιγμή έκλεψα ένα μεγάλο κασετόφωνο Panasonic και το κουβαλούσα παντού, προσλαμβάνοντας διάφορα ακούσματα όπως Ted Nugent, Cheap Trick, Queen, Cream και Edgar and Johnny Winter. Κάθε μέρα έκλεβα κι άλλες κασέτες, μαθαίνοντας ένα συγκρότημα τη φορά. Ξεκινούσα με τους live δίσκους, επειδή πιστεύω ότι είναι ο μόνος τρόπος για να καταλάβεις αν κάποιο συγκρότημα αξίζει την προσοχή σου. Αν ακούγονταν αρκετά καλοί live, έκλεβα ολόκληρη τη δισκογραφία τους. Χρησιμοποιούσα επίσης τους live δίσκους τους για να μάθω τις μεγαλύτερες επιτυχίες τους προτού αρχίσω να κλέβω ολόκληρη τη δισκογραφία τους – δεν ήμουν σπάταλος. Ακόμα και σήμερα, λατρεύω τις ζωντανές ηχογραφήσεις· ως φανατικός ακροατής της rock μουσικής –και εξακολουθώ να πιστεύω ότι πρώτα και κύρια παραμένω φανατικός ακροατής– νομίζω πως δεν υπάρχει καλύτερο πράγμα από το να ακούς ζωντανά το αγαπημένο σου συγκρότημα. Εξακολουθώ να πιστεύω ότι οι ζωντανές ηχογραφήσεις είναι οι πιο αντιπροσωπευτικές των αγαπημένων μου συγκροτημάτων – άσχετα αν αναφέρομαι στο *Live Bootleg* των Aerosmith, το *Live at Leeds* των Who, το *Get Your Ya Ya's Out* των Rolling Stones ή το *Give the People What They Want* των Kinks. Πολύ αργότερα, ένιωσα περήφανος όταν οι Guns N' Roses κυκλοφόρησαν το *Live Era*· πιστεύω ότι αποτυπώνει μερικές σπουδαίες στιγμές.

ΜΕ ΕΞΑΙΡΕΣΗ ΤΗ MELISSA ΚΑΙ ΤΟΝ STEVEN, ΟΙ ΥΠΟΛΟΙΠΟΙ φίλοι μου ήταν πολύ μεγαλύτεροι από μένα. Με πολλούς απ' αυτούς είχα γνωριστεί μέσω της παρέας με τα ποδήλατα, ενώ στην πορεία γνώρισα πολύ περισσότερους επειδή πάντα διέθετα μαριχουάνα με τον ένα ή τον άλλο τρόπο. Η μαμά μου κάπνιζε μαριχουάνα και είχε μεγαλώσει με πολύ φιλελεύθερες αντιλήψεις: προτιμούσε να καπνίζω υπό την επίβλεψή της, παρά να πειραματίζομαι στον έξω κόσμο. Με όλο το σεβασμό που της οφείλω, είχε τις καλύτερες προθέσεις κατά νου, αλλά δεν αντιλαμβανόταν ότι όχι μόνο κάπνιζα στο σπίτι υπό το άγρυπνο μάτι της, αλλά πολύ συχνά κορφολογούσα λίγο από το χόρτο της (μερικές φορές μόνο τα σπόρια) για να καπνίσω ή να πουλήσω όταν έβγαινα έξω. Ήταν, χωρίς αμφιβολία, ο καλύτερος τρόπος να γίνομαι αποδεκτός παντού και την ευχαριστώ γι' αυτό.

Τα μεγαλύτερα παιδιά που γνώριζα στις διάφορες παρέες είχαν διαμερίσματα, πουλούσαν ναρκωτικά, έκαναν πάρτι και δεν είχαν καμία όρεξη να ψυχαγωγούν τους μικρότερους. Εκτός από τα προφανή πλεονεκτήματα, ένα τέτοιο περιβάλλον μού επέτρεψε να ανακαλύψω συγκροτήματα της εποχής που αλλιώς θα έχανα. Υπήρχαν μερικοί surfers και skaters με τους οποίους έκανα παρέα και μου έμαθαν τους Police, τους Devo, τους 999 και μερικά ακόμη, πιο εμπορικά new wave συγκροτήματα. Από μια άλλη παρέα με την οποία βρισκόμουν, ένα ψηλόλιγνο μαύρο παιδί κοντά στα είκοσι που τον έλεγαν Kevin, μου έβαλε να ακούσω σε ένα πάρτι του τα πρώτα άλμπουμ των Cars.

Ο Kevin ήταν ο μεγάλος αδελφός ενός φίλου μου από την παρέα με τα ποδήλατα, ενός παιδιού που τον έλεγαν Keith και μου είχε κολλήσει το παρατσούκλι Solomon Grundy. Θαύμαζα τον Keith επειδή τον κυνηγούσαν τα πιο όμορφα κορίτσια του Λυκείου Fairfax. Όταν ήμουν δεκατριών και δεκατεσσάρων και τρελαμένος με τα BMX, αυτός ο τύπος ήταν κι εκείνος στο ίδιο κύκλωμα, αλλά ήταν τόσο cool που πάντα φαινόταν να βρίσκεται ένα βήμα πριν περάσει σε πιο εξεζητημένα, ενήλικα ενδιαφέροντα. Ακόμα δεν έχω καταλήξει γιατί μου είχε δώσει το παρατσούκλι Solomon Grundy.

Όπως και να 'χει, το μουσικό γούστο του Kevin ήταν ασυναγώνιστο. Του άρεσε η disco, μια προτίμηση που δεν μοιραζόμαστε, αν και τώρα συνειδητοποιώ ότι είχε κλίση προς το συγκεκριμένο είδος μουσικής επειδή έτσι έβρισκε την ευκαιρία να ρίξει στο κρεβάτι όσο περισσότερα κορίτσια μπορούσε – έτσι σήμερα τον σέβομαι για την επιλογή του. Και το κόλπο του είχε αποτελέσματα, γιατί τα κορίτσια στα πάρτι του ήταν σέξι και αχαλίνωτα από σεξουαλική άποψη, γεγονός που μου κινούσε ιδιαίτερα το ενδιαφέρον. Με αυτά τα δεδομένα, δεν περίμενα να μου αρέσει το «cool, νέο συγκρότημα» που θα μου έβαζε να ακούσω ο Kevin ενώ καπνίζαμε ένα τσιγαριλίκι στο δωμάτιό του τη βραδιά ενός πάρτι. Στα μισά του πρώτου τραγουδιού είχα αλλάξει γνώμη, και μέχρι να τελειώσει το δεύτερο τραγούδι είχα γίνει αφοσιωμένος θαυμαστής του Elliot Easton. Ο Elliot ήταν η ψυχή των Cars, και εκείνος ο πρώτος τους δίσκος με κέρδισε. Κατά τη γνώμη μου, οι Cars ήταν ένα από τα λίγα επιδραστικά συγκροτήματα που ήρθαν στο προσκήνιο όταν το new wave κατέκτησε τα ερτζιανά.

Λίγο προτού φύγω από το πάρτι εκείνη τη νύχτα, άκουσα κάτι που κυριολεκτικά αιχμαλώτισε την προσοχή μου. Κάποιος είχε βάλει στο στερεοφωνικό το *Rocks* των Aerosmith και πρόλαβα να ακούσω μόνο δύο τραγούδια, αλλά έφταναν. Είχαν ένα πραγματικά αλήτικο στιλ, που δεν το είχα ξανακούσει ποτέ. Αν η lead κιθάρα ήταν η κρυμμένη φωνή που κατοικούσε μέσα μου, τότε αυτός ήταν ο δίσκος που περίμενα να ακούσω σε όλη μου τη ζωή. Προτού φύγω, φρόντισα να ρίξω μια ματιά στο εξώφυλλο, για να ξέρω τι είχα ακούσει. Συγκράτησα το όνομα Aerosmith: τέσσερα χρόνια νωρίτερα, το 1975, είχαν το μοναδικό ραδιοφωνικό τους hit μέχρι τότε, με το «Walk this Way». Έτρεξα ξανά στο δισκάδικο Rocks μια δυο εβδομάδες αργότερα... αλλά την πιο άκαιρη στιγμή.

Προτού διηγηθώ την επόμενη ιστορία, οφείλω να πω ότι οι σχέσεις δεν είναι ποτέ εύκολες, ειδικά όταν τα σώματα και των δύο πλευρών είναι νέα, άπειρα και οι ορμόνες τους κοχλάζουν. Η Melissa κι εγώ νοιαζόμαστε ο ένας για τον άλλο, αλλά χωρίζαμε και ξανασμίγαμε συχνά, συνήθως επειδή λόγω της αφοσίωσής μου στην κιθάρα δεν της διέθετα το χρόνο που πίστευε ότι της άξιζε. Τη συγκεκριμένη εποχή είχαμε χωρίσει και είχα βάλει στο μάτι ένα άλλο κορίτσι, το οποίο ας ονομάσουμε Laurie. Ήταν αρκετά μεγαλύτερή μου και –για τους φίλους μου– έξω από τις δυνατότητές μου. Η Laurie είχε απίστευτο στήθος, μακριά καστανά μαλλιά και φορούσε λεπτά τιραντέ μπλουζάκια με μεγάλο ντεκολτέ. Ήταν τόσο αραχνοΰφαντα και φαρδιά που ήταν πολύ εύκολο να δεις το στήθος της. Όπως κι εγώ, η Laurie είχε πρόσφατα χωρίσει: τα είχε χαλάσει με το αγόρι της τον Ricky, έναν τυπικό surfer. Ήμουν αποφασισμένος να την κάνω δική μου· δεν με ένοιαζε το γεγονός ότι ήταν τέσσερα χρόνια μεγαλύτερή μου και το ότι δεν μου έδινε σημασία. Ήξερα ότι μπορούσα να τα καταφέρω. Προσπαθούσα συνέχεια να της μιλήσω, την παρατηρούσα συνέχεια και κάποια στιγμή πιάσαμε κουβέντα. Χαλάρωσε και άρχισε να με γνωρίζει, και μόλις έγινε αυτό, φάνηκε να ξεχνάει το ότι πριν από λίγες εβδομάδες δεν ήμουν τίποτε παραπάνω από ένας πολύ μικρότερός της αλήτης στον οποίο δεν έδινε σημασία. Τελικά, ένα βράδυ που η μαμά της έλειπε σε άλλη πόλη, με προσκάλεσε να πάω σπίτι της.

Άφησα το αυτοκίνητό μου στην πρασιά του σπιτιού της και την ακολούθησα στον επάνω όροφο, όπου βρισκόταν το δωμάτιό της. Ήξερε πολύ καλύτερα από μένα τι σημαίνει cool και groovy. Είχε φουλάρια πάνω στα λαμπατέρ, παντού αφίσες με rock συγκροτήματα, δικό της στερεοφωνικό και έναν τόνο δίσκους. Αφού καπνίσαμε ένα τσιγαριλίκι, εγώ ήθελα να το παίξω χαλαρός και άνετος· άρχισα λοιπόν να ψαχουλεύω τους δίσκους της ψάχνοντας για κάτι που θα την εντυπωσίαζε. Αναγνώρισα το *Rocks* και το έβαλα στο πικ απ· ο συγκεκριμένος δίσκος έπαιζε ασταμάτητα στο υποσυνείδητό μου από τότε που είχα ακούσει τα δύο πρώτα τραγούδια του στο πάρτι του Kevin πριν από λίγες εβδομάδες. Μόλις οι πρώτες στριγκλιές του «Back in the Saddle» γέμισαν το δωμάτιο, έμεινα άναυδος. Άρχισα να παίζω το δίσκο ξανά και ξανά, κουλουριασμένος μπροστά στα ηχεία, αγνοώντας παντελώς τη Laurie. Την ξέχασα τελείως, όπως και τα περίπλοκα σχέδια που είχα για τη βραδιά. Έπειτα από κάνα δυο ώρες, με χτύπησε στον ώμο.

«Γεια», μου είπε.

«Γεια», είπα κι εγώ. «Τι τρέχει;»

«Μάλλον πρέπει να γυρίσεις σπίτι σου».

«Α, ναι... εντάξει».

Το *Rocks* ακούγεται τόσο δυνατό στ' αυτιά μου σήμερα, όπως και τότε: τα ουρλιαχτά του τραγουδιστή, οι βρόμικες κιθάρες και το ανελέητο groove δείχνουν πώς πρέπει να παίζεται το πραγματικό bluesy rock. Υπήρχε κάτι παράξενο στην ακατέργαστη εφηβική πνοή των Aerosmith, που βρισκόταν σε πλήρη αρμονία με την εσωτερική μου εξέλιξη εκείνη την εποχή· αυτός ο δίσκος αντικατόπτριζε με ακρίβεια τα αισθήματά μου. Μετά τη χαμένη μου ευκαιρία με τη Laurie, έπεσα με τα μούτρα στη μελέτη για να μάθω να παίζω το «Back in the Saddle». Έκλεψα μια κασέτα και ένα βιβλίο με παρτιτούρες των Aerosmith και έπαιξα αμέτρητες φορές το τραγούδι, μέχρι που έμαθα τα riffs. Στην πορεία πήρα ένα πολύτιμο μάθημα: τα βιβλία μουσικής δεν μπορούν να σε μάθουν να παίζεις σωστά. Είχα μάθει κάπως να διαβάζω μουσική, κι έτσι μπορούσα να καταλάβω ότι οι νότες που έδειχνε το βιβλίο δεν ήταν αυτές που έπαιζαν στο δίσκο. Έτσι ξεφορτώθηκα τα βιβλία και συνέχισα να παίζω μέχρι που μπόρεσα να το μάθω «με το αυτί»· από τότε και στο εξής, έτσι μάθαινα όλα τα τραγούδια που ήθελα να παίξω.

Καθώς μάθαινα όλα τα σχήματα του «Back in the Saddle», συνειδητοποίησα πόσο ιδιαίτερο είναι το παίξιμο του Joe και του Brad, και ότι κανείς δεν μπορεί να παίξει όπως αυτοί. Η μίμηση πρέπει να παραμένει ένα σκαλοπάτι για κάθε μουσικό, μέχρι να βρει τη δική του φωνή, αλλά δεν πρέπει *ποτέ* να γίνει η δική του φωνή. Κανείς δεν πρέπει να κοπιάρει τους ήρωές του σε σημείο που να τους μιμείται νότα προς νότα. Η κιθάρα είναι πολύ προσωπικό εκφραστικό μέσο για κάτι τέτοιο· θα έπρεπε να είναι αυτό ακριβώς που είναι – μία ατομική προέκταση του κιθαρίστα.

ΚΑΘΩΣ ΤΟ ΤΕΛΕΥΤΑΙΟ ΚΑΛΟΚΑΙΡΙ ΜΟΥ ΣΤΟ ΓΥΜΝΑΣΙΟ ΠΛΗΣΙΑΖΕ στο τέλος του, είχα δημιουργήσει έναν κόσμο δικής μου επινόησης που ήταν τόσο σταθερός όσο άστατη ήταν η οικογενειακή μου ζωή, επειδή στη διάρκεια εκείνης της περιόδου, τον πρώτο καιρό του χωρισμού των γονιών μου, είχαν ξεκινήσει τις δικές τους άστατες σχέσεις. Ζούσα με τον καθένα τους για σύντομο χρονικό διάστημα, αλλά πουθενά δεν ένιωθα καλά. Κατέληξα να ζω με τη γιαγιά μου στο συγκρότημα στο Hollywood, ενώ ο μικρός μου αδελφός ζούσε με τη μητέρα μου. Βέβαια, τις περισσότερες νύχτες κοιμόμουν με τη Melissa.

Μετά τη σχέση της με τον David Bowie, η μαμά μου άρχισε να βγαίνει με έναν ταλαντούχο φωτογράφο που θα τον ονομάσουμε «ο Φίλος». Συζούσαν για περίπου τρία χρόνια και τελικά μετακόμισαν σε ένα διαμέρισμα στη διασταύρωση της Cochran με την Τρίτη Λεωφόρο, κοντά στο La Brea, όπου έμεινα μαζί τους για κάποιο διάστημα. Ο Φίλος ήταν τουλάχιστον δέκα χρόνια νεότερος από την Ola, και όταν γνωρίστηκαν ήταν ανερχόμενος αστέρας της φωτογραφίας. Θυμάμαι που άκουγα ότι συναντούσε τον Herb Rits, τον Moshe Brakha αλλά και άλλους διάσημους φωτογράφους και μοντέλα στα σπίτια τους. Η μαμά μου και ο Φίλος είχαν μια μάλλον θυελλώδη σχέση, που στη διάρκειά της εκείνη υποβιβάστηκε σε βοηθό του και παραμέλησε τη δική της καριέρα.

Ο Φίλος διατηρούσε στο μπάνιο του έναν σκοτεινό θάλαμο, και προς το τέλος της σχέσης τους ανακάλυψα ότι έκανε καπνιστή κοκαΐνη εκεί μέσα όλη νύχτα, ενώ «δούλευε». Τα πράγματα δεν ήταν πάντα άσχημα εκεί, αλλά μόλις η κοκαΐνη εισέβαλε στη ζωή του Φίλου, η καριέρα του κατέρρευσε απότομα – συμπαρασύροντας και τη σχέση του με τη μητέρα μου. Ο Φίλος υπέφερε· ήταν δυστυχισμένος, και η δυστυχία έχει ανάγκη από παρέα· έτσι, παρόλο που δεν τον συμπαθούσα καθόλου (και το ήξερε), ήταν αποφασισμένος να με βάλει και μένα στον κόλπο του. Καπνίζαμε κοκαΐνη μαζί, και έπειτα βγαίναμε βόλτα στη γειτονιά και μπουκάραμε σε ξένα γκαράζ. Συνήθως κλέβαμε παλιά έπιπλα, παλιά παιχνίδια και ό,τι άλλο άχρηστο αντικείμενο φυλούσαν εκεί οι οικογένειες. Ένα από τα αντικείμενα που βρήκαμε ήταν ένας κόκκινος καναπές τον οποίο κουβαλήσαμε μέχρι το σπίτι· έπειτα τον βάψαμε μαύρο και τον βάλαμε στο σαλόνι. Δεν μπορώ να φανταστώ τι σκέφτηκε η Ola όταν ξύπνησε το άλλο πρωί· δεν έχω ιδέα, γιατί δεν μίλησε ποτέ γι' αυτό. Όπως και να 'χει, έπειτα από τις περιπέτειές μας ο Φίλος συνέχισε το ίδιο βιολί, καπνίζοντας κόκα όλη νύχτα και, υποθέτω, όλη μέρα. Εγώ γυρνούσα στο δωμάτιό μου κατά τις 7.30, έκανα ότι κοιμάμαι για μια ώρα, κι έπειτα σηκωνόμουν, καλημέριζα τη μητέρα μου και έφευγα για το σχολείο, λες και είχα κοιμηθεί ολόκληρη νύχτα.

Η μαμά μου επέμενε να μένω μαζί με εκείνη και το Φίλο επειδή δεν ενέκρινε την κατάσταση που βίωνα στο σπίτι του πατέρα μου. Μόλις ο μπαμπάς μου συμβιβάστηκε με το χωρισμό, κατάφερε να νοικιάσει ένα διαμέρισμα στην πολυκατοικία που έμενε ο φίλος του ο Miles και μερικοί από τους κοινούς φίλους των γονιών μου. Όλοι σε εκείνη την παρέα έπιναν πολύ, και ο μπαμπάς μου έβγαινε με πολλές γυναίκες· έτσι, η μαμά μου πίστευε ότι το περιβάλλον δεν ήταν ιδανικό για μένα. Εκείνη την περίοδο, ο μπαμπάς μου έβγαινε με μία γυναίκα που την έλεγαν Sonny. Η ζωή είχε κεράσει πολλές πίκρες τη Sonny: είχε χάσει το γιο της σε ένα τρομερό τροχαίο δυστύχημα και –παρόλο που ήταν πολύ γλυκιά– ήταν ψυχικά ισοπεδωμένη. Μαζί με τον πατέρα μου περνούσαν πολλή ώρα πίνοντας και κάνοντας έρωτα. Έτσι, για κάποιο διάστημα, ενώ έμενα στη μαμά μου, έβλεπα τον μπαμπά μόνο τα Σαββατοκύριακα, αλλά όταν τον έβλεπα είχε πάντα κάτι ενδιαφέρον για μένα: κάποιον ασυνήθιστο συναρμολογούμενο δεινόσαυρο, ή κάτι που απαιτούσε περισσότερες τεχνικές ικανότητες, όπως ένα τηλεκατευθυνόμενο αεροπλανάκι που έπρεπε να το συναρμολογήσεις από το μηδέν.

Αργότερα, τον έβλεπα πιο συχνά όταν μετακόμισε σε ένα διαμέρισμα στη γωνία Sunset και Gardner, σε ένα κτίριο με στούντιο και κοινό μπάνιο. Στο χολ κοιμόταν ο καλλιτέχνης φίλος του Steve Douglas. Στον πρώτο όροφο υπήρχε ένα μαγαζί που πουλούσε κιθάρες, αν και εκείνη την εποχή δεν είχα κολλήσει ακόμα το μικρόβιο. Το ατελιέ του πατέρα μου καταλάμβανε ολόκληρο το δωμάτιο, είχε λοιπόν χτίσει μια σοφίτα για να κοιμάται στον απέναντι τοίχο και εγώ έμενα εκεί μαζί του για λίγο, όσο ήμουν στην Α΄ Γυμνασίου, λίγο αφότου με απέβαλαν από το Γυμνάσιο John Burroughs επειδή έκλεψα ένα φορτίο με ποδήλατα BMX – μια ιστορία στην οποία δεν αξίζει να αναφερθώ. Όπως και να 'χει, για αυτή τη σύντομη περίοδο φοίτησα στο Γυμνάσιο Le Conte, και μια που ο πατέρας μου δεν οδηγούσε, έκανα με τα πόδια τα πέντε μίλια που χρειαζόταν για να πάω και να 'ρθω από το σχολείο.

Δεν είμαι σίγουρος πώς τα έβγαζαν πέρα ο μπαμπάς ή ο Steve από οικονομική άποψη. Ο Steve ήταν εικαστικός καλλιτέχνης, και απ' όσο καταλάβαινα το μόνο που έκαναν ήταν να περνούν τις μέρες τους πίνοντας και τις νύχτες τους ζωγραφίζοντας ή μιλώντας για τέχνη. Μία από τις πιο διασκεδαστικές αναμνήσεις μου από εκείνη την εποχή αφορούσε τη σακούλα του Steve με παλιομοδίτικα πορνοπεριοδικά, που κάποια μέρα με έπιασε να τα κοιτάζω.

Το σπίτι του και το σπίτι μας ήταν στην ουσία ενιαίος χώρος· έτσι έβρισκα πολύ φυσιολογικό το να μπαίνω στο δωμάτιό του όποτε μου έκανε κέφι. Μια μέρα μπήκε και με βρήκε να κοιτάζω το σεντούκι με τους πορνοθησαυρούς του. «Θα κάνουμε μια συμφωνία, Saul», μου είπε. «Αν καταφέρεις να κλέψεις αυτή την τσάντα κάτω απ' τη μύτη μου, τότε είναι δική σου. Σκέψου το· είμαι πολύ γρήγορος, οπότε πρέπει να είσαι καλός». Του χαμογέλασα· είχα ήδη στα σκαριά ένα σχέδιο για να την κάνω δική μου, προτού καν με προκαλέσει. Ζούσαμε στο ίδιο σπίτι – σε σύγκριση με τις επιδόσεις μου στον κόσμο της κλεψιάς, δεν ήταν δα και κανένα κατόρθωμα.

Κάνα δυο μέρες αργότερα πήγα στο σπίτι του Steve ψάχνοντας τον μπαμπά μου. Εκείνη την ώρα είχαν μια τόσο έντονη συζήτηση που δεν πήραν είδηση τον ερχομό μου. Ήταν η τέλεια ευκαιρία· άρπαξα τη σακούλα, βγήκα έξω και την έκρυψα στη σκεπή. Δυστυχώς η νίκη μου δεν κράτησε πολύ: ο πατέρας μου μού είπε να την επιστρέψω μόλις ο Steve κατάλαβε ότι έλειπε. Κρίμα· αυτά τα περιοδικά αποτελούσαν συλλεκτικό υλικό.

Υπήρχαν περίοδοι στην παιδική μου ηλικία που ισχυριζόμουν στους γονείς μου ότι δεν ήταν πράγματι γονείς μου, επειδή πίστευα ειλικρινά ότι με είχαν απαγάγει. Επίσης, το έσκαγα συχνά. Μια φορά ετοιμαζόμουν να το σκάσω, μάλιστα ο μπαμπάς μου με βοήθησε να φτιάξω τη βαλίτσα μου, που ήταν μια μικρή καρό τσάντα που μου είχε αγοράσει στην Αγγλία. Έδειξε τέτοια κατανόηση, και ήταν τόσο εξυπηρετικός, που με τη στάση του με έπεισε να μείνω. Αυτή η υποδόρια ανεστραμμένη ψυχολογία είναι ένα από τα χαρίσματά του που ελπίζω να έχω κληρονομήσει, επειδή θα ήθελα να τη χρησιμοποιήσω στα παιδιά μου.

ΘΑ ΕΛΕΓΑ ΟΤΙ Η ΜΕΓΑΛΥΤΕΡΗ ΠΕΡΙΠΕΤΕΙΑ ΜΟΥ ΗΤΑΝ ΤΟΤΕ που την κοπάνησα με το ποδήλατό μου σε ηλικία έξι χρονών. Εκείνη την εποχή μέναμε στη κορυφή της Lookout Mountain Road στη Sunset Boulevard, που έχει συνολικό μήκος πάνω από τριάμισι χιλιόμετρα. Δεν χάθηκα, γιατί είχα ένα σχέδιο: σκόπευα να μετακομίσω σε ένα παιχνιδάδικο, και να μείνω εκεί για όλη την υπόλοιπη ζωή μου. Υποθέτω ότι ήμουν πάντα αποφασιστικός τύπος. Σίγουρα, υπήρξαν πολλές φορές που θέλησα να φύγω από το σπίτι όταν ήμουν παιδί, αλλά δεν μετανιώνω για τον τρόπο που με μεγάλωσαν οι γονείς μου. Αν τα πράγματα ήταν έστω και στο ελάχιστο διαφορετικά, αν είχα γεννηθεί ένα λεπτό αργότερα, ή βρισκόμουν στο λάθος μέρος τη σωστή στιγμή ή το αντίθετο, η ζωή που έχω ζήσει και έχω μάθει να αγαπάω δεν θα υπήρχε. Και αυτή είναι μια πιθανότητα που δεν θέλω ούτε να τη σκέφτομαι.

Μαθητικά χρόνια

Ο Slash τα δίνει όλα με την BC Rich του.

Κεφάλαιο 4

Οι αίθουσες των ιδρυμάτων είναι ολόιδιες μεταξύ τους· απλώς έχουν διαφορετικά χρώματα. Έχω δει το εσωτερικό διάφορων κέντρων αποτοξίνωσης· μερικά ήταν πιο περιποιημένα, αλλά η κλινική συντηρητικότητα των τοίχων τους ήταν απαράλλαχτη. Είχαν όλα λευκούς τοίχους και πάνω τους επιγραφές με θετικά μηνύματα όπως «Το ταξίδι μετράει, όχι ο προορισμός» και «Μέρα με τη μέρα». Το τελευταίο το βρήκα ειρωνικό λαμβάνοντας υπόψη την πορεία της Mackenzie Phillips [Σ.τ.Μ.: Αμερικανίδα ηθοποιός και τραγουδίστρια, κόρη του τραγουδιστή των Mamas and Papas, John Phillips. Έγινε διάσημη με τη συμμετοχή της στην κωμική τηλεοπτική σειρά *A Day at a Time* (*Μέρα με τη Μέρα*). Το 1977 τη συνέλαβαν για κατοχή ναρκωτικών ενώ νοσηλεύτηκε επανειλημμένα σε κέντρα απεξάρτησης]. Τα δωμάτια αποτελούσαν ένα απαράλλαχτο σκηνικό, σχεδιασμένο για να εμπνεύσει την ελπίδα σε ανθρώπους από όλα τα κοινωνικά στρώματα, επειδή, όπως ξέρουν όσοι έχουν βρεθεί εκεί, ένα κέντρο αποτοξίνωσης παρέχει πληρέστερο κοινωνικό δείγμα απ' ό,τι η σύνθεση ενός σώματος ενόρκων. Ποτέ δεν έμαθα πολλά από την «ομάδα». Στο κέντρο αποτοξίνωσης δεν έπιασα καινούργιους φίλους, ούτε εκμεταλλεύτηκα τις άπειρες ευκαιρίες που μου παρουσιάστηκαν ώστε να κάνω νέες γνωριμίες από τον κόσμο των ναρκωτικών. Έπειτα από μερικές μέρες που πέρασα δεμένος στο κρεβάτι, ανίκανος να φάω, να μιλήσω ή να σκεφτώ, δεν είχα όρεξη για κουβέντα. Για μένα, η κοινωνική διάσταση της αποτοξίνωσης ήταν υποχρεωτική – όπως το σχολείο. Και όπως συνέβαινε και στο σχολείο, δεν ανήκα εκεί. Κανένα από τα δύο αυτά θεσμικά ιδρύματα δεν με δίδαξε τα μαθήματα που υποτίθεται ότι έπρεπε, αλλά έμαθα κάτι πολύ σημαντικό απ' αυτά. Καθώς διέσχιζα τους διαδρόμους τους βαδίζοντας προς την έξοδο, ήμουν σίγουρος ότι άφηνα πίσω τον παλιό μου εαυτό.

Γράφτηκα στο Λύκειο Fairfax το 1975. Ήταν ένα τυπικό μέσο αμερικανικό Λύκειο με πατώματα από λινοτάπητα, σειρές με ντουλάπια, μια αυλή, μερικά απόμερα σημεία όπου τα παιδιά καπνίζουν και παίρνουν ναρκωτικά, όπως γίνεται συνήθως. Οι τοίχοι του ήταν βαμμένοι με ένα ουδέτερο, ιδρυματικό γκρίζο. Έξω, στο γήπεδο του ποδοσφαίρου, υπήρχε ένα καλό μέρος για να φτιαχτείς, όπως και ένα κέντρο μετασχολικής εκπαίδευσης στην άλλη άκρη του συγκροτήματος, που ονομαζόταν Walt Whitman και πήγαιναν όλα τα ρεμάλια, επειδή ήταν αναγκασμένοι. Μου φαινόταν λιγάκι σαν η κατάληξη μιας κακής πορείας· έτσι, παρόλο που ήταν πιο ενδιαφέρον, ακόμα και από μακριά, απ' ό,τι το κανονικό σχολείο, προσπάθησα να μείνω όσο γινόταν περισσότερο μακριά του.

Ο καλύτερος φίλος μου, ο Steven Adler, γύρισε πίσω στο Valley για να πάει στο Λύκειο, που για μένα ήταν τόσο μακριά όσο η Ισπανία. Τον επισκέφθηκα εκεί μερικές φορές και πάντα έφευγα απογοητευμένος: ήταν επίπεδο, ξηρό, έκανε περισσότερη ζέστη απ' ό,τι στο σπίτι μου και έμοιαζε με γειτονιά βγαλμένη από τηλεοπτικό σίριαλ. Όλοι εκεί έμοιαζαν να απολαμβάνουν τις πανομοιότυπες πρασιές και τις ολόιδιες ζωές τους. Ακόμη και σε νεαρή ηλικία, ήξερα ότι κάτι δεν πήγαινε καλά με αυτό το μέρος· αγνοώντας την «κανονικότητα», διαισθανόμουν ότι εκείνοι οι άνθρωποι ήταν πιο κατεστραμμένοι από οποιονδήποτε άλλο στο Hollywood. Ένιωθα άσχημα για τον Steven, και μόλις έφυγε αποσύρθηκα ακόμη πιο βαθιά στον κόσμο της κιθάρας. Συνέχισα τη φοίτησή μου, φροντίζοντας πάντα να φαίνεται ότι δεν έλειπα ούτε μια μέρα, αλλά συνήθως παρακολουθούσα τις τρεις πρώτες ώρες και περνούσα τον υπόλοιπο χρόνο μου στις κερκίδες, παίζοντας κιθάρα.

Υπήρχε μόνο ένα μάθημα που σήμαινε κάτι για μένα στο Λύκειο· κατά συνέπεια, ήταν το μόνο στο οποίο έπαιρνα Α. Ήταν ένας κύκλος μουσικής θεωρίας με την ονομασία «Αρμονία» τον οποίο επέλεξα την πρώτη χρονιά, με καθηγητή έναν τύπο που λεγόταν Dr. Hummel. Η τάξη απλοποιούσε τα στοιχεία της μουσικής σύνθεσης ανάγοντάς τα στα βασικά, χρησιμοποιώντας μαθηματικούς όρους. Έμαθα τη ρυθμική σημειογραφία, τα ακόρντα και τις τονικές ακολουθίες των ακόρντων, αναλύοντας τη λογική που συνδέει την κάθε νότα. Ποτέ δεν παίξαμε με κάποιο όργανο: ο δάσκαλός μας χρησιμοποιούσε ένα πιάνο ως μέσο για να απεικονίσει τη θεωρία, αλλά τίποτε άλλο· το μάθημα είχε ως αποκλειστικό αντικείμενό του τη μελέτη της θεωρίας. Ενώ ήμουν κουμπούρας στα Μαθηματικά, ήμουν καλός στην Αρμονία· έτσι, ήταν το μόνο μάθημα που παρακολουθούσα ανελλιπώς. Κάθε φορά που εμφανιζόμουν, ένιωθα λες και ήξερα ήδη το μάθημα της παράδοσης. Ποτέ δεν εφάρμοσα κάτι απ' αυτά στην κιθάρα, αλλά πιστεύω ότι οι γνώσεις της μουσικής σημειογραφίας εντυπώθηκαν στο μυαλό μου και βοήθησαν με κάποιο τρόπο το παίξιμό μου. Υπήρχαν πολλοί ιδιαίτεροι τύποι σε εκείνη την τάξη: ανάμεσά τους ήταν ο Sam, ένας κατσαρομάλλης Εβραίος βιρτουόζος του πιάνου, και ο Randy, ένας μακρυμάλλης Κινέζος που άκουγε metal. Ο Randy φορούσε διαρκώς ένα σατέν μπουφάν των Aerosmith και ήταν της γνώμης ότι ο Keith Richards και ο Pete Townshend δεν είχαν ιδέα από κιθάρα, ενώ ο Eddie Van Halen ήταν *Θεός*. Τελικά γίναμε φίλοι και άρχισα να απολαμβάνω τις καθημερινές μας διαμάχες όσο απολάμβανα και το μάθημα, επειδή οι περισσότεροι συμμαθητές μου ήταν μουσικοί που το μόνο για το οποίο μιλούσαν ήταν η μουσική.

Όμως στα υπόλοιπα μαθήματα δεν τα πήγαινα και τόσο καλά. Κάποια μέρα που με πήρε ο ύπνος στο θρανίο μου, ένας καθηγητής αποφάσισε να με προβάλει ως κακό παράδειγμα. Εκείνη την εποχή δούλευα τα βράδια σε ένα τοπικό σινεμά, κι έτσι ήταν λογικό να είμαι κουρασμένος· όμως πιο πιθανό είναι να βαριόμουν ασύλληπτα, επειδή το μάθημα ήταν Κοινωνιολογία. Απ' ό,τι κατάλαβα, ο καθηγητής σταμάτησε τα πάντα για να συζητήσει την έννοια του στερεοτύπου με την τάξη. Σχολίασε τα μακριά μου μαλλιά και το γεγονός ότι κοιμόμουν και, αναλύοντας τη σημασία της λέξης *στερεότυπο*, κατέληξε ότι ήμουν ένας rock μουσικός που πιθανόν να μην είχε υψηλότερες φιλοδοξίες στη ζωή από το να παίζει εκκωφαντική μουσική. Έπειτα με ξύπνησε και μου έκανε μερικές καυστικές ερωτήσεις:

«Λοιπόν, να υποθέσω ότι είσαι μουσικός, έτσι;» ρώτησε. «Τι παίζεις;»

«Παίζω κιθάρα», είπα.

«Τι μουσική παίζεις;»

«Rock and Roll».

«Είναι δυνατή;»

«Ναι, πολύ δυνατή».

«Προσέξτε, παιδιά, αυτός ο νεαρός είναι το *τέλειο* παράδειγμα στερεοτύπου».

Είμαι πάντα κακόκεφος όταν ξυπνάω, αλλά αυτό πήγαινε πολύ. Σηκώθηκα, πήγα στο μπροστινό μέρος της τάξης, αναποδογύρισα την έδρα του και έφυγα. Αυτό το περιστατικό, μαζί με μια φορά που με τσάκωσαν για μαριχουάνα, σήμανε το τέλος της καριέρας μου στο Λύκειο Fairfax.

ΕΜΑΘΑ ΠΕΡΙΣΣΟΤΕΡΑ ΓΙΑ ΤΟΥΣ ΣΥΜΜΑΘΗΤΕΣ ΜΟΥ ΣΤΗΝ άτυπη καβάτζα του Λυκείου όπου μαζεύονταν μαθητές όλων των τάξεων από το Fairfax και άλλα λύκεια· βρισκόταν στο τέλος ενός χωματόδρομου, της Fuller Drive, ψηλά στους λόφους του Hollywood. Λεγόταν Fuller Estates και σήμερα δεν υπάρχει πια – τώρα είναι μόνο μια στροφή στο ορειβατικό μονοπάτι που διασχίζει το φαράγγι Runyon. Στα τέλη των 70s και τις αρχές των 80s ήταν κανονική εφηβική ζούγκλα, αλλά στο παρελθόν ήταν ακόμη πιο ενδιαφέρον: στα τέλη της δεκαετίας του ’20, ήταν η έπαυλη του Errol Flynn· καταλάμβανε αρκετά στρέμματα στην κορυφή του πλατιού λόφου που δεσπόζει πάνω από το Los Angeles. Από τότε μέχρι την εποχή που ήμουν εγώ παιδί γνώρισε την παρακμή, και το 1979, το μόνο που απέμενε ήταν τα χαλάσματα των θεμελίων του, μια μεγάλη τσιμεντένια πλάκα και μια άδεια πισίνα. Όταν το είδα εγώ, το μέρος ήταν ένα γραφικό ερείπιο με εκπληκτική θέα.

Το πομπώδες, αποκαλυπτικό riff του «Iron Man» κατέκλυσε όλο μου το κορμί.

Οι κατεστραμμένοι τσιμεντένιοι τοίχοι ήταν ένας διώροφος λαβύρινθος που αποτελούσε το τέλειο, απόμερο λημέρι για μαστούρηδες όλων των ηλικιών. Τη νύχτα ήταν πίσσα σκοτάδι, πολύ μακριά από τα φώτα οποιουδήποτε δρόμου. Όμως κάποιος είχε μαζί του πάντα ένα ραδιόφωνο. Εκεί βρισκόμουν, φτιαγμένος με LSD, όταν άκουσα για πρώτη φορά Black Sabbath. Ξαπλωμένος ανάσκελα, με το μυαλό μου να έχει πάρει φωτιά, κοιτούσα ψηλά τον μαύρο ουρανό πάνω από το κτήμα Fuller, όταν κάποιος έβαλε δυνατά το «Iron Man». Δεν είμαι σίγουρος ότι μπορώ να περιγράψω πώς ένιωσα· το πομπώδες, αποκαλυπτικό riff κατέκλυσε όλο μου το κορμί.

Εκείνο το μέρος και οι θαμώνες του έμοιαζαν βγαλμένοι από εφηβική ταινία της δεκαετίας του ’70. Μάλιστα, απεικονίστηκε τέλεια στην ταινία με τίτλο *Over the Edge,* όπου πρωταγωνιστεί ο νεαρός Matt Dillon, και η πλοκή της περιστρέφεται γύρω από μια παρέα καταπιεσμένων, μαστουρωμένων και ανεξέλεγκτων Τεξανών εφήβων που οι γονείς τους τούς αγνοούσαν σε τέτοιο βαθμό ώστε τα παιδιά έφτασαν σε σημείο να πιάσουν ομήρους όλους τους κατοίκους της πόλης. Στην ταινία, οι γονείς των ηρώων δεν είχαν ιδέα με τι καταπιάνονταν τα παιδιά τους, πράγμα που πιστεύω ότι συνέβαινε και με όλα τα παιδιά που σύχναζαν στο Fuller. Στις πιο σκληρές και πιο ρεαλιστικές της στιγμές, εκείνη η ταινία ήταν μια πιστή αναπαράσταση της εφηβικής κουλτούρας της εποχής: Οι γονείς των περισσότερων παιδιών δεν νοιάζονταν αρκετά για αυτά, ή πίστευαν ότι έπρατταν ορθά δείχνοντάς τους απόλυτη εμπιστοσύνη και κάνοντας τα στραβά μάτια.

ΟΤΑΝ ΗΜΟΥΝ ΣΤΟ ΛΥΚΕΙΟ ΤΑ ΠΑΙΔΙΑ ΝΤΥΝΟΝΤΑΝ με διάφορους τρόπους. Η επιρροή του συνθετικού κολλάν είχε αρχίσει να ανατέλλει χάρη στην Pat Benatar και τον David Lee Roth, και αυτή η μόδα άφησε το πολύχρωμο αποτύπωμά της: τα κορίτσια φορούσαν κολλητές φόρμες σε έντονα φλούο χρώματα, ενώ και μερικά αγόρια δεν πήγαιναν πίσω. Θυμάμαι πως όταν πήγαινα στο Γυμνάσιο έβλεπα και γκέτες, αλλά, δόξα τω Θεώ, η μόδα τους είχε περάσει όταν πήγα στην Α΄ Λυκείου. Όμως τα ξασμένα μαλλιά κυριαρχούσαν και στα δύο φύλα. Ήταν εξαιρετικά διαδεδομένα και ασύλληπτα κακόγουστα.

Άλλη μια τεράστια επιρροή ήταν η ταινία *American Gigolo,* με πρωταγωνιστή τον Richard Geer, η οποία κατέγραφε την πτώση ενός κομψού συνοδού κυριών του Hollywood. Ήταν το χειρότερο πράγμα που μπορούσε να συμβεί στους εφήβους του Hollywood, γιατί όλα τα κορίτσια που είχαν δει την ταινία προσπαθούσαν να αναπαραστήσουν τη δική τους εκδοχή εκείνου του κόσμου. Ξαφνικά, κορίτσια δεκατριών, δεκατεσσάρων και δεκαπέντε χρονών άρχισαν να ντύνονται σαν εικοσιπεντάρες και επεδίωκαν να βγαίνουν με καλοντυμένους, πολύ μεγαλύτερους σε ηλικία τύπους. Ποτέ δεν μπήκα στην ψυχολογία τους, αλλά έβλεπα πολλά κορίτσια που γνώριζα να κυκλοφορούν φορώντας υπερβολικό μέικ-απ, να σνιφάρουν κόκα και να βγαίνουν με δεκαεννιάρηδες και εικοσάρηδες. Ήταν αξιολύπητο και θλιβερό. Πολλές έπεσαν θύματα αυτής της σκηνής προτού καν φτάσουν στη νόμιμη ηλικία για αλκοόλ. Είχαν ξεκινήσει την κούρσα από νωρίς, οπότε την πάτησαν προτού καλά καλά βγουν στην κανονική πίστα.

ΔΕΝ ΕΜΟΙΑΖΑ ΜΕ ΤΑ ΥΠΟΛΟΙΠΑ ΠΑΙΔΙΑ ΤΟΥ ΣΧΟΛΕΙΟΥ και τα ενδιαφέροντά μου με έκαναν να ξεχωρίζω. Από τότε που απέκτησα άποψη για την εμφάνισή μου, είχα μακριά μαλλιά και φορούσα t-shirts και αθλητικά παπούτσια Vans ή Converse. Όταν ήμουν στο Λύκειο, το μόνο που με ένοιαζε ήταν η μουσική και το να παίζω κιθάρα· ποτέ δεν υπέκυψα στις περαστικές μόδες που παρέσυραν τους συνομήλικούς μου, έτσι ήμουν μάλλον ένας τύπος κολλημένος στο παρελθόν.

Αυτό ήταν πάντα το παράδοξο με μένα: ξεχώριζα, αλλά δεν λαχταρούσα την εμφανή προσοχή. Την ίδια στιγμή, είχα συνηθίσει να νιώθω σαν παρείσακτος και δεν ένιωθα καλά με τίποτε άλλο: άλλαζα σχολεία τόσο συχνά που ήμουν ο αιωνίως καινούργιος – και ίσως, στα μυαλά των συνομηλίκων μου, το καινούργιο φρικιό της τάξης.

Βεβαίως, δεν βοηθούσε καθόλου το γεγονός πως κανείς απ' όσους με έβλεπαν δεν ήξερε πού να με κατατάξει. Δεν ανήκα ούτε στην ανώτερη, ούτε στη μεσαία, ούτε στην κατώτερη τάξη, και δεν ήμουν ούτε μαύρος ούτε λευκός. Μεγαλώνοντας, και καθώς η διεύθυνση κατοικίας μου συνέχιζε να αλλάζει διαρκώς, συνειδητοποίησα και κατανόησα γιατί η μαμά μου σκεφτόταν τόσο προτού συμπληρώσει τα σωστά κουτάκια στις αιτήσεις εγγραφής μου στα διάφορα σχολεία. Σε ορισμένες εκπαιδευτικές περιφέρειες, εάν σε θεωρούσαν μαύρο ήσουν αναγκασμένος να φοιτήσεις σε κάποιο κατώτερο σχολείο, ενώ εάν σε θεωρούσαν λευκό, μπορούσες να γίνεις δεκτός σε ένα καλύτερο σχολείο δυο δρόμους παρακάτω. Ποτέ δεν προσπάθησα να περιχαρακωθώ πίσω από τη φυλετική μου ταυτότητα όταν πήγαινα στο σχολείο, και θυμόμουν σε ποια φυλή ανήκα μόνο όταν αυτό γινόταν ζήτημα στο μυαλό των άλλων. Έχω βρεθεί σε πολλές καταστάσεις, τότε αλλά και πιο πρόσφατα, όπου παρατήρησα πολύ «ανοιχτόμυαλα» άτομα να προσαρμόζουν τη συμπεριφορά τους ανάλογα με το αν πίστευαν ότι ήμουν λευκός ή μαύρος. Ως μουσικός, πάντα με διασκέδαζε το γεγονός ότι ήμουν Βρετανός *και* μαύρος, ειδικά από τη στιγμή που πάρα πολλοί Αμερικανοί μουσικοί έμοιαζαν να εύχονται να ήταν Βρετανοί, ενώ τόσο πολλοί Βρετανοί, ειδικά στη δεκαετία του '60, έκαναν ό,τι μπορούσαν για να μοιάζουν με μαύρους. Ήταν άλλο ένα χαρακτηριστικό που με έκανε να ξεχωρίζω από τους πάντες, αλλά οι φορές που χρειάστηκε να υπερασπιστώ τον εαυτό μου σε μια αντιπαράθεση με φυλετικό κίνητρο μετριούνται στα δάχτυλα του ενός χεριού. Συνέβησαν όταν μπήκα για τα καλά στο λευκό σύμπαν του metal της δεκαετίας του '80. Μια φορά στο Rainbow έμπλεξα σε καυγά με τον Chris Holmes των W.A.S.P. Ο Duff τον άκουσε να λέει ότι οι νέγροι δεν μπορούσαν να παίξουν κιθάρα. Δεν μου το είπε κατάμουτρα, αλλά αναφερόταν σε μένα. Θυμάμαι ότι ο Duff μού το είπε εκ των υστέρων, και την επόμενη φορά που είδα τον Chris πήγα να τον αρπάξω, αλλά εκείνος πρόλαβε και το έβαλε στα πόδια. Εκτός από το ότι με προσέβαλε, είναι το πιο γελοίο και αναληθές πράγμα που θα μπορούσε να πει οποιοσδήποτε, πόσω μάλλον ένας μουσικός.

ΣΤΟ ΛΥΚΕΙΟ ΒΡΗΚΑ ΤΟΝ ΔΙΚΟ ΜΟΥ ΚΥΚΛΟ, ΠΑΙΔΙΑ ΠΟΥ ΗΤΑΝ όλα τους ξεχωριστά και διέφεραν από το υπόλοιπο σώμα των μαθητών. Οι δυο κολλητοί μου, ο Matt και ο Mark, καθόρισαν εκείνη την περίοδο της ζωής μου. Ο Matt Cassel είναι γιος του Seymour Cassel, ενός από τους πιο διάσημους καρατερίστες του αμερικανικού κινηματογράφου των τελευταίων πενήντα ετών. Ο Seymour έχει παίξει σε διακόσιες περίπου ταινίες, ανάμεσα στις οποίες ξεχωρίζουν αυτές που γύρισε με τον στενό του φίλο Τζον Κασαβέτη. Έχει εμφανιστεί άπειρες φορές στον κινηματογράφο και την τηλεόραση· τα τελευταία χρόνια, είναι ο αγαπημένος του σκηνοθέτη Wes Anderson: έχει δώσει στον Seymour ρόλους στις ταινίες *Rushmore* (*Ο Αρχάριος*), *The Royal Tenenbaums* (*Οικογένεια Τένενμπαουμ*), και *The Life Aquatic with Steve Zissou* (*Υδάτινες Ιστορίες*). Ο Seymour είναι ένας θρύλος του Hollywood· υποστήριξε τον ανεξάρτητο κινηματογράφο προτού γίνει θεσμός (η φιλοσοφία του ήταν ότι έπαιζε το ρόλο που του ανέθεταν για την τιμή ενός αεροπορικού εισιτηρίου). Ήταν επίσης σημαίνον στέλεχος της γλεντζέδικης παρέας ανθρώπων του κινηματογράφου που περιλάμβανε τον Κασαβέτη, τον Ben Gazzara, τον Roman Polanski και άλλους.

Μπορούσα να πηγαίνω στο σπίτι του Matt, να κάθομαι στο δωμάτιό του και να παίζω κιθάρα για ώρες, μαθαίνοντας κομμάτια από τους δίσκους που είχε. Το *Live* του Pat Travers, αλλά και το τελευταίο των AC/DC με τίτλο *Back in Black*· τα άλμπουμ αυτά περιείχαν άπειρα riffs που μπορούσα να τα παίζω για ώρες. Έμεναν στην Kings Road, λίγο πιο πάνω από τη Sunset, ένα δρόμο χωμένο πίσω από το Riot Hyatt, δίπλα σε μία μονοκατοικία που υπάρχει ακόμα. Σε εκείνο το σπίτι γύριζαν όλη μέρα πορνοταινίες, ενώ ο Seymour καλλιεργούσε μαριχουάνα στην πίσω αυλή του σπιτιού του. Η μονοκατοικία παρείχε ένα μεγάλο πλεονέκτημα στις ώρες που περνούσαμε στου Matt: πηγαίναμε εκεί και τα βρίσκαμε με τις κοπέλες που γύριζαν τα πορνό. Δεν ήταν πρέπον, αλλά τους άρεσε να παίζουν και να χαϊδεύονται μεταξύ τους για να «ανάβουν» εμάς τους πιτσιρικάδες.

Τα πάρτι του Seymour ήταν ονομαστά, και είχε μεγαλώσει τα παιδιά του με αρκετά καλό τρόπο ώστε να τα εμπιστεύεται και να είναι παρόντα. Η μαμά μου γνώριζε τον Seymour, αλλά ποτέ δεν θα επέτρεπε να βρίσκομαι μπροστά σε όσα συνέβαιναν εκεί. Στα πάρτι του Seymour υπήρχε πολλή ελευθερία και γινόταν γλέντι τρικούβερτο. Τα παιδιά του, ο Matt και η Dilynn, ήταν τόσο έξυπνα και ανεξάρτητα που δεν χρειαζόταν να ανησυχεί: είχαν ήδη καταλάβει τη θέση τους ανάμεσα σε όλες αυτές τις τρελές καταστάσεις. Η γυναίκα του Seymour, η Betty, ποτέ δεν έβγαινε από την κρεβατοκάμαρά της· τα όσα συνέβαιναν στους επάνω ορόφους ήταν για μένα ένα σκοτεινό και δυσοίωνο μυστήριο. Μαζί με το γεγονός ότι ο Seymour διοικούσε το σπίτι με σιδηρά πυγμή, ο Matt επέτρεπε την πρόσβαση στον κόσμο της οικογένειας Seymour μόνο σε ελάχιστους εκλεκτούς από τους φίλους τους – ανάμεσά τους και σε μένα.

Μια μέρα ο Seymour με κοίταξε και μου κόλλησε ένα παρατσούκλι που του φάνηκε ότι μου ταίριαζε περισσότερο απ' το κανονικό μου όνομα. Καθώς πηγαινοερχόμουν από το ένα δωμάτιο του σπιτιού του στο άλλο, σε ένα πάρτι, ψάχνοντας κάτι, με άγγιξε στον ώμο, με κοίταξε με το πρόσχαρο ύφος του και μου είπε: «Έι, Slash, πού πας; Για πού το 'βαλες, Slash;»

Προφανώς, μου πήγαινε πολύ. Οι φίλοι μου που σύχναζαν στο σπίτι του Seymour άρχισαν να με φωνάζουν Slash στο σχολείο και πολύ γρήγορα έγινε το μοναδικό μου όνομα. Εκείνη την εποχή οι φίλοι μου κι εγώ απλώς το βρίσκαμε πολύ cool, αλλά χρειάστηκε να περάσουν χρόνια για να βρεθώ με τον Seymour και να μου το εξηγήσει όπως έπρεπε. Ενόσω βρισκόμουν σε περιοδεία για το *Use Your Illusion,* έτυχε να βρίσκομαι στο Παρίσι μαζί με τη μαμά μου, όταν πετύχαμε εκεί τον Seymour. Φάγαμε μαζί οι τρεις μας και μου εξήγησε ότι το παρατσούκλι εμπεριείχε την έννοια της λέξης «hustle», με όλες τις σημασίες της λέξης [Σ.τ.Μ.: βιάζομαι, σπρώχνω, αλλά και κάνω μικροαπατεωνιές]. Ήταν περήφανος που είχα κάνει το όνομά μου γνωστό και χαιρόταν που αυτό το όνομα ήταν δική του επινόηση. Ο λόγος που με βάφτισε Slash ήταν επειδή ποτέ δεν καθόμουν κάπου ακίνητος για πάνω από πέντε λεπτά· του φαινόμουν σαν ένα παιδί που πάντα βιαζόταν να κάνει πράξη το επόμενό του σχέδιο. Είχε δίκιο: την περισσότερη ώρα πηγαινοερχόμουν και σπάνια έμενα κάπου ακίνητος. Βρίσκομαι διαρκώς σε κίνηση, και συχνά λέω «αντίο» προτού καλά καλά πω «γεια», και ο Seymour συνόψισε αυτό το χαρακτηριστικό σε μία λέξη.

Στο σπίτι του Seymour γνώρισα ένα σωρό ανθρώπους – ανάμεσά τους και τους Rolling Stones. Μετά από μία συναυλία τους στο L.A. Coliseum πέρασαν από εκεί για ένα μεταμεσονύκτιο πάρτι. Είχα δει τη συναυλία τους· έπαιξαν το «You Can't Always Get What You Want» τόσο ψυχωμένα που δεν θα το ξεχάσω ποτέ. Κατάφερα να σφίξω το χέρι του Ronnie Wood· ήμουν δεκαπέντε χρονών. Πού να ήξερα ότι αργότερα θα γινόταν ένας από τους καλύτερούς μου φίλους. Μάλιστα, η γυναίκα μου συνέλαβε τον πρώτο γιο μας, τον London, στο σπίτι του.

Ο άλλος κολλητός μου, ο Mark Mansfield, μπαινοβγαίνει στη ζωή μου από τότε που πρωτογνωριστήκαμε στο Λύκειο. Ο μπαμπάς τού Mark, ο Ken, ήταν παραγωγός δίσκων και η μητριά του τραγουδίστρια – η πραγματική μητέρα του ζούσε στη Santa Barbara, όπου πήγαινε συχνά όταν έμπλεκε σε μπελάδες, κάτι που συνέβαινε διαρκώς. Η οικογένεια του Mark ζούσε σε ένα πολύ ωραίο σπίτι πάνω από τη Sunset, και ο Mark ήταν ένας μικρός James Dean με μια δόση από Dennis Hopper. Δοκίμαζε τα πάντα και έκανε οτιδήποτε τον προκαλούσαν οι άλλοι να κάνει – και το έκανε με αγνό ενθουσιασμό και το χαμόγελο στα χείλη. Αργά αλλά σταθερά, αυτή η στάση τον οδήγησε σε ένα ολισθηρό μονοπάτι: πέρασε από αναμορφωτήριο, κέντρο αποτοξίνωσης, και όλα τα υπόλοιπα. Ο Matt ήταν αυτός που κάποτε μου τηλεφώνησε στις δέκα το βράδυ για να μου πει ότι μαζί με ένα φίλο του είχαν ρίξει το αυτοκίνητο της μητέρας του τελευταίου έξω απ' το δρόμο, κάπου στην οδό Mulholland. Το είχαν κλέψει από το ιδιωτικό δρομάκι της μαμάς του παιδιού ενόσω έλειπε από την πόλη, και όπως ήταν αναμενόμενο, παραλίγο να πέσουν σ' ένα φαράγγι. Ευτυχώς, σταμάτησε πάνω σ' ένα δέντρο και έτσι μπόρεσαν να σκαρφαλώσουν πίσω στο δρόμο. Περιττεύει να πούμε ότι την επόμενη φορά που μου τηλεφώνησε ο Mark ήταν εξόριστος στο σπίτι της μαμάς του στη Santa Barbara.

ΑΜΕΣΩΣ ΜΟΛΙΣ ΚΑΤΑΦΕΡΑ ΝΑ ΠΑΙΞΩ ΤΡΙΑ ΑΚΟΡΝΤΑ ΣΤΗ σειρά, θέλησα να φτιάξω συγκρότημα. Ο Steven είχε φύγει για το Valley, κι έτσι ήμουν μόνος. Είχα δοκιμάσει να φτιάξω συγκρότημα μόλις τελείωνα το Γυμνάσιο, αλλά το πράγμα δεν είχε πάει καλά. Βρήκα έναν μπασίστα και έναν ντράμερ που η μαμά του ήταν καθηγήτρια γαλλικών στο Λύκειο Fairfax. Ήταν η πρώτη μου εμπειρία από έναν άστατο, ευέξαπτο ντράμερ· αν έκανε κάποιο λάθος, κλωτσούσε και αναποδογύριζε τα ντραμς του. Έπειτα έπρεπε να περιμένουμε μέχρι να τα ξαναστήσει. Ο μπασίστας σε εκείνο το συγκρότημα ήταν εκπληκτικός. Τον έλεγαν Albert, και παίζαμε διασκευές Rainbow, όπως το «Stargazer». Δυστυχώς, ο Albert έπαθε ένα σοβαρό τροχαίο ατύχημα με μοτοσικλέτα στη Mulholland Drive, με αποτέλεσμα να πέσει σε κώμα για ένα μήνα· τον έβαλαν σε κανονικό ορθοπεδικό μηχάνημα ανάταξης· είχε καρφιά στο λαιμό του και στα δύο πόδια του, και σίδερα που κρατούσαν τα πόδια του χώρια. Όταν ήρθε στο σχολείο, έμοιαζε με κεφαλαίο Α, και δεν είχε πια φιλοδοξίες στο μπάσο.

Η πρώτη επαγγελματική μου εμφάνιση ήταν στο μπαρ του Al, με ένα συγκρότημα φίλων του μπαμπά μου. Ο μπαμπάς μου ήταν πολύ περήφανος για την αγάπη που έδειχνα στην κιθάρα, και συνέχεια κοκορευόταν στους φίλους του για μένα. Δεν ξέρω τι, αλλά κάτι θα πρέπει να συνέβη με τον κιθαρίστα τους, και ο Tony τούς έπεισε να με αφήσουν να παίξω στη θέση του. Είμαι σίγουρος ότι ανησυχούσαν μήπως δεν τα καταφέρω. Όμως ανέβηκα στη σκηνή και στάθηκα ικανός να τα βγάλω πέρα: παίξαμε δωδεκάμετρα blues και διασκευές τραγουδιών των Stones, που ήξερα καλά το ύφος τους. Η αμοιβή μου ήταν τσάμπα μπίρες, και αυτό με έκανε να νιώθω αληθινός επαγγελματίας.

Ανάμεσα στα παιδιά με τα οποία έκανα παρέα στο σχολείο υπήρχαν μερικοί ακόμη κιθαρίστες. Γνώρισα έναν τύπο που λεγόταν Adam Greenberg, ο οποίος έπαιζε ντραμς, και μαζί βρήκαμε έναν τύπο που τον έλεγαν Ron Schneider, ο οποίος έπαιζε μπάσο, και φτιάξαμε ένα τρίο με το όνομα Tidus Sloan. Ακόμα και σήμερα, δεν έχω ιδέα τι σημαίνει το όνομα... Είμαι απολύτως σίγουρος πως προέκυψε από έναν τύπο ονόμα-

Ο Slash και ο Ron Schneider, δύο από τα τρία μέλη των Tidus Sloan.

τι Phillip Davidson. Κάποιο βράδυ άκουσα τον Phillip να μουρμουρίζει κάτι ακατανόητα που μου κίνησαν την περιέργεια.

«*Tidus ally sloan te go home*», είπε ο Phillip. Τουλάχιστον αυτό άκουσα εγώ.

«Τι;» τον ρώτησα.

«*Tid us all de sloans to ghos hum*», είπε. Ή τουλάχιστον αυτό σκέφτηκα.

«*Ει, Phillip, τι θες να πεις;*»

«Σου λέω να *tidus these sloans ta grow fome*», είπε. «Tidus sloans to go *home*».

«Εντάξει, φίλε», είπα. «Ωραία».

Νομίζω ότι ήθελε να πω σε όλα τα κορίτσια που ήταν σπίτι του να φύγουν, αλλά έφυγα με τη σκέψη ότι το Tidus Sloan, ό,τι στο διάολο κι αν σήμαινε, ήταν πολύ ωραίο όνομα για συγκρότημα.

ΟΙ TIDUS SLOAN ΕΓΙΝΑΝ ΑΠΟΚΛΕΙΣΤΙΚΑ INSTRUMENTAL συγκρότημα επειδή ποτέ δεν βρήκαμε τραγουδιστή, ενώ εγώ δεν υπήρχε περίπτωση να ασχοληθώ με τα φωνητικά. Δεν έχω την προσωπικότητα που χρειάζεται για να είσαι frontman· χρειάζεται μεγάλη προσπάθεια να βγω μπροστά και να μιλήσω στον κόσμο. Όπως και να 'χει, οι Tidus Sloan έπαιζαν διασκευές από την πρώτη εποχή των Black Sabbath, των Rush και των Led Zeppelin όπως και των Deep Purple χωρίς φωνή – ήμαστε ρετρό προτού υπάρξει η μόδα του ρετρό.

Κάναμε πρόβες στο γκαράζ του Adam, κάτι που έβγαζε τη μαμά του εκτός εαυτού. Εκείνη και οι γείτονες διαμαρτύρονταν συνεχώς, πράγμα κατανοητό επειδή παίζαμε πάρα πολύ δυνατά για μια γειτονιά με κατοικίες. Τη μαμά του την έλεγαν Shirley και προς τιμήν της ζωγράφισα ένα σκίτσο: ήταν η εικόνα μιας γυναίκας που στέκεται μπροστά από μια πόρτα και ουρλιάζει «Παίζετε πολύ δυνατά, και δεν μπορώ να αντέξω όλο αυτό το σαματά!» όσο πιο δυνατά μπορούσε. Το πάτωμα του δωματίου στην εικόνα είναι γεμάτο σκόρπια κουτάκια μπίρας, και στο κρεβάτι κάθεται ένα παιδί με μακριά μαλλιά που παίζει κιθάρα, αδιαφορώντας για τα πάντα.

Το σκίτσο της Shirley λειτούργησε ως έμπνευση για το πρώτο μου τατουάζ, αν και η μορφή που χτύπησα στο μπράτσο μου δεν μοιάζει καθόλου μαζί της. Η δική μου εκδοχή είχε μαλλιά σαν του Nikki Sixx και τεράστιο στήθος, ενώ η πραγματική Shirley φορούσε ρόλεϊ και ήταν ηλικιωμένη και χοντρή – παρόλο που είχε και αυτή μεγάλο στήθος. Έκανα αυτό το τατουάζ σε ηλικία δεκάξι χρονών· βρίσκεται στο δεξί μου μπράτσο και από κάτω γράφει Slash. Αργότερα ο Adam μού εξήγησε ότι για τα συχνά ξεσπάσματα της Shirley έφταιγα εγώ: είχα αγοράσει ένα talkbox από τη μητριά του Mark Mansfield, που είναι ένας ενισχυτής ήχου ο οποίος προσφέρει στο μουσικό τη δυνατότητα να τροποποιήσει τον ήχο οποιουδήποτε οργάνου ανάλογα με τις κινήσεις του στόματός του, μέσω ενός διαφανούς σωλήνα. Προφανώς, ο ήχος που έβγαζε θύμιζε στη Shirley τον πρώτο της σύζυγο, ο οποίος είχε πεθάνει από καρκίνο του λάρυγγα σχετικά πρόσφατα. Αναγκαζόταν να μιλάει μέσω ενός λαρυγγόφωνου και οι ήχοι που παρήγα της τον θύμιζαν τόσο που δεν μπορούσε να το αντέξει. Βεβαίως, σταμάτησα να χρησιμοποιώ το talkbox στο σπίτι της.

Στο Λύκειο υπήρχαν και μερικοί άλλοι κιθαρίστες και συγκροτήματα, όπως ο Tracii Guns και το συγκρότημά του οι Pyrhus. Δεν κρύβω ότι τον ζήλευα όταν πρωτάρχισα να παίζω κιθάρα, προτού αγοράσω ηλεκτρική· ο Tracii είχε μια μαύρη Les Paul (αληθινή!) και έναν ενισχυτή Peavey, και δεν θα ξεχάσω ποτέ πόσο *έτοιμος* φαινόταν στα μάτια μου. Έβλεπε ο ένας το συγκρότημα του άλλου στα πάρτι και υπήρχε σαφώς ένα κλίμα ανταγωνισμού μεταξύ μας.

Στο Λύκειο άρχισα να κάνω παρέα με όποιον μουσικό γνώριζα. Υπήρχαν κάμποσα παιδιά στην ηλικία μου και κάποιοι μεγαλύτεροι, κατάλοιπα της εποχής των Deep Purple, που ήταν τόσο ανεπανόρθωτα καμένοι στο μυαλό και τόσο καθηλωμένοι από κοινωνική άποψη, που έκαναν παρέα με παιδιά του Λυκείου. Ο καλύτερος απ' αυτούς ήταν ο Phillip Davidson τον οποίο ανέφερα παραπάνω: όχι μόνο βάφτισε άθελά του το πρώτο μου συγκρότημα, αλλά είχε και μια Stratocaster, που ήταν μεγάλη υπόθεση, και οι γονείς του έμοιαζε να λείπουν διαρκώς απ' το σπίτι. Ζούσε σε ένα ετοιμόρροπο κτίριο στο πάρκο Hancock που η αυλή του ήταν γεμάτη αγριόχορτα και κάναμε εκεί πάρτι μέρα και νύχτα. Ήμαστε έφηβοι που κάναμε πάρτι με αλκοόλ: δεν υπήρχαν γονείς, μόνο ο Phillip και οι δυο μαστούρηδες αδελφοί του.

Πάντα αναρωτιόμουν πού ήταν οι γονείς του· η κατάσταση θύμιζε το καρτούν *Peanuts:* υπήρχαν μόνο παιδιά, ούτε μία φιγούρα εξουσίας. Ήταν μυστήριο για μένα· πάντα πίστευα ότι οι γονείς του θα γυρνούσαν σπίτι ανά πάσα στιγμή, αλλά αυτό δεν έγινε ποτέ. Ένιωθα ότι ήμουν ο μόνος που ανησυχούσε· ο Phillip ανέφερε την ύπαρξη των γονιών του, που ήταν ιδιοκτήτες του σπιτιού, αλλά ποτέ δεν εμφανίστηκαν. Ούτε μπορούσαν να κρύβονται κάπου· ήταν μια μονοκατοικία με τρεις κρεβατοκάμαρες. Μπορεί να ήταν θαμμένοι στον κήπο, και αν συνέβαινε κάτι τέτοιο, δεν θα τους έβρισκε ποτέ κανείς επειδή ο κήπος ήταν γεμάτος σκουπίδια.

Ο Phillip περιφερόταν από το ένα δωμάτιο στο άλλο κρατώντας ένα τσιγάρο ή ένα τσιγαριλίκι ή κάποιο συνδυασμό των δύο, ενώ έλεγε ιστορίες τεράστιες σε διάρκεια, επειδή μιλούσε πολύ αργά. Ήταν ένας ψηλόλιγνος τύπος με γενάκι, μακριά πυρόξανθα μαλλιά και φακίδες· και ήταν πάντα λιώμα από τη μαστούρα. Μερικές φορές χασκογελούσε, αλλά κατά τα άλλα ήταν μάλλον ανέκφραστος. Τα μάτια του ήταν διαρκώς μισόκλειστα – τόσο λιώμα ήταν.

Υποτίθεται ότι ο Phillip μπορούσε να παίξει Hendrix και άλλα τραγούδια στην κιθάρα του, αλλά ποτέ δεν τον άκουσα να τα παίζει. Ποτέ δεν τον άκουσα να παίζει οτιδήποτε. Όποτε ήμουν εκεί τον θυμάμαι μόνο να βάζει δίσκους των Deep Purple στο στερεοφωνικό. Ήταν τόσο καμένος που ήταν πραγματικά οδυνηρό να κάνεις παρέα μαζί του. Μου αρέσει πάντα να βλέπω την καλύτερη πλευρά των ανθρώπων· δεν με νοιάζουν οι δυσλειτουργίες τους. Όμως ο Phillip ήταν το κάτι άλλο. Περίμενα μάταια να συμβεί κάτι έξυπνο, να φανεί μια μικρή σπίθα μέσα του που θα άναβε μια φλόγα την οποία κανείς άλλος δεν θα μπορούσε να δει. Περίμενα δυο ολόκληρα χρόνια αφού τελείωσα το Γυμνάσιο, αλλά δεν το είδα ποτέ. Τίποτε, μηδέν. Όμως είχε Stratocaster.

Δεν μου αρέσει να μπλέκω την κοκαΐνη με την κιθάρα.

ΥΠΟ ΑΥΤΕΣ ΤΙΣ ΣΥΝΘΗΚΕΣ, ΟΙ TIDUS SLOAN ΗΤΑΝ ΠΟΛΥ δραστήριοι για σχολικό συγκρότημα. Παίζαμε στο αμφιθέατρο του σχολείου μας και σε πολλά άγρια σχολικά πάρτι, ανάμεσά τους και στα γενέθλιά μου. Όταν έκλεισα τα δεκάξι μου, ο Mark Mansfield έκανε ένα πάρτι προς τιμή μου στο σπίτι των γονιών του στο Hollywood Hills, όπου θα έπαιζε το συγκρότημά μου. Το κορίτσι μου η Melissa, μου έδωσε για τα γενέθλιά μου ένα γραμμάριο κόκα και εκείνη την ημέρα πήρα ένα πολύτιμο μάθημα. Δεν μου αρέσει να μπλέκω την κοκαΐνη με την κιθάρα. Έκανα μερικές γραμμές προτού ανέβω στη σκηνή, και καλά καλά δεν μπορούσα να παίξω ούτε νότα· έγινα εντελώς ρεζίλι. Το ίδιο ακριβώς επαναλήφθηκε τις λίγες φορές που έκανα το ίδιο λάθος! Ό,τι έπαιζα μου ακουγόταν λάθος, δεν μπορούσα να βρω το ρυθμό, και ένιωθα ότι δεν ήθελα να παίξω. Αισθανόμουν λες και κρατούσα για πρώτη φορά κιθάρα στα χέρια μου, ή όπως την πρώτη φορά που έκανα σκι.

Μόλις που καταφέραμε να παίξουμε τρία τραγούδια προτού τα παρατήσω. Έμαθα από νωρίς να κρατάω τις «εξωσχολικές» ουσίες για μετά το σόου. Μπορώ να πίνω και να παίζω, αλλά έχω επίγνωση των ορίων μου· και, όσον αφορά την ηρωίνη, θα φτάσω και σ' αυτό αργότερα, επειδή είναι ένας ακόμη λάκκος με φίδια. Παρ' όλα αυτά, έμαθα από νωρίς να μην παίρνω μαζί μου τέτοιες συνήθειες στις περιοδείες.

Η πιο εντυπωσιακή εμφάνιση των Tidus Sloan ήταν σε μια γιορτή για ένα μπαρ μίτζβα, στη μέση του πουθενά. Ο Adam, ο Ron κι εγώ μαστουρώναμε ένα βράδυ στο La Brea Tar Pits και γνωρίσαμε ένα κορίτσι που μας πρόσφερε πεντακόσια δολάρια για να παίξουμε στο πάρτι της αδελφής της. Όταν είδε ότι η πρότασή της δεν μας κίνησε το ενδιαφέρον, άρχισε να αναφέρει τα ονόματα πολλών διασημοτήτων που υποτίθεται πως ήταν «φίλοι της οικογένειας», ανάμεσά τους και του Mick Jagger. Παραμείναμε διστακτικοί, αλλά μέσα στις επόμενες ώρες άρχισε να μας παρουσιάζει το πάρτι ως το μεγαλύτερο γεγονός του Los Angeles. Έτσι λοιπόν βάλαμε τα όργανά μας και όσους περισσότερους φίλους μπορούσαμε στο ημιφορτηγό του φίλου μας του Matt και ξεκινήσαμε για τη συναυλία. Το πάρτι γινόταν στο σπίτι της οικογένειας, που απείχε δυο ώρες από το Hollywood – περίπου μία ώρα και σαράντα πέντε λεπτά παραπάνω απ' όσο υπολογίζαμε· ταξιδεύαμε τόση ώρα που όταν φτάσαμε στον προορισμό μας δεν είχαμε ιδέα πού βρισκόμαστε. Μόλις στρίψαμε στον ιδιωτικό δρόμο, μου φάνηκε αδύνατον να πιστέψω ότι αυτό το σπίτι θα φιλοξενούσε το πάρτι της χρονιάς: ήταν μια μικρή, παλιομοδίτικη, παππουδίστικη κατοικία. Τα έπιπλα είχαν διαφανή πλαστικά καλύμματα, υπήρχε γαλάζια μοκέτα στο καθιστικό και από τους τοίχους κρέμονταν οικογενειακά πορτρέτα και πορσελάνινα πιάτα. Δεδομένου του περιορισμένου χώρου, το σπίτι ήταν ασφυκτικά γεμάτο από έπιπλα.

Φτάσαμε την προηγούμενη νύχτα και κοιμηθήκαμε στον ξενώνα. Ήταν φιλόξενη κίνηση αλλά πολύ κακή ιδέα, και για να λέμε την αλήθεια, αυτή η καθωσπρέπει εβραϊκή οικογένεια έδειξε να σοκάρεται όταν φτάσαμε. Το ίδιο βράδυ στήσαμε τους ενισχυτές μας στη βεράντα, όπου είχαν τοποθετήσει τα τραπέζια και τις καρέκλες μαζί με μια μικρή σκηνή για την εμφάνιση της επόμενης μέρας. Έπειτα ήπιαμε όλα τα ποτά που είχαμε φέρει μαζί μας και γίναμε φέσι. Τα καταναλώσαμε στα κρυφά και βάλαμε τα δυνατά μας για να συμπεριφερθούμε όπως έπρεπε στον ξενώνα, αλλά δυστυχώς εξαντλήσαμε τις προμήθειές μας και αναγκαστήκαμε να διαρρήξουμε το σπίτι της οικογένειας για να βάλουμε χέρι στην κάβα. Όμως τα μπουκάλια που καταφέραμε να πάρουμε ήταν ό,τι χειρότερο μπορούσε να μας συμβεί: το γεγονός ότι μπερδέψαμε τη βότκα και το ουίσκι που είχαμε πιει με λικέρ Manischewitz και μερικά άλλα ποτά που υποτίθεται ότι δεν πρέπει να τα πίνεις ποτέ απευθείας από το μπουκάλι, όρισε την αρχή ενός πολύ έντονου σαββατοκύριακου – για μας, για τους οικοδεσπότες μας, και για τους πολλούς καλεσμένους που εμφανίστηκαν το άλλο πρωί.

Όσο προχωρούσε η νύχτα, το συγκρότημά μας και οι φίλοι μας κατέστρεψαν τον ξενώνα της οικογένειας σε βαθμό που ξεπερνάει σχεδόν κάθε παρόμοιο επεισόδιο που έρχεται στη μνήμη μου από την εποχή των Guns. Σε όλη την μπανιέρα υπήρχαν εμετοί· εγώ καθόμουν στο νιπτήρα με ένα κορίτσι, όταν έσπασε και γκρεμίστηκε από τον τοίχο· νερό πετάχτηκε παντού, ώσπου κλείσαμε τη κεντρική παροχή. Φαινόταν λες και είχαμε καταστρέψει το μέρος επίτηδες, αλλά οι περισσότερες ζημιές ήταν παράπλευρες απώλειες. Χαίρομαι που μπορώ να πω ότι δεν συμμετείχα στο χειρότερο παράπτωμα απ' όλα: να ξεράσουμε στην κατσαρόλα με το κρέας. Το συγκεκριμένο φαγητό ήταν παραδοσιακή συνταγή που στο διάστημα του μπαρ μίτζβα έτρωγε καθημερινά η οικογένεια· σιγόβραζε όλη νύχτα στον ξενώνα ώστε να είναι έτοιμο την άλλη μέρα. Κάποια στιγμή, ένας από τους φίλους μας σήκωσε το καπάκι, ξέρασε στην κατσαρόλα και την ξανασκέπασε χωρίς να πει τίποτε σε κανέναν, αφήνοντάς τη να σιγοβράζει. Δεν μπορώ να σας περιγράψω πώς είναι να ξυπνάς στο πάτωμα με έναν απίστευτο πονοκέφαλο, σπασμένα γυαλιά χωμένα στο πρόσωπό σου, και τη ζεστή μπόχα από κρέας της κατσαρόλας που έβραζε μαζί με εμετό να κυριαρχεί στην ατμόσφαιρα.

Δυστυχώς το σόου του τρόμου συνεχίστηκε για την άτυχη οικογένεια. Είχαμε πιει όλα τα ποτά μας καθώς και όλα τα ποτά που είχαμε κλέψει από το σπίτι την προηγούμενη νύχτα. Έτσι αρχίσαμε πρωί πρωί να κλέβουμε ποτά από το μπαρ του κήπου, καθώς ξεκινήσαμε να προβάρουμε. Αργότερα, όταν άρχισαν να μαζεύονται οι συγγενείς για την απογευματινή γιορτή, παίζαμε πολύ δυνατά και κανείς δεν ήξερε τι να πει ή τι να κάνει, αν και μας έγιναν μερικές συστάσεις.

Μια πολύ δραστήρια και πολύ κοντόσωμη γυναίκα ήρθε για να κάνει την εποικοδομητική κριτική της.

«Έι, νεαρέ, παίζετε πολύ δυνατά!» μας είπε, με μια γκριμάτσα. «Μπορείτε να το χαμηλώσετε; Υπάρχουν κάποιοι εδώ μέσα που θέλουν να μιλήσουν!»

Η γιαγιά ήταν στιλάτη, φορούσε γυαλιά-πατομπούκαλα με μαύρο σκελετό, ακριβό κοστούμι και, παρά το ύψος της, ήταν μια παρουσία με κύρος. Μας ρώτησε αν ξέραμε τίποτε «γνωστά» τραγούδια, και κάναμε ό,τι μπορούσαμε για να την ικανοποιήσουμε. Παίξαμε όλες τις διασκευές Deep Purple και Black Sabbath που ξέραμε. Μας είχαν στήσει μια σκηνή με καρέκλες μπροστά της, αλλά ήταν ολοφάνερο ότι εκτός από λίγα εξάχρονα και οκτάχρονα παιδιά όλοι οι καλεσμένοι του πάρτι είχαν κολλήσει σε έναν τοίχο όσο πιο μακριά γινόταν απ' τη σκηνή. Στην πραγματικότητα, οι καλεσμένοι συμπεριφέρονταν λες και έξω έβρεχε, γιατί όταν σήκωσα το βλέμμα μου αντιλήφθηκα ότι είχαν στριμωχτεί στο καθιστικό, ενώ δεν υπήρχε άλλος λόγος για να αποφεύγουν τον καθαρό αέρα εκτός από τους ήχους του σετ μας.

Είχαμε φρικάρει εντελώς τους καλεσμένους, κι έτσι προσπαθούσαμε να τους προσελκύσουμε ρίχνοντας λίγο τις ταχύτητες. Παίξαμε μια heavy metal διασκευή του «Message in a Bottle». Δεν λειτούργησε, οπότε δοκιμάσαμε να παίξουμε όποιο άλλο γνωστό τραγούδι ξέραμε: παίξαμε το «Start Me Up» ξανά και ξανά, χωρίς φωνητικά. Χωρίς αποτέλεσμα όμως· η ημίωρη instrumental διασκευή μας δεν σήκωσε κανέναν να χορέψει. Παίξαμε από απελπισία το «Feelings» του Morris Albert, όπως το ερμηνεύει ο Jimi Hendrix. Ούτε αυτό δούλεψε· έτσι το κάναμε κύκνειο άσμα μας, τα μαζέψαμε και φύγαμε από εκεί.

ΙΣΩΣ ΝΑ ΕΚΠΛΗΣΣΕΙ ΚΑΠΟΙΟΥΣ, ΑΛΛΑ ΑΚΟΜΑ ΚΑΙ ΠΡΟΤΟΥ φτιάξω συγκρότημα δούλευα κανονικά από όσο πιο νωρίς μπορούσα, για να βγάζω τα χρήματα που χρειαζόμουν ώστε να συνεχίσω να παίζω κιθάρα. Από την Γ΄ Γυμνασίου άρχισα να μοιράζω εφημερίδες ακολουθώντας ένα κουραστικό δρομολόγιο: από το Wilshire στο La Brea και από εκεί στο Fairfax και το Beverly. Το έκανα μόνο Κυριακές· ήμουν αναγκασμένος να ξυπνάω στις έξι το πρωί, εκτός κι αν έπειθα τη γιαγιά μου να με πάει με το αυτοκίνητο. Κουβαλούσα δυο τεράστιες τσάντες κρεμασμένες στο τιμόνι του ποδηλάτου μου, με κίνδυνο να χάσω την ισορροπία μου στην παραμικρή απότομη κίνηση. Τελικά αναβάθμισα την επαγγελματική μου ενασχόληση πιάνοντας δουλειά στον κινηματογράφο του Fairfax.

Η ποσότητα του χρόνου που περνούσα στη δουλειά και η ποσότητα του χρόνου που περνούσα μαθαίνοντας κιθάρα ήταν δυο ταυτόχρονες αποκαλύψεις για μένα· τελικά ήξερα γιατί είχα μπει στο λούκι. Πιστεύω ότι είχε να κάνει με τη συνδυασμένη επιρροή των γονιών μου: τη δημιουργικότητα του πατέρα μου και το ένστικτο της μητέρας μου για επιτυχία. Μπορεί να διαλέγω τον πιο δύσκολο δρόμο για να πάω εκεί που πρέπει, αλλά είμαι πάντα αποφασισμένος να φτάσω. Αυτό το εσωτερικό κίνητρο με βοήθησε να επιβιώσω τις στιγμές που όλα ήταν εναντίον μου και βρισκόμουν μόνος μου, χωρίς κάτι άλλο στα χέρια μου που να με βοηθούσε να προχωρήσω.

Έκανα τη δουλειά μου με προσήλωση, ανεξάρτητα αν μου άρεσε ή όχι, γιατί ήμουν διατεθειμένος να δουλεύω σαν χαμάλης μέρα νύχτα ώστε να έχω τα χρήματα για να στηρίζω το πάθος μου. Έπιασα μια δουλειά στην Business Card Clocks, μια μικρή εταιρεία που πουλούσε ρολόγια μέσω ταχυδρομείου. Από το Σεπτέμβριο μέχρι το Δεκέμβριο κάθε χρονιάς συναρμολογούσα ρολόγια για καλάθια εταιρικών δώρων. Κολλούσα μια μεγέθυνση της κάρτας της εταιρείας πάνω σε ένα κομμάτι νοβοπάν, προσάρμοζα στο κέντρο του ένα μηχανισμό ρολογιού, έβαζα γύρω του ένα ξύλινο πλαίσιο, το συσκεύαζα, και αυτό ήταν όλο. Έφτιαξα χιλιάδες τέτοια αντικείμενα. Μας πλήρωναν με την ώρα και ήμουν το μοναδικό άτομο εκεί που τρελάθηκε με τη δουλειά· πήγαινα εκεί στις έξι το πρωί, δούλευα όλη μέρα, όσο άντεχα τη νύχτα, και έπειτα κοιμόμουν εκεί. Νομίζω ότι ήταν παράνομο, αλλά δεν με ένοιαζε: ήθελα να βγάλω όσο περισσότερα μπορούσα για το διάστημα που κρατούσε η σεζόν.

Ήταν μια σπουδαία δουλειά που την έκανα για λίγα χρόνια, αν και τελικά μου γύρισε μπούμερανγκ: το αφεντικό μου, ο Larry, με πλήρωνε με επιταγή. Έτσι δεν ήμουν ποτέ γραμμένος στα βιβλία της εταιρείας του, ούτε δήλωσε το μισθό μου στην εφορία. Μια και δεν ήμουν γραμμένος στα βιβλία, δεν έβλεπα για ποιο λόγο να πληρώνω φόρους από τα κέρδη μου. Όμως, μόλις έκανα λεφτά με τους Guns N' Roses λίγα χρόνια αργότερα, η εφορία με ξετρύπωσε, απαιτώντας να πληρώσω όλους αυτούς τους φόρους, συν τους τόκους. Εξακολουθεί να μου φαίνεται απίστευτο ότι απ' όλα όσα έχω κάνει, το κράτος με στρίμωξε για μια δουλειά σε μία βιοτεχνία ρολογιών. Αργότερα κατάφερα να μάθω τι συνέβη: η εφορία έκανε έλεγχο στον Larry και τον στρίμωξε για κάποιο χρηματικό ποσό που δεν μπορούσε να δικαιολογήσει για κάποιο χρονικό διάστημα· έτσι εκείνος αναγκάστηκε να ομολογήσει ότι είχε δώσει τα χρήματα στον υπάλληλό του, δηλαδή εμένα. Η εφορία με εντόπισε και εξέδωσε εντολή κατάσχεσης που αφορούσε τα κέρδη, τους λογαριασμούς και τα περιουσιακά μου στοιχεία: οι τυχόν καταθέσεις μου θα κατάσχονταν άμεσα για να καλύψουν τα χρέη μου. Εκείνη τη στιγμή σκέφτηκα ότι είχα περάσει πολύ καιρό άφραγκος για να δώσω στην εφορία όσα είχα επιτέλους καταφέρει να κερδίσω: αντί να πληρώσω την εφορία από την επιταγή της πρώτης προκαταβολής των Guns, είχα ρευστοποιήσει το μερίδιό μου σε τράβελερ τσεκ, με τα οποία πλήρωνα παντού. Όμως σε λίγο θα φτάσουμε και σ' αυτό.

Άλλη μια δουλειά που έκανα ήταν στο Hollywood Music Store, ένα κατάστημα οργάνων και μουσικών βιβλίων στη γωνία Fairfax και Melrose. Όσο κι αν προσπαθούσα να μείνω προσηλωμένος στο να συντηρούμαι ενώ ταυτόχρονα επιδίωκα αυτό που ήθελα να κάνω, υπήρχαν πολλές στιγμές που μου ανέβαινε το αίμα στο κεφάλι. Ορίστε μία απ' αυτές:

Υπήρχε ένας τύπος που ερχόταν και έπαιζε κάθε μέρα στο τμήμα με τις κιθάρες. Διάλεγε μια «καινούργια» κιθάρα από τον τοίχο, λες και δεν την είχε ξαναδεί, και άρχιζε να παίζει για ώρες. Την κούρδιζε και έπαιζε μανιασμένα, και δεν έλεγε να φύγει από το μαγαζί. Είμαι σίγουρος ότι υπάρχει ένας τέτοιος σε κάθε κατάστημα μουσικών οργάνων.

ΟΤΑΝ ΑΡΧΙΣΑ ΝΑ ΠΗΓΑΙΝΩ ΣΤΟ ΓΥΜΝΑΣΙΟ, ΥΠΗΡΧΑΝ πολλοί σπουδαίοι hard rock δίσκοι από τους οποίους μπορούσα να ακούσω και να μάθω: οι Cheap Trick, οι Van Halen, ο Ted Nugent, οι AC/DC, οι Aerosmith και οι Queen ήταν στις δόξες τους. Σε αντίθεση με πολλούς συνομήλικούς μου κιθαρίστες, ποτέ δεν προσπάθησα να μιμηθώ τον Eddie Van Halen. Εκείνη την εποχή ήταν ο κιθαρίστας-πρότυπο· έτσι, όλοι προσπαθούσαν να παίξουν σαν κι αυτόν, αλλά κανείς δεν είχε τη δική του *αίσθηση,* και δεν έδειχναν να το καταλαβαίνουν. Ο ήχος του ήταν πολύ προσωπικός. Δεν μπορούσα να φανταστώ ότι θα πλησίαζα το παίξιμό του, ότι θα προσπαθούσα ή ότι θα ήθελα. Διάλεξα μερικά blues σχήματα του Eddie, σχήματα που κανείς δεν τα θεωρεί χαρακτηριστικά του παιξίματός του επειδή δεν νομίζω ότι έχει εκτιμηθεί η σπουδαία αίσθηση ρυθμού και μελωδίας που διαθέτει. Έτσι, όταν όλοι μελετούσαν τα hammerons που έπαιζε [Σ.τ.Μ.: τεχνική παιξίματος στην κιθάρα] και άκουγαν το «Eruption», εγώ άκουγα τον Van Halen. Πάντα μου άρεσαν οι «ιδιαίτεροι» κιθαρίστες, από τον Stevie Ray Vaughan και τον Jeff Beck μέχρι τον Johnny Winter και τον Albert King, και όσα κι αν έμαθα παρατηρώντας την τεχνική τους, το *πάθος* του παιξίματός τους με δίδαξε πολύ περισσότερα.

Σε κάθε περίπτωση, τα πράγματα είχαν αλλάξει όταν άρχισα να πηγαίνω στο Λύκειο. Το 1980, το αγγλικό punk είχε φτάσει στο Los Angeles και είχε μετουσιωθεί σε κάτι απίστευτα γελοίο που δεν είχε καμία σχέση με τις ρίζες του είδους. Ήταν μια παροδική, εντυπωσιακή έκφραση μόδας: ξαφνικά όλα τα μεγαλύτερα κορίτσια άρχισαν να φορούν σκισμένα t-shirts, χοντρόσολα rockabilly παπούτσια και αλυσίδες φτιαγμένες από συνδετήρες ή παραμάνες. Ποτέ δεν κατάλαβα γιατί γινόταν τέτοια φασαρία: ήταν άλλη μια επιπόλαια επιρροή στη σκηνή των κλαμπ του Δυτικού Hollywood που είχε για επίκεντρά της το Rainbow, το Whisky, το Club Lingerie και το Starwood.

Ποτέ δεν πίστεψα ότι το punk του Los Angeles ήταν κάτι που άξιζε να ακούσω, επειδή μου φαινόταν κάλπικο. Εκείνη την εποχή οι Germs θεωρούνταν μεγάλο συγκρότημα και είχαν πολλούς μιμητές, για τους οποίους πίστευα ότι δεν μπορούσαν να παίξουν και ότι ήταν για κλάματα. Τα

Ο Slash κάνει αυτό που ξέρει καλύτερα: να παίζει ασταμάτητα.

μόνα συγκροτήματα που πίστευα ότι άξιζαν κάτι ήταν οι X και οι Fear – πέρα απ' αυτούς, το χάος. Σεβόμουν το γεγονός ότι η ουσία του punk, από μουσική άποψη, ήταν να μην μπορείς να παίξεις καλά, και συνάμα να μη σου καίγεται καρφί. Όμως είχα πρόβλημα επειδή όλοι στη σκηνή εκμεταλλεύονταν αυτή την αισθητική αντίληψη για τους λάθος λόγους – υπάρχει μια διαφορά ανάμεσα στο να παίζεις άσχημα επειδή δεν μπορείς να κάνεις αλλιώς και στο να παίζεις άσχημα επίτηδες.

Καθώς προερχόταν από το Λονδίνο και τη Νέα Υόρκη, το punk rock έκανε εντύπωση, και όσο κι αν παρεξηγήθηκε στο Los Angeles, μέσα απ' αυτό προέκυψαν πολλά σπουδαία κλαμπ, με καλύτερο ανάμεσά τους το Café de Grand. Ήταν ο καλύτερος χώρος όπου μπορούσες να δεις συναυλίες hardcore punk, αλλά όχι ο μόνος – το Palladium φιλοξενούσε πολύ καλά hardcore συγκροτήματα. Είδα εκεί τους Ramones και δεν πρόκειται να το ξεχάσω ποτέ μου – ήταν καταλυτική εμπειρία, λες και σε παρέσυραν μεγάλα κύματα. Εκτός από λίγες εξαιρέσεις, το punk του Los

Angeles ήταν για λύπηση, όπως οι χιλιάδες ποζεράδες που σχημάτιζαν ουρές έξω από το Starwood κάθε σαββατοκύριακο.

Εκείνη την εποχή είχα φτάσει πια σε μια ηλικία που με κατέτασσε στα μεγάλα παιδιά. Μέχρι τότε ήμουν ο πιτσιρικάς που κάνει παρέα με μεγαλύτερα παιδιά, ακολουθούσα τις ασχολίες τους, ήθελα πάντα να είμαι μέρος όσων έκαναν. Τώρα το μεγαλύτερο παιδί ήμουν εγώ, και όπως το έβλεπα, το punk κίνημα και αυτή η απαίσια μόδα που έφερνε από την πίσω πόρτα είχαν καταστρέψει τα πάντα. Πάνω που είχα επιτέλους μεγαλώσει και μπορούσα να απολαύσω όλα όσα είχαν συμβεί πριν από μένα, τα πράγματα άρχισαν να παίρνουν την κάτω βόλτα.

Από την εποχή που γεννήθηκα μέχρι περίπου το 1980, η κατάσταση χαρακτηριζόταν από μία σχετική σταθερότητα. Όλα βασίζονταν στο rock and roll, παρά τα ξενέρωτα συγκροτήματα που υπήρχαν, όπως οι Foghat, οι Styx, οι REO Speedwagon και πολλοί άλλοι. Από το '79-'80 και δώθε, με την εξαίρεση των Van Halen, το πράγμα πήρε άλλη τροπή, που ενστάλαξε ένα τελείως διαφορετικό είδος εξέγερσης, και η μόδα έδιωξε από το προσκήνιο τη μουσική που αγαπούσα.

Ήθελα να παίξω κιθάρα σε ένα συγκρότημα που θα ενέπνεε ανάλογη αφοσίωση και ενθουσιασμό με τους Mötley Crüe.

ΟΤΑΝ ΜΕ ΑΠΕΒΑΛΑΝ ΑΠΟ ΤΟ ΛΥΚΕΙΟ FAIRFAX ΛΟΓΩ του επεισοδίου στο μάθημα της Κοινωνιολογίας, βρέθηκα σε σχολικό κενό. Η παιδεία ήταν πάντα βασική προτεραιότητα για τη μητέρα μου· με άφηνε να μένω όπου ήθελα, όλο το καλοκαίρι, αρκεί να συμφωνούσα το φθινόπωρο να μείνω μαζί της, όπου κι αν βρισκόταν. Ήθελε να είναι σίγουρη ότι θα πήγαινα σχολείο, και δεν υπήρχε άλλος τρόπος γι' αυτό από το να μείνω κάτω από την ίδια στέγη μαζί της. Το καλοκαίρι μετά την αποβολή μου, γράφτηκα στο θερινό Σχολείο του Hollywood High με σκοπό να συγκεντρώσω τα μόρια που μου έλειπαν για να συνεχίσω στο Ενιαίο Λύκειο του Beverly Hills με τα υπόλοιπα παιδιά της τάξης μου στην αρχή του δεύτερου έτους μου. Όμως προσπάθησα να παρατήσω το Λύκειο μελετώντας και δίνοντας εξετάσεις για το proficiency. Δεν τα πήγα και τόσο καλά·

στο πρώτο μισάωρο έκανα διάλειμμα για τσιγάρο και δεν επέστρεψα ποτέ.

Στη διάρκεια εκείνης της περιόδου, η μαμά μου παράτησε τελικά το «Φίλο» της το φωτογράφο. Μόλις ο Φίλος, για να αγοράσει κοκαΐνη, άρχισε να σκοτώνει όλα –κυριολεκτικά, όλα– όσα υπήρχαν στο σπίτι (τελικά κατέληξε στην ψάθα), η μαμά και ο αδελφός μου τα μάζεψαν και μετακόμισαν ξαφνικά. Εγώ δεν περνούσα και πολλή ώρα στο σπίτι, κι έτσι δεν έχω εμπειρία από πρώτο χέρι των όσων συνέβησαν. Όταν όμως το άκουσα, ανακουφίστηκα.

Η μαμά μου, ο αδελφός μου και η γιαγιά μου μετακόμισαν μαζί σε ένα διαμέρισμα στη διασταύρωση της Wilshire με τη La Cienega, και, σύμφωνα με τους γνωστούς όρους της μαμάς, πήγα να μείνω μαζί τους το φθινόπωρο. Η μητέρα μου ήθελε να αποφοιτήσω από το Λύκειο προτού ακολουθήσω το δρόμο που θα επιθυμούσα, αλλά δεν της είχα αφήσει και πολλές επιλογές. Οι βαθμοί μου, οι απουσίες μου και η διαγωγή μου δεν ήταν άξιες λόγου· έτσι, έκανε ό,τι καλύτερο μπορούσε: με έγραψε ως μετασχολικό μαθητή στο Λύκειο του Beverly.

Τα μετασχολικά μαθήματα είναι η τάξη όπου βάζουν τα «προβληματικά» παιδιά του σχολείου. Όσα έχουν μαθησιακές δυσκολίες ή προβλήματα συμπεριφοράς, και όσους δεν μπορούν να παρακολουθήσουν το διδακτικό πρόγραμμα. Ενώ έβλεπα το Fairfax ως μία κατάσταση που έπρεπε να αποφύγω, εδώ ήταν το τέλειο περιβάλλον για μένα· μπορούσα να λειτουργώ με τους ρυθμούς μου και μπορούσα να ρυθμίσω το χρόνο μου έτσι ώστε οι ώρες μου να ταιριάζουν με τη νέα θέση μου στο εργατικό δυναμικό. Έφτανα στις οκτώ και έφευγα το μεσημέρι, επειδή εκείνη την εποχή είχα δυο δουλειές· εκτός από τον κινηματογράφο του Fairfax, το φθινόπωρο ήταν εποχή αιχμής για τη βιοτεχνία ρολογιών.

Οι συμμαθητές μου στο Τμήμα Μετασχολικής Εκπαίδευσης του Λυκείου του Beverly Hills ήταν ένας κι ένας. Υπήρχαν δυο κανονικά κορίτσια μηχανόβιων, η μία απ' αυτές σωστό θηρίο, που ο φίλος της, ένας χοντρός, μέλος των Hell's Angels, πάνω από σαράντα ερχόταν και την έπαιρνε κάθε μέρα. Έφτανε νωρίς και καθόταν έξω απ' το σχολείο γκαζώνοντας τη μηχανή του· η άλλη τύπισσα είχε δική της Harley. Στην τάξη υπήρχαν επίσης τρία κορίτσια που κυκλοφορούσαν στη rock σκηνή του Sunset Strip· τα βαμμένα και ξασμένα μαλλιά τους πετάγονταν προς όλες τις κατευθύνσεις, ενώ τα σκισμένα τους t-shirts και οι μυτερές γόβες στιλέτο που φορούσαν μιλούσαν από μόνα τους. Και οι τρεις ήταν πολύ ελκυστικές με τον τρόπο τους... ας πούμε ότι ήξεραν να βάφονται. Το άλλο κορίτσι της τάξης το γνώριζα ήδη: την έλεγαν Desiree, και ήταν κόρη ενός φίλου του πατέρα μου, του Norman Seiff, που ήταν γνωστός rock φωτογράφος. Όταν ήμαστε μικρά παίζαμε μαζί και κάναμε τις γνωστές αταξίες που κάνουν μεταξύ τους τα αγοράκια και τα κοριτσάκια. Εκείνη την περίοδο την είχα ερωτευτεί, και όταν τη ξαναείδα, είχα πολύ περισσότερους λόγους για να παραμένω ερωτευμένος μαζί της: καθόταν στην μπροστινή μου σειρά και φορούσε μόνο φαρδιά αμάνικα μπλουζάκια χωρίς σουτιέν. Είχε γίνει μια σέξι, αφρατούλα punk rocker και ήταν το ίδιο ελκυστική στα μάτια μου όπως όταν ήμαστε επτά χρονών.

Στην τάξη υπήρχαν και άλλα κουμάσια. Ήμαστε ένας τόσο ανόμοιος και αλλόκοτος συφερτός που θα μπορούσαμε να είμαστε συλλεκτικές φιγούρες. Υπήρχε ένας κλασικός μαστούρης surfer α-λα Jeff Spicoli [Σ.τ.Μ.: ο χαρακτήρας που υποδυόταν ο Sean Pen στην ταινία *Fast Times at Richmond High* του 1982 (ελλ. τίτλος: *Πλακατζήδες και μπουμπούκια)*], η σέξι έφηβη μαμά, η στρουμπουλή, λιγομίλητη γκοθού, το μελαγχολικό κορίτσι από την Ινδία που δούλευε νυχτερινή βάρδια στο μπακάλικο των γονιών της· όλοι εμείς αποτελούσαμε το περιθώριο της κοινότητας του Λυκείου. Τώρα που το ξανασκέφτομαι, πολύ θα ήθελα να ξέρω πώς το κάθε παιδί είχε καταλήξει σε εκείνη την τάξη, στο κατά τα άλλα σνομπ Λύκειο του Beverly Hills. Μας είχαν στοιβάξει μαζί σύμφωνα με τις επιταγές του «προοδευτικού» εκπαιδευτικού μας συστήματος σε μια τάξη με μία μικτή τουαλέτα που λειτουργούσε και σαν καπνιστήριο του σχολείου. Εκεί ανακάλυψα γιατί αυτά τα τρία rock κορίτσια του Sunset Strip είχαν τέτοια εμφάνιση: ήταν το ανεπίσημο προεδρείο του fan club των Mötley Crüe. Επίσης, έκαναν και δωρεάν δημόσιες σχέσεις: την πρώτη φορά που βρεθήκαμε μαζί για να καπνίσουμε ένα τσιγάρο, μου έμαθαν τους Mötley Crüe.

Ήξερα για τον Nikki Sixx, μπασίστα και ιδρυτή των Mötley Crüe, από τότε που έπαιζε στο πρώτο του συγκρότημα, τους London, επειδή ο Steven κι εγώ τους είχαμε δει να παίζουν ένα βράδυ στο Starwood όταν καταφέραμε να μπούμε τσάμπα. Οι London είχαν πραγματική σκηνική παρουσία: σε συνδυασμό με τα φτηνά πυροτεχνήματα και τα ρούχα α-λα Kiss, η εμφάνισή τους ήταν αρκετά επαγγελματική ώστε να πάρει τα μυαλά οποιουδήποτε εφήβου τους έβλεπε. Δεν είχα ιδέα για το ότι ο Nikki είχε βρεθεί με τον Tommy, ότι είχαν βρει τους άλλους του συγκροτήματος και ότι οι London είχαν μετεξελιχθεί σε Mötley Crüe· ούτε ήξερα ότι θα γίνονταν ηγέτες ενός μουσικού κινήματος που θα αντικαθιστούσε το punk του Los Angeles μέσα σε μια νύχτα. Οι Mötley δεν έμοιαζαν με τους Quiet Riot, τους Yesterday and Today, ή κάποιο άλλο συγκρότημα του Sunset Strip· μοιράζονταν την κορυφή μαζί τους, αλλά κανείς δεν ήταν σαν κι αυτούς. Ήταν τόσο ξεχωριστοί που δεν υπήρχε τρόπος ώστε οποιοσδήποτε, εκτός από εμένα υποθέτω, να μπορούσε να είχε περάσει αυτά τα τρία κορίτσια για κάτι άλλο εκτός από fans των Mötley Crüe.

Υπάρχουν μερικές στιγμές στη ζωή ενός ανθρώπου που μόνο ο χρόνος μπορεί να τους δώσει τη σωστή διάσταση. Στην καλύτερη περίπτωση, ξέρεις ότι το στιγμιότυπο που απαθανατίζεις θα είναι ξεχωριστό όταν τραβάς τη φωτογραφία, αλλά τις περισσότερες φορές μόνο η απόσταση και η προοπτική αποδεικνύουν το αν έχεις δίκιο. Μία τέτοια στιγμή βίωσα λίγο πριν παρατήσω για πάντα το σχολείο. Ήταν η μέρα που ο Nikki Sixx και ο Tommy Lee εμφανίστηκαν έξω από το σχολείο μου. Έξι χρόνια αργότερα θα σνιφάριζα γραμμές κοκαΐνης από αναποδογυρισμένους μεταλλικούς δίσκους στο ιδιωτικό τους τζετ, αλλά δεν μπορώ να ξεχάσω εκείνη τη φορά που τους είδα να χαζεύουν έξω από το Λύκειο του Beverly Hills. Φορούσαν ψηλοτάκουνες μπότες, κολλητά παντελόνια, μέικ-απ και είχαν τα μαλλιά τους ξασμένα· κάπνιζαν· μιλούσαν με κάτι κορίτσια στο χώρο στάθμευσης του σχολείου μου: ήταν κάπως σουρεαλιστικό. Είδα τις νέες φίλες μου από το Τμήμα Μετασχολικής Εκπαίδευσης, τα τρία κορίτσια-σωσίες των Mötley Crüe, να τους κοιτάζουν με γουρλωμένα μάτια και γυάλινο βλέμμα, ενώ ο Nikki και ο Tommy τους έδιναν αδιάφορα αφίσες και φυλλάδια για την επόμενη συναυλία τους. Έμεινα έκθαμβος: αυτά τα κορίτσια όχι μόνο έβρισκαν το συγκρότημα τόσο συναρπαστικό που διάλεγαν να ντύνονται ακριβώς όπως τα μέλη του, αλλά ήταν επίσης διατεθειμένες να γίνουν εθελόντριες αφισοκόλλησης. Ήταν λες και έβλεπα το Δράκουλα να εξαπολύει τους ακόλουθούς του στο Beverly Hills για να ρουφήξουν το αίμα παρθένων.

Εντυπωσιάστηκα, και είναι αλήθεια ότι ζήλεψα. Δεν θα μπορούσα να παίζω σε ένα συγκρότημα που ακουγόταν ή έμοιαζε με τους Mötley Crüe, αλλά ήθελα αυτό που είχαν. Ήθελα να παίξω κιθάρα σε ένα συγκρότημα που θα ενέπνεε ανάλογη αφοσίωση και ενθουσιασμό με τους Mötley Crüe. Εκείνο το σαββατοκύριακο πήγα να δω τους Mötley στο Whisky. Από μουσική άποψη ήταν απλώς καλοί, αλλά ως συναυλία ήταν πετυχημένη. Ήταν αξιομνημόνευτη λόγω της συνολικής παραγωγής: Ο Vince έβαλε φωτιά στις ψηλές μπότες του Nikki και άναψαν χιλιάδες μικρά λαμπιόνια. Ο Tommy κοπανούσε τα τύμπανά του λες και ήθελε να τα κάνει οδοντογλυφίδες, ενώ ο Mick Mars έκοβε βόλτες στη σκηνή σκυφτός σαν ζόμπι. Αυτό που μου έκανε τη μεγαλύτερη εντύπωση, όμως, ήταν το ακροατήριο: ήταν τόσο αφοσιωμένοι που ήξεραν όλα τα τραγούδια απέξω και ρόκαραν λες και το συγκρότημα έπαιζε πρώτο όνομα στο L.A. Forum. Κατάλαβα ότι οι Mötley Crüe θα αργούσαν να το κάνουν πραγματικότητα. Και στο μυαλό μου, αυτό σήμαινε μόνο ένα πράγμα: αν αυτοί μπορούσαν να το κάνουν με τους δικούς τους όρους, τότε γιατί να μην μπορώ εγώ;

Μηδαμινές πιθανότητες επιτυχίας

Κεφάλαιο 5

Μόλις ζήσεις λιγάκι, ανακαλύπτεις πως ό,τι στέλνεις στον κόσμο σού επιστρέφει με τον ένα ή τον άλλο τρόπο. Ίσως συμβεί σήμερα, αύριο ή χρόνια μετά, αλλά συμβαίνει συνήθως εκεί που δεν το περιμένεις, συνήθως σε μια μορφή πολύ διαφορετική από την αρχική. Αυτές οι τυχαίες στιγμές που αλλάζουν τη ζωή σου μοιάζουν τυχαίες από πρώτη άποψη. Τουλάχιστον έτσι λειτούργησαν στη δική μου ζωή. Και ξέρω ότι δεν είμαι ο μόνος.

Είχα κάνα χρόνο περίπου να δω τον Marc Canter, και ο λόγος ήταν ότι ήμαστε και οι δύο απασχολημένοι με διαφορετικά πράγματα. Στο μεσοδιάστημα, είχε υποστεί μια μεταμόρφωση: όταν τον είδα για τελευταία φορά, ήταν ένας μουσικόφιλος και μόλις άρχιζε να αναλαμβάνει ένα ρόλο στη διεύθυνση της οικογενειακής επιχείρησης στο Canter's Deli. Σε καμία περίπτωση δεν μπορούσες να τον πεις αμιγώς «rock» τύπο – σε γενικές γραμμές, αυτός ήταν ο δικός μου ρόλος. Όταν ξαναβρεθήκαμε, ο Marc ήταν ένα διαφορετικό άτομο: ήταν ένα γνήσιο δείγμα του αφοσιωμένου, σκληροπυρηνικού θιασώτη της rock. Δεν θα το πίστευα αν μου το έλεγαν, αλλά είχε αφιερώσει ολόκληρη τη ζωή του στους Aerosmith. Είχε μεταμορφώσει το δωμάτιό του σε ναό από τοίχο σε τοίχο: οι αφίσες των Aerosmith σχημάτιζαν ένα τεράστιο κολάζ που έμοιαζε με ταπετσαρία, είχε ταξινομημένα τα τεύχη όλων των περιοδικών στα οποία υπήρχαν δημοσιεύματα, διατηρούσε μέσα σε πλαστικούς φακέλους ένα τακτικό αρχείο από αυτόγραφα και είχε συλλέξει τόσα σπάνια βινύλια εισαγωγής και παράνομες κασέτες από συναυλίες τους, που θα μπορούσε να ανοίξει δισκοπωλείο.

Όμως ο Marc δεν είχε την ανάλογη εμφάνιση· έμοιαζε απλώς με fan του rock που του αρέσουν τα t-shirts των Aerosmith, επειδή δεν άφηνε ποτέ τη λατρεία του να προχωρήσει σε τέτοιο σημείο ώστε να εμπνεύσει ενδυματολογικό φόρο τιμής στον Steven ή τον Joe. Ωστόσο, ενέπνεε ώρες παρακολούθησης, κλοπές και καταπάτηση ξένης ιδιοκτησίας, καθώς και άλλες ελαφρώς παράνομες επιδιώξεις στο όνομα του σκοπού του. Ο Marc είχε καταφέρει επίσης να εμπλακεί στην τοπική μαύρη αγορά εισιτηρίων: αγόραζε ένα σωρό εισιτήρια για μια συναυλία κι έπειτα τα αντάλλασσε με άλλους μαυραγορίτες μέχρι που κατάφερνε να εξασφαλίσει τις καλύτερες θέσεις στην πλατεία. Όλα αυτά του φαίνονταν σαν ένα μεγάλο παιχνίδι· ήταν σαν παιδί που αντάλλασσε κάρτες με ποδοσφαιριστές, αλλά όταν έφτανε η ώρα της συναυλίας, ήταν το παιδί που έφευγε με τις πιο σπάνιες.

Όταν ο Marc κατάφερνε να βρει τις θέσεις του, η μικρή του επιχείρηση βρισκόταν απλά στην αρχή, γιατί είχε βάλει κρυφά στην αίθουσα μία μικρή, ωραία, επαγγελματική φωτογραφική μηχανή και μια σειρά από φακούς διαλύοντας το μηχανισμό και κρύβοντας τα κομμάτια στο παντελόνι του, στα μανίκια του μπουφάν του, και όπου αλλού χωρούσαν. Ποτέ δεν τον έπιασαν, και κατάφερνε να βγάλει εκπληκτικές φωτογραφίες των Aerosmith. Το μόνο πρόβλημα ήταν ότι η λατρεία του για τους Aerosmith προέκυψε κάπως αργά: όταν άρχισαν να του αρέσουν πολύ, διέλυσαν.

Το καμάρι της συλλογής του Marc με ενθύμια των Aerosmith ήταν ένα άδειο σακουλάκι Doritos και μια μικρή αεροστεγής σακούλα γεμάτη αποτσίγαρα που είχε αρπάξει από το δωμάτιο του Joe Perry στο ξενοδοχείο Sunset Marquis. Προφανώς παραφυλούσε το ξενοδοχείο και κατάφερε να γλιστρήσει στο δωμάτιο όταν ο Joe είχε φύγει και προτού εμφανιστεί η καθαρίστρια. Ο Joe δεν είχε ούτε καν παίξει με τους Aerosmith το προηγούμενο βράδυ· στην πραγματικότητα είχε φύγει από το συγκρότημα. Μου φάνηκε λιγάκι αλλόκοτο το ότι τα μέλη των Aerosmith δεν ήταν καν μαζί, αλλά ο Marc ζούσε γι' αυτούς είκοσι τέσσερις ώρες το εικοσιτετράωρο. Ο Marc ήταν φίλος μου από την πρώτη μέρα που γνωριστήκαμε, κι έτσι ένιωσα ότι έπρεπε να συνεισφέρω στη συλλογή του. Στα γενέθλιά του έκανα δώρο ένα πρόχειρο σκίτσο των Aerosmith. Χρησιμοποίησα μολύβι και έπειτα συμπλήρωσα τις σκιάσεις και τις λεπτομέρειες με ξυλομπογιές. Βγήκε πολύ ωραίο.

Εκείνη η ζωγραφιά μού δίδαξε ένα μάθημα για το οποίο έχουν μιλήσει πολλοί σοφοί αυτού του κόσμου: Ό,τι δίνεις στον κόσμο, ξαναγυρίζει πίσω σε σένα με τον ένα ή τον άλλο τρόπο. Στη συγκεκριμένη περίπτωση, η ζωγραφιά επέστρεψε σε μένα κυριολεκτικά, και αυτό ακριβώς έψαχνα.

Την επόμενη φορά που είδα τη ζωγραφιά ήμουν σε αδιέξοδο. Προσπαθούσα χωρίς επιτυχία να στήσω ένα συγκρότημα σε μια μουσική σκηνή που δεν μου έλεγε τίποτε απολύτως. Ήθελα τα λάφυρα που έβλεπα να απολαμβάνουν κατώτεροι μουσικοί, αλλά αυτό σήμαινε ότι έπρεπε να αλλάξω· στο βαθμό που ήμουν αναγκασμένος, δεν υπήρχε περίπτωση να το καταφέρω – το δοκίμασα, αλλά ήμουν ανίκανος για έναν τέτοιο συμβιβασμό. Δεν πρόκειται να πω ψέματα εκ των υστέρων και να ισχυριστώ ότι κατά βάθος ήξερα ότι όλα θα έβρισκαν το δρόμο τους. Τα πράγματα δεν επέτρεπαν τέτοια αισιοδοξία, αλλά δεν με απέτρεψαν από το να κάνω το μόνο που μπορούσα. Έκανα αυτό που μου άρεσε, και με κάποιο τρόπο, στάθηκα τυχερός. Βρήκα άλλα τέσσερα δυσλειτουργικά άτομα που είχαν τα ίδια μυαλά με μένα.

Μια μέρα δούλευα στο Hollywood Music Store, όταν ένας λεπτοκαμωμένος τύπος ντυμένος σαν τον Johnny Thunders μπήκε και με πλησίασε. Φορούσε κολλητό μαύρο τζιν, rockabilly χοντρόσολα παπούτσια, ροζ κάλτσες και είχε βαμμένα μαύρα μαλλιά. Είχε στα χέρια του ένα αντίγραφο της ζωγραφιάς των Aerosmith, που του είχε δώσει ένας φίλος του. Προφανώς, είχαν κυκλοφορήσει κόπιες της που άρεσαν τόσο πολύ στον τύπο ώστε να με ψάξει.

«Έι, φίλε, εσύ το ζωγράφισες αυτό;» ρώτησε λιγάκι ανυπόμονα. «Το γουστάρω. Είναι πολύ cool».

«Ναι, εγώ το έκανα», είπα. «Σ' ευχαριστώ».

«Πώς σε λένε;»

«Slash».

«Γεια. Είμαι ο Izzy Stradlin».

Δεν μιλήσαμε πολλή ώρα· ο Izzy ήταν ο τύπος που πάντα βιαζόταν επειδή έπρεπε να βρίσκεται κάπου αλλού. Όμως είπαμε να βρεθούμε αργότερα, και όταν πέρασε από το σπίτι μου το ίδιο βράδυ, έφερε μαζί του μια κασέτα με το συγκρότημά του. Ακουγόταν χάλια: η κασέτα ήταν από τις πιο φτηνές που υπήρχαν, και η πρόβα τους ήταν ηχογραφημένη με το ενσωματωμένο μικρόφωνο ενός φορητού κασετοφώνου που είχαν ακουμπήσει στο πάτωμα. Ακουγόταν λες και έπαιζαν μέσα σε μια τουρμπίνα αεριωθούμενου. Όμως μέσα από τη βαβούρα, κάπου στο βάθος, άκουσα κάτι ενδιαφέρον, που μου φάνηκε σαν η φωνή του τραγουδιστή τους. Ήταν δύσκολο να την ξεχωρίσω και ήταν τόσο τσιριχτή και υψηλόσυχνη, που νόμισα πως επρόκειτο για κάποιο σφάλμα της κασέτας. Ακουγόταν σαν το στρίγκλισμα που βγάζει η κασέτα προτού σπάσει – μόνο που δεν φάλτσαρε.

ΜΕΤΑ ΤΗΝ ΕΛΛΙΠΗ ΜΟΥ ΦΟΙΤΗΣΗ ΣΤΟ ΛΥΚΕΙΟ, ΕΜΕΙΝΑ ΜΕ ΤΗ μητέρα μου και τη γιαγιά μου σε ένα σπίτι στη διασταύρωση Melrose και La Cienega, σε ένα μικρό δωμάτιο στο υπόγειο, δίπλα στο γκαράζ. Ήταν το τέλειο μέρος για μένα· όποτε ήθελα μπορούσα να βγαίνω έξω στο δρόμο από το παράθυρο. Φύλαγα εκεί τα φίδια και τις γάτες μου. Μπορούσα επίσης να παίζω κιθάρα όποτε ήθελα, χωρίς να ενοχλώ κανέναν. Αμέσως μόλις διέκοψα το σχολείο, συμφώνησα με τη μητέρα μου να της πληρώνω ενοίκιο.

Όπως προανέφερα, είχα κάνει διάφορες δουλειές ενώ προσπαθούσα να στήσω ένα συγκρότημα ή να παίξω σε κάποιο που πίστευα ότι άξιζε ανάμεσα στο βάλτο της metal σκηνής του Los Angeles. Την ίδια εποχή, δούλεψα για λίγο στο Canter's Deli, σε μια θέση που βασικά επινόησε για μένα ο Marc. Δούλευα μόνος στην τραπεζαρία του πρώτου ορόφου, που μόνο τραπεζαρία δεν μπορούσες να την πεις· ουσιαστικά ήταν η αποθήκη όπου φυλούσαν διάφορα πράγματα που δεν χρειάζονταν άμεσα. Εκείνη την εποχή δεν κατάλαβα την ειρωνεία ότι κι εγώ βρισκόμουν στο ίδιο δωμάτιο.

Ανάμεσα στα καθήκοντά μου ήταν να συγκρίνω τους λογαριασμούς των σερβιτόρων με τις αντίστοιχες αποδείξεις ώστε ο Marc να μπορεί να βλέπει γρήγορα και εύκολα ποιος έκλεβε. Ήταν πολύ εύκολο· μια δουλειά που θα μπορούσε να την κάνει και ένας ηλίθιος. Και είχε και τα τυχερά της: έτρωγα σάντουιτς με παστράμι και έπινα Coca Cola όλη την ώρα, ενώ στην ουσία απλώς ταξινομούσα τα χαρτιά σε δυο στοίβες. Η δουλειά μου δεν πήγε χαμένη: μέσα από τη διαλογή μου, ο Marc έπιασε μερικούς υπαλλήλους που ίσως έκλεβαν την οικογένειά του για χρόνια.

Όταν έφυγα, ο Marc πρόσφερε τη θέση μου στον Ron Schneider, τον μπασίστα των Tidus Sloan. Η μπάντα μας συνέχισε να παίζει μερικές φορές, αλλά δεν αποφασίζαμε να κάνουμε την επόμενη κίνηση· χωρίς τραγουδιστή, δεν μπορούσαμε να παίξουμε ποτέ στο Strip.

Η δουλειά μου στο Hollywood Music Store ήταν μία από τις λίγες που έβλεπα ως σκαλοπάτι στην προσπάθειά μου να παίξω κιθάρα επαγγελματικά· δεν το έκανα για τη φήμη και τα κορίτσια, το ήθελα για έναν πολύ πιο απλό λόγο: δεν υπήρχε κάτι άλλο στον κόσμο που να απολάμβανα περισσότερο. Στο δισκοπωλείο ήμουν ένας υπάλληλος που πουλούσε –και έπαιζε– με όλες τις κιθάρες του ορόφου, αλλά δεν ήταν αυτός ο μόνος τομέας όπου αρίστευσα. Πουλούσα τα πάντα, ακόμη και πράγματα για τα οποία δεν είχα ιδέα. Μπορούσα να εξηγώ τα πλεονεκτήματα και τα μειονεκτήματα ενός ενισχυτή μπάσου, αλλά όταν το πράγμα αφορούσε ντραμς, δέρματα για τύμπανα, μπαγκέτες και μια σειρά από κρουστά που πούλησα, ακόμη και σήμερα εντυπωσιάζομαι από την ικανότητά μου να πουλάω φύκια για μεταξωτές κορδέλες.

Μου άρεσε η δουλειά μου στο δισκάδικο, αλλά ήταν το καθαρτήριο ενός ηδονοβλεψία. Περνούσα κάθε στιγμή του ελεύθερου χρόνου μου χαζεύοντας πίσω από τη βιτρίνα των Cherokee Studios που υπήρχαν στο απέναντι πεζοδρόμιο. Το Cherokee ήταν ένα από τα πιο γνωστά στούντιο στις αρχές της δεκαετίας του '80. Δεν ήμουν και μεγάλος θαυμαστής τους, αλλά κάθε φορά που έβλεπα τους Doobie Brothers να μπαίνουν εκεί για να ηχογραφήσουν ένα τραγούδι, δεν μπορώ να πω ότι δεν ζήλευα. Όμως, η μέρα που έμεινα πραγματικά άναυδος ήταν όταν είδα τον Ric Ocasek να διασχίζει το δρόμο με κατεύθυνση το Cherokee.

Περίπου την ίδια εποχή ο Steven Adler επέστρεψε από την εξορία του στο Valley και πιάσαμε το νήμα από εκεί που το είχαμε αφήσει. Είχαμε και οι δυο μας κορίτσια, και οι τέσσερείς μας γίναμε αχώριστοι. Η κοπέλα μου η Yvonne πήγαινε στην τελευταία τάξη του Λυκείου όταν γνωριστήκαμε· τη μέρα ήταν πειθαρχημένη μαθήτρια και το βράδυ ένα rock κορίτσι, και κατάφερε να συνδυάζει αυτές τις δύο ταυτότητες πολύ καλά. Η Yvonne ήταν εκπληκτικό κορίτσι: ήταν πανέξυπνη, σέξι, εξωστρεφής και φιλόδοξη – σήμερα είναι μια από τις πιο γνωστές δικηγόρους του Los Angeles. Μετά την αποφοίτησή της γράφτηκε στη Σχολή Ψυχολογίας του UCLA, και μια που μέχρι τότε είχα αρχίσει να μένω μαζί της, τις μέρες που είχα ρεπό με είχε πείσει να τη συνοδεύω στη σχολή της στις οκτώ το πρωί. Περνούσα τη μέρα μου στην Πανεπιστημιούπολη του UCLA, αράζοντας έξω στο γρασίδι, καπνίζοντας και χαζεύοντας τους γιάπηδες. Μερικές φορές, όταν το θέμα της παράδοσης μου φαινόταν ενδιαφέρον, καθόμουν σε κάποιο αμφιθέατρο.

Δεν θυμάμαι πια το όνομά της, αλλά το κορίτσι που είχε ο Steven εκείνη την εποχή και η Yvonne έγιναν γρήγορα κολλητές, επειδή οι τέσσερείς μας βγαίναμε μαζί κάθε βράδυ. Τις περισσότερες φορές δεν έκανα και πολύ κέφι να βγω, αλλά οι υπόλοιποι ήθελαν, και έτσι βρισκόμαστε στο Strip· αν και δεν μου άρεσε καθόλου η μουσική, προσπαθούσα να έχω θετική διάθεση. Η χαριστική βολή ήταν όταν στον κόσμο της μουσικής εμφανίστηκε μια πολυδιαφημισμένη, υπερεκτιμημένη «καινοτομία»: το MTV. Περίμενα ότι θα ήταν σαν τη ζωντανή, ωριαία εκπομπή *Don Kirshner's Rock Concert* που προβαλλόταν τα σαββατόβραδα από το 1973 ως το 1981. Εκείνη η εκπομπή ήταν αφιερωμένη σε διαφορετικό καλλιτέχνη κάθε εβδομάδα και πρόβαλλε εκπληκτικές εμφανίσεις συγκροτημάτων όπως οι Stones, οι Eagles, οι Sex Pistols και οι Sly and the Family Stone, αλλά και κωμικών όπως ο Steve Martin.

Το MTV ήταν το ακριβές αντίθετο: πρόβαλλαν ασταμάτητα το «She Blinded Me With Science» του Thomas Dolby, Police και Pat Benatar. Κυριολεκτικά περίμενα ώρες για να ακούσω κάποιο καλό τραγούδι, και συνήθως ήταν Prince ή Van Halen. Ακριβώς τα ίδια συναισθήματα είχα όταν έβγαινα στο Strip: έβλεπα πολλά, μου άρεσαν πολύ λίγα, και όλη την ώρα βαριόμουν αφάνταστα.

Ο Steven, από την άλλη, ήταν στο στοιχείο του. Τρελαινόταν να κάνει βόλτες πάνω κάτω στο Strip, επειδή ήταν η ευκαιρία του να πραγματοποιήσει το όνειρό του, να γίνει rock star. Ποτέ δεν είχε δείξει κάποια τέτοια φιλοδοξία στο παρελθόν: έκανε τα πάντα για να μπει σε ένα κλαμπ, να συναντήσει ανθρώπους, να κάνει γνωριμίες και να αναμιχθεί στον μεγαλύτερο δυνατό βαθμό. Ο Steven στηνόταν στο πάρκινγκ του Rainbow κάθε Παρασκευή και Σάββατο βράδυ και παρακολουθούσε όλα τα συγκροτήματα που έπαιζαν, ενώ ταυτόχρονα έκανε τα πάντα για να μπει στο κλαμπ ο ίδιος.

Σπανίως πήγαινα μαζί του, γιατί τις περισσότερες φορές δεν μπορούσα να κάνω αυτό που ήταν απαραίτητο. Μου ήταν αδύνατον να ταπεινωθώ για να κάνω το παραπάνω βήμα που χρειαζόταν. Δεν ξέρω γιατί, αλλά είχα πρόβλημα στο να χαζεύω σε πάρκινγκ και εισόδους παρασκηνίων περιμένοντας την κατάλληλη ευκαιρία για να μπω στο κλαμπ. Ως αποτέλεσμα, ήμουν τόσο σπάνια παρών που άρχισα να πιστεύω τις ιστορίες που μου έλεγε ο Steven το πρωί για εκπληκτικά συγκροτήματα και σέξι κορίτσια. Όμως ποτέ δεν είδα κάποιο από αυτά τα μυθικά πλάσματα όταν αποφάσισα να τον συνοδεύσω (παρά τις αντιρρήσεις μου). Δεν έζησα τίποτε άλλο παρά μια σειρά από βραδιές που ποτέ δεν έλαβαν επικές διαστάσεις.

Αναλογίστηκα πόσο δύσκολο είναι το να είσαι κορίτσι.

Μια νύχτα που ξεχωρίζει στη μνήμη μου, ξεκίνησε όταν μαζί με τον Steven δανειστήκαμε το αυτοκίνητο της μαμάς μου (νομίζω ότι ήμουν δεκαεπτά χρονών τότε) για να πάμε στο Rainbow και να το κάψουμε.

Φτάσαμε στο Hollywood και πήγαμε περπατώντας στο κλαμπ, όπου ανακαλύψαμε ότι ήταν ladies' night.

«Αυτό είναι τέλειο!» φώναξε ο Steven.

Επί χρόνια δεν αντιμετώπιζα κανένα πρόβλημα να μπω στο Rainbow, χάρη στην ψεύτικη ταυτότητά μου και τον Steady, τον πορτιέρη του κλαμπ. Είναι ακόμη εκεί, και ακόμη με αναγνωρίζει. Όμως, για κάποιο λόγο, ο Steady δεν ήταν στις καλές του τη συγκεκριμένη νύχτα. Άφησε τον Steven να μπει και εμένα μου έκλεισε το δρόμο.

«Όχι, όχι εσύ», είπε. «Όχι σήμερα. Πήγαινε σπίτι σου».

«Τι;» ρώτησα. Δεν είχα κανένα δικαίωμα να νιώθω θιγμένος, αλλά δεν μπορούσα να συγκρατηθώ. «Τι θες να πεις; Είμαι εδώ κάθε μέρα, φίλε».

«Ναι, δεν με νοιάζει καθόλου», είπε. «Σήκω φύγε, σήμερα δεν μπαίνεις».

Ήμουν απίστευτα τσαντισμένος. Δεν είχα πουθενά αλλού να πάω, έτσι λοιπόν ακολούθησα τις εντολές του Steady και γύρισα σπίτι μου. Έπνιξα τη στενοχώρια μου στο ποτό και μόλις μέθυσα για τα καλά, μου κατέβηκε η τρελή ιδέα να επιστρέψω στο Rainbow ντυμένος κορίτσι. Στο μεθυσμένο μου μυαλό, το σχέδιο μου φαινόταν ιδανικό: θα κορόιδευα τον Steady (θα έμπαινα στο κλαμπ τσάμπα επειδή ήταν ladies' night) και έπειτα θα κολλούσα στον Steven. Ο Adler δεν άφηνε να περάσει μπροστά του ούτε θηλυκή γάτα χωρίς να της την πέσει· ήμουν λοιπόν σίγουρος ότι θα κολλούσε και σε μένα προτού συνειδητοποιήσει ποιος ήμουν.

Η μαμά μου βρήκε το σχέδιο ξεκαρδιστικό. Με έντυσε με μια φούστα και δικτυωτές κάλτσες, μου σήκωσε τα μαλλιά ψηλά κάτω από έναν μαύρο μπερέ και μου έβαλε μέικ-απ. Δεν μπορούσα να φορέσω τα παπούτσια της, αλλά η μεταμφίεσή μου λειτούργησε – έμοιαζα με κορίτσι... ή μάλλον όχι. Έμοιαζα με κορίτσι του Rainbow. Επέστρεψα οδηγώντας πίσω στο Δυτικό Hollywood φορώντας τη στολή μου. Παρκάρισα μερικά τετράγωνα μακριά από την Doheny και πήγα περπατώντας μέχρι το κλαμπ. Ήμουν μεθυσμένος και είχα ένα σκοπό κατά νου· έτσι οι αναστολές μου ήταν ανύπαρκτες. Πήγα σουλατσάροντας μέχρι τον Steady και παραλίγο να του γελάσω κατάμουτρα όταν μου έκανε νόημα να μπω χωρίς να μου ζητήσει ταυτότητα.

Ήμουν ο ευτυχέστερος άνθρωπος στη γη· είχα κερδίσει – μέχρι που συνειδητοποίησα ότι ο Steven ήταν άφαντος. Ήταν λες και φτάνω στο τέλος της διαδρομής του τρένου του λούνα παρκ προτού το βαγόνι φτάσει καν στον πρώτο λόφο. Και τότε συνειδητοποίησα επακριβώς πώς είχε η κατάσταση: ήμουν ντυμένος κορίτσι, καταμεσής στο Rainbow. Μόλις είδα το φως, έκανα το μόνο λογικό πράγμα που μπορούσα: έφυγα. Πηγαίνοντας προς το αυτοκίνητο της μαμάς μου, νόμιζα ότι κάθε φωνή απευθυνόταν σε μένα, νόμιζα ότι κάθε γέλιο ήταν σε βάρος μου· αναλογίστηκα πόσο δύσκολο είναι το να είσαι κορίτσι.

ΜΙΑ ΒΡΑΔΙΑ Η ΚΟΠΕΛΑ ΤΟΥ STEVEN ΣΥΝΑΝΤΗΣΕ ΤΥΧΑΙΑ ΤΟΝ Tommy Lee και εκείνος την προσκάλεσε στα Cherokee Studios για να χαζέψει και να παρακολουθήσει την ηχογράφηση του νέου δίσκου των Mötley Crüe με τίτλο *Theatre of Pain,* τη συνέχεια του επιτυχημένου *Shout at the Devil.* Χωρίς να το σκεφτεί καθόλου, το κορίτσι του Steve προσκάλεσε την Yvonne, τον Steven κι εμένα να πάμε μαζί της· μάλλον σκέφτηκε ότι η πρόσκληση του Tommy Lee περιλάμβανε και άλλα τρία άτομα. Ο Steven κι εγώ έπρεπε να το είχαμε καταλάβει. Οι τέσσερείς μας πήγαμε εκεί, έτοιμοι να χαζέψουμε στο στούντιο και να παρακολουθήσουμε τη διαδικασία: όταν φτάσαμε, μας πληροφόρησαν, χωρίς πολλά πολλά, ότι τα κορίτσια μπορούσαν να μπουν –όπως και μπήκαν–, αλλά ο Steven κι εγώ δεν θα μπορούσαμε. Από την τσαντίλα μας, βγάζαμε καπνούς από τα αυτιά: είδαμε τις κοπέλες μας να μπαίνουν στο στούντιο, και περάσαμε τη νύχτα στις δύο πολυθρόνες στο λόμπι του στούντιο προσπαθώντας να δείχνουμε ότι δεν τρέχει τίποτα, ενώ συζητούσαμε τι θα μπορούσε να συμβαίνει εκεί μέσα. Δεν ήταν καλή φάση.

Δεν είμαι σίγουρος πώς, αλλά για κάποιο λόγο η εμπειρία δεν με σημάδεψε τόσο αρνητικά ώστε να εγκαταλείψω το όνειρό μου να βρω δουλειά στο Cherokee. Επί ένα χρόνο κολλούσα στον μάνατζερ του στούντιο για να με προσλάβει. Περνούσα από εκεί καθημερινά, σαν κουρδιστός, στη διάρκεια του διαλείμματος για φαγητό από το Holywood Music που βρισκόταν ακριβώς απέναντι. Συνέχισα να το κάνω, και έπειτα από λίγες εβδομάδες τελικά ενέδωσε και μου πρόσφερε δουλειά. Στο μυαλό μου, αυτή η κίνηση ήταν καθοριστική· απείχα τώρα μόνο ένα βήμα από το να γίνω επαγγελματίας μουσικός. Έκανα μεγάλο λάθος, αλλά είχα την εντύπωση ότι μόλις έπιανα δουλειά σε στούντιο, κάθε μέρα θα γνώριζα μουσικούς και παραγωγούς. Στο μυαλό μου, το στούντιο ήταν το ιδανικό μέρος για να γνωρίσω μουσικούς που έπαιρναν το πράγμα στα σοβαρά, και δουλεύοντας εκεί τουλάχιστον θα εξασφάλιζα δωρεάν χρόνο ηχογράφησης μόλις θα έφτιαχνα συγκρότημα. Με τέτοιες κουταμάρες στο μυαλό μου, παράτησα τη δουλειά μου στο Hollywood Music νιώθοντας πως μόλις είχα κερδίσει τον πρώτο λαχνό.

Για να μην τα πολυλογώ, στο Cherokee με προσέλαβαν ως το παιδί για όλες τις δουλειές. Δεν με ένοιαζε· εμφανίστηκα την πρώτη μέρα, έτοιμος να κάνω θελήματα, να βγάλω έξω τα σκουπίδια, οτιδήποτε, οποτεδήποτε. Ή, τουλάχιστον, έτσι νόμιζα. Η αλήθεια είναι πως μου κακοφάνηκε όταν συνειδητοποίησα ότι η δουλειά μου για εκείνη την εβδομάδα ήταν να φέρνω στους Mötley Crüe ό,τι χρειάζονταν. Μόλις μία εβδομάδα πριν, αυτοί οι τύποι είχαν αρνηθεί να με αφήσουν να μπω στο στούντιο και πέρασαν τη νύχτα μαζί με το κορίτσι μου (όταν μου είπε ότι δεν συνέβη τίποτα την πίστεψα, αλλά πάλι...), και τώρα θα ήμουν αναγκασμένος να περάσω τις επόμενες εβδομάδες κάνοντάς τους θελήματα. Τέλεια...

Ο μάνατζερ του στούντιο μου έδωσε εκατό δολάρια για να εκτελέσω την πρώτη παραγγελία των Mötley Crüe, που ήμουν σίγουρος ότι δεν θα ήταν η τελευταία: ένα μπουκάλι Jack Daniels του ενάμισι λίτρου, άλλο ένα βότκα, μερικά σακουλάκια με τσιπς, και κάνα δυο κούτες τσιγάρα. Κοίταξα τα χρήματα καθώς βγήκα στο φως, μελετώντας τα υπέρ και τα κατά τού να καταπιώ την περηφάνια μου. Ήταν πράγματι πολύ ωραία μέρα. Όταν έφτασα στην κάβα, σταμάτησα να το σκεφτώ λιγάκι.

Κοίταξα τον ήλιο, κοίταξα το πεζοδρόμιο, και έπειτα άρχισα να περπατάω – προς το σπίτι μου. Τόσο ήταν γραφτό να κρατήσει η σχέση μου με το Cherokee. Αν σκεφτεί κανείς πόσες ώρες έχω περάσει σε επαγγελματικά στούντιο όλα αυτά τα χρόνια, αγγίζει τα όρια του γελοίου το γεγονός ότι δεν πάτησα ποτέ ξανά το πόδι μου στο στούντιο Cherokee. Ούτε έχω σκοπό να το κάνω· τους χρωστάω εκατό δολάρια. Παρ' όλα αυτά, η μοναδική μέρα που πέρασα εκεί με δίδαξε ένα πράγμα: έπρεπε να βρω το δρόμο μου στη μουσική βιομηχανία παίζοντας με τους δικούς μου όρους. Δεν είχε σημασία που κάποιος άλλος θα μπορούσε να εκπληρώσει τα καθήκοντα του χαμάλη των Mötley Crüe – αυτή η δουλειά ήταν κάτι που αρνήθηκα να εκτελέσω για λόγους αρχής. Και είμαι χαρούμενος για την απόφασή μου· έκανε τα πράγματα πολύ πιο εύκολα όταν οι Mötley Crüe μάς προσέλαβαν για να ανοίξουμε γι' αυτούς μετά από λίγα χρόνια.

ΕΤΣΙ ΛΟΙΠΟΝ ΕΓΚΑΤΕΛΕΙΨΑ ΤΗ ΔΟΥΛΕΙΑ ΜΟΥ ΣΤΟ HOLLYWOOD Music με την εντύπωση ότι η δουλειά μου στο στούντιο θα ήταν η τελευταία προτού πετύχω στη μουσική. Η κατάστασή μου δεν ήταν και η καλύτερη εκείνη την εποχή: δεν είχα πάρει απολυτήριο από το Λύκειο, δεν πήγαινα στο Κολέγιο, και όπως όλα έδειχναν, είχα παρατήσει τη μοναδική δουλειά που θα μπορούσε να με βοηθήσει να προχωρήσω.

Έμεινα για λίγο άνεργος και χωρίς προσανατολισμό, και έτσι η μαμά μου βρήκε την ευκαιρία να με ξαναστείλει στο σχολείο – οποιοδήποτε σχολείο. Την ευγνωμονώ για την επιμονή της να αποκτήσω κάποια μόρφωση. Αυτή τη φορά έκανε το μοναδικό πράγμα που είχε κάποια λογική – ήξερε ότι λάτρευα τη μουσική, κι έτσι με έγραψε σε κάποια ιδιόρρυθμη επαγγελματική σχολή μουσικής.

Είμαι πολύ απογοητευμένος με τον εαυτό μου που δεν μπορώ να θυμηθώ το όνομα της σχολής, αν και θυμάμαι πόσο αδιάφοροι ήταν οι καθηγητές μου. Σήμερα είμαι σίγουρος ότι η μαμά μου έμαθε γι' αυτό το μέρος από κάποιο φυλλάδιο που της μοίρασαν στο καθαριστήριο. Τέλος πάντων, γράφτηκα, εμφανίστηκα, και μέσα σε λίγες εβδομάδες οι δάσκαλοί μου με έστρωσαν στη δουλειά: άρχισα να συνδέω καλώδια και να βάζω φίλτρα (ζελατίνες, όπως λέγονται) στα φώτα, σε διάφορες αίθουσες συναυλιών. Η συγκεκριμένη σχολή δίδασκε στους σπουδαστές της τα βασικά του στησίματος συναυλιών με πολύ χειροπιαστό τρόπο. Ήμαστε έξι ή επτά στην τάξη μου και σχεδόν αμέσως αρχίσαμε να κάνουμε τους βοηθούς στο Country Club, στο FM Station και διάφορα άλλα κλαμπ του Los Angeles. Στην πραγματικότητα, ήταν μεγάλη κομπίνα: η σχολή προφανώς είχε στηθεί από μία εταιρεία παραγωγής που έστηνε αυτές τις συναυλίες, και εμείς οι σπουδαστές όχι μόνο δουλεύαμε χωρίς αμοιβή, αλλά μας έπαιρναν και τα δίδακτρα. Όσο ύποπτες κι αν ήταν οι βλέψεις τους, έμαθα κάποια πράγματα. Μάλιστα την απολάμβανα κιόλας, μέχρι τη βραδιά που ανέλαβα το φωτισμό για ένα συγκρότημα μιμητών των Duran Duran με το όνομα Bang Bang. Βλέποντάς τους να παίζουν, συνειδητοποίησα δύο πράγματα: 1) δεν ήταν δυνατόν να υπάρχει πιο γελοία μουσική παράσταση, και 2) η ενασχόλησή μου με την ηχητική και φωτιστική κάλυψη συναυλιών δεν με βοηθούσε στο να προχωρήσω.

ΗΘΕΛΑ ΤΟΣΟ ΑΠΕΓΝΩΣΜΕΝΑ ΝΑ ΜΠΩ ΣΕ ΕΝΑ ΣΥΓΚΡΟΤΗΜΑ που ξεκοκκάλιζα τις αγγελίες στο *The Recycler* –τη δωρεάν εφημερίδα των μουσικών του Los Angeles– κάθε εβδομάδα ψάχνοντας για κάποια πρόσκληση σε κάτι ενδιαφέρον. Η αναζήτησή μου στο μεγαλύτερο μέρος της ήταν άκαρπη· οι αγγελίες έμπαιναν από βιρτουόζους του metal που αναζητούσαν βιρτουόζους του metal. Όμως μια μέρα είδα μια αγγελία που μου κίνησε το ενδιαφέρον: ένας τραγουδιστής και κιθαρίστας έψαχνε άλλον ένα κιθαρίστα για μια μπάντα στο ύφος των Aerosmith και των Hanoi Rocks. Και, το πιο σημαντικό, δήλωνε με έμφαση ότι «τύποι με μούσια και μουστάκια» δεν χρειαζόταν να μπουν στον κόπο να τηλεφωνήσουν.

Πήρα στο νούμερο που έγραφε και κανόνισα να συναντήσω τα μέλη της μπάντας σε έναν ξενώνα που νοίκιαζαν σε κάποιο δρόμο του Laurel Canyon. Πήγα εκεί μαζί με ένα κορίτσι που έβγαινα εκείνη την εποχή και αναγνώρισα αμέσως τον Izzy, από τότε που ήρθε να με βρει στο κατάστημα μουσικών οργάνων που δούλευα, με τη ζωγραφιά των Aerosmith που είχα κάνει. Έπειτα συνειδητοποίησα ότι ο άλλος τύπος θα έπρεπε να είναι ο τραγουδιστής με την ψιλή φωνή που είχα ακούσει στην κασέτα. Σκέφτηκα: «Ωραία, όλο αυτό μπορεί να καταλήξει κάπου». Το διαμέρισμά τους ήταν τόσο μικρό που θύμιζε ντουλάπα: χωρούσε μόνο ένα κρεβάτι, που άφηνε λίγο χώρο για να καθίσεις μπροστά του, και μια τηλεόραση – τη μοναδική πηγή φωτός εκεί μέσα.

Μίλησα για λίγο με τον Izzy, αλλά ο Axl δεν σταμάτησε να μιλάει στο τηλέφωνο, αν και έγνεψε για χαιρετισμό όταν μπήκα στο δωμάτιο. Εκείνη τη στιγμή μου φάνηκε αγενές, αλλά τώρα που τον ξέρω καταλαβαίνω ότι δεν ήταν κάτι τέτοιο. Όταν ο Axl ανοίξει μια συζήτηση, ξεχνάει να σταματήσει. Στους Guns, του είχαμε κολλήσει το παρατσούκλι Twain Wreck: όταν ο Axl άρχιζε να λέει μια ιστορία, ήταν τόσο απεραντολόγος όσο ο Mark Twain. Όμως αυτή η συνάντηση ήταν μάλλον αδιάφορη: είτε είχαν αποφασίσει ότι δεν ενδιαφέρονταν πλέον για δεύτερο κιθαρίστα είτε δεν είχα την κατάλληλη εμφάνιση. Όποιο κι αν ήταν το πρόβλημα, το πράγμα δεν πήγαινε πουθενά.

ΑΜΕΣΩΣ ΜΟΛΙΣ Ο STEVEN ΓΥΡΙΣΕ ΠΙΣΩ ΣΤΟ HOLLYWOOD, με πληροφόρησε γεμάτος περηφάνια ότι είχε μάθει να παίζει τύμπανα στο σπίτι της μητέρας του στο Valley, γεγονός που είμαι σίγουρος ότι συνέβαλε στο να τον πετάξω πάλι έξω με τις κλωτσιές. Ο Steven ήταν έτοιμος να βάλει μπροστά το συγκρότημά μας, παρόλο που εκείνη την εποχή εγώ έπαιζα ακόμη με μισή καρδιά με τους Tidus Sloan και έψαχνα τις αγγελίες για κάποια μπάντα που ζητούσε κιθαρίστα. Δεν τον πήρα στα σοβαρά· για μένα, ο Steven ήταν ο κοινωνικός μου σύμβουλος – και μπορώ να πω ότι μου είχε γίνει μεγάλο τσιμπούρι. Άρχισε να έρχεται στις πρόβες των Tidus Sloan και με κάθε ευκαιρία επέμενε ότι ήταν καλύτερος ντράμερ από τον Adam Greenberg. Όταν τελικά βρέθηκα χωρίς συγκρότημα, ο Steve μού είχε γίνει τόσο κολλιτσίδα, που δεν είχα όρεξη ούτε να τον βλέπω να παίζει, πόσω μάλλον να τον αφήσω να παίξει μαζί μου.

Η γιαγιά του Steven του είχε δώσει το παλιό της μπλε Gremlin· ένα αμάξι που το όνομά του το περιγράφει τέλεια. Επειδή προφανώς δεν μπορούσε να μελετάει στο σπίτι της γιαγιάς του, φόρτωνε τα τύμπανά του στο αμάξι και πήγαινε στο πάρκο του Pico που βρισκόταν απέναντι από τα στούντιο της Twentieth Century Fox όπου υπήρχε μια πισίνα και ένα γήπεδο γκολφ. Το ήξερα καλά· παλιά, όταν ήμουν εννέα χρονών, έπαιζα εκεί μπάλα. Όσο παράξενο κι αν ακούγεται, ο Steven έστηνε τα τύμπανά του δίπλα στο δρομάκι του πάρκου και έπαιζε εκεί από το απόγευμα ως το βράδυ. Είμαι σίγουρος ότι αυτό άρεσε στους ηλικιωμένους, τους δρομείς, τις πάπιες και τους ιδιοκτήτες σκύλων· ένας ξανθός rocker με ξασμένα μαλλιά που κοπανάει όσο πιο δυνατά μπορεί ένα σετ heavy metal τύμπανα με τεράστια μπότα προκαλεί πάντα το ενδιαφέρον.

Τελικά συμφώνησα να τον δοκιμάσω, παρόλο που καθώς πήγαινα να τον συναντήσω συνέχιζα να αναρωτιέμαι τι στο διάβολο είχε κατά νου. Όταν έφτασα εκεί είχε σκοτεινιάσει για τα καλά. Παρκάρισα δίπλα στο αυτοκίνητό του και άρχισα να περπατάω στο δρομάκι του πάρκου, ώσπου τον είδα να κοπανάει τα τύμπανά του στο σκοτάδι. Η σιλουέτα του φωτιζόταν από πίσω από τους μακρινούς προβολείς, ενώ πίσω του απλωνόταν η τεράστια έκταση του πάρκου και το γήπεδο γκολφ. Ήταν μια πολύ αλλόκοτη σκηνή που με απορρόφησε, προτού αρχίσω να προσέχω το παίξιμό του. Όταν όμως το πρόσεξα, ξέχασα το σκηνικό. Έτσι όπως καθόμουν στο σκοτάδι και έβλεπα τον Steven να παίζει, δεν είχα πειστεί για τις ικανότητές του, αλλά έμεινα ικανοποιημένος. Εκτός αυτού, δεν είχα κάποια καλύτερη εναλλακτική λύση.

Ο STEVEN ΚΙ ΕΓΩ ΒΡΙΣΚΟΜΑΣΤΕ ΣΕ ΜΙΑ ΓΝΩΡΙΜΗ ΚΑΙ ΜΑΖΙ δυσάρεστη φάση – ψάχναμε για τραγουδιστή, αλλά και για μπασίστα. Ο Steven ήταν πολύ χρήσιμος από αυτή την άποψη, επειδή ήξερε όλους τους μουσικούς: έβγαινε τόσο συχνά που είχε δει σχεδόν όλα τα συγκροτήματα που μπορούσε να δει στη rock σκηνή του Los Angeles της εποχής. Ο Steven ήξερε ακόμη όλα τα κουτσομπολιά: μόλις οι Mötley Crüe άρχισαν να γίνονται γνωστοί, ο Steve άκουσε ότι ο Lizzy Grey, ο συνιδρυτής των London μαζί με τον Nikki Sixx, ήθελε να επαναδραστηριοποιήσει το συγκρότημα. Αυτό ήταν εκπληκτικό – μαζί με τον Steven είχαμε δει τους London παλιότερα και είχαμε μείνει άφωνοι. Σε αυτή τη δεύτερη εκδοχή των London έπαιζε και ο Izzy Stradlin, αλλά μόλις έφυγε, το γκρουπ πέρασε σε περίοδο ανακατατάξεων και ζητούσαν κιθαρίστα και ντράμερ. Ο Steve κι εγώ δηλώσαμε υποψήφιοι για τις θέσεις αυτές στο χώρο όπου έκανε πρόβες και ηχογραφούσε το θρυλικό συγκρότημα War, λίγο παρακάτω από το εστιατόριο Denny's. Εκείνη την εποχή, το κτίριο έμοιαζε με βομβαρδισμένη τρώγλη· παρεμπιπτόντως, σήμερα βρίσκεται εκεί το Guitar Center Hollywood.

Έτσι λοιπόν προβάραμε με τους London για τέσσερις ημέρες· μάθαμε ένα σωρό τραγούδια τους, και παρόλο που για μας ήταν ένα κάποιο βήμα, δεν κατέληξε πουθενά. Αν μη τι άλλο, η εμπειρία ήταν ενδιαφέρουσα επειδή είδα από πρώτο χέρι πόσο πομπώδεις ήταν όσοι θεωρούσαν τους εαυτούς τους rock stars. Οι τύποι στους London φέρονταν λες και ήταν το κέντρο του κόσμου, λες και ο Steven κι εγώ και όλοι οι υπόλοιποι άνθρωποι του πλανήτη υπήρχαν πίσω από έναν αόρατο φράχτη. Η στάση τους μου θύμισε όλους τους rock stars που είχα γνωρίσει όταν ήμουν παιδί μέσω των γονιών μου. Μεγαλώνοντας ανάμεσα στους φίλους και τους πελάτες της μητέρας και του πατέρα μου, τα είχα δει όλα και είχα μάθει τι να κάνω και τι να μην κάνω. Είχα δει πραγματικούς rock stars να παθαίνουν νευρική κρίση και είχα δει πώς τους χειριζόταν η μητέρα μου. Μέσω της παρατήρησης είχα μάθει πόσο προσεκτικά έπρεπε να αντιμετωπίζεις τέτοιες προσωπικότητες.

Εκείνη την εποχή πίστευα ότι οι τύποι από τους London ήταν περπατημένοι και τους αντιμετώπιζα με δέος και θαυμασμό. Όχι όμως πια. Στις αρχές του 2007 είδα τον τύπο που τραγουδούσε τότε μαζί τους, καθώς πήγαινα στο στούντιο για να ηχογραφήσω με τους Velvet Revolver. Τον είδα να κατηφορίζει τη Sunset Boulevard, με την ίδια εμφάνιση, ψάχνοντας ακόμα να κλείσει κάποια συναυλία.

Έπειτα από αυτή την άκαρπη προσπάθεια, ο Steven κι εγώ αποφασίσαμε να βάλουμε μπροστά κάτι δικό μας. Χρειαζόμαστε μπασίστα και τραγουδιστή, αλλά σκεφτήκαμε να πιάσουμε το νήμα από την αρχή και να βρούμε πρώτα μπασίστα, ώστε όταν αρχίζαμε να δοκιμάζουμε τραγουδιστές, να μπορούσαν να τραγουδούν με ολόκληρο συγκρότημα. Βάλαμε μια αγγελία στο *The Recycler,* στη στήλη «Ζητούνται μουσικοί», που πήγαινε κάπως έτσι:

Συγκρότημα με επιρροές από Aerosmith και Alice Cooper ψάχνει μπασίστα. Ζητήστε τον Slash.

Δεχθήκαμε μερικά τηλεφωνήματα, αλλά ο μόνος που μας κίνησε το ενδιαφέρον ήταν ένας τύπος που τον έλεγαν Duff. Είχε μόλις μετακομίσει από το Seattle, και στο τηλέφωνο ακουγόταν αρκετά cool· έτσι του είπα να συναντηθούμε στο Canter's Deli κατά τις οκτώ. Ο Steven κι εγώ καθίσαμε σε ένα μπροστινό σεπαρέ· είχαμε μαζί τα κορίτσια μας – η φίλη μου η Yvonne είχε στην τσάντα της ένα μεγάλο μπουκάλι βότκα τυλιγμένο σε χαρτοσακούλα. Θυμάμαι ότι ήταν αυτή που μου έμαθε τη βότκα· προτού τη γνωρίσω, έπινα αποκλειστικά ουίσκι.

Όμως κανείς που να μοιάζει με μουσικό δεν μπήκε στο Canter's Deli για μια ολόκληρη ώρα, και τα κορίτσια ήταν σίγουρα μεθυσμένα όταν εμφανίστηκε ο Duff. Νομίζω ότι εκείνη την ώρα συζητούσαμε πώς θα έμοιαζε, όταν μπήκε ένας κοκκαλιάρης, πανύψηλος τύπος με κοντά πεταχτά μαλλιά, που φορούσε στο λαιμό ένα λουκέτο με αλυσίδα όπως ο Sid Vicious, στρατιωτικά άρβυλα και μια κοκκινόμαυρη δερμάτινη καπαρντίνα, παρόλο που είχε θερμοκρασία είκοσι πέντε βαθμούς. Κανείς δεν είχε προβλέψει κάτι τέτοιο. Κλώτσησα τον Steven κάτω από το τραπέζι και έκανα νόημα στα κορίτσια να πάψουν.

«Το νου σας», είπα. «Αυτός πρέπει να είναι».

Ο Duff είχε παίξει σε διάφορες punk μπάντες του Seattle: στο επιδραστικό αλλά παραγνωρισμένο σχήμα The Fartz, στους οποίους έπαιζε κιθάρα, στο θρυλικό προ-grunge δυναμικό κουαρτέτο The Fastbacks (όπου έπαιζε τύμπανα) και άλλα. Λίγο πριν μετακομίσει στο Los Angeles, είχε αρχίσει να παίζει μπάσο. Ο Duff ήταν ένας πολύπλευρος μουσικός που δεν του έλειπε το κίνητρο: δεν είχε εγκαταλείψει το Seattle επειδή δεν τον ικανοποιούσε από δημιουργική άποψη, αλλά επειδή ήξερε ότι η σκηνή της πόλης (εκείνη την εποχή, τουλάχιστον) ήταν χαμένη υπόθεση και ήθελε να πετύχει. Ήξερε ότι το Los Angeles ήταν η μουσική πρωτεύουσα της Δυτικής Ακτής· έτσι, χωρίς σχέδιο και χωρίς φίλους να τον περιμένουν, φόρτωσε την παλιά του Chevy Nova και ήρθε στο Los Angeles για να κάνει το όνομά του γνωστό. Αμέσως η προσήλωσή του μου γέννησε το σεβασμό: οι δυο μας πιστεύαμε στη σκληρή δουλειά. Αυτό το γεγονός δημιούργησε μια συντροφικότητα μεταξύ μας που έμεινε ακλόνητη όλα αυτά τα χρόνια.

«Ώστε είσαι ο Slash», είπε ο Duff ενώ στριμωχνόταν δίπλα μου στο σεπαρέ του Canter. «Δεν μοιάζεις καθόλου με αυτό που περίμενα να δω».

«Αλήθεια;» είπα. «Τι περίμενες, λοιπόν;»

«Με ένα τέτοιο όνομα, νόμιζα ότι θα ήσουν πιο τρομακτικός, φίλε», είπε. Ο Steven και τα κορίτσια έβαλαν τα γέλια. «Δεν κάνω πλάκα, περίμενα ότι θα δω κάποιον ψυχοπαθή punk».

«Αλήθεια;» είπα με ένα προσποιητά παρανοϊκό χαμόγελο. Έπειτα γελάσαμε και οι δύο.

Αυτό «έσπασε τον πάγο», αν και το κορίτσι μου η Yvonne είχε φροντίσει να τον σπάσει νωρίτερα. Είχαμε ξεκινήσει την κουβέντα. Ο Duff μάς μάθαινε και εμείς μαθαίναμε εκείνον, όταν, εντελώς ξαφνικά, η Yvonne έγειρε μπροστά και ακούμπησε το χέρι της στον ώμο του Duff:

«Μπορώ να σου κάνω μια προσωπική ερώτηση;» είπε πιο δυνατά απ' όσο χρειαζόταν.

«Ναι», απάντησε εκείνος. «Εννοείται».

«Είσαι gay; Ρωτάω απλώς από περιέργεια».

Για πρώτη φορά εδώ και ώρες, στο τραπέζι μας έπεσε σιωπή. Τι να πω, πάντα μου άρεσαν οι εξωστρεφείς γυναίκες.

«Όχι», είπε ο Duff. «Σίγουρα δεν είμαι gay».

Μετά απ' αυτό οι πέντε μας ανεβήκαμε στον επάνω όροφο, στριμωχτήκαμε στην τουαλέτα και ανοίξαμε τη βότκα. Και όχι πολύ καιρό αργότερα, φτιάξαμε συγκρότημα επί τόπου, και για άλλη μια φορά περάσαμε άλλον ένα μήνα ψάχνοντας τραγουδιστή. Δοκιμάσαμε τον Ron Reyes, γνωστό επίσης και ως Chavo Pederast, όταν τραγουδούσε στους Black Flag για κάποιους μήνες το 1979. Εμφανίστηκαν και κάποιοι άλλοι χαρακτήρες, αλλά, ως συνήθως, δεν μπορούσαμε να βρούμε τον σωστό. Παρ' όλ' αυτά, εκείνοι οι μήνες δεν πήγαν χαμένοι: γράψαμε το βασικό riff που αργότερα εξελίχθηκε στο τραγούδι «Rocket Queen», και δουλέψαμε κάποιες επίσης πολύ καλές ιδέες.

Παρά το δημιουργικό κλίμα ανάμεσά μας, ο Steven είχε αρχίσει να μου δίνει στα νεύρα. Δεν έδειχνε να ασπάζεται τη διάθεση για σκληρή δουλειά που μοιραζόμαστε εγώ και ο Duff, παρόλο που στα κοσμικά οι επιδόσεις του ήταν εκπληκτικές: ήταν τόσο εκνευριστικό να τον βλέπω να ξοδεύει την ενέργειά του στο να γλεντοκοπάει ενώ είχαμε τόσο πολλά να κάνουμε. Εκείνη την εποχή είχε γίνει φανερό πως μόλις καταφέρναμε να βρούμε τον κατάλληλο τραγουδιστή, θα είχαμε ένα συγκρότημα που θα άξιζε κάτι. Το πρόβλημα ήταν πως ενώ δεν είχαμε ακόμη ούτε τραγουδιστή, ο Steven φερόταν λες και είχαμε ήδη υπογράψει συμβόλαιο με πολυεθνική. Στο τέλος, αυτός που διέλυσε την μπάντα ήμουν εγώ: είπα στον Duff ότι το πράγμα δεν δουλεύει και για κάποιο διάστημα σταμάτησα ολωσδιόλου να έχω επαφές με τον Steven. Ο Duff πέρασε σε πιο πράσινα λιβάδια: εντελώς τυχαία, όταν μετακόμισε στο Los Angeles έπιασε ένα διαμέρισμα στη Λεωφόρο Orange, ακριβώς απέναντι από το σπίτι όπου έμενε ο Izzy. Σε λίγο καιρό, οι δυο τους έπεσαν ο ένας πάνω στον άλλο στο δρόμο και... αυτό ήταν! Ο Duff έγινε μέλος του σύμπαντος των L.A. Guns και των Hollywood Rose.

ΑΥΤΑ ΤΑ ΔΥΟ ΣΥΓΚΡΟΤΗΜΑΤΑ ΗΤΑΝ ΤΑ ΜΟΝΑ ΕΚΤΟΣ ΑΠΟ ΤΟΥΣ Mötley Crüe που άξιζαν κάτι εκείνη την εποχή – οι L.A. Guns και οι Hollywood Rose ήταν ρευστά σχήματα που μοιράζονταν κάποιους από τους τοπικούς μουσικούς σε «αιμομικτικό» βαθμό. Οι L.A. Guns είχαν ιδρυθεί από τον Tracii Guns, με τον οποίο πηγαίναμε στο ίδιο σχολείο, το Λύκειο Fairfax – το τωρινό του συγκρότημα δεν ήταν παρά μια πιο σφιχτή, σκληρή εκδοχή του metal-blues που έπαιζε παλιά στα τοπικά πάρτι.

Οι Hollywood Rose ήταν κάτι διαφορετικό. Είχα βρεθεί με τον Steven λίγο αφότου τους είχε δει, και, ακούγοντάς τον να περιγράφει τον τραγουδιστή τους με την ψιλή φωνή, έναν τύπο που μπορούσε να γκρεμίσει το ταβάνι με τις τσιρίδες του, συνειδητοποίησα ότι για πρώτη φορά ο Steven δεν ήταν υπερβολικός. Δεν συνέδεσα το ότι είχα ήδη ακούσει τον τύπο αυτό, ίσως επειδή τον είχα ακούσει στην πιο άθλια, «θολή» ηχογράφηση που είχε γίνει ποτέ σε ζωντανό συγκρότημα.

Μαζί με τον Steve πήγαμε να δούμε τους Hollywood Rose στο Gazarri και ήταν η πρώτη φορά που είδα τον καλύτερο τραγουδιστή του Hollywood εκείνη την εποχή: τον Axl Rose. Όπως στην κασέτα, έτσι και στη συναυλία τους δεν άκουγες παρά ένα garage συγκρότημα που βάζει τα δυνατά του, μόνο που διέθεταν μια εκπληκτική αίσθηση ανεμελιάς και αχαλίνωτη ενέργεια. Τουλάχιστον οι δύο απ' αυτούς· εκτός από τον Izzy και τον Axl, τα υπόλοιπα μέλη ήταν αδιάφορα, αλλά ή παρουσία των δύο φίλων από το Lafayette της Indiana είχε κάτι το απειλητικό. Ο Izzy έπεφτε στα γόνατα σε όλο το μήκος της σκηνής και ο Axl ούρλιαζε σαν μανιακός – η εμφάνισή τους ήταν καυτή. Η φωνή του Axl με αιχμαλώτισε αμέσως· ήταν τόσο πολύπλευρη, και κάτω από το ασύλληπτα υψηλόσυχνο ουρλιαχτό του υπήρχε ένας φυσικός blues ρυθμός που σε καθήλωνε.

Όπως ανέφερα ήδη, οι Hollywood Rose (όπως και οι L.A. Guns) ήταν ένα ρευστό σχήμα που τα μέλη του γνωρίζονταν μεταξύ τους και μετακινούνταν διαρκώς. Ο μπασίστας Steve Barrow τα απογεύματα δούλευε μαζί με τον Izzy στη διανομή της *L.A. Weekly*· έτσι είχαν στενές σχέσεις μεταξύ τους, αλλά για κάποιον αδιευκρίνιστο λόγο ο Axl δεν φαινόταν να συμπαθεί τον κιθαρίστα Chris Weber. Ο Axl προφανώς πήρε την πρωτοβουλία και απέλυσε τον Chris χωρίς να πει κουβέντα σε κανέναν, και με κάποιο τρόπο ο Steve έμαθε ότι την άλλη μέρα ξεκινούσαν να δοκιμάζουν κιθαρίστες.

Όλα μου φαίνονται το ίδιο ασαφή και παράλογα όπως και τότε, αλλά η αλήθεια είναι ότι ο Steven με έπεισε να εμφανιστώ στο χώρο όπου έκαναν πρόβες, ένα δωμάτιο σε κάποια τρώγλη που λεγόταν Fortress στη γωνία Selma και Highland. Το μέρος ήταν η Μέκκα του αλητήριου punk του Hollywood, καθότι μόνο punk rockers θα μπορούσαν να είχαν σκεφτεί να το διαλύσουν σε τέτοιο σημείο. Οι rockers ποτέ δεν καταστρέφουν μέχρι να φτάσουν στην επιτυχία, και τότε πια είναι μεγάλοι σε ηλικία· μόνο οι punks το κάνουν με το καλημέρα. Δεν είμαι σίγουρος τι ακριβώς χρώμα είχε αρχικά, αλλά η μοκέτα στο Fortress είχε πάρει μια σιχαμερή καφέ απόχρωση, όχι μόνο στο πάτωμα, αλλά και στους τοίχους και το ταβάνι, που ήταν επενδυμένα για λόγους ηχομόνωσης. Κάθε γωνία ήταν άθλια· ολόκληρο το δωμάτιο ήταν ένα κουτί γεμάτο ψείρες.

Άρχισα να προβάρω μαζί τους και το πράγμα πήγαινε μια χαρά – μέχρι που ο Izzy έφυγε στη διάρκεια του δεύτερου τραγουδιού. Σήμερα ξέρω ότι η απόδραση είναι ο φυσικός αμυντικός μηχανισμός του Izzy όταν νομίζει ότι τα πράγματα δεν πάνε καλά: ποτέ δεν το κάνει θέμα, απλώς την κοπανάει και δεν γυρίζει να κοιτάξει πίσω του. Προφανώς ο Izzy δεν είχε ιδέα τι γύρευα εκεί εκείνη τη μέρα και –όπως ήταν αναμενόμενο– δεν του άρεσε ότι ο Axl είχε απολύσει τον Chris Weber χωρίς να τον συμβουλευτεί, ούτε καν να τον ενημερώσει.

Τελικά, λίγο αφότου γίναμε καλοί φίλοι, ρώτησα τον Izzy σχετικά με το γεγονός. Ο Izzy διατηρούσε πάντα μια cool αύρα· ποτέ δεν έχανε την ψυχραιμία του, ποτέ δεν ανοιγόταν. Όταν όμως τον ρώτησα, μου έριξε ένα θανατηφόρα σοβαρό βλέμμα· έτσι, δεν είχα αμφιβολίες ότι ήταν ειλικρινής.

Ο Slash με τους Hollywood Rose. Αριστερά: ο μπασίστας Steve Darrow.
Ο Slash χρησιμοποιεί το voice box.

«Είναι πολύ απλό», μου είπε. «Απλώς δεν μου αρέσει να μου υπαγορεύουν τι να κάνω, υπό οποιεσδήποτε καταστάσεις».

Όπως και να 'χει, ο Izzy έφυγε από το σχήμα. Είχα βρεθεί μπλεγμένος σε μια κατάσταση για την οποία δεν είχα ιδέα. Μόλις έφυγε ο Izzy, ακολούθησε μια σύντομη στιγμή αμηχανίας... και έπειτα ξαναρχίσαμε να παίζουμε.

Δεν είχα αντιληφθεί ότι η παρουσία μου οδηγούσε σε άλλη μια σειρά από ομόκεντρους κύκλους έντασης. Τη θέση μου εποφθαλμιούσε και ο Tracii Guns. Εδώ και καιρό προσπαθούσε να στρατολογήσει τον Axl και τον Izzy για να παίξει μαζί τους. Δεν πιστεύω ότι χάρηκε ιδιαίτερα μαθαίνοντας ότι είχαν διαλέξει εμένα αντί για εκείνον. Εγώ δεν ήξερα τίποτε απ' όλα αυτά, αλλά και να ήξερα, θα το αγνοούσα ούτως ή άλλως. Τελικά, *επιτέλους,* έπαιζα σε ένα συγκρότημα με τραγουδιστή, και μάλιστα με έναν πολύ καλό τραγουδιστή.

Ο Axl είχε συγκεκριμένες ιδέες για το πώς έπρεπε να σχηματίσει το σωστό συγκρότημα και πίστευε ότι εγώ και ο Izzy θα ταιριάζαμε, αλλά καθώς δεν είχε συζητήσει με κανέναν το σχέδιό του προτού το θέσει σε κίνηση, εγώ είχα μπει στο συγκρότημα ενώ ο Izzy είχε φύγει. Απ' όσο καταλάβαινα, οι Hollywood Rose ήταν ο Axl, ο Steve Darrow, ο Steve Adler κι εγώ. Κλείσαμε μία εμφάνιση στο Madame Wong's East and West και αρχίσαμε πρόβες σε ένα στούντιο που λεγόταν Shamrock, στη Santa Monica Boulevard, ανάμεσα σε Western και Gower. Εκείνο το μέρος ήταν μια εκπληκτική σκηνή, όπου μπορούσε να συμβεί οτιδήποτε· δεδομένου ότι βρισκόταν πέρα από τα όρια του Δυτικού Hollywood, μπορούσε να συμβεί οτιδήποτε χωρίς να τραβήξει την προσοχή των Αρχών. Στο στούντιο υπήρχαν τρεις αίθουσες και οι ιδιοκτήτες έκαναν τρελά πάρτι κάθε σαββατοκύριακο, όπου γινόταν της κακομοίρας.

Ο Axl κι εγώ γίναμε καλοί φίλοι στη διάρκεια αυτής της περιόδου, επειδή για λίγο ζούσε στο σπίτι μου με τους δικούς μου. Αυτό δεν έγινε επειδή ήμαστε κολλητοί. Εκείνη την εποχή ο Axl δεν είχε σπίτι· κοιμόταν όπου έβρισκε. Όταν έμενε μαζί μας, κοιμόταν όλη την ημέρα στο υπόγειο δωμάτιό μου, ανάμεσα στις γάτες και τα φίδια μου, ενώ εγώ δούλευα. Όταν γύριζα σπίτι, τον ξυπνούσα και πηγαίναμε μαζί στην πρόβα.

Παράλληλα, μάθαινα πολλά για τον Axl εκείνη την εποχή. Μιλούσαμε για μουσική και τους καλλιτέχνες που θεωρούσαμε σπουδαία: ακούγαμε ένα συγκεκριμένο τραγούδι και το αναλύαμε, και ήταν ξεκάθαρο ότι τα μουσικά μας γούστα συνέπιπταν. Τρέφαμε κοινό σεβασμό για όλα τα συγκροτήματα που με είχαν επηρεάσει.

Τον Axl τον ενδιέφερε επίσης να μιλάει για τη ζωή, τόσο τη δική του όσο και για τη ζωή με την ευρύτερη έννοια. Εγώ δεν είχα πολλά να πω, αλλά ήμουν πάντα καλός ακροατής. Έτσι, μου μίλησε για την οικογένειά του και τις δύσκολες εποχές που είχε περάσει στην Indiana· Οι καταστάσεις αυτές απείχαν έτη φωτός από το δικό μου πεδίο κατανόησης. Ο Axl με εντυπωσίασε, όπως με εντυπωσίαζε πάντα: ό,τι και να πεις γι' αυτόν, ο Axl Rose είναι ειλικρινής σε πρωτόγονο βαθμό. Οι απόψεις του για τα πράγματα μπορεί να είναι ιδιαίτερες, για να μην πω τίποτε άλλο, αλλά η αλήθεια είναι ότι πιστεύει αυτό που λέει με περισσότερη ψυχή από οποιονδήποτε άλλο άνθρωπο έχω γνωρίσει.

Δεν θα έπρεπε να προκαλεί σοκ το γεγονός ότι η ζωή του Axl στο σπίτι μου δεν κύλησε χωρίς προβλήματα. Όπως ανέφερα, το δωμάτιό μου βρισκόταν δίπλα στο καθιστικό, έπειτα από δύο σειρές σκαλιά, κάτω από το γκαράζ. Συνήθως, όταν έλειπα, ο Axl δεν έβγαινε από το δωμάτιο, αλλά ένα πρωινό, μόλις έφυγα για τη δουλειά, προφανώς ανέβηκε επάνω και την έπεσε στον καναπέ του καθιστικού. Σε άλλα σπίτια αυτό μπορεί να μην ήταν μεγάλη υπόθεση, αλλά όχι στο δικό μας. Η γιαγιά μου, η Ola Sr., ασκούσε μητριαρχική εξουσία, και εκείνος ο καναπές ήταν ο θρόνος όπου καθόταν και έβλεπε τηλεόραση κάθε απόγευμα. Όταν έφτασε, ακριβώς την κατάλληλη στιγμή για να παρακολουθήσει τις αγαπημένες της τηλεοπτικές εκπομπές, βρήκε τον Axl φαρδύ πλατύ στον καναπέ της. Με τη γλυκιά, απαλή, γιαγιαδίστικη φωνή της του ζήτησε να κατέβει κάτω στο υπόγειο, όπου μπορούσε να κοιμηθεί όσο του έκανε κέφι. Για κάποιο λόγο, η κουβέντα τους δεν εξελίχθηκε καλά· απ' ό,τι κατάλαβα, ο Axl είπε στη γιαγιά μου να πάει να γαμηθεί κι έπειτα έτρεξε κάτω στο δωμάτιό μου – τουλάχιστον αυτό μου είπε η μαμά μου.

Η μαμά μου με έπιασε όταν γύρισα από τη δουλειά και, όσο άνετη κι αν ήταν, επέμεινε ότι αν ο Axl ήθελε να κοιμάται κάτω απ' αυτή τη στέγη έστω και για μια μέρα ακόμη, έπρεπε να ζητήσει συγγνώμη από τη μητέρα της και να υποσχεθεί ότι δεν θα φερόταν ποτέ ξανά με αυτόν τον τρόπο. Δική μου δουλειά ήταν να τον πείσω γι' αυτό, κάτι που τότε δεν μου φαινόταν και πολύ δύσκολο.

Εκείνη την εποχή η μητέρα μου μου δάνειζε το πράσινο Datsun 510 που είχε, και καθώς ο Axl κι εγώ πηγαίναμε για την πρόβα το ίδιο βράδυ, του είπα με όσο πιο ήπιο τρόπο γινόταν ότι έπρεπε να ζητήσει συγγνώμη από την Ola Sr. επειδή της είχε πει να πάει να γαμηθεί. Δεν γνώριζα πολύ καιρό τον Axl Rose, αλλά τον ήξερα αρκετά καλά ώστε να καταλαβαίνω ότι ήταν ένα ευαίσθητο, εσωστρεφές άτομο που υπέφερε από κυκλοθυμία· έτσι διάλεξα με προσοχή τα λόγια μου και παρουσίασα το ζήτημα με αντικειμενικό τρόπο. Ο Axl κοιτούσε έξω από το παράθυρο όσο μιλούσα, κι έπειτα άρχισε να κουνιέται μπρος πίσω στο κάθισμα του συνοδηγού. Κινούμαστε στη Santa Monica Boulevard, με περίπου εξήντα χιλιόμετρα την ώρα, όταν ξαφνικά άνοιξε την πόρτα του αυτοκινήτου και πήδηξε έξω χωρίς να πει λέξη. Παραπάτησε, έκανε ένα άλμα και κατάφερε να προσγειωθεί στο πεζοδρόμιο χωρίς να πέσει. Μόλις κατάφερε να σταθεί στα πόδια του, άρχισε να τρέχει στο δρόμο χωρίς να κοιτάξει πίσω του.

Ήμουν έκθαμβος: έκανα επί τόπου αναστροφή και άρχισα να κόβω βόλτες στην περιοχή ψάχνοντας για μία ώρα περίπου. Εκείνο το βράδυ δεν ήρθε σπίτι μου και έκανε τέσσερις μέρες να φανεί στις πρόβες. Την πέμπτη μέρα εμφανίστηκε στο στούντιο λες και δεν είχε συμβεί τίποτα. Είχε βρει κάποιο άλλο μέρος να την πέσει και ποτέ δεν ανέφερε ξανά το επεισόδιο. Από εκείνο το σημείο και έπειτα μου έγινε ξεκάθαρο ότι ο Axl είχε μερικά χαρακτηριστικά που τον ξεχώριζαν από όλους τους άλλους ανθρώπους που είχα γνωρίσει.

Η ΤΕΛΕΥΤΑΙΑ ΕΜΦΑΝΙΣΗ ΤΩΝ HOLLYWOOD ROSE ΕΓΙΝΕ ΣΤΟ Troubadour και τελείωσε επεισοδιακά. Ήταν μια «κακή» νύχτα, όπου όλα πήγαιναν στραβά. Βγήκαμε να παίξουμε αργά και ο ήχος ήταν άθλιος, το κοινό ήταν αδιάφορο και αγενές, και όσο κι αν προσπαθήσαμε δεν καταφέραμε να αλλάξουμε το κλίμα. Κάποιος ενοχλητικός στην πρώτη σειρά άρχισε να προκαλεί τον Axl και σύντομα τον έφτασε στα όριά του· ο Axl τού πέταξε ένα ποτήρι ή του έσπασε ένα μπουκάλι στο κεφάλι – δεν είχε σημασία, αλλά το περιστατικό ήταν το αποκορύφωμα της έντασης που κουβαλούσε το συγκρότημα εκείνη τη νύχτα. Καθώς έβλεπα τη φιλονικία με τον τύπο να εντείνεται όσο προχωρούσε η εμφάνισή μας, είχα αναστατωθεί τόσο που ήξερα ότι αμέσως μόλις τελειώναμε θα τους δήλωνα ότι φεύγω από το συγκρότημα. Το γεγονός ότι ο Axl τού επιτέθηκε, ήταν μια εξ ουρανού επικύρωση των σκέψεών μου.

Όχι πως δεν το περίμενα· δεν ήμουν ικανοποιημένος, και η όλη κατάσταση δεν έδειχνε ιδιαίτερα σταθερή. Τους λίγους μήνες που παίζαμε μαζί είχαμε κάνει λίγες μόνο εμφανίσεις και η χημεία μεταξύ μας δεν ήταν η καλύτερη. Μέχρι εκείνη τη στιγμή υπήρχαν ήδη αρκετά προβλήματα· και το επεισόδιο με το μπουκάλι έμοιαζε υπερβολικό – το λιγότερο, με αποσπούσε από τη μουσική. Ήμαστε ένα καινούργιο συγκρότημα με κάμποσα εσωτερικά ζητήματα που προσπαθούσαμε να γίνουμε γνωστοί· δεν είχαμε ανάγκη από τέτοια σκηνικά. Βεβαίως, το περιστατικό δεν σήμαινε τίποτε για τον Axl, αλλά αυτό δεν σήμαινε ότι όλοι απαραίτητα συμφωνούσαμε μαζί του. Εντάξει, έτσι ένιωθε, και ο άλλος πήγαινε γυρεύοντας, αλλά μερικές φορές πρέπει να ξέρεις πότε να δώσεις μια μάχη. Το ότι σταμάτησε την εμφάνισή μας για να ασχοληθεί με το ζήτημα, πήγαινε πάρα πολύ. Ακολουθώντας το πνεύμα του rock and roll, εκτιμούσα την μπεσαλίδικη συμπεριφορά· από τη στιγμή όμως που μιλάμε για επαγγελματισμό, ήταν ζήτημα για μένα.

O Slash στη σκηνή ενός κλαμπ του Los Angeles.

Στον Axl αρέσει να δίνει στα πάντα δραματικές προεκτάσεις. Όλα όσα λέει ή κάνει έχουν γι' αυτόν κάποιο συγκεκριμένο νόημα, μια θεατρική διάσταση. Διάφορες μικρολεπτομέρειες μεγεθύνονται έτσι που οι αλληλεπιδράσεις με τους άλλους γίνονται μεγάλο ζήτημα. Το θέμα είναι πως έχει τον δικό του τρόπο να βλέπει τα πράγματα. Είμαι πολύ άνετος τύπος, ή τουλάχιστον αυτό λένε όσοι με γνωρίζουν· έτσι, όταν ο Axl τα έπαιρνε στο κρανίο, εγώ δεν τον ακολουθούσα. Έλεγα «τι;» και το αγνοούσα. Υπήρχαν τόσο δραματικές αλλαγές στη διάθεσή του, που το να βρίσκομαι κοντά του πάντα με έκανε να νιώθω λες και ανεβοκατέβαινα με το τρενάκι του λούνα παρκ. Αυτό που δεν ήξερα τότε ήταν ότι τέτοιες καταστάσεις θα εμφανίζονταν όλο και πιο συχνά στο μέλλον.

Τέλος πάντων, αμέσως μόλις κατεβήκαμε από τη σκηνή εκείνο το βράδυ, είπα σε όλα τα μέλη των Hollywood Rose ότι αποχωρώ. Ύστερα από αυτό, το συγκρότημα διαλύθηκε και για λίγο οι δρόμοι μας χώρισαν με τον Axl. Μπήκε στους L.A. Guns του Tracii Guns, που σύντομα έγιναν η πρώτη ενσάρκωση των Guns N' Roses.

Εγώ συνέχισα με ένα συγκρότημα που λεγόταν Black Sheep μαζί με τον Willie Bass, μια διαδικασία ενηλικίωσης για ταλαντούχους μουσικούς. Ο Willie είναι εξαιρετικός ερμηνευτής· είναι ένας ψηλός μαύρος που τραγουδάει και παίζει μπάσο και είχε το χάρισμα να παρουσιάζει τους καλύτερους metal κιθαρίστες της εποχής, τον ένα μετά τον άλλο. Από τις τάξεις της μπάντας είχαν περάσει ο Paul Gilbert, ένας βιρτουόζος στο στιλ του Yngwie Malmsteen· ο Mitch Perry, που είχε παίξει με τον Michael Schenker· και για ένα διάστημα, εγώ. Το γρήγορο metal στιλ στο παίξιμο δεν ήταν η ειδικότητά μου – μπορούσα να παίξω γρήγορα, αλλά εκτιμούσα περισσότερο το rock and roll παίξιμο στο στιλ του Chuck Berry από το επιδεικτικό στιλ του heavy metal. Τέλος πάντων, δέχθηκα τη θέση επειδή –μετά τους Hollywood Rose– είχα συνειδητοποιήσει ότι το σημαντικό ήταν να ανεβαίνεις στη σκηνή και να σε προσέχουν. Ήταν ένας τρόπος να γνωρίσεις άλλους μουσικούς και να μαθαίνεις για ευκαιρίες με τρόπο που ταίριαζε στην προσωπικότητά μου περισσότερο από το να δικτυώνομαι στο Strip.

Έτσι ανέλαβα καθήκοντα κιθαρίστα στους Black Sheep και έπαιξα μπροστά σε περίπου οχτακόσια άτομα στο Country Club του Valley· πρέπει να πω ότι ήταν πολύ καλή συναυλία. Επίσης, ήταν η πρώτη φορά που έπαιζα μπροστά σε τόσο μεγάλο κοινό. Απολάμβανα την έκθεση, αν και θυμάμαι ότι έπαιξα απαίσια. Αργότερα έμαθα πως ο Axl βρισκόταν εκεί, αλλά τότε δεν το ήξερα επειδή δεν ήρθε να πει ένα «γεια».

Οι Black Sheep δεν έκαναν και πολλά εκείνη την εποχή. Έπειτα από εκείνη τη μοναδική εμφάνιση, δεν είχαμε άλλες κλεισμένες· απλώς βρισκόμαστε κάπου κάπου για να προβάρουμε. Η σύντομη εμπειρία μου από το συγκρότημα δεν ήταν ακριβώς αυτό που επιθυμούσα, αλλά με έκανε πιο γνωστό· έτσι, σκέφτηκα ότι αν έπαιζα σε ένα συγκρότημα αρεστό στα κλαμπ του Los Angeles, θα τραβούσα πάνω μου την προσοχή και θα έβαζα την καριέρα μου σε μια σειρά, καθώς το να παίζω με το πιο γνωστό συγκρότημα στα κλαμπ της πόλης δεν ήταν καθόλου κακή ιδέα.

Ο κιθαρίστας των Poison, ο Mart Smity, μου τηλεφώνησε μόλις αποφάσισε να φύγει από το συγκρότημα. Η γυναίκα του ήταν έγκυος και είχε αποφασίσει να γυρίσει πίσω στην Pensylvania και να φτιάξει οικογένεια. Ο Matt κι εγώ είχαμε κοινούς φίλους και με προσκάλεσε σε μερικά πάρτι των Poison. Ο Matt ήταν καλό παιδί, πολύ προσγειωμένος – ο λιγότερο... δηλητηριώδης από τους Poison. Ήξερε ότι δεν κολλούσα και πολύ με τους υπόλοιπους, αλλά μου είπε ότι ήταν καλή θέση με καλά λεφτά, και εγώ ήξερα ότι σίγουρα το συγκρότημα είχε ζήτηση. Η ιδέα δεν με ενθουσίασε καθόλου, αλλά ο Matt με έπεισε να δοκιμάσω.

Οι Poison έκαναν πρόβες στο Venice, στη διασταύρωση Washington και La Brea αν θυμάμαι καλά, σε ένα μεγάλο διαμέρισμα που οι τοίχοι του ήταν καλυμμένοι με αφίσες... της ίδιας της μπάντας. Εμφανίστηκα στην οντισιόν φορώντας την κλασική στολή μου: μπλουτζίν, t-shirt και εκείνη τη μέρα ένα ζευγάρι πολύ ωραία μοκασίνια που είχα κλέψει από μια λαϊκή αγορά – δεν είχαν χάντρες, ήταν από καφέ δέρμα με κοντά κρόσια στον αστράγαλο. Είχα μάθει τέσσερα πέντε τραγούδια από μια κασέτα που μου είχαν δώσει και τα έπαιξα αλάνθαστα. Μου τηλεφώνησαν για δεύτερη οντισιόν και θυμάμαι τον Bobby Dall, τον μπασίστα τους, να με κοιτάζει καθώς έπαιζα. Η διάθεσή του άλλαξε όταν πρόσεξε μία συγκεκριμένη λεπτομέρεια στην εμφάνισή μου.

«Λοιπόν, τι φοράς συνήθως;» με ρώτησε. «Δεν πιστεύω να φοράς αυτά τα παπούτσια επί σκηνής, έτσι δεν είναι;»

«Για να πω την αλήθεια, δεν το έχω σκεφτεί», είπα. Έδειξε σαστισμένος και ανήσυχος.

Ήμουν ένας από τους τρεις κιθαρίστες που δοκίμαζαν, και εκείνη τη μέρα είδα τον έναν από τους άλλους δύο. Είχε βαμμένα πλατινέ μαλλιά, φορούσε ένα λευκό μπουφάν από γυαλιστερό δέρμα και κανονικό μέικ-απ, με ροζ κραγιόν. Του έριξα μια ματιά βγαίνοντας και κατάλαβα ότι εκείνος θα γινόταν ο νέος κιθαρίστας της μπάντας. Ήταν ο C.C. Deville. Είχα παίξει τέλεια τα κομμάτια των Poison, αλλά αν δεν ταίριαζα εμφανισιακά μαζί τους δεν υπήρχε περίπτωση να μπω στο συγκρότημα.

Κανείς δεν διαμαρτυρήθηκε ποτέ στη Διεύθυνση, επειδή έμεναν κόκκαλο από την έκπληξη.

ΤΟ 1984, Ο AXL ΜΕ ΒΟΗΘΗΣΕ ΝΑ ΒΡΩ ΔΟΥΛΕΙΑ ΣΤΟ TOWER Video, και όταν ξαναβρεθήκαμε τα συναισθήματά μου απέναντί του ήταν ανάμικτα. Η διάλυση των Hollywood Rose δεν έγινε υπό συνθήκες αντιπαλότητας, αλλά στο μεταξύ άλλη μια αιτία φιλονικίας είχε αναδυθεί στη σχέση μας: ο Axl τα είχε φτιάξει με το πρώην κορίτσι μου, την Yvonne.

Είχα γνωρίσει την Yvonne μέσω του Marc Canter σε μια συναυλία των Ratt στο Hollywood Palladium, όπου έπαιζαν μαζί με τον Yngwie Malmsteen. Μάλιστα στο παρελθόν είχε υπάρξει το κορίτσι του τραγουδιστή των Ratt, του Stephen Pearcy. Πήγαμε στο Beverly Hills Café, ένα εστιατόριο που έμενε ανοιχτό μέχρι αργά, αγαπημένο στέκι του Marc, και εκεί γνωριστήκαμε καλύτερα. Μετά απ' αυτό αρχίσαμε να βγαίνουμε. Η Yvonne ήταν πολύ cool κορίτσι – εκείνη μου γνώρισε τους Hanoi Rocks και τον τραγουδιστή τους Mike Monroe· ήταν ένα συγκρότημα που μου άρεσε πολύ. Ήταν μια βασική επιρροή των Guns N' Roses και, απ' όσο ξέρω, ακόμα και σήμερα συνεχίζουν να αποτελούν έναν παραγνωρισμένο θρύλο του rock and roll.

Τέλος πάντων, η Yvonne κι εγώ αρχίσαμε να βγαίνουμε για μια περίοδο, αλλά κάποιο από τα διαστήματα που περνούσαμε χώρια ο Axl την έριξε στο κρεβάτι. Αυτό δεν μου άρεσε καθόλου, αλλά δεν μπορώ να πω ότι με ξάφνιασε, γιατί είχα καταλάβει ότι του άρεσε. Όταν ξανασμίξαμε, εκείνη έπρεπε να μου το πει, υποτίθεται γιατί ήθελε να είναι «ειλικρινής», αλλά το πραγματικό της κίνητρο ίσως ήταν το να με εκδικηθεί επειδή την είχα παρατήσει.

Τηλεφώνησα στον Axl στη δουλειά του, στο Tower Video, για να του την πω. Ήμουν χοντρά τσαντισμένος.

«Πήγες με την Yvonne», του είπα. «Αυτό είναι πολύ μεγάλη μαλακία εκ μέρους σου».

Οφείλω να ομολογήσω ότι ο Axl ήταν ευθύς απέναντί μου και δεν προσπάθησε να μου ξεγλιστρήσει. Μου είπε ότι το είχε κάνει, αλλά εκείνη την εποχή δεν ήμουν μαζί της, οπότε τι σημασία είχε; Εγώ δεν το έβλεπα έτσι, και τα πράγματα αγρίεψαν μέχρι που με προκάλεσε να δοκιμάσω να τον πλακώσω στο ξύλο. Ήμουν έτοιμος να πάω και να το κάνω στ' αλήθεια, αλλά έδωσα τόπο στην οργή. Δεν χρειάζεται να πω ότι μου πήρε λίγο καιρό να ξεπεράσω το θυμό μου. Και μια μέρα, όταν έμαθε ότι έψαχνα δουλειά, ως χειρονομία συμφιλίωσης, είπε ότι το Tower άνοιγε νέο υποκατάστημα. Στον Axl πάντα άρεσε να διορθώνει τα πράγματα με πομπώδεις χειρονομίες.

Το Tower Video βρισκόταν ακριβώς απέναντι από το Tower Records όπου πριν από μερικά χρόνια με είχαν πιάσει να κλέβω. Ο Axl ήταν συγκάτοικος με κάποιον από τους μάνατζερ, και μόλις έπιασα τη δουλειά δεν μου πήρε καιρό να καταλάβω ότι πλέον ανήκα σε ένα κάστινγκ από τρελούς χαρακτήρες. Φαντάζομαι ότι ήταν οι πιο αμελείς και παράλογοι υπάλληλοι που είχε προσλάβει ποτέ το Tower. Επίσης, στο διπλανό τμήμα κλασικής μουσικής υπήρχαν μερικοί προχωρημένοι αλκοολικοί που κόντευαν να τα χάσουν απ' το πολύ ποτό.

Κάθε βράδυ στις οκτώ περίπου, αφού ο διευθυντής των τμημάτων δίσκων και βίντεο έφευγε για το σπίτι του, εμείς που ήμαστε στο τμήμα του βίντεο αγοράζαμε ποτά από την απέναντι κάβα, βάζαμε πορνοταινίες στο βίντεο του καταστήματος και πίναμε. Βάζαμε τις μπάντες των φίλων μας στο στερεοφωνικό του μαγαζιού και γενικά αγνοούσαμε όποιον πελάτη έμπαινε.

Οι κάμερες ασφαλείας του καταστήματος δεν μπορούσαν να μας εντοπίσουν επειδή δεν βάζαμε μπουκάλια βότκας δίπλα στις ταμειακές μηχανές· έτσι τα ανδραγαθήματά μας πέρασαν απαρατήρητα για κάποιο διάστημα – αν και πιστεύω ότι αν έβλεπαν ποτέ τις ταινίες θα καταλάβαιναν πόσο τεμπέληδες και αδιάφοροι για τη δουλειά ήμαστε. Φτιάχναμε κοκτέιλ στο γραφείο και κυκλοφορούσαμε με πλαστικά ποτηράκια· με το ένα χέρι χτυπούσαμε τα νούμερα της ταμειακής και με το άλλο κρατούσαμε μια βότκα πορτοκάλι. Είμαι σίγουρος ότι οι πελάτες καταλάβαιναν τι κάναμε από τη στιγμή που μύριζαν την ανάσα μας. Κανείς δεν διαμαρτυρήθηκε ποτέ στη διεύθυνση, επειδή έμεναν κόκκαλο από την έκπληξη. Ωστόσο, ήμαστε πολύ τρομακτικοί για τους περισσότερους πελάτες· απλώς την έκαναν από το μαγαζί όσο πιο γρήγορα μπορούσαν.

Δυστυχώς, ένας από τους μάνατζερ μας έκανε τσακωτούς και τότε, ο Axl το πήρε επάνω του: τον απέλυσαν για τα κόλπα στα οποία ήμαστε όλοι ένοχοι. Από τότε ακόμη, ήξερα το γιατί: Ο Axl διαθέτει παρουσιαστικό και προσωπικότητα που φαίνεται πάντα απειλητική στους εκπροσώπους της εξουσίας· στο πρόσωπό του βλέπουν πάντα έναν αρχηγό συμμορίας.

Η ΜΝΗΜΗ ΜΟΥ ΔΕΝ ΜΕ ΒΟΗΘΑΕΙ ΝΑ ΘΥΜΗΘΩ ΤΑ ΔΙΑΦΟΡΑ γεγονότα που οδήγησαν στην ίδρυση των Guns N' Roses, επειδή, για να είμαι ειλικρινής, στα περισσότερα δεν ήμουν παρών. Δεν γράφω αυτό το βιβλίο για να παρουσιάσω την ακαδημαϊκή ιστορία του συγκροτήματος, ούτε να λύσω κάθε παρανόηση· μπορώ να μιλήσω μόνο για όσα έζησα εγώ. Όπως και να 'χει, κάποια στιγμή στις αρχές του 1985, ο Axl και ο Tracii Guns άρχισαν να στήνουν μια μπάντα· πήραν τον Ole Bench και τον Rob Gardner, που έπαιζαν μπάσο και τύμπανα αντίστοιχα, στους L.A. Guns. Λίγο μετά ο Izzy μπήκε κι αυτός στο συγκρότημα, και τότε ο Axl, για προφανείς λόγους, αποφάσισε να αλλάξει το όνομα του γκρουπ σε Guns N' Roses. Ο Tracii είχε τελικά το συγκρότημα που ονειρευόταν – όπως είπα, επεδίωκε καιρό να παίξει σε ένα συγκρότημα μαζί με τον Axl και τον Izzy. Έδωσαν μερικές συναυλίες και έγραψαν μερικά τραγούδια – μ' αυτή τη σειρά.

Εγώ συνέχισα να δουλεύω στο Tower, χωρίς να έχω κάτι στα σκαριά. Για να πω την αλήθεια, ζήλεψα όταν ο Izzy ήρθε και μου έδωσε ένα διαφημιστικό για μια εμφάνιση των Guns N' Roses στο Orange County. Κάπου στην πορεία, ο Duff πήρε τη θέση του Ole· έδωσαν μερικές συναυλίες ακόμα και έγραψαν κι άλλα τραγούδια. Πιστεύω ότι σε εκείνες τις εμφανίσεις στο Orange County ο Axl τα έσπασε με τον Tracii. Ο Tracii έφυγε λίγο αργότερα, και μια νύχτα ο Axl εμφανίστηκε στο Tower και με ρώτησε αν θα με ενδιέφερε να δοκιμάσω να γράψω μερικά τραγούδια με τον Izzy και να παίξω κιθάρα μαζί τους. Για μια στιγμή αναλογίστηκα τι σήμαινε αυτό.

Ο Axl και ο Izzy ήταν ομάδα· έτσι, όποιος μουσικός έμπαινε στο συγκρότημα θα έπρεπε να συνεργάζεται καλά μαζί τους· σημειωτέον ότι ο Izzy είχε φύγει πολύ νωρίς από τους Hollywood Rose, προτού προλάβει να με γνωρίσει. Συμπαθούσα τον Izzy· στο κάτω κάτω, ήταν ο πρώτος που γνώρισα, μου άρεσε το στιλ του και θαύμαζα το ταλέντο του. Αν ήμουν ειλικρινής απέναντι στον Izzy, δεν θα είχα πρόβλημα με τον Axl. Ο Axl κι εγώ τα πηγαίναμε καλά από πολλές απόψεις, αλλά είχαμε διαφορές στο χαρακτήρα. Γουστάραμε ο ένας τον άλλο και συνεργαζόμαστε εξαιρετικά, αλλά είμαστε η επιτομή των αντιθέτων. Ο Izzy (και αργότερα ο Duff) θα βοηθούσαν. Εκείνη την εποχή, ο Izzy αρκούσε για να εξομαλύνει τις εντάσεις.

Λίγες μέρες αργότερα εμφανίστηκα στο διαμέρισμα του Izzy και τον βρήκα να δουλεύει ένα τραγούδι που το έλεγαν «Don't Cry», στο οποίο «μπήκα» αμέσως. Σκέφτηκα μερικά σχήματα στην κιθάρα και όλη την υπόλοιπη βραδιά δουλέψαμε τις λεπτομέρειες. Περάσαμε τέλεια· μάθαμε πολλά ο ένας για το παίξιμο του άλλου τζαμάροντας παρέα.

Βρεθήκαμε να τζαμάρουμε στο Silverlake· ο Duff, ο Izzy, ο Axl, ο Rob Gardner, και εγώ. Όλοι γνωριζόμαστε μεταξύ μας, κι έτσι εκείνο το βράδυ αρχίσαμε να ρίχνουμε ιδέες για τραγούδια και όλα κόλλησαν πολύ γρήγορα· ήταν μία απ' αυτές τις μαγικές στιγμές για τις οποίες μιλούν οι μουσικοί, που ο ένας μουσικός συμπληρώνει αβίαστα τον άλλο και το συγκρότημα γίνεται ένας ζωντανός οργανισμός. Ποτέ δεν είχα νιώσει τόσο έντονα στη ζωή μου. Ήταν ακριβώς η μουσική που ονειρευόμουν να παίξω: τσαμπουκαλεμένο, ζοχαδιάρικο rock and roll όπως τα παλιά των Aerosmith, AC/DC, Humble Pie και Alice Cooper. Όλοι στο συγκρότημα ήταν περήφανοι για τις επιρροές τους και δεν υπήρχε ίχνος από την κλασική διάθεση των συγκροτημάτων του Los Angeles που νοιάζονται μόνον για το πώς θα υπογράψουν συμβόλαιο. Δεν μας ένοιαζαν οι σωστές πόζες ή τα ηλίθια πιασάρικα ρεφρέν που μπορεί να έφερναν την επιτυχία στα pop charts και να μας εξασφάλιζαν λεγεώνες από σέξι κορίτσια. Αυτή η προμελετημένη «εξέγερση» δεν ήταν μέσα στις επιλογές μας. Ήμαστε μια λυσσασμένη αγέλη από αρουραίους του υπονόμου με κοινά γούστα. Ήμαστε παθιασμένοι, είχαμε έναν κοινό σκοπό και μια πολύ ιδιαίτερη αντίληψη περί ακεραιότητας. Αυτή ήταν η διαφορά ανάμεσα σε αυτά τα συγκροτήματα και εμάς.

Μαθαίνοντας να ζεις σαν ζώο

Ένα από τα πρώτα διαφημιστικά των Guns N' Roses, που σχεδίασε ο Slash. Το συγκρότημα επιδίωκε πάντα να χρησιμοποιεί πρωτότυπα σλόγκαν.

6
Κεφάλαιο

Δεν ήμαστε ακριβώς οι τύποι που θα δέχονταν το «όχι» ως απάντηση. Πολύ πιθανότερο ήταν το «όχι» να το πούμε εμείς. Ως άτομα, ο καθένας από μας διέθετε τη σοφία που σου δίνει η ζωή στο δρόμο, ήταν αυτάρκης, και του άρεσε να κάνει τα πράγματα με τον δικό του τρόπο – προτιμούσε να πεθάνει, παρά να συμβιβαστεί. Όταν γίναμε ομάδα, αυτό το χαρακτηριστικό πολλαπλασιάστηκε επί πέντε, γιατί εκτός από τη δυνατότητα να υπερασπιστούμε τον εαυτό μας, είχαμε ο ένας τις πλάτες του άλλου. Και οι τρεις πιο συνηθισμένοι ορισμοί της λέξης «συμμορία» μας ταίριαζαν γάντι: 1) Ήμαστε μια ομάδα που σχετιζόταν στενά για διάφορους λόγους, όπως η παραβατική συμπεριφορά· 2) ήμαστε μια συνάθροιση ανθρώπων με κοινά γούστα και αμοιβαία ενδιαφέροντα, που συγκεντρώθηκαν για να δουλέψουν μαζί· και 3) ήμαστε μια ομάδα ατόμων που σχετίζονταν για εγκληματικούς ή άλλους αντικοινωνικούς σκοπούς. Επίσης, είχαμε την αίσθηση υπακοής που διακρίνει μια συμμορία· εμπιστευόμαστε μόνο τους πιο παλιούς μας φίλους, και βρίσκαμε ο ένας από τον άλλο ό,τι χρειαζόμαστε για να επιβιώσουμε.

Η συλλογική θέληση της ομάδας μάς οδήγησε στην επιτυχία με τους δικούς μας όρους, αλλά ούτε στιγμή δεν έκανε το ταξίδι πιο εύκολο. Δεν μοιάζαμε με τα υπόλοιπα συγκροτήματα της εποχής· δεν παίρναμε ελαφρά τις αρνητικές κριτικές από κανέναν – ούτε τους συνομηλικούς μας, ούτε τους τσαρλατάνους που προσπαθούσαν να μας κάνουν να υπογράψουμε ασύμφορα συμβόλαια, ούτε τους υπεύθυνους ρεπερτορίου των εταιρειών που μας πίεζαν να κλείσουμε συμφωνία μαζί τους. Δεν κάναμε τίποτε για να εξασφαλίσουμε την αποδοχή και περιφρονούσαμε την εύκολη επιτυχία. Περιμέναμε η δημοτικότητά μας να μιλήσει για μας και έτσι να μας προσέξει η μουσική βιομηχανία. Και όταν τα καταφέραμε, πήραμε το αίμα μας πίσω.

Κάναμε πρόβες καθημερινά, δουλεύοντας τα τραγούδια που μας άρεσαν από τα συγκροτήματα στα οποία έπαιζε ο καθένας, όπως το «Move to the City» και το «Reckless Life», που ήταν γραμμένα για κάποια εκδοχή των Hollywood Rose. Είχαμε μια άθλια μικροφωνική, κι έτσι συνθέταμε το περισσότερο υλικό χωρίς ο Axl να τραγουδάει μαζί μας. Τραγουδούσε μέσα απ' τα δόντια του και μας έλεγε την άποψή του για τις ιδέες σχετικά με την ενορχήστρωση.

Έπειτα από τρεις νύχτες είχαμε ένα ολοκληρωμένο σετ που περιλάμβανε μεταξύ άλλων τα «Don't Cry» και «Shadow of Your Love», και έτσι αποφασίσαμε ομόφωνα ότι είμαστε έτοιμοι για να παρουσιαστούμε στο κοινό. Θα μπορούσαμε να είχαμε κλείσει συναυλία σε κάποιο κλαμπ του Los Angeles επειδή όλοι μας είχαμε τις κατάλληλες γνωριμίες· κι όμως: αποφασίσαμε ότι έπειτα από τρεις πρόβες, ήμαστε έτοιμοι για *περιοδεία.* Και όχι απλώς μια περιοδεία που θα διαρκούσε όσο ένα «μακρύ» σαββατοκύριακο σε κλαμπ κοντά στο Los Angeles. Συμφωνήσαμε με την πρόταση του Duff να μας οργανώσει μια εξόρμηση από το Sacramento μέχρι τη γενέτειρά του, το Seattle. Ήταν κάτι εντελώς έξω από τις δυνατότητές μας, αλλά μας φαινόταν η πιο λογική ιδέα του κόσμου.

Σχεδιάσαμε να μαζέψουμε τα όργανά μας και να ξεκινήσουμε σε μερικές ημέρες, αλλά ο ζήλος μας τρόμαξε τον ντράμερ μας, τον Rob Gardner, τόσο που σχεδόν εγκατέλειψε το συγκρότημα επί τόπου. Το γεγονός δεν εξέπληξε κανέναν όχι επειδή ο Rob έπαιζε αρκετά καλά, αλλά από την πρώτη στιγμή δεν κολλούσε με τους υπόλοιπους· δεν ήταν φτιαγμένος από την ίδια πάστα, δεν ήταν ένας από *μας:* δεν είχε σκοπό να πουλήσει την ψυχή του για το rock and roll. Η αποχώρησή του ήταν ήπια – μας φαινόταν αδιανόητο ότι κάποιος που είχε συμμετάσχει σε αυτές τις τρεις τελευταίες πρόβες δεν επιθυμούσε να βγει για περιοδεία στη Δυτική Ακτή με ένα άγνωστο συγκρότημα που τα μέλη του δεν είχαν μαζί τους τίποτε άλλο παρεκτός τα όργανά μας και τα ρούχα που φορούσαμε, αλλά σεβαστήκαμε την απόφασή του. Όμως δεν θέλαμε να το βάλουμε κάτω· έτσι τηλεφώνησα στον μοναδικό ντράμερ που γνώριζα και ο οποίος ήταν σε θέση να φύγει μαζί μας ακόμα και την ίδια νύχτα, αν του το ζητούσαμε: ο ντράμερ αυτός ήταν ο Steven Adler.

Την επόμενη μέρα στην πρόβα είδαμε τον Steven να στήνει τις ασημόγκριζες γκραν κάσες του και να χαλαρώνει παίζοντας μερικές διπλομποτιές. Οι αισθητικές του βάσεις ήταν διαφορετικές από τις δικές μας, αλλά το πρόβλημα δεν ήταν αξεπέραστο. Το πράγμα διορθώθηκε με τον κλασικό τρόπο των Guns: όταν ο Steven πήγε για κατούρημα, ο Izzy και ο Duff έκρυψαν τη μία γκραν κάσα του, ένα βαθύ και μερικά έξτρα τομ.

Ο Steven επέστρεψε, και μόλις άρχισε το μέτρημα για να μπούμε στο επόμενο τραγούδι, κατάλαβε ότι κάτι έλειπε.

«Έι, πού είναι η άλλη γκραν κάσα μου;» ρώτησε κοιτάζοντας γύρω του λες και του είχε παραπέσει καθώς πήγαινε στην τουαλέτα. «Όταν ήρθα είχα δύο... έι, πού πήγαν τα υπόλοιπα τύμπανά μου;»

«Μην ανησυχείς, φίλε. Δεν τα χρειάζεσαι, μπες στο κομμάτι», είπε ο Izzy.

Ο Steven ποτέ δεν πήρε πίσω τη δεύτερη μπότα του, και αυτό ήταν το καλύτερο πράγμα που μπορούσε να μας συμβεί. Από τους πέντε μας, είχε τις πιο σύγχρονες επιρροές, κάτι που, αν μη τι άλλο, πρόσθετε ένα βασικό στοιχείο στον ήχο μας – όμως δεν είχαμε σκοπό να τον αφήσουμε να παίζει μ' αυτόν τον τρόπο όλη νύχτα. Τον στριμώξαμε για να γίνει ένας λιτός ντράμερ με έμφαση στο μέτρο των 4/4, έτσι που το παίξιμό του να συμπληρώνει και να «κλειδώνει» με το στιλ παιξίματος του Duff στο μπάσο, ενώ άφηνε εμένα και τον Izzy ελεύθερους να συνδυάζουμε το blues rock με την αιχμηρή νεύρωση του πρώιμου punk rock. Για να μη μιλήσω για την αίσθηση που πρόσθεταν οι στίχοι και τα φωνητικά του Axl σ' αυτό το μίγμα. Ο Axl είχε ευρεία γκάμα και αλάνθαστο τόνο, αλλά παρόλο που η φωνή του ήταν δυνατή και άμεση, διέθετε μία εκπληκτικά ψυχωμένη, blues διάσταση επειδή είχε χορωδιακό υπόβαθρο από την εποχή που πήγαινε σχολείο και τραγουδούσε στην εκκλησία.

Προτού καλά καλά τελειώσει η οντισιόν, ο Steven είχε γίνει μέλος των Guns N' Roses και η αρχική τους σύνθεση είχε παγιωθεί. Ο Duff είχε κλείσει την περιοδεία· το μόνο που μας έλειπε ήταν ένα μεταφορικό μέσο. Όποιος γνωρίζει μουσικούς, ξέρει την άφθαστη ικανότητά τους να «δανείζονται» πράγματα από τους φίλους τους. Χρειάστηκε μόνο ένα τηλεφώνημα και ελάχιστη προσπάθεια για να στρατολογήσουμε τους φίλους μας Danny και Joe, που το αυτοκίνητο και την αφοσίωσή τους χρησιμοποιούσαμε σε τακτική βάση. Για να χρυσώσουμε το χάπι, βαφτίσαμε τον Danny «tour manager» και τον Joe «roadie» και το άλλο πρωί πήγαμε με τη σκουριασμένη Oldsmobile, που θύμιζε τανκ, στο Valley να πάρουμε ένα τρέιλερ το οποίο γεμίσαμε με ενισχυτές, κιθάρες και τύμπανα.

Στριμωχτήκαμε στην παμπάλαια Oldsmobile και ξεκινήσαμε για ένα ταξίδι που μόνο ο Duff πιστεύω ότι ήξερε πως επρόκειτο να κρατήσει πάνω από χίλια πεντακόσια χιλιόμετρα. Ήμαστε έξω από το Fresno, τριακόσια χιλιόμετρα από το Los Angeles και άλλα τριακόσια από το Sacramento, όταν το αυτοκίνητο χάλασε. Ο Danny δεν ήταν από τους τύπους που είχαν οδική βοήθεια· έτσι, πάλι καλά που το αυτοκίνητο μας παράτησε σε μικρή σχετικά απόσταση από ένα βενζινάδικο. Εκεί διαπιστώσαμε ότι χρειάζονταν τέσσερις μέρες μέχρι να βρεθούν τα ανταλλακτικά που ήταν απαραίτητα για την επισκευή του γέρικου θηρίου μας. Σ' αυτή την περίπτωση, δεν θα κάναμε καμία από τις εμφανίσεις μας.

Ο ενθουσιασμός μας ήταν τέτοιος που δεν επέτρεπε καθυστερήσεις ή πρακτικές σκέψεις· έτσι είπαμε στον Danny και τον Joe να μείνουν με το αυτοκίνητο και τα μηχανήματά μας μέχρι να επισκευαστεί και να έρθουν να μας βρουν στο Portland (που απείχε περίπου χίλια εκατό χιλιόμετρα) σε μία από τις συναυλίες που είχαμε κλείσει για να παίξουμε με τα δικά μας μηχανήματα. Ο Danny και ο Joe προσπάθησαν να μας πείσουν να μείνουμε μαζί στο Fresno μέχρι να φτιαχτεί το αυτοκίνητό μας, αλλά στιγμή δεν πήραμε τα λόγια τους στα σοβαρά, όπως ούτε την οφθαλμοφανή προοπτική της άμεσης επιστροφής μας. Δεν ξέραμε ούτε πώς θα πηγαίναμε από τη μία συναυλία στην άλλη, ούτε τι θα κάναμε σε περίπτωση που φτάνοντας εκεί δεν θα βρίσκαμε διαθέσιμους ενισχυτές και τύμπανα. Τίποτε απ' όλα αυτά δεν μας ένοιαζε· χωρίς να διστάσουμε λεπτό, βγήκαμε στον αυτοκινητόδρομο και αρχίσαμε να κάνουμε οτοστόπ.

Δώσαμε στον Danny και τον Joe όσα χρήματα μπορούσαμε για να πληρώσουν για το αυτοκίνητο –νομίζω περίπου είκοσι δολάρια– και αρχίσαμε να προχωράμε στη ράμπα του αυτοκινητόδρομου κουβαλώντας τις κιθάρες μας. Οι ώρες που πέρασαν χωρίς να σταματήσει ούτε ένα αυτοκίνητο δεν έκαμψαν την αυτοπεποίθησή μας. Φανήκαμε ευρηματικοί· δοκιμάσαμε την αποτελεσματικότητα διαφόρων συνδυασμών. Οι πέντε μας με κρυμμένες αποσκευές· δύο κάνουν οτοστόπ και τρεις κρύβονται στους θάμνους· ένας με μία κιθάρα· μόνο ο Axl και ο Izzy· μόνο ο Axl κι εγώ· ο Steven μόνος του, να χαιρετάει και να χαμογελάει φιλικά· ο Duff μόνος του. Όμως τίποτε απ' όλα αυτά δεν είχε αποτέλεσμα· οι κάτοικοι του Fresno δεν ήταν διατεθειμένοι να μας πάρουν στα αυτοκίνητά τους, όπως κι αν παρουσιαζόμαστε.

Χρειάστηκε να περάσουν σχεδόν έξι ώρες μέχρι να εμφανιστεί ο κατάλληλος απροσάρμοστος· ένας φορτηγατζής που ήταν διατεθειμένος να μας πάρει όλους. Έτσι στριμωχτήκαμε στο μπροστινό κάθισμα και στον μικρό πάγκο της καμπίνας του οδηγού. Ήμαστε ο ένας πάνω στον άλλον και η κατάσταση γινόταν πιο δύσκολη από τις ογκώδεις θήκες για τις κιθάρες και το πάθος του οδηγού για το speed. Μοιράστηκε γενναιόδωρα το απόθεμά του μαζί μας, και αυτό έκανε πιο ανεκτές τις ατέλειωτες διηγήσεις του από τη ζωή στο δρόμο. Ήμαστε κυνικοί και σαρκαστικοί, και στην αρχή η παράνοια αυτού του τύπου μάς διασκέδαζε. Εκείνη τη νύχτα, την επόμενη και τη μεθεπόμενη μέρα που τις περάσαμε βλέποντας τη μαύρη άσφαλτο να έρχεται απειλητική προς το μέρος μας πίσω από το παρμπρίζ, δεν μπορούσα να σκεφτώ κάποιο καλύτερο μέρος να βρίσκομαι. Κάναμε στάσεις σε βενζινάδικα ώστε ο οδηγός να κοιμηθεί λιγάκι στην καμπίνα του –για ένα απροσδιόριστο χρονικό διάστημα που μπορούσε να είναι από μία ώρα μέχρι μισή μέρα–, αράζαμε σε παγκάκια, γράφαμε τραγούδια βλέποντας το ξημέρωμα ή απλώς κάναμε βόλτες πετώντας σκουπίδια στους σκίουρους.

Αφού πέρασαν έτσι δυο μέρες, ο σοφέρ μας άρχισε να αναδίδει μια δυσάρεστη μυρωδιά και ο φιλικός, σπασμωδικός του μονόλογος άρχισε να παίρνει μια σκοτεινή και παρανοϊκή χροιά. Σε λίγο αρχίσαμε να απογοητευόμαστε. Μας πληροφόρησε ότι σκόπευε να κάνει μια μικρή «παράκαμψη» για να πάρει λίγο ακόμα speed από την «κυρά του», που όπως φαντάζομαι ερχόταν για να τον συναντήσει σε συγκεκριμένα σημεία της διαδρομής, ώστε να τον εφοδιάζει. Η κατάσταση δεν έδειχνε σημάδια ανάκαμψης. Την επόμενη φορά που σταμάτησε σε κάποιο βενζινάδικο για έναν από τους ατέλειωτους υπνάκους του, ήμαστε πολύ βαριεστημένοι και απένταροι για να συνεχίσουμε το ίδιο βιολί. Αποφασίσαμε να κυνηγήσουμε την τύχη μας βγαίνοντας ξανά στον αυτοκινητόδρομο για οτοστόπ, υπολογίζοντας ότι αν τα πράγματα έφταναν στο απροχώρητο, ο αμφεταμινάκιας φορτηγατζής θα μας έβρισκε και θα μας έπαιρνε ξανά, όποτε ξυπνούσε. Ίσως να μην του περνούσε καν από το μυαλό ότι τον είχαμε παρατήσει.

Οι προοπτικές μας δεν ήταν οι πιο ρόδινες, επειδή κανείς από τους πέντε από εμάς δεν διέθετε ίχνος συμβατικού παρουσιαστικού, από τη μαυροκόκκινη δερμάτινη καπαρντίνα του Duff μέχρι τα δικά μας μαύρα δερμάτινα μπουφάν, τα μακριά μαλλιά και τη λίγδα από τις μέρες που είχαμε περάσει στο δρόμο. Δεν έχω ιδέα πόση ώρα περιμέναμε, αλλά τελικά μας πήραν δυο κορίτσια με ένα ημιφορτηγό με καρότσα. Μας άφησαν στα περίχωρα του Portland, και μόλις μπήκαμε στα όρια της πόλης ξαφνικά η τύχη μάς χαμογέλασε – ο Donner, ο φίλος του Duff από το Seattle είχε στείλει κάποιον να μας υποδεχθεί, ο οποίος μας πληροφόρησε ότι ο Danny και ο Joe είχαν τηλεφωνήσει νωρίτερα. Προφανώς το αυτοκίνητο δεν ήταν σε θέση να κάνει το ταξίδι, κι έτσι είχαν επιστρέψει στο Los Angeles. Δεν μας ένοιαζε· εμείς συνεχίζαμε, παρόλο που είχαμε χάσει όλες τις εμφανίσεις στη διαδρομή. Σκοπεύαμε να παίξουμε στην τελευταία εμφάνιση της περιοδείας μας – ήταν κλεισμένη να γίνει στο Seattle, και αυτό που προοριζόταν να γίνει η τελευταία μας συναυλία έγινε η πρώτη εμφάνιση των Guns N' Roses.

Η άφιξή μας στο Seattle ήταν θριαμβευτική, τόσο επειδή είχαμε καταφέρει να φτάσουμε (το τελευταίο κομμάτι της διαδρομής έγινε χωρίς προβλήματα) όσο και επειδή το σπίτι του Donner έμοιαζε περισσότερο απ' οτιδήποτε άλλο έχω δει με το *Τρελό Θηριοτροφείο.* Τη μέρα που φτάσαμε, έστησαν ένα μπάρμπεκιου πάρτι προς τιμήν μας που φαινόταν να μην τελειώνει ποτέ – όταν κάποτε καταφέραμε να συρθούμε μακριά, μαινόταν με την ίδια ένταση όπως όταν φτάσαμε υπό τις γενικές ζητωκραυγές για τους ξένους από το Los Angeles. Υπήρχαν ατελείωτα αποθέματα μαριχουάνας, τόνοι αλκοόλ και άνθρωποι που κοιμόντουσαν, μαστούρωναν ή πηδιόντουσαν σε κάθε γωνία. Ήταν ένα τυπικό μετασυναυλιακό πάρτι των Guns N' Roses... που άρχισε πριν την πρώτη μας συναυλία.

Φτάσαμε στο σπίτι του Donner λίγες ώρες πριν από την προγραμματισμένη εμφάνισή μας. Δεν είχαμε μαζί μας παρά μόνο τις κιθάρες μας, χρειαζόμαστε λοιπόν ενισχυτές. Όπως είπα και προηγουμένως, προτού μετακομίσει στο Los Angeles, ο Duff είχε παίξει σε θρυλικά punk συγκροτήματα του Seattle, κι έτσι μπορούσε να ζητήσει μερικές χάρες: τηλεφώνησε στη Lulu Gargiulo των Fastbacks και εκείνη μας βοήθησε δανείζοντάς μας τα τύμπανα και τους ενισχυτές της. Χωρίς τη Lulu, η πρώτη συναυλία των Guns N' Roses δεν θα γινόταν ποτέ. Και θα ήθελα να την ευχαριστήσω άλλη μια φορά γι' αυτό.

Το κλαμπ που θα παίζαμε λεγόταν Gorilla Gardens και ήταν η επιτομή ενός punk rock καταγώγιου. Ήταν υγρό, βρώμικο και μύριζε μπαγιάτικη μπίρα. Βρισκόταν πάνω στο νερό, σε μια βιομηχανική αποβάθρα που έδινε μια θαλασσινή νότα στο μέρος, αλλά όχι με τον γραφικό τρόπο του ξύλινου μώλου. Αυτό το μέρος βρισκόταν στο τέλος μιας τσιμεντένιας πλάκας· έμοιαζε με τα μέρη όπου κλείνουν συμφωνίες οι παράνομοι στις γκανγκστερικές ταινίες που διαδραματίζονται στη Νέα Υόρκη, και σαν να μην έφταναν όλα αυτά, τη νύχτα που παίξαμε έβρεχε και έκανε ψοφόκρυο.

Σηκωθήκαμε και παίξαμε το σετ μας, ενώ το κοινό δεν ήταν ούτε εχθρικό ούτε δεκτικό. Πρέπει να παίξαμε επτά ή οκτώ τραγούδια –ανάμεσά τους τα «Move to the City», «Reckless Life», «Heartbreak Hotel», «Shadow of your Love» και «Anything Goes»– και όλα συνέβησαν πολύ γρήγορα. Εκείνη τη νύχτα επί σκηνής παρουσιάσαμε μια ακατέργαστη εκδοχή αυτού που ήταν στ' αλήθεια το συγκρότημα· μόλις η νευρική ενέργεια καταλάγιασε, τουλάχιστον για μένα, είχαμε φτάσει στο τέλος του σετ μας. Παρ' όλ' αυτά, συνέβησαν ελάχιστες αναποδιές και σε γενικές γραμμές η εμφάνιση πήγε πολύ καλά... μέχρι που έφτασε η στιγμή να πληρωθούμε. Τότε χρειάστηκε να δώσουμε δύσκολη μάχη όντες σε μειονεκτική θέση, κάτι που συνέβαινε πολύ συχνά την πρώτη περίοδο της μπάντας.

Ο ιδιοκτήτης του κλαμπ αρνήθηκε να μας πληρώσει τα 150 δολάρια που μας είχε υποσχεθεί. Παρακάμψαμε αυτό το εμπόδιο όπως είχαμε βγάλει πέρα το δύσκολο ταξίδι μας – από κοινού, ως συγκρότημα. Μαζέψαμε τους ενισχυτές και τα τύμπανά μας, τα φορτώσαμε έξω από το κλαμπ κι έπειτα στριμώξαμε τον τύπο στο γραφείο του. Ο Duff του μιλούσε ενώ οι υπόλοιποι ήμαστε μαζεμένοι απέξω, προσπαθώντας να φανούμε όσο πιο άγριοι γινόταν και εκτοξεύοντας κάπου-κάπου απειλές, για καλό και για κακό. Μπλοκάραμε την πόρτα και τον κρατήσαμε όμηρο μέχρι που τελικά μας έδωσε 100 δολάρια από τα λεφτά μας. Με κάποια ηλίθια δικαιολογία, κατάφερε να μας κρατήσει τα υπόλοιπα 50. Δεν θέλαμε να το τραβήξουμε στα άκρα· έτσι, πήραμε τα 100 δολάρια και την κάναμε.

ΥΠΑΡΧΕΙ ΜΙΑ ΣΚΗΝΗ ΠΟΥ ΕΧΩ ΚΑΤΑΓΡΑΨΕΙ ΣΤΟ ΜΥΑΛΟ ΜΟΥ από τις μέρες μας στο Seattle και συνοψίζει τα πάντα για μένα. Είναι η εικόνα μιας αναποδογυρισμένης τηλεόρασης. Θυμάμαι ότι ήμουν ξαπλωμένος με το μισό μου σώμα στον καναπέ-κρεβάτι και το κεφάλι μου να κρέμεται ανάποδα, ακουμπώντας σχεδόν στο πάτωμα. Δεξιά και αριστερά υπήρχαν εξίσου διαλυμένοι άνθρωποι τους οποίους δεν γνώριζα, ενώ ήμουν τόσο μαστουρωμένος που νόμιζα ότι είχα βρει την καλύτερη θέση στην οποία θα μπορούσε να βρεθεί ποτέ ένα ανθρώπινο σώμα. Το αίμα μου είχε κατέβει στο κεφάλι όπως κρεμόμουν εκεί βλέποντας τον *Σατανικό Δόκτορα Φάιμπς* με πρωταγωνιστή τον Vincent Price, ενώ σκεφτόμουν πως δεν υπήρχε τίποτε άλλο που να θέλω περισσότερο να κάνω.

Έπειτα από κάνα δυο μέρες μετασυναυλιακού ξεφαντώματος στο σπίτι του Donner, μπήκαμε στο αυτοκίνητο με μία φίλη του, ας την πούμε Jane. Δεν ξέρω αν ήταν τρελή ή απλώς της αρέσαμε τόσο ώστε να μας πάει μέχρι το Los Angeles. Εξακολουθώ να μην είμαι σίγουρος. Περάσαμε από το Sacramento, που απέχει περίπου χίλια διακόσια χιλιόμετρα, προτού κάνουμε την πρώτη μας κανονική στάση. Δεν μπορούσαμε να κάνουμε αλλιώς: η Jane δεν ήταν από τους τύπους που θα είχαν αυτοκίνητο με air condition, και με τη ζέστη που έκανε, ίσως ήταν αυτοκτονία το να συνεχίσουμε πέρα απ' αυτό το σημείο.

Σταματήσαμε και περάσαμε όλο το απόγευμα κάνοντας βόλτες στη γύρω περιοχή, ζητιανεύοντας ψιλά για να πάρουμε κάτι να φάμε. Έπειτα από λίγες ώρες, μαζέψαμε τα κέρδη μας και πήγαμε σε ένα McDonald's, και το φαγητό που αγοράσαμε με το ζόρι έφτανε για να το μοιραστούμε μεταξύ μας. Αργότερα ξαπλώσαμε κάτω από τη σκιά μερικών βελανιδιών στο πάρκο απέναντι από το Capitol Plaza αναζητώντας λίγη απαντοχή από την εξωφρενική ζέστη. Ήταν τόσο ανυπόφορα, ώστε πηδήξαμε το φράχτη και βρήκαμε καταφύγιο στην πισίνα ενός γειτονικού αναρρωτηρίου. Δεν μας ένοιαζε που παραβιάζαμε ιδιωτικό χώρο· στο κάτω κάτω, αν μας έπιαναν, ίσως η κατάστασή μας βελτιωνόταν. Τουλάχιστον θα είχαμε φαγητό και καλύτερο εξαερισμό απ' ό,τι στο αυτοκίνητο της Jane. Μόλις έπεσε ο ήλιος και τελικά δρόσισε αρκετά ώστε να ξαναμπούμε σε εκείνο το αμάξι-φούρνος, το ταξίδι μας ξανάρχισε.

Μου πήρε χρόνια να το συνειδητοποιήσω, αλλά αυτό το ταξίδι μάς έδεσε ως συγκρότημα περισσότερο απ' ό,τι πιστεύαμε· σε εκείνη την εξόρμηση, η αφοσίωσή μας δοκιμάστηκε. Γλεντήσαμε, παίξαμε, επιζήσαμε, αντέξαμε, και μαζέψαμε ιστορίες μιας ζωής μέσα σε δύο εβδομάδες. Ή μήπως ήταν μία εβδομάδα;... Πού να ξέρω;

ΕΙΝΑΙ ΛΟΓΙΚΟ ΠΟΥ Η ΠΡΩΤΗ ΕΜΦΑΝΙΣΗ ΤΩΝ GUNS N' ROSES έγινε στο Seattle, γιατί παρόλο που η πόλη μας ήταν το Los Angeles, είχαμε τόσα κοινά με το μέσο συγκρότημα από το Los Angeles όσα είχε ο καιρός του Seattle με αυτόν της νότιας California. Η βασική μας επιρροή –ειδικά η δική μου– ήταν οι Aerosmith και ακολουθούσαν οι T. Rex, οι Hanoi Rocks και οι New York Dolls. Θα μπορούσε να πει κανείς ότι ο Axl ήταν μια εκδοχή του Michael Monroe.

Έτσι λοιπόν, ήμαστε πίσω στο Los Angeles έχοντας δώσει την πρώτη μας συναυλία. Δεν βλέπαμε την ώρα να ξαναρχίσουμε πρόβες και να κρατήσουμε την κεκτημένη ταχύτητα. Βρεθήκαμε στο μικρό μας δωμάτιο στο Silverlake και μετά την πρόβα ο Duff ανέλαβε να μας γυρίσει σπίτι με τη μικρή του Toyota Celica. Φτάνοντας σε μία διασταύρωση για να στρίψουμε αριστερά, έπεσε πλευρικά πάνω μας ένας τύπος που έτρεχε με εκατό χιλιόμετρα την ώρα. Ο Steven έσπασε τον αστράγαλό του επειδή είχε απλωμένα τα πόδια του ανάμεσα στα δύο μπροστινά καθίσματα και όλοι ταρακουνηθήκαμε, εγώ λιγότερο απ' όλους. Βγήκα από το αυτοκίνητο χωρίς γρατζουνιά. Ήταν ένα ατύχημα που θα μπορούσε να είχε πολύ άσχημες επιπτώσεις: το αμάξι του Duff κατέληξε παλιοσίδερα, και το ίδιο θα μπορούσαμε να είχαμε πάθει κι εμείς. Θα ήταν μια πολύ άτυχη εξέλιξη: τα μέλη του συγκροτήματος θα χάνονταν μαζί, πάνω που είχαν βρεθεί.

ΑΡΧΙΣΑΜΕ ΝΑ ΚΑΝΟΥΜΕ ΠΑΡΕΑ ΜΕ ΜΕΡΙΚΑ ΑΠΟ ΤΑ ΠΙΟ εξαθλιωμένα μέλη της rock and roll κοινότητας του Los Angeles· αποτελούσαν το μαλακό της υπογάστριο, για το οποίο ο τυπικός rock fan του Sunset Strip δεν είχε ιδέα. Ένας από αυτούς τους τύπους ήταν ο Nicky Beat, που έπαιξε για μικρό διάστημα τύμπανα στους L.A. Guns, αλλά τον περισσότερο καιρό έπαιζε σε λιγότερο γνωστά glam συγκροτήματα όπως οι Joneses. Ο Nicky δεν ήταν απαραίτητα ο ίδιος εξαθλιωμένος, αλλά είχε πολλούς εξαθλιωμένους φίλους. Είχε επίσης ένα στούντιο για πρόβες στο σπίτι του στο Silverlake όπου πηγαίναμε, στήναμε τα όργανά μας και τζαμάραμε· αυτό ήταν το μέρος όπου «βρέθηκε» πραγματικά το συγκρότημα. Ο Izzy είχε ένα τραγούδι που το έλεγαν «Think About You» και μας άρεσε· επίσης, ξαναδουλέψαμε το «Don't Cry», που ήταν το πρώτο τραγούδι που γράψαμε εγώ και ο Izzy. Ο Izzy είχε άλλο ένα riff για ένα τραγούδι που λεγόταν «Out Ta Get Me» που μου έκανε αμέσως κλικ από την πρώτη φορά κιόλας που το άκουσα – το ολοκληρώσαμε σε χρόνο μηδέν. Ο Axl θυμήθηκε ένα riff που του είχα παίξει όταν έμενε στο σπίτι της μαμάς μου, ένα γεγονός που είχε συμβεί πριν από αιώνες: ήταν η εισαγωγή και το βασικό riff του «Welcome to the Jungle». Ήταν το πρώτο τραγούδι που όλο το συγκρότημα έγραψε μαζί. Καθόμαστε στην πρόβα ψάχνοντας να γράψουμε κάτι καινούργιο, όταν ξαφνικά ο Axl θυμήθηκε το riff.

«Έι, θυμάσαι εκείνο το riff που μου είχες παίξει πριν από καιρό;»

«Όταν έμενες μαζί μου;» ρώτησα.

«Ναι. Ήταν καλό. Ας το ξανακούσουμε».

Άρχισα να το παίζω και αμέσως ο Steve πρόσθεσε το ρυθμό, ο Duff μπήκε παίζοντας το μπάσο και είχαμε φύγει ήδη. Άρχισα να προσθέτω μέρη, και σιγά σιγά το «έχτισα» – πρώτα το ρεφρέν, έπειτα το σόλο και τελικά ο Axl πρόσθεσε τους στίχους.

Ο Duff «έδεσε» το κομμάτι – σκέφτηκε το χαμηλό μέρος και το άγριο σχήμα του μπάσου, ενώ ο Izzy πρόσθεσε την πυκνή υφή της ρυθμικής κιθάρας. Σε τρεις περίπου ώρες, το τραγούδι ήταν έτοιμο. Τα μέρη του είναι τα ίδια με αυτά που ακούγονται στο δίσκο.

Χρειαζόμαστε μια εισαγωγή, και εκείνη τη μέρα σκέφτηκα μία χρησιμοποιώντας το ψηφιακό delay [Σ.τ.Μ.: ηχητικό εφέ που βασίζεται στην αναπαραγωγή του ηχητικού σήματος με ορισμένη χρονική καθυστέρηση] που υπήρχε σε μια φτηνή πεταλιέρα Boss που είχα. Αυτό το πετάλι έβγαλε τα λεφτά του, γιατί, όσο φτηνιάρικο κι αν ήταν, παρήγε το σφιχτό βάθος που δίνει ατμόσφαιρα στο συγκεκριμένο τραγούδι, το οποίο τελικά αποτέλεσε το εναρκτήριο σάλπισμα του πρώτου μας άλμπουμ.

Πολλά από τα τραγούδια της πρώτης εποχής μας γράφτηκαν πολύ εύκολα. Το «Out Ta Get Me» βγήκε μέσα σε ένα απόγευμα, ακόμα πιο γρήγορα απ' ό,τι το «Welcome to the Jungle». Ο Izzy εμφανίστηκε με το riff και τη βασική ιδέα του κομματιού. Αμέσως μόλις το έπαιξε, οι νότες τρύπωσαν στο αυτί μου και με ενέπνευσαν. Έγιναν όλα τόσο

Ο Slash σε μια φωτογραφία από τη σύντομη glam φάση του συγκροτήματος.

γρήγορα, που ακόμα και τα πιο περίπλοκα σημεία του –τα μέρη με τις διπλές κιθάρες– γράφτηκαν σε λιγότερο από είκοσι λεπτά.

Ποτέ δεν είχα παίξει σε ένα συγκρότημα όπου μουσικά θέματα που τα έβρισκα τόσο ενδιαφέροντα προέκυπταν τόσο αβίαστα. Δεν μπορώ να μιλήσω για τους υπόλοιπους, αλλά κρίνοντας από την ταχύτητα με την οποία λειτουργούσε η συλλογική μας δημιουργικότητα, υποθέτω ότι ένιωθαν ανάλογα. Εκείνη την εποχή έμοιαζε να μοιραζόμαστε αυτή την κοινή γνώση και ένα είδος μυστικής γλώσσας· ήταν λες και ο καθένας ήξερε εκ των προτέρων τι θα έφερνε ο άλλος στην πρόβα και είχε ήδη γράψει το ιδανικό μέρος για να δώσει ώθηση στο κομμάτι. Καθώς ήμαστε όλοι συντονισμένοι στο ίδιο μήκος κύματος, το πράγμα κυλούσε με ασύλληπτη ευκολία.

ΔΑΝΕΙΣΤΗΚΑΜΕ ΔΙΑΦΟΡΑ ΡΟΥΧΑ ΑΠΟ ΤΑ ΚΟΡΙΤΣΙΑ ΚΑΙ ΑΡΧΙΚΑ υιοθετήσαμε το trashy glam στιλ στην αισθητά πιο άγρια εκδοχή του. Όμως, πολύ γρήγορα βαρεθήκαμε τη διαδικασία του μακιγιάζ και έτσι η glam φάση μας ήταν εξαιρετικά βραχύβια. Επιπλέον, είχαμε πρόβλημα με τα ρούχα γιατί αλλάζαμε συνέχεια φιλενάδες και ποτέ δεν ήξερες εκ των προτέρων τι θα φορούσε η επόμενη. Εκτός αυτού, δεν νομίζω ότι αυτό το look μού ταίριαζε – δεν είχα την απαραίτητη εμφάνιση του λευκού αδύνατου αγοριού με τα μακριά μαλλιά. Το ότι εγκαταλείψαμε το glam στιλ τελικά μας ωφέλησε: ήμαστε πιο άγριοι, πιο παραδοσιακοί, και ταυτόχρονα πιο αυθεντικοί. Περισσότερο ένα παράγωγο του Hollywood παρά της glam σκηνής του Los Angeles.

Ήμαστε επίσης ένα rock and roll γκρουπ που δρούσε εκτός πλαισίου. Λατρεύαμε να διαφέρουμε και δεχόμαστε να παίξουμε σε όποια συναυλία μάς πρότειναν. Κάναμε πρόβες καθημερινά, και γράφαμε συνεχώς καινούργια τραγούδια· τα τεστάραμε μπροστά στο αθυρόστομο κοινό που σύχναζε σε κλαμπ όπως το Madame Wong's West, το Troubadour και το Whisky. Θεωρούσα αυτά που κάναμε κάθε μέρα ως το επόμενο βήμα μιας πορείας όπου τα πάντα ήταν πιθανό να συμβούν. Η θεώρησή μου ήταν απλούστατη: αν προσηλωνόμαστε αποκλειστικά στο πώς θα ξεπεράσουμε το επόμενο εμπόδιο, θα καταφέρναμε να φτάσουμε από το σημείο Α στο σημείο Γ πολύ γρήγορα, όση κι αν ήταν η απόσταση που τα χώριζε.

Με κάθε συναυλία που δίναμε, αποκτούσαμε καινούργιους οπαδούς – και συνήθως λίγους καινούργιους εχθρούς. Δεν είχε σημασία· όσο περισσότεροι έρχονταν να μας δουν τόσο ευκολότερα κλείναμε συναυλίες. Από την πρώτη στιγμή, το κοινό μας ήταν ανάμικτο: είχαμε punk, μεταλλάδες, μαστούρηδες, τρελαμένους, πού και πού κανέναν τρελαμένο και μερικές χαμένες ψυχές. Δεν ήταν εύκολα αναγνωρίσιμο ή μετρήσιμο μέγεθος... μπορώ να πω ότι έπειτα από όλα αυτά τα χρόνια εξακολουθεί να μου διαφεύγει μια φράση που θα τους περιέκλειε όλους – και δεν έχω κανένα πρόβλημα μ' αυτό. Υποθέτω πως οι φανατικοί των Guns ήταν αδελφές ψυχές· απόβλητοι που είχαν κάνει σημαία την ιδιότητα του παρείσακτου.

Μόλις αρχίσαμε να γινόμαστε κάπως γνωστοί σε τοπικό επίπεδο, γνωρίσαμε τη Vicky Hamilton, μία μάνατζερ που είχε βοηθήσει τους Mötley

Crüe και τους Poison στο ξεκίνημά τους. Η Vicky ήταν ένα παχουλό κορίτσι με ξανθό πλατινέ μαλλί και ένρινη λεπτή φωνή, η οποία πίστευε σε μας και το απέδειξε, προωθώντας μας δωρεάν. Μου άρεσε πολύ η Vicky – ήταν πολύ ειλικρινής και καλοπροαίρετη· με βοήθησε να τυπώσω τις αφίσες για τις συναυλίες μας, φρόντισε να δημοσιευθούν καταχωρήσεις μας στην *L.A. Weekly,* και έκλεινε τις συμφωνίες με τους μαγαζάτορες. Δούλεψα στο πλευρό της κάνοντας ό,τι μπορούσα για να κάνω το όνομά μας γνωστό· με τη βοήθειά της, τα πράγματα πήραν το δρόμο τους.

Αρχίσαμε να παίζουμε τουλάχιστον μία φορά την εβδομάδα, και όσο πιο συχνές ήταν οι εμφανίσεις μας τόσο μεγαλύτερη πρόβαλλε η ανάγκη να αγοράσω καινούργια ρούχα – τα τρία t-shirts μου, το δανεικό δερμάτινο μπουφάν μου, το τζιν και το δερμάτινο παντελόνι μου δεν αρκούσαν. Το απόγευμα πριν παίξουμε ως πρώτο όνομα στο Whisky, αποφάσισα ότι έπρεπε να δράσω άμεσα.

Δεν είχα τα οικονομικά μέσα για κάτι καλό, κι έτσι άρχισα να περιπλανιέμαι στα καταστήματα του Hollywood ψάχνοντας για κάτι που θα μου γυάλιζε. Από ένα μαγαζί που λεγόταν Leathers and Treasures έκλεψα μία μαύρη και ασημένια ζώνη με μεταλλικά όστρακα, ίδια με αυτή που φορούσε ο Jim Morrison. Σκόπευα να τη βάλω με το τζιν μου ή το δερμάτινο παντελόνι μου (το οποίο είχα βρει στα σκουπίδια του οικιστικού συγκροτήματος όπου έμενε η γιαγιά μου) και συνέχισα να ψάχνω τα διάφορα μαγαζιά. Σε ένα μέρος που λεγόταν Retail Slut βρήκα κάτι πολύ ενδιαφέρον. Δεν μπορούσα να το αγοράσω, και για πρώτη φορά στη ζωή μου δεν ήξερα πώς να το κλέψω, αλλά ήξερα ότι έπρεπε να το αποκτήσω.

Ένα μεγάλο μαύρο καπέλο δεν χωράει εύκολα κάτω από την μπλούζα σου, αν και όλα αυτά τα χρόνια μού έχουν κλέψει τόσα που κάποιος θα πρέπει να έχει επινοήσει κάποια αποτελεσματική τεχνική για την οποία δεν έχω ιδέα. Όπως και να 'χει, δεν είμαι σίγουρος αν οι υπάλληλοι το πήραν είδηση και, αν το πήραν, κατά πόσο τους ένοιαξε που άρπαξα απροκάλυπτα το ψηλό καπέλο από την κούκλα της βιτρίνας και βγήκα αδιάφορος από το μαγαζί, χωρίς να κοιτάξω πίσω μου. Δεν ξέρω γιατί· το καπέλο αυτό μου μίλησε κατευθείαν στην καρδιά.

Μόλις επέστρεψα στο διαμέρισμα που έμενα εκείνη την εποχή, συνειδητοποίησα ότι οι νέες μου «αγορές» θα έπιαναν καλύτερα τόπο αν συνδυάζονταν σε μία: έκοψα λοιπόν τη ζώνη, την τύλιξα γύρω από το καπέλο και το αποτέλεσμα μου άρεσε. Χάρηκα ακόμη περισσότερο ανακαλύπτοντας ότι αν φορούσα όσο πιο χαμηλά γινόταν το καινούργιο μου αξεσουάρ, θα μπορούσα να βλέπω τα πάντα ενώ δεν θα μπορούσε να με δει κανείς. Θα μπορούσε κάποιος να πει ότι ένας κιθαρίστας κρύβεται ούτως ή άλλως πίσω από το όργανό του, αλλά το καπέλο μού πρόσφερε μιαν απαραβίαστη επικράτεια. Και παρόλο που ποτέ δεν σκέφτηκα ότι ήταν αυθεντικό, ήταν δικό μου – ένα σήμα κατατεθέν, που έγινε αναπόσπαστο μέρος της εικόνας μου.

ΟΤΑΝ ΟΙ GUNS ΑΡΧΙΣΑΝ ΝΑ ΓΙΝΟΝΤΑΙ ΓΝΩΣΤΟΙ, ΔΟΥΛΕΥΑ σε ένα κιόσκι για εφημερίδες στη γωνία Fairfax και Melrose. Κατά διαστήματα ζούσα με το κορίτσι μου την Yvonne μέχρι που με βαρέθηκε· τότε τα χαλάσαμε για άλλη μια φορά και δεν είχα πού να μείνω. Η πρώην υπεύθυνη στο κιόσκι διανομής εφημερίδων που δούλευα μου παραχώρησε ένα μέρος να κοιμηθώ στο καθιστικό της, με αντάλλαγμα να πληρώνω το μισό νοίκι. Ήταν ένα πολύ όμορφο κορίτσι που της άρεσε η reggae και έμενε σε ένα διαμέρισμα στη γωνία Fairfax και Olympic, ενώ συγχρόνως παρακολουθούσε νυχτερινά μαθήματα στο κολέγιο. Η Alison ήταν ελκυστική, αλλά πάντοτε πίστευα πως είτε ήταν κάπως μεγάλη για μένα είτε εγώ ήμουν κάπως μικρός για εκείνη· όπως και να έχει, η σχέση μας δεν προχώρησε ποτέ. Τα πηγαίναμε πολύ καλά, και όταν εγκατέλειψε το κιόσκι για μια καλύτερη δουλειά είχα την τύχη να κληρονομήσω τη θέση της.

Η Alison μου φερόταν πάντα σαν τον χαριτωμένο αλήτη που είχε περιμαζέψει απ' το δρόμο, και δεν προσπάθησα και πολύ για να της αποδείξω ότι έκανε λάθος. Ως συγκάτοικος, δεν καταλάμβανα πολύ χώρο. Όλα κι όλα τα υπάρχοντά μου ήταν η κιθάρα μου, ένα μαύρο μπαούλο γεμάτο rock περιοδικά, μερικές κασέτες, ένα ξυπνητήρι, λίγες φωτογραφίες, και τα ρούχα που είχα ή μου είχαν χαρίσει φίλοι και φίλες. Και είχα και το φίδι μου, τον Clyde, στο κλουβί του.

Τέλος πάντων, η δουλειά στο κιόσκι με τις εφημερίδες τελείωσε απότομα το καλοκαίρι του '85 όταν ένας τοπικός rock ραδιοφωνικός σταθμός, ο KNEC, έκανε ένα πάρτι στο Griffith Park, εξασφαλίζοντας δωρεάν μετάβαση στο κοινό με λεωφορεία που ξεκινούσαν έξω από το ξενοδοχείο Hyatt στο Sunset Strip. Πήγα εκεί κατευθείαν από τη δουλειά, με δυο μπουκάλια Jack Daniels στο παντελόνι μου, χωρίς να μου καίγεται καρφί αν έπρεπε να ανοίξω το κιόσκι στις πέντε το άλλο πρωί. Απ' ό,τι θυμάμαι, εκείνη η καλοκαιρινή νύχτα εξελίχθηκε σε μεγάλη κραιπάλη· στο λεωφορείο ανταλλάσσαμε μπουκάλια και τσιγαριλίκια. Συνταξίδευα με πολλούς γνωστούς τύπους της σκηνής και μουσικούς, και όταν φτάσαμε εκεί βρήκαμε να μας περιμένει μουσική και μπάρμπεκιου. Το γρασίδι ήταν γεμάτο από ανθρώπους που έκαναν ό,τι περνάει από το νου σου.

Εκείνη τη νύχτα έγινα τόσο λιώμα που έφερα μαζί μου ένα κορίτσι στο σπίτι της Alison, και την ώρα που την «έπαιρνα» στο πάτωμα του καθιστικού η Alison γύρισε σπίτι και μας έπιασε στα πράσα. Δεν χρειάστηκε να πει οτιδήποτε – από την έκφρασή της κατάλαβα ότι δεν χάρηκε ιδιαίτερα. Τέλος πάντων, έμεινα με αυτό το κορίτσι μέχρι που έφτασε η ώρα να πάω στη δουλειά. Μέχρι να ντυθεί και να φύγει, είχα ήδη καθυστερήσει, και το αφεντικό μου, ο Jake, είχε τηλεφωνήσει. Με είχε στο μάτι επειδή χρησιμοποιούσα το τηλέφωνο στο κιόσκι για τις δουλειές της μπάντας πολύ συχνά· μάλιστα, είχε αρχίσει να τηλεφωνεί όταν είχα βάρδια για να με κάνει τσακωτό, αλλά όπως αποδείχθηκε δεν ήταν και τόσο εύκολο. Εκείνη την εποχή δεν υπήρχε ακόμα αναμονή κλήσης και εγώ μιλούσα ασταμάτητα· έτσι ο Jake χρειάστηκε ώρες για να με πετύχει, μόνο και μόνο για να μου βάλει τις φωνές. Δεν χρειάζεται να πω ότι ήταν τσαντισμένος που είχε αναγκαστεί να ανοίξει το κιόσκι εκείνο το πρωί αντί για μένα.

«Ναι, Jake, συγγνώμη», μουρμούρισα, ακόμα μεθυσμένος, όταν μου τηλεφώνησε για δεύτερη φορά. «Το ξέρω ότι έχω αργήσει, κόλλησα. Όμως όπου να 'ναι έρχομαι».

«Ω, ώστε έρχεσαι;» ρώτησε.

«Ναι, Jake, έρχομαι».

«Όχι, μην έρθεις», είπε. «Μην μπαίνεις στον κόπο. Ούτε σήμερα, ούτε αύριο, ούτε *ποτέ*».

Σταμάτησα για ένα λεπτό και σκέφτηκα αυτό που μου είπε. «Ξέρεις, Jake, ίσως αυτό είναι καλή ιδέα».

ΕΚΕΙΝΗ ΤΗΝ ΕΠΟΧΗ Ο DUFF ΚΑΙ Ο IZZY ΕΞΑΚΟΛΟΥΘΟΥΣΑΝ να μένουν ο ένας απέναντι από τον άλλο στη Λεωφόρο Orange. Ο Duff είχε τη νοοτροπία ενός μουσικού της εργατικής τάξης όπως κι εγώ – μέχρι το συγκρότημα να πάρει το δρόμο του, δεν ένιωθε καλά όταν δεν δούλευε, έστω κι αν η δουλειά του είχε μάλλον αμφίβολα ηθικά κίνητρα. Έκανε πωλήσεις από τηλεφώνου (ή απάτες από τηλεφώνου, ανάλογα πώς το βλέπει κανείς). Ο Duff δούλευε σε ένα κέντρο telemarketing για μια εταιρεία που υποσχόταν στους ανθρώπους κάποιο βραβείο, αν συμφωνούσαν να πληρώσουν «ένα μικρό ποσό» ώστε να το «διεκδικήσουν». Στο παρελθόν είχα κι εγώ πιάσει μια παρόμοια δουλειά προτού αρχίσω να δουλεύω στη βιοτεχνία ρολογιών. Τηλεφωνούσα όλη μέρα και υποσχόμουν στους ανθρώπους ένα τζακούζι ή διακοπές σε κάποιο τροπικό νησί αν «επιβεβαίωναν» τον αριθμό της πιστωτικής τους για να καλύψουν το «δικαίωμα συμμετοχής». Ήταν μια πρόστυχη, αεριτζίδικη δουλειά, και την παράτησα μια μέρα πριν κάνει έφοδο η αστυνομία.

Ο Axl και ο Steven έκαναν τα πάντα για να μην πιάσουν κανονική δουλειά, κι έτσι ζούσαν βγάζοντας ό,τι μπορούσαν από το δρόμο ή απ' ό,τι τους έδιναν οι κοπέλες τους. Όμως, απ' ό,τι θυμάμαι, σε μια περίσταση ο Axl κι εγώ πιάσαμε δουλειά μαζί ως κομπάρσοι σε ταινίες. Συμμετείχαμε σε μερικά γυρίσματα πλήθους στο L.A. Sports Arena για μια ταινία του Michael Keaton που ονομαζόταν *Touch and Go*, στην οποία υποδυόταν έναν παίκτη του χόκεϊ. Δεν μας ένοιαζε τόσο το ότι θα παίζαμε μπροστά στην κάμερα όσο το ότι θα τρώγαμε και θα βγάζαμε κάποια χρήματα για το τίποτα: πηγαίναμε πρωί πρωί, παίρναμε το κουπόνι του φαγητού κι έπειτα βρίσκαμε ένα απόμερο σημείο στις κερκίδες και την πέφταμε για ύπνο. Έπειτα ξυπνούσαμε όταν γινόταν διάλειμμα για το μεσημεριανό φαγητό και τρώγαμε μαζί με όλους τους υπόλοιπους κομπάρσους· ύστερα την πέφταμε ξανά για ύπνο, μέχρι που το γύρισμα τελείωνε και παίρναμε τα εκατό μας δολάρια.

Μου άρεσε να θεωρώ τον εαυτό μου τον πιο τεμπέλη κομπάρσο της κινηματογραφικής βιομηχανίας. Μου φαινόταν πολύ βολικό να με ταΐζουν δωρεάν και να με πληρώνουν για να κοιμάμαι. Επεδίωκα το ίδιο όταν με εντόπισε μια ομάδα υπεύθυνη για τη διανομή της ταινίας *Sid and Nancy*. Χωρίς να το ξέρουμε, ο ίδιος διευθυντής διανομής είχε προσλάβει για κομπάρσους όλα τα μέλη των Guns N' Roses, τον καθένα ξεχωριστά. Όταν εμφανιστήκαμε την πρώτη μέρα του κάστινγκ, δεν μπορούσαμε να κρύψουμε την έκπληξή μας: «Έι! Κι εσύ εδώ;»

Η ιστορία δεν είχε και τόση πλάκα· στην πραγματικότητα, ήταν λες και σε είχαν επιλέξει ως ένορκο σε κάποιο δικαστήριο. Υπήρχε ένα ολόκληρο τσούρμο γεμάτο κομπάρσους, αλλά διάλεξαν εμάς τους πέντε για την ίδια σκηνή συναυλίας, όπου οι «Sex Pistols» παίζουν σε κάποιο μικρό κλαμπ. Το γύρισμα απαιτούσε να ξυπνάμε νωρίς το πρωί, επί τρεις συνεχόμενες μέρες· παίρναμε ένα κουπόνι φαγητού και εκατό δολάρια μεροκάματο. Για τους υπόλοιπους, πήγαινε πολύ να ξυπνάνε απ' τα άγρια χαράματα τρεις μέρες σερί. Στο τέλος, ήμουν ο μόνος απ' τους τρεις μας που ήταν αρκετά εξαθλιωμένος από οικονομική άποψη ώστε να συνεχίσει μέχρι το τέλος.

Όμως, δεν με ένοιαζε· την έκανα λαχείο. Επί τρεις μέρες γύριζαν τις σκηνές από τη συναυλία των δήθεν «Sex Pistols» στο Starwood, ένα κλαμπ που το ήξερα σαν το σπίτι μου. Εμφανιζόμουν πρωί πρωί, χτυπούσα κάρτα και έπαιρνα το κουπόνι μου, κι έπειτα εξαφανιζόμουν στα έγκατα του Starwood και γινόμουν λιώμα με Jim Beam ολομόναχος. Όσο οι άλλοι κομπάρσοι έπαιζαν το ρόλο τους ως μέλη του κοινού στην πίστα μπροστά στη σκηνή, εγώ παρακολουθούσα τα τεκταινόμενα από μια απόμερη γωνία του εξώστη και πληρωνόμουν το ίδιο.

ΚΑΘΩΣ ΣΙΓΑ ΣΙΓΑ ΟΙ GUNS ΕΔΡΑΙΩΝΑΝ ΤΗ ΦΗΜΗ ΤΟΥΣ στα τοπικά κλαμπ, κάποιοι γελοίοι μάνατζερ του Los Angeles άρχισαν να μας περιτριγυρίζουν σαν ύαινες, λέγοντας ότι ήξεραν πώς να μας κάνουν stars. Εκείνη την εποχή είχαμε σταματήσει προσωρινά –και με φιλικούς όρους– να συνεργαζόμαστε με τη Vicky Hamilton· έτσι ήμαστε ανοιχτοί σε προσφορές, αλλά οι περισσότερες απ' όσες δεχθήκαμε προορίζονταν για βλάκες. Ένα από τα πιο πειστικά παραδείγματα του πόσο χαμηλά μπορούν να φτάσουν αυτοί οι τύποι και τι μας περίμενε αν κάναμε το λάθος να δεχθούμε τις προτάσεις τους, ήρθε από τον Kim Fowley, τον διαβόητο τύπο που στο παρελθόν είχε υπάρξει μάνατζερ των Runaways με τον ίδιο τρόπο που ο Phil Spector είχε πατρονάρει τις Ronettes· βασικά, ήταν μια μορφή δουλείας, νομιμοποιημένη εγγράφως. Ο Kim μάς είπε τις καλύτερες ατάκες του, αλλά αμέσως μόλις τον ακούσαμε να μας λέει ότι ήθελε ποσοστό από τα συνθετικά μας δικαιώματα και μακροχρόνιο συμβόλαιο, καταλάβαμε τι είχε στο νου του. Τα ψέματα και τα φερσίματά του μιλούσαν από μόνα τους, επειδή ο Kim ήταν πολύ μεγάλος σε ηλικία για να προσποιηθεί.

Παρ' όλ' αυτά μου άρεσε ως τύπος και χαιρόμουν που βγαίναμε και διασκεδάζαμε παρέα – αρκεί να μην πλησίαζε πολύ κοντά. Οι υπόλοιποι Guns N' Roses ανήκαν στην ίδια συνομοταξία της ζούγκλας: ήμαστε πρόθυμοι να εκμεταλλευτούμε όλα όσα είχε να προσφέρει κάποιος, χωρίς να δίνουμε υποσχέσεις που θα ήμαστε αναγκασμένοι να κρατήσουμε. Ο Axl ήταν μέσα αρκεί η κουβέντα να άξιζε τον κόπο, επειδή στον Axl αρέσει να μιλάει. Ο Steven, αρκεί να υπήρχαν κορίτσια. Και εγώ ήμουν διατεθειμένος να καταναλώσω όλα τα δωρεάν γεύματα από το Denny's [Σ.τ.Μ.: αμερικανική αλυσίδα εστιατορίων], τσιγάρα, ποτά και ναρκωτικά σε αντάλλαγμα για τη συζήτηση που έπρεπε να αντέξω. Μόλις οι παράγοντες που μας είχαν προσελκύσει εξαντλούνταν, ένας ένας την «κάναμε με ελαφρά πηδηματάκια».

Ο Kim μάς γνώρισε έναν τύπο με το όνομα Dave Liebert, ο οποίος για κάποιο διάστημα υπήρξε tour manager του Alice Cooper και είχε δουλέψει με τους Parliament-Funkadelic, ένας Θεός ξέρει πότε· και οι δυο τους ήθελαν να υπογράψουμε μαζί τους και μας έλεγαν ότι μας δέχονταν γι' αυτό που ήμαστε. Μια φορά ο Kim με πήγε στο σπίτι του Dave για να τον συναντήσω, και θυμάμαι ότι ο Dave μάς έδειξε τους χρυσούς του δίσκους. Είχε ένα στιλ που έλεγε: «Έι, φιλαράκο, αυτός θα μπορούσε να ήσουν εσύ». Υποθέτω ότι προσπάθησε να με ξελογιάσει φέρνοντας δυο κορίτσια που ήταν αρκετά μικρά για να είναι κόρες του, που πέρασαν το βράδυ σουτάροντας speed στην τουαλέτα. Κάποια στιγμή ο Dave με πήγε εκεί μέσα, και τα κορίτσια εκείνα έμοιαζαν να μην ξέρουν τι κάνουν. Ήταν τόσο άσχετα που ήθελα να αρπάξω τη σύριγγα και να τους κάνω εγώ την ένεση. Ο Dave έκανε κι αυτός: κάτω από το ανυπόφορο φως φθορίου του μπάνιου του, φορούσε μόνο τα εσώρουχά του και έπαιζε με τα κορίτσια –που στην καλύτερη περίπτωση ήταν δεκαεννέα χρονών– και με προσκάλεσε να συμμετάσχω κι εγώ. Θυμάμαι που σκεφτόμουν ότι από όλους τους λόγους που έκαναν το σκηνικό να φαίνεται τόσο άθλιο, το φως ήταν ο χειρότερος απ' όλους. Η σκέψη ότι αυτός ο τύπος και ο Kim Fowley με τους προϊστορικούς χρυσούς δίσκους του θα γίνονταν οι μάνατζερ του γκρουπ μας με έκανε να θέλω να ξεσπάσω σε υστερικά γέλια μπροστά του. Μια τέτοια κίνηση θα ισοδυναμούσε με επαγγελματική αυτοκτονία, προτού ακόμη αποκτήσουμε κάτι που θα άξιζε να χάσουμε. Αν οι μάνατζερ ήταν το ίδιο αχαλίνωτοι με το συγκρότημα, ήμαστε καταδικασμένοι.

ΚΑΘΩΣ ΟΙ GUNS N' ROSES ΣΥΝΕΧΙΖΑΝ ΝΑ ΚΑΝΟΥΝ ΠΡΟΒΕΣ, να γράφουν τραγούδια και να παίζουν αναζητώντας ταυτότητα, άρχισα να βγαίνω πιο συχνά τα βράδια. Ξαφνικά υπήρχαν συγκροτήματα που ήθελα να δω, επειδή επιτέλους η σκηνή άρχισε να αλλάζει: υπήρχαν μπάντες σαν τους Red Kross –μια glam μπάντα, που δεν της έλειπε όμως ο τσαμπουκάς και η αγριάδα– και στο άλλο άκρο του φάσματος υπήρχαν σπουδαία συγκροτήματα, όπως οι Jane's Addiction, με τα οποία ένιωθα να μας συνδέουν πολλά κοινά, αλλά δεν παίζαμε στην ίδια πίστα. Δώσαμε μερικές συναυλίες μαζί με μερικά από τα πιο άγνωστα, «ψαγμένα» συγκροτήματα –θυμάμαι ένα live στο Stardust Ballroom–, αλλά καμία απ' αυτές δεν είχε ιδιαίτερη επιτυχία. Τα συγκροτήματα αυτής της σκηνής δεν μας θεωρούσαν «hip», καθώς μας είχαν για μία glam μπάντα από την επικράτεια του Troubadour – κάτι που δεν ίσχυε σε τέτοιο βαθμό. Αυτό που δεν καταλάβαιναν αυτά τα συγκροτήματα ήταν ότι ίσως ήμαστε πιο σκοτεινοί και πιο καταχθόνιοι απ' ό,τι εκείνοι. Ούτε ήξεραν ότι δεν μπορούσαμε να αντέξουμε τους ομότεχνούς μας από την άλλη πλευρά της πόλης.

Απεναντίας, όσο μεγάλωνε η δημοτικότητά μας αρχίσαμε πόλεμο με τα συγκροτήματα της «περιοχής» μας. Ποτέ δεν στραφήκαμε αποκάλυπτα εναντίον τους, αλλά έπειτα από λίγο όλοι όσοι έπαιζαν μαζί μας φοβόντουσαν επειδή ο Axl είχε τη φήμη του εριστικού και ότι ήταν έτοιμος ανά πάσα στιγμή να βγει εκτός εαυτού. Είχα βγει μερικά βράδια μαζί του και είχαμε μπλέξει σε άγριους καυγάδες με άγνωστους, χωρίς κανένα απολύτως λόγο. Για τον Axl πάντα υπήρχε κάποιος καλός λόγος, αλλά απ' όσο θυμάμαι πλακωνόμαστε με τον κόσμο στο δρόμο –κυριολεκτικά στο δρόμο– επειδή κάποιος τον είχε στραβοκοιτάξει ή είχε πει κάτι που δεν έπρεπε. Αν και πρέπει να ομολογήσω... ότι η φάση είχε τρελή πλάκα.

Θα έλεγα ότι η ζωή μου είχε χάσει κάθε ίχνος σταθερότητας μόλις με απέλυσαν από το κιόσκι με τις εφημερίδες. Όπως έχω πει, έμενα με την Alison, την πρώην υπεύθυνη αυτής της δουλειάς, νοικιάζοντας χώρο στο πάτωμα του καθιστικού της, αλλά μόλις με απέλυσαν οι πληρωμές μου σταμάτησαν και η ευσπλαχνία της εξαντλήθηκε. Χωρίς σπίτι, μάζεψα το φίδι μου, την κιθάρα μου και το μαύρο μπαούλο μου και μετακόμισα στο χώρο όπου έκαναν πρόβες οι Guns N' Roses, του οποίου ο Axl κι εγώ γίναμε μόνιμοι κάτοικοι. Ο Izzy, ο Steven και ο Duff έμεναν με τα κορίτσια τους – ο Izzy και ο Duff μέχρι που είχαν και δικό τους διαμέρισμα. Ο Axl κι εγώ ήμαστε οι μόνοι που δεν είχαμε πού να μείνουμε.

Το «στούντιο» που κάναμε πρόβες ήταν στοιχειώδες· ήταν η μία από τις τρεις αποθήκες ενός κτιρίου στη γωνία Sunset και Gardner, φτιαγμένη για να στεγάζει κουτιά ή αμάξια και όχι ανθρώπους. Η σκουριασμένη αλουμινένια πόρτα του έμοιαζε με πύλη φτηνού γκαράζ, το πάτωμα ήταν από τσιμέντο και ήμαστε οι μόνοι νοικάρηδες που είχαν επιλέξει να μένουν σε αυτή την αποθήκη με εμβαδόν πέντε επί επτά μέτρα. Το κτίριο διέθετε κοινό μπάνιο που απείχε περίπου τριάντα μέτρα από το δωμάτιό μας, αλλά τις πιο πολλές φορές προτιμούσα να κατουράω στους θάμνους που υπήρχαν στο δρομάκι μπροστά από το «σπίτι» μας. Είχαμε βαφτίσει το μέρος *Ξενοδοχείο και Μπανγκαλόου Sunset και Gardner*.

Ο χώρος μας δεν γινόταν να θεωρηθεί χώρος κατοικίας, ενώ δεν ήταν καν φτιαγμένος ως στούντιο για πρόβες – καλά καλά, δεν ήταν ούτε μια αξιοπρεπής αποθήκη.

Τελικά ο Izzy αποφάσισε ότι τουλάχιστον ο Axl κι εγώ θα έπρεπε να έχουμε ένα κανονικό κρεβάτι· έτσι, μια μέρα βρήκαν μαζί με τον Steven μερικές σανίδες και έφτιαξαν μια αυτοσχέδια σοφίτα-κρεβάτι πάνω από τα ντραμς. Ήταν μια προσθήκη τόσο ευπρόσδεκτη όσο η τουαλέτα στα αγγλικά σπίτια του δέκατου όγδοου αιώνα. Είχαμε επίσης μία συσκευή που έκανε το «διαμέρισμα» του συγκροτήματός μας να μοιάζει περισσότερο με κατοικία – μια ψησταριά με κάρβουνα που κάποιος είχε αγοράσει ή κλέψει. Δεν τη χρησιμοποίησα ποτέ, επειδή, όσο κι αν εκτιμώ το καλό φαγητό, ποτέ δεν μπήκα στον κόπο να μαγειρέψω, αλλά ο Steven και ο Izzy μπορούσαν να ετοιμάζουν πολύ καλά γεύματα χρησιμοποιώντας αυτό το πράγμα.

Σε εκείνο το μέρος κάναμε καθημερινά πρόβες και γράφαμε τραγούδια, αλλά μια και ο Axl κι εγώ μέναμε συγχρόνως εκεί, το στούντιό μας έγινε συνάμα ένα απόμερο στέκι χωρίς κανόνες. Μια συνηθισμένη νύχτα, ένας από μας θα μπορούσε να είναι με κάποιο κορίτσι στη σοφίτα ή έξω, κάποιος άλλος μπορεί να είχε πέσει αναίσθητος ανάμεσα σε έναν ενισχυτή και τα ντραμς, ενώ συνήθως διάφοροι φίλοι έπιναν ή έκαναν ναρκωτικά στο δρομάκι μέχρι να βγει ο ήλιος. Σε εκείνο το γκαράζ γράψαμε πολλά καλά τραγούδια που εμπνευστήκαμε από το περιβάλλον μας, ανάμεσά τους τα «Night Train», «My Michelle» και «Rocket Queen».

Το «Night Train» γράφτηκε σε διαφορετικές στιγμές. Θυμάμαι ότι αρχίσαμε να δουλεύουμε το βασικό riff του τραγουδιού μαζί με τον Izzy, καθισμένοι στο υγρό δάπεδο του στούντιο, λίγο προτού φύγω από το σπίτι της Alison. Δεν ξέραμε προς τα πού πήγαινε το κομμάτι ούτε είχαμε κάποιο συγκεκριμένο θέμα στο μυαλό μας, αλλά το groove μάς έκανε να νιώθουμε τόσο ωραία, που το παίζαμε ξανά και ξανά. Θυμάμαι ότι ένιωθα κάπως αδιάθετος και το άλλο πρωί ξύπνησα με φαρυγγίτιδα. Την έβγαλα ξαπλωμένος στον καναπέ της Alison για δυο μέρες, αλλά στο μεταξύ ο Izzy έπαιξε αυτό που είχαμε βγάλει στον Duff και εκείνος το δούλεψε λιγάκι, «γεμίζοντας» το ρυθμό και συνδέοντας τα riff μας σε ένα κανονικό ινστρουμένταλ κομμάτι.

Κανείς μας δεν είχε σκεφτεί στίχους για το συγκεκριμένο κομμάτι, αλλά μας άρεσε πολύ και είχε κολλήσει στο μυαλό όλων μας μέχρι που τελικά βρήκαμε το κατάλληλο θέμα: ήταν το αγαπημένο μας ποτό, το «Night Train».

Μια νύχτα ανεβαίναμε τη Λεωφόρο Palm, που ήταν για μας ένας δρόμος της αμαρτίας, επειδή εκεί ζούσαν κάμποσα εύκολα κορίτσια, μερικές ναρκομανείς γνωστές μας αλλά και ο Lizzy Grey, ο κιθαρίστας των London. Εκείνη την εποχή περνούσαμε πολλή ώρα σε εκείνη τη γειτονιά, και κάθε φορά που αποφασίζαμε να πάμε προς τα εκεί ήμαστε σίγουροι ότι σε κάτι θα μπλέκαμε. Εκείνη τη νύχτα μοιραστήκαμε ένα μπουκάλι «Night Train», ένα «κρασί» με 18 βαθμούς αλκοόλ, που εκείνα τα χρόνια στοίχιζε λιγότερο από δύο δολάρια το μπουκάλι. Ήταν το πιο φτηνό κρασί που υπήρχε, και το πίναμε σαν τρελοί κάθε φορά που ήμαστε αναγκασμένοι να πληρώσουμε εμείς για το ποτό μας. Μπορεί να μην ακούγεται ιδιαίτερα ελκυστικό, αλλά το μεθύσι με «Night Train» ήταν κανονικό «ταξίδι»· αν δεν το έχετε δοκιμάσει, μάλλον σας φαίνεται παράξενο ότι αρχίσαμε να πλέκουμε στιχάκια υμνώντας το, καθώς ανηφορίζαμε τη Λεωφόρο Palm.

Δεν μπορώ να θυμηθώ ποιος το ξεκίνησε, αλλά κάποιος ξέσπασε στο ρεφρέν «I'm on the Night Train». Μπήκαμε όλοι μαζί και συνεχίσαμε, ενώ ο Axl άρχισε να αυτοσχεδιάζει με τις ατάκες: «Bottoms up!», «Fill my cup!», «Love that stuff!» και «I'm ready to crash and burn!» [Σ.τ.Μ.: *Άσπρο πάτο! Γέμισε τη κούπα μου! Μου αρέσει! Είμαι έτοιμος να γίνω κομμάτια και να πάρω φωτιά!*]

Ήταν μια εκπληκτική στιγμή δημιουργίας, όπως συνέβη και με το «Paradise City». Το «Night Train» ήταν ένας ύμνος της στιγμής, και δεν είχαμε ιδέα πόσο πιστά αποτύπωνε αυτό που ήμαστε τη συγκεκριμένη εποχή. Όπως και στο «Paradise City», υπάρχει ένας τόνος αθωότητας στο τραγούδι· μοιάζει σχεδόν με νανούρισμα, μια εύκολη μελωδία που θα μπορούσαν να τραγουδάνε τα πιτσιρίκια σε μια αλάνα... καταχθόνια πιτσιρίκια όμως, που η αλάνα τους είναι ένα άθλιο σοκάκι.

Αυτό το τραγούδι πραγματικά μας εκτόξευσε. Δεν θυμάμαι αν το δουλέψαμε την ίδια νύχτα στο χώρο όπου κάναμε πρόβες ή το άλλο πρωί, αλλά μέσα σε μια μέρα το είχαμε ολοκληρώσει. Ο Axl έγραψε τους στίχους, εμείς «λειάναμε» όλα τα μέρη, και αυτό ήταν! Το δοκιμάσαμε στην επόμενή μας εμφάνιση και δούλεψε. Δούλεψε *στ' αλήθεια*. Το τραγούδι έχει έναν τέτοιο ρυθμό στους στίχους, που από την πρώτη στιγμή με τρέλαινε. Την πρώτη φορά που το παίξαμε, άρχισα να χοροπηδάω πάνω κάτω – δεν μπορούσα να κάνω αλλιώς. Αργότερα, όταν αρχίσαμε να παίζουμε σε τεράστιες σκηνές, έτρεχα από τη μια άκρη στην άλλη, πηδούσα πάνω από τους ενισχυτές και το έχανα κάθε φορά που το παίζαμε. Δεν ξέρω γιατί, αλλά κανένα άλλο τραγούδι απ' όσα παίζαμε δεν μου έδινε τέτοια ενέργεια επί σκηνής.

Υπήρχε άλλο ένα κομμάτι που γράψαμε στο γκαράζ και έγινε κλασικό: το «My Michelle». Εκεί προέκυψε η μουσική του, νομίζω μέσα σε λίγα απογεύματα. Θυμάμαι ότι ο Izzy έφερε τη βασική δομή, και έπειτα, ως συνήθως, ο Duff πρόσθεσε τα στοιχεία για την ανάπτυξη του κομματιού. Όπως και να 'χει, δεν έγραψα εγώ τους στίχους, αλλά ξέρω ακριβώς για τι πράγμα μιλάνε. Το θέμα του τραγουδιού είναι η Michelle Young, φίλη της πρώτης μου κοπέλας, της Melissa. Τις γνώριζα και τις δύο από το Γυμνάσιο, πολύ προτού οι Guns υπάρξουν ως ιδέα, πόσω μάλλον ως γεγονός.

Η αλήθεια είναι ότι καθώς συνέχισα να διατηρώ στενές σχέσεις με άτομα όπως ο Mark Mansfield και ο Ron Schneider, που σε κάποιο βαθμό ήταν και μέλη της μουσικής σκηνής, πολλοί από τους παλιούς μου φίλους προσχώρησαν στο κόσμο των Guns N' Roses. Λόγω των κοινών μας φίλων ξανάπιασα σχέσεις με άτομα που είχα να δω από τότε που είχα παρατήσει το σχολείο, και κάποιοι απ' αυτούς ενσωματώθηκαν στον κύκλο μας – για καλό, αλλά πιο πολύ για κακό.

Ένα από αυτά τα άτομα ήταν η Michelle· από τότε που ήμαστε παιδιά ακόμη, ήταν τρελή για δέσιμο. Όταν άρχισε να συχνάζει στους κύκλους μας, άρχισαν να βγαίνουν με τον Axl για μια σύντομη περίοδο. Έγραψε αυτούς τους στίχους για τη ζωή της, αφηγούμενος λέξη προς λέξη τον τρόπο που μεγάλωσε. Ο μπαμπάς της ήταν αναμεμιγμένος με τη βιομηχανία του πορνό και η μαμά της ήταν εθισμένη στα χάπια και στα ναρκωτικά, και τελικά αυτοκτόνησε. Όμως το να γίνεται η παλιά μου συμμαθήτρια με την οποία κάπνιζα παρέα στις τουαλέτες του σχολείου θέμα σε ένα από τα πιο τολμηρά τραγούδια μας, ήταν άλλη υπόθεση. Καθώς δεν μπορούσα να φανταστώ ότι θα άρεσε στη Michelle που γνώριζα να δημοσιοποιηθεί η ιστορία της, ρώτησα σχετικά μια μέρα τον Axl:

«Ει, Axl», του είπα, μόλις είχαμε παίξει το τραγούδι σε μια πρόβα, «λες η Michelle να το πάρει προσωπικά;»

«Και γιατί να το πάρει προσωπικά;» είπε. «Είναι όλα αλήθεια».

«Ναι, εντάξει, αλλά δεν ξέρω αν θα της αρέσει να σε ακούσει να τραγουδάς όλα αυτά τα πράγματα. Δεν μπορείς να το αλλάξεις λιγάκι;»

«Όχι», είπε. «Είναι η αλήθεια. Θα το κάνω, ακόμα κι αν δεν της αρέσει».

Περίμενα το χειρότερο· παρόλο που δεν μπορούσε να μας κάνει μήνυση, ήμουν σχεδόν σίγουρος ότι η Michelle θα στρεφόταν με κάποιο τρόπο εναντίον μας. Τουλάχιστον περίμενα ότι θα σιχαινόταν το τραγούδι και θα ντρεπόταν που η ιστορία της θα γινόταν γνωστή παντού. Έκανα μεγάλο λάθος· από την πρώτη φορά που παίξαμε το τραγούδι στη σκηνή μέχρι που το ηχογραφήσαμε για το δίσκο, η Michelle το λάτρευε, γιατί έστρεψε πάνω της την προσοχή όλων. Εκείνη την εποχή, ήταν το καλύτερο πράγμα που μπορούσε να της συμβεί. Όμως, όπως πολλοί από τους φίλους μας που πέρασαν από τον σκοτεινό κύκλο των Guns N' Roses, δεν έμεινε για πολύ. Οι περισσότεροι κατέληξαν είτε στη φυλακή, είτε σε κάποιο ίδρυμα αποτοξίνωσης, είτε και στα δύο, αλλά χαίρομαι επειδή η Michelle ήταν ανάμεσα σε εκείνους που κατάφεραν να αλλάξουν ρότα στη ζωή τους προτού να είναι πολύ αργά. Πολλοί από τους παλιούς μας φίλους τελικά πήγαν να ζήσουν στη Μινεάπολη... ίσως να τους βοήθησε η πόλη.

Η βάση για το «Rocket Queen» είναι ένα riff που μου κατέβηκε όταν πρωτογνώρισα τον Duff. Από ενορχηστρωτική άποψη ήταν ένα από τα πιο περίπλοκα τραγούδια του άλμπουμ, κυρίως επειδή έπρεπε να δέσουμε το «άγριο» riff με το μελωδικό ρεφρέν του Axl. Το θέμα του τραγουδιού είναι η κοινή μας φίλη Barbie, που από τα δεκαοκτώ της ήταν πασίγνωστη. Ήταν ναρκομανής και βασίλισσα της underground σκηνής. Τελικά έγινε τσατσά σε πορνείο, αλλά ο Axl ήταν ερωτευμένος μαζί της εκείνη την εποχή.

Γλίστρησα από τη λεκάνη, έχασα τις αισθήσεις μου και ξύπνησα φαρδύς πλατύς στο πάτωμα πολλές ώρες αργότερα, κατά το ξημέρωμα.

ΕΚΕΙΝΗ ΤΗΝ ΠΕΡΙΟΔΟ ΠΟΥ ΓΡΑΦΑΜΕ ΤΡΑΓΟΥΔΙΑ ΚΑΙ ΚΑΝΑΜΕ πρόβες στο «Ξενοδοχείο και Μπανγκαλόου Sunset και Gardner», άρχισα να προσέχω μια αλλαγή στον Steven. Έφτανε καθυστερημένος στις πρόβες· έμοιαζε λες και ήταν μεθυσμένος, αλλά δεν έπινε τίποτε. Δεν μπορούσα να καταλάβω τι έτρεχε επειδή το παίξιμό του ήταν μια χαρά, αλλά άρχισα να ψυλλιάζομαι ότι κάτι δεν πήγαινε καλά. Ο Steven έβγαινε με ένα κορίτσι που έμενε με μία συγκάτοικο στην Gardner, σε ένα διαμέρισμα λίγο πιο κάτω από το μέρος όπου κάναμε πρόβες. Άρχισα να πηγαίνω μαζί του κάθε βράδυ μετά την πρόβα και το περιβάλλον μού φάνηκε πολύ «βαρύ»: κάθε φορά που περνούσα την πόρτα, νόμιζα ότι ο χρόνος σταματούσε· όλα άρχιζαν να κινούνται αργά, πολύ αργά.

Σιγά σιγά άρχισα να γνωρίζω την κοπέλα του Steve και τη συγκάτοικό της, ένα κορίτσι τόσο νωθρό που έκανε την καρδιά μου κομμάτια. Πρέπει όμως να ομολογήσω ότι ήταν χαριτωμένη· έτσι άρχισα να βγαίνω μαζί της, και παρόλο που καταλάβαινα ότι έπαιρνε κάτι, δεν ήξερα τι ήταν. Πήγαινα σπίτι τους με τον Steven μετά την πρόβα και ακούγαμε οι τέσσερίς μας το *Goats Head Soup* των Stones όλη νύχτα, ενώ εγώ τους έβλεπα να βαράνε ντάγλες όλη την ώρα. Τελικά σκέφτηκα ότι ο καταλύτης της νωθρότητάς τους έπρεπε να ήταν η ηρωίνη. Στην αρχή κανείς τους δεν έκανε χρήση μπροστά μου· έτσι, άργησα να το καταλάβω. Όμως ακόμα κι αν ήταν έτσι, δεν είχα καμία διάθεση να δοκιμάσω, γιατί η ηρωίνη δεν ασκούσε καμία απολύτως γοητεία επάνω μου. Δεν ήξερα και πολλά γι' αυτήν, και όσα έβλεπα δεν με έκαναν να θέλω να δοκιμάσω. Γιατί άλλωστε;

Η συγκάτοικος ήταν τυπική περίπτωση του Los Angeles: δεκαοκτώ ή δεκαεννέα χρονών, ένα πλουσιοκόριτσο που είχε πάρει τα φράγκα των γονιών της και έκανε ό,τι μπορούσε για να τους τα τρίψει στη μούρη. Στην προσπάθειά της αυτή είχε γαμήσει τον εαυτό της για τα καλά και παραπονιόταν ασταμάτητα ότι η ζωή της είχε γίνει συντρίμμια και ότι για όλα έφταιγαν οι γονείς της. Η λύση της ήταν να τσαντίζεται και να γκρινιάζει μέχρι που δεν άντεχε άλλο· έπειτα μαστούρωνε και αναζητούσε παρηγοριά στη μαστούρα, κάτι που όπως ήταν φυσικό υπονόμευε τις λιγοστές αλλά σχεδιασμένες προσπάθειές της να συνέλθει. Το έργο είχε απ' όλα: μέχρι και πρωινές σκηνές, με τη μητέρα της να καταφθάνει ακάλεστη για να τη λογικέψει· βεβαίως, έκανα το λάθος να μπω στη μέση της τρομερής τους αντιπαράθεσης.

Δεν είπα πολλά, αλλά η μητέρα της ήταν σίγουρη ότι εγώ ήμουν η αιτία για την κατάσταση της κόρης της. Η αλήθεια είναι ότι ήμουν ο μόνος από τους γνωστούς της που *δεν* έπαιρνε ηρωίνη. Εκείνη την ημέρα η μητέρα της με μίσησε και έφυγε χωρίς την κόρη της, αλλά τελικά κέρδισε τη μάχη: το κορίτσι εκείνο γρήγορα χάθηκε απ' την πιάτσα. Έπειτα απ' αυτό, η κοπέλα του Steven μετακόμισε, και κανείς μας δεν ξανάδε κάποια απ' τις δύο.

Μέχρι να δω τον Steven και τα κορίτσια να παίρνουν ηρωίνη και τελικά να πάρω ο ίδιος, όσα ήξερα γι' αυτό το ναρκωτικό τα είχα μάθει από τις ταινίες κατά των ναρκωτικών που είχα δει στο σχολείο και από την υπόθεση του *Ο Άνθρωπος από τη Γαλλία*, που περιστρεφόταν γύρω απ' τις μανιώδεις προσπάθειες του Popeye Doyle [Σ.τ.Μ.: τον υποδύεται ο Gene Hackman] να σταματήσει τη διακίνηση ενός τεράστιου φορτίου από ένα γαλλικό κύκλωμα εμπόρων ναρκωτικών. Εκείνη την εποχή δεν είχα ιδέα ότι όλοι οι ήρωές μου έπαιρναν ηρωίνη. Όμως δεν θα αργούσα να το αντιληφθώ. Το ναρκωτικό σκαρφάλωσε στη ζωή μου όπως ο δηλητηριώδης κισσός σ' έναν τοίχο.

Ο Izzy κι εγώ ήμαστε στο προβάδικο του Nicky Bear το 1984, όταν κάπνισα για πρώτη φορά ηρωίνη μαζί του· τη ζεστάναμε σε ένα αλουμινόχαρτο και ρουφήξαμε τον καπνό με ένα καλαμάκι. Το μόνο που ένιωσα ήταν μια νευρικότητα, και κατά τα άλλα παρέμεινα νηφάλιος. Δεν ένιωσα κάποια άμεση επίδραση, κι έτσι έχασα γρήγορα το ενδιαφέρον μου· η ναυτία δεν ήταν ακριβώς αυτό που θεωρούσα καλό «φτιάξιμο». Ο Izzy όμως ήταν μια χαρά· αυτός ο τρόπος καπνίσματος τον ικανοποιούσε πλήρως.

Λίγους μήνες αργότερα έκανα για πρώτη φορά ένεση, και μόνο έτσι αισθάνθηκα την επίδραση του ναρκωτικού· στη συνέχεια έκανα μόνο ενδοφλέβια χρήση. Ήμουν όπως κάθε χρήστης ναρκωτικών που αποζητάει μια φτηνή ηδονή: την ήθελα γρήγορα και δεν μπορούσα να περιμένω.

Ποτέ δεν κατάφερα να αισθανθώ την επίδρασή της με άλλο τρόπο εκτός από τη βελόνα. Γιατί να μπαίνω στον κόπο; Είναι χάσιμο ναρκωτικών, χάσιμο χρόνου, σαν να αποφασίζεις να κάνεις κάτι ατελέσφορο. Είχα προσπαθήσει να το κάνω όπως υποτίθεται ότι έπρεπε να γίνεται, χρησιμοποιώντας την αρχαία, πολιτισμένη μέθοδο όπου «κυνηγάς το δράκο» εισπνέοντας τις αναθυμιάσεις από την καύση της ηρωίνης, σύμφωνα με την κινέζικη παράδοση, αλλά δεν είχε κανένα αποτέλεσμα επάνω μου. Οι Κινέζοι ήταν ψύχραιμοι, ήρεμοι, και ήξεραν τι έκαναν με την ηρωίνη, όπως και με το όπιο. Η ενδοφλέβια μέθοδος χρήσης αναπτύχθηκε πολύ αργότερα, στη Δύση, μόλις οι άνθρωποι άρχισαν να χρησιμοποιούν τη μορφίνη για ψυχαγωγικούς σκοπούς. Οι βελόνες ήταν περιζήτητες γιατί προσέφεραν άμεση ικανοποίηση, και γι' αυτό τις προτιμούσαν οι άνθρωποι του δρόμου. Στην Αμερική, τις εποχές της Άγριας Δύσης, ηρωίνη έπαιρναν περισσότερο οι γυναίκες απ' ό,τι οι άνδρες, κυρίως πόρνες και γυναίκες των μπαρ, χρησιμοποιώντας πάντα βελόνες.

Μια νύχτα μπορεί να αλλάξει τη ζωή σου για πάντα, και η νύχτα που πρωτοδοκίμασα ηρωίνη άλλαξε τη δική μου: το έχω σκεφτεί πολύ και είμαι σίγουρος ότι φταίει όλο το Jim Beam που είχα πιει. Με τον Izzy είχαμε καταλήξει στο διαμέρισμα μιας κοπέλας. Καθόμουν στην τουαλέτα της, στο μπάνιο· το ημίφως έδινε μια πολύ druggy ατμόσφαιρα στο χώρο. Με έδεσε, γέμισε τη σύριγγα, την άδειασε στη φλέβα μου... και ένιωσα να με καταπίνει ένα κύμα που ξεκίνησε από τον πάτο του στομαχιού μου. Ένιωσα να κατακλύζομαι από μια παράξενη αίσθηση, και αυτό είναι το μόνο που θυμάμαι. Γλίστρησα από τη λεκάνη, έχασα τις αισθήσεις μου και ξύπνησα φαρδύς πλατύς στο πάτωμα πολλές ώρες αργότερα, κατά το ξημέρωμα. Μου πήρε ένα δευτερόλεπτο για να καταλάβω τι είχε συμβεί: δίπλα μου υπήρχε το μπουκάλι Jim Beam που έπινα και για μια στιγμή είχα ξεχάσει τελείως ότι είχα πάρει ηρωίνη.

Κοίταξα από το άνοιγμα της πόρτας και είδα τον Izzy και το κορίτσι να κοιμούνται στο κρεβάτι· τότε αντιλήφθηκα ότι αισθανόμουν κάπως... διαφορετικά. Δεν ήμουν σίγουρος τι ακριβώς ήταν αυτή η αίσθηση, παρά μόνο ότι δεν ήταν οικεία. Όμως ένιωθα μια χαρά, επειδή ήμουν σε πολύ καλή κατάσταση. Όταν ο Izzy και το κορίτσι ξύπνησαν, πιάσαμε κουβέντα. Ένιωθα τόσο πλήρης, τόσο χαρούμενος, τόσο εναρμονισμένος με τα πάντα· όσο για τον Izzy, αισθανόταν ακριβώς το ίδιο.

Το διαμέρισμα της κοπέλας ήταν στην Wilshire, κοντά στο κέντρο του Los Angeles, και εκείνη τη μέρα φύγαμε από εκεί χωρίς καμία έγνοια στο μυαλό μας. Το μέλλον έδειχνε λαμπρό, αν και δεν είχαμε κάποια συγκεκριμένα σχέδια εκείνη την εποχή. Καθώς το πρωινό απλωνόταν στην πόλη, περπατήσαμε μέχρι τη Melrose στο κέντρο του Hollywood, και τότε μου κατέβηκε η φαεινή ιδέα να επισκεφθούμε ένα κορίτσι που γνώριζα. Ήταν μια όμορφη κοπέλα που πήγαινε στο Λύκειο του Fairfax και είχα κατά νου ότι της άρεσα. Αν και δεν την ήξερα καθόλου, ήξερα ότι η μαμά της έλειπε όλη μέρα στη δουλειά· έτσι πήγαμε στο σπίτι της και αράξαμε όλο το απόγευμα ακούγοντας Beatles. Είχε ένα μεγάλο κοριτσίστικο κρεβάτι με αφράτο πάπλωμα, και έτσι όπως έμπαινε ο ήλιος από το παράθυρο τόνιζε τις λευκές και ροζ αποχρώσεις του δωματίου δίνοντας μια ανάλαφρη ατμόσφαιρα.

Αράξαμε με τον Izzy και ακούγαμε μουσική. Είχα ερωτευτεί το «Dear Prudence». Τα «Revolution» και «Dear Prudence» έμοιαζαν τα μόνα πράγματα που είχαν σημασία στον κόσμο. Το «Norwegian Wood» ήταν κι αυτό υπέροχο. Μείναμε εκεί πολλές ώρες, κι έπειτα φύγαμε. Γυρίζοντας σπίτι, όποτε σταματούσαμε να περπατάμε, βυθιζόμουν στη μακάρια κατάσταση που φέρνει η ηρωίνη. Συνειδητοποίησα ότι το «φτιάξιμό» μου είχε κρατήσει όλη μέρα.

Σκεφτόμουν: *αυτό είναι καλύτερο απ' ό,τι έχω πάρει. Τίποτε δεν συγκρίνεται μαζί του.*

Ήμουν δεκαεννιά χρονών.

ΚΑΘΕ ΒΡΑΔΥ, ΟΛΟ ΤΟ ΣΥΓΚΡΟΤΗΜΑ, ΜΑΖΙ ΜΕ ΤΗΝ ΠΑΡΔΑΛΗ ακολουθία του, καταλήγαμε στο χώρο όπου κάναμε πρόβες και μέναμε εγώ και ο Axl. Εκεί πηγαίναμε μετά τις εμφανίσεις μας στα κλαμπ, όταν οι ιδιοκτήτες τους μας πετούσαν έξω. Καθώς αυξάνονταν οι οπαδοί μας, η διαδικασία έγινε μία απερίσκεπτη υπόθεση που δεν θα είχε καλό τέλος, αλλά εμείς τη συνεχίζαμε. Το στούντιό μας βρισκόταν στην περιοχή ανάμεσα στο κεντρικό Los Angeles και το Hollywood, όπου μόλις έπεφτε το σκοτάδι κυκλοφορούσαν μόνο ναρκομανείς και πόρνες – οι γείτονές μας έλειπαν στη δουλειά από τις εννέα μέχρι τις πέντε, με εξαίρεση το Δημοτικό Σχολείο της οδού Gardner που λειτουργούσε από τις οκτώ μέχρι τις τρεις. Ήταν εύκολο για πενήντα ή παραπάνω ανθρώπους να γλεντάνε όλη νύχτα, κάνοντας χρήση ηρωίνης, καπνίζοντας μαριχουάνα και σπάζοντας μπουκάλια στον τοίχο χωρίς ενοχλήσεις από την αστυνομία. Πολύ σύντομα οι συνάξεις αυτές μεγάλωσαν τόσο που καταλάμβαναν το χώρο μας, το σοκάκι και ολόκληρο το πάρκινγκ δίπλα στο κτίριό μας. Υπήρχαν ένα σωρό άνθρωποι με μπουκάλια αλκοόλ σε καφέ χαρτοσακούλες που ασχολούνταν με παράνομες και ακόλαστες δραστηριότητες, λιγότερο από πενήντα μέτρα από τη Sunset, όλες τις ώρες της μέρας και της νύχτας. Μέναμε ξύπνιοι μετά τα ξημερώματα, αλλά όταν τα παιδιά άρχιζαν να έρχονται στο Δημοτικό Σχολείο το πρωί, συνήθως τα πράγματα ηρεμούσαν. Ευτυχώς δεν υπήρχε καμία επαφή του κόσμου μας με τον δικό τους, αν και η αυλή του σχολείου κατέληγε στο πίσω μέρος του κτιρίου όπου υπήρχε το «στούντιό» μας.

Εκτός από μας, υπήρχε και άλλο ένα συγκρότημα που έκανε πρόβες ακριβώς δίπλα και που δεν μπορούσα ποτέ να θυμηθώ το όνομά του... ή μάλλον... μισό λεπτό, τους έλεγαν Wild. Ο Dizzy Reed έπαιζε όργανο μαζί τους και έτσι γνωρίστηκαν και έγιναν φίλοι με τον Axl. Οι Wild ήταν ένα τυπικό rock συγκρότημα της εποχής, που ποτέ δεν είχαμε πάει να τους δούμε να παίζουν ζωντανά· ο τρόπος που έπαιζαν δεν μου κινούσε το ενδιαφέρον. Παρ' όλ' αυτά, μου άρεσε να γλεντάω μαζί τους. Τα ολονύχτια, καθημερινά πάρτι των δύο συγκροτημάτων καθόριζαν την ατμόσφαιρα σε εκείνη την άθλια γωνιά της πόλης.

Ο βαθμός ακολασίας, τουλάχιστον από μεριάς μας, άγγιξε εξωφρενικά επίπεδα. Θυμάμαι μια νύχτα, έπειτα από μια εμφάνισή μας, που ήμαστε με τον Izzy και ένα κορίτσι στην κουκέτα. Κάναμε σεξ μαζί της ο ένας μετά τον άλλον, αλλά ο Izzy δεν φορούσε προφυλακτικό, κι έτσι όταν τραβήχτηκε τελείωσε πάνω στο πόδι μου, καθώς βρισκόμουν δίπλα της. Αυτό με άφησε άναυδο. Ανακάθισα, τον κοίταξα και είπα: «Έι! Izzy! Όπα, ρε φίλε! Πρέπει να βρούμε μεγαλύτερο μέρος».

Μια τόσο αχαλίνωτη ατμόσφαιρα δεν ήταν γραφτό να κρατήσει για πολύ· γι' αυτό όταν κατέρρευσε, αυτό έγινε με πάταγο. Έπειτα από μια εμφάνιση, ως συνήθως, οι φίλοι μας και όποιος άλλος βρισκόταν στο κλαμπ ήρθαν για γλέντι μέχρι πρωίας στο στούντιό μας. Πρέπει να πούμε ότι οι κοπέλες που γούσταραν να το γλεντάνε στο σοκάκι μας μέχρι τις έξι ή επτά το πρωί, δεν ήταν και τα πιο έξυπνα δείγματα· όμως μια συγκεκριμένη βγήκε εντελώς εκτός ελέγχου. Οι αναμνήσεις μου από τα γεγονότα είναι λιγάκι θολές, αλλά απ' ό,τι θυμάμαι, ο Axl έκανε σεξ μαζί της. Προς το τέλος της νύχτας, μάλλον επειδή η επίδραση του αλκοόλ και των ναρκωτικών άρχισε να της περνάει, η τύπισσα παρανόησε και φρίκαρε τελείως. Ο Axl της είπε να σηκωθεί να φύγει και προσπάθησε να την πετάξει έξω. Εγώ δοκίμασα να ηρεμήσω τα πράγματα και να τη βγάλω έξω στα γρήγορα, αλλά εκείνη δεν έλεγε να φύγει με τίποτα.

Περίπου μια βδομάδα αργότερα, ο Steven ήταν εκεί όταν οι μπάτσοι όρμησαν και έκαναν το μέρος άνω κάτω. Έσπασαν κάμποσα έπιπλα ψάχνοντας για παράνομες ουσίες και άρχισαν να στριμώχνουν όποιον σχετιζόταν μαζί μας με οποιονδήποτε τρόπο· απείλησαν τον Steven με σύλληψη αν δεν τους έλεγε πού θα βρουν τον Axl κι εμένα, γιατί μας είχαν απαγγείλει κατηγορίες για βιασμό εκείνου του κοριτσιού. Ο Steven ήρθε σε επαφή μαζί μας και μας προειδοποίησε· έτσι αποφύγαμε να πλησιάσουμε το σπίτι μας για την υπόλοιπη μέρα. Πήγα το άλλο πρωί· έβρεχε και έκανε πολύ κρύο για την εποχή, και όταν έφτασα εκεί βρήκα τον Izzy να συμμαζεύει το χάος που είχαν αφήσει πίσω τους οι αστυνομικοί. Σάστισα, γιατί απ' όσο θυμόμουν δεν είχα κάνει τίποτα – σχεδόν δεν είχα πει κουβέντα με το συγκεκριμένο κορίτσι εκείνη τη νύχτα, ούτε άλλωστε κάποιος άλλος.

Ήταν μια άσχημη κατάσταση, κι έτσι έλαβα το μήνυμα και την κοπάνησα. Μάζεψα μερικά από τα πράγματά μου και έφυγα για να κρυφτώ μαζί με τον Steven στο διαμέρισμα της νέας του κοπέλας, της Monica, που ήταν εκεί κοντά. Η Monica ήταν μία Σουηδέζα πορνοστάρ που είχε πάρει στο σπίτι της τον Steven· και να έψαχνα, δεν θα έβρισκα καλύτερο μέρος, επειδή κάναμε *ασύλληπτα* τρίο. Η Monica ήταν απίθανη· ήταν εκπληκτική οικοδέσποινα απ' αυτή την άποψη, και επιπλέον διέθετε τηλέφωνο. Έτσι μπορούσα να ενημερώνομαι συνεχώς για την εξέλιξη των νομικών μας προβλημάτων. Σε γενικές γραμμές, τα νέα δεν ήταν καλά: μιλάμε για πολύ σοβαρή κατάσταση – στον Axl κι εμένα είχαν απαγγελθεί κατηγορίες για βιασμό σε βαθμό κακουργήματος. Το μέλλον έδειχνε ζοφερό και η εξέλιξη του συγκροτήματος σταμάτησε πάραυτα.

Οι γονείς του κοριτσιού είχαν γνωριμίες στην αστυνομία του Los Angeles και είχαν σκοπό να κυνηγήσουν την υπόθεση. Ο Axl έφυγε για το Orange County και κρύφτηκε στο σπίτι μιας κοπέλας για μερικές εβδομάδες, ενώ εγώ έμεινα με τον Steven και τη Monica. Για το φόβο της σύλληψης, δεν κλείσαμε συναυλίες και δεν βγαίναμε και πολύ συχνά. Ο Axl είχε σίγουρα κάνει σεξ με το κορίτσι, αλλά εκείνη είχε συναινέσει και κανείς δεν την είχε βιάσει. Όσο για μένα, δεν την είχα ούτε καν αγγίξει! Όταν ξαναβρήκαμε τα μυαλά μας μερικές εβδομάδες αργότερα, αντιμετωπίσαμε την κατάσταση μέσα από τα σωστά κανάλια.

Όταν ο Axl επέστρεψε στο Los Angeles, οι δυο μας μείναμε με τη Vicky Hamilton και τη συγκάτοικό της, την Jeniffer Perry, και η Vicky προσέλαβε ένα δικηγόρο για να χειριστεί την κατάσταση. Είμαι σίγουρος ότι η Vicky μετάνιωσε που μας δέχθηκε χωρίς δεύτερη σκέψη: με τον Axl κάναμε κατάληψη στο καθιστικό του μικρού, καλόγουστου διαμερίσματός της, και ανάμεσα σε άδεια μπουκάλια αλκοόλ και μια ατέλειωτη παρέλαση από διάφορους τύπους που έμοιαζαν να μας ακολουθούν όπου πηγαίναμε, φέραμε κυριολεκτικά το χάος μέσα σε μια νύχτα. Ο Axl κοιμήθηκε στον καναπέ, εγώ κοιμήθηκα στο πάτωμα και το καθιστικό το πρωί έμοιαζε με βομβαρδισμένο τοπίο. Η κουζίνα ήταν σε άθλια κατάσταση· μέσα σε μία εβδομάδα υπήρχαν παντού τεράστιες στοίβες από άπλυτα πιάτα και σωροί από σκουπίδια. Ευτυχώς είχα πείσει το κορίτσι μου την Yvonne να προσέχει για λίγο το φίδι μου τον Clyde. Η υπόθεση έφτασε στο δικαστήριο, αλλά κάπου στην πορεία οι κατηγορίες σε βάρος μου αποσύρθηκαν. Ωστόσο, ο Axl υποχρεώθηκε να φορέσει κοστούμι και να σταθεί μπροστά στο δικαστή, αλλά αμέσως μετά την κατάθεσή του οι κατηγορίες αποσύρθηκαν και η υπόθεση έκλεισε.

ΜΕΧΡΙ ΝΑ ΞΕΚΑΘΑΡΙΣΟΥΜΕ ΤΟ ΝΟΜΙΚΟ ΜΑΣ ΠΡΟΒΛΗΜΑ μας φάνηκε ότι πέρασαν αιώνες, γιατί μέχρι τότε τρέχαμε με τρελές ταχύτητες. Μετά το περιστατικό, εκκενώσαμε το γκαράζ όπου κάναμε πρόβες, ενώ αρχίσαμε να παίζουμε και να δουλεύουμε ξανά τα καινούργια μας τραγούδια. Ο Danny και ο Joe, οι φίλοι μας, παρέμεναν κοντά μας· η πράσινη Oldsmobile του Danny συνέχισε να είναι το μοναδικό μεταφορικό μας μέσο. Ο Danny ήταν ένας πολύ καλός τύπος, με κούρεμα James Dean, που ακτινοβολούσε αυτοπεποίθηση. Επιπλέον, γίναμε και φιλαράκια της μαστούρας. Μόλις έμπλεξα με την ηρωίνη, κάναμε βόλτες σε όλο το Los Angeles με το πράσινο τανκ του, ψάχνοντας να βρούμε πρέζα.

Εκείνη την εποχή, ο Joe ήταν ο roadie και ο τεχνικός για τις κιθάρες μου, παρόλο που ήταν χάλια στο ρόλο του: θυμάμαι μια φορά που παίζαμε ως πρώτο όνομα στο Roxy, και ένα από τα καθήκοντα του Joe ήταν να μου φέρει ένα slide για το σόλο του «Rocket Queen»· μέχρι να φορέσω όμως το slide στο δάχτυλό μου, το σόλο είχε τελειώσει. Εκνευρίστηκα τόσο που κυριολεκτικά τον πέταξα με τις κλωτσιές από τη σκηνή. Όμως στη συνέχεια το επεισόδιο ξεχάστηκε, γιατί ο Joe ήταν πιστός και αφοσιωμένος και όλοι θέλαμε να τον έχουμε μαζί μας. Ο Joe μάς στήριζε πάντα όταν τα πράγματα δυσκόλευαν, και τέτοια αφοσίωση δεν τη βρίσκεις συχνά.

Δεν μοιάζαμε καθόλου στα άλλα συγκροτήματα που έπαιζαν στα κλαμπ του Strip· σε γενικές γραμμές αδιαφορούσαμε γι' αυτά. Ωστόσο, τρέφαμε μία ιδιαίτερη αντιπάθεια για τους Poison, επειδή ήταν το πιο γνωστό συγκρότημα της περιοχής και η επιτομή όλων όσα σιχαινόμαστε στη μουσική σκηνή του Los Angeles. Στο ξεκίνημα της καριέρας μας, είχαμε κανονίσει μερικές φορές να παίξουμε μαζί τους σε διαφορετικά κλαμπ, αλλά στην πορεία πάντα κάτι στράβωνε. Νομίζω ότι μια φορά δεν εμφανίστηκαν καθόλου και αναγκαστήκαμε να παίξουμε δύο φορές το σετ για να καλύψουμε την απουσία τους, και θυμάμαι πως μιαν άλλη φορά ο διοργανωτής ακύρωσε τη συναυλία την τελευταία στιγμή, εξαιτίας κάποιας περίεργης κίνησης εκ μέρους τους.

Μία από τις πραγματικά αξέχαστες εμφανίσεις μας από εκείνη την περίοδο ήταν σε ένα υπαίθριο φεστιβάλ που λεγόταν Street Scene και γινόταν σε έξι ή επτά διαφορετικές σκηνές στο κέντρο του Los Angeles, απλωμένες σε κάμποσα οικοδομικά τετράγωνα. Ήταν η πρώτη φορά που παίζαμε εκεί, και ήταν 1983· εμφανιζόμαστε πριν τους Fear, που ήταν το μοναδικό punk συγκρότημα του Los Angeles που μου άρεσε. Φτάσαμε με την Oldsmobile του Danny και ξεφορτώσαμε τα όργανά μας στον ειδικό χώρο στάθμευσης, όταν είδαμε ένα πλήθος από ανθρώπους να έρχεται τρέχοντας προς το μέρος μας. Συνεχίσαμε το ξεφόρτωμα καθώς οι άνθρωποι περνούσαν δίπλα μας τρέχοντας κυριολεκτικά σαν τρελοί – για ποιο λόγο, δεν είχαμε ιδέα. Ήταν λες και ερχόταν ο Godzilla, ή κάποιος τύπος πυροβολούσε με καραμπίνα πίσω τους. Δεν μπορούσαμε να καταλάβουμε ποιο ήταν το πρόβλημα, μέχρι που τελικά φτάσαμε αρκετά κοντά στη σκηνή και συνειδητοποιήσαμε ότι δεν υπήρχε σκηνή· οι φανατικοί οπαδοί των Fear είχαν ξεκινήσει επεισόδια και την είχαν διαλύσει προτού καν το συγκρότημα ανέβει να παίξει.

Η μάνατζέρ μας η Vicky κι εγώ περιφερόμαστε μέσα σε αυτό το χάος σε μια προσπάθεια να τρυπώσουμε σε κάποια άλλη σκηνή του φεστιβάλ, το οποίο κρατούσε όλη μέρα. Πηγαίναμε από σκηνή σε σκηνή μιλώντας με τους οργανωτές, ψάχνοντας για κάποια θέση στο πρόγραμμα μέχρι που τη βρήκαμε – ύστερα από τους Social Distortion. Δεν ήταν και ό,τι καλύτερο –οι Social Distortion ήταν ένα αγαπημένο punk συγκρότημα της πόλης με φανατικό κοινό–, αλλά εξελίχθηκε σε μια από τις καλύτερες συναυλίες που δώσαμε ποτέ.

Το κοινό ήταν γεμάτο punks που –έχοντας μόλις δει τους Social Distortion– διψούσαν για αίμα. Ανεβήκαμε στη σκηνή για να αρχίσουμε το σετ μας, και μέσα στα πρώτα τριάντα δευτερόλεπτα η συναυλία μετατράπηκε σε διαγωνισμό ροχάλας ανάμεσα σε εμάς και τις πρώτες σειρές· οι οπαδοί των Social Distortion άρχισαν να μας φτύνουν, οπότε αρχίσαμε να τους φτύνουμε κι εμείς. Ήταν αστείο, αλλά και εμετικό συγχρόνως. Θυμάμαι ότι πλησίασα τη μεριά της σκηνής όπου βρισκόταν ο Izzy και στάθηκα δίπλα του ανταποδίδοντας τα φτυσίματα, γιατί τέτοιου είδους συγκρότημα ήταν οι Guns N' Roses. Δεν κωλώναμε μπροστά σε τίποτα· έτσι, ό,τι κι αν έκανε το κοινό, του το ανταποδίδαμε στα ίσια. Ώσπου να τελειώσει το σετ μας, αυτός ο αηδιαστικός ροχαλοπόλεμος είχε καταλήξει διασκεδαστικός. Όταν τελειώσαμε, ήμαστε καλυμμένοι με φλέγματα, και σαν να μην έφτανε που δεν φορούσα μπλούζα, η ζέστη «μαγείρεψε» τις ροχάλες και είχαν αρχίσει να μυρίζουν απαίσια. Δεν είχε σημασία· ήμουν άτρωτος! Εκείνη τη στιγμή, μιλούσε η ένταση της σκηνής.

Η επόμενη φορά που παίξαμε στο Street Scene ήταν κι αυτή αξέχαστη, αλλά με πολύ διαφορετικό τρόπο. Αυτή τη φορά ήταν κανονισμένο να εμφανιστούμε πριν από τους Poison, που έπαιζαν ως πρώτο όνομα σε μία από τις μεγαλύτερες σκηνές του φεστιβάλ. Ήταν η πιο «μουράτη» εμφάνισή μας μέχρι τότε, και ήμαστε έτοιμοι να σβήσουμε τους Poison απ' το χάρτη. Στο τέλος, κάτι τέτοιο ούτε καν χρειάστηκε: ανεβήκαμε και παίξαμε, και όλος ο κόσμος εκστασιάστηκε. Ο κόσμος άρχισε να σκαρφαλώνει στους πύργους των ηχητικών και άρχισε να κουνάει πέρα δώθε τη σκηνή από τον ενθουσιασμό του. Όταν τελειώσαμε, η πυροσβεστική αποφάσισε να διακόψει τη συναυλία. Θυμάμαι που είδα τους Poison με όλο το μέικ-απ και τα φανταχτερά τους ρούχα έτοιμους να ανέβουν στη σκηνή, αλλά ανίκανους να το κάνουν. Το χάρηκα που τους είδα ντυμένους αλλά χωρίς σκηνή να ανέβουν.

ΛΟΙΠΟΝ... ΕΠΙΣΤΡΟΦΗ ΣΤΗΝ ΗΡΩΙΝΗ. ΤΙΣ ΕΒΔΟΜΑΔΕΣ ΠΟΥ ακολούθησαν εκείνη την πρώτη φορά που δοκίμασα, και το απόγευμα που περάσαμε με τον Izzy στο ροζ υπνοδωμάτιο του κοριτσιού από το Λύκειο Fairfax, το ενδιαφέρον μου μεγάλωνε. Και δεν έβλεπα την ώρα να περάσω τη φάση του μέλιτος με το ναρκωτικό.

Η Yvonne ήταν το μόνο άτομο που έδειχνε να ανησυχεί για την υγεία μου εκείνη την εποχή, καθώς προερχόταν από έναν τελείως διαφορετικό κόσμο. Έτσι της ήταν εύκολο να δει ότι γλιστρούσα στην άβυσσο. Η σχέση μας συνεχίστηκε με διαλείμματα για κάποιο διάστημα, αλλά κάποια μέρα μου τηλεφώνησε και μου ζήτησε να τη συναντήσω για φαγητό στο Mel's, στη Sunset. Κατάλαβα αμέσως ότι ήταν καχύποπτη· μόλις καθίσαμε, άρχισε να με ανακρίνει με πλάγιο τρόπο, προσπαθώντας να μάθει σε τι φάση βρισκόμουν, ποια ήταν τα σχέδιά μου, με ποιους έκανα παρέα και με τι καταπιανόμουν. Το συγκρότημα τα πήγαινε πολύ καλά, αλλά για εκείνη ήμαστε ακόμα ένα γκρουπ προορισμένο για τα τοπικά κλαμπ – δεν έβλεπε αυτό που έβλεπα εγώ. Την ίδια στιγμή, η Yvonne με ήξερε πολύ καλά και γνώριζε πόσο φιλόδοξος ήμουν· έτσι δεν έχω αμφιβολία ότι πίστευε στα σχέδιά μου. Αυτό που δεν μπορούσε να καταλάβει ήταν γιατί δεν ήμουν ο γνωστός εαυτός μου – και η απάντηση ήταν προφανής, αλλά δεν σκόπευα να της την πω.

Θυμάμαι να με αφήνει στη γωνία Clark και Sunset και να ανεβαίνω στο διαμέρισμα της Vicky, στο πάτωμα του οποίου εξακολουθούσα να κοιμάμαι. Δεν γύρισα προς το μέρος της, αλλά ένιωσα το βλέμμα της στην πλάτη μου· ένιωθα ότι καταλάβαινε πως κάτι δεν πήγαινε καλά.

Μία εβδομάδα αργότερα μου τηλεφώνησε στο σπίτι της Vicky, πράγμα ασυνήθιστο για κείνη. Μου είπε ότι με ήθελε για κάτι σημαντικό, ότι ο παππούς της είχε πεθάνει, ήταν πολύ ταραγμένη και ήθελε να με δει. Μου ζήτησε να περάσει το ίδιο απόγευμα. Καθώς ήμουν πολύ συμπονετικό αγόρι, δεν το ξανασκέφτηκα – ήρθε και με πήρε με το αυτοκίνητο και πήγαμε στο σπίτι της, μιλώντας στη διαδρομή για το μακαρίτη.

Όταν φτάσαμε εκεί, ήταν περίπου έξι το απόγευμα και πήγαμε κατευθείαν στο δωμάτιό της. Κούρνιασα στη συνηθισμένη μου θέση στη γωνία του κρεβατιού, άνοιξα την τηλεόραση και περίμενα την επόμενή της κίνηση. Ξαφνικά χτύπησε το κουδούνι.

«Μάλλον είναι η μαμά μου», είπε και βγήκε από το δωμάτιο.

Έπειτα από δέκα λεπτά, η πόρτα άνοιξε ξανά. Τότε είδα μπροστά μου δύο ανθρώπους που είχα χρόνια να δω στο ίδιο δωμάτιο: τους γονείς μου. Αυτό δεν το περίμενα.

Η Yvonne ακολούθησε και άρχισε να λέει στη μαμά και τον μπαμπά μου τη δική της εκδοχή γι' αυτό που μου συνέβαινε, που ήταν υπερβολικά δραματική· αν μη τι άλλο, ακουγόταν σαν αφηγητής σε κάποια από τις ταινίες κατά των ναρκωτικών που είχα δει στο σχολείο, ή τουλάχιστον σαν τον πρωταγωνιστή μιας ταινίας που είχα δει μετά το σχολείο, που ο κολλητός του είχε χάσει τον έλεγχο με τα ναρκωτικά. Οι γονείς μου άκουγαν και με παρατηρούσαν, προσπαθώντας να καταλάβουν τι συνέβαινε. Οι γονείς μου είναι από τους πιο φιλελεύθερους του κόσμου, έτσι για άλλη μια φορά δεν είδαν κάτι στραβό· δεν μου έλειπε το ένα μάτι, ούτε κούτσαινα, και έδειχνα να στέκομαι κανονικά στα πόδια μου – υπέθεσαν λοιπόν ότι ήμουν καλά.

«Λοιπόν», είπε ο μπαμπάς μου κοιτάζοντάς με κατάματα, «είναι αλήθεια; Παίρνεις ηρωίνη, όπως είπε η Yvonne;»

Δεν είπα όχι, ούτε όμως και ναι. Ήμουν φτιαγμένος αλλά το έκρυβα όσο καλύτερα μπορούσα· έτσι, δεν υπήρχε κάποια ορατή βάση για τις κατηγορίες της Yvonne – τουλάχιστον, απ' όσο καταλάβαινα.

«Πολύ χαίρομαι που σας βλέπω και τους δύο στο ίδιο δωμάτιο», είπα χαμογελώντας. «Πάει πολύς καιρός».

Πλησίασα τη μητέρα μου, της έδωσα ένα φιλί και η ατμόσφαιρα άλλαξε άρδην. Ξαφνικά, η προμελετημένη παρέμβαση της Yvonne είχε γίνει μια συνάντηση οικογενειακής επανασύνδεσης. Καταλάβαινα ότι ήταν έξαλλη από θυμό, ενώ οι γονείς μου κι εγώ περάσαμε την επόμενη ώρα μιλώντας και αναθερμαίνοντας τη σχέση μας. Όσο βρίσκονταν εκεί κράτησα τα προσχήματα, αλλά αμέσως μόλις έφυγαν, ζήτησα με έντονο τρόπο από την Yvonne να με πάει σπίτι. Στα μισά της διαδρομής άλλαξα γνώμη· της ζήτησα να με αφήσει στο Whisky. Σε όλη τη διαδρομή δεν της είπα λέξη. Παρόλο που καταλάβαινα ότι είχε καλό σκοπό, κάναμε καιρό να μιλήσουμε ξανά.

Η ΣΥΓΚΕΚΡΙΜΕΝΗ ΠΕΡΙΟΔΟΣ ΗΤΑΝ ΠΟΛΥ ΕΝΤΟΝΗ ΚΑΘΩΣ γινόμαστε γνωστοί· πλατσουρίζαμε σε ένα λάκκο με διάφορους σκοτεινούς τύπους, ενώ ταυτόχρονα γινόμαστε όσο καλύτεροι μπορούσαμε. Τελικά βρήκαμε κάποια στην οποία μπορούσαμε να βασιστούμε και την έλεγαν Bridget· έμοιαζε πολύ με τη Vicky Hamilton, αλλά είχε κάπως πιο... βαθιές τσέπες. Η Bridget ήθελε να υπογράψει συμβόλαιο μαζί μας, αλλά ποτέ δεν υπογράψαμε με κάποιον μάνατζερ· έτσι αρκέστηκε να «δουλεύει μαζί μας». Η Bridget μανατζάριζε ένα συγκρότημα από το San Francisco που λέγονταν Jetboy και ήταν πολύ δημοφιλείς στο κύκλωμα των κλαμπ. Νοικιάσαμε λοιπόν ένα βαν και πήγαμε μέχρι εκεί για να ανοίξουμε μια συναυλία τους. Μείναμε για λίγες μέρες στο σπίτι τους και είδαμε πώς λειτουργούσε ένα συγκρότημα που διέθετε δικό του χώρο και κανονικό roadie. Έπαιζαν ασταμάτητα, και παρόλο που δεν μας άρεσαν ιδιαίτερα, θαυμάζαμε τον επαγγελματισμό τους.

Ο πιο cool τύπος στο συγκρότημα ήταν μακράν ο μπασίστας τους, ο Todd Crew, που έγινε ένας από τους καλύτερούς μου φίλους και έμεινε φίλος των Guns για χρόνια – προκαλώντας συχνά την πικρία των υπόλοιπων μελών του συγκροτήματος. Ο Todd ήξερε από στιλ: είχε ύψος πάνω από δύο μέτρα και μακριά, ατίθασα καστανά μαλλιά. Στο πρόσωπό του είχε διαρκώς ζωγραφισμένο ένα αινιγματικό χαμόγελο, στα χέρια του τατουάζ μέχρι τον καρπό και φορούσε πάντα αμάνικο δερμάτινο γιλέκο και σκισμένο μπλουτζίν χωμένο μέσα στις φθαρμένες καουμπόικες μπότες του, ενώ από τα χείλη του κρεμόταν ένα τσιγάρο. Ο Todd ξεχώριζε από τα υπόλοιπα μέλη του γκρουπ επειδή ενσάρκωνε το πνεύμα του κλασικού rock and roll, ενώ οι υπόλοιποι ήταν τυπικοί glam επιδειξίες. Όμως ο τραγουδιστής είχε πράσινα μαλλιά και κούρεμα μοϊκανού, και αυτό τους βοήθησε να δείχνουν κάπως λιγότερο προβλέψιμοι από τους Poison.

Ήταν μεγάλο «ταξίδι» για μας· η εμφάνισή μας στο κλαμπ που λεγόταν Stone πήγε πολύ καλά, ενώ ο συγκάτοικος του Todd ήταν συλλέκτης ερπετών, γεγονός που με απορρόφησε. Ζήλευα πραγματικά τη συλλογή του: είχε φίδια, μερικές εξωτικές σαύρες και μια ποικιλία από κροκοδειλοειδή. Στο ταξίδι μας είδαμε τι ήταν δυνατό να κάνει μια μπάντα σε τοπικό επίπεδο και συνειδητοποιήσαμε ότι ήταν μέσα στις δυνατότητές μας.

Η επιστροφή στην πόλη μάς ήταν αξέχαστη. Ταξιδεύαμε με το νοικιασμένο μας βαν, πίναμε και παίζαμε με τις ακουστικές κιθάρες μας, όταν μου κατέβηκε η εισαγωγή αυτού που έγινε αργότερα το «Paradise City». Ο Duff και ο Izzy το «έπιασαν» και άρχισαν να το παίζουν, ενώ εγώ πρόσθετα αλλαγές στα ακόρντα. Άρχισα να μουρμουρίζω μια μελωδία και το παίζαμε ξανά και ξανά. Τότε μπήκε ο Axl.

«Take me down to the Paradise City...»

Συνέχισα να παίζω και «φόρεσα» μερικούς αυτοσχέδιους στίχους. «Where the grass is green and girls are pretty», τραγούδησα, αν και μου ακουγόταν εντελώς gay.

«Take me down to the Paradise City», είπε ξανά ο Axl.

«Where the girls are fat and they have big titties», φώναξα.

«Take... me... home!» τραγούδησε ο Axl.

Αποφασίστηκε ότι ο στίχος με το «the grass is green» δούλευε κάπως καλύτερα, και παρόλο που εγώ προτιμούσα την εναλλακτική εκδοχή, οι υπόλοιποι την απέρριψαν.

Δούλεψα λιγάκι τη βασική δομή του τραγουδιού, ενώ όλοι αυτοσχεδίαζαν με τη σειρά λες και ήμαστε σε κάποιο λεωφορείο με προορισμό μια rock and roll κατασκήνωση, και όταν μπροστά μας εμφανίστηκε το περίγραμμα των κτιρίων του Los Angeles, υποθέτω πως αυτό συνέβαινε στ' αλήθεια. Μόλις το ρεφρέν άρχισε να «κυλάει», ξεκίνησα το βαρύ riff που στηρίζει το κομμάτι. Και από εκείνη τη στιγμή το «Paradise City» έγινε το αγαπημένο μου τραγούδι των Guns N' Roses.

Όσο απροσδόκητα χαρούμενο και gay κι αν ακούγεται για κομμάτι των Guns N' Roses, τελικά «πέρασε» όπως ήταν· και αποτύπωσε ιδανικά την εμπειρία της στιγμής.

Η ΝΕΑ ΜΑΣ ΜΑΝΑΤΖΕΡ, Η BRIDGET, ΜΑΣ ΒΟΗΘΗΣΕ ΝΑ ανέβουμε επίπεδο, τουλάχιστον στο πλαίσιο του κυκλώματος των κλαμπ του Los Angeles. Το ότι είχαμε παίξει στο San Francisco προκάλεσε κάποιο θόρυβο γύρω από το όνομά μας, επειδή το γεγονός ότι ήμαστε σε θέση να παίξουμε εκεί σήμαινε ότι η φήμη μας είχε αρχίσει να κυκλοφορεί από στόμα σε στόμα· είχαμε αποκτήσει πια το δικό μας κοινό. Έπειτα απ' αυτό ήμαστε σε θέση να κλείνουμε εμφανίσεις από πιο πλεονεκτική θέση, επειδή αυτά τα μικρά πράγματα κυκλοφορούν γρήγορα. Γίναμε ένα από τα πιο πολυσυζητημένα συγκροτήματα του Los Angeles της εποχής, κάτι που άρχισε να κινεί το ενδιαφέρον των δισκογραφικών. Η φήμη μας είχε αρχίσει να εξαπλώνεται, τόσο πολύ μάλιστα που όταν ο Tom Zutaut μάς είδε για πρώτη φορά να παίζουμε στο

Troubadour, έφυγε επίτηδες έπειτα από δύο τραγούδια, σχολιάζοντας σε κάθε στέλεχος δισκογραφικής που συναντούσε βγαίνοντας ότι ήμαστε άθλιοι, επειδή είχε σκοπό να μας υπογράψει αμέσως.

Ο Tom είχε γίνει θρύλος αφότου υπέγραψε τους Mötley Crüe – όλοι οι κυνηγοί ταλέντων του Sunset τον θαύμαζαν, επειδή διέθετε τέτοιο αλάθητο ένστικτο, που ό,τι έπιανε γινόταν χρυσάφι. Την επόμενη φορά που παίξαμε στο Troubadour, ο Tom ήρθε στα παρασκήνια και μου συστήθηκε· θυμάμαι ότι όλο το συγκρότημα σκεφτόταν ότι ήταν ο μοναδικός κυνηγός ταλέντων απ' όσους είχαμε γνωρίσει που άξιζε το σεβασμό μας, επειδή τα επιτεύγματά του μιλούσαν από μόνα τους. Επίσης, ο ενθουσιασμός του ήταν ανεπιτήδευτος και ειλικρινής· μας είπε ότι ήμαστε το καλύτερο συγκρότημα που είχε δει μετά τους AC/DC, ενώ όταν μας μίλησε για την εντύπωση που του είχε κάνει η μουσική μας καταλάβαμε ότι τα τραγούδια μας του είχαν μιλήσει κατευθείαν στην καρδιά, περισσότερο απ' ό,τι σε οποιονδήποτε άλλο. Όλα αυτά τα χρόνια η σχέση μας έχει περάσει από πολλά σκαμπανεβάσματα, αλλά ο Tom εξακολουθεί να γνωρίζει ακόμη και σήμερα πώς να μου τραβήξει την προσοχή· όταν θέλει να βγω για να τσεκάρω κάποιο συγκρότημα που σκέφτεται να υπογράψει, το μόνο που χρειάζεται να πει είναι: «Έχω να δω μπάντα να ροκάρει τόσο άγρια από τότε που σας είδα για πρώτη φορά». Στα λόγια του Tom εκείνη τη νύχτα στα παρασκήνια υπήρχε ειλικρίνεια και ενθουσιασμός, και παρόλο που δεν του το είπαμε τότε, όλοι μας καταλάβαμε αμέσως ότι δεν υπήρχε περίπτωση να υπογράψουμε με άλλον.

Ο Tom προσπάθησε να παραπλανήσει τους ανταγωνιστές του, αλλά δεν τα κατάφερε· η φήμη ότι ενδιαφερόταν για μας κυκλοφόρησε γρήγορα και εν μιά νυκτί όλες οι υπόλοιπες δισκογραφικές της πόλης προσπαθούσαν να μας προσεγγίσουν. Η Bridget εξακολουθούσε να παίζει το ρόλο του μάνατζερ, αλλά καθώς η Vicky Hamilton ήταν καλύτερα δικτυωμένη στο Los Angeles, όλα τα στελέχη των δισκογραφικών που ήθελαν να έρθουν σε επαφή μαζί μας τηλεφωνούσαν σε εκείνη. Και αυτό αρκούσε για να αναθερμάνει τη σχέση μας με τη Vicky.

Ήταν μια φανταστική εποχή: απολαμβάναμε όσο περισσότερα δωρεάν γεύματα, δείπνα, ποτά και οτιδήποτε άλλο μας προσέφεραν οι δισκογραφικές μπορούσαμε προτού υπογράψουμε. Για τους επόμενους δύο μήνες μάς φλέρταραν η Chrysalis, η Elektra, η Warner Bros και μερικές άλλες εταιρείες. Μπαίναμε σε ακριβά εστιατόρια, παραγγέλναμε εξωφρενικές ποσότητες αλκοόλ κι έπειτα καθόμαστε και παίζαμε το παιχνίδι τους. Το μόνο πράγμα στο οποίο συμφωνούσαμε ήταν να συναντηθούμε ξανά για φαγητό ώστε να ξανασυζητήσουμε προτού καταλήξουμε σε οποιαδήποτε συμφωνία.

Έτσι πήγαιναν τα πράγματα μέχρι τη μέρα που αποφασίσαμε να συναντηθούμε με τους David Geffen και Ed Rosenblatt, ώστε να υπογράψουμε με την εταιρεία Geffen Records. Όση ώρα κράτησαν οι διαπραγματεύσεις καθόμουν σιωπηλός και κοιτούσα τον David, τον οποίο είχα να δω από τότε που ήμουν οκτώ χρονών· θυμόμουν όλες τις φορές που είχα επισκεφθεί το γραφείο του με τον πατέρα μου για να του αφήσει κάποια προσχέδια για εξώφυλλα, και αναρωτιόμουν αν ο David ήξερε ποιος ήμουν. Βεβαίως και δεν ήξερε, όπως ανακάλυψε αργότερα η μαμά μου. Φρόντισα να επισκεφθώ τις τουαλέτες των γραφείων της Geffen, που οι τοίχοι τους, όπως θυμόμουν από τις επισκέψεις της παιδικής μου ηλικίας, ήταν ένα πολύ όμορφο κολάζ από παλιά rock περιοδικά, αντιπροσωπευτικό του χίπικου στιλ των 60s. Χάρηκα βλέποντας ότι είχε μείνει ακριβώς το ίδιο.

Οι διαπραγματεύσεις δεν κράτησαν πολύ: μεταξύ άλλων, απαιτήσαμε εξαψήφιο ποσό προκαταβολής, πράγμα ανήκουστο για νέους, άγνωστους καλλιτέχνες το 1986. Το δέχθηκαν· η Vicky Hamilton λειτουργούσε ως μάνατζέρ μας, κι έτσι μας γνώρισε στον Peter Paterno, που έγινε ο νομικός σύμβουλος του συγκροτήματος.

Έτσι λοιπόν οι Guns N' Roses είχαν τελικά υπογράψει, αλλά αμέσως μετά, η καινούργια μας εταιρεία ζήτησε να σταματήσουμε τις εμφανίσεις. Ήθελαν να κρατήσουμε χαμηλό προφίλ, να εδραιώσουμε το θρύλο μας και να βάλουμε σε τάξη τις υποθέσεις μας. Ήθελαν να ζήσουμε από τα χρήματα της προκαταβολής και να μην αφήσουμε τις εβδομαδιαίες εμφανίσεις να μας αποσπάσουν ενώ θα κάναμε τα απαραίτητα επόμενα βήματα.

Δυστυχώς, ούτε αυτοί ούτε εμείς ξέραμε ότι το να μας δώσουν οποιοδήποτε ποσό και να μας αφήσουν να το ξοδέψουμε ήταν κακή ιδέα· μας παραχωρούσαν έτσι ένα βαθμό ελευθερίας που δεν είχαμε γνωρίσει ποτέ. Ήμουν σίγουρος ότι αυτό δεν θα είχε καλή κατάληξη. Οι πέντε μας είχαμε καταφέρει να κάνουμε την κάθε μέρα μας πραγματικά επική, έχοντας στις τσέπες μας πενταροδεκάρες· τώρα με τα χρήματα της προκαταβολής και μια δισκογραφική να μας στηρίζει, μπορούσαν να συμβούν σχεδόν τα πάντα.

Όπως διαπιστώσαμε όλοι –τότε αλλά και πολλές φορές στη συνέχεια–, το χειρότερο πράγμα που μπορούσε να συμβεί στο γκρουπ ήταν να έχει χρήματα για ξόδεμα χωρίς ταυτόχρονα να κάνει τίποτα.

Όρεξη για δυσλειτουργία

7
Κεφάλαιο

Η αέναη ανησυχία είναι ένας καταλύτης με απρόβλεπτη επίδραση· μπορεί να σου προσφέρει κίνητρο για επιτυχία, αλλά και να σε παρασύρει στον αφανισμό. Μερικές φορές μάλιστα η επιλογή δεν είναι δική σου. Η ανήσυχη, αεικίνητη φύση μου είναι αυτή που μου εξασφάλισε το παρατσούκλι μου και με έκανε να αναζητώ διαρκώς την επόμενη συγκίνηση, την επόμενη συναυλία και το επόμενο εμπόδιο που χρειαζόταν να υπερπηδήσω. Και ένα τέτοιο χαρακτηριστικό δεν σε εγκαταλείπει στιγμή.

Προτού οι Guns υπογράψουν συμβόλαιο με δισκογραφική, δεν είχα δουλειά και ζούσα σε ένα ρυπαρό γκαράζ, εξίσου ελκυστικό με φυλακή της Λατινικής Αμερικής. Όλη η ζωτικότητά μου ξοδευόταν στην καθημερινή επιβίωση και στην προσπάθειά μου κάθε εμφάνιση να αποτελεί ένα βήμα μπροστά. Μόλις οι Guns υπέγραψαν με την Geffen δεν είχα πλέον να ανησυχώ για χρήματα, φαγητό ή στέγη. Αυτή η αίσθηση σχετικής σταθερότητας μου ήταν άγνωστη· δεν καιγόμουν να αποκτήσω κανένα από τα μπιχλιμπίδια της «φυσιολογικής» ζωής, κι έτσι αυτό που για κάποιον άλλο έμοιαζε με ευλογία, ήταν για μένα σχεδόν κατάρα.

Υπογράψαμε για 250.000 δολάρια, και η προκαταβολή μας ήταν περίπου 37.000 δολάρια· από αυτά μου αναλογούσαν περίπου 7.500. Λόγω των προβλημάτων μου με την εφορία, τα μετέτρεψα σε τράβελερ τσεκ της American Express που φύλαγα στην μπροστινή τσέπη του τζιν μου. Δεν είχα σκοπό να αποταμιεύσω το μερίδιό μου, ούτε γιόρτασα το γεγονός αγοράζοντας καινούργια κιθάρα ή κάτι τέτοιο – τα ξόδεψα σε ηρωίνη. Ο καθένας από μας πήρε το ίδιο μάθημα με τον δικό του ιδιαίτερο τρόπο προτού μπούμε στη γραμμή για να κάνουμε αυτό που έπρεπε να κάνουμε. Δεν θα ήταν η τελευταία φορά που θα χρειαζόταν να πολεμήσουμε με τα ένστικτά μας. Κάθε φορά που εξασφαλίζαμε κάποια γαλήνη, η ίδια ανησυχία που πυροδοτούσε την επιτυχία μας απειλούσε να τα καταστρέψει όλα.

Καθώς η κλίμακα της δράσης μας μεγάλωνε, έγινε φανερό σε όλους μας ότι η Vicky Hamilton δεν μπορούσε πλέον να λειτουργεί ως μάνατζέρ μας. Επίσης, ήταν καιρός να βρούμε καινούργιους τεχνικούς: ο Joe σε καμία περίπτωση δεν μπορούσε να θεωρηθεί τεχνικός, και ο Danny ήταν φιλαράκι μου στον κόσμο των ναρκωτικών (με τον οποίο συνέχισα να κάνω παρέα για χρόνια στο συγκεκριμένο πεδίο), αλλά σε καμία περίπτωση road manager. Μας κακοφάνηκε που προχωρήσαμε σε αυτές τις αλλαγές, αλλά έπρεπε να γίνουν. Ήταν το τέλος μιας εποχής· δεν ήμαστε πλέον τίποτε ρεμάλια που δεν είχαν τίποτε να χάσουν. Τώρα πια ήμαστε ρεμάλια με μια πολυεθνική να μας στηρίζει.

Ο Tom Zutaut κανόνισε μερικές συναντήσεις με πιθανούς μάνατζερ, και οι πρώτοι ήταν ο Cliff Bernstein και ο Peter Mensch από την Q Prime, που είχαν αναλάβει τους Metallica, τους Def Leppard και άλλα συγκροτήματα, με τα οποία εξακολουθούν να συνεργάζονται μέχρι σήμερα. Πήγα στο γραφείο του Tom αλλά καθυστέρησαν να εμφανιστούν, κι έτσι με πήρε ο ύπνος στον καναπέ όσο περίμενα. Για την ιστορία, δεν είμαι σίγουρος αν ήμουν μαστουρωμένος ή όχι. Αυτό που θυμάμαι είναι ότι η συνάντηση δεν πήγε καθόλου καλά.

«Ο ήχος των Guns N' Roses δεν διαθέτει την απαραίτητη μουσικότητα ώστε να θεωρούμε πιθανή τη συνεργασία μαζί τους», είπε ένας απ' αυτούς, δεν είμαι σίγουρος ποιος.

Έμεινα κόκκαλο. *Ε;* Θα πρέπει να μουρμούρισα.

Βασικά, δέχθηκα αυτή την προσβολή με κατεβασμένα τα χέρια, γιατί στην πραγματικότητα ήμουν ξαπλωμένος, και αυτό ήταν το τέλος. Δεν είπα τίποτα, αλλά το πρόσωπό μου θα πρέπει να πήρε μια έκφραση αποστροφής, ή τουλάχιστον σύγχυσης και προβληματισμού.

«Ξέρεις τι παίζεις όταν σολάρεις;» ρώτησε ο άλλος, δεν είμαι σίγουρος ποιος.

«Ναι», μουρμούρισα.

«Τα σόλο σου ακούγονται σαν σκέτος θόρυβος, ενώ αν ακούσεις τους Metallica, το παίξιμό τους ακούγεται πραγματικά μελωδικό».

«Εντάξει, φίλε», είπα. *Ό,τι πεις, μαλάκα,* σκέφτηκα.

Όλο αυτό το διάστημα ο Tom έκανε ό,τι μπορούσε για να αποσοβήσει μια πιθανή έκρηξη, παρεμβαίνοντας με σχόλια που είχαν σκοπό να ελαφρύνουν την ατμόσφαιρα και να διατηρήσουν μια θετική διάθεση.

«Το demo δεν είναι αντιπροσωπευτικό της μουσικής τους», είπε στους δύο τύπους από την Q Prime. «Πρέπει να ακούσετε τα τραγούδια τους με τη σωστή παραγωγή».

Ο Tom ήξερε, όπως κι εμείς, ότι το demo ήταν πολύ αντιπροσωπευτικό της μουσικής μας – απλώς αυτοί οι τύποι, όπως και πολλοί άλλοι, δεν το έπιαναν. Μας απέρριψαν, αλλά το μετάνιωσαν. Όλοι σε όσους μας σύστησε ο Tom εκείνες τις μέρες και μας απέρριψαν, το μετάνιωσαν – και δεν ήταν λίγοι.

Εκείνη την εποχή ο Izzy εξακολουθούσε να μένει στο διαμέρισμά του και ο Duff έμενε με μια Ουγγαρέζα, την Katerina (που αργότερα θα γινόταν γυναίκα του), σε ένα διαμέρισμα στη Hollywood Boulevard, που κατά σύμπτωση βρισκόταν δίπλα από αυτό του Sly Stone. Θα μπορούσε να πει κανείς ότι ο Sly και ο Duff είχαν μια στενή γειτονική σχέση: ο Sly περνούσε από το σπίτι του Duff απρόσκλητος για να καπνίσει μόνος του στο μπάνιο του Duff, κρακ, PCP ή μια μίξη απ' τα δύο, κι έπειτα έφευγε. Αυτό μας τρέλαινε. Προφανώς το έκανε συνεχώς, αλλά οι περισσότεροι από μας δεν το έβλεπαν επειδή ποτέ δεν αράζαμε στο σπίτι του Duff – η κοπέλα του δεν ήταν ο τύπος που θα δεχόταν να φιλοξενήσει ένα τσούρμο ανθρώπους στο καθιστικό της. Όμως εγώ πήγαινα και βρισκόμουν εκεί με τον Duff πριν από τις πρόβες, κι έτσι τον πέτυχα μια φορά.

Ένα χτύπημα ακούστηκε στην πόρτα, ο Duff άνοιξε και είδα τον Sly.

«Έι, φίλε», μουρμούρισε, επειδή δεν θυμόταν ποτέ το όνομα του Duff. «Μπορώ να χρησιμοποιήσω λιγάκι το μπάνιο σου;»

«Ω, ναι, βέβαια», είπε ο Duff.

Και αυτό ήταν. Ο Duff είπε ότι ο Sly έμενε εκεί μέσα από λίγα λεπτά μέχρι μερικές ώρες.

Όσο ζούσε σε εκείνο το κτίριο, ο Duff γνώρισε επίσης τον West Arkeen. Το μοναδικό μέρος που ήξερα ότι θεωρούσε κατοικία του ο West ήταν η παλιά Chevrolet El Camino που είχε. Νομίζω ότι εκείνη την εποχή την είχε παρκάρει έξω από την πολυκατοικία του Duff, κι έτσι θα μπορούσε να πει κανείς ότι ήταν ένοικός της κατά προσέγγιση. Ο Duff μού τον σύστησε και έγινε φίλος του συγκροτήματος· αρχικά με τον Axl και στη συνέχεια με τους υπόλοιπους. Την εποχή εκείνη ήμουν διστακτικός στο να γνωρίζω καινούργιους ανθρώπους, επειδή είχε αρχίσει να μας περιτριγυρίζει ένα ολόκληρο σκυλολόι, κι έτσι δεν ήμουν και πολύ δεκτικός στους νεοφερμένους. Χρειάζομαι κάμποσο μέχρι να εμπιστευθώ κάποιον, αλλά έπειτα από λίγο καιρό ο West κι εγώ γίναμε φίλοι.

Ο West ήταν ένας κιθαρίστας από το San Diego και φανατικός γλεντζές που κατέληξε κάτι περισσότερο από φίλος του συγκροτήματος: έφτασε να γράψει μαζί μας μερικά από τα τραγούδια μας, όπως τα «It's so Easy» και «Yesterdays» μαζί με τον Duff, και τα «Bad Obsession» και «The Garden» μαζί με τον Axl. Ο Duff με τον West έκαναν παρέα και έγραφαν μαζί τραγούδια. Μερικές φορές συμμετείχα κι εγώ στη διαδικασία, αλλά ο West και ο Axl έγιναν πραγματικά κολλητοί. Εκτός από τα τραγούδια που έγραψε μαζί με τους Guns, έγραψε τραγούδια για τους σόλο δίσκους του Duff και του Izzy, ενώ όλοι μας συμμετείχαμε στο δίσκο που έκανε με το συγκρότημά του, τους Outpatience, στα τέλη της δεκαετίας του '90, λίγο πριν χάσει τη ζωή του από υπερβολική δόση.

Στον West άρεσε να πίνει πολύ και να γλεντάει χωρίς όρια· έτσι ταίριαζε μια χαρά μαζί μας. Ήταν ένας απ' αυτούς τους τύπους που ένιωθαν τέτοια αυτοπεποίθηση και ήταν τόσο ικανοποιημένος με την ύπαρξή του που ακόμα κι αν δεν του φερόσουν καλά, εξακολουθούσε να σε αντιμετωπίζει με προσήνεια· ίσως γι' αυτό με κέρδισε στο τέλος. Όπως και να 'χει, ο West ήταν ο τύπος που μας έμαθε την ουσία που τότε λεγόταν speed και τώρα λέγεται κρυσταλλική μεθαμφεταμίνη. Το speed ήταν η αγαπημένη του ναρκωτική ουσία· πάντα διέθετε μεγάλες ποσότητες απ' αυτό, καθώς είχε άκρες στο San Diego και όλοι όσοι τον περιτριγύριζαν ήταν «φτιαγμένοι» από speed.

Τελικά ο West βρήκε τα χρήματα γιά να νοικιάσει ένα ωραίο σπίτι στο Hollywood Hills· ήταν τριώροφο και σκαρφαλωμένο σε μια πλαγιά πνιγμένη στη βλάστηση. Ζούσε εκεί με τη «Laurie» και την «Patricia», δύο κορίτσια εθισμένα στο speed, που αν δεν ήταν τόσο εξουθενωμένα από το ναρκωτικό, μπορεί να ήταν και όμορφα. Η Laurie εργαζόταν στην κινηματογραφική βιομηχανία και διέθετε ένα ωραίο τζιπ Suzuki, ενώ η Patricia φαινόταν να μη δουλεύει ποτέ, αλλά ποτέ δεν της έλειπαν τα χρήματα. Ποτέ δεν μπόρεσα να καταλάβω πώς κατάφερναν να διατηρούν τα προσχήματα μιας κανονικής ζωής –σπίτι, τραπεζικό λογαριασμό και τα ρέστα–, ενώ την ίδια στιγμή έπαιρναν speed με τέτοια παραφορά. Όμως, εκείνη την εποχή δεν ήξερα και πολλά για το speed.

Συνήθιζα να κοιμάμαι εκεί κάθε φορά που δεν είχα πού αλλού να την «πέσω», και καθώς ο West άρχιζε να γίνεται σιγά σιγά μέλος του κύκλου μας, υπήρχε και κάτι άλλο που δεν μπορούσα να καταλάβω: πώς είχε πάντα χρήματα. Ειδικά όταν τα πράγματα πήραν τρελό δρόμο, ο West έγινε ο μοναδικός άνθρωπος στον κόσμο που θα μπορούσε να ονομαστεί φίλος του γκρουπ. Ήταν ο μόνος που πάντα έσπευδε όταν κάποιος από μας χρειαζόταν κάτι· για πολύ καιρό, ήταν κυριολεκτικά ο μόνος που μπορούσαμε να εμπιστευθούμε.

ΑΜΕΣΩΣ ΜΟΛΙΣ ΤΣΕΠΩΣΑΜΕ ΤΗΝ ΠΡΟΚΑΤΑΒΟΛΗ ΜΑΣ, καταφέραμε να κάνουμε μία και μόνη πρακτική κίνηση σε συλλογικό επίπεδο: να νοικιάσουμε ένα διαμέρισμα. Όλα τα μεσιτικά γραφεία που επισκεφθήκαμε αρνήθηκαν να μας εξυπηρετήσουν επειδή η πιστωτική μας ικανότητα ήταν σχεδόν μηδαμινή. Όμως τελικά βρήκαμε ένα μέρος στο νοτιοανατολικό άκρο της La Cienega, στη γωνία με τη Fountain· ήταν ένα ισόγειο διαμέρισμα με δύο υπνοδωμάτια και δύο μπάνια. Αποφασίσαμε να ασχοληθούμε λίγο με το σπίτι μας, κι έτσι νοικιάσαμε μερικά έπιπλα – δύο κρεβάτια και μία μικρή τραπεζαρία. Ολοκληρώσαμε το ντεκόρ με έναν καναπέ που βρήκαμε στο σοκάκι πίσω από το κτίριο και μια τηλεόραση που μας χάρισε η μαμά του Steven. Όταν πρωτομετακομίσαμε εκεί, η μαμά του Steve μάς εφοδίασε επίσης με λίγα τρόφιμα. Ήταν η μοναδική φορά που είχαμε τέτοιο πράγμα – για μια εβδομάδα περίπου, το ψυγείο έμοιαζε λες και κάποιος ζούσε στ' αλήθεια εκεί.

Ο Steve και ο Izzy βολεύτηκαν στο ένα δωμάτιο κι εγώ με τον Axl στο άλλο· το συγκεκριμένο διαμέρισμα υπάρχει ακόμα και σήμερα. Περνάω από εκεί συνέχεια – είναι αυτό με τα μεγάλα παράθυρα στον πρώτο όροφο, που βλέπει στη διασταύρωση. Όταν το πρωτονοικιάσαμε, ο Izzy έμενε με το κορίτσι του την Dezi στη Λεωφόρο Orange, και ο Duff με την Katerina ζούσαν στη Hollywood Boulevard, αλλά τα κοινά μας ενδιαφέροντα έκαναν τον Izzy να περνάει την περισσότερη ώρα στο σπίτι μας. Μετά από έναν καυγά με την Dezi, για κάποιο διάστημα ήρθε και έμεινε μαζί μας.

Το καινούργιο λημέρι μας μου φαινόταν πολυτελές· μέχρι που πήρα από το σπίτι της Yvonne το ανακόντα μου, τον Clyde, για να μου κάνει παρέα. Δυστυχώς, η μετακίνηση από το γκαράζ μας σε έναν εμφανώς καλύτερο χώρο δεν μετρίασε την ακολασία και την παραβατικότητά μας· μόλις πέρασαν οι τρεις μήνες που είχαμε προπληρώσει μας πέταξαν έξω – και ποτέ δεν πήραμε πίσω την εγγύηση που είχαμε δώσει. Το πράγμα δεν λειτούργησε όπως το είχαμε σχεδιάσει, αλλά το ότι ζήσαμε όλοι μαζί στο ίδιο μέρος ήταν ένα βήμα προς μια περισσότερο οργανωμένη συλλογική παραγωγικότητα.

Μέχρι να μας κάνουν έξωση, μου φαινόταν ότι όλα πήγαιναν καλά. Είχαμε χρήματα στα χέρια μας και έβαζα τα δυνατά μου να φανώ όσο πιο φειδωλός γινόταν στο ζήτημα αγοράς ηρωίνης, προσπαθώντας να την κάνω να διαρκεί περισσότερο. Παρά τις προσπάθειές μας, το διαμέρισμά μας έγινε κανονικός τεκές. Ψωνίζαμε από το ανατολικό Los Angeles, όπου η ηρωίνη υπήρχε σε τέτοια αφθονία, που νόμιζες ότι κυλούσε στους δρόμους. Μια νύχτα πέρασε ο Mark Mansfield. Χωρίς να το ξέρουμε, είχαμε και οι δύο γίνει πρεζόνια· έτσι χάρηκα αφάνταστα που τον ξαναείδα. Δούλευε με ένα συγκρότημα που λεγόταν Tex and the Horseheads, που κι αυτοί ήταν όλοι στην πρέζα· έτσι πηγαίναμε και αράζαμε στο μέρος όπου έμεναν. Μέχρι εκείνη την εποχή, έκανα περιστασιακή χρήση ηρωίνης όποτε μπορούσα να βρω, αλλά ποτέ δεν ήμουν σε θέση να αγοράζω σε τακτική βάση. Όμως τότε πλέον μπορούσα να πληρώνω για καθημερινή χρήση, και ήμουν πολύ σαγηνευμένος από το ναρκωτικό για να ξέρω ή να με νοιάζει σε τι πήγαινα να μπλέξω.

Η εταιρεία μάς είχε νοικιάσει ένα χώρο για πρόβες σε ένα στούντιο που λεγόταν Dean Chamberlain στο Hollywood, όπου έκαναν πρόβες και οι Jane's Addiction. Πηγαίναμε κάθε μέρα στις δύο ή τρεις το απόγευμα και παίζαμε για τέσσερις περίπου ώρες. Το μικρό μας στούντιο είχε εμβαδό δυόμισι επί έξι μέτρα, ήταν στενό και μακρόστενο και λουσμένο στο σκληρό, «νοσοκομειακό» φως των λαμπτήρων φθορισμού. Βασικά, ήταν λες και κάναμε πρόβες σε ένα 7-Eleven.

Κατά ειρωνικό τρόπο, ένα από τα πρώτα τραγούδια που δουλέψαμε εκεί ήταν το «Mr. Brownstone», ένα κομμάτι που γεννήθηκε κάτω από πολύ πιο σκοτεινές περιστάσεις. Ο Izzy, η κοπέλα του η Dezi κι εγώ ήμαστε στο διαμέρισμά τους μια νύχτα όταν το συλλάβαμε. Είχαν μια μικρή τραπεζαρία όπου καθόμαστε για να βράσουμε το ναρκωτικό και έπειτα πιάναμε τις κιθάρες μας και παίζαμε. Καθόμαστε λοιπόν εκεί και γκρινιάζαμε –όπως γκρινιάζουν τα πρεζόνια– για τις «άκρες» μας, όπως και για το ότι είμαστε πρεζόνια, και τότε μας ήρθε το κομμάτι. Βασικά περιέγραφε μια μέρα στη ζωή μας εκείνη την εποχή. Ο Izzy είχε μια ωραία ιδέα, σκέφτηκε το riff, και αρχίσαμε να αυτοσχεδιάζουμε τους στίχους. Η Dezi θεωρεί ότι συμμετείχε στη σύνθεση του κομματιού, και για την ιστορία μπορεί να σκέφτηκε κάνα δυο λέξεις από τους στίχους. Όταν το ολοκληρώσαμε, γράψαμε τους στίχους σε μια χαρτοσακούλα. Το πήγαμε στο διαμέρισμα της Fountain και το παίξαμε στον Axl· αυτός δούλεψε λιγάκι τους στίχους και στην επόμενη πρόβα ήμαστε έτοιμοι να το παίξουμε. Ο Axl είχε την ικανότητα να παίρνει μια απλή μελωδία του Izzy και να τη μετατρέπει σε κάτι φανταστικό, και το τραγούδι αυτό είναι ένα τέτοιο παράδειγμα.

Ο Tom Zutaut ανυπομονούσε να μας βρει έναν παραγωγό και να μας βάλει σε μια σειρά για την ηχογράφηση – ιδέα δεν είχε όμως για το πόσο μακρύς θα ήταν αυτός ο δρόμος. Ο πρώτος υποψήφιος που μας έστειλε ήταν ο Tom Werman, ο οποίος ήταν μεγάλη «μούρη». Ο Werman είχε μόλις κάνει την παραγωγή στο *Shout at the Devil* των Mötley Crüe, το οποίο πούλησε μερικά εκατομμύρια αντίτυπα το 1985, ενώ προηγουμένως είχε ήδη κάνει όνομα δουλεύοντας ως παραγωγός για τους Cheap Trick, τον Ted Nugent και τους Molly Hatchet. Στη συνέχεια ο Werman συνεργάστηκε με τους Poison, τους Twisted Sister, τους L.A. Guns, τους Stryper, τους Krokus και τους Dokken – βασικά, έγινε ο άνθρωπος που επινόησε τον ήχο του metal της δεκαετίας του '80.

Όμως μαζί μας δεν μπορούσε να τα βγάλει πέρα. Ποτέ δεν καταφέραμε να τον συναντήσουμε υπό κανονικές συνθήκες. Ήρθε εκεί που κάναμε πρόβες και παίζαμε το «Mr. Brownstone» σε εντάσεις αεροτουρμπίνας. Ο Izzy κι εγώ μόλις είχαμε πάρει ολοκαίνουργιους ενισχυτές Mesa Boogie και εγώ έπαιζα με καινούργια κιθάρα: ήταν μια Les Paul που ανήκε στον blues κιθαρίστα των 70s Steve Hunter. Την είχα ανταλλάξει με την B.C. Rich μου στο κατάστημα μουσικών οργάνων των Albert και Howie Huberman, το Guitars R Us. Το συγκεκριμένο μαγαζί ήταν θεσμός για κάθε μουσικό του Los Angeles που δεν διέθετε τα χρήματα για το Guitar Center· ήταν το απόλυτο ενεχυροδανειστήριο των μουσικών. Εκεί ξεφορτώθηκα όλα τα παλιά μου όργανα και εφοδιάστηκα με καινούργια. Επίσης, όταν τα λεφτά τελείωσαν, εκεί πούλησα τα όργανά μου ώστε να εξασφαλίσω λεφτά για να αγοράσω πρέζα.

Όπως και να 'χει, παίζαμε το «Mr. Brownstone» σε τόσο εκκωφαντική ένταση που ο Werman έγινε καπνός. Μπήκαν με το βοηθό του, έκανε μια στάση στην πόρτα, κι έπειτα έκανε μεταβολή και εξαφανίστηκε. Μόλις τελειώσαμε το τραγούδι βγήκαμε να δούμε εάν ήταν έξω, και το μόνο που είδαμε ήταν ο άδειος δρόμος.

«Μάλλον παίζαμε λιγάκι δυνατά», είπα στους άλλους.

Το αντιμετωπίσαμε με αδιαφορία, αλλά μέσα μου είχα τσαντιστεί, επειδή πίστευα ότι ακουγόμαστε τέλεια. Όμως είχα πια συνηθίσει να μην καταλαβαίνουν οι άλλοι.

Οι Guns ήταν ένα άγριο ερπετό που ευδοκιμούσε σε τέτοιους νερόλακκους.

Η πιο γνωστή μουσική περσόνα που επιχείρησε να δουλέψει μαζί μας ήταν ο Paul Stanley των Kiss, ο οποίος έψαχνε το κατάλληλο συγκρότημα για να ξεκινήσει καριέρα πίσω από την κονσόλα. Για τον Izzy, τον Duff και μένα το όνομά του δεν σήμαινε τίποτε· είπαμε στον Zutaut ότι δεν μπορούσαμε να σκεφτούμε ποιο καινούργιο στοιχείο θα μπορούσε να φέρει ο Stanley στη χημεία της μπάντας. Ο Steven, βεβαίως, πετούσε στα ουράνια – οι Kiss ήταν οι ήρωές του, γι' αυτό αποφασίσαμε να μην του κόψουμε τη χαρά στη μέση και δεχθήκαμε να κάνουμε μια συνάντηση με τον Stanley. Η διαδικασία ξεκίνησε με την άφιξη του Stanley στο διαμέρισμά μας για να «συζητήσουμε για μουσική». Τότε πια η ηρωίνη είχε γίνει καθημερινή συνήθεια· έτσι, όταν έφτασε ο Paul, ο Izzy κι εγώ με το ζόρι μπορούσαμε να κρατήσουμε τα μάτια μας ανοιχτά. Προσπαθούσαμε να μη γίνεται τόσο φανερό... ή τουλάχιστον έτσι νομίζαμε. Ο Izzy κι εγώ ήμαστε αραχτοί στον καναπέ, και μια και από το καθιστικό μας έλειπαν οι καρέκλες, ο Paul κάθισε στο πάτωμα, δίπλα στον Steven και τον Axl.

«Λοιπόν», είπε. «Κατ' αρχάς, θέλω να γράψω απ' την αρχή το "Welcome to the Jungle"». Πίστευε ότι το τραγούδι είχε δυνατότητες, αλλά του έλειπε η «πιασάρικη» δομή. Αυτό που χρειαζόταν ήταν ένα ρεφρέν που δεν θα το ξεχνούσες, που θα ήθελες να το τραγουδήσεις, ένα ρεφρέν-ύμνος, με άλλα λόγια ένα ρεφρέν που θα ταίριαζε περισσότερο στους Kiss.

«Ωχ...» είπα μέσα απ' τα δόντια μου. Όσο με αφορούσε, αυτό ήταν και το τέλος της σχέσης μας. Ο Stanley ήταν η επιτομή του τύπου με τα ωραία ρούχα, τη γυναίκα-τρόπαιο και το ωραίο αμάξι, που «έσκυβε» στο επίπεδό μας για να μας πει τι να κάνουμε. Και αυτό δεν μου άρεσε καθόλου.

Όμως ο Paul επέμενε. Τον ξαναείδαμε λίγο καιρό αργότερα, όταν παίξαμε σε μια εκδήλωση της Geffen. Βασικά, την εμφάνισή μας την κανόνισε ο Tom επειδή χρειαζόμαστε να παίξουμε κάπου. Ήταν μία από αυτές τις συναυλίες όπου η είσοδος επιτρεπόταν αυστηρά με προσκλήσεις και μόνο σε μέλη της μουσικής βιομηχανίας, και πραγματοποιήθηκε στο Gazzari's (που σήμερα λέγεται Key Club), ένα χώρο όπου δεν είχαμε παίξει ποτέ, καθώς αντιπροσώπευε όλα όσα σιχαινόμαστε. Ήταν τόσο glam και gay που στις διαφημίσεις του στο ραδιόφωνο ο ιδιοκτήτης δήλωνε με τη βαριά καλιφορνέζικη προφορά του: «Όλα τα συγκροτήματά μου έχουν foxy τύπους! Αν δεν έχουν foxy τύπους στη σύνθεσή τους, τότε δεν ανεβαίνουν στη σκηνή μου». Το Gazzari ήταν το μέρος όπου χτυπούσε η καρδιά του «πλαστικού» glam metal. Και εμείς, σίγουρα, δεν προσπαθούσαμε να γίνουμε foxy. Η μόνη φορά που είχα βρεθεί σε εκείνο το μέρος στο παρελθόν ήταν όταν είχα πάει να δω τους Hollywood Rose, πριν από πολύ καιρό.

Τέλος πάντων, ο Paul Stanley είδε την εμφάνισή μας και ούτε λίγο ούτε πολύ απείλησε τον ηχολήπτη να τον αφήσει να καθίσει εκείνος στην κονσόλα και να αναλάβει τη μίξη. Δεν το μάθαμε παρά αργότερα, και τότε σκέφτηκα: Ο Paul Stanley κάνει τον ήχο στους Guns N' Roses, στου Gazzari. Υπάρχει τίποτε πιο κλισέ; Θυμάμαι ότι πληρωθήκαμε, επειδή μέτρησα τα χρήματα, τα μοίρασα στους υπόλοιπους και είπα στον Izzy: «Πρέπει να πάω να "φτιαχτώ"». Μόνο αυτό με ένοιαζε εκείνη την εποχή – και αυτό ακριβώς έκανα· την κοπάνησα αμέσως και πήγα να βρω την «άκρη» μου.

Ο Paul συνέχισε την προσπάθειά του να μας «κερδίσει», κι έτσι επέμεινε να έρθει και στην επόμενή μας εμφάνιση, όπου ξέραμε ότι θα του δείχναμε μια και καλή ποιοι ήμαστε και τι θα έπρεπε να αποτυπώσει ο άνθρωπος που θα μας έκανε την παραγωγή στο δίσκο μας. Ήταν μια εβδομάδα αργότερα, στο Raji's, που ήταν ένα πραγματικό καταγώγιο, ένα κλουβί επτά επί επτά μέτρα που έζεχνε μπίρα και κατουρλιό, με μια μικροφωνική εγκατάσταση που ακουγόταν σαν πανάρχαια κονσόλα με τους δείκτες κολλημένους στο κόκκινο. Η σκηνή είχε τριάντα πόντους ύψος και ήταν κολλημένη στον τοίχο απέναντι από την πόρτα· τα φώτα στις τουαλέτες ήταν πιο άθλια κι απ' του CBGB [Σ.τ.Μ.: μικρή αλλά ιστορική μουσική σκηνή της Νέας Υόρκης]. Με άλλα λόγια, ήταν το φυσικό περιβάλλον των Guns N' Roses. Νομίζω ότι ο Paul είχε έρθει για να μας αποδείξει μια και καλή ότι καταλάβαινε τις ρίζες μας. Είχε έρθει να «παίξει» στο «γήπεδό» μας, γιατί στο κάτω κάτω, με τους Kiss παλιά είχε παίξει σε τέτοια καταγώγια. Οι προθέσεις του ήταν καλές, αλλά είμαι σίγουρος ότι πολύ γρήγορα συνειδητοποίησε ότι το «γήπεδό» μας ήταν ένας χώρος όπου είχε πάρα πολύ καιρό να βρεθεί. Οι Guns ήταν ένα άγριο ερπετό που ευδοκιμούσε σε τέτοιους νερόλακκους.

Η εμφάνισή μας ήταν συγκλονιστική: ήταν ένα live βρόμικο, λασπερό, χαώδες και γεμάτο ιδρώτα, δηλαδή όπως θα έπρεπε να είναι για μένα κάθε συναυλία των Guns. Επίσης, ήταν η πιο ειλικρινής εκδοχή των Guns N' Roses, επειδή πριν βγούμε στη σκηνή πήρα μια μεγάλη δόση ηρωίνης που, μαζί με το αλκοόλ που έπινα ήδη, μου χάλασε τόσο το στομάχι που κάθε πέντε λεπτά πήγαινα πίσω απ' τον ενισχυτή και ξερνούσα. Είχα έναν καινούργιο τεχνικό κιθάρας, τον Jason, ο οποίος χοροπηδούσε για να αποφύγει τις «ρουκέτες». Η αποπνικτική ζέστη του κλαμπ δεν βοηθούσε την κατάσταση. Η συναυλία ήταν τόσο χαοτική και το κοινό τόσο γεμάτο από αχαλίνωτους φανατικούς, που ο Axl κατέληξε να έρθει στα χέρια με κάποιον τύπο από τις πρώτες σειρές – ίσως τον είχε χτυπήσει στο κεφάλι με τη βάση του μικροφώνου. Σε όλη τη διάρκεια του σόου γινόταν απίστευτος χαλασμός· υπήρχε ασύλληπτη ενέργεια εγκλωβισμένη σε εκείνο το μικροσκοπικό κλουβί που περνιόταν για κλαμπ. Στο εσώφυλλο του *Appetite for Destruction* υπάρχει μία φωτογραφία από εκείνη την εμφάνιση.

Μου είναι αδύνατον να φανταστώ πού στεκόταν στη διάρκεια του σόου, αλλά ο Paul Stanley εμφανίστηκε μετά το σόου μαζί με την ξανθιά σεξοβόμβα συμβία του, φορώντας και οι δυο τους ρούχα που η τιμή τους υπερέβαινε την εμπορική αξία ολόκληρου του κτιρίου που βρισκόταν το κλαμπ. Το Raji's δεν διέθετε παρασκήνια· υπήρχε ένας διάδρομος με λίγα σκαλιά ανάμεσα στο πλάι της σκηνής και την πίσω πόρτα, όπου κάθισε ολόκληρο το γκρουπ μόλις τελειώσαμε. Ο Paul και η φίλη/γυναίκα του έμοιαζαν εντελώς παράταιροι, αλλά παρ' όλ' αυτά δοκίμασαν να καθίσουν μαζί μας. Ήμαστε ιδρωμένοι και δύστροποι, ενώ έπειτα από επτά εμετούς στη σκηνή έβαζα τα δυνατά μου για να μην ξεράσω για άλλη μια φορά πάνω του, όταν μου είπε, με την κυρία του που έμοιαζε με την Ivana Trump στο πλάι του: «Χμμ... ενδιαφέρον».

Την επόμενη μέρα, το κάναμε και επίσημα. Παρακάλεσα τον Tom να πει στον Paul ότι τον ευχαριστούσαμε πολύ, αλλά θα συνεχίζαμε την αναζήτηση παραγωγού. Λυπάμαι γι' αυτό, αλλά λίγο καιρό αργότερα είπα την ιστορία με τον Paul στο *L.A. Weekly* επενδύοντας τη στάση του Paul με πολλά κιλά υπεροψίας. Δεν είχα κακό σκοπό· ήμουν τόσο ενθουσιασμένος με όσα κάναμε, που για μένα όποιος δεν το καταλάβαινε απλώς έκανε λάθος. Δεν θυμάμαι να πρόσβαλα δημόσια τον Paul, και έτσι δεν το σκέφτηκα καθόλου πριν του τηλεφωνήσω ένα δυο μήνες αργότερα για να του ζητήσω μια χάρη. Εκείνο τον καιρό είχαμε ξεκινήσει τις ηχογραφήσεις, αλλά είχα «σκοτώσει» τις καλύτερες κιθάρες μου για να πάρω πρέζα και ήλπιζα ότι θα μπορούσε να μου εξασφαλίσει κάποια όργανα κατάλληλα για το στούντιο, μέσω της χορηγίας που είχε από την B.C. Rich.

«Έι, Paul, γεια, είμαι ο Slash», του είπα. «Καιρό έχουμε να τα πούμε. Πώς πάει, ρε φίλε;»

«Καλά», μου απάντησε.

«Άκου, ξέρω ότι έχεις συμφωνία με την B.C. Rich. Πιστεύεις ότι μπορείς να μου βρεις καμιά κιθάρα;»

«Ναι, θα μπορούσα, δεν θα ήταν δύσκολο», είπε, και έπειτα... σιωπή. «Όμως δεν πρόκειται να το κάνω. Και άκου μια συμβουλή: πρέπει να προσέχεις να μη βγάζεις τα άπλυτά σου στη φόρα. Καλή τύχη».

Κλικ.

Χρειάστηκε να περάσει καιρός, αλλά το 2006 βρήκα την ευκαιρία να ζητήσω συγγνώμη από τον Paul στην εκδήλωση *Rock Honors,* όπου συμμετείχα σε ένα τιμητικό αφιέρωμα στους Kiss μαζί με τον Tommy Lee, τον Ace Frehley και άλλους. Όλα ήταν μια χαρά μεταξύ μας· περασμένα ξεχασμένα. Τώρα που το ξανασκέφτομαι, καταλαβαίνω πολύ καλά γιατί φέρθηκα με αυτόν τον τρόπο: Ήμουν αλαζόνας, και όταν είσαι αλαζόνας, άσχετα με το ποιος είσαι ως άτομο, το γεγονός ότι δεν είσαι fan του συγκροτήματος κάποιου άλλου αποτελεί βάσιμο λόγο για να φέρεσαι σαν μαλάκας.

Δεν υπήρχε περίπτωση να πάω στη φυλακή με βαμμένα νύχια.

ΚΑΝΑΜΕ ΠΡΟΒΕΣ ΚΑΘΗΜΕΡΙΝΑ: ΤΗΝ ΗΜΕΡΑ ΓΡΑΦΑΜΕ καινούργια τραγούδια και τις νύχτες γλεντοκοπούσαμε. Όπως είπα και προηγουμένως, δεν ήταν δύσκολο να βρεις ηρωίνη, κι έτσι δεν πρόσεχα πόσο συχνή χρήση έκανα. Νόμιζα ότι οι σκοποί για τους οποίους έπαιρνα το συγκεκριμένο ναρκωτικό ήταν καθαρά ψυχαγωγικοί – δεν θα το άφηνα, δηλαδή, να γίνει το κέντρο της ζωής μου.

Η πρώτη φορά που συνειδητοποίησα ότι είχα πρόβλημα με την ηρωίνη ήταν η πρώτη φορά που μου έλειψε. Δεν το σκεφτόμουν και πολύ – βλέπετε, η άγνοια ισούται με μακαριότητα. Τη μέρα που κατάλαβα πώς επιδρά η ηρωίνη επάνω σου, ο Izzy κι εγώ αποφασίσαμε να πάμε στην Tijuana με τον Robert John, το φωτογράφο και καλό μας φίλο ο οποίος μας φωτογράφιζε από τις πρώτες μέρες μας και υπήρξε ο επίσημος φωτογράφος μας στις περιοδείες μέχρι το 1993.

Τέλος πάντων, το ταξίδι ήταν υπέροχο. Αδειάσαμε κάμποσα μπουκάλια τεκίλα και έπειτα αρχίσαμε να κάνουμε βόλτες στους δρόμους· βλέπαμε πόρνες να ξεπουπουλιάζουν μεθυσμένους Αμερικανούς σε κάθε καταγώγιο και κάθε μπουρδέλο του δρόμου. Καθώς προχωρούσε η μέρα, σκέφτηκα ότι ήμουν κουρασμένος, μεθυσμένος και είχα κρυολογήσει· δεν είχα ιδέα τι συνέβαινε στ' αλήθεια στο σώμα μου. Όταν γυρίσαμε πίσω στο Los Angeles, θυμάμαι ότι λιποθύμησα. Ξύπνησα αργότερα μέσα στη νύχτα εξακολουθώντας να νιώθω άσχημα και σκέφτηκα ότι μερικά ουίσκι στο Barney's Beanery θα με έκαναν καλά. Πήγα εκεί στις δέκα, αλλά έπειτα από κάνα δυο ποτά δεν ένιωθα καλύτερα· μάλιστα, ένιωθα χειρότερα. Γύρισα πίσω στο διαμέρισμα και πήρα τη στάση του «αεροπορικού καταφυγίου»: έπεσα στα γόνατα με το κεφάλι μου ανάμεσά τους και τα χέρια μου στο κεφάλι, απλώς επειδή δεν υπήρχε κάποια άλλη στάση που να με κάνει να νιώθω πιο άνετα. Έχω πολύ ζωντανή στη μνήμη μου εκείνη τη νύχτα, επειδή ο Marc Canter πέρασε από το σπίτι μου απροσδόκητα αργά. Δεν είχε καμία απολύτως σχέση με την ηρωίνη. Με κοίταξε με περιέργεια.

«Δείχνεις χάλια», είπε. «Είσαι καλά;»

«Ναι, είμαι μια χαρά», είπα. «Έχω γρίπη».

Η αλήθεια είναι ότι έπειτα από μία μόνο μέρα χωρίς ηρωίνη, είχα αρρωστήσει για τα καλά. Μου ήταν δύσκολο να το παραδεχθώ. Ενόσω ίδρωνα ξαπλωμένος στο κρεβάτι μου εκείνη τη νύχτα, εξακολουθούσα να μην είμαι διατεθειμένος να το εκλάβω ως κάτι παραπάνω από μία πολύ άσχημη γρίπη.

Υποθέτω ότι μετρίασα τη χρήση, αλλά συνέχισα λίγο πολύ το ίδιο βιολί μέχρι την επόμενη φορά που αναγκάστηκα να αντιμετωπίσω το γεγονός ότι ήμουν εθισμένος στην ηρωίνη – χάρη στο σκληρό χέρι του νόμου. Μια νύχτα περιφερόμουν μαζί με τον Danny ψάχνοντας για ηρωίνη και καταφέραμε να βρούμε, αλλά η ποσότητα ήταν ελάχιστη· μόνο για να πάρουμε μια γεύση. Πήγαμε στο σπίτι του φίλου μου του Ron Schneider (που ήταν ο μπασίστας μου στους Tidus Sloan) και αφού κάναμε χρήση, αράξαμε και για λίγο ακούσαμε Iron Maiden μαζί· έπειτα φύγαμε για το σπίτι κοντά στις τέσσερις τα ξημερώματα. Ανηφορίζαμε στη La Cienega όταν είδαμε πίσω μας μια μπλε και κόκκινη λάμψη. Όταν κόψαμε ταχύτητα και σταματήσαμε, ήμαστε μπροστά στο διαμέρισμά μας, κυριολεκτικά δυο βήματα από την πόρτα μας.

Οι δύο αστυνομικοί είχαν βγει για να καλύψουν πάση θυσία τον αριθμό συλλήψεων που τους αναλογούσε, επειδή δεν τρέχαμε ούτε είχαμε ύποπτη συμπεριφορά. Δεν είχαμε τίποτε επάνω μας, αλλά ο Danny είχε ξεχάσει τη σύριγγα στο μπροστινό τσεπάκι του πουκαμίσου του, κι αυτό έλυσε τα χέρια των αστυνομικών για να μας κάνουν ό,τι ήθελαν. Άρχισαν ρίχνοντας το φως των φακών στα μάτια μας.

«Έχετε πάρει ναρκωτικά απόψε, κύριε;» με ρώτησε ο ένας.

«Όχι», είπα, μισοκλείνοντας τα μάτια μου πίσω από τις μπούκλες των μαλλιών μου.

«Είστε σίγουρος; Μου φαίνεται ότι έχετε κάνει χρήση· οι κόρες των ματιών σας έχουν γίνει μικρές σαν κεφάλι καρφίτσας».

«Επειδή ρίχνετε επάνω τους το φως του φακού σας».

Όμως δεν τσίμπησαν· κατάσχεσαν το αυτοκίνητο του Danny και τον συνέλαβαν για κατοχή αντικειμένων που σχετίζονταν με χρήση ναρκωτικών. Μου πέρασαν κι εμένα χειροπέδες, αλλά δεν μου είπαν με ποιες κατηγορίες. Και όλα αυτά μόνο τρία μέτρα από την πόρτα του σπιτιού μου.

Μας στρίμωξαν στο πίσω κάθισμα του περιπολικού και συνέχισαν την άδηλη αποστολή τους: να συλλάβουν κάθε μακρυμάλλη «αλήτη» που έβρισκαν επιστρέφοντας στο Τμήμα. Έπειτα από λιγότερο από ένα μίλι τσίμπησαν τον Mike Levine, τον μπασίστα των Triumph, ο οποίος έβγαινε από ένα 7-Eleven για να πάει στο αυτοκίνητό του κουβαλώντας μερικές μπίρες, με το σκεπτικό ότι *είχε πρόθεση* να πιει και να οδηγήσει. Τον έχωσαν στο πίσω κάθισμα μαζί μας και συνέχισαν. Λίγο πιο κάτω, στη Santa

Monica Boulevard, έπιασαν ένα κορίτσι για «μέθη σε δημόσιο χώρο» κυριολεκτικά τρία οικοδομικά τετράγωνα από το γραφείο του σερίφη. Το κορίτσι ούτε καν έδειχνε μεθυσμένο· απλώς περπατούσε στο δρόμο. Μια και δεν υπήρχε άλλος χώρος στο αυτοκίνητο, ένας από τους αστυνομικούς προθυμοποιήθηκε να τη συνοδεύσει στο Τμήμα με τα πόδια.

Έβαλαν όλα τα αγόρια στο ίδιο κρατητήριο και μείναμε στο κελί αυτό για κάμποσες ώρες. Ο Mike Levine βγήκε με εγγύηση και τον Danny, αφού είχε ήδη μείνει εκεί για ώρες, τον άφησαν κι εκείνον ελεύθερο. Του απήγγειλαν κατηγορίες επειδή είχε επάνω του τη σύριγγα και του όρισαν δικάσιμη και τα ρέστα. Εγώ είχα απομείνει τελευταίος, και μια και δεν είχα κάνει τίποτε, σκέφτηκα ότι από στιγμή σε στιγμή θα με άφηναν ελεύθερο. Είχε φτάσει Σάββατο, ήταν περίπου οκτώ το πρωί, και καθώς οι ώρες κυλούσαν προσπάθησα χωρίς επιτυχία να μάθω από τους φρουρούς για ποιο λόγο εξακολουθούσαν να με έχουν υπό κράτηση.

Η μόνη απάντηση που πήρα ήταν ότι με μετέφεραν από το μικρό κελί της νύχτας σε ένα μεγαλύτερο με ψηλό ταβάνι, ένα λαστιχένιο χαλάκι στο πάτωμα, κοινή τουαλέτα στη γωνία, πολλούς συγκρατούμενους και την απαίσια μπόχα του κατουρλιού. Δεν είχα ιδέα τι με περίμενε. Η επίδραση της ηρωίνης είχε αρχίσει να μου περνάει· απείχα λίγες ώρες από την ολοκληρωτική στέρηση. Έπειτα από λίγο μας φόρτωσαν σε ένα από τα απαίσια ασπρόμαυρα λεωφορεία που είναι μετασκευασμένα σχολικά και έχουν κάγκελα στα παράθυρα. Με έδεσαν από τους αστραγάλους και τους καρπούς με τον τύπο μπροστά μου. Εξακολουθούσα να μην έχω ιδέα για ποιο λόγο με είχαν εκεί, αλλά συνειδητοποίησα ότι με πήγαιναν σε φυλακή της επαρχίας· έτσι άρχισα αμέσως να μασάω το μαύρο βερνίκι των νυχιών μου. Δεν υπήρχε περίπτωση να πάω στη φυλακή με βαμμένα νύχια.

Μας πήρε ώρες να φτάσουμε εκεί, επειδή το λεωφορείο έκανε στάσεις σε διάφορες φυλακές καθ' οδόν, για να πάρει κι άλλους κρατούμενους· στο μεταξύ, εγώ ένιωθα όλο και πιο άρρωστος. Σε κάθε φυλακή μάς ξεφόρτωναν σε ομαδικά κρατητήρια για να περιμένουμε μέχρι να ολοκληρωθούν οι διαδικασίες μεταγωγής των νέων κρατουμένων. Η φυλακή της κομητείας δεν απείχε πάνω από καμιά τριανταριά χιλιόμετρα, αλλά με όλη αυτή τη γραφειοκρατία και τις στάσεις μάς πήρε μια ολόκληρη μέρα να φτάσουμε εκεί. Σταματήσαμε σε έξι φυλακές, και τελικά φτάσαμε στον προορισμό μας λίγο μετά το σούρουπο. Όταν φτάσαμε, η διαδικασία ήταν εξίσου αργή και ανυπόφορη· κατέγραψαν τα υπάρχοντά μου και με έριξαν σε μια σειρά από κελιά με τους άλλους συγκρατούμενούς μου μέχρι που τελικά ολοκληρώθηκαν οι γραφειοκρατικές διαδικασίες.

Ήταν η πιο ανιαρή γραφειοκρατία που έχω γνωρίσει στη ζωή μου, και το γεγονός ότι είχα αρχίσει να παρουσιάζω σύνδρομο στέρησης δεν βοηθούσε καθόλου την κατάσταση. Μέχρι τότε δεν γνώριζα επακριβώς τι σημαίνει στερητικό σύνδρομο· είχα ακούσει διάφορες ιστορίες, αλλά ακόμα και αφότου το βίωσα σε κάποιο βαθμό έπειτα από εκείνη την ημέρα στην Tijuana, το αντιμετώπιζα με την ίδια ανέμελη ψευτοπαλικαριά που με είχε οδηγήσει αρχικά στην ηρωίνη. Αντιμέτωπος με την πραγματικότητα του στερητικού συνδρόμου, πίστευα ότι ο καλύτερος τρόπος να το αποφύγω ήταν να ξέρω ανά πάσα στιγμή πού μπορούσα να βρω κι άλλη ηρωίνη. Στο Hollywood δεν ήταν πρόβλημα. Όμως, κλεισμένος σε μια επαρχιακή φυλακή για μερικές μέρες χωρίς πρόσβαση στην ηρωίνη ήταν κάτι εντελώς διαφορετικό: ήταν μια επιβεβλημένη αποτοξίνωση στο χειρότερο δυνατό σκηνικό.

Με έβαλαν σε ένα από αυτά τα μεγάλα παλιομοδίτικα δωμάτια με μερικές σειρές από ράντζα, όπου πέρασα τη στέρηση μέσα σε εμετούς, ιδρώτες και εξάντληση. Δεν είμαι σίγουρος πόσο καιρό έμεινα εκεί· υποθέτω κοντά στις τρεις μέρες. Έπειτα, ξαφνικά, με άφησαν να φύγω, και πάλι χωρίς να μου εξηγήσουν το λόγο, και αναγκάστηκα να περάσω ολόκληρη τη διαδικασία της εισόδου, αλλά από την ανάποδη. Ο Axl είχε πληρώσει την εγγύηση και είχε βάλει τον Danny να έρθει να με πάρει, αλλά αυτό δεν το ήξερα καθώς περνούσα από τα διάφορα στάδια της διαδικασίας απόλυσης φορώντας τη στολή κατάδικου, περιμένοντας σε μακριές σειρές, καθισμένος σε μια σειρά από αίθουσες, ιδρώνοντας, βήχοντας και στριφογυρίζοντας, μυρίζοντας απαίσια και δείχνοντας σε πραγματικά άθλια κατάσταση. Όταν μου έδωσαν τα ρούχα μου και τα υπάρχοντά μου, με πληροφόρησαν επιτέλους για ποιο λόγο ήμουν εκεί: με είχαν θέσει υπό κράτηση για μία κλήση έξι ετών για jaywalking [Σ.τ.Μ.: παράνομη διάσχιση οδού]. Επειδή δεν είχα πληρώσει το πρόστιμο ούτε είχα εμφανιστεί στο δικαστήριο, είχαν εκδώσει ένταλμα σύλληψης εις βάρος μου. Απ' όλα όσα είχα κάνει, με είχαν συλλάβει για jaywalking. Τουλάχιστον είχα πάει φυλακή, και έτσι είχα ξεπληρώσει το χρέος μου προς την κοινωνία.

Έκοβα βόλτες έξω από τη φυλακή, ζητιανεύοντας για μία ώρα περίπου τσιγάρα από τους περαστικούς, και προσπαθούσα να φανταστώ ποιος είχε πληρώσει την εγγύηση, μέχρι που έξαφνα εμφανίστηκε ο Danny· έπειτα πήγαμε κατευθείαν στη γωνία Melrose και Western για να «φτιαχτούμε». Όταν γύρισα πίσω στο διαμέρισμά μας ο Axl κοιμόταν· το ίδιο και ο Steven με τον Izzy, ενώ ο Duff έλειπε. «Φτιάχτηκα», έκανα ένα ντους, και όταν οι υπόλοιποι ξύπνησαν, συνειδητοποίησα ότι δεν είχαν ούτε καν προσέξει ότι έλειπα για κάποιο διάστημα. Δεν περίμενα πολλά, αλλά θα μου άρεσε να με υποδέχονταν με κάποια –έστω λίγα– ταρατατζούμ. Όταν αργότερα ανακάλυψα ότι ο Axl ήταν αυτός που είχε μαζέψει τα χρήματα της εγγύησης, συγκινήθηκα. Ήταν πολύ ξηγημένη κίνηση εκ μέρους του.

ΠΑΡΑ ΤΟΝ ΤΡΟΠΟ ΖΩΗΣ ΜΑΣ ΚΑΙ ΤΙΣ ΑΝΤΙΣΥΜΒΑΤΙΚΕΣ ΤΟΥ προτεραιότητες, κάναμε πολλά σε εκείνο το διαμέρισμα. Γράψαμε μια ακουστική εκδοχή του «You're Crazy» που κατέληξε ηλεκτρική στο *Appetite* και με την αρχική μορφή της στο *Lies*. Τη δουλέψαμε στο σπίτι του Dean Chamberlain· την «αγριέψαμε» λιγάκι επιταχύνοντας περίπου το ρυθμό κατά 20 bpm. Μαζί με τον Axl και τον Izzy περάσαμε πολύ δημιουργικές στιγμές σε εκείνο το διαμέρισμα. Όμως, άσχετα με αυτό, η προκαταβολή μας, τόσο σε συλλογικό όσο και σε προσωπικό επίπεδο, είχε εξανεμιστεί· έτσι η αναζήτηση μάνατζερ έγινε ξαφνικά σημαντικό ζήτημα. Είχαμε χάσει το μισθωτήριό μας, και δύο από εμάς είχαν γίνει λίγο ως πολύ πρεζόνια που έπρεπε να συντηρούν το πάθος τους σε καθημερινή βάση και χρειάζονταν κάποιο μέρος να μείνουν.

Ο Tom Zutaut μάς γνώρισε στον Arnold Stiefel, έναν μάνατζερ που τα μεγαλύτερα ονόματα που συνεργάζονταν μαζί του εκείνη την εποχή ήταν ο Rod Stewart (του οποίου νομίζω ότι συνεχίζει να είναι μάνατζερ ακόμα και σήμερα) και ο ηθοποιός Matthew Broderick, που ετοιμαζόταν να γίνει μεγάλος star μετά την κωμωδία *Ferris Bueller's Day Off*. Αυτό δεν μας εντυπωσίασε στο ελάχιστο. Όμως έπειτα από μερικές συναντήσεις με τον Arnold και τους συνεργάτες του, οι οποίες πήγαν καλά, καταφέραμε να αποσπάσουμε απ' αυτούς ό,τι καλύτερο μπορούσαμε: δεν μας υπέγραψαν αμέσως, αλλά συμφώνησαν να μας νοικιάσουν ένα σπίτι μέχρι να βρούμε έναν παραγωγό και να κάνουμε ένα άλμπουμ, και τότε θα αποφάσιζαν αν ήθελαν να υπογράψουμε συμβόλαιο μαζί τους για να αναλάβουν να μας μανατζάρουν. Δεν έχω ιδέα τι είδους συμφωνία έκλεισε μαζί τους ο Tom για να γίνει αυτό, αλλά ήταν το τέλειο βραχυπρόθεσμο «ντιλ»· ήταν διατεθειμένοι να μας αφήσουν να «εξελιχθούμε» ενόσω θα πλήρωναν το λογαριασμό.

Μέχρι τότε, είχα αρχίσει να λυπάμαι τον Tom. Είχαμε γίνει μια αυτοκαταστροφική μετάλλαξη του συγκροτήματος στο οποίο είχε δείξει απόλυτη εμπιστοσύνη και τον ξεπληρώναμε με μια πρωτοφανή ασάφεια σχετικά με το μέλλον μας. Μας διασκέδαζε το γεγονός ότι κανείς από τους μάνατζέρ μας δεν έδειχνε ικανός για τη θέση, αλλά ο Tom ήξερε καλά ότι αργά αλλά σταθερά εξαντλούσαμε τα περιθώρια ανοχής των ανθρώπων της μουσικής βιομηχανίας, με αποτέλεσμα να έχουμε πλέον ελάχιστους φίλους – είμαι σίγουρος ότι είχε πανικοβληθεί: έπειτα από δύο χρόνια, μπορούσε να χάσει και τη δουλειά του αν δεν κατάφερνε να δείξει αποτελέσματα.

Το μόνο καλό που είχε στα χέρια του ο Tom, όταν μας διάλεξε και υπέγραψε μαζί μας, ήταν κάνα δυο καλά τραγούδια, αλλά το συγκεκριμένο χρονικό διάστημα μας επέτρεψε να γράψουμε κι άλλα, *πολύ καλά* τραγούδια. Ίσως κάπου βαθιά στο μυαλό του να υπήρχε μια κάποια λογική στην τρέλα του Tom· ίσως ήξερε ότι χρειαζόμαστε αυτό το διάστημα και έκανε ό,τι μπορούσε για να μας το εξασφαλίσει, επειδή στο τέλος έβγαλε από μέσα μας ό,τι καλύτερο κρύβαμε. Ποτέ δεν δήλωσε τις προθέσεις του, αλλά είμαι σίγουρος ότι με αυτόν τον τρόπο έβλεπε την αισιόδοξη πλευρά του εγχειρήματος. Από τη στιγμή που μας υπέγραψε μέχρι τη στιγμή που ολοκληρώσαμε το δίσκο μας και βγήκαμε σε περιοδεία για να τον προωθήσουμε, θα πρέπει να απασχολούσαμε τόσο μεγάλο μέρος του χρόνου του, που θα κόντευε να τρελαθεί. Δεν υπήρχε τίποτε που μπορούσε να κάνει για να μας βάλει σε καλούπια ή να κινήσει τη διαδικασία, επειδή ό,τι δοκίμαζε αποτύγχανε. Η συνολική στάση του συγκροτήματος και οι εξωμουσικές του δραστηριότητες έστρεφαν πάντα την πορεία του εγχειρήματος προς τη λάθος κατεύθυνση.

Σε κατάσταση απόγνωσης, ο Tom κατάφερε να μας βάλει στο στούντιο με παραγωγό τον Manny Carlton, τον κιθαρίστα των Nazareth. Ήταν στα Sound City Studios, στη γωνία Whitsett και Moorpark στο Valley. Δουλέψαμε μια σειρά από demos του «November Rain» που στην αρχική του εκδοχή είχε διάρκεια δεκαοκτώ λεπτά· έτσι, περιττεύει να πούμε ότι έπρεπε να ξανασκεφτούμε λιγάκι τη δομή του. Επίσης δουλέψαμε το «Don't Cry» καθώς και όλα σχεδόν τα υπόλοιπα τραγούδια που μπήκαν στο *Appetite,* εκτός από το «Sweet Child o' Mine», επειδή δεν το είχαμε γράψει ακόμα. Όπως και να 'χει, ήταν μια φανταστική ημέρα, που την περάσαμε ηχογραφώντας ζωντανά τα κομμάτια στη μεγάλη αίθουσα του στούντιο. Δυστυχώς, η συνεργασία μας με τον Manny δεν μας έκανε να νιώθουμε όσο άνετα έπρεπε. Τα demos ακούγονταν πολύ καλά, αλλά τίποτε παραπάνω: δεν ήταν παρά μερικές πολύ καλές δοκιμαστικές ηχογραφήσεις. Γνωρίζαμε ήδη αρκετά καλά τους εαυτούς μας ώστε να καταλάβουμε ότι αυτό δεν αρκούσε.

ΛΙΓΟ ΑΡΓΟΤΕΡΑ ΜΕΤΑΚΟΜΙΣΑΜΕ ΣΤΟ STIEFEL HOUSE, ΟΠΩΣ το ονομάσαμε, μια ολοκαίνουργια μονοκατοικία σε μία περίκλειστη οικιστική κοινότητα που ονομαζόταν Laughlin Park και βρισκόταν στην καρδιά του πάρκου Griffith κοντά στο Αστεροσκοπείο, το Greek Theater και τον Ζωολογικό Κήπο του Los Angeles. Βρισκόταν στο Ανατολικό Hollywood, περίπου είκοσι λεπτά με το αυτοκίνητο από εκεί όπου μέναμε. Μπορεί η απόσταση να μη φαίνεται μεγάλη, αλλά μια και κανείς από εμάς δεν είχε αυτοκίνητο, το συγκεκριμένο διάστημα που περάσαμε εκεί ήταν η πιο απομονωμένη περίοδός μας μέχρι τότε.

Βρεθήκαμε αποκομμένοι σε ένα καινούργιο σπίτι, σε ένα νεόκτιστο συγκρότημα κατοικιών, μέσα στο δάσος. Στον επάνω όροφο υπήρχαν δύο κρεβατοκάμαρες –η μία ήταν του Axl και η άλλη του Steven, ενώ ο Izzy κι εγώ μοιραζόμαστε ένα υπνοδωμάτιο στον κάτω όροφο– εξαιτίας των «κοινών μας ενδιαφερόντων». Ζήσαμε εκεί τέσσερις ή πέντε μήνες, αλλά είχαμε ελάχιστα έπιπλα· σε ολόκληρο το διαμέρισμα υπήρχαν μόνο τα κρεβάτια, ένα τραπέζι και κάνα δυο καρέκλες. Ο Axl κατάφερε να βρει από κάπου ένα κρεβάτι της προκοπής, ένα λαμπατέρ και μια ντουλάπα· το δωμάτιό του ήταν μια καλοεπιπλωμένη όαση την οποία κλείδωνε με λουκέτο, αλλά το υπόλοιπο σπίτι ήταν βασικά άδειο. Ο φωτισμός, εξίσου πενιχρός. Υπήρχε ένα λαμπατέρ στο δωμάτιο όπου έμενα με τον Izzy, ένας γλόμπος στην τραπεζαρία, και ούτε ίχνος φωτός στο καθιστικό, στις σκάλες ή σε κάποιο από τα χολ. Όσο καιρό μέναμε εκεί, το σπίτι έμοιαζε λες και ήταν υπό μετακόμιση.

Η αλήθεια είναι ότι είχαμε τζάκι, και μια και δεν μπήκαμε ποτέ στον κόπο να αγοράσουμε λάμπες, μόλις ο ήλιος έδυε, το ανάβαμε και περιοριζόμαστε στο καθιστικό ή την κουζίνα, όπου υπήρχε επίσης ένας γλόμπος που κρεμόταν από το ταβάνι. Ήμαστε εντελώς έξω από το στοιχείο μας: για πρώτη φορά μέναμε σε μια γειτονιά όπου οι οικιακές συσκευές δεν ήταν διαθέσιμες δωρεάν στα σκουπίδια των άλλων. Το πλεονέκτημα του συγκεκριμένου σπιτιού ήταν πως ζούσαμε σε μια τόσο απομονωμένη περιοχή, που αν δεν είχαμε όρεξη να παίξουμε με ακουστικά όργανα θα μπορούσαμε να τζαμάρουμε όλη νύχτα με τις ηλεκτρικές μας κιθάρες. Και αν διαθέταμε μικρούς ενισχυτές για εξάσκηση, κατά πάσα πιθανότητα αυτό θα κάναμε.

Τα ναρκωτικά ήταν μια κυρίαρχη σταθερά στη ζωή μας και έπαιζαν πολύ σημαντικό ρόλο σε ό,τι κάναμε εκείνη την εποχή. Μόλις άρχισαν να υποχωρούν, φάνηκε επιτέλους κάποιο φως στο βάθος του τούνελ για μας... Άσχετα αν αυτό μας άρεσε ή όχι. Ήταν προφανές σε όλους μας ότι ο μήνας του μέλιτος με την ηρωίνη που απολαμβάναμε στο Δυτικό Hollywood ήταν για τα καλά παρελθόν. Τα χρήματά μας είχαν τελειώσει, οι δρόμοι είχαν σχεδόν αδειάσει από το συγκεκριμένο ναρκωτικό, και λόγω της νέας μας διεύθυνσης ήμαστε στο έλεος του μοναδικού εμπόρου ναρκωτικών που ήταν διατεθειμένος να καλύψει την απόσταση. Η κατάσταση δεν μας άρεσε καθόλου: αυτό που πριν από λίγο καιρό φάνταζε διασκεδαστικό, τώρα ήταν ένα αγκάθι στον πισινό μας. Δυστυχώς, δεν ήμαστε σε κατάσταση να κόψουμε επαφή με το συγκεκριμένο ναρκωτικό και να το ξεπεράσουμε. Απλώς αναγκαστήκαμε να είμαστε περισσότερο συνειδητοί και ολιγαρκείς καθώς προσπαθούσαμε να βγούμε από το πηγάδι που είχαμε πέσει.

Όταν καταφέρναμε να βρούμε ηρωίνη, ο Izzy κι εγώ συνθέταμε πολύ, επειδή εκείνη την εποχή η ηρωίνη έπαιζε το ρόλο καταλύτη. Νόμιζα ότι ήταν το πιο cool ναρκωτικό, επειδή με έκανε να νιώθω πραγματικά άνετα με τα πάντα· εξαφάνιζε τις αναστολές και τις ανασφάλειές μου. Όταν ήμουν φτιαγμένος με ηρωίνη, ένιωθα cool και γεμάτος αυτοπεποίθηση, και έτσι μου ήταν εύκολο να συνεργάζομαι με τους άλλους. Αμέσως μόλις «φτιαχνόμαστε», ο Izzy κι εγώ αρχίζαμε να τζαμάρουμε και να δουλεύουμε τις ιδέες μας, ανταλλάσσοντας ιδέες για riffs και για ακόρντα. Κάθε φορά που παίζαμε, μας φαινόταν ότι προέκυπτε κάτι· τέτοια ήταν η έμπνευση που νομίζαμε ότι είχαμε.

ΜΟΥ ΑΡΕΣΕΙ ΝΑ ΚΑΘΟΜΑΙ ΜΕ ΤΗΝ ΚΙΘΑΡΑ ΜΟΥ ΚΑΙ ΝΑ σκαρφίζομαι δύσκολα riffs· απλές μελωδίες τις οποίες παίζω με ανορθόδοξη δακτυλοθεσία. Είναι ο δικός μου τρόπος να παίζω ή να βρίσκω κάτι ενδιαφέρον αντί να εξασκούμαι απλώς ανεβοκατεβαίνοντας κλίμακες. Το κάνω μέχρι σήμερα· αντί να κάνω τις γνωστές ασκήσεις, επινοώ δικές μου κλίμακες που «λύνουν» τα δάχτυλά μου και μου αρέσει να τις ακούω, επειδή αν οι ασκήσεις σου δεν ακούγονται καλά, γιατί να μπαίνεις στον κόπο να τις εκτελείς;

Αυτό έκανα μια νύχτα, όταν ο Izzy κάθισε στο πάτωμα για να μου κάνει παρέα.

«Έι, τι ήταν αυτό που έπαιζες;» ρώτησε.

«Δεν ξέρω», είπα. «Τώρα μου ήρθε».

«Συνέχισε να το παίζεις».

Σκέφτηκε μερικά ακόρντα, και μια και ο Duff ήταν παρών πρόσθεσε ένα σχήμα στο μπάσο, ενώ ο Steven άρχισε να συνθέτει το ρυθμό στα τύμπανα. Μέσα σε μια ώρα, η μικρή μου κιθαριστική άσκηση είχε εξελιχθεί σε κάτι άλλο.

Ο Axl δεν βγήκε από το δωμάτιό του εκείνο το βράδυ, αλλά συμμετείχε στη δημιουργική διαδικασία όσο και οι υπόλοιποι: καθόταν εκεί και άκουγε όλα όσα παίζαμε και εμπνεύστηκε να γράψει κάποιους στίχους, που είχαν ολοκληρωθεί μέχρι το επόμενο απόγευμα. Ήταν μια ωδή προς την κοπέλα του και μέλλουσα πρώτη γυναίκα του, την Erin Everly, κόρη του Don Everly των Everly Brothers.

Είχαμε βρει ένα στούντιο για πρόβες στο Burbank με την ονομασία Burbank Studios, που ήταν μια μεγάλη αποθήκη ιδιοκτησίας ενός ηλικιωμένου ζευγαριού Ασιατών. Εκεί ξεκινήσαμε το στάδιο της προπαραγωγής του *Appetite,* τελειοποιώντας τα τραγούδια που είχαμε ήδη ηχογραφήσει για το demo. Στην επόμενη πρόβα μας, δουλέψαμε το καινούργιο μας τραγούδι, μετατρέποντάς το σε ένα πλήρες μουσικό μέρος: γράψαμε μια γέφυρα, προσθέσαμε ένα σόλο, και έτσι πήρε μορφή το «Sweet Child o' Mine».

Όλα ήταν ωραία και καλά, αλλά εξακολουθούσαμε να μην έχουμε παραγωγό. Ο Tom σκέφτηκε να δοκιμάσουμε τον Spencer Proffer, ο οποίος είχε δουλέψει με την Tina Turner, τους Quiet Riot και τους W.A.S.P., οι οποίοι άρεσαν πολύ στον Axl παλιά· έτσι αποφασίσαμε να του κάνουμε τη χάρη. Μεταφέραμε τα όργανα και τους ενισχυτές μας στα Pasha Studios, που ήταν η επαγγελματική βάση του Spencer εκείνη την εποχή, και αποφασίσαμε να δουλέψουμε παρέα το «Sweet Child o' Mine», ως ένα τεστ. Ο Spencer ήταν εξαιρετικός τύπος· ήταν αυτός που πρότεινε ότι το τραγούδι χρειαζόταν ένα δραματικό «πέσιμο» πριν το τελικό φινάλε. Είχε δίκιο... αλλά εμείς δεν είχαμε ιδέα τι θέλαμε να κάνουμε στο συγκεκριμένο σημείο. Καθόμαστε όλοι στο χώρο της κονσόλας και το ακούγαμε ξανά και ξανά, χωρίς να ξέρουμε τι να κάνουμε.

«Where do we go?» είπε ο Axl, απευθυνόμενος περισσότερο στον εαυτό του παρά σε μας τους υπόλοιπους. «Where do we go? Where do we go now?»

«Έι», είπε ο Spencer, χαμηλώνοντας τη μουσική. «Γιατί δεν τραγουδάς αυτό ακριβώς;» Και έτσι προέκυψε το δραματικό «πέσιμο».

Επεξεργαστήκαμε ένα ολοκληρωμένο demo του «Sweet Child» και των μισών από τα υπόλοιπα τραγούδια του *Appetite,* αλλά με το τέλος της διαδικασίας δεν αισθανόμασταν απόλυτα σίγουροι ότι ήταν ο κατάλληλος παραγωγός για μας· έτσι η αναζήτησή μας συνεχίστηκε.

ΤΑ ΠΡΑΓΜΑΤΑ ΔΕΝ ΠΗΓΑΙΝΑΝ ΚΑΛΑ. ΕΙΜΑΙ ΣΙΓΟΥΡΟΣ ΟΤΙ Ο ΤΟΜ είχε φτάσει στα όριά του, αλλά λίγο πριν καταρρεύσει, βρήκαμε μάνατζερ. Επισήμως, υποτίθεται ότι θα μας μανατζάριζε η εταιρεία του Stiefel, που μας εξασφάλιζε το σπίτι όπου μέναμε, αλλά καθώς ούτε ο Tom ούτε εμείς είχαμε κάποια επαφή μαζί τους, συνεχίσαμε τις συναντήσεις μας με πιθανούς μάνατζερ. Αυτός που είχε τα προσόντα για τη θέση –για να το θέσουμε έτσι– ήταν ο Alan Niven, ένας τύπος που από την πρώτη στιγμή που μας είδε ήξερε με τι είχε να κάνει.

Ο Izzy κι εγώ συναντήσαμε τον Alan σε ένα μπαρ μια νύχτα που με δυσκολία κρατούσα τα μάτια μου ανοιχτά πάνω σε ένα σκαμπό, αλλά ο Alan δεν φάνηκε να πτοείται. Από την πρώτη στιγμή απολάμβανε την αχαλίνωτη ενέργεια της μπάντας μας και προθυμοποιήθηκε να μας βοηθήσει να ξεπεράσουμε τα εμπόδια που μας είχαν κάνει να κωλυσιεργούμε στην πορεία μας προς την ηχογράφηση, τις περιοδείες και την αναβάθμισή μας σε επαγγελματική οντότητα. Ήμουν μπουχτισμένος και, όπως προανέφερα, είχα αρχίσει να αντιμετωπίζω με παρανοϊκή δυσπιστία όποιον επιχειρούσε να διαρρήξει τα όρια του κύκλου μας. Όμως σεβόμουν τον Alan ακόμα και προτού τον γνωρίσω: ήταν ο αρχιτέκτονας της κίνησης των Sex Pistols να υπογράψουν με την EMI· έτσι, ήξερα ότι ήταν ικανός. Ήταν ένας γοητευτικός, έκλυτος Νεοζηλανδός που τα βρήκε με τον Izzy από την πρώτη στιγμή, και καταλάβαινε ότι αξίζαμε την προσπάθεια. Ο Alan δεν επιχείρησε να επιβάλει τη θέλησή του στο δημιουργικό πεδίο –αυτό το άφησε σε μας–, απλώς έκανε αυτά που ήξερε καλύτερα: marketing και management. Αυτή ήταν η ειδικότητά του.

Ο Alan συναντήθηκε με όλους μας όσο δουλεύαμε ακόμα με τον Spencer στο Pasha, άκουσε όλα τα demos που είχαμε κάνει και αποφάσισε ότι θα έπρεπε να πάρουμε αυτά τα κομμάτια, να προσθέσουμε ζωντανό ακροατήριο και να τα κυκλοφορήσουμε όλα μαζί σε ένα EP. Θεωρούσε πολύ σημαντικό να κυκλοφορήσουμε κάποιο προϊόν ενόσω η μουσική βιομηχανία εξακολουθούσε να μιλάει για μας· θα κρατούσε ζωντανό το ενδιαφέρον όσο θα ηχογραφούσαμε το πρώτο κανονικό άλμπουμ μας.

Σκεφτήκαμε την ιδέα να κυκλοφορήσουμε το EP στη δική μας δισκογραφική, την οποία επιμείναμε να χρηματοδοτήσει η Geffen. Θα εμφανιζόταν ως «live» EP σε μια «ανεξάρτητη» δισκογραφική, χωρίς να είναι στην πραγματικότητα. Βαφτίσαμε την «εταιρεία» μας Uzi Suicide και δώσαμε στο EP τον τίτλο *Live Like a Suicide*. Ήταν «απείραχτες» δοκιμαστικές ηχογραφήσεις τεσσάρων τραγουδιών που παίζαμε από τότε που γίναμε συγκρότημα. Το «Mama Kin» των Aerosmith, το «Nice Boys» των Rose Tattoo και δύο δικά μας, τα «Move to the City» και «Reckless Life». Μπορεί να ακούγονται κάπως ακατέργαστα, αλλά αν θέλετε τη γνώμη μου, ακόμα και σήμερα μου ακούγονται *γαμάτα*.

Τώρα πια, είχαμε μάνατζερ και «μισό» άλμπουμ με ζωντανές ηχογραφήσεις έτοιμο για κυκλοφορία, και ο Zutaut ήταν χαρούμενος. Πίστευε ότι ένα EP θα προσέλκυε ξεχωριστούς παραγωγούς. Αν μη τι άλλο, έστρεψε πάνω μας την προσοχή. Θυμάμαι μια φορά που φεύγαμε από το σπίτι του Alan στο Redondo Beach με τον Duff και ακούγαμε το «Move to the City» από τον ραδιοφωνικό σταθμό KNEC, που είχε την έδρα του στο Long Beach και έπαιζε heavy metal. Αυτό το EP ήταν ένα ξεκάθαρο δείγμα της αισθητικής μας, αλλά και του τρόπου ζωής μας και, όπως πάντα, δεν υπήρχαν και πολλές αδελφές ψυχές ικανές να μας καταλάβουν. Χρειάστηκαν κάμποσες άκαρπες βόλτες μέχρι να βρούμε τον σωστό άνθρωπο.

Παίζοντας στο Troubadour, γύρω στα 1986.

ΣΥΜΦΩΝΗΣΑΜΕ ΟΤΙ ΜΕΡΙΚΕΣ ΣΥΝΑΥΛΙΕΣ ΘΑ ΜΑΣ ΚΡΑΤΟΥΣΑΝ στο φως της επικαιρότητας και δεν θα άφηναν την ορμή μας να ξεθυμάνει. Αν μη τι άλλο, ήξερα καλά ότι αν δεν υπήρχε κάποια επαγγελματική υποχρέωση στο άμεσα ορατό μέλλον, το πιθανότερο ήταν να ζω την κάθε μέρα σαν διακοπές. Πήγαμε ξανά στο San Francisco για να ανοίξουμε μια εμφάνιση των Jetboy στο Stone, και έπειτα από δυο μέρες παίξαμε support στον Ted Nugent, στο Santa Monica Civic Center.

Εκείνη την εποχή επισήμως εξακολουθούσαμε να μένουμε στο Stiefel House, αν και από τη στιγμή που διαλέξαμε τον Alan για μάνατζερ αρχίσαμε να το αδειάζουμε, γιατί περιμέναμε ότι ο Stiefel θα μάθαινε τα κακά μαντάτα. Ο Axl γύρισε στο σπίτι της Erin, ο Steven δεν ξέρω πού έμενε, και ο Duff ήταν εκεί που ήταν πάντα· έτσι, ο Izzy κι εγώ μείναμε οι μοναδικοί μόνιμοι κάτοικοι του σπιτιού, περνώντας τις μέρες μας στο άνετο χάος του πίσω υπνοδωματίου του ισογείου. Ζούσαμε σαν τσιγγάνοι· τις περισσότερες νύχτες ο φίλος μας ο Danny έμενε κι αυτός εκεί, σε κάποιο από τα άδεια δωμάτια.

Η αναζήτηση ηρωίνης στο Los Angeles είχε γίνει ξαφνικά δύσκολη υπόθεση, κι έτσι ο Danny κι εγώ παίρναμε τους δρόμους σε τακτική βάση, ψάχνοντας για το ναρκωτικό. Μια νύχτα σταθήκαμε τυχεροί και καταφέραμε να εξασφαλίσουμε μια σεβαστή ποσότητα. Ήμαστε καταχαρούμενοι· γυρίσαμε πίσω στο σπίτι και το κρύψαμε σε έναν αναπτήρα σε σχήμα πιστολιού που είχα. Το κρύψαμε στο συρτάρι μου επειδή το άλλο πρωί ξεκινήσαμε για το San Francisco, όπου ποτέ δεν είχα αντιμετωπίσει πρόβλημα στο να βρω κινέζικη ηρωίνη πρώτης ποιότητας.

Φορτώσαμε όλο τον εξοπλισμό μας στο βαν που είχαμε νοικιάσει· ο Danny, ο Izzy κι εγώ ακολουθήσαμε με το αυτοκίνητο του Danny και όταν φτάσαμε εκεί, ο Izzy κι εγώ πήγαμε κατευθείαν στο διαμέρισμα ενός τύπου όπου ελπίζαμε να βρούμε το ναρκωτικό. Ο άνθρωπος που θα μας το έφερνε δεν φάνηκε πριν τη συναυλία. Έτσι πήγαμε και παίξαμε, και θυμάμαι μόνο μια θολούρα, επειδή το μόνο που μπορούσα να σκεφτώ ήταν πώς θα έβρισκα πρέζα μετά τη συναυλία. Οι υπόλοιποι του συγκροτήματος φόρτωσαν τα όργανα στο βαν και μαζί με τον Danny ξεκίνησαν για να γυρίσουν πίσω στο Los Angeles, ενώ ο Izzy κι εγώ προθυμοποιηθήκαμε να γυρίσουμε με το αμάξι του Danny, επειδή στο μεταξύ θέλαμε να «φτιαχτούμε». Γυρίσαμε πίσω στο διαμέρισμα και περιμέναμε να φανεί ο άνθρωπος με το ναρκωτικό. Περιμέναμε... περιμέναμε... περιμέναμε... αλλά *τίποτα*. Μέχρι τότε είχαμε ήδη αρχίσει να γινόμαστε νευρικοί, και όταν ο άνθρωπος επιτέλους εμφανίστηκε, η ηρωίνη που μας έφερε ήταν τόσο νοθευμένη, που ήταν άχρηστη. Κοιταχτήκαμε με τον Izzy, συνειδητοποιώντας ότι είμαστε πολύ μακριά από το σπίτι μας, και δεν μας έμενε πολλή ώρα προτού αρχίσουμε να μεταμορφωνόμαστε σε ζόμπι.

Το πρωινό είχε προχωρήσει όταν αποφασίσαμε να ξεκινήσουμε, αλλά ξέραμε ότι τουλάχιστον είχαμε κάμποση ηρωίνη κρυμμένη στο σπίτι. Όλα πήγαιναν καλά, προχωρούσαμε αρκετά γρήγορα, μέχρι που...μείναμε από βενζίνη. Ώσπου να πάμε στο κοντινότερο βενζινάδικο και να γυρίσουμε, πέρασε μία ολόκληρη ώρα. Όταν ξεκινήσαμε και πάλι, με το γκάζι σανιδωμένο για να αναπληρώσουμε τον χαμένο χρόνο, καθώς είχε αρχίσει να μας πιάνει η «φαγούρα» της στέρησης, μας έπιασε λάστιχο. Το να αλλάζεις λάστιχο δεν είναι ποτέ διασκεδαστική εμπειρία, αλλά όταν το εσωτερικό σου ρολόι μετράει αντίστροφα τα δευτερόλεπτα που σε χωρίζουν από τον αφανισμό σου, τότε είναι το κάτι άλλο.

Τελικά φτάσαμε σπίτι νύχτα, πιστεύοντας ότι τα προβλήματά μας είχαν τελειώσει. Υπάρχει ένα είδος «συντροφικότητας της πρέζας», που συνδέει τα πρεζόνια που πρόκειται να φτιαχτούν μαζί, και καθώς ο Izzy κι εγώ μπαίναμε στο σπίτι, ήμαστε οι καλύτεροι φίλοι, νιώθαμε όσο πιο κοντά γινόταν ο ένας στον άλλο· γελούσαμε με όσα μας είχαν συμβεί μέχρι να φτάσουμε εκεί. Πήγαμε στο δωμάτιό μου. Άνοιξα το συρτάρι όπου έκρυβα τα ναρκωτικά μου... και ανακάλυψα ότι η ηρωίνη μου ήταν άφαντη.

Τηλεφώνησα στον Danny.

«Έι», είπα. «Δεν έκρυψα την πρέζα μου στον αναπτήρα μου;»

«Ναι», είπε αθώα.

«Εξαφανίστηκε».

«Αδύνατον».

«Δεν μπορώ να τη βρω».

«Τι μαλακία!»

«Τσακίσου και έλα εδώ να με βοηθήσεις»

Ο Izzy, ο Danny κι εγώ κάναμε την κρεβατοκάμαρα φύλλο και φτερό, κι έπειτα προχωρήσαμε στο υπόλοιπο σπίτι. Ήξερα ότι την είχα κρύψει εκεί και ήξερα επίσης ότι ο Danny ήταν ο μόνος παρών όταν την έκρυβα, αλλά ήμουν διατεθειμένος να του παραχωρήσω το πλεονέκτημα της αμφιβολίας.

«Ξέρεις κάτι, ρε φίλε;» είπε ο Danny όταν είχαμε πια εξαντλήσει κάθε πιθανό σημείο όπου θα μπορούσαμε να είχαμε κρύψει το ναρκωτικό. Κούνησε το κεφάλι του. «Την έκρυψα. Την έκρυψα ενώ ήμουν φτιαγμένος. Θα θυμηθώ πού... αφήστε με να σκεφτώ».

Αφού ο Danny έβαλε τα δυνατά του για να θυμηθεί, σκέφτηκε μερικές γωνίες όπου δεν είχαμε κοιτάξει· όμως η αναζήτηση απέβη άκαρπη. Έπειτα γύρισε σπίτι του, αφήνοντας σ' εμένα και τον Izzy να φέρουμε σε πέρας το αδύνατο εγχείρημα του να έλθουμε σε επαφή με τον Sammy, τον Ιρανό προμηθευτή μας – τον μοναδικό εκείνη την εποχή. Τα πράγματα δεν πήγαιναν καλά· καλούσαμε τον Sammy κάθε πέντε λεπτά στον βομβητή του, αλλά δεν ανταποκρινόταν στις εκκλήσεις μας.

Το άλλο πρωί εμφανίστηκε το κορίτσι του Izzy, η Dezi, και κατάλαβε ότι η κατάσταση ήταν σοβαρή: είχαμε γυρίσει οδηγώντας από το San Francisco, δεν είχαμε κλείσει μάτι όλη νύχτα προσπαθώντας να βρούμε τον «άνθρωπό» μας, και σε λίγες ώρες έπρεπε να ανοίξουμε τη συναυλία του Ted Nugent. Ο Izzy κι εγώ είχαμε φρικάρει, δεν ξέραμε σε ποιον άλλο να τηλεφωνήσουμε· ήμαστε ισοπεδωμένοι. Είχαμε αρχίσει να εμφανίζουμε συμπτώματα στέρησης· μοιάζαμε με βαμπίρ από την ταινία *Blackula,* κυλιόμαστε στο πάτωμα και κάθε πέντε λεπτά τρέχαμε στο μπάνιο να ξεράσουμε.

Η συναυλία μας με τον Ted Nugent ήταν στη Santa Monica, στις επτά και μισή. Ο Sammy δεν έλεγε να μας τηλεφωνήσει, έτσι ήμαστε αναγκασμένοι να βρούμε κάτι να ρίξουμε στον οργανισμό μας –οτιδήποτε– για να μπορέσουμε να επανέλθουμε σε μια κατάσταση που θα μας επέτρεπε να ξεκινήσουμε για τη συναυλία. Δεν ήμαστε σε θέση να παίξουμε, πόσω μάλλον να οδηγήσουμε. Σε απόγνωση, η Dizy τηλεφώνησε στη φίλη της τη Melissa, που έμενε στο Hollywood, στο παλιό διαμέρισμα του Izzy. Η Melissa ήξερε πού ήταν ο Sammy και επρόκειτο να τον συναντήσει σύντομα.

Αυτό αρκούσε για να μας κινητοποιήσει: καταφέραμε να φτάσουμε εκεί με το αυτοκίνητο και περιμέναμε τη Melissa να γυρίσει με την ηρωίνη μας. Φαινόταν ότι θα μπορούσαμε να λύσουμε το ένα μας πρόβλημα, αλλά την ίδια στιγμή η ώρα κόντευε πέντε και ήμαστε περίπου μια ώρα μακριά από τη συναυλία. Τελικά η Melissa επέστρεψε, ο Izzy κι εγώ πήραμε το ναρκωτικό μας, και... *τι ανακούφιση!* Να πάρει! Ήμαστε ξανά σε θέση να λειτουργήσουμε. Μόλις που προλάβαμε τους υπόλοιπους του γκρουπ που μας περίμεναν για την πρώτη μας εμφάνιση σε έναν ασφυκτικά γεμάτο συναυλιακό χώρο, μπροστά σε τρεις χιλιάδες άτομα.

Φτάσαμε εκεί σαν σίφουνας. Δεν είχαμε πάσο καλλιτεχνών για το πάρκινγκ· και έπειτα, από τη νύχτα που είχαμε περάσει, εύκολα φαντάζεται κανείς τι εντύπωση δίναμε. Αφήσαμε την Dezi να παρκάρει το αυτοκίνητο και σκαρφαλώσαμε το φράχτη στο πίσω μέρος του συναυλιακού χώρου, χωρίς κάποιο σχέδιο στο μυαλό μας. Το παντελόνι μου σκάλωσε στα συρματοπλέγματα και το κουμπί του τζιν μου ξηλώθηκε· έτσι όλη την υπόλοιπη νύχτα την πέρασα με το φόβο μήπως το φερμουάρ μου ανοίξει, πράγμα δυσάρεστο, καθώς δεν ήμουν ποτέ από τους τύπους που φορούν εσώρουχα.

Ο Izzy κι εγώ καταφέραμε να τρυπώσουμε στο πίσω μέρος της σκηνής και να φτάσουμε στα παρασκήνια. Καθώς προχωρούσαμε στο διάδρομο προς τη σκηνή, είδα τον Gene Simmons. Στεκόταν στην άλλη άκρη και μας κοιτούσε με ένα δυσοίωνο βλέμμα, κάτι στο οποίο είναι πολύ καλός. Δεν είχα ιδέα τι γύρευε εκεί, αλλά το γεγονός της παρουσίας του ενέτεινε τη σουρεαλιστική ατμόσφαιρα του εικοσιτετραώρου. Τα παιδιά του γκρουπ μπορεί να είχαν ενοχληθεί κάπως, αλλά πολύ σύντομα ανακουφίστηκαν. Η καταστροφή είχε αποφευχθεί... Ρίξαμε μια ματιά στον καθρέφτη και βγήκαμε στη σκηνή.

Ήταν η πρώτη φορά που παίξαμε το «Sweet Child o' Mine» μπροστά σε κοινό. Δεν είχα εξασκηθεί τόσο στο εισαγωγικό riff σε βαθμό που να μπορώ να το παίζω με κλειστά μάτια, αλλά το έβγαλα πέρα και το υπόλοιπο συγκρότημα έπαιξε το κομμάτι *πολύ καλά*. Συνολικά η εμφάνιση πήγε καλά, και είχαμε κάμποσους φίλους εκεί: την Yvonne, τον Marc Canter και μερικούς ακόμη από τους «φυσιολογικούς» μου φίλους. Ακόμα καλύτερα, μόλις κατεβήκαμε από τη σκηνή, ο Izzy δέχθηκε μια κλήση από τον Sammy, με τον οποίο κανόνισε να συναντηθούμε στο Stiefel House. Η Yvonne και οι φίλες της ήταν στα παρασκήνια, και από τη στιγμή που βρεθήκαμε, η πρωτοβουλία της με τους γονείς μου ήταν περασμένη ξεχασμένη. Δεν ήξερε ποια ακριβώς ήταν η σχέση μου με τα ναρκωτικά – και εγώ δεν ένιωθα την ανάγκη να της πω.

Ήταν απλώς ένα κορίτσι που είχε έρθει να υποστηρίξει το αγόρι της στην πρώτη του εμφάνιση σε live arena. Σε τελική ανάλυση, με άφηνε να κάνω αυτό που ήθελα. Και βέβαια, μετά τη συναυλία ήθελε να το γιορτάσουμε, πράγμα προβληματικό, γιατί το μόνο που ήθελα εγώ ήταν να γυρίσω πίσω και να πάρω ηρωίνη. Δεν ήθελα όμως να το μάθει· έτσι προσπάθησα να της πω ότι θα της τηλεφωνούσα για να βρεθούμε αμέσως μόλις αφήναμε τα όργανά μας, αλλά εκείνη δεν το έχαψε – σκόπευε να έρθει με τις φίλες της στο σπίτι για να μας συναντήσουν εκεί.

Ο Izzy, ο Danny κι εγώ δεν μπορούσαμε να σκεφτούμε καλύτερο τρόπο για να γιορτάσουμε την εμφάνισή μας από την ηρωίνη· έτσι γυρίσαμε σαν σίφουνας στο Griffith Park. Δεν είχε ακόμα σκοτεινιάσει, κι έτσι όταν σταματήσαμε στο φανάρι της Fountain ανηφορίζοντας τη Fairfax δεν δυσκολευτήκαμε να διακρίνουμε το αμάξι του προμηθευτή μας του Sammy στη διπλανή λωρίδα. Το γεγονός ταίριαζε με τη χαρούμενη, σχεδόν επική διάθεση της ημέρας, και απάλλαξε τον Sammy από τη μισή διαδρομή. Εκείνη τη στιγμή, σκέφτηκα ότι ίσως είχα την ευκαιρία να κάνω χρήση στο σπίτι προτού φτάσει η Yvonne.

Ψωνίσαμε από τον Sammy, φτάσαμε στο σπίτι σαν αστραπή και μπήκαμε μέσα τρέχοντας σαν τους παλαβούς. Ο Izzy μπήκε στο δωμάτιό μας και έκλεισε την πόρτα, ενώ εγώ κλειδώθηκα στο μπάνιο του Steven που φωτιζόταν από έναν κόκκινο γλόμπο. Ήμουν εκεί μέσα προσπαθώντας να μανουβράρω τη δόση μου, ενώ συγχρόνως ξεφυσούσα και έτρεμα εκνευρισμένος με αυτό το αφύσικο κόκκινο φως, όταν ξαφνικά ένα χτύπημα ακούστηκε στην πόρτα.

«Έι, μωρό μου», είπε η Yvonne. «Είσαι μέσα;»

«Ω, ναι, είμαι μέσα!» είπα. «Ναι... κάνω ένα ντους. Είμαι ιδρωμένος από τη συναυλία». Άνοιξα το νερό.

«Άσε με να μπω, μωρό μου», είπε.

«Είμαι στο μπάνιο», είπα. «Βγαίνω αμέσως».

Κάποια στιγμή τελείωσα αυτό που ήθελα να κάνω, έριξα λίγο νερό στο πρόσωπό μου και βγήκα. Είμαι σίγουρος ότι το κατάλαβε. Η Yvonne δεν ήθελε να μείνει στο σπίτι μας –δεν είναι δύσκολο να φανταστώ το γιατί–, κι έτσι συμφώνησα να πάω στο δικό της σπίτι μαζί. Και εκείνη τη νύχτα αποφάσισα ότι αυτό ήταν· θα το έκοβα. Είχα πάρει τη δόση μου νωρίς το προηγούμενο βράδυ, έτσι η επίδραση πέρασε γύρω στη μία το άλλο μεσημέρι, και τις επόμενες λίγες μέρες πέρασα το στερητικό σύνδρομο στο κρεβάτι της Yvonne. Δεν ήταν η τελευταία φορά που θα το έκανα προτού αποφασίσουμε να το κόψουμε συλλογικά για να ηχογραφήσουμε το *Appetite,* αλλά κάθε φορά που το έκανα, ποτέ δεν της είπα τι συνέβαινε ακριβώς. Έλεγα ότι είχα γρίπη και υποβάθμιζα το πόσο απαίσια ένιωθα. Η Yvonne ήταν απασχολημένη· πήγαινε στη σχολή, οπότε τον περισσότερο καιρό ήμουν μόνος μου στο κρεβάτι, παλεύοντας με τους δαίμονες της κόλασης. Η αλήθεια είναι ότι ήταν τόσο χαρούμενη που το απόγευμα με έβρισκε εκεί όπου με άφηνε το πρωί, που δεν έδινε σημασία στο γεγονός ότι αυτό που έβλεπε ανάσκελα στο κρεβάτι της ήταν η σκιά του εαυτού μου.

Εκείνη τη φορά το στερητικό κράτησε μια ολόκληρη εβδομάδα, και παρά το παρολίγο φιάσκο στη συναυλία, κανείς δεν το έμαθε. Όλοι στο συγκρότημα πετούσαν στα σύννεφα μετά από εκείνη την εμφάνιση· για το μόνο που μετανιώνω είναι ότι δεν γνώρισα τον Ted Nugent, ο οποίος υπήρξε μεγάλη επιρροή μου όταν ήμουν νέος.

Τελικά ο Danny ομολόγησε στον Izzy και μένα ότι είχε κάνει όλη την ποσότητα ναρκωτικού που είχα κρύψει, και ποτέ δεν τον συγχώρεσα γι' αυτό. Ήταν μία εξωφρενικά ανεύθυνη κίνηση, επειδή θα μπορούσε να καταστρέψει τη σχέση τη δική μου και του Izzy με τα υπόλοιπα μέλη του συγκροτήματος. Αν όλα είχαν πάει στραβά, θα είχε προκαλέσει απίστευτη επαγγελματική ζημιά στο γκρουπ, σε μια πολύ κρίσιμη στιγμή της καριέρας μας. Όμως έτσι συμβαίνει με την πρέζα – είναι ο διάβολος αυτοπροσώπως. Είναι τόσο ελκυστική, που σε μεταμορφώνει σε έναν άτιμο, ύπουλο δαίμονα. Ένα πρεζόνι είναι ό,τι κοντινότερο σε ένα βρυκόλακα: στην αρχή έχει μια δελεαστική αύρα αλλά στην πορεία γίνεται μια πείνα που πρέπει να κορεστεί πάση θυσία. Σε κατακλύζει και σε οδηγεί. Αρχίζεις με μια ψιλή από εδώ, μια ψιλή από εκεί, και έπειτα το κάνεις ασταμάτητα. Νομίζεις ότι είναι επιλογή σου, αλλά δεν είναι – πολύ σύντομα είσαι *αναγκασμένος* να το κάνεις όλη την ώρα. Έπειτα βρίσκεσαι εγκλωβισμένος σε έναν αληθινό φαύλο κύκλο, προτού καταλάβεις ότι έχεις γίνει μέρος της στατιστικής...

ΣΥΜΦΩΝΑ ΜΕ ΤΗ ΣΥΝΗΘΗ ΠΡΑΚΤΙΚΗ ΤΩΝ GUNS, ΔΕΝ ΝΟΜΙΖΩ ότι ανακοινώσαμε ποτέ επίσημα στον Stiefel και την εταιρεία του ότι δεν σκοπεύαμε να υπογράψουμε μαζί τους· απλώς εγκαταλείψαμε το σπίτι, αφήνοντας πίσω μας βουνά από σκουπίδια και ζημιές με τις οποίες έπρεπε να ασχοληθεί ο Tom Zutaut. Ο Alan ήταν ο μάνατζέρ μας, και η υπόθεση είχε κλείσει.

Η κυκλοφορία του *Live Like A Suicide* μας εξασφάλισε μια μικρή προκαταβολή. Έτσι ο Izzy και ο Steven νοίκιασαν ένα μικρό διαμέρισμα νότια της Sunset, κοντά στο Rock 'n' Roll Ralph's – το σούπερ μάρκετ του Δυτικού Hollywood όπου όλοι οι μουσικοί της περιοχής αγοράζουν μπίρες και ό,τι άλλο τους χρειάζεται για τη συντήρησή τους. Ο Duff ήταν εκεί όπου ήταν πάντα, στο σπίτι της Katerina, και ο Axl έμενε με την Erin. Εγώ ήμουν το μοναδικό απολύτως ανέστιο μέλος του συγκροτήματος, καθώς περιστασιακά έμενα με την Yvonne ή άλλα κορίτσια, ή κοιμόμουν σε όποιο πάτωμα έβρισκα στο τέλος της νύχτας.

Εκείνη την εποχή είχαμε πολλές στριπτιζέζ γύρω μας. Το μόνο που μπορώ να πω, είναι να τις έχει καλά ο Θεός τις γυναίκες. Πολλά συγκροτήματα –πριν αλλά και μετά από εμάς– είχαν ανάλογες διασυνδέσεις. Μια παρέα στριπτιζέζ ζει με τρόπο που μοιάζει πολύ με τον τρόπο ζωής ενός γκρουπ, και νιώθαμε πολύ κοντά. Ήταν γενναιόδωρες και μας θεωρούσαν είτε γλυκούληδες ή σκοτεινούς και μυστηριώδεις μουσικούς, είτε απλώς χαμένα κουτάβια που η ανάγκη τους για φροντίδα τα έκανε ελκυστικά. Και ίσως κοντά μας να ένιωθαν προστασία. Το γεγονός ότι συνήθως είχαν μια αχαλίνωτη σεξουαλική ενέργεια δεν μας πείραζε. Σε γενικές γραμμές, ήταν ό,τι έπρεπε για τύπους σαν κι εμάς.

Υπήρχε μία στριπτιζέζ που την έλεγαν Christina και ζούσε με μια συγκάτοικο, και όποτε ήθελα μπορούσα να πάω να κοιμηθώ στο σπίτι τους με κάποια από τις δύο. Έμεινα εκεί για λίγο και κοιμόμουν στο δωμάτιο της μιας ή της άλλης, ή και με τις δύο, ανάλογα με το πώς εξελίσσονταν τα πράγματα. Αυτά τα κορίτσια έμεναν λίγο πιο κάτω από το διαμέρισμα του Izzy και του Steven σε μια πολυκατοικία γεμάτη στριπτιζέζ, στη La Cienega. Για ένα διάστημα θα μπορούσες να πεις ότι είχα κολλήσει εκεί και θεωρούσα το μέρος σπίτι μου, καθώς το συγκρότημα περνούσε άλλη μία περίοδο αναμονής, που ως συνήθως μόνο μπελάδες προοιωνιζόταν.

Ο Steven κι εγώ περνούσαμε πολύ ωραία στο σπίτι της Christina. Η ηρωίνη ήταν πιο εύκολα διαθέσιμη τώρα που είχαμε γυρίσει πίσω στο Hollywood, αν και σε καμία περίπτωση στις ποσότητες που είχαμε συνηθίσει όταν μέναμε εκεί. Αφότου είχα κόψει όμως, έκανα ό,τι μπορούσα για να παραμείνω καθαρός. Θυμάμαι μια νύχτα που είχαμε αράξει με τον Axl και τον Izzy στο σπίτι μιας στριπτιζέζ και έβαζα τα δυνατά μου για να απέχω. Εκείνη τη νύχτα δεν είχα καθόλου χρήματα μαζί μου: η ηρωίνη ήταν σπάνια και όποτε βρισκόταν, οι άνθρωποι δεν ήταν διατεθειμένοι να τη μοιραστούν. Νόμιζα ότι θα μπορούσα να βγαίνω τις νύχτες χωρίς να κάνω ηρωίνη, αλλά δεν γινόταν – έπρεπε να αλλάξω ριζικά περιβάλλον. Έπειτα από κάποιο διάστημα ήμουν ξανά εξαρτημένος – οι προσπάθειές μου έπεφταν στο κενό.

Κοιμόμουν όπου έβρισκα, έκανα ό,τι μου κατέβαινε στο κεφάλι, και σε κάποια φάση έκανα κολλητή παρέα με τον Dave Mustaine των Megadeth. Γίναμε φιλαράκια· ήταν εθισμένος στο κρακ και την ηρωίνη και έμενε στην ίδια γειτονιά, οπότε αρχίσαμε να κάνουμε παρέα και να γράφουμε τραγούδια. Ήταν πραγματικά θεοπάλαβος και γεννήτρια ιδιοφυών riffs. Βγαίναμε, καπνίζαμε κρακ και παίζαμε μεγαλειώδη heavy metal riffs, σκοτεινά και βαριά σαν την κόλαση την ίδια. Μερικές φορές ερχόταν στην παρέα μας και ο Dave Ellefson. Τα πηγαίναμε μια χαρά οι τρεις μας, και γράψαμε πολύ καλό υλικό. Το όλο πράγμα έφτασε σε τέτοιο σημείο, στο ναρκογενές δημιουργικό μας πεδίο, που άρχισα να σκέφτομαι σοβαρά το ενδεχόμενο να γίνω μέλος των Megadeth. Στο κάτω κάτω οι Guns δεν θα σταματούσαν να υπάρχουν, και ήμουν τόσο χωμένος στα ναρκωτικά ώστε ένιωθα έτοιμος για τις πιο λάθος αποφάσεις. Ο Dave Mustaine παραμένει ένας από τους πιο ιδιοφυείς μουσικούς με τους οποίους έχω παίξει, αλλά κατά βάθος ήξερα ότι ποτέ δεν θα μπορούσα να εγκαταλείψω τους Guns N' Roses.

Άλλο ένα μέρος όπου σύχναζα, όπως και πολλοί άλλοι από μας, ήταν το Hell House, ένα καταγώγιο που εκείνη την εποχή ενσάρκωνε τη συλλογική μας παράνοια. Ήταν ένα ψυχολογικό τεστ για όποιον σκεφτόταν να συνεργαστεί μαζί μας ή μας ήξερε. Το Hell House ήταν μια παραγωγή του West Arkeen· ήταν ένα μέρος –στη θεωρία: ένα «σπίτι»– που είχε νοικιάσει μαζί με μερικούς μηχανόβιους φίλους του που είχαν μετακομίσει από την Ανατολική Ακτή.

Το σπίτι ήταν μια αγροικία με τρία υπνοδωμάτια στη σειρά. Το τελευταίο ήταν κατειλημμένο από τον Red Ed και το κορίτσι του. Το δωμάτιό τους ήταν απαγορευμένο στους πάντες επειδή ο Ed ήταν ένας θηριώδης μηχανόβιος και το κορίτσι του αποτελούσε ακόμα μεγαλύτερη απειλή –με το που την έβλεπες, καταλάβαινες ότι δεν σήκωνε πολλά–, αλλά και οι δύο φέρονταν όσο πιο γλυκά μπορούσαν. Κανείς δεν ενοχλούσε το δωμάτιό τους· στην πραγματικότητα, δεν πιστεύω ότι μπήκε ποτέ κανείς εκεί μέσα. Στο μεσαίο δωμάτιο έμεναν άλλοι δύο μηχανόβιοι – ο Paul και ο Del James. Το δικό τους δωμάτιο ήταν διαρρυθμισμένο σαν μικρό οικιακό στούντιο ηχογραφήσεων, ενώ ο West είχε το υπνοδωμάτιό του μπροστά, αλλά ήταν σωστός στάβλος και κανείς δεν ήθελε να πατήσει το πόδι του εκεί. Το μόνο που μπορούσες να κάνεις ήταν να ξαπλώσεις στο κρεβάτι· ήταν σε τέτοιο χάλι που δεν μπορούσες να σταθείς όρθιος, ούτε όμως να καθίσεις πουθενά.

Όπως έχω μάθει, στο Hell House υπήρχε και μια πίσω αυλή... Πολύ θα ήθελα να την είχα δει. Όλο τον καιρό που πέρασα εκεί, ακόμα και το διάστημα που έμενα ως κανονικός ένοικος, ποτέ δεν κατάφερα να φτάσω πέρα από την κουζίνα. Η κουζίνα ήταν ένας από τους χώρους όπου μαζεύονταν τα περιστασιακά μέλη του Hell House όπως εγώ, αφήνοντας τους φοβερούς μηχανόβιους στην ησυχία τους στα δωμάτιά τους. Στους επισκέπτες η πρόσβαση επιτρεπόταν μόνο στο καθιστικό, στην κουζίνα και σε ένα άλλο δωμάτιο... που υποθέτω ότι ήταν η «σάλα». Υπήρχε και το πλυσταριό, όπου συνήθως βρίσκαμε λιπόθυμο τον West. Όμως, όσο χαοτική κι αν ήταν η κατάσταση, ίσχυε ένας άγραφος νόμος σύμφωνα με τον οποίο κανείς δεν ενοχλούσε τους μόνιμους κατοίκους, ενώ όλοι οι κοινόχρηστοι χώροι ήταν μια ζώνη πολέμου χωρίς κανόνες, όπου τα πάντα μπορούσαν να γίνουν κομμάτια ή να πάρουν φωτιά.

Δεν μπορώ να φανταστώ ποιος αποφάσισε να μισθώσει την ιδιοκτησία του σε τέτοια ρεμάλια, επειδή την είχαν μετατρέψει σε ένα δημόσιο υπνωτήριο που θα ταίριαζε περισσότερο σε χώρα του Τρίτου Κόσμου. Ήταν το προτελευταίο κτίριο του τετραγώνου· γύρω του υπήρχαν πολυκατοικίες και η πρασιά είχε μια κλίση που το έκανε να μοιάζει λες και βρισκόταν σε λοφίσκο. Βρισκόταν νότια της διασταύρωσης της Sunset με την Poinsettia, και καθώς πλησίαζες στο τετράγωνο ξεχώριζε σαν το σπίτι στο *Ψυχώ*. Υπήρχαν κάποια πράγματα που τα μάθαινες μόνο αν περνούσες μια νύχτα εκεί, και το πιο σημαντικό ήταν πως αν ξάπλωνες οπουδήποτε, υπήρχαν πενήντα τοις εκατό πιθανότητες να φύγεις έχοντας κολλήσει ψείρες. Ακόμα δεν μπορώ να καταλάβω πώς δεν μας μάζευαν κάθε βράδυ οι αστυνομικοί. Υπήρχαν πάντα αυτοκίνητα και μοτοσικλέτες στην πρασιά και σκουπίδια παντού· δεκάδες άνθρωποι μπαινόβγαιναν και η μουσική έπαιζε στη διαπασών όλο το εικοσιτετράωρο. Το Hell House ήταν τόσο χαοτικό που όταν το έβλεπες από μακριά νόμιζες ότι πάλλεται.

Ένας από τους τακτικούς θαμώνες του Hell House ήταν ο Del James, ένα πραγματικό παράδοξο: ήταν ένας μηχανόβιος με τατουάζ και όλα τα υπόλοιπα, αλλά συγχρόνως ήταν και συγγραφέας. Ο Del είχε στενή σχέση μαζί μας κάποια στιγμή, αλλά με τον καιρό απέκτησε πιο στενές σχέσεις με τον Axl. Ο Axl κυριολεκτικά τον λάτρευε, και του άρεσε το λαμπερό του πνεύμα και η υπομονή που έδειχνε στις ατέλειωτες ενδοσκοπήσεις του. Έγραψαν πολλά μαζί, και νομίζω ότι το κάνουν ακόμα και σήμερα. Ο Del κατέληξε να επιμελείται μερικά από τα βίντεό μας, ενώ έγραψε και ένα διήγημα που ενέπνευσε τον Axl να γράψει το «November Rain».

Στη διάρκεια αυτής της ανάπαυλας που το συγκρότημα έψαχνε για παραγωγό, συχνάζαμε πολύ στο Hell House, αλλά εγώ ήμουν ο μόνος αρκετά αλητήριος ώστε να μένω εκεί σποραδικά. Μέχρι που έδωσα και μερικές συνεντεύξεις εκεί. Όταν τις διαβάζω δεν μπορώ να πιστέψω το πόσο σοκαρισμένοι ακούγονται οι δημοσιογράφοι με το περιβάλλον. Για μένα δεν υπήρχε τίποτε τρελό.

Μας κόλλησε όλους ψείρες.

Ο ΤΡΙΤΟΣ ΠΟΛΟΣ ΚΟΙΝΩΝΙΚΗΣ ΔΡΑΣΤΗΡΙΟΤΗΤΑΣ ΕΚΤΟΣ ΑΠΟ ΤΟ Hell House και την πολυκατοικία των στριπτιζέζ απέναντι από το σπίτι του Steve και του Izzy ήταν το Seventh Veil, ένα στριπτιζάδικο στη Sunset που λειτουργεί μέχρι σήμερα. Μου άρεσε να κοιμάμαι με κάποια από τα κορίτσια που δούλευαν εκεί και έμεναν σε ένα διαμέρισμα δίπλα στη Hollywood Boulevard, όπου συνήθως πίναμε μέχρι λιποθυμίας όλη νύχτα. Ένα από τα κορίτσια το έλεγαν Cameron. Όλα τα μέλη του συγκροτήματος πήγαμε μαζί της κάποια στιγμή –ο Steven μάλιστα κατέληξε να βγαίνει μαζί της για λίγο– και μας κόλλησε όλους ανεξαιρέτως ψείρες. Ήταν παρανοϊκό· στο τέλος αρχίσαμε να τη λέμε Craberon, κατάμουτρα [Σ.τ.Μ.: crabs είναι οι ψείρες του εφηβαίου]. Της παραχώρησα το δικαίωμα της αμφιβολίας· νόμιζα ότι ίσως είχα κολλήσει ψείρες στο Hell House ή σε κάποιο από τα υπόλοιπα αμφιβόλου ποιότητας μέρη που επέλεγα να κοιμηθώ κάποια στιγμή, αλλά η αλήθεια ήταν άλλη. Η Craberon είχε ένα ωραίο μικρό διαμέρισμα στο Δυτικό Hollywood, και μια φορά που κοιμήθηκα μαζί της εκεί, κόλλησα ψείρες.

Άλλη μια στριπτιζέζ που αξίζει να αναφέρουμε είναι η Adriana Smith, μια κοπέλα με την οποία έβγαιναν τόσο ο Axl όσο και ο Steve, και την οποία ο Axl απαθανάτισε στον πρώτο μας δίσκο... αλλά σε λίγο θα φτάσουμε σε αυτό. Ο μικρός μου κόσμος στο Seventh Veil ήταν υπέροχος. Εμφανιζόμουν γύρω στις έντεκα, τα κορίτσια μού έδιναν κάποια λεφτά από τα φιλοδωρήματά τους, πήγαινα στην κάβα, αγόραζα το απαραίτητο Jim Beam (το Jack Daniels του φτωχού) και φρόντιζα να στήσω ένα πάρτι για να τις περιμένει όταν γυρνούσαν σπίτι μετά τη δουλειά. Καθώς δεν είχα δικό μου μέρος, ήταν το καλύτερο σκηνικό που μπορούσα να φανταστώ: ένα cool, ξέφρενο μέρος γεμάτο κορίτσια όπου μπορούσα να πίνω ή να κάνω ό,τι άλλο ήθελα χωρίς να έχω κανέναν να μου τα πρήζει.

Στο πίσω μέρος του μυαλού μου ήξερα ότι δεν είχαμε κάνει καμία κίνηση για να βρούμε παραγωγό και ότι η απραξία μάς κατέστρεφε. Επινα, έπαιρνα ναρκωτικά με κάθε ευκαιρία και ήμουν σχεδόν άφραγκος – και οι υπόλοιποι Guns δεν ήταν σε καλύτερη κατάσταση. Είχα ξαναγυρίσει πίσω στην εποχή που με συντηρούσαν φίλοι και κοιμόμουν σε όποιον καναπέ έβρισκα· ζούσα κυριολεκτικά στο δρόμο – αλλά τώρα ήταν χειρότερα απ' ό,τι τον παλιό καιρό. Τότε είχε πλάκα, επειδή το συγκρότημα κι εγώ δουλεύαμε με κάποιο προορισμό. Τώρα νιώθαμε πολύ αποπροσανατολισμένοι και κατεστραμμένοι για να είμαστε κάτι άλλο από αλήτες, παρόλο που «τα είχαμε καταφέρει». Βαθιά μέσα μου ήξερα ότι έπρεπε να αναδιοργανωθώ, ότι δεν θα άντεχα για πολύ καιρό ακόμα σ' αυτή την άβυσσο.

Περίπου την ίδια εποχή, η αστυνομία συνέλαβε τον προμηθευτή μας τον Sammy, και η σύλληψή του ήταν στ' αλήθεια ένα κρίσιμο γεγονός. Εκείνη τη μέρα ήμουν στο διαμέρισμα του Izzy και του Steven και το κορίτσι του Izzy, η Dezi, είχε βγει για να συναντήσει τον Sammy σε κάποιο από τα καθιερωμένα του στέκια όπου πήγαιναν οι πελάτες του για να «φτιαχτούν». Οι αστυνομικοί είχαν στήσει ολόκληρη επιχείρηση, και όταν η Dezi έφυγε και δεν ξαναγύρισε, αρχίσαμε να ανησυχούμε. Πολύ αργότερα μας τηλεφώνησε από τη φυλακή. Είχαν συλλάβει όλους τους πελάτες του Sammy. Καταφέραμε να τη βγάλουμε, αλλά ο Sammy θα έκανε πάρα μα πάρα πολύ καιρό να ξαναγυρίσει. Ήταν μια βίαιη επαναφορά στην πραγματικότητα· μας θυμάμαι με τον Izzy να παίρνουμε σε απόγνωση τους δρόμους ψάχνοντας για λίγη πρέζα. Ήμαστε σε ελεεινή κατάσταση. Κατέληξα στο διαμέρισμα της Yvonne, να «κόβω» για τρίτη φορά. Έμεινα απλώς ξύπνιος για μέρες και δεν ένιωθα καθόλου καλά, αλλά της είπα ότι είχα κολλήσει ξανά γρίπη.

Στο μεταξύ, ο Tom Zutaut είχε φτάσει στα όριά του. Μας κάλεσε μια μέρα στην Geffen – υποθέσαμε για να συζητήσουμε για κάποιους άλλους παραγωγούς τους οποίους ήθελε να μας προτείνει. Μόλις μας έβαλε στο γραφείο του, μας κοίταξε για λίγο. Εγώ ήμουν μισολιπόθυμος, χάλια από το στερητικό που είχα περάσει στο σπίτι της Yvonne, αλλά ούτε οι υπόλοιποι έδειχναν στα καλύτερά τους.

«Τι στο διάβολο να κάνω με σας;» είπε. «Δείτε τα χάλια σας. Πιστεύετε ότι είστε σε θέση να ηχογραφήσετε δίσκο; Πρέπει να συνέλθετε! Συγκεντρωθείτε! Ο χρόνος τελειώνει!»

Τα σχόλιά του έμειναν μετέωρα, αλλά μας έκαναν εντύπωση, επειδή αργά αλλά σταθερά, χωρίς να το κάνουμε θέμα ή να το παραδεχθούμε, συνήλθαμε.

Ο ALAN NIVEN ΚΑΙ Ο TOM ZUTAUT ΕΙΧΑΝ ΣΤΕΙΛΕΙ ΟΛΟΥΣ τους παραγωγούς της πόλης να μας συναντήσουν, και πάνω που η αναζήτηση είχε αρχίσει να μοιάζει άκαρπη εμφανίστηκε ο κατάλληλος – ο Mike Clink. Κάναμε μια ηχογράφηση μαζί του και γράψαμε το «Shadow of Your Love» που ήταν το καλύτερο κομμάτι των Hollywood Rose την πρώτη φορά που τους είδα να παίζουν ζωντανά. Η εκτέλεσή μας δεν μπήκε στο δίσκο, αλλά τελικά κυκλοφόρησε σε ένα EP για τη γιαπωνέζικη αγορά.

Όπως και να 'χει, όταν το ξανακούσαμε, είχε όλα όσα αναζητούσαμε: τελικά ακούσαμε τους εαυτούς μας στην κασέτα όπως ακριβώς θέλαμε να ακουγόμαστε. Ήταν ο ήχος των Guns, αλλά ελαφρώς πιο «εξευγενισμένος». Ο Clink είχε αιχμαλωτίσει την ουσία των Guns N' Roses. Τελικά η μηχανή ήταν έτοιμη να πάρει μπροστά. Είχαμε περάσει επτά μήνες μετέωροι, παίζαμε ελάχιστα και ηχογραφούσαμε ασταμάτητα με τους λάθος παραγωγούς. Έμοιαζε σαν μια αιωνιότητα· ο τρόπος ζωής μας θα είχε εξοντώσει μέσα σε τέσσερις μήνες ένα γκρουπ με μικρότερες αντοχές.

Ο Mike Clink είχε όλα όσα χρειαζόμαστε· ήξερε πώς να κατευθύνει την ενέργειά μας και να τη μετασχηματίζει σε κάτι παραγωγικό. Ήξερε πώς να αποτυπώνει τον ήχο μας χωρίς να χάνει τον τσαμπουκά του, και διέθετε την κατάλληλη προσωπικότητα ώστε να τα πηγαίνει καλά με όλους. Το μυστικό του Clink ήταν απλό: δεν πείραξε τον ήχο μας – δούλεψε σκληρά για να τον αποτυπώσει τέλεια, αλλά όπως ακριβώς ήταν. Είναι εκπληκτικό που κανείς δεν το είχε σκεφτεί αυτό. Ο Clink είχε δουλέψει με τις Heart και τους Jefferson Starship, αλλά αυτό που μας έπεισε να συνεργαστούμε μαζί του ήταν η παραγωγή του στο *Light's Out* των UFO. Εκείνος ο δίσκος ήταν κάτι ξεχωριστό για όλους μας, επειδή το παίξιμο του Michael Schenker στην κιθάρα ήταν ιδιαίτερο και ακουγόταν εκπληκτικά.

Πάντα πίστευα ότι οι μουσικοί παραγωγοί είναι άνθρωποι που έχουν τις λύσεις για τα προβλήματα των άλλων, αλλά ποτέ για τα δικά τους. Είναι οι πρώτοι που θα πουν στους άλλους τι να κάνουν, πώς να παίξουν, πώς πρέπει να ακούγονται – τα πάντα. Συχνά δεν έχουν δική τους ταυτότητα, και αυτό σε κάνει να μην τους σέβεσαι. Όμως ο Mike ήταν διαφορετικός, ήταν φιλικός, ποτέ δεν υπήρξε ενοχλητικός· ήταν άνετος, ήρεμος, παρατηρητικός. Και γνώριζε ποιος ήταν. Αντί να μας κάνει συστάσεις λες και ήξερε καλύτερα από μας τι έπρεπε να κάνουμε, προτίμησε να μας δεχθεί όπως ήμαστε. Από την πρώτη στιγμή, γέννησε μέσα μας τον σεβασμό για το άτομό του.

Κλείσαμε ώρες για την ηχογράφηση στο στούντιο S.I.R. Με τον Mike στην κονσόλα, το συγκρότημα μπορούσε να είναι ο εαυτός του· στην πρώτη πρόβα της προπαραγωγής, αρχίσαμε να γράφουμε αυτό που αργότερα θα γινόταν το «You Could Be Mine». Σε μια άλλη πρόβα, αρχίσαμε να δουλεύουμε το «Perfect Crime», πάνω σε μια ιδέα του Izzy. Δεν ήμαστε εκεί για να γράψουμε καινούργιο υλικό, αλλά νιώθαμε τόσο άνετα που οι ιδέες προέκυπταν αβίαστα.

Αρχίσαμε να κάνουμε demos όλων των τραγουδιών που σχεδιάζαμε να περιλάβουμε στο *Appetite,* και τα δουλέψαμε με τον Mike χωρίς πολλές αλλαγές σε σχέση με τις προηγούμενες εκτελέσεις. Μάλιστα, η μοναδική δημιουργική αλλαγή που προέκυψε ήταν πρόταση του Alan. Στο «Welcome to the Jungle», αρχικά επαναλαμβάναμε το μέρος όπου ο Axl τραγουδάει «When you're high, you never want to come down». Ο Alan πρότεινε να αφαιρέσουμε τη μία επανάληψη. Είχε δίκιο. Η αλλαγή αυτή έδωσε αμεσότητα στο τραγούδι. Όμως, πέρα από αυτό, όλα τα τραγούδια ηχογραφήθηκαν όπως ήταν, σε μία ή δύο λήψεις. Είναι μια απόδειξη του πόσο καλά κυλούσαν τα πράγματα στο στούντιο και σε τι καλή διάθεση ήμαστε. *Ποτέ* δεν ακούγαμε τις προτάσεις των άλλων. Όμως τη συγκεκριμένη φανήκαμε διατεθειμένοι να τη δοκιμάσουμε, και είδαμε ότι λειτουργούσε. Εκείνη την εποχή ο Alan μανατζάριζε τους Great White· επιπλέον ήταν παραγωγός τους και συμμετείχε στη σύνθεση των τραγουδιών τους. Είναι ευτύχημα που κανείς μας δεν το ήξερε εκείνη την εποχή, επειδή εκείνη η ηχογράφηση μπορεί να μην είχε πάει τόσο καλά, και το «Welcome to the Jungle» ίσως να ήταν σήμερα διαφορετικό τραγούδι. Προσωπικά δεν με πείραξε όταν μάθαμε τη σχέση του Alan με τους Great White, αλλά είχε καταλυτική επίδραση για μερικά από τα υπόλοιπα μέλη του συγκροτήματος.

Δεν μπορώ να φανταστώ πόσο χαρούμενος ήταν ο Tom που επιτέλους οι Guns N' Roses είχαν πραγματικό μάνατζερ και παραγωγό με τον οποίο ήθελαν να συνεργαστούν. Χρειάστηκε να περάσουν δύο χρόνια, αλλά τελικά τα πράγματα έδειχναν ότι αυτοί οι παλαβοί με τους οποίους είχε πείσει την εταιρεία να δουλέψει είχαν αρχίσει να εκπληρώνουν τις προσδοκίες που είχαν γεννήσει.

Ο Alan μάς έκλεισε ώρες ηχογράφησης στο στούντιο Rumbo στο Canoga Park, το οποίο προτιμούσε ο Clink, για να ηχογραφήσουμε τις βάσεις [Σ.τ.Μ.: τα ρυθμικά μέρη: τύμπανα, μπάσο και σε μερικές περιπτώσεις και ρυθμική κιθάρα]. Το Canoga Park ήταν κοντά στο σπίτι που μεγάλωσε ο Steven στο Valley, που για μένα ήταν μια άγνωστη χώρα. Νομίζω ότι αυτό ήταν και το ζητούμενο – πίστευαν ότι η απομάκρυνσή μας από το Hollywood θα μας ανάγκαζε να προσηλωθούμε στην ηχογράφηση. Ο Alan μάς νοίκιασε ένα διαμέρισμα στο συγκρότημα Oakwoods, αυτά τα συγκροτήματα επιπλωμένων κατοικιών που είναι ολόιδια παντού. Επιπλέον μας νοίκιασε ένα βαν για τις μετακινήσεις μας. Για κάποιο λόγο τον οποίο δεν μπορώ να φανταστώ, ανέλαβα να το οδηγώ.

Ο Mike προσέλαβε μερικούς αληθινούς επαγγελματίες για να βοηθήσουν τους αρουραίους των υπονόμων τους οποίους είχε αναλάβει. Τον Porky, έναν ονομαστό τεχνικό για τις κιθάρες, και τον Jame-O, τον τεχνικό για τα τύμπανα. Είχαν συμμετάσχει σε εκατοντάδες ηχογραφήσεις, ήταν σωστοί επαγγελματίες αλλά και μεγάλοι γλεντζέδες. Η βοήθεια που μας προσέφεραν ήταν ανεκτίμητη.

Η ηχογράφηση ενός πραγματικού άλμπουμ σε ένα άρτιο στούντιο ήταν μια νέα εμπειρία για μας. Είχαμε ηχογραφήσει demos σε διάφορα στούντιο του Los Angeles. Μερικά απ' αυτά είχαν επικό χαρακτήρα: τις αρχικές εκδοχές των «Don't Cry» και «Welcome to the Jungle» τις γράψαμε στο Hollywood Sound, στο ίδιο στούντιο που οι Led Zeppelin ηχογράφησαν το δεύτερο άλμπουμ τους. Μερικές από τις ηχογραφήσεις μας εξελίχθηκαν σε διαφορετικού τύπου έπη, όπως τότε που καβγαδίσαμε με τον ιδιοκτήτη ενός άθλιου στούντιο στο Hollywood. Ήταν τόσο λιώμα από κόκα που τράβηξε όπλο.

«Θα με πληρώσετε θέλετε δεν θέλετε», μας είπε, με τις κόρες των ματιών του ορθάνοιχτες. «Τώρα!»

«Εντάξει», είπαμε». «Ναι, κάναμε λάθος... έχεις δίκιο· μόλις φεύγαμε».

Καθώς βγαίναμε κάποιος άρπαξε τις κασέτες, αλλά ευτυχώς κανείς μας δεν άρπαξε καμιά σφαίρα.

Την πρώτη μέρα της ηχογράφησης, ξεκινήσαμε με το «Out Ta Get Me», κάνοντας αυτό που κάναμε πάντα, αλλά σε ένα τελείως διαφορετικό σκηνικό: στήσαμε τα όργανά μας σε μια μεγάλη αίθουσα και αρχίσαμε να τζαμάρουμε. Όταν άκουσα την ηχογράφηση, συνειδητοποίησα ότι είχα να λύσω ένα μεγάλο πρόβλημα: η κιθάρα μου ακουγόταν απαίσια μέσα από την κονσόλα ενός πραγματικού στούντιο.

Την εποχή της κραιπάλης, είχα καταφέρει να βάλω ενέχυρο σχεδόν όλα μου τα όργανα, ανάμεσά τους και τη Les Paul του Steve Hunter. Είχα πείσει την εταιρεία Marshall να μου στείλει μερικούς ενισχυτές όταν κάναμε πρόβες στο Burbank, αλλά ποτέ δεν τους πλήρωσα· έτσι τους πήραν πίσω. Βασικά δεν είχα τίποτε χρήσιμο· εκείνη την εποχή είχα τρεις κιθάρες. Οι δύο ήταν Jackson, η μία απ' αυτές μάλιστα ήταν ειδική παραγγελία για μένα: ήταν μια μαύρη Firebird που είχε ζωγραφισμένο πάνω στο σώμα της το τατουάζ μου με τη Shirley (και άθλιο ήχο). Η άλλη ήταν μια ειδική παραγγελία σε στιλ Stratocaster arch top, που μου είχαν δανείσει, και δεν επέστρεψα ποτέ. Μόνο δύο τέτοιες κιθάρες είχαν κατασκευαστεί. Η τρίτη κιθάρα μου ήταν μία B.C. Rich, μοντέλο Warlock. Καμίας ο ήχος όμως δεν με ικανοποιούσε από τα μόνιτορ του στούντιο.

Κόντευα να σκάσω από το κακό μου. Είχαμε φτάσει μέχρι εδώ, και ήμουν αποφασισμένος η κιθάρα μου να ακούγεται τέλεια σε αυτόν το δίσκο. Όμως δεν ήξερα πώς θα συνέβαινε αυτό, επειδή ήμουν σχεδόν ταπί. Στη διάρκεια της ηχογράφησης των βάσεων προσπάθησα να υποβαθμίσω τα αισθήματά μου, πίνοντας πολύ και χοροπηδώντας ενώ έπαιζα, ξέροντας ότι με κάποιο τρόπο θα έπρεπε να λύσω το πρόβλημα και να ηχογραφήσω ξανά όλα τα μέρη μου. Οι άλλοι δεν χρειάζονταν να κάνουν κάτι τέτοιο – το παίξιμο του Izzy, του Duff και του Steven ήταν τόσο «σφιχτό» που οι εγγραφές τους δεν χρειάστηκαν καμία διόρθωση.

Η ηχογράφηση πήγαινε μια χαρά, όχι όμως η ζωή μας στο Valley. Μόλις τελειώναμε κάθε βράδυ, ο Tom Zutaut, ο Axl, ο Duff και ο Mike γυρνούσαν σπίτι. Υποτίθεται ότι το ίδιο έπρεπε να κάνουμε ο Izzy, ο Steve και εγώ· να γυρίσουμε, δηλαδή, στο Oakwoods. Συνήθως ήμαστε σε υπερένταση, κι έτσι δοκιμάζαμε να βγούμε για ένα ποτό και πολύ γρήγορα γίναμε οι προβληματικοί κάτοικοι του Canoga Park. Σκεφτόμαστε ότι δεν μπορεί, κάπου θα υπήρχε νυχτερινή ζωή· έτσι μπαίναμε σε οτιδήποτε θύμιζε rock κλαμπ, παμπ ή μπαρ. Πάντα όμως το μέρος αποδεικνυόταν μια πολύ συντηρητική συνοικιακή ντισκοτέκ (αν μπορεί να υπάρξει κάτι τέτοιο) ή κάποιο μπαρ όπου κυριαρχούσε η country των προαστίων.

Εκείνη την εποχή ο Alan είχε προσλάβει έναν τύπο που τον έλεγαν

Lewis για να μας προσέχει, κάτι σαν σωματοφύλακας δηλαδή. Ο Lewis ζύγιζε εκατόν πενήντα με εκατόν ογδόντα κιλά και οδηγούσε ένα παλιό σεντάν της δεκαετίας του '70, με τη θέση του οδηγού σπρωγμένη όσο γινόταν προς τα πίσω ώστε να χωράει η τεράστια κοιλιά του. Ήταν ένας πολύ γλυκός τύπος από το Houston και τον λάτρευα, αλλά όταν υποτίθεται ότι έπρεπε να μας προστατεύει, συνήθως έτρωγε. Ο Lewis είχε την ικανότητα, και δεν ξέρω πώς τα κατάφερνε, να τρυπώνει στην κουζίνα όποιου μέρους πηγαίναμε και να εξασφαλίζει ένα χαρτοκιβώτιο γεμάτο φαγητό. Του έδιναν –δεν υπερβάλλω– ένα κασόνι γεμάτο με πλαστικές συσκευασίες για παραδόσεις που περιείχαν όλα τα πιάτα του μενού. Δεν μιλάμε για ένα μπουρίτο ή ένα τάκο στο χέρι – ο Lewis έτρωγε βασιλικά πιάτα, που το καθένα τους είχε τρία ή τέσσερα κομμάτια. Δεν έχω ξαναδεί κάτι τέτοιο. Το μόνο που έκανε ήταν να βγάζει το τεράστιο κορμί του από το αυτοκίνητο και να τρώει.

Στο μεταξύ, μέσα στα μπαρ, οι τρεις μας μπλέκαμε συνήθως σε άγριους καβγάδες, ή στην καλύτερη περίπτωση τους αποφεύγαμε την τελευταία στιγμή. Ήμαστε αρκετά τρελαμένοι ώστε τις περισσότερες φορές να τρομάζουμε τους άλλους, αλλά μερικές φορές τα πράγματα έπαιρναν λάθος τροπή. Πάλι καλά που δεν μας ξεμονάχιασαν σε κανένα πάρκινγκ τίποτε τσαμπουκαλήδες μεθύστακες – αν γινόταν κάτι τέτοιο, ίσως ο Lewis αναγκαζόταν να διακόψει τη μάσα...

Η νυχτερινή ζωή του Valley είναι τόσο πληκτική που μια νύχτα όταν γυρίσαμε σπίτι μετά από μια εκπληκτικά παραγωγική ημέρα στο στούντιο και μερικές ώρες άγριου πιοτού, κάναμε το μοναδικό πράγμα που μας φαινόταν λογικό: καταστρέψαμε το διαμέρισμά μας, σε στιλ Keith Moon. Ό,τι δεν ήταν καρφωμένο στον τοίχο το ξηλώσαμε και διαλύσαμε τα πάντα. Αναποδογυρίσαμε τα κρεβάτια, σπάσαμε τα κομοδίνα και ξηλώσαμε τον πάγκο της κουζίνας από τον τοίχο. Κάναμε κομμάτια τις τεράστιες συρόμενες τζαμαρίες, σπάσαμε τα παράθυρα και ό,τι καθρέφτη, γυαλί και πιάτο υπήρχε εκεί· καταστρέψαμε την τηλεόραση και το έπιπλό της. Παντού υπήρχαν σκλήθρες και γυαλιά. Ξύπνησα στον καναπέ, που ήταν κι αυτός σπασμένος, με ένα παρανοϊκό χανγκόβερ και παρατήρησα το δωμάτιο με μισόκλειστα μάτια.

«Μάλιστα», μουρμούρισα.

Μόλις οι συνεργοί μου κι εγώ ξυπνήσαμε για τα καλά, συμφωνήσαμε να πούμε ψέματα· αποφασίσαμε να δηλώσουμε ότι κάποιος είχε μπει ενόσω λείπαμε· ότι είχαμε γυρίσει αργά και είχαμε πέσει ξεροί, σχεδιάζοντας να ασχοληθούμε με το γεγονός το άλλο πρωί. Αυτή ακριβώς την ιστορία είπαμε στον Alan όταν πήγαμε στο στούντιο, επειδή μέχρι τότε είχε υπάρξει μια μητρική φιγούρα για το συγκρότημα, όπως ακριβώς ο Malcolm McLaren για τους Sex Pistols.

Είχαμε κάθε λόγο να επιμένουμε στην κάλπικη εκδοχή των γεγονότων, αλλά καθώς ο Alan άρχισε να μας κάνει ερωτήσεις, πέφταμε σε όλο και περισσότερες αντιφάσεις. Μπροστά στον κίνδυνο να μας ξεμπροστιάσει, ομολογήσαμε τα πάντα. Το αστείο είναι ότι, αφού το σκέφτηκε λιγάκι, ο Alan αποφάσισε να πάει στην Oakwoods και να τους πει ακριβώς την ίδια ιστορία που είχαμε σκαρφιστεί. Όμως ούτε εκείνοι την έχαψαν –δεν μπορώ να φανταστώ γιατί–, κι έτσι οι ζημιές χρεώθηκαν σε μας. Για κάποιο διάστημα μας απέκλεισαν από όλα τα διαμερίσματα της Oakwoods σε όλο τον κόσμο. Προφανώς, ο αποκλεισμός κάποια στιγμή πρέπει να έληξε, γιατί πέντε χρόνια αργότερα έμεινα για λίγο σε ένα τέτοιο συγκρότημα. Κατάφερα όμως να τους δημιουργήσω και πάλι πρόβλημα, αυτή τη φορά κατά λάθος: το φίδι μου –δεν θυμάμαι ποιο απ' όλα είχα μαζί μου– είχε όρεξη για περιπέτειες και τρύπωσε στη λεκάνη της τουαλέτας. Βγήκε σε ένα γειτονικό δωμάτιο και έκοψε τη χολή κάποιου ένοικου. Του ζητώ συγγνώμη, έστω και καθυστερημένα.

ΟΛΟΚΛΗΡΩΣΑΜΕ ΤΗΝ ΗΧΟΓΡΑΦΗΣΗ ΤΩΝ ΒΑΣΕΩΝ ΜΕΣΑ ΣΕ λίγες εβδομάδες και όλα ακούγονταν τέλεια – εκτός από την κιθάρα μου. Ο Alan μού είχε κλείσει ώρες σε ένα στούντιο που λεγόταν Take 1 για να ηχογραφήσω τα μέρη μου, αλλά δεν είχα ακόμη βρει κιθάρα της προκοπής. Δεν ήξερα τι να κάνω· προσπάθησα να το παίξω ψύχραιμος και να μη δείχνω σημάδια ανησυχίας, αλλά ο χρόνος τελείωνε και λύση δεν βρισκόταν. Την τελευταία μέρα μας στο Rumbo, ο Alan μπήκε στο δωμάτιο του ηχολήπτη και ακούμπησε τη θήκη μιας κιθάρας στον καναπέ πίσω από την κονσόλα. Η μικρή εσοχή όπου βρισκόταν ο καναπές φωτιζόταν από ένα γλυκό φως, το οποίο τόνιζε με υπέροχο τρόπο την κιθάρα όταν ο Alan άνοιξε τη θήκη.

«Την πήρα από έναν τύπο στο Redondo Beach», είπε. «Τις φτιάχνει μόνος του. Δοκίμασέ την».

Από εμφάνιση, ήταν τέλεια: μια εκπληκτική κόπια Les Paul του 1959 από ραβδωτό ξύλο, χωρίς προστατευτικό για την πένα και με δύο μαγνήτες Seymour Duncan. Την έπαιξα και μου άρεσε, αλλά δεν την άκουσα σε ενισχυτή παρά μόνο όταν έφτασε η ώρα για την πρώτη μου ηχογράφηση στο Take 1.

Έχω ρομαντικές αναμνήσεις από εκείνες τις μέρες στο Take 1. Από την πρώτη ως την τελευταία στιγμή, ολόκληρη η διαδικασία είχε για μένα μια μαγεία. Ήταν ένα μικρό μέρος χωρίς περιττή διακόσμηση – βασικά, τίποτε παραπάνω από ένα μεγάλο οικιακό στούντιο, αλλά ήταν η πρώτη φορά που ηχογραφούσα μόνος τα κιθαριστικά μέρη, και αυτό που πετύχαμε εκεί είναι αδύνατον να αναπαραχθεί.

Από την πρώτη στιγμή που έβαλα την καινούργια μου κιθάρα να παίξει, ο ήχος της με μάγεψε· τώρα έπρεπε να βρω τον κατάλληλο ενισχυτή. Αρχίσαμε δοκιμάζοντας διαφορετικές κεφαλές Marshall – μιλάμε για πολλές κεφαλές, και η διαδικασία ήταν κοπιαστική. Θυμάμαι ότι παίρναμε όλους τους νοικιασμένους ενισχυτές, τους βάζαμε στο χώρο του στούντιο και τους ανάβαμε. Έπαιζα μερικά ακόρντα, κι έπειτα ο τεχνικός μου, ο Mike Clink, κι εγώ «πειράζαμε» τις ρυθμίσεις, και έπειτα συνέχιζα να παίζω. Ο Mike έκανε μερικές ρυθμίσεις στην κονσόλα ή έβγαινε και άλλαζε τη θέση των μικροφώνων, έπειτα έπαιζα λίγα ακόρντα ακόμη και έπειτα πάλι από την αρχή. Άξιζε τον κόπο. Ο Mike Clink είναι τόσο φιλικός και άνετος τύπος που με άφηνε να κάνω αυτό που πίστευα ότι χρειαζόμουν, ακόμα κι όταν δεν ήταν απαραίτητο. Συνεχίσαμε να νοικιάζουμε και να επιστρέφουμε ενισχυτές· επαναλάβαμε αυτή τη διαδικασία οκτώ φορές προτού βρω τον ενισχυτή που ακουγόταν όπως ακριβώς ήθελα. Ήταν σαν θεϊκή παρέμβαση, επειδή ο συγκεκριμένος ενισχυτής δεν ήταν εργοστασιακής κατασκευής – ήταν ένας Marshall που κάποιος του είχε κάνει ορισμένες βελτιώσεις.

Τον χρησιμοποίησα σε ολόκληρο το δίσκο και σκόπευα να τον κάνω δικό μου όταν τελείωναν οι ηχογραφήσεις· δήλωσα μάλιστα στην εταιρεία ενοικιάσεων ότι είχε κλαπεί από το στούντιο. Δυστυχώς, ο τεχνικός για τις κιθάρες μου τον επέστρεψε χωρίς να μου το πει. Μόλις οι άνθρωποι του S.I.R. παρέλαβαν τον ενισχυτή που είχα αναφέρει ως κλαπέντα, δεν φάνηκαν πρόθυμοι να μου τον ξανανοικιάσουν. Όταν τους τηλεφώνησα, μου είπαν ότι τον είχαν ήδη νοικιάσει σε κάποιον άλλο.

Τέλος πάντων, όταν άκουσα την κιθάρα μου με αυτόν τον ενισχυτή, κατάλαβα αμέσως ότι ήταν αυτό που έψαχνα: ήταν μια αληθινά μαγική στιγμή. Έβαλα το βύσμα, όπως είχα κάνει με όλους τους υπόλοιπους – και αυτό ήταν. Άκουσα αυτό τον τέλειο συνδυασμό της Les Paul με τον Marshall, όπου το βάθος του ήχου της κιθάρας και το γρέζι του ενισχυτή συνδυάζονται τέλεια. Ακουγόταν *εκπληκτικά*.

«Μισό λεπτό», είπε ο Mike. «Μην κουνιέσαι. Μην κάνεις τίποτα».

Πείραξε λίγο τις ρυθμίσεις της κεφαλής και ο ήχος έγινε ακόμη καλύτερος. Και αυτό ήταν! Καμία αλλαγή δεν υπήρξε στο στήσιμο της κιθάρας μου σε όλη την ηχογράφηση – κανένα μικρόφωνο δεν κουνήθηκε, ούτε μία ρύθμιση δεν έγινε στον ενισχυτή, τίποτε. Είχαμε βρει τον ήχο που έψαχνα και δεν υπήρχε περίπτωση να τον χάσουμε.

Από τότε, η κιθάρα αυτή είναι μαζί μου. Την κατασκεύασε ο αείμνηστος Jim Foot, ιδιοκτήτης της Music Works, στο Redondo Beach. Έφτιαξε περίπου πενήντα τέτοιες κόπιες Les Paul κυριολεκτικά στο χέρι, χωρίς να παραβλέψει την παραμικρή λεπτομέρεια. Για λίγο καιρό έγινε η μοναδική μου κιθάρα, και δεν έχει λείψει ποτέ από καμία ηχογράφησή μου. Σε κάθε δίσκο ακούγεται διαφορετικά, αλλά είναι η ίδια ακριβώς κιθάρα. Αυτό δείχνει πόσο ευμετάβλητο πράγμα είναι η ηχογράφηση: το μέγεθος και το σχήμα του δωματίου, η κονσόλα που χρησιμοποιήθηκε, μέχρι και η μοριακή σύνθεση του αέρα, παίζουν όλα το ρόλο τους – επιπλέον, η υγρασία και η θερμοκρασία επηρεάζουν σε ασύλληπτο βαθμό μια ηχογράφηση. Το σημείο όπου τοποθετείται η κιθάρα και ο ενισχυτής, η γωνία των μικροφώνων· όλα αυτά τα πράγματα μπορούν να επηρεάσουν δραματικά το αποτέλεσμα.

Εκείνη την εποχή δεν ήξερα τίποτε απ' όλα αυτά, αλλά χαίρομαι που στη διάρκεια των ηχογραφήσεων του *Appetite* δεν μετακινήσαμε ούτε εκατοστό τον ενισχυτή – ήταν μια χαρά εκεί που ήταν. Όμως τώρα καταλαβαίνω γιατί από τότε δεν έχω μπορέσει να αναπαραγάγω επακριβώς τον ήχο εκείνου του δίσκου. Απαιτείται κάτι περισσότερο από το να τοποθετήσεις τον ίδιο ηχητικό εξοπλισμό στο ίδιο χώρο, γιατί, πιστέψτε με, πολλοί το προσπάθησαν. Πολλοί έχουν επενδύσει μεγάλο ενδιαφέρον στον μουσικό εξοπλισμό και τις ακριβείς τεχνικές προδιαγραφές του ενισχυτή που χρησιμοποίησα στο *Appetite*, αλλά είναι αδύνατον να αναπαραχθούν. Μάλιστα, έχω παίξει με έναν «πειραγμένο» ενισχυτή Marshall που υποτίθεται ότι είναι ολόιδιος, αλλά ακόμα και με την ίδια κιθάρα δεν ακουγόταν το ίδιο. Δεν θα μπορούσε – επειδή δεν ήμουν στο ίδιο στούντιο κάτω από τις ίδιες συνθήκες. Αυτές οι ηχογραφήσεις ήταν μοναδικές.

ΗΧΟΓΡΑΦΟΥΣΑ ΠΕΡΙΠΟΥ ΕΝΑ ΤΡΑΓΟΥΔΙ ΤΗΝ ΗΜΕΡΑ. ΕΜΠΑΙΝΑ στο στούντιο, έφτιαχνα έναν καφέ με Jack Daniels –ή μήπως ήταν Jack Daniels με καφέ;– και στρωνόμουν στη δουλειά. Ο Izzy ηχογραφούσε τα κομμάτια με τη μία – δεν υπήρχε περίπτωση να ξαναμπεί στο στούντιο και να τα ηχογραφήσει ξανά, ούτε άλλωστε χρειαζόταν: το παίξιμό του ήταν τόσο ακριβές και σίγουρο, η πεμπτουσία της ρυθμικής κιθάρας, που θα ήταν ανόητο να ξοδεύει κανείς περισσότερη ώρα γι' αυτό, ή να ηχογραφήσει εκ νέου πάνω από τη ζωντανή εγγραφή. Βασικά, αυτό που έπαιζε ο Izzy ήταν η καρδιά του κομματιού, άσχετα με το ποιος το είχε γράψει· αν αφαιρούσες όλα τα υπόλοιπα από ένα τραγούδι μας, αυτό που θα έμενε θα ήταν η χάρη από τα απλά γρατσουνίσματα της ρυθμικής του Izzy.

Είχαμε έναν απλό αλλά αποτελεσματικό τρόπο για να παίζουμε μαζί, ως ομάδα. Ο Steven κοιτούσε το αριστερό μου πόδι για να βρει το τέμπο κι έπειτα κοιτούσε τον Duff για να συγχρονιστεί μαζί του στα γεμίσματα και τα γυρίσματα των ντραμς και του μπάσου. Οι δυο τους είχαν μία πολύ στενή μουσική σχέση – επικοινωνούσαν μεταξύ τους τις αλλαγές και τις λεπτομέρειες ενός τραγουδιού με ένα βλέμμα. Στο μεταξύ, ο Izzy «γέμιζε» τα riffs που έπαιζα εγώ με τον Duff. Οι δυο μας παίζαμε μονόχορδα riffs α-λα Led Zeppelin, ενώ ο Izzy έπαιζε απλές ακολουθίες συγχορδιών που συμπλήρωναν το ρυθμό αντί να του επιβάλλονται. Για κάθε θέση του κομματιού, ο Izzy έπαιζε την άρση. Αυτή η διάταξη μας έκανε να ακουγόμαστε πολύπλοκοι για rock and roll συγκρότημα, αλλά στην ουσία της ήταν απλούστατη.

Το πρώτο τραγούδι που δούλεψα στο στούντιο με τον νέο μου ενισχυτή ήταν το «Think About You» και το τελευταίο το «Paradise City». Ο Duff ερχόταν στο στούντιο κάθε μέρα και καθόμαστε μαζί, επειδή τώρα που δεν έπαιρνα ηρωίνη είχα ξαναπέσει με τα μούτρα στο αλκοόλ, κι έτσι πίναμε παρέα. Περνούσα και έπαιρνα τον Duff από το διαμέρισμα όπου έμενε με την Katerina στην Crescent Heights και εμφανιζόμαστε στο στούντιο γύρω στο μεσημέρι. Έμενε και άκουγε τις ηχογραφήσεις μέχρι που κάποια στιγμή το βραδάκι τελείωνα, κι έπειτα βγαίναμε στο Hollywood ψάχνοντας για μπελάδες. Εκείνη την εποχή, το πιο εύκολο μέρος για κάτι τέτοιο ήταν το Cathouse.

Το Cathouse βρισκόταν στο κτίριο που παλιότερα ήταν το Osco's, η γελοία ντισκοτέκ όπου έχουν γυριστεί σκηνές για το *Thank God it's Friday.* Θυμάμαι ότι το Osco's ήταν το στέκι όλων αυτών των «τρελών» ανθρώπων την εποχή που ήμουν παιδί, αλλά ποτέ δεν είχα πάει ως εκεί. Μου αρκούσε να τους κοιτάζω από το απέναντι πεζοδρόμιο. Έβλεπα ένα σωρό κοστούμια με ασορτί παλτά, μεταξωτά πουκάμισα και λεπτές ζώνες, λουστρίνια παπούτσια και εντυπωσιακά κορίτσια με κόκκινα, μπλε ή κίτρινα μεταξωτά φορέματα, να χοροπηδούν ένα γύρω. Όμως τώρα πια το μέρος έμοιαζε διαφορετικό, και ήταν δικό μας· λίγο πολύ έγινε το στέκι μας, αν και στην αρχή δεν το είχαμε συνειδητοποιήσει. Ήταν λες και είχαμε ήδη ένα τραπέζι στο τμήμα VIP, αλλά δεν μας το είχε πει κανείς.

Όταν πρωταρχίσαμε να πηγαίνουμε εκεί ήμαστε ντροπαλοί και συνεσταλμένοι, μέχρι που καταλάβαμε ότι το αφεντικό, ο Riki Rachtman, μας ήθελε στ' αλήθεια εκεί. Μόλις αντιληφθήκαμε ότι μπορούσαμε να τη βγάζουμε καθαρή ό,τι κι αν κάναμε σ' εκείνο το μέρος, τα ντροπαλά μας φερσίματα μετατράπηκαν σε ανεξέλεγκτα· ήταν λες και έδινες το ελεύθερο σε φρενοβλαβείς. Θυμάμαι πως όταν ερχόμουν στο κέφι μού άρεσε να σπάω μπουκάλια μπίρας στο κεφάλι μου χωρίς κανέναν απολύτως λόγο και να βουτάω με το κεφάλι στις σκάλες της εισόδου, αρκεί να ήταν γεμάτες κόσμο που έμπαινε στο κλαμπ. Όποτε βλέπω το *Jackass*

Οι Guns στη σκηνή του Cathouse.

με πιάνουν τα νεύρα μου. Ποτέ δεν τρύπησα με αγκίστρι το μάγουλό μου, αλλά η νοοτροπία μου εκείνη την εποχή δεν απείχε και πολύ απ' αυτό.

Θυμάμαι μια νύχτα που ο Mike Clink μάς ζήτησε ευγενικά να βγει μαζί μας, και εμφανίστηκε στο πρώτο του ραντεβού με το κορίτσι που αργότερα θα γινόταν γυναίκα του. Έβαλα τα δυνατά μου να φερθώ σωστά και να πιάσω κουβέντα, αλλά καθώς απομακρυνόμουν με βήματα Sid Vicious, έπεσα πάνω σε μια γυάλινη βιτρίνα που έγινε κομμάτια.

Το Cathouse έγινε το λημέρι μας στη διάρκεια της τελικής επεξεργασίας του δίσκου. Στο Cathouse γνώρισα καλά τον Nikki Sixx, επειδή ερχόταν συχνά. Σε μερικές περιπτώσεις, πέτυχα εκεί και την Yvonne. Ήταν το στέκι μας σε τέτοιο βαθμό, που μέχρι και ο Axl ήρθε μερικές φορές, κάτι που προσέλκυε παραπάνω προσοχή στην παρέα μας, επειδή δεν έβγαινε συχνά στα μπαρ και τα κλαμπ. Ο Duff, ο Izzy και εγώ ήμαστε αρουραίοι των υπονόμων, αλλά η παρουσία του Axl ήταν πιο εκλεπτυσμένη, και πάντα προσέδιδε ένα διαφορετικό κλίμα στα τεκταινόμενα. Τουλάχιστον, δεν λιποθυμούσε όπου έβρισκε όπως εμείς οι υπόλοιποι.

Σχεδόν κάθε βράδυ μετά το Cathouse κατέληγα σε κάποιο σπίτι – συνήθως κάποιου άγνωστου. Τις περισσότερες φορές ήταν κορίτσια, και αν ήμουν τυχερός με άφηναν να κάνω ένα ντους το πρωί προτού μπω στο νοικιασμένο βαν για να περάσω να πάρω τον Duff πηγαίνοντας για το στούντιο, για να δουλέψω το επόμενο κομμάτι. Έτσι πήγαινε το πράγμα – εκείνη την εποχή ήμουν αδέκαρος, αλλά κατάφερνα να επιβιώνω. Εξασφάλιζα το φαγητό μου από τα κονδύλια της εταιρείας για το στούντιο – συνήθως ήταν φαστ φουντ από το Taco Bell. Ο Duff κι εγώ ήμαστε τόσο άφραγκοι που προτού πάμε στο Cathouse όπου πίναμε τσάμπα όλη νύχτα, πηγαίναμε στα McDonald's για φαγητό, όπου χρησιμοποιούσαμε τα κουπόνια δώρου προσπαθώντας να συμπληρώσουμε ένα κανονικό γεύμα. Κάθε φορά που αγόραζες κάτι, σου έδιναν ένα κουπόνι δώρου με το οποίο μπορούσες να πάρεις δωρεάν πατάτες, μια Coca Cola ή ένα χάμπουργκερ. Μου άρεσαν ιδιαίτερα τα σάντουιτς με χοιρινό που είχαν την ονομασία McRib, ενώ το βασικό σλόγκαν της διαφημιστικής εκστρατείας ήταν η φράση *Mac the Knife*. Μόλις εξασφαλίζαμε το γεύμα μας, ανεβαίναμε το λόφο και βρισκόμαστε στο Hollywood.

Άλλος ένας τρόπος για να περνάω την ώρα μου ήταν να βγάζω τα νεύρα μου πάνω στα νοικιασμένα βαν που μας εξασφάλιζε ο Alan. Χωρίς λόγο και αιτία, κλωτσούσα τα παράθυρα, έσπαγα τους καθρέφτες – οτιδήποτε γυάλινο, διέτρεχε άμεσο κίνδυνο. Περνούσα μ' αυτά μέσα από γερούς φράχτες και κατέστρεφα τόσο το φράχτη όσο και το μπροστινό μέρος των βαν. Συμπεριφερόμουν σ' αυτά τα οχήματα λες και ήταν πολιορκητικοί κριοί. Όταν έβλεπα κάποιο καινούργιο, πήγαινα και του έσπαγα τα φώτα προτού ακόμα καθίσω στη θέση του οδηγού. Μια νύχτα γύριζα ένα κορίτσι σπίτι του, διασχίζοντας το Edinburgh και τη Santa Monica, σίγουρος ότι θα την έριχνα στο κρεβάτι. Το επόμενο πράγμα που θυμάμαι είναι ότι ήταν οκτώ το πρωί και ήμουν διπλοπαρκαρισμένος, πεσμένος πάνω στο τιμόνι με τα φώτα αναμμένα και την πόρτα του συνοδηγού ορθάνοιχτη. Προφανώς με είχε αφήσει εκεί όταν λιποθύμησα πάνω στο τιμόνι. Ήταν αστείο – αλλά δεν θα ήταν καθόλου αστείο αν με έπιαναν. Θυμάμαι ότι ξύπνησα, ζύγισα την κατάσταση, και την έκανα γρήγορα από εκεί. Ακόμα δεν μπορώ να καταλάβω πώς τη γλίτωσα.

Ένα από αυτά τα βαν έχει απαθανατιστεί σε μια εκπληκτική φωτογραφία που μου τράβηξε ο Robert John. Περιλαμβάνει μία από τις κιθάρες που χρησιμοποίησα στο *Appetite,* μία Gibson SG του εξήντα-κάτι, την οποία είχα καταφέρει να δανειστώ από τον Howie στο Guitars R Us, και που μόλις τη δοκίμασα στο στούντιο ακούστηκε φανταστικά. Είχε πολύ «βαρύ» ήχο, και έτσι τη χρησιμοποίησα στο «My Michelle». Τέλος πάντων, εκείνο το απόγευμα αποφάσισα να τη χώσω στην τρύπα που είχα ανοίξει με κλωτσιές στο παρμπρίζ του βαν που οδηγούσα, προς τέρψη του Robert.

Οι καταστροφές που επέφερα στα βαν μάς εξοικείωσαν με κάμποσες διαφορετικές εταιρείες ενοικιάσεων σε διαφορετικά μέρη: Hertz, Budget, Avis, ξέραμε κάθε υποκατάστημά τους σε ακτίνα δέκα χιλιομέτρων. Έπαιρνα τα βαν, τα κατέστρεφα και σε διάστημα δύο-τριών ημερών τα επέστρεφα μέσα στην άγρια νύχτα – τα άφηνα στο πάρκινγκ με τα κλειδιά στη μηχανή. Έπειτα πήγαινα σε κάποιο άλλο υποκατάστημα και παραλάμβανα ένα καινούργιο. Τελικά, μια μέρα ο Alan με πήρε παράμερα.

«Μόλις μου τηλεφώνησαν από την Budget», είπε. Έδειχνε τσαντισμένος. «Ο διευθυντής μού είπε να πάω εκεί. Τον ρώτησα γιατί και μου είπε ότι έπρεπε να δω τις ζημιές που είχαν γίνει στο βαν για να κατανοήσω τις διαστάσεις του προβλήματος. Και πρέπει να πω ότι είχε δίκιο».

«Αλήθεια;» είπα, νιώθοντας σχεδόν περήφανος. «Τόσο άσχημα ήταν;»

«Ναι, αλλά δεν ήταν μόνο αυτό», είπε. «Ο διευθυντής με είχε και με πιλάτευε μια ολόκληρη ώρα, δείχνοντάς μου και την τελευταία καταστροφή που είχε γίνει στο βαν. Έπειτα με ρώτησε αν ήξερα με τι φρενοβλαβείς είχα μπλέξει. Αφότου είδα το βαν, δεν είμαι σίγουρος πια ότι ξέρω».

Τι μπορώ να πω; Εκείνα τα βαν ήταν κινητά δωμάτια μοτέλ – πάντα γίνονται κάποιες φθορές. Εκείνη την εποχή δεν διέθετα δωμάτιο σε κάποιο ξενοδοχείο· όλα μου τα υπάρχοντα βρίσκονταν σε μια άδεια αποθηκούλα του Take 1. Κάθε μέρα γύριζα από εκεί όπου είχα μπλέξει στο Hollywood την προηγούμενη νύχτα, πήγαινα στο στούντιο και άλλαζα ρούχα· αν ήμουν τυχερός, κατάφερνα να κάνω ένα ντους εκεί όπου είχα κοιμηθεί. Εκείνο το μέρος ήταν η μεγαλύτερη ντουλάπα που είχα ποτέ – εκεί βγάλαμε τη φωτογραφία που υπάρχει στο οπισθόφυλλο του *Appetite*. Μου άρεσε πολύ εκεί μέσα· ήταν ήσυχα και βολικά, και ήταν το μοναδικό καταφύγιο που διέθετα εκείνη την εποχή. Δυστυχώς, οι άνθρωποι του στούντιο δεν με άφηναν να κοιμάμαι εκεί. Έλεγαν ότι ήταν ζήτημα ασφάλειας, αλλά, για να ξέρετε, στιγμή δεν τους πίστεψα.

Υπήρχαν μόνο δύο πράγματα που μου προκάλεσαν δυσκολίες όταν ηχογραφούσα τα μέρη της κιθάρας του *Appetite*. Το πρώτο ήταν το σόλο στο τέλος του «Paradise City», που ήταν πάντα εύκολο στα live, αλλά στο στούντιο με δυσκόλεψε. Στις συναυλίες μπορούσε να διαρκέσει από ένα μέχρι δύο λεπτά, αλλά στην εκτέλεση του άλμπουμ ήταν υπολογισμένο να κρατήσει μόνο τριάντα δευτερόλεπτα. Δεν ήταν λοιπόν εύκολο να συμπυκνώσω το αίσθημα και τα σχήματά μου σε τριάντα δευτερόλεπτα, και όταν άναψε το κόκκινο φως, πάγωσα – έπαθα αυτό που οι ηθοποιοί λένε «σεντόνι». Θυμάμαι που δοκίμασα να το παίξω μερικές φορές και νευρίασα τόσο που έφυγα από το στούντιο εντελώς απογοητευμένος· την άλλη μέρα, ξεκούραστος, το έπαιξα με την πρώτη.

Το άλλο μου πρόβλημα ήταν η ηχογράφηση του «Sweet Child o' Mine». Ο Steven κοιτούσε το πόδι μου για να πάρει ρυθμό· και στο συγκεκριμένο τραγούδι δεν μπορούσα να μετρήσω, γιατί ξεκινούσα το riff. Δεν υπήρχε εισαγωγικό μέτρημα στο high-hat, ούτε είχαμε ηχογραφήσει μετρονόμο· έτσι, όταν ξεκίνησα να παίζω το εισαγωγικό μέρος της κιθάρας, μου ήταν σχεδόν αδύνατον να μπω στον σωστό χρόνο. Ήταν σαν να ψάχνεις ψύλλο στ' άχυρα. Έπαιζα περιμένοντας την εισαγωγή της υπόλοιπης μπάντας, ελπίζοντας ότι το είχα χρονομετρήσει σωστά και είχα «μπει» στον σωστό χρόνο. Μιλάμε για πολλά χρόνια πριν τις ψηφιακές ηχογραφήσεις, οπότε δεν υπήρχε κάποια ένδειξη που να με διευκολύνει. Εκτός αυτού, το άλμπουμ γράφτηκε τόσο γρήγορα και φυσικά, που ένιωθα ότι έτσι ήταν γραφτό να γίνει. Και, προφανώς, έτσι ήταν.

Μόλις τελείωσα με τις ηχογραφήσεις στο Take 1, έπρεπε να βρω κάποιο άλλο μέρος να αφήνω τα πράγματά μου· έτσι πήγα να μείνω με τον φίλο μου τον Todd Crew από τους Jetboy, ο οποίος είχε μετακομίσει στο Los Angeles από το San Francisco. Έμενε με το κορίτσι του, την Girl –έτσι την έλεγαν–, και τη συγκάτοικό της, τη Samantha, που είχε τα μεγαλύτερα βυζιά που έχω δει σε κορίτσι του ύψους της. Αυτό και μόνο αρκούσε για να με κάνει να γίνω μονογαμικός για λίγο. Οι τέσσερείς μας τα περνούσαμε τέλεια και ήμαστε πραγματικό θέαμα: τις εβδομάδες που χρειάστηκε ο Axl για να ολοκληρώσει τα φωνητικά του, πηγαίναμε κάθε βράδυ στο Cathouse, όπου μεθούσαμε και γινόμαστε εντελώς ρεζίλι.

ΜΟΛΙΣ ΤΕΛΕΙΩΣΑΝ ΟΙ ΗΧΟΓΡΑΦΗΣΕΙΣ ΕΙΧΕ ΦΤΑΣΕΙ Η ΩΡΑ της μίξης. Ο Tom Zutaut με πήρε μαζί του στη Νέα Υόρκη –ήταν η πρώτη φορά που πήγαινα εκεί– για να με συστήσει σε μερικούς υποψήφιους ηχολήπτες καθώς και σε μερικά κεφάλια της δισκογραφικής βιομηχανίας της Ανατολικής Ακτής. Στον Tom άρεσε πολύ να επιδεικνύεται: του άρεσε να ταξιδεύει σε business class και να δείχνει πόσο σημαντική θέση κατείχε στη μουσική βιομηχανία – αυτό ήταν εξίσου ισχυρό κίνητρο για το ταξίδι του όσο και το να βρούμε άνθρωπο για να αναλάβει τη μίξη. Γνώρισα τον Rick Rubin, ο οποίος εκείνο τον καιρό έκανε επιτυχία με τους Run DMC και την Def Jam, καθώς και το νέο του απόκτημα, τους Beastie Boys. Ο Rick μάς πήγε στο αγαπημένο του εστιατόριο, το White Castle στο Queens. Ο Rick ήταν φοβερός τύπος· μιλήσαμε για τους δίσκους που μας άρεσαν, αλλά απλώς μιλήσαμε και τίποτε άλλο, επειδή είχε απορρίψει ήδη την προοπτική να μιξάρει το δίσκο μας. Πολλοί άνθρωποι απέρριψαν την πιθανότητα να μιξάρουν το δίσκο μας, και αργότερα όλοι το μετάνιωσαν.

Η ομάδα που τελικά συμφώνησε να αναλάβει τη μίξη ήταν ο Steve Thompson και ο Michael Barbiero, τους οποίους είχα γνωρίσει σε εκείνο το ταξίδι. Τους δώσαμε να μιξάρουν το «Mr. Brownstone» όσο ήμαστε εκεί, και το στείλαμε στο Los Angeles για να το ακούσουν και οι υπόλοιποι του γκρουπ. Την ίδια στιγμή, ο Alan Niven έκανε κι αυτός μία μίξη επειδή ήθελε να δοκιμάσει να αναλάβει το άλμπουμ. Η εκδοχή του Alan δεν ήταν κακή – θυμάμαι ότι άρεσε πολύ στον Izzy, αλλά η απόπειρα των άλλων δύο είχε μεγαλύτερη αμεσότητα. Οι μεσαίες συχνότητες ήταν πιο «σφιχτές», και αυτό ταίριαζε απόλυτα στον ήχο μας. Ήταν πιο τσαμπουκαλεμένη και «κακιά» και υπήρχε καλύτερη ισορροπία στις κιθάρες, ενώ του Alan ήταν πιο «επίπεδη» και «άδεια».

Κλείσαμε δύο εβδομάδες για τη μίξη του άλμπουμ και έπειτα ο Axl, ο Izzy κι εγώ, μαζί με τον Alan Niven και τον Tom Zutaut, επιστρέψαμε στη Νέα Υόρκη και για κάποιο διάστημα μείναμε στο ξενοδοχείο Parker Meridien στο κέντρο της πόλης. Ο Tom είχε το δικό του δωμάτιο, ο Izzy έμεινε με τον Alan, και εγώ με τον Axl μοιραστήκαμε το άλλο δωμάτιο. Εκείνο τον καιρό είχα σπάσει τον καρπό μου και φορούσα γύψο· είχα τραυματιστεί σε ένα πρόσφατο ταξίδι μου στο Seattle μαζί με τον Duff. Γλεντάγαμε σε ένα πάρτι στο σπίτι του φίλου του Donner, όπου γινόταν χαμός ως συνήθως, και σε κάποια φάση γνώρισα ένα κορίτσι. Ενώ ήταν επάνω μου και κάναμε έρωτα, η βελόνα του πικ απ κόλλησε. Κατέστρεφε την ατμόσφαιρα της στιγμής, κι έτσι κοπάνησα το πάτωμα –μάλλον πιο άγρια απ' ό,τι έπρεπε– για να την κάνω να ξεκολλήσει.

Όπως και να 'χει, ο γύψος μου δεν με εμπόδισε να ρίξω τον Alan στο πάτωμα και να κάνω το δωμάτιό μας φύλλο και φτερό στη διάρκεια ενός από τα πρώτα βράδια μας στη Νέα Υόρκη. Ούτε που θυμάμαι πώς ξεκίνησε – είμαι σίγουρος ότι δεν ήταν κάτι παραπάνω από το ότι ήμουν μεθυσμένος και άφοβος, και ο Alan μού φάνηκε σαν ένας τύπος μεγάλος σαν αρκούδα που ήθελα να ρίξω κάτω. Ξύπνησα με γδαρσίματα από το χαλί στο πρόσωπο και το στήθος μου – προφανώς έχασα τη μάχη.

Η στριπτιζέζ φίλη μας, Adriana Smith, έκανε μια εμφάνιση σε εκείνο το ταξίδι· βρισκόταν στην Ανατολική Ακτή για να επισκεφθεί κάτι φίλους της που έμεναν στο Alphabet City του Manhattan. Χάρηκα που την είδα, γιατί η Adriana ήταν ένα χαρούμενο, κεφάτο πλάσμα, αλλά από τη στιγμή που ο Axl την κατάφερε να πάει μαζί του έπρεπε να υποφέρω να τους ακούω να πηδιούνται όλη νύχτα στο δωμάτιο που μοιραζόμαστε με τον Axl. Η Adriana είναι φωνακλού· έτσι φρόντισα να περνάω έξω τα βράδια μου και να γυρίζω στο δωμάτιό μου όσο πιο αργά γινόταν.

Ένα απ' αυτά τα βράδια τα πέρασα με τον Steve Thompson, ο οποίος με πήγε στο China Club που ήταν ο ναός της νυχτερινής ζωής της Νέας Υόρκης στη δεκαετία του '80 – για να μην τα πολυλογώ, ήταν πανάκριβο, και υπήρχαν τόνοι κοκαΐνης αλλά ελάχιστη ουσία. Πήγα φορώντας το ημίψηλό μου, το δερμάτινο τζάκετ μου και το δερμάτινο παντελόνι μου χωμένο στις καουμπόικες μπότες μου και βρέθηκα σε ένα χώρο γεμάτο από τους κλασικούς Νεοϋορκέζους που λένε συνέχεια «Γιο, πώς πάει, ρε μάγκα;» και προσπαθούν να εντυπωσιάσουν ο ένας τον άλλο με τα πανάκριβα ιταλικά σακάκια και το σακουλάκι με την κόκα που έχουν στην τσέπη τους. Ο Steve, βεβαίως, ήταν τέλεια εναρμονισμένος με αυτό το σκηνικό – στο κάτω κάτω, δούλευε στη μουσική βιομηχανία.

Μόλις αποφάσισα ότι δεν άντεχα άλλο εκεί μέσα, ξεγλίστρησα έξω χωρίς να το πω σε κανέναν, όπως συνηθίζω μερικές φορές. Αυτό το συνήθειό μου με έχει βάλει σε μπελάδες στο παρελθόν –για παράδειγμα, όταν αποφάσισα να περιπλανηθώ σε μια αγροτική περιοχή του Καναδά– επειδή συνήθως χάνομαι. Έτσι έγινε και εκείνο το βράδυ: το κλαμπ βρισκόταν στο κέντρο της πόλης, λιγότερο από δέκα τετράγωνα απόσταση από το ξενοδοχείο, αλλά γύρω στις τέσσερις τα ξημερώματα πήρα τους δρόμους προς τη λάθος κατεύθυνση για μια ολονύκτια περιπλάνηση σε μια άγνωστη πόλη. Ήταν πραγματικά σουρεαλιστικό: περιπλανήθηκα στην Broadway φτάνοντας μέχρι την οδό Houston, έπειτα κατέληξα στη Λεωφόρο C, και κατά τις εννιά το πρωί βρήκα με κάποιο τρόπο το δρόμο μου για την άνω πόλη και το ξενοδοχείο. Δεν είναι αλήθεια το ότι η Νέα Υόρκη είναι μια πόλη που δεν κοιμάται ποτέ· κατάφερα να βρω κατασκότεινα τμήματα δρόμων όπου δεν έβλεπες κανέναν εκτός από κάποιον άστεγο, αραιά και πού. Καθώς η πόλη γινόταν όλο και πιο σιωπηλή, άρχισα να νιώθω όλο και περισσότερο μόνος. Κοιτούσα τα οικοδομικά τετράγωνα που μου ήταν ξένα αλλά και οικεία μαζί, και από το μυαλό μου περνούσε μια συρραφή από σκηνές ταινιών που είχαν γυριστεί στη Νέα Υόρκη. Μόλις παραδέχθηκα τελικά ότι δεν είχα ιδέα πού πήγαινα, άρχισα να αναγνωρίζω μερικά χαρακτηριστικά σημεία της πόλης. Προτού το καταλάβω, είχα φτάσει στο ξενοδοχείο. Όπως συνήθως, δεν με περίμενε κάποιο πάρτι υποδοχής. Έφτασα στο δωμάτιο, όπου βρήκα τον Axl και την Adriana να κοιμούνται του καλού καιρού.

Η μίξη του δίσκου ήταν μια εκπληκτική εμπειρία. Ήταν η πρώτη φορά που έμαθα τη διαδικασία τελικής επεξεργασίας του ήχου, και σήμερα που η ψηφιακή τεχνολογία έχει αλλάξει διά παντός το πρόσωπο της δισκογραφικής βιομηχανίας, νιώθω προνομιούχος που ηχογραφήσαμε και μιξάραμε το δίσκο με αναλογικό τρόπο, προτού αλλάξουν τα πράγματα. Εκείνη την εποχή δεν υπήρχαν αυτοματοποιημένα συστήματα μίξης. Ο Thompson και ο Barbiero χειρίζονταν τα συρόμενα ποτενσιόμετρα με τα χέρια, διορθώνοντας κάποιες τελευταίες μικρολεπτομέρειες σε κάθε κανάλι, σύμφωνα με τις παρατηρήσεις μας, κάθε φορά που ακούγαμε το κάθε κομμάτι. Αυτοί οι δύο τύποι ήταν εκπληκτικοί· είχαν ένα σύστημα, μια μυστική γλώσσα που μοιράζονταν. Ο Steve ήταν δραστήριος και ευθύς, ενώ ο Michael επιφυλακτικός, αναλυτικός και μετρημένος. Και έδιναν ο ένας στα νεύρα του άλλου διαρκώς, κάτι που τροφοδοτούσε τη δημιουργικότητά τους.

Δούλευαν με τον εξής τρόπο: ο Barbiero έστηνε τη βασική μίξη – τα ντραμς, το μπάσο, και έκανε την ισοστάθμιση των συχνοτήτων. Έπειτα ερχόταν ο Steve και άρχιζαν να περνούν το κομμάτι στο master, με τον Steve να κάνει με φρενήρη ταχύτητα τις απαραίτητες μικροδιορθώσεις στις κιθάρες και τα φωνητικά σε όλη τη διάρκεια του κομματιού – εκείνος αναλάμβανε όλα τα δυναμικά rock μέρη, ενώ ο Barbiero έθετε τα ηχητικά θεμέλια. Μια και η μίξη ήταν χειροκίνητη υπόθεση και γινόταν όσο το κομμάτι έπαιζε, όλα έπρεπε να γίνουν σε πραγματικό χρόνο. Όταν περνούσαν την τελική μίξη, το κομμάτι ξεκινούσε· έπεφταν με τα τέσσερα χέρια πάνω στην κονσόλα και αμέσως άρχιζαν να αλλάζουν θέσεις, ρυθμίζοντας κουμπιά και ανεβοκατεβάζοντας ποτενσιόμετρα όσο έπαιζε το κομμάτι. Αν κάτι πήγαινε στραβά, το έπιαναν από την αρχή. Και σαν να μην έφτανε αυτό, είχαν όλους εμάς στο δωμάτιο, να κάνουμε σχόλια και παρατηρήσεις αραχτοί στον καναπέ.

Ένα από τα πιο αστεία περιστατικά συνέβη τη μέρα που ο Izzy ξύπνησε φρέσκος και ωραίος για να πάει στο στούντιο και να επιβλέψει τη μίξη του «Sweet Child o' Mine». Μιλάμε ότι πρέπει να τους έσπασε τα νεύρα. Συνήθως η μίξη άρχιζε κατά τις δώδεκα το μεσημέρι, και μέχρι τις τέσσερις είχε ολοκληρωθεί. Εκείνη τη μέρα ο Izzy μάς τηλεφώνησε κατά τη μία και μας είπε να πάμε αμέσως στο στούντιο, γιατί το κομμάτι είχε τελειώσει και ακουγόταν φοβερό. Μπαίνοντας, το πρώτο πράγμα που πρόσεξα ήταν το βασανισμένο ύφος στο πρόσωπο του Mike Barbiero – ο τύπος έμοιαζε σαν κρατούμενος μετά από μια νύχτα βασανιστηρίων. Μας έβαλε να ακούσουμε τη μίξη, η οποία ήταν άθλια· το μόνο που ακουγόταν ήταν η κιθάρα του Izzy και τα φωνητικά του Axl, ενώ όλα τα υπόλοιπα ήταν θαμμένα κάπου στο βάθος. Με το ζόρι άκουγα τα τύμπανα, και η κιθάρα μου ακουγόταν μόνο στην εισαγωγή και στο σόλο. Ας πούμε ότι ο Izzy είχε έναν λιτό τρόπο να βλέπει τα πράγματα και η μίξη αυτή ήταν ενδεικτική της άποψής του. Βεβαίως και το ξανακάναμε...

Καθώς μιξάραμε το «Rocket Queen», ο Axl ένιωσε ότι κάτι έλειπε από τη γέφυρα του κομματιού· χρειαζόταν κάποιο επιπλέον στοιχείο για να τονίσει τη δραματική του διάσταση. Πρότεινε λοιπόν στην Adrianna Smith, που εκείνη τη μέρα ήταν μαζί μας στο στούντιο, να κάνουν έρωτα στη σάλα ηχογραφήσεων ώστε να ηχογραφήσουμε τη φωνή της και να την προσθέσουμε στο «πέσιμο». Πίναμε Jack σαν τρελοί όλη μέρα, κι έτσι μας φάνηκε το πιο φυσικό πράγμα του κόσμου. Υποστήριξα σθεναρά την ιδέα του Axl· ήξερα πολύ καλά για τι ήταν ικανή από φωνητικής άποψης η Adriana, γιατί με κρατούσε ξύπνιο τις τρεις προηγούμενες μέρες. Έτσι ανάψαμε μερικά κεριά για ατμόσφαιρα και έπειτα η Adriana μπήκε μαζί με τον Axl στη σάλα ηχογραφήσεων, ξάπλωσαν στη μοκέτα δίπλα στο βάθρο των ντραμς και ηχογραφήσαμε την ερμηνεία της Smith με όλα τα βογκητά και τα μουγκρητά της. Μπορείτε να το απολαύσετε – υπάρχει στην τελική μίξη. Αυτό το σημείο τα λέει όλα· δεν θα μπορούσα να σκεφτώ καλύτερο τραγούδι για να κλείσει το άλμπουμ, ούτε κάποιο περισσότερο αποκαλυπτικό κομμάτι της ζωής μας εκείνη την εποχή για να παραδώσουμε στους fans μας.

Σε ωθεί να πίνεις με μέτρο και να συμπεριφέρεσαι κόσμια.

Ο ALAN NIVEN ΑΝΑΖΗΤΟΥΣΕ ΠΑΝΤΑ ΞΝΑΝ ΤΡΟΠΟ ΓΙΑ ΝΑ εκμεταλλεύεται τις καταστάσεις προς όφελός μας· ήταν ιδανικός στο να σπέρνει φήμες και να προκαλεί έξαψη. Όσο το άλμπουμ βρισκόταν στο στάδιο του mastering και ετοιμαζόταν για κυκλοφορία, μας έβαλε να κάνουμε πρόβες, μας έκλεισε τρεις ημερομηνίες στο Λονδίνο, στο κλαμπ Marquee, και μας κανόνισε μερικές συνεντεύξεις εκεί. Έκανε ό,τι μπορούσε για να μας κάνει γνωστούς στην Αγγλία προτού γίνει η κυκλοφορία, κάτι που αποτέλεσε πολύ έξυπνη κίνηση εκ μέρους του. Όμως προτού μπορέσουμε να ταξιδέψουμε, έπρεπε να βγάλω καινούργια πράσινη κάρτα, καθώς την είχα χάσει όταν άφησα το μαύρο μου ημερολόγιο στο οποίο φυλάω όλα τα σημαντικά μου έγγραφα πάνω στην οροφή του βαν μια βραδιά που φεύγαμε από την πρόβα μαζί με τον Duff. Το περιεχόμενό του σκορπίστηκε σε όλη τη Santa Monica Boulevard, και παρόλο που μπόρεσα να μαζέψω τα περισσότερα από το δρόμο, δεν βρήκα ποτέ την πράσινη κάρτα μου – είναι πολύ πιθανόν κάποιος παράνομος μετανάστης να κυκλοφορεί στο Los Angeles με το όνομα Saul Hudson. Αν αυτό συμβαίνει, ελπίζω το όνομά μου να τον βοήθησε.

Όταν πήγα στο γραφείο ιθαγένειας για να την αντικαταστήσω, έκανα το λάθος να πάρω μαζί μου τον Todd Crew και τον West Arkeen. Υπήρχε αυστηρή σειρά προτεραιότητας, κι έτσι έπειτα από δύο αποτυχημένες προσπάθειες αποφάσισα ότι χρειαζόμουν παρέα. Την τρίτη μέρα εμφανιστήκαμε από τις τέσσερις τα ξημερώματα, για να σιγουρευτούμε ότι θα τα καταφέρναμε, και ήμαστε τόσο μεθυσμένοι που περιφερόμαστε τρεκλίζοντας έξω απ' τα γραφεία σαν κωμικοί του βωβού κινηματογράφου. Είχαμε φέρει μαζί μας κάμποσο αλκοόλ για το δρόμο, βεβαίως, και όταν το γραφείο άνοιξε, ήμαστε τελείως λιώμα. Μάλιστα, παραλίγο να συλλάβουν τον Todd επειδή άρχισε να παίζει με ένα πλαστικό φυτό στο διάδρομο ενώ φύλαγε τη θέση μου στην ουρά, κάτι που έκανε τους παρευρισκόμενους να νιώθουν πολύ άβολα.

Όταν φτάσαμε στην Αγγλία μείναμε σε δύο διαμερίσματα: στο ένα ο Axl, ο Izzy και ο Alan, και στο άλλο ο Duff, ο Steve κι εγώ. Είχαμε έναν tour manager που τον έλεγαν Colin και φτάσαμε μία εβδομάδα πριν τις εμφανίσεις μας για να κάνουμε πρόβες και να δώσουμε μερικές συνεντεύξεις. Μέναμε στην Kensington High Street, που απείχε έτη φωτός από την κίνηση του Soho, που δεν σταματούσε ποτέ. Δεν ήταν καθόλου rock and roll γειτονιά· ήταν πολύ καθωσπρέπει και δεν είχες τίποτε άλλο να κάνεις εκτός από το να τα κοπανήσεις σε κάποια παμπ της γωνίας, κάτι που κάναμε αδιαλείπτως. Μου θύμισε την εποχή που μέναμε στο Canoga Park: εξερευνήσαμε τα πάντα, αλλά δεν βρήκαμε τίποτε του γούστου μας. Μόνο που στο Λονδίνο δεν μας έδινε κανείς σημασία.

Ο Todd Crew και ο Del James ήρθαν και μας βρήκαν εκεί, κάτι που αναπτέρωσε τη διάθεση της ομάδας. Ο Todd είχε εισιτήρια για το Παρίσι που του είχαν χαρίσει οι γονείς του με την ευκαιρία της αποφοίτησής του από το κολέγιο. Τα ράσα δεν κάνουν τον παπά: εξωτερικά ο Todd έμοιαζε με τελειωμένο ναρκομανή, αλλά ήταν απόφοιτος κολεγίου και πολύ καλλιεργημένο άτομο. Δεν είχε τύχει να κάνει το ταξίδι μέχρι τότε, έτσι χρησιμοποίησε τα εισιτήρια με τον Del· δυο μακρυμάλληδες Αμερικανοί rock 'n' rollers που χαμένοι στη Γαλλία ζούσαν τη δική τους εκδοχή της ταινίας *Το Τρελό Θηριοτροφείο Πάει Διακοπές στην Ευρώπη.* Έπειτα από κάνα δυο μέρες πήραν το πλοίο και έπειτα το τρένο και την έπεσαν στο διαμέρισμά μας. Ήταν δυο έκλυτοι Αμερικανοί που προσπαθούσαν να φτάσουν από το Παρίσι στο Λονδίνο χρησιμοποιώντας πλοίο, ταξί και τρένο. Ο Del ονόμαζε τύπους σαν εμένα και αυτόν «μπουμπουνοκέφαλους». Μου είναι αδύνατον να φανταστώ πώς τα κατάφεραν αυτοί οι δύο μπουμπουνοκέφαλοι.

Μια τυπική μέρα μας στο Λονδίνο ξεκινούσε με την πρόβα, έπειτα από την οποία πηγαίναμε να χαζέψουμε σε κάποιο κατάστημα ρούχων της περιοχής, επειδή δεν είχαμε τι άλλο να κάνουμε. Μια μέρα ο τεχνικός για τις κιθάρες μου, ο Johnny, με πήγε σε ένα πολύ ωραίο κατάστημα μουσικών οργάνων. Προσπάθησε να εμφανίσει την παρουσία μου ως κάτι ξεχωριστό: ήμουν ο Slash, ο κιθαρίστας των Guns N' Roses, του επόμενου μεγάλου αμερικανικού rock γκρουπ από το Los Angeles. Όσο εκείνος προσπαθούσε να «ψήσει» τον ιδιοκτήτη, εγώ ξάπλωσα στο πάτωμα για να νιώσω πιο άνετα, και έμεινα εκεί λιπόθυμος. Αναγκάστηκαν να με κουβαλήσουν έξω. Προφανώς το εν λόγω περιστατικό έκανε μεγάλη εντύπωση στις αγγλικές εφημερίδες που άρχισαν να μου κολλάνε διάφορα παρατσούκλια – κάνα δυο απ' αυτά ήταν τα «Slash crash» και «Slashed» (που σημαίνει λιώμα από το μεθύσι). Καθιέρωσε τη «θρυλική μου» φήμη στην Αγγλία. Μπορώ να φανταστώ το γιατί.

Μόλις έφτασαν οι φίλοι μας από την πατρίδα, τα γλέντια μας έγιναν πιο άγρια. Τα πίναμε σε όποια παμπ βρίσκαμε, προβάραμε για λίγες ώρες κι έπειτα τα ξαναπίναμε σε όποια παμπ βρίσκαμε, μέχρι που οι παμπ έκλειναν. Δεν ήμαστε τόσο αχαλίνωτοι ή καταστροφικοί, όπως για παράδειγμα στο Valley, επειδή δεν υπήρχαν και πολλά που θα μπορούσαμε να κάνουμε για να δώσουμε ζωή στην Kensington High Street. Μόνο και μόνο μια βόλτα ανάμεσα στα περιποιημένα πάρκα και τους καλλωπισμένους κήπους έφτανε για να σε ξενερώσει. Ο χώρος που κάναμε πρόβες είχε την ίδια ψυχρή λονδρέζικη ατμόσφαιρα. Ένα αποστειρωμένο δωμάτιο ή μία ανάλογη γειτονιά δεν σε προκαλεί να αρχίσεις τις καταστροφές· σε ωθεί να πίνεις με μέτρο και να συμπεριφέρεσαι κόσμια.

Όταν όμως βρεθήκαμε στο Soho και ακόμα πιο πέρα, βρήκαμε τους ομοτέχνους μας. Μια νύχτα ο Duff κι εγώ πήγαμε να δούμε ένα συγκρότημα (ούτε που θυμάμαι ποιο) στο Town and Country, που στην ουσία ήταν ένα μετασκευασμένο υπόστεγο για άμαξες στο Ανατολικό Λονδίνο. Ήμαστε λιώμα όταν φτάσαμε εκεί, και ήμαστε ακόμα πιο λιώμα όταν φύγαμε, αλλά ούτε στιγμή δεν πέρασε από το μυαλό μας ότι μετά τη συναυλία θα βρισκόμαστε χαμένοι στο πουθενά. Τα δρομολόγια των τρένων είχαν σταματήσει, και είμαι σίγουρος ότι θα υπήρχε κάποιο λεωφορείο, αλλά δεν ξέραμε τίποτε γι' αυτό. Αρχίσαμε να περπατάμε, προσπαθώντας μάταια να προσανατολιστούμε, περιμένοντας επίσης μάταια να περάσει κάποιο ταξί. Και, βέβαια, άρχισε να βρέχει.

Δεν ήμουν καθόλου χαρούμενος για την κατάστασή μας, και προφανώς είχα γίνει τόσο σπασαρχίδης που μερικά χιλιόμετρα από εκεί όπου έπρεπε να φτάσουμε, ο Duff θεώρησε απαραίτητο να με συνεφέρει. Δεν παίξαμε ακριβώς μπουνιές, αλλά σίγουρα ανταλλάξαμε βαριές κουβέντες. Δεν ξέρω πώς γυρίσαμε πίσω στο διαμέρισμα, ούτε πώς έχασα τις αισθήσεις μου· μετά τη «λογομαχία» μας δεν θυμάμαι τίποτε απολύτως. Τέλος πάντων, όταν φτάσαμε, βρήκαμε τον Del να μας περιμένει. Στον Del άρεσε να τραβάει φωτογραφίες όποτε κάποιος από τους φίλους μας κατέληγε εκτεθειμένος· έτσι, από φωτογραφικές μαρτυρίες έμαθα ότι όλο το επόμενο πρωί κοιμόμουν πεσμένος στα τέσσερα φορώντας τις μπότες μου και το κεφάλι μου σφηνωμένο στη γωνία του καναπέ. Το ψηλό καπέλο μου είχε γίνει σαν σφουγγαρόπανο από τη βροχή, αλλά δεν το είχα χάσει – και τώρα, ήταν ένας άθλιος σωρός δίπλα μου. Αυτό δεν μου άρεσε καθόλου – για όλο το υπόλοιπο ταξίδι ένιωθα σαν δαρμένος σκύλος: «Τι; Πού είναι το καπέλο σου;»

Μια από τις πιο τρελές εξορμήσεις μας την εβδομάδα πριν τις συναυλίες μας έγινε μια Κυριακή, για την οποία κανείς δεν μπήκε στον κόπο να μας πει ότι ήταν off license, που σήμαινε ότι οι κάβες, οι παμπ και τα μπακάλικα απαγορευόταν να πουλάνε αλκοόλ. Βέβαια, πάντα μπορείς να βρεις κάποιον παραβάτη, αλλά εκείνη τη μέρα ήμαστε σαν ναυαγοί σε ερημονήσι, γιατί κανείς δεν έδειχνε διατεθειμένος να μας κάνει το χατίρι στους καθωσπρέπει δρόμους του Kensington. Καθώς περιφερόμαστε ψάχνοντας για κάποια ανοιχτή παμπ, άρχισαν να μας ακολουθούν κάμποσα άτομα. Ένα απ' αυτά ήταν ένα παράξενο νεαρό κορίτσι μέσα στο rock κλίμα, αλλά πολύ ντροπαλή και κάπως... αλλού. Μας κόλλησε και άρχισε να μας ακολουθεί όπου πηγαίναμε. Κανείς δεν της μιλούσε ούτε είχαμε πολλά νταραβέρια μαζί της – απλώς βρισκόταν εκεί. Δεν ήμαστε σίγουροι αν το είχε σκάσει από το σπίτι της, αν ήταν groupie, άστεγη ή πνευματικά διαταραγμένη, αλλά ήταν ξεκάθαρο ότι σκόπευε να μείνει εκεί όπου θα μέναμε κι εμείς, επειδή δεν φαινόταν να έχει κάπου αλλού να πάει. Φαινόταν άκακο πλάσμα, κι έτσι την αφήσαμε. Εκτός από τον Del, τον Todd και όλους εμάς, το διαμέρισμα ήταν γεμάτο από ανθρώπους που κοιμόντουσαν στα πατώματα, όπου μπορούσαν να βολευτούν. Εγώ λιποθύμησα στο πάτωμα και θυμάμαι ότι αυτό το κορίτσι βρισκόταν απέναντί μου προτού χάσω τις αισθήσεις μου. Όμως κάποια στιγμή στη διάρκεια της νύχτας ξύπνησα και ανακάλυψα ότι είχε κατεβάσει το φερμουάρ του παντελονιού μου και μου ρουφούσε το πουλί. Έκανα ότι ήμουν ακόμα κοιμισμένος, αλλά πρέπει να παραδεχθώ ότι δεν τη σταμάτησα επειδή ήταν πολύ καλή. Το πρωί έφυγε και δεν τη ξαναείδαμε ποτέ.

ΚΑΝΑΜΕ ΠΡΟΒΕΣ ΣΤΟ JOHN HENRY'S, ΕΝΑ ΔΙΑΣΗΜΟ ΣΤΟΥΝΤΙΟ απ' όπου είχαν περάσει τα μεγαλύτερα συγκροτήματα. Είναι το αντίστοιχο S.I.R. του Λονδίνου, αλλά με μια αγγλική καλαισθησία – είναι λίγο πιο «καθωσπρέπει». Ήταν πολύ cool μέρος, επειδή οι τοίχοι ήταν επενδυμένοι με κιβώτια μεταφοράς μηχανημάτων που έγραφαν Motorhead, Iron Maiden και Thin Lizzy. Είχε εκπληκτική ατμόσφαιρα. Προτιμούσαμε να ξοδεύουμε τις λιγοστές λίρες που είχαμε για τα καθημερινά μας έξοδα στην παμπ, κι έτσι κάναμε επιδρομές στη μικρή καφετέρια του στούντιο εξασφαλίζοντας όσο περισσότερους καφέδες, γλυκίσματα και σάντουιτς μπορούσαμε. Αγοράζαμε σακουλάκια τσιπς από τα περίπτερα για λίγες πένες και χορταίναμε με αυτά για να μπορούμε να πίνουμε τα υπόλοιπα λεφτά μας στην παμπ της γωνίας.

Οι τρεις εμφανίσεις μας ήταν στο κλαμπ Marquee, το διάσημο μικρό καταγώγιο απ' όπου κατά καιρούς είχαν περάσει άπαντες, από τους Who και τον David Bowie μέχρι τους Sex Pistols. Τις ημέρες των εμφανίσεων κάναμε εκεί soundcheck κι έπειτα περνούσαμε με τον Duff όλο το υπόλοιπο απόγευμα πίνοντας έξω στο δρόμο μαζί με τους περίεργους ντόπιους που είχαν έρθει για να μας δουν. Έπειτα από μια βδομάδα στην Kensington High Street, διψούσαμε για την παραμικρή σταγόνα rock and roll κουλτούρας στην οποία ήμαστε συνηθισμένοι. Δεν θυμάμαι αν ήταν εκείνο το απόγευμα ή μετά την πρώτη μας εμφάνιση, αλλά έξω από το Marquee κατάφερα να ανοίξω παρτίδες με ένα κορίτσι που την έλεγαν Sally και εκείνη την εποχή ήταν «κορίτσι της τρίτης σελίδας» στην εφημερίδα *The Sun* που κάθε μέρα δημοσιεύει φωτογραφίες από κορίτσια με μαγιό ή εσώρουχα. Παθιάστηκα αμέσως με τη Sally. Έκανε το υπόλοιπο ταξίδι στην Αγγλία πολύ πιο διασκεδαστικό, επειδή ήξερε πού να πάμε. Πήγαμε παρέα σε κάνα δυο κλασικά rock and roll στέκια του Soho. Το ένα απ' αυτά ήταν το Intrepid Fox, όπου χτύπησα τον Phill Mogg, τον τραγουδιστή των UFO, με ένα ποτήρι από σφηνάκι. Δεν θυμάμαι γιατί.

Επίσης έκανα παρέα με τον ήρωά μου, τον Lemmy Kilmister. Όλο το συγκρότημα γνώρισε τους Motorhead σε εκείνο το ταξίδι, και μετά απ' αυτό δεν είχαμε να ζητήσουμε κάτι άλλο.

Αυτές οι εμφανίσεις στο Marquee ήταν πραγματική κόλαση· έχω απ' αυτές τις καλύτερες αναμνήσεις. Παίξαμε το «Whole Lotta Rosie» των AC/DC και το «Mama Kihn» των Aerosmith, μαζί με όλα τα δικά μας κομμάτια. Μια από εκείνες τις νύχτες παίξαμε για πρώτη φορά το «Knockin' on Heaven's Door», το οποίο βγάλαμε στη διάρκεια του soundcheck, για πλάκα. Πάντα μου άρεσε αυτό το τραγούδι και λατρεύω τη live εκτέλεσή του – ήταν πολύ πιο ακατέργαστη από αυτή που κατέληξε στο *Use Your Illusion.* Αυτές οι εμφανίσεις πήγαν αρκετά καλά, ώστε από την αρχή να μη μας θεωρήσουν ποτέ μέρος της ίδιας σκηνής με τα glam metal συγκροτήματα του Los Angeles που είχαν περάσει από την Αγγλία. Μας έβλεπαν ως κάτι διαφορετικό, κάτι που εμείς υποστηρίζαμε από την πρώτη στιγμή. Τελικά, νιώθαμε δικαιωμένοι.

ΜΕΤΑ ΑΠΟ ΕΚΕΙΝΟ ΤΟ ΤΑΞΙΔΙ, ΓΥΡΙΣΑΜΕ ΣΤΟ LOS ANGELES, για να προσθέσουμε τις τελικές πινελιές στο άλμπουμ. Ο Axl μάς είχε φέρει ένα αντίτυπο ενός πίνακα του Robert Williams, που όλοι συμφωνήσαμε ότι θα γινόταν εξώφυλλο – πρόκειται για μια παρανοϊκή σκηνή με ένα ρομπότ που είναι έτοιμο να εκδικηθεί για ένα κορίτσι που έχει βιαστεί, κατασπαράσσοντας τον βιαστή της. Μας φάνηκε τέλειο· μέχρι που οικειοποιηθήκαμε τον τίτλο του πίνακα για τίτλο του άλμπουμ: *Appetite for Destruction.*

Όλα πήγαιναν μια χαρά, το άλμπουμ επρόκειτο να κυκλοφορήσει με τον πίνακα του Williams στο εξώφυλλο, και κανείς δεν είχε πρόβλημα μ' αυτό. Μέχρι που το πήρε μυρωδιά η Tipper Gore και η οργάνωσή της, η PMRC. Εκείνη την εποχή ήταν πολύ αποτελεσματικοί στο να λογοκρίνουν τη μουσική, αλλά εμάς δεν μας ένοιαζε – όσο θόρυβο και να προκαλούσε η Tipper γύρω από το όνομά μας, ήταν ευπρόσδεκτος.

Η ευχή μας πραγματοποιήθηκε: η Geffen έγινε αποδέκτης τόσο πολλών παραπόνων που το άλμπουμ μας απαγορεύτηκε προτού ακόμα γίνει η τοποθέτησή του στις αλυσίδες δισκοπωλείων. Μας είπαν ότι τα περισσότερα καταστήματα λιανικής δεν το δέχονταν, και ότι από τα υπόλοιπα, τα πιο πολλά απαιτούσαν να τυλίξουμε το άλμπουμ σε καφέ χαρτοσακούλα, εκτός κι αν αλλάζαμε εξώφυλλο. Αντιμέτωποι με το ενδεχόμενο να μην πουλήσουμε τίποτε, τώρα που επιτέλους είχαμε στα χέρια μας κάτι για να πουλήσουμε, σε μια σπάνια στιγμή που επικράτησε η κοινή λογική, αποφασίσαμε να συμβιβαστούμε και να επανασχεδιάσουμε το εξώφυλλο. Η ζωγραφιά του Williams θα έμπαινε στον εσωτερικό φάκελο. Ένας τύπος που ξέραμε από το Hell House έκανε ένα πενταπλό πορτραίτο μας αποδίδοντας τα πρόσωπά μας σαν νεκροκεφαλές πάνω σε έναν σταυρό· ήταν *εκπληκτικό,* κι έτσι λοιπόν το χρησιμοποιήσαμε στο εξώφυλλο ενώ ο Axl το έκανε τατουάζ στο μπράτσο του. Ήταν ένα πολύ cool σχέδιο, και παρόλο που δεν μας άρεσε το γεγονός ότι είχαμε ταπεινωθεί, είχαμε καταλήξει με κάτι καινούργιο που το λατρεύαμε. Παρεμπιπτόντως, η έκδοση με το αρχικό εξώφυλλο είναι σήμερα συλλεκτική.

Μια και διαθέτω ακόμη κάποιες ικανότητες στη ζωγραφική, συμμετείχα ανέκαθεν στο σχεδιασμό των πόστερ και των φυλλαδίων του γκρουπ. Θυμάμαι όταν δούλευα στο κιόσκι με τις εφημερίδες, ότι κάποια μέρα πήρα μερικά περιοδικά του τύπου *Guns & Ammo* και τα ξεφύλλιζα μέχρι που βρήκα το τέλειο όπλο για να το αντιγράψω για το λογότυπό μας. Πήρα τη φωτογραφία σπίτι μαζί μου· στη αρχή δεν ήμουν σίγουρος για το πώς μπορούσα να «δέσω» τα ανόμοια στοιχεία. Εκείνη την εποχή έμενα στης Yvonne και μια νύχτα, αφού εκείνη και η μαμά της είχαν πάει για ύπνο, κάθισα στο τραπέζι της κουζίνας τους όταν μου κατέβηκε η ιδέα. Πήρα τη φωτογραφία του όπλου και τη αναπαρήγαγα ελεύθερα, ενώ έπειτα ζωγράφισα άλλο ένα όπλο σταυρωτά με το πρώτο και από κάτω μερικά τραντάφυλλα. Αυτή η απλή ιδέα λειτούργησε και έγινε το λογότυπο της μπάντας.

Τέλος πάντων, μόλις συμφωνήσαμε για το νέο εξώφυλλο, ήθελα να πάω στη Νέα Υόρκη για να επιβλέψω την τελική επιμέλεια αλλά και να συναντήσω τους ανθρώπους της νέας εταιρείας mercahandising και να μιλήσουμε για τα t-shirts μας, όπως και τον νέο υπεύθυνο για τις συναυλίες μας, τον Bill Elson από το πρακτορείο ICM. Το πρόγραμμά μου ήταν πολύ φορτωμένο.

Εκείνη την εποχή «έβγαινα» με μία πορνοστάρ, τη Lois Ayres, που εκτιμούσα τη δουλειά της ιδιαίτερα. Παρόλο που η σοκαριστική διάσταση των εμφανίσεών της μπορεί να αποθάρρυνε άλλους μνηστήρες, εμένα μου είχε κινήσει το ενδιαφέρον. Τέλος πάντων, ανοίξαμε παρτίδες στο Los Angeles και για κάποιο διάστημα κοιμόμουν στο σπίτι της. Καθώς σχεδίαζα να πάω στη Νέα Υόρκη, έμαθα ότι το ίδιο θα έκανε κι εκείνη καθώς είχε προγραμματίσει μερικές εμφανίσεις σε κάποια στριπτιζάδικα στη Times Square. Είχε κλεισμένο δωμάτιο στο Milford Plaza, στη διασταύρωση της Ογδόης Λεωφόρου με την Τεσσαρακοστή Πέμπτη Οδό· έτσι πήγα και κοιμήθηκα εκεί όταν έφτασα.

Το δεύτερο πρωινό μου εκεί, ξύπνησα στις επτά.

Ντριν! Ντριν!

Ντριν! Ντριν!

Σήκωσα το ακουστικό και έπειτα το κατέβασα με δύναμη.

Ντριν! Ντριν!

Ντριν! Ντριν!

Προφανώς, δεν υπήρχε περίπτωση να σταματήσει.

«Ναι; Ποιος είναι;» φώναξα.

«Καλημέρα σας, κύριε, είναι εδώ κάποιος Todd Crew και θέλει να σας δει», είπε η φωνή. «Σας πειράζει να τον στείλω επάνω;»

«Ε... όχι, καθόλου», είπα διστακτικά. Δεν είχα ιδέα τι θα μπορούσε να γυρεύει ο Todd στις επτά το πρωί, και μάλιστα στη Νέα Υόρκη.

Είχε έρθει μετά από πρόσκληση της τελευταίας στιγμής που του είχε κάνει κάποιος φίλος του ηθοποιός, γιατί έπρεπε οπωσδήποτε να φύγει από το Los Angeles σύντομα και για καιρό: τα είχε χαλάσει με την Girl, κάτι που ήταν *μεγάλη* υπόθεση – οι δυο τους ήταν χρόνια μαζί, λίγο πολύ σαν ένας άνθρωπος. Επίσης, το συγκρότημά του τον είχε απολύσει, γιατί στα μέλη του δεν άρεσε το γεγονός ότι έκανε τόσο κολλητή παρέα μαζί μας. Σύντομα τη θέση του πήρε ο Sam Yaffa των Hanoi Rocks, χωρίς πολλές συζητήσεις. Και όχι μόνο τον είχαν διώξει, αλλά του παρακρατούσαν τον εξοπλισμό του και αρνούνταν να του τον επιστρέψουν. Έτσι ο Todd δεν ήταν σε καλή κατάσταση, για να το θέσουμε επιεικώς. Έφτασε στην πόρτα μου ήδη λιώμα απ' το μεθύσι, κρατώντας στο ένα του χέρι αυτό που μας άρεσε να ονομάζουμε Toad Venom [Σ.τ.Μ.: δηλητήριο του φρύνου· λογοπαίγνιο με το όνομα του Todd Crew]: βότκα πορτοκάλι μεταμφιεσμένη σε πορτοκαλάδα. Είχα μπροστά μου μια ολόκληρη μέρα γεμάτη ραντεβού σε όλη την πόλη, αλλά καταλάβαινα ότι ο Todd χρειαζόταν φροντίδα. Η Girl δεν απαντούσε στις κλήσεις του, ο ίδιος δεν είχε συγκρότημα, και δεν υπήρχε περίπτωση να τον αφήσω μόνο του σε τέτοια κατάσταση.

Δεν είχα άλλη επιλογή· τον πήρα μαζί σε όλα μου τα ραντεβού, κάτι που αποτελούσε πραγματικό άθλο. Όλα τα γραφεία βρίσκονταν στο κέντρο της πόλης και απείχαν μεταξύ τους αρκετά τετράγωνα, αλλά δεν είχα πρόβλημα με αυτό· σκόπευα να πάω σε όλα με τα πόδια – ήταν μεγάλη η απόσταση, αλλά επεδίωκα να κάνω αυτή τη βόλτα. Ήταν μία απ' αυτές τις αφόρητα ζεστές ημέρες του Ιουλίου στη Νέα Υόρκη, και ο Todd επέμενε να τον πάω πρώτα σε ένα υποκατάστημα της Western Union για να «τραβήξει» μερικά χρήματα. Έδειχνε τόσο χαμένος που συμφώνησα, και μέχρι σήμερα το μετανιώνω: αν είχα αρνηθεί να πάω μαζί του στη Western Union, μπορεί το πράγμα να είχε καταλήξει αλλιώς, επειδή δεν θα είχε καθόλου λεφτά πάνω του.

Αρχίσαμε να προχωράμε στο δρόμο, και όπως είπα ο Todd ήταν ήδη εντελώς χάλια: άρχισε να σωριάζεται κάθε φορά που σταματούσαμε σε κάποιο φανάρι. Τον κρατούσα, αλλά ήταν ένα κεφάλι ψηλότερος από μένα και τεράστιος. Προσπαθούσα να τον μανουβράρω, αλλά εκείνος σωριαζόταν συνέχεια στη μέση του δρόμου και το πλήθος των ανθρώπων που πήγαιναν στις δουλειές τους στις οκτώ το πρωί άνοιγε γύρω του κάθε φορά που έπεφτε. Φτάσαμε στη Western Union με ρυθμούς χελώνας, κάναμε την ανάληψη που ήθελε και φτάσαμε στο πρώτο μου ραντεβού, στην Geffen, με δέκα λεπτά περίπου καθυστέρηση.

Άφησα τον Todd στη γραμματεία, και είμαι σίγουρος ότι όποια κι αν ήταν η γραμματέας εκείνη τη μέρα, θα τον θυμάται ακόμα. Αμέσως μόλις μπήκε σε χώρο με air condition έπεσε λιπόθυμος στον καναπέ· έτσι τον άφησα εκεί, έναν θεόρατο τύπο με τατουάζ που ροχάλιζε και τρόμαζε όποιον είχε την ατυχία να περιμένει στη γραμματεία εκείνη τη μέρα. Όταν έφτασε η ώρα να φύγω, χρειάστηκαν δύο βοηθοί για να βάλουν τον Todd στο ασανσέρ. Ο ύπνος τον είχε βοηθήσει, όχι όμως πολύ. Ωστόσο, με κάποιο τρόπο κατάφερα να τον οδηγήσω στους δρόμους και να φτάσω έγκαιρα στα υπόλοιπα ραντεβού μου: το ένα ήταν στην Brokum για να συζητήσω για τα t-shirts, και το άλλο στο πρακτορείο συναυλιών ICM. Όλη αυτή την ώρα έσερνα μαζί μου έναν μεθυσμένο μπασίστα, και του φερόμουν λες και ήταν ο αόρατος ελέφαντας στο δωμάτιο, για τον οποίο δεν μιλούσε κανείς. Ήταν σαν τον αστυνομικό στο *Up in Smoke* των Cheech and Chong, που προσπαθεί να δώσει οδηγίες με ένα χοτ ντογκ στη μούρη.

Μέχρι το απόγευμα είχα τελειώσει τις δουλειές μου. Ο Todd είχε συνέλθει λιγάκι, αλλά σίγουρα είχε ανάγκη από λίγο ύπνο· έτσι σκέφτηκα ότι μια βόλτα στο Central Park θα βοηθούσε την κατάσταση – τουλάχιστον θα μπορούσε να κοιμηθεί στο γρασίδι κάτω από τον ήλιο. Κατάφερα να τον οδηγήσω μέχρις εκεί, και καθώς μπαίναμε στο πάρκο πέσαμε πάνω σε τρία μέλη ενός συγκροτήματος από το Los Angeles, τους οποίους γνωρίζαμε και οι δύο. Δεν θυμάμαι το λόγο που τους είχε φέρει στη Νέα Υόρκη, αλλά ήθελαν να πάμε στο Alphabet City για να ψωνίσουμε λίγη πρέζα. Ο Todd πέταγε τη σκούφια του, αλλά εγώ δεν τον άφηνα· είχα περάσει απ' αυτή την κόλαση, και η σκέψη δεν μου προξενούσε το παραμικρό ενδιαφέρον. Επιπλέον, όπου να 'ναι έβγαινε ο δίσκος μου και δεν άξιζε να ρισκάρω κάποια σύλληψη.

Προσπάθησα να αποφύγω το σκόπελο προτείνοντας να αγοράσουμε ένα μπουκάλι Jim Beam και να κάνουμε μια βόλτα στο πάρκο, όπως και έγινε. Μιλάμε για τρελό σκηνικό. Εγώ, ο Todd και αυτοί οι τύποι με τη γοτθική εμφάνιση, τα τατουάζ και τα σκουλαρίκια να απολαμβάνουμε τα καλοκαιρινά αξιοθέατα. Αργότερα φάγαμε πίτσα και ήπιαμε κάνα δυο γύρους ποτά σε ένα μικρό μπαρ. Αλλά μόλις περάσαμε στον δεύτερο γύρο ποτών, προέκυψε ξανά το ζήτημα της ηρωίνης. Έκανα ό,τι μπορούσα για να το φρενάρω, αλλά νικήθηκα. Οι προσωπικές μου ανησυχίες έρχονταν δεύτερες· σημασία είχε για μένα η κατάσταση του Todd. Δεν μου άρεσε αυτό που έβλεπα, και έκανα ό,τι μπορούσα για να μην τον αφήσω να βουλιάξει ακόμη πιο βαθιά στα σκοτάδια. Ο Todd είχε ξαναπάρει ηρωίνη, αλλά δεν είχε πείρα από το συγκεκριμένο ναρκωτικό· ακόμα και να είχε όμως, δεν ήταν σε κατάσταση να μπλέκει με τέτοια. Όπως είπα, αποτελούσα μειοψηφία· ο Todd έπεισε τους άλλους να πάνε εκείνοι να μας φέρουν την ηρωίνη, ώστε να μη διακινδυνέψουμε μια πιθανή σύλληψη. Για να το θέσω κομψά, ήθελε *σαν τρελός* να πάρει. Κατηφορίσαμε προς το κέντρο και τους περιμέναμε σε ένα μπαρ στο St. Mark's Place στο East Village, ενώ εκείνοι ψώνιζαν την πρέζα.

Καταλήξαμε στο σπίτι του φίλου τους Chosei Funahara· ήταν ο μπασίστας των Plasmatics. Του έσφιξα το χέρι, αλλά ποτέ δεν κατάφερα να του μιλήσω γιατί ο Todd ήθελε τόσο απεγνωσμένα να «φτιαχτεί» που πήγαμε κατευθείαν στο μπάνιο ήδη από τα πρώτα δύο λεπτά που ήμαστε στο διαμέρισμά του. Ανησυχούσα, επειδή όταν ψωνίζεις ηρωίνη από το δρόμο ποτέ δεν ξέρεις τι παίρνεις – πρέπει πάντα να προσέχεις. Δεν ήθελα στ' αλήθεια να πάρω, αλλά δοκίμασα λιγάκι και καταλαβαίνοντας ότι δεν ήταν καθόλου δυνατή, έβρασα λίγη για μένα και τον Todd.

Μείναμε εκεί για λίγο και αφού κανονίσαμε με τους φίλους μας να μας συναντήσουν αργότερα στο δωμάτιο του ξενοδοχείου μου, εγώ με τον Todd φύγαμε. Μέχρι να φτάσουμε στην Times Square ο ήλιος είχε αρχίσει να βασιλεύει, και καθώς προχωρούσαμε μπροστά από τη σειρά με τις κινηματογραφικές αίθουσες, ξαφνικά αποφάσισα, κοιτάζοντας τις προθήκες, ότι ήθελα να δω τα *Σαγόνια του Καρχαρία Νο 3*. Ο Todd συμφώνησε· έτσι κι αλλιώς, το μόνο που ήθελε ήταν να «φτιαχτεί». Αγοράσαμε ένα κιβώτιο μπίρες και τρυπώσαμε στην αίθουσα. Μπορεί να ακούγεται παράξενο με τα σημερινά στάνταρ, αλλά το 1987 η Times Square της Νέας Υόρκης ήταν ακόμη αρκετά τσαμπουκαλεμένο μέρος ώστε ένας κινηματογράφος που δεν πρόβαλλε πορνό 24 ώρες το εικοσιτετράωρο να δέχεται δύο τύπους που πλήρωναν εισιτήριο αλλά έφερναν μαζί τις δικές τους μπίρες.

Τα *Σαγόνια του Καρχαρία Νο 3* δεν ήταν και καμιά σπουδαία ταινία· ούτε η δόση της ηρωίνης που είχαμε πάρει. Στα μισά συνειδητοποίησα ότι το «φτιάξιμο» είχε περάσει και ότι είχα πιει περίπου τα δύο τρίτα από τις μπίρες, ενώ ο Todd είχε κατεβάσει τις υπόλοιπες, τη μία μετά την άλλη. Τότε ξαφνικά βγήκε από τον κινηματογράφο για να τηλεφωνήσει στην Girl. Έλειπε για κάμποση ώρα και ήλπιζα ότι αυτό ήταν καλό σημάδι· ίσως τα έβρισκαν. Δυστυχώς, δεν συνέβαινε κάτι τέτοιο: όταν τελείωσε η προβολή, βρήκα τον Todd σωριασμένο στο δάπεδο δίπλα στο τηλέφωνο, σε κατάσταση παράλυσης, επειδή η Girl τον είχε απορρίψει, προφανώς με πολύ απότομο τρόπο.

Οδήγησα τον Todd πίσω στο ξενοδοχείο μου κάνοντας ό,τι μπορούσα για να τον συνεφέρω στο δρόμο και ελπίζοντας πως όταν φτάναμε εκεί θα τον έβαζα για ύπνο. Ήταν πολύ ταραγμένος, αλλά έπειτα από λίγο κατάφερα να τον ηρεμήσω, να τον ξαπλώσω στο κρεβάτι και σιγά σιγά να τον οδηγήσω προς τον ύπνο. Και εκείνη ακριβώς τη στιγμή, χτύπησε η πόρτα· ήταν οι «φίλοι» που είχαμε πετύχει νωρίτερα. Ήταν όλοι τους έτοιμοι να σουτάρουν πρέζα και να την αράξουν, οπότε ο Todd ξαφνικά ξύπνησε όλο προθυμία να κάνει κι αυτός τα ίδια. Ήταν άλλη μια μάχη χωρίς ελπίδα νίκης· έτσι αποφάσισα να συμφωνήσω και σούταρα σχεδόν όλο το δικό μου μερίδιο, επειδή η συγκεκριμένη δόση δεν με είχε πιάσει ακόμα. Την ίδια στιγμή είχα το νου μου στον Todd για να είμαι σίγουρος ότι δεν έκανε πολλή, επειδή επί δεκαοκτώ ώρες έπινε σαν τρελός. Δεν μπορώ να πω με σιγουριά τι συνέβη, αλλά είμαι σχεδόν σίγουρος ότι κάποιος του έδωσε κι άλλη μια δόση, κάποια στιγμή που εγώ δεν έβλεπα. Αυτό που του έδωσα εγώ δεν υπήρχε περίπτωση να προκάλεσε όσα ακολούθησαν.

Καμιά ώρα περίπου αφότου εμφανίστηκαν οι υπόλοιποι, ο Todd σηκώθηκε όρθιος στη μέση του δωματίου, έγειρε κάπως στη μια πλευρά και ξαφνικά σωριάστηκε στο πάτωμα. Η αναπνοή του ήταν αργή, δεν αντιδρούσε, και έτσι τον πήγα στην μπανιέρα και του έκανα ένα ντους με κρύο, σχεδόν παγωμένο νερό. Τον ταρακούνησα, τον χαστούκισα, έκανα ό,τι μπορούσα για να τον ξυπνήσω. Στο μεταξύ, οι «φίλοι» μας συνήλθαν όπως όπως και την κοπάνησαν χωρίς να πουν λέξη.

Βρισκόμουν εκεί κρατώντας στην αγκαλιά τον καλύτερό μου φίλο, τον Todd, μέσα στην μπανιέρα. Είχα πάρει υπερβολική δόση στο παρελθόν, αλλά ποτέ δεν είχε χρειαστεί να φέρω βόλτα κάποιον άλλο που είχε πάρει υπερβολική δόση. Έκανα ό,τι μπορούσα για να τον βοηθήσω να διατηρήσει τις αισθήσεις του. Ήμουν μπερδεμένος επειδή εγώ είχα πάρει τη διπλάσια ποσότητα απ' αυτή που είχε πάρει ο Todd και δεν ένιωθα ούτε καν «φτιαγμένος». Άρχισα να αναρωτιέμαι αν είχε πάρει κάτι άλλο που δεν ήξερα. Ξαφνικά, ο Todd φάνηκε να συνέρχεται: ήταν ημιλιπόθυμος αλλά ανάσαινε, και για λίγες φευγαλέες στιγμές τα μάτια του φάνηκαν να εστιάζουν επάνω μου και στο δωμάτιο γύρω του. Η αναπνοή του έγινε κανονική και ένιωσα κάπως άνετα. Τον σκούπισα και τον πήγα στο κρεβάτι.

Κάθισα εκεί δίπλα του, παρακολουθώντας την αναπνοή του, και τηλεφώνησα στους κοινούς μας φίλους για να τους πω τι συνέβαινε, σε μια προσπάθεια να ηρεμήσω λιγάκι. Τηλεφώνησα επίσης στο μοναδικό πρόσωπο που γνώριζα στη Νέα Υόρκη αρκετά καλά ώστε να της μιλήσω εμπιστευτικά – μια κοπέλα που την έλεγαν Shelley και δούλευε στην ICM μαζί με τον Bill Elson. Μιλούσα με τη Shelley και πρόσεχα τον Todd, όταν ξαφνικά η αναπνοή του σταμάτησε. Άφησα το τηλέφωνο να πέσει και άρχισα να τον ταρακουνάω και να τον χαστουκίζω, ενώ προσπαθούσα να τον σηκώσω όρθιο. Κοπάνησα με απελπισία το στήθος του, αλλά δεν επανερχόταν. Τηλεφώνησα στο 911, κι έπειτα έριξα νερό πάνω του, αλλά χωρίς αποτέλεσμα. Δεν μπορούσα να τον σώσω – ο Todd, ένα παιδί είκοσι ενός χρονών, πέθανε στα χέρια μου. Είχα πλημμυρίσει από συναισθήματα: φόβο, πανικό, άγχος... Και πού στο διάβολο ήταν το ασθενοφόρο;

Όταν τελικά έφτασε, οι νοσοκόμοι αποδείχθηκαν τελείως μαλάκες. Τους πήρε σαράντα λεπτά να έρθουν. Μπαίνοντας στο δωμάτιο, κοίταξαν τον Todd λες και ήταν ένας σωρός από σκουπίδια.

«Σκατά», είπε ο ένας, κάπως δυνατά για το γούστο μου. «Τι είναι αυτό, πάλι;»

«Ξέρω, ξέρω», είπε ο άλλος. «Είναι ηλίθιο... έχει πεθάνει από ώρα».

«Δεν ξέρω γιατί κάναμε τον κόπο να έρθουμε ως εδώ... Πάλι καλά που δεν βιαστήκαμε».

Πήραν το σώμα του Todd και με άφησαν εκεί με το πορτοφόλι, τις μπότες και τα άλλα του πράγματα. Πάνω που άρχισα να συνειδητοποιώ τι είχε συμβεί, έφτασαν οι αστυνομικοί. Με ανέκριναν με τη γνωστή μέθοδο του καλού και του κακού μπάτσου· με ρώτησαν αν ήξερα από πού είχε πάρει την πρέζα ή πού ήταν η σύριγγα. Εγκαταστάθηκαν σε δύο διαφορετικά δωμάτια του ξενοδοχείου και με έστελναν ο ένας στον άλλο για τρεις περίπου ώρες. Μόλις τελείωσαν και φάνηκαν να ικανοποιούνται, έφυγαν και μου είπαν ότι το άλλο πρωί στις οκτώ έπρεπε να βρίσκομαι στο αστυνομικό Τμήμα για να υπογράψω κάτι χαρτιά σχετικά με την «παραλαβή της σορού».

Η φράση αυτή και μόνο πήγαινε πολύ για μένα· μόλις έφυγαν, κατέβηκα στο δρόμο, κάθισα στο πεζοδρόμιο με την πλάτη μου στον τοίχο του ξενοδοχείου και προσπάθησα να καταλάβω τι είχε συμβεί. Είδα τον ήλιο να ανατέλλει, και προτού βρω κάποια απάντηση είχε φτάσει η ώρα να σηκωθώ από το πεζοδρόμιο και να πάω στο Τμήμα. Ποτέ δεν έχω νιώσει τόσο αποπροσανατολισμένος στη ζωή μου.

Στο Τμήμα επικρατούσε τέτοιο χάος, όπως στο σίριαλ *Barney Miller*, και υπέγραψα ό,τι έπρεπε να υπογράψω – μια διαδικασία τόσο απρόσωπη, λες και συμπλήρωνα μια αίτηση για μια χαμένη βαλίτσα. Επέστρεψα στο ξενοδοχείο σε παραζάλη. Η Lois δεν είχε γυρίσει από την προηγούμενη νύχτα. Ήμουν ξαπλωμένος στο κρεβάτι, όταν άκουσα ένα δυσοίωνο χτύπημα στην πόρτα. Δεν ήταν η καμαριέρα – κατάλαβα ότι ήταν κάτι επιτακτικό. Ανοίγοντας είδα το διευθυντή του ξενοδοχείου και έναν άνδρα της ασφάλειας να στέκονται στην πόρτα και να μου λένε ότι η Lois όχι μόνο είχε φύγει αλλά και ότι είχε τακτοποιήσει το λογαριασμό της και δεν είχαν πρόθεση να με αφήσουν να μείνω παραπάνω απ' όσο είχα δικαίωμα.

Επέστρεψα στο λημέρι μου στο πεζοδρόμιο και έπειτα από λίγο, μη ξέροντας σε ποιον να τηλεφωνήσω, τηλεφώνησα στον Alan. Κανόνισε να πάω στο σπίτι της Shelley για να ξεκουραστώ λιγάκι. Μόλις έφτασα εκεί, λιποθύμησα από την εξάντληση. Το επόμενο πράγμα που θυμάμαι, είναι ότι ο Alan ήταν εκεί· είχε έρθει αεροπορικώς για να φροντίσει να γυρίσω σώος στο Los Angeles. Χαίρομαι γι' αυτό, επειδή ήμουν μουδιασμένος και παραλυμένος.

Αυτό ήταν το χειρότερο πράγμα που μου είχε συμβεί μέχρι τότε – πιθανόν και έκτοτε. Ο Todd, ο καλύτερός μου φίλος, είχε πεθάνει. Και το πράγμα δεν τελείωσε εκεί. Όταν πήγαμε στο San Francisco για την κηδεία, ήμουν υποχρεωμένος να αντιμετωπίσω την –προφανώς– ταραγμένη οικογένεια του Todd και τους τύπους από το συγκρότημά του – όλοι πίστευαν ότι εγώ ήμουν υπεύθυνος για το θάνατό του. Ο ετεροθαλής αδελφός του Todd ήταν φίλος με τον Del James – με ήξερε, και ακόμα κι εκείνος πίστευε ότι εγώ έφταιγα. Η κατάσταση ήταν πολύ δύσκολη.

Η οικογένεια του Todd έφτασε να προσλάβει ιδιωτικό ντετέκτιβ για να με παρακολουθεί για κάποιο διάστημα – έτσι, σαν να μην έφτανε το πένθος, είχα ένα μαύρο σύννεφο από κατηγορίες να με ακολουθεί παντού, ενώ τελικά ήμουν ο μόνος άνθρωπος στον κόσμο που είχα κάνει ό,τι ήταν δυνατόν για να σώσω τον Todd.

Ήταν ένα δυσάρεστο ξύπνημα· όχι μόνο είχα έρθει πρόσωπο με πρόσωπο με τις συνέπειες του αδηφάγου τρόπου ζωής μου, αλλά έμαθα επίσης ότι ζώντας τόσο εκτεθειμένα γινόμουν εύκολος στόχος – ακόμα και γι' αυτούς που εμπιστευόμουν, αυτούς που με ήξεραν καλύτερα απ' όλους.

Η τρελή κούρσα αρχίζει

Κεφάλαιο 8

Αν μπορώ να πω ένα πράγμα για τις «μουσικές στιγμές» του 1987, είναι ότι εξέφραζαν τα στερεότυπα της δεκαετίας του '80 περισσότερο απ' ό,τι ολόκληρη η υπόλοιπη δεκαετία μαζί. Το 1987, το «Livin' on a Prayer» του Bon Jovi έμεινε στο νούμερο ένα από τις 14 Φεβρουαρίου έως τις 7 Μαρτίου – περισσότερο καιρό από οποιοδήποτε άλλο single εκείνη τη χρονιά. Το 1987, η Whitney Houston έγινε η πρώτη γυναίκα καλλιτέχνις που το ντεμπούτο της έφτασε στο νούμερο ένα των album charts. Ο Robert Palmer κέρδισε το Grammy καλύτερου τραγουδιστή για την ερμηνεία του στο «Addicted to Love» και οι Eurythmics το Grammy καλύτερου γκρουπ για το «Missionary Man».

Το *Dirty Dancing* και το *Ένα Μωρό για Τρεις* ήταν οι μεγαλύτερες κινηματογραφικές επιτυχίες της χρονιάς, και κάθε τραγούδι που ακουγόταν στο ραδιόφωνο ήταν γλυκανάλατο και «γυαλισμένο»: το «Who's that Girl» της Madonna, το «Big Time» του Peter Gabriel, το «Back in the High Life Again» του Steve Winwood. Το 1987, η μουσική βιομηχανία ήταν γεμάτη κακές ιδέες, τα CDs είχαν ήδη κυκλοφορήσει, αλλά τα κέντρα αποφάσεων είχαν καταλήξει ότι το μέλλον ήταν τα «cassette singles» – και εγκαινίασαν το νέο αυτό είδος με ένα τραγούδι του Bryan Adams που λεγόταν «Heat of the Night» το οποίο άντεξε στο χρόνο όσο και το cassette single.

Όσο για το καθαρόαιμο hard rock του 1987, οι Aerosmith έκαναν την επιστροφή τους με το *Permanent Vacation,* αλλά εκτός από το «Rag Doll» και το «Dude (Looks Like a Lady)» τα τραγούδια που παίζονταν στο ραδιόφωνο ήταν το ένα χειρότερο από το άλλο. Υπήρχαν επίσης τα «Here I Go Again» των Whitesnake, το «Alone» των Heart, το «Once Bitten» των Great White, και η διασκευή στο «Mony Mony» από τον Billy Idol. Και κάπου ανάμεσα σε αυτά τα δύο υπήρχαμε κι εμείς: ούτε οι Guns N' Roses ούτε το *Appetite for Destruction* ταίριαζαν σε κάποια προϋπάρχουσα κατηγορία του μουσικού τοπίου του 1987. Παρόλο που «τα είχαμε καταφέρει», τα πράγματα ήταν ίδια, όπως πάντα: έπρεπε να δημιουργήσουμε τον δικό μας χώρο.

Το *Appetite for Destruction* κυκλοφόρησε στις 21 Ιουλίου του 1987, χωρίς πολλές φανφάρες. Για να το θέσω κομψά, έγινε επιτυχία στο underground κύκλωμα· απέκτησε ένα μικρό φανατικό κοινό, και κυκλοφόρησε από στόμα σε στόμα, όπως έγινε με το *Kill 'em All* των Metallica. Μερικούς από τους πρώτους φανατικούς οπαδούς μας τους βρήκαμε ανάμεσα στους Cult, μόλις ο τραγουδιστής τους, ο Ian Astbury, μας είδε να παίζουμε στο Marquee στο Λονδίνο· αργότερα μου είπε ότι κατάλαβε από την πρώτη στιγμή ότι θα κάναμε τεράστια επιτυχία. Φρόντισε να μας «κλείσει» για να ανοίγουμε τις συναυλίες των Cult στο βορειοαμερικανικό σκέλος της περιοδείας τους για το *Electric*.

Το άλμπουμ είχε παραγωγή του Rick Rubin και απείχε έτη φωτός από τα προηγούμενα άλμπουμ των Cult με τις γοτθικές επιρροές. Ήταν απόλυτα λογικό να θέλουν ένα hard rock συγκρότημα για να ανοίγει τις συναυλίες τους, επειδή το *Electric* ακουγόταν λες και ήταν ηχογραφημένο το 1973. Οι Cult είχαν ήδη μεγάλο κοινό σε όλο τον κόσμο, αλλά –παρόλο που με το *Electric* θα το κατάφερναν– δεν είχαν ακόμη μεγάλη επιτυχία στην Αμερική. Τον συγκεκριμένο δίσκο τον έμαθα από το κορίτσι με το οποίο έβγαινα εκείνη την εποχή. Οι κοπέλες ήταν καλές στο να ανακαλύπτουν τι ήταν cool ανά πάσα στιγμή – πάντα έμοιαζαν να μυρίζονται τη μουσική της κάθε εποχής.

Προτού ξεκινήσουμε για την περιοδεία με τους Cult, γυρίσαμε το βίντεο του «Welcome to the Jungle», το οποίο ήταν το πρώτο μας. Το γύρισμα κράτησε δύο μέρες. Την πρώτη μέρα γυρίσαμε όλες τις μικρές βινιέτες που ορίζουν το ρόλο του καθενός μας στο βίντεο: ο Axl κατεβαίνει από ένα λεωφορείο, ο Izzy και ο Duff φαίνονταν να βαδίζουν στο δρόμο, κ.λπ. Αν δεν προσέξετε καλά, μπορεί να παραβλέψετε τη δική μου εμφάνιση: είμαι ο μεθύστακας που κάθεται στο πεζοδρόμιο με ένα μπουκάλι Jack Daniels μέσα σε μια χαρτοσακούλα. Γυρίσαμε αυτές τις σκηνές στο La Brea, έξω από μια βιτρίνα που ανακάλυψε ο σκηνοθέτης μας, ο Nigel Dick. Η ατέλειωτη και κουραστική διαδικασία των γυρισμάτων μουσικών βίντεο δεν μου ήταν άγνωστη. Το 1982 είχα παίξει κομπάρσος σε ένα βίντεο του Michael Schenker για ένα τραγούδι από το άλμπουμ του *Assault Attack*.

Καθώς προχωρούσε η βραδιά και περίμενα να φτάσει η ώρα για τις δικές μου σκηνές, έγινα λιώμα από το ποτό. Έβρισκα την επαναλαμβανόμενη διαδικασία του «βιάσου και περίμενε», που είναι χαρακτηριστική σε κάθε γύρισμα ταινίας και βίντεο, τόσο βαρετή, που μέχρι να φτάσει η ώρα της σκηνής μου όλα έμοιαζαν περισσότερο με μια αληθινή απεικόνιση της κατάστασής μου. Το βίντεο με δείχνει στην κατάσταση που βρισκόμουν εκείνη την ώρα: ένα λεπτό αφότου ο σκηνοθέτης είπε «στοπ», μπλέχτηκα σε έναν καυγά με το μάνατζέρ μας, τον Alan Niven. Για το λόγο δεν έχω ιδέα – ούτε εκείνος άλλωστε. Του έβαλα τις φωνές και έπειτα χάθηκα μέσα στη νύχτα και έκανα οτοστόπ ένας θεός ξέρει με ποιο προορισμό.

Το άλλο βράδυ είχαμε γύρισμα στο Park Plaza Hotel, που ήταν η έδρα του Scream Club της Dale Gloria. Η Dale είναι μια κοσμική προσωπικότητα του Los Angeles που έχει υπάρξει ιδιοκτήτρια ή μάνατζερ πολλών κλαμπ – το Scream ήταν το πιο γνωστό απ' όλα. Εκείνη η δεύτερη μέρα ήταν επίσης ατελείωτη, αλλά τουλάχιστον έγιναν τα γυρίσματα στα οποία το συγκρότημα έπαιζε το κομμάτι επί σκηνής. Έγινε κανονική συναυλία: πρώτα παίξαμε το κομμάτι σε άδειο κλαμπ, κι έπειτα ανοίξαμε τις πόρτες, γεμίσαμε το κλαμπ με κόσμο και το ξαναπαίξαμε τρεις φορές στη σειρά. Ήταν πολύ cool. Επρόκειτο για ένα όμορφο κλείσιμο των γυρισμάτων του πρώτου μας βίντεο.

Μια δυο μέρες, μπορεί και μία εβδομάδα αργότερα, ξεκινήσαμε για την περιοδεία με τους Cult, για το δίμηνο σκέλος της από τον Αύγουστο ως τον Σεπτέμβριο, στον Καναδά, τη Δυτική Ακτή και τις Νότιες Πολιτείες. Η περιοδεία ήταν υπέροχη: καμία από τις συνηθισμένες μαλακίες δεν συνέβη, όπου το μεγάλο όνομα σαμποτάρει το support χαμηλώνοντας τον ήχο τόσο που εκείνοι να προξενήσουν πολύ μεγαλύτερη εντύπωση όταν βγουν στη σκηνή. Νομίζω ότι οι Cult είχαν παρακάμψει έξυπνα το συγκεκριμένο ζήτημα επιλέγοντας εμάς, ένα συγκρότημα από το Los Angeles που κανείς δεν το είχε ακουστά. Όπως και να 'χε, υπήρχε μεγάλη συντροφικότητα ανάμεσα στα δύο συγκροτήματα. Ο Ian και ο Axl τα πήγαιναν πολύ καλά μεταξύ τους, και ο Duff κι εγώ κάναμε πολλή παρέα με τον μπασίστα Stephen «Hagus» Harris. Παρ' όλα αυτά, δεν νομίζω ότι ήξεραν με τι πάνε να μπλέξουν όταν μας προσέλαβαν. Ένα πράγμα είναι σίγουρο: αυτή η εξόρμηση επιβεβαίωσε το πάθος μου για τις περιοδείες. Ήταν ένα λιτό ξεκίνημα, αλλά έβαλε τις βάσεις του μακροχρόνιου δεσμού μου με τη ζωή του δρόμου – ακόμα και σήμερα που γράφεται αυτό το βιβλίο, παραμένω ένα αθεράπευτο σκυλί του δρόμου.

Την ίδια εποχή υιοθέτησα άλλο ένα πρότυπο που παρέμεινε στη ζωή μου: είχα κόψει την ηρωίνη ως καθημερινή συνήθεια και είχα πραγματοποιήσει μια ήπια μετάβαση στο αλκοόλ. Τώρα δουλεύαμε· έτσι, όπως ήταν αναμενόμενο, αντικατέστησα τη μία εξάρτηση με την άλλη, πέφτοντας από την ηρωίνη στο αλκοόλ. Ήμουν τόσο αφελής που πίστευα ότι ήμουν πολύ σκληρός επειδή είχα «καθαρίσει» και δεν είχα κανένα πρόβλημα με εξαρτήσεις – η αλήθεια είναι ότι δεν είχα αλλάξει τίποτε. Είχα απλώς υποκαταστήσει την ουσία. Είχα αφήσει μια παράνομη εξάρτηση και είχα μπλέξει με μία νόμιμη, απλά και μόνον επειδή το αλκοόλ ήταν αποδεκτό από όλους. Ήταν μια αναμενόμενη πλευρά της καθημερινότητας του rock and roll· έτσι, αν έπινα πολύ και δεν έκανα ενέσεις, οι άνθρωποι του κύκλου μου ήταν ικανοποιημένοι με αυτό. Πού να ήξεραν...

Από εκείνη την εποχή, εκτός από σποραδικές περιστάσεις, πέρασαν μερικά χρόνια προτού αποκτήσω ξανά σοβαρά προβλήματα με την ηρωίνη. Το ενδιαφέρον είναι ότι, στο μεταξύ, η στάση μου απέναντι στην ηρωίνη άλλαξε ριζικά: σύντομα ένιωθα λες και δεν είχα δοκιμάσει ποτέ. Με κάποιο τρόπο κατάφερα να την ξεχάσω εντελώς, και έχασα κάθε ενδιαφέρον για τη συγκεκριμένη ουσία, ακόμα και όταν οι γύρω μου έκαναν χρήση μπροστά μου. Ακόμα και σήμερα δεν μπορώ να το καταλάβω. Για να την υποκαταστήσω έπινα ασταμάτητα και ήμουν διαρκώς μεθυσμένος, αν και έβαζα τα δυνατά μου να μην ξεπερνάω τα όριά μου πριν από κάποια συναυλία.

Πριν από πολύ καιρό κάποιος μου έμαθε ότι η καλύτερη θεραπεία για τον πονοκέφαλο μετά το μεθύσι είναι το ίδιο το αλκοόλ – οι τρίχες του σκυλιού που σε δάγκωσε [Σ.τ.Μ.: the hair of the dog that bit you]. Αυτό αποτέλεσε τη φιλοσοφία μου, γιατί το κόλπο λειτουργούσε· το μόνο πρόβλημα ήταν ότι στη διάρκεια αυτής της περιόδου τα πάρτι έμοιαζαν να μη σταματάνε ποτέ· έτσι βρέθηκα εγκλωβισμένος σε έναν φαύλο κύκλο. Ξυπνούσα κάθε μέρα με πονοκέφαλο, ξεκινούσα τη μέρα μου με ένα ποτό, και έπειτα έπινα μέχρι το πάρτι της βραδιάς. Σε χρόνο μηδέν, τα πάρτι άρχισαν να θολώνουν: έπινα μέρα νύχτα. Δεν υπήρχε ούτε μια μέρα που να απέχω από το ποτό, επειδή κάθε μέρα γινόταν κάποιο πάρτι στο οποίο έπρεπε να παρευρεθώ· ήταν η καθημερινή μου ρουτίνα.

Ήμαστε μια συμμορία από βάρβαρους που νομίζαμε ότι ξέραμε τα πάντα, αλλά στην πραγματικότητα δεν ξέραμε τίποτα.

ΣΤΗΝ ΠΕΡΙΟΔΕΙΑ ΜΕ ΤΟΥΣ CULT ΜΕΙΝΑΜΕ ΣΕ ΠΙΟ ΦΤΗΝΑ ξενοδοχεία απ' ό,τι εκείνοι, αλλά αυτό δεν μας εμπόδισε από το να φέρουμε το χάος στα δικά τους. Συχνά η νύχτα τελείωνε όταν οι υπεύθυνοι του ξενοδοχείου ή τα ίδια τα μέλη του γκρουπ πετούσαν τον Duff κι εμένα έξω με τις κλωτσιές, και βρισκόμαστε αντιμέτωποι με το τιτάνιο εγχείρημα να βρούμε το δρόμο για να γυρίσουμε πίσω στο ξενοδοχείο μας. Μια νύχτα ήμουν τόσο μεθυσμένος που λιποθύμησα σε έναν καναπέ στο ξενοδοχείο των Cult και ο Duff με παράτησε εκεί. Ξύπνησα γύρω στις πέντε τα ξημερώματα, αφού είχα μόλις κατουρηθεί στον ύπνο μου. Και σαν να μην έφτανε αυτό, δεν είχα τα κλειδιά του δωματίου του ξενοδοχείου μου, ούτε είχα ιδέα πού μέναμε. Το προσωπικό του ξενοδοχείου δεν με βοηθούσε καθόλου, επειδή ήμουν μούσκεμα στα κατουρλιά και μύριζα σαν μπαρ. Βγήκα έξω στο κρύο του Καναδά· έκανε ασύλληπτο κρύο, και περιπλανιόμουν ελπίζοντας να βρω το δρόμο μου. Το μόνο ξενοδοχείο που μπορούσα να δω μόλις βγήκα έξω ήταν αρκετά μακριά, αλλά ευτυχώς για μένα αποδείχθηκε ότι ήταν το δικό μας. Ήμουν ακόμα πιο τυχερός που φορούσα το δερμάτινο παντελόνι μου, διαφορετικά θα είχα παγώσει. Αυτή είναι μια υπέροχη παρενέργεια των δερμάτινων παντελονιών: όταν κατουριέσαι επάνω σου, είναι πιο βολικά από τα τζιν.

Με είχε συναρπάσει τόσο η ιδέα ότι ήμουν σε περιοδεία *οπουδήποτε* με ένα πραγματικό *λεωφορείο για περιοδείες,* που δεν έδινα σημασία στο πόσο άθλιο ή αναξιόπιστο ήταν. Στην ιεραρχία του rock, ήμαστε σαν ομάδα δεύτερης διαλογής σε μια ταινία με θέμα κάποιο σπορ: είχαμε κατώτερο εξοπλισμό και τίποτε άλλο εκτός από τα ρούχα που φορούσαμε, αλλά διαθέταμε τόσο κουράγιο που μπορούσαμε να κερδίσουμε το πρωτάθλημα – ήμαστε μια rock and roll εκδοχή του *Slap Shot* [Σ.τ.Μ.: ταινία του 1977 με τον Paul Newman και θέμα την προσπάθεια μιας ομάδας χόκεϊ επί πάγου να διακριθεί χρησιμοποιώντας βίαιες μεθόδους στους αγώνες]. Στον Καναδά παίξαμε ακόμα και σε γήπεδα χόκεϊ! Η περιοδεία ξεκίνησε από τις ανατολικές επαρχίες και συνέχισε στη Δυτική Ακτή του Καναδά, ενώ έπειτα κατηφόρισε στις βορειοδυτικές πολιτείες των Η.Π.Α., πέρασε από την California και κατέβηκε νότια περνώντας από την Arizona και το Texas, για να καταλήξει στη Louisiana και την περιοχή του Δέλτα του Μισισιπή. Μιλάμε για επικό ταξίδι.

Στον Καναδά, τίποτε δεν μας σόκαρε· αντίθετα, εμείς σοκάραμε τους πάντες. Πολύ συχνά ένιωθα λες και ήμαστε οι Blues Brothers στη σκηνή όπου εμφανίζονται να παίξουν σε εκείνο το μπαρ για γελαδάρηδες και τους ραίνουν με μπουκάλια μπίρας. Είχαμε τον τσαμπουκά να αντιστεκόμαστε κάθε φορά που βρισκόμαστε εκτεθειμένοι σε εμφανώς εχθρικό περιβάλλον, κάτι που ήταν καλό... επειδή κάποιες φορές αναγκαστήκαμε να το κάνουμε.

Όμως, ακόμα και όταν δεν συνέβαινε αυτό, σε όποιο μέρος του Καναδά πηγαίναμε μας κοιτούσαν περίεργα. Εμείς νομίζαμε ότι είμαστε φυσιολογικοί, αλλά μπορούσα να δω ολοκάθαρα ότι η όλη παρουσία μας δεν ήταν καθόλου νορμάλ για εκείνους τους ανθρώπους – αλλά και για τους υπόλοιπους. Ήμαστε μια συμμορία από βάρβαρους που νόμιζαν ότι ήξεραν τα πάντα, αλλά στην πραγματικότητα δεν ξέραμε τίποτα. Φαντάζομαι ότι οι Cult μάς έβλεπαν σαν ένα ασταθές μέρος του εξοπλισμού. Για μερικούς απ' αυτούς ήμαστε ενδιαφέροντες, επειδή είχαμε ένα μοναδικό τέμπο· όμως ήμαστε μια μηχανή που μπορούσε να ρετάρει ανά πάσα στιγμή.

Ο τραγουδιστής των Cult, Ian Astbury, διασκέδαζε στ' αλήθεια με το εκρηκτικό ταμπεραμέντο μας. Το απολάμβανε· στο μυαλό του ήμαστε άγριοι, στ' αλήθεια λαίμαργοι, και είχαμε όλα τα χαρακτηριστικά που ζηλεύουν οι ώριμοι rockers. Είχε δίκιο· ήμαστε όλα αυτά και ακόμα περισσότερα – ήμαστε σαν εκρηκτικό M80 σε ένα κουτάκι Coca Cola. Από την άλλη, ο κιθαρίστας των Cult, ο Billy Duffy, είχε μια στάση που έλεγε: «Εντάξει, και τι έγινε;» Ούτε τον ενδιέφεραν τα κόλπα μας, ούτε τα έχαβε. Όμως, όπως και να 'χε, τις περισσότερες φορές σταματούσαν να ρίξουν μια ματιά στα τρελά μας κατορθώματα.

ΑΝΕΒΑΙΝΑΜΕ ΣΤΗ ΣΚΗΝΗ ΚΑΙ ΠΑΙΖΑΜΕ ΤΟ ΣΕΤ ΜΑΣ ΚΑΘΕ νύχτα, αλλά η αλήθεια είναι ότι ποτέ δεν ένιωσα αληθινή ικανοποίηση σε εκείνες τις συναυλίες. Δεν είχαμε γίνει ακόμα ένα συγκρότημα ικανό για περιοδείες· δεν ήμαστε ακόμη ώριμοι επαγγελματίες, κι αυτό με έτρωγε. Ίσως το ότι ήμαστε τόσο «χύμα», μας έκανε διασκεδαστικούς. Εμφανιστήκαμε χωρίς καμία εμπειρία· είχαμε μόνο τα ρούχα που φορούσαμε, τα όργανά μας στη σκηνή, και μερικά τραγούδια να παίξουμε σε ανθρώπους που δεν είχαν ιδέα για μας. Νομίζω ότι ήμαστε οι μόνοι που ήξεραν ότι είχαμε κυκλοφορήσει δίσκο.

Παίξαμε σε γήπεδα χόκεϊ, θέατρα, και κάναμε μερικές εμφανίσεις σε φεστιβάλ με κάμποσα συγκροτήματα στο πρόγραμμα. Όσο χαρούμενος κι αν ήμουν που βρισκόμουν σε περιοδεία, κάτι που μου φαινόταν το πιο σπουδαίο πράγμα στον κόσμο, δεν μπορούσα να ξεπεράσω το γεγονός ότι δεν ήταν όπως θα έπρεπε. Ποτέ δεν πιάσαμε το εκατό τοις εκατό των δυνατοτήτων μας, επειδή η παρουσία μας δεν ήταν αντάξια μιας μεγάλης σκηνής. Όμως, ίσως αυτό έχει να κάνει με την τάση μου να είμαι υπερβολικά αυτοκριτικός, κάτι που αποτελεί στοιχείο του χαρακτήρα μου. Ήμουν ανίκανος να διαγράψω απ' το μυαλό μου αυτές τις συναυλίες, όπως φαντάζομαι ότι θα έκαναν οι Sex Pistols.

Πέρα απ' αυτό, όταν η περιοδεία των Cult έφτασε στη Long Beach

Arena, ένιωσα λες και γύρισα σπίτι. Θυμάμαι ότι φτάσαμε αργά την προηγούμενη νύχτα και χαζεύαμε το κτίριο, αληθινά αποσβολωμένοι. Είχα δει εκεί τον Ozzy, τους AC/DC, τους Black Sabbath, τους Judas Priest, τον Billy Idol και αμέτρητους άλλους για τόσο πολύ καιρό, που πίστευα ότι το να παίξεις εκεί σήμαινε ότι ήσουν *επιτυχημένος*.

Έχω δει εκεί μέχρι και τους Ratt, παρά τη θέλησή μου: όπως προανέφερα, η Yvonne έβγαινε κάποια εποχή με τον τραγουδιστή τους, τον Stephen Percy, την εποχή που τον έλεγαν ακόμη Mickey Ratt. Όταν ήμαστε ακόμη μαζί, το γκρουπ έπαιξε εκεί και ήταν ακόμη τόσο περήφανη για εκείνον, που έπρεπε να πάμε, παρόλο που ο τύπος ήταν ένας ηλίθιος με περικεφαλαία. Είχε συγκλονιστεί από το γεγονός ότι οι Ratt είχαν ξεκινήσει ζώντας μαζί σε ένα διαμέρισμα του Long Beach και είχαν καταφέρει να παίξουν ως πρώτο όνομα στη Long Beach Arena. Και τώρα τα είχα καταφέρει κι εγώ, και δεν μπορώ να πω ψέματα· όταν κλείσαμε τη συγκεκριμένη συναυλία, είχα μία απόλυτη αίσθηση πληρότητας. Για ένα συγκρότημα που κάνει περιοδείες ευρείας κλίμακας, μια εμφάνιση μπροστά σε πέντε χιλιάδες άτομα στη Long Beach Arena δεν σήμαινε και πολλά· όμως για μας, εκείνη την εποχή, ήταν *τα πάντα*.

Ήταν επίσης και ιδανική επιστροφή στην πόλη μας. Μπήκαμε στο κτιριακό συγκρότημα και σταματήσαμε έξω από το ξενοδοχείο. Με κάποιο τρόπο καταφέραμε να πιάσουμε κουβέντα με δυο κορίτσια που στέκονταν έξω στο πεζοδρόμιο, και κάνα δυο από μας τις έβαλαν στο πίσω μέρος του βαν. Έπειτα δώσαμε τα στοιχεία μας στη ρεσεψιόν του ξενοδοχείου και θυμάμαι ότι έπινα το ποτό μου κοιτάζοντας το χώρο στάθμευσης, με το κτίριο του συναυλιακού χώρου να δεσπόζει στον ορίζοντα, μεγαλύτερο κι απ' τη ζωή την ίδια. Την επόμενη μέρα ήρθαν οι φίλοι μας από το Los Angeles, και όταν ανεβήκαμε στη σκηνή, μας χειροκρότησαν περισσότερο απ' ό,τι το κοινό σε όλες τις συναυλίες του Καναδά μαζί. Ήταν υπέροχα· είχαμε επιτέλους γυρίσει σπίτι.

Ήταν από τις groupies που ακολουθούσαν οποιαδήποτε μπάντα σε κάθε ευκαιρία, και ήταν διατεθειμένες να το κάνουν με οποιονδήποτε ανά πάσα στιγμή.

ΠΡΟΣΑΡΜΟΣΤΗΚΑΜΕ ΑΒΙΑΣΤΑ ΣΤΗ ΡΟΥΤΙΝΑ ΤΩΝ ΠΕΡΙΟΔΕΙΩΝ. Η κούρσα είχε ξεκινήσει, κι εμείς ήμαστε έτοιμοι, σχεδόν φτιαγμένοι γι' αυτό· μάθαμε όλα τα βήματα χωρίς προσπάθεια. Όταν φτάσαμε στην Arizona, νομίζω, μάθαμε για πρώτη φορά τι θα πει groupies· όχι απ' αυτές που ήθελαν να πηδηχτούν μαζί μας επειδή ήταν fans μας – τέτοιες είχαμε και στην πόλη μας. Ήταν από τις groupies που ακολουθούσαν οποιαδήποτε μπάντα σε κάθε ευκαιρία, και ήταν διατεθειμένες να το κάνουν με οποιονδήποτε ανά πάσα στιγμή.

Συνήθως οι groupies είναι μεταξύ δεκαεπτά και είκοσι δύο χρονών· αν ήταν γύρω στα είκοσι πέντε, το πιθανότερο είναι ότι έχουν κάνει το δρομολόγιο κάμποσες φορές –ίσως πάρα πολλές– και υπήρχαν και άλλες, ακόμα μεγαλύτερες, συχνά σε κάποιον περίεργο συνδυασμό μητέρας-κόρης. Όμως, από μία άποψη, οι groupies της επαρχίας ήταν ένα φαινόμενο περισσότερο κατανοητό από τις groupies του Los Angeles: εκεί όπου ζούσαν, δέχονταν ελάχιστες δόσεις πολιτισμού, και προσπαθούσαν ενδελεχώς να αποσπάσουν όσο μεγαλύτερο κομμάτι μπορούσαν, όταν αυτό περνούσε από την πόλη τους. Άξιζαν σχεδόν το σεβασμό.

Όποτε δεν παίζαμε, ο Axl τρύπωνε στην κουκέτα του πίσω μέρους, για να ξεκουράσει τη φωνή του και να ξεκλέψει λίγο ύπνο. Μερικές φορές, όταν είχαμε ρεπό, προτιμούσε να κοιμάται εκεί αντί να έρχεται μαζί μας στο ξενοδοχείο. Όλα πήγαιναν πάρα πολύ καλά μέχρι εκείνο το σημείο – μπορώ να πω ότι ανεβαίναμε στη σκηνή στην ώρα μας. Ανάμεσά μας υπήρχε μεγάλη συντροφικότητα· ήμαστε η τέλεια παρέα για περιοδείες... Όχι βέβαια ότι έχω κάτι άλλο για να το συγκρίνω. Όμως ήμαστε πολύ ικανοποιημένοι.

Μέχρι που ο αεροσυμπιεστής του άθλιου λεωφορείου μας χάλασε, και μαζί και το air condition, κάπου στη μέση του Texas. Ενώ καθόμαστε ιδρωκοπώντας σαν κολασμένοι κάτω από τη ζέστη, σκεφτήκαμε ότι θα έπρεπε να υπάρχει ένας πιο αξιοπρεπής τρόπος για να κάνουμε περιοδείες.

Ο West Arkeen ήρθε να μας βρει στο Texas για λίγες μέρες, κάτι που ανέβασε τη διάθεση στο πάρτι μας, παρά τις θερμοκρασίες Σαχάρας που επικρατούσαν στο λεωφορείο. Ο West έφυγε τέσσερις πέντε μέρες αργότερα, σκιά του παλιού εαυτού του. Υπολογίζω ότι είχε χάσει γύρω στα τέσσερα κιλά σε ιδρώτα. Έπειτα απ' αυτό είχαμε τρεις ημέρες ρεπό στο Texas, και τις περάσαμε σε ένα τουριστικό ξενοδοχείο στη μέση του πουθενά· στη διάρκειά τους απολύσαμε τον οδηγό του λεωφορείου μας και έναν tour manager που θα τον ονομάσουμε «Cooper».

Ο Cooper ήταν μεγάλος φιγουρατζής· φορούσε τραγιάσκα και οδηγούσε μια κίτρινη Lotus. Ήταν ένας λεπτός, νευρώδης Άγγλος που βρισκόταν διαρκώς στην τσίτα – υποθέτω ότι έφταιγε όλη αυτή η κόκα που έπαιρνε. Το πρόβλημα με τον Cooper ήταν ότι είχε μεταμορφωθεί σε εγωκεντρικό rock star και είχε ξεχάσει ότι ήταν tour manager. Είχαμε βαρεθεί να βλέπουμε τον Cooper να ψήνει όλα τα κορίτσια που γνωρίζαμε να πάνε στο δωμάτιό του τάζοντάς τους κοκαΐνη και να τις κρατάει εκεί ελπίζοντας ότι θα τις πηδήξει. Μας έλεγε ψέματα ακόμα και όταν τηλεφωνούσαμε στο δωμάτιό του για να τον ρωτήσουμε πού είναι τα κορίτσια. Έλεγε ότι είχαν φύγει, και εμείς τον πιστεύαμε μέχρι που μια μέρα μπουκάραμε και τον πιάσαμε στα πράσα.

Είχε επίσης το κακό συνήθειο να υπόσχεται στον Izzy και μένα από ένα γραμμάριο κόκα αν ξυπνούσαμε το πρωί για να δώσουμε συνεντεύξεις. Μας έδινε ελάχιστη, αλλά μόλις τελειώναμε από τους ραδιοφωνικούς σταθμούς ή από τις τηλεφωνικές συνεντεύξεις και του ζητούσαμε το υπόλοιπο, συνήθως αθετούσε την υπόσχεσή του. Αυτό ήταν πολύ ηλίθιο εκ μέρους του – ήμαστε από τους τύπους που αν τους υποσχόσουν ναρκωτικά και δεν τους τα έδινες, την είχες πατήσει.

Η σταγόνα που ξεχείλισε το ποτήρι ήρθε όταν ο Alan εμπιστεύθηκε τον Cooper να φροντίζει το συγκρότημα, και αυτός κάπου τα έχασε και μας πήγε με καθυστέρηση σε μια συναυλία. Έγινε μεγάλη φασαρία, και αυτό ήταν το τέλος του Cooper· ο Alan τον απέλυσε επί τόπου, μαζί με τον οδηγό του λεωφορείου. Απλώς εξαφανίστηκαν. Όταν ξανακούσαμε γι' αυτόν, μοίραζε τηλεφωνικούς καταλόγους από πόρτα σε πόρτα.

Εντυπωσιάστηκα από το γεγονός ότι ο Alan έδιωξε τον Cooper χωρίς δεύτερη κουβέντα – τότε κατάλαβα ότι σοβαρολογούσε. Ήταν ένα παράδειγμα της υπερβολικά προστατευτικής, πατρικής, σχεδόν κτητικής στάσης του απέναντι στο συγκρότημα. Ήταν κάτι παρήγορο, επειδή ήμαστε τέτοιοι χαβαλέδες που κάποιος έπρεπε να νοιάζεται πραγματικά.

Ήταν πολύ καλή κίνηση που ο Alan έκανε τις απαραίτητες περικοπές στην ομάδα· όμως η σκληρή πραγματικότητα έλεγε ότι μετά από εκείνα τα ρεπό έπρεπε να ταξιδέψουμε στην επόμενη συναυλία στο Houston και δεν είχαμε ούτε tour manager ούτε οδηγό. Ήμαστε αναγκασμένοι να εξασφαλίσουμε άμεσα κάποιο άλλο μεταφορικό μέσο. Δεν θυμάμαι τι έκαναν οι υπόλοιποι, αλλά ο Duff κι εγώ βολευτήκαμε με την Trans Am μιας κοπέλας που είχα γνωρίσει. Όλα πήγαιναν καλά μέχρι που πέσαμε σε νεροποντή· το αυτοκίνητό της δεν είχε υαλοκαθαριστήρες... Έβρεχε τόσο δυνατά που ήμουν αναγκασμένος να σκύβω έξω από το παράθυρο του συνοδηγού και να χρησιμοποιώ το κορμί μου σαν ασπίδα για να μη βρέχεται το μισό παράθυρο, ενώ σκούπιζα το άλλο μισό με το χέρι μου, ώστε η κοπέλα με την Trans Am να μπορεί να βλέπει καθώς οδηγούσε.

Η εμφάνισή μας στο Houston ήταν δυναμίτης· έπειτα είδαμε κι άλλες πόλεις του νότου. Η Louisiana ήταν πολύ του γούστου μου, ειδικά η Νέα Ορλεάνη, με το voodoo, την παράδοση των θρησκειών της Αφρικής και τη μαύρη μαγεία. Πήγαμε σε ένα αυθεντικό εστιατόριο bayou στους βάλτους, όπου έφαγα κροταλία και ψητό αλιγάτορα. Πέρασα υπέροχα· συνειδητοποίησα ότι δεν υπήρχε άλλο μέρος που θα ήθελα να βρίσκομαι εκτός από το δρόμο, και ότι είχα επιτέλους βρει την καριέρα που μου ταίριαζε.

ΣΤΗ ΣΥΓΚΕΚΡΙΜΕΝΗ ΠΕΡΙΟΔΕΙΑ ΕΙΧΑΜΕ ΜΑΖΙ ΜΑΣ ΜΙΑ ΟΜΑΔΑ τεχνικών· οι τύποι αυτοί έγιναν οι τεχνικοί μας για χρόνια. Πριν την περιοδεία κάναμε πρόβες με τον Mike «McBob» Mayhew, που ήταν ο τεχνικός για τη ρυθμική κιθάρα και το μπάσο. Ο «McBob» χρησιμοποιούσε το δηκτικό του χιούμορ για να μας υπενθυμίζει πόσο χαμηλά βρισκόμαστε στην τροφική αλυσίδα της μουσικής βιομηχανίας, τονίζοντας διαρκώς το γεγονός ότι ήμαστε αναγκασμένοι να καλύψουμε ένα μέρος της περιοδείας ταξιδεύοντας με τα πόδια. Διέθετε χρόνια εμπειρίας από το δρόμο, και τα καίρια σχόλιά του ήταν απαραίτητα για να συνειδητοποιούμε ότι η Ουράνια Ιερουσαλήμ του λεωφορείου μας ήταν απλά ένας αντικατοπτρισμός.

Ο McBob παραμένει ακόμη και σήμερα μαζί μας –ανήκει στην ομάδα των Velvet Revolver–, και έπειτα από όλο αυτό τον καιρό, μπορώ να πω ότι μια από τις πιο ευχάριστες πλευρές της παρουσίας του είναι οι άπειρες ιστορίες δρόμου που ξέρει. Πολλές απ' αυτές τελείωναν με τον Mike στο νοσοκομείο με κάθε είδους παθήσεις και αυτοτραυματισμούς ή απρόβλεπτα αποτελέσματα που προκαλεί το αδιάκοπο γλεντοκόπι. Μία από τις πιο χαρακτηριστικές ιστορίες που είχε στη φαρέτρα του ήταν όταν μέθυσε τόσο που έπεσε έξω από ένα αυτοκίνητο, χτύπησε το κεφάλι του στο κράσπεδο και ξύπνησε στο νοσοκομείο με ένα μεταλλικό έλασμα στο κρανίο του. Μερικές φορές οι μεταλλικοί ανιχνευτές των αεροδρομίων το «πιάνουν». Ο McBob ήταν σαν τον Robert Shaw –τον Captain Quint– στα *Σαγόνια του Καρχαρία*, που καθόταν στην πλώρη του *Orca* και εκτόξευε εναντίον μας αυτές τις βαριές ιστορίες από τον πόλεμο σαν βλήματα πυροβολικού.

Την ομάδα μας συμπλήρωνε ο Bill Smith, ο τεχνικός για τις κιθάρες μου, για τον οποίο δεν άργησα να ανακαλύψω ότι το μόνο που τον ενδιέφερε ήταν οι δωρεάν μπίρες. Ήταν ένα γλυκό παιδί που του άρεσαν τα πάρτι και καθόταν στο πλάι της σκηνής, απ' όπου περισσότερο παρακολουθούσε τη συναυλία και λιγότερο φρόντιζε για την απρόσκοπτη ροή της. Νομίζω ότι άλλαξε το πολύ πέντε χορδές σε όλη την περιοδεία· ήξερε να το κάνει, αλλά όχι σε λογικά χρονικά πλαίσια. Χάρη στον Bill έμαθα να παίζω πιο προσεκτικά – πρόσεχα να μη σπάσω καμιά χορδή, γιατί αν πάθαινα κάτι τέτοιο δεν ήξερα πότε θα ξανάπαιρνα πίσω την κιθάρα μου. Είχα μόνο δύο κιθάρες μαζί μου στην περιοδεία· έτσι δεν είμαι σίγουρος τι έπαιρνε τόσο πολλή ώρα. Περιττεύει να πω ότι ήμουν αναγκασμένος να αντικαταστήσω τον Bill. Τώρα που το ξανασκέφτομαι, μπορώ να πω ότι η ομάδα των τεχνικών μας και η απειρία μας από περιοδείες σε επαγγελματικό επίπεδο έκαναν το όλο εγχείρημα να προχωράει σαν τέρας σε ταινία επιστημονικής φαντασίας.

ΥΠΑΡΧΕΙ ΕΝΑ ΟΥΣΙΑΣΤΙΚΟ ΚΙΝΗΤΡΟ ΓΙΑ ΤΙΣ ΠΕΡΙΟΔΕΙΕΣ, το οποίο τότε δεν περνούσε από το μυαλό μας: ότι οι περιοδείες γίνονται για να προωθήσουν το δίσκο μας. Νομίζαμε ότι βρισκόμαστε στο δρόμο μόνο για να παίζουμε. Για μένα, ήταν δουλειά για χάρη της δουλειάς, επειδή αν δεν υπήρχε η περιοδεία δεν είχα κάπου αλλού να βρίσκομαι. Μας άρεσε η εμπειρία του να ανεβαίνουμε κάθε βράδυ στη σκηνή για να προωθήσουμε το «προϊόν» μας, αλλά ο Alan προσπαθούσε να βρει έναν τρόπο για να πουλήσει το δίσκο μας, τόσο για να έχει κάτι να κοκορεύεται όσο και για να τον κάνει πραγματικά επιτυχημένο.

Όμως ο Alan δεν έκανε καλή δουλειά, ούτε η Geffen άλλωστε, γιατί όπως διαπίστωσα με οδύνη στη περιοδεία μας, στα μέρη που παίζαμε κάθε βράδυ κανείς δεν ήξερε για το δίσκο μας. Νιώθαμε σαν ένα άγνωστο συγκρότημα. Έτσι συνεχίσαμε να βρισκόμαστε σε κίνηση, συνεχίζαμε την περιοδεία άσχετα με το πώς μας υποδεχόταν το κοινό, ενώ ο Alan και ο Tom Zutaut συνέχισαν να «σπρώχνουν» το *Appetite*. Η μόνη άλλη επιλογή μας θα ήταν να γυρίσουμε στα σπίτια μας, και αν ήταν στο χέρι μας δεν θα γυρίζαμε ποτέ.

Για έναν ολόκληρο χρόνο, από τον Αύγουστο του 1987 μέχρι κάποια στιγμή στα τέλη του 1988, δεν είδαμε το Los Angeles παρά για μερικές μέρες· τελειώναμε τη μία περιοδεία και αρχίζαμε την άλλη. Ο Alan Niven μάς έκλεισε μια περιοδεία σε όλη την Ευρώπη ως support στους Aerosmith, μαζί με τους Faster Pussycat, η οποία θα ξεκινούσε λίγες μέρες μετά το τέλος της περιοδείας με τους Cult. Οι Aerosmith είχαν κάνει θριαμβευτική επιστροφή στον κόσμο του rock and roll, και δεν μπορούσαμε να σκεφτούμε κάποιο άλλο συγκρότημα για το οποίο θα προτιμούσαμε να ανοίγουμε τις συναυλίες του. Όμως δεν ήταν γραφτό να γίνει αυτή τη φορά – την τελευταία στιγμή οι Aerosmith ακύρωσαν την περιοδεία· έτσι, αντί να γυρίσουμε στο Los Angeles ο Alan μάς έστειλε στην Ευρώπη με τους Faster Pussycat και ένα σπουδαίο ιαπωνικό συγκρότημα που λεγόταν EZO για να εκπληρώσουμε τις υποχρεώσεις μας.

Ήταν η πρώτη περιοδεία στην οποία παίζαμε ως πρώτο όνομα· ξεκίνησε από τη Γερμανία, στο Markthalle του Αμβούργου στις 29 Σεπτεμβρίου του 1987. Νιώθαμε πολύ ωραία που παίζαμε τελευταίοι, αλλά είχαμε μερικά θέματα. Οι Faster Pussycat ήταν ένα από αυτά τα συγκροτήματα που σιχαινόμαστε στο Los Angeles· ανήκαν ακριβώς στο είδος των ανθρώπων που προσπαθούσαμε να αποφεύγουμε. Επιπλέον, η περιοδεία ήταν ένα είδος πολιτισμικού σοκ: το Αμβούργο εξακολουθούσε να μοιάζει σαν θύμα του 2ου Παγκοσμίου Πολέμου – η πόλη είχε πολύ στενούς ορίζοντες. Ήταν μια σκοτεινή, βιομηχανική, στριφνή πόλη που μας έδινε την αίσθηση ότι, αν ήταν στο χέρι της, δεν θα μας δεχόταν. Τέτοιου είδους περιβάλλοντα πάντοτε μας ενέπνεαν για να δείξουμε τον πραγματικό μας εαυτό, και η επίσκεψή μας στο Αμβούργο δεν πήγε και πολύ καλά. Κάθε φορά που μπαίναμε σε κάποιο εστιατόριο, όλα τα κεφάλια γύριζαν προς το μέρος μας και στο χώρο έπεφτε νεκρική σιγή. Και αυτό μας έκανε να θέλουμε να πιούμε, να καπνίσουμε και να μείνουμε εκεί περισσότερο απ' όσο είχαμε αρχικά αποφασίσει.

Σε εκείνη την περιοδεία είχαμε την πρώτη μας επαφή με τον Doug Goldstein, τον καινούργιο tour manager που είχε προσλάβει ο Alan για να μας προσέχει. Θυμάμαι ότι φτάσαμε στην πόλη αργά τη νύχτα –μία ολόκληρη μέρα μετά τους Faster Pussycat– και το άλλο πρωί ξύπνησα και πήγα στο δωμάτιο του Doug για να πάρω τα χρήματα για τα καθημερινά μας έξοδα προτού ξεκινήσουμε για μια βόλτα στα αξιοθέατα της πόλης. Σε όλη τη Γερμανία, και ειδικά στο Αμβούργο, υπάρχουν εξαιρετικά πορνομάγαζα, συνήθως σε εύκολα προσπελάσιμα, κεντρικά σημεία της πόλης, όπου και πήγαμε. Ήμουν πραγματικά συγκλονισμένος – ποτέ δεν έχω ξαναδεί κάτι τόσο πρόστυχο στη ζωή μου. Ήμουν σαν παιδί σε ζαχαροπλαστείο. Έβγαζα τα απίστευτα περιοδικά από το ράφι –κτηνοβασίες, σεξ με εγκύους, ό,τι πιο διεστραμμένο μπορεί να φανταστεί κανείς– και τα άνοιγα για να τα δείξω στους υπόλοιπους, σαν να τους έλεγα: «Έχετε ξαναδεί κάτι τέτοιο, γαμώτο;»

Μέναμε στο ίδιο ξενοδοχείο με τους Faster Pussycat· έτσι τους πετύχαμε στο λόμπι και τους χαιρετήσαμε προτού ξεκινήσουμε για τη συναυλία της ημέρας. Τους φερόμαστε πολιτισμένα, θα έλεγα, αλλά σίγουρα όχι φιλικά. Παρ' όλ' αυτά, μόλις τους είπαμε ότι ξεκινούσαμε για την πόλη, ο Mark Michals, ο ντράμερ των Pussycat, δήλωσε ότι ήθελε να έρθει μαζί μας.

Οι υπόλοιποι της μπάντας του φάνηκαν κάπως αμήχανοι. «Όχι, όχι, μείνε εδώ μαζί μας», είπε ένας απ' αυτούς.

«Δεν υπάρχει πρόβλημα, θα πάω μαζί τους», είπε ο Mark.

«Όχι, πρέπει να μείνεις, θα πάμε αργότερα», είπε κάποιος άλλος.

«Μπα, δεν τρέχει τίποτε, θα πάω με τα παιδιά», επέμεινε.

Δεν κάναμε τίποτε για να τον ενθαρρύνουμε, πόσω μάλλον να τον προσκαλέσουμε. Θυμάμαι μάλιστα έναν από μας να λέει: «Όχι, καλύτερα μείνε μαζί τους», αλλά αποφάσισε να ακολουθήσει τον Izzy, τον Steve, τον Duff κι εμένα όλη μέρα. Η πρώτη μας στάση έγινε για φαγητό σε ένα ευρωπαϊκό McDonalds. Στη διάρκεια της ηχογράφησης του *Appetite* είχα γίνει φανατικός του McRib, που για μένα ήταν ό,τι καλύτερο είχε να προσφέρει η μαγειρική. Χάρηκα όταν είδα ότι στο μενού του Αμβούργου είχαν McRib, και εκ πρώτης όψεως έμοιαζε ίδιο με το αμερικανικό, αλλά δεν ήταν: αντί για σάλτσα μπάρμπεκιου είχε μια απροσδιόριστη σάλτσα. Έτσι, εγκατέλειψα τα σχέδιά μου για φαγητό εκείνη τη μέρα. Ο λόγος που δείχνουμε τόσο αποστεωμένοι στις φωτογραφίες της εποχής είναι το γεγονός πως στην ουσία δεν τρώγαμε ποτέ.

Όπως και να 'χει, κάναμε βόλτες όλο το απόγευμα, και όταν έφτασε το βράδυ αποφασίσαμε να πάμε στη Reeperbahn, που είναι ένας δρόμος γεμάτος πορνεία, στον οποίο απαγορεύεται η είσοδος σε γυναίκες και, όπως στην περιοχή με τα κόκκινα φανάρια του Amsterdam, είναι διαθέσιμα κάθε είδους κορίτσια. Ήμαστε στον παράδεισο: δεν είχαμε ξαναδεί ποτέ κάτι τέτοιο, και εκείνη την εποχή δεν είχαμε φίλους σε συγκροτήματα που είχαν πίσω τους περισσότερα χιλιόμετρα απ' ό,τι εμείς· έτσι κανένας μεγαλύτερος δεν μας είχε μιλήσει για εκείνο το μέρος. Βρισκόμουν σε έκσταση. Νομίζω ότι μέσα στα πρώτα δεκαπέντε λεπτά ο Steven είχε ξοδέψει όλα τα λεφτά της ημέρας σε πόρνες. Ενώ βαδίζαμε, ξαφνικά εξαφανίστηκε σε ένα υπόγειο γκαράζ, όπου υπήρχαν κάθε είδους ιέρειες της Αφροδίτης που στέκονταν στις κολώνες κάτω από χρωματιστά βιομηχανικά φώτα φθορισμού.

Η ώρα περνούσε και αυτός ο τύπος, ο Mark, συνέχισε να μας ακολουθεί. Φύγαμε από τη Reeperbahn και πήγαμε σε κάποιο μπαρ που ήταν ένα από τα μέρη που έπαιζαν οι Beatles στο ξεκίνημά τους. Για άλλη μια φορά οι θαμώνες μάς αντιμετώπισαν λες και ήμαστε δημόσιοι κίνδυνοι, αλλά δεν μας ένοιαζε. Ήπιαμε Jack Daniels με ένα παγάκι σε κάθε ποτήρι (γιατί αυτό είναι το μόνο που έβαζαν) μέχρι που το μαγαζί έκλεισε. Γυρίσαμε πίσω στο ξενοδοχείο, και αυτός ο τύπος ήταν ακόμα μαζί μας – μέχρι τότε είχαμε πια σταματήσει να του μιλάμε ολωσδιόλου. Ήταν μια κουραστική μέρα· έτσι, πήγα να κοιμηθώ στο κρεβάτι μου, ενώ ο Mark έκανε το ίδιο στο άλλο κρεβάτι – το κρεβάτι του Duff. Ο Izzy ήταν πάντα το μεγάλο πειραχτήρι: μπορούσε να κινεί τα νήματα χωρίς να μπλέκεται άμεσα, κι έτσι δεν άφησε την ευκαιρία να πάει χαμένη.

«΄Ει, Duff», είπε. «Αυτός ο τύπος κοιμάται στο κρεβάτι σου».

«Ναι, το βλέπω», είπε ο Duff.

«Ρε φίλε, θα τον αφήσεις έτσι;» είπε ο Izzy. «Να πάει να γαμηθεί! Δεν μπορεί να σου κάνει τέτοιο πράγμα!»

«Με τίποτα! Με καμία κυβέρνηση, ρε φίλε» είπε ο Duff.

«Στο κάτω κάτω, ποιος είναι αυτός ο τύπος;» είπε ο Izzy.

«Ναι, ποιος στο διάβολο νομίζει ότι είναι, τέλος πάντων;» είπε ο Duff, που είχε αρχίσει να τα παίρνει στο κρανίο. «Να πάει να γαμηθεί!»

Δοκίμασαν να τον ξυπνήσουν, αλλά ο Mark είχε πέσει λιπόθυμος.

«Ξέρω τι πρέπει να κάνουμε», είπε ο Izzy. «Να τον τυλίξουμε με μονωτική και να τον ρίξουμε στο φρεάτιο του ασανσέρ».

«Γαμώ τις ιδέες!» είπε ο Duff.

«Θα τον ρίξουμε στο φρεάτιο του ασανσέρ. Αν θέλει, μπορεί να κοιμηθεί πάνω στο θάλαμο του ασανσέρ».

Τύλιξαν τον τύπο για τα καλά: του έδεσαν με μονωτική τα μπράτσα, τα χέρια και τους αστραγάλους και του έκλεισαν το στόμα. Είχε μέτριο ανάστημα, ζύγιζε γύρω στα εξήντα πέντε κιλά, κι έτσι τον κουβάλησαν εύκολα και τον πήγαν στο ασανσέρ, αλλά τότε εκείνος ξύπνησε και άρχισε να σκούζει σα γουρούνι που το έσφαζαν. Γρήγορα εγκατέλειψαν το αρχικό σχέδιο και απλώς τον πέταξαν μέσα στο ασανσέρ και το έστειλαν στο ισόγειο, στο λόμπι του ξενοδοχείου. Από κει και πέρα τον ανέλαβαν οι υπάλληλοι. Του έβγαλαν τη μονωτική, και μόλις τους είπε ποιος είναι, ειδοποίησαν τους προϊσταμένους τους και ήρθαν σε επαφή με το συγκρότημά του που έπρεπε να έρθει να τον μαζέψει επειδή δεν είχε κλειδί για το δωμάτιό του, ούτε ταυτότητα, ούτε χρήματα, ούτε τίποτα. Αυτή ήταν η τελευταία νύχτα που του μίλησα· για όλη την υπόλοιπη περιοδεία, απλώς τον χαιρετούσα με ένα νεύμα. Τώρα που το ξανασκέφτομαι, ήταν η τελευταία φορά που ακούσαμε κάτι για τους Faster Pussycat.

Το επόμενο βράδυ παίξαμε για πρώτη φορά ως πρώτο όνομα μιας περιοδείας, και είναι ευτύχημα που η συναυλία εκείνη δεν δημιούργησε προηγούμενο. Ο χώρος που παίζαμε ήταν πάνω στο νερό· ήταν ένα βιομηχανικό, σκοτεινό δωμάτιο με πάγκους και μακριά τραπέζια κολλητά στους τοίχους. Τα πάντα εκεί μέσα ήταν βαμμένα μαύρα – ήταν το πιο μαύρο κλαμπ που είχα δει στη ζωή μου και βρομούσε μουχλιασμένη μπίρα. Στους τοίχους υπήρχαν υπογραφές και graffiti από όλα τα heavy metal και thrash συγκροτήματα που είχαν περάσει από εκεί, και απ' ό,τι φαίνεται είχαν περάσει πολλά.

Το ακροατήριο ήταν χωρίς αμφιβολία το πιο άνευρο κοινό που έχουμε παίξει ποτέ: απ' ό,τι θυμάμαι, ήταν ψυχροί και κακομοιριασμένοι σαν τον καιρό της πόλης. Θυμάμαι ότι προτού ανέβουμε στη σκηνή και αμέσως μόλις κατεβήκαμε, στο κλαμπ δεν έπαιζε τίποτε άλλο παρά Metallica, ασταμάτητα. Ήταν φανερό ότι οποιοδήποτε αμερικανικό συγκρότημα, ή μάλλον οποιοδήποτε συγκρότημα δεν ακουγόταν σαν τους Metallica, δεν είχε καμία τύχη. Και είχα δίκιο. Ολοκληρώσαμε την εμφάνισή μας και θυμάμαι ότι η μόνη σκέψη που είχα στο μυαλό μου όταν τελειώσαμε ήταν: *Μου είναι αδύνατον να επαναλάβω αυτό το πράγμα και αύριο.*

Είχα πολλούς φόβους για το πώς θα εξελισσόταν η υπόλοιπη περιοδεία – ειδικά από τη στιγμή που είχαμε πολλές ακόμη ημερομηνίες στη Γερμανία. Είχαμε μερικές ημέρες κενό πριν την επόμενη συναυλία, και όσο περνούσαν η ανησυχία μου μεγάλωνε. Όταν όμως φτάσαμε στο Düsseldorf, μια πιο άνετη πόλη με περισσότερα δέντρα και λιγότερα αντιαεροπορικά καταφύγια, συνάντησα ένα τελείως διαφορετικό σκηνικό και συνειδητοποίησα πόσο μεγάλη και ανόμοια χώρα είναι η Γερμανία και ότι ο χαρακτήρας κάθε πόλης είναι μοναδικός.

ΚΑΘΩΣ ΔΙΑΣΧΙΖΑΜΕ ΤΗΝ ΕΥΡΩΠΗ, ΑΡΧΙΣΑΜΕ ΝΑ ΠΑΙΖΟΥΜΕ όλο και πιο δεμένα· η πηγαία αλληλεπίδραση μεταξύ μας άγγιξε επαγγελματικά επίπεδα και το παίξιμο έγινε διασκέδαση. Κάναμε το μεγαλύτερο μέρος της περιοδείας μας στην Ευρώπη με ένα περιηγητικό λεωφορείο το οποίο είχαμε μετατρέψει σε κοινόχρηστο υπνωτήριο ξηλώνοντας τα περισσότερα καθίσματα και γεμίζοντας το πάτωμα με στρώματα από αφρολέξ. Ο Izzy είχε μια Γερμανίδα κοπέλα στη διαδρομή και εκείνη είχε φέρει μαζί μια φίλη της. Σύντομα άρχισα να τη βρίσκω μαζί της. Πάντα μου άρεσε να βρίσκω ένα κορίτσι σε κάθε περιοχή απ' όπου περνούσαμε ταξιδεύοντας· και μια και είχα ήδη ένα κορίτσι στην Αγγλία, τη Sally, να με περιμένει, αναγκάστηκα να διακόψω απότομα τη σχέση μου με τη Γερμανίδα όταν η περιοδεία περνούσε τη Μάγχη. Χωρίς υπερβολή, μόλις μια στιγμή πριν μπω στο δωμάτιο όπου με περίμενε η Sally, της είπα ότι έπρεπε να γυρίσει αμέσως στην πατρίδα της.

Όταν σκέφτομαι την Ευρώπη, εκτός από τις συναυλίες, θυμάμαι ότι περνούσα τα περισσότερα ρεπό μου μπαινοβγαίνοντας σε διάφορες κλινικές αφροδισίων νοσημάτων. Όταν ήμουν στο Los Angeles, έβγαινα με μια πορνοστάρ και με ένα χαριτωμένο ανήλικο πρεζόνι. Λίγο αφότου γυρίσαμε το βίντεο του «Welcome to the Jungle», θυμάμαι ότι ξύπνησα και ανακάλυψα τρία περίεργα κόκκινα σημάδια στην αριστερή μεριά του στομαχιού μου. Εκείνη την εποχή το AIDS θέριζε, και είχε γίνει ζήτημα σε εθνικό επίπεδο έχοντας δώσει λαβή για υστερικές αντιδράσεις ανάμεσα στους rock μουσικούς· όλοι ανησυχούσαν, αλλά οι περισσότεροι από μας θα 'λεγες ότι πίστευαν πως είχαν ανοσία. Σκεφτόμαστε ότι κανείς δεν χρειαζόταν να ανησυχεί μέχρι να κολλήσει ο David Lee Roth.

Στο μεταξύ, είχα διαβάσει ένα κύριο άρθρο στους *Times* όπου οι φωτογραφίες με τα έλκη που προκαλούσε το AIDS θύμιζαν πολύ τα σημάδια που είχα στο στομάχι μου. Ίσως ήταν απλώς ψωρίαση ή κάποιος ερεθισμός, αλλά ήμουν σίγουρος ότι η πορνοστάρ φίλη μου ή το πρεζόνι με είχαν κολλήσει, επειδή με καμία από τις δύο δεν είχα χρησιμοποιήσει προφυλακτικό. Με θυμάμαι να περπατάω στη Melrose κοντά στο San Vicente φεύγοντας από το σπίτι της ναρκομανούς φίλης μου για να πάω σε μια κλινική και να κάνω τεστ για AIDS. Νόμιζα ότι την είχα πατήσει· ήμουν σίγουρος ότι εκείνη η ευρωπαϊκή περιοδεία θα ήταν η μόνη περιοδεία στο εξωτερικό που θα έκανα προτού πεθάνω. Ευτυχώς, το τεστ προέκυψε αρνητικό.

Το γεγονός ότι, εκτός απ' αυτό, είχα κολλήσει κονδυλώματα, ίσως από την πορνοστάρ φίλη μου, μεγάλωσε τον τρόμο μου περί του AIDS. Μέχρι τότε ήμουν πραγματικά αχαλίνωτος και δεν χρησιμοποιούσα προφυλακτικό, αλλά ποτέ δεν μου είχε περάσει από το μυαλό ότι μπορούσα να κολλήσω κάτι χειρότερο από ψείρες. Όταν εμφανίστηκαν αυτά τα πράγματα, σκέφτηκα: «Τι στο διάολο είναι αυτά;» Πήγα σε μια κλινική και επιχείρησαν να μου τα βγάλουν κάμποσες φορές, αλλά δεν το κατάφεραν· τα σημάδια ξαναεμφανίζονταν. Όταν ξεκινήσαμε την περιοδεία με πονούσαν τόσο, που δεν μπορούσα να κοιμηθώ μπρούμυτα. Σε κάθε χώρα που πηγαίναμε περνούσα τον καιρό μου μπαινοβγαίνοντας σε κλινικές, παρακολουθώντας την εξέλιξη των σημαδιών μου. Ήθελα να απαλλαγώ μια και καλή προτού βρεθώ με τη Sally. Τελικά κατάφεραν να μου τα αφαιρέσουν σωστά, και έτσι δεν ξαναβγήκαν μέχρι να φτάσω στη Βρετανία· η Sally ποτέ δεν έμαθε κάτι.

Αν έπρεπε να ξεχωρίσω την καλύτερη συναυλία της περιοδείας, θα διάλεγα την εμφάνισή μας στο Paradiso του Amsterdam. Ο χώρος ήταν εκπληκτικός: το Paradiso είναι ένα σκοτεινό, επιβλητικό μέρος που παλιά ήταν εκκλησία. Η κεντρική αίθουσα είναι ψηλοτάβανη, με καμάρες και απίθανη ακουστική. Εκεί έχουν παίξει πάρα πολλά θρυλικά συγκροτήματα, από τους Sex Pistols μέχρι τους Stones· έτσι, ήμουν ενθουσιασμένος. Θυμάμαι τον Axl να τα «χώνει» στους παλιούς rock stars στη διάρκεια του σετ: δεν θυμάμαι τι είπε ακριβώς, αλλά το νόημα ήταν ότι οι rock stars που υποστήριζαν ότι τους κλέβαμε είχαν δίκιο – τους κλέβαμε, αλλά το κάναμε καλύτερα απ' αυτούς. Νομίζω ότι έκλεισε το λογύδριό του λέγοντας στον Paul Stanley να πάει να γαμηθεί.

Εκείνη η εμφάνιση πήγε τόσο καλά, που ο Izzy κι εγώ αποφασίσαμε να το γιορτάσουμε ψωνίζοντας λίγη πρέζα. Στο κάτω κάτω ήμαστε στο Amsterdam, όπου τα μαλακά ναρκωτικά είναι ουσιαστικά νόμιμα, ενώ τα σκληρά δεν είναι δύσκολο να βρεθούν – τουλάχιστον έτσι νομίζαμε. Περάσαμε τη μισή νύχτα ψάχνοντας για dealers, και τελικά βρήκαμε λίγη πρέζα που ήταν τόσο νοθευμένη και τόσο αδύναμη που δεν άξιζε καν τον κόπο. Προφανώς, μας πέρασαν για τίποτα κορόιδα τουρίστες.

Πήραμε ένα πλοίο από την Ολλανδία για Αγγλία, και παρόλο που για τους τεχνικούς μας που είχαν πείρα από περιοδείες δεν ήταν μεγάλη υπόθεση, για μας ήταν απίστευτη εμπειρία. Μέχρι να φτάσεις στον προορισμό σου, μπορούσες να καπνίσεις όσο χόρτο σου έκανε κέφι. Ήταν ένα τρελό σκηνικό: όλοι οι τεχνικοί και τα μέλη του συγκροτήματος κάπνιζαν μέχρι σκασμού, προσπαθώντας να καταναλώσουν τα υπόλοιπα από τις ποσότητες που είχαν αγοράσει στο Amsterdam. Ο Axl είχε μαστουρώσει τόσο, που έπεσε να κοιμηθεί σε έναν από τους καναπέδες του κεντρικού μπαρ. Όταν ξάπλωσε, ήμαστε οι μόνοι εκεί, αλλά σύντομα το μέρος γέμισε, και όλοι οι άλλοι επιβάτες ήρθαν και κάθισαν δίπλα του και έγειραν επάνω του. Θυμάμαι ότι άνοιγα τις πόρτες από τις καμπίνες όπου διάφοροι από την ομάδα μας, όπως ο Bill, ο τεχνικός για τις κιθάρες μου, κάπνιζε και το τελευταίο τρίμμα από το χόρτο του, ώστε να μη χρειαστεί να το πετάξει από την κουπαστή προτού φτάσουμε στην Αγγλία.

Κλείσαμε την περιοδεία στις 8 Οκτωβρίου του 1987, στο Λονδίνο, και το τέλος της ήταν εκπληκτικό. Το συγκρότημα είχε αρχίσει να πατάει στα πόδια του. Είχαμε πια αρκετό καιρό στο δρόμο ώστε να ξέρουμε τι κάνουμε. Είχαμε αποκτήσει μεγάλη άνεση στο παίξιμο: ξέραμε ο ένας τον άλλο αρκετά καλά ώστε να μη χρειάζεται να σκεφτούμε πολύ τι κάναμε από τη στιγμή που πατούσαμε στη σκηνή. Μόλις αποκτάς αυτή την οικειότητα, μπορείς να αυτοσχεδιάσεις και να «ξεφύγεις»· και τότε η κάθε εμφάνιση γίνεται μοναδική. Η συναυλία στο Hammersmith Odeon ήταν εκρηκτική· πολλοί φανατικοί οπαδοί μας που συναντάω ακόμα και σήμερα μου λένε ότι ήταν η καλύτερη συναυλία μας που έχουν δει. Όταν μια εμφάνιση πήγαινε τέλεια, όπως εκείνη τη νύχτα, ανάμεσα στον Izzy και μένα υπήρχε μια εκπληκτική αλληλεπίδραση, καθώς είχαμε αυτή την τόσο ξεχωριστή σχέση που καλλιεργείται ανάμεσα στους κιθαρίστες και που είναι δύσκολο να την περιγράψεις. Μπορούσα να πατάω γερά πάνω στη rhythm section του Duff και του Steven· υπήρχε σπουδαία αλληλεπίδραση ανάμεσα στο σφρίγος της ερμηνείας του Axl και τη δική μου συναισθηματική επαφή μαζί του. Βγάζαμε φανταστική ενέργεια – τη μεταδίδαμε στο κοινό και το κοινό μάς την επέστρεφε στο ακέραιο. Δεν θα μπορούσε να υπάρξει καλύτερος χώρος για κάτι τέτοιο από το Hammersmith Odeon: είναι μια φημισμένη αίθουσα συναυλιών όπου έχουν παίξει όλοι, από τους Motorhead, τους Who και τους Black Sabbath μέχρι τους Beatles και τον Johnny Cash· επίσης, εκεί έκανε ο David Bowie την τελευταία του εμφάνιση ως Ziggy Stardust το 1973.

ΕΠΙΣΤΡΕΦΟΝΤΑΣ ΣΤΙΣ Η.Π.Α. ΠΡΟΣΓΕΙΩΘΗΚΑΜΕ ΣΤΗ Νέα Υόρκη και πήγαμε κατευθείαν στο *Headbanger's Ball* του MTV. Αμέσως μετά έπρεπε να μπούμε σε ένα λεωφορείο για να ταξιδέψουμε όλη νύχτα και να συναντήσουμε τους Mötley Crüe για τους οποίους ανοίγαμε. Είχαμε περάσει όλη τη νύχτα στο αεροπλάνο, δεν είχαμε κάνει μπάνιο και δεν είχαμε καμία διάθεση για την εμπειρία του MTV. Από τη στιγμή που μπήκαμε στο κτίριο κατά τις δέκα το πρωί ξέσπασε μια τιτάνια κόντρα ανάμεσα σε πέντε πονοκεφαλιασμένους από το ποτό, ιδρωμένους, βρόμικους rock μουσικούς, που φορούσαν επί εβδομάδες τα ίδια ρούχα, και τον πολυεθνικό κόσμο του MTV. Φτάσαμε στη ρεσεψιόν και βρήκαμε να μας περιμένει ένας εκπρόσωπος της Geffen, που ήταν όλο χαμόγελα και δήθεν καταδεκτικές χειρονομίες. Μας κρέμασαν τις ταμπελίτσες με τα ονόματά μας, μπήκαμε ένας ένας στο ασανσέρ και βγήκαμε σε μια αίθουσα αναμονής· ήταν ένα πράσινο δωμάτιο που δεν είχε τίποτε άλλο παρά δύο καναπέδες και ένα τραπέζι. Δεν υπήρχαν ούτε ποτά ούτε κάποιες άλλες παροχές, τίποτε απολύτως. Εγώ, βέβαια, είχα μαζί μου ένα μπουκάλι Jack Daniels και ήμουν μια χαρά.

Ήταν εμφανές ότι δεν ήμαστε ευχαριστημένοι· έτσι, κάποιος έστειλε τη VJ Julie Brown για να πει ένα «γεια» και να μας κρατήσει απασχολημένους για λίγο. Είχα την αίσθηση ότι δεν ήταν δική της ιδέα· δεν ήθελε να βρίσκεται σε εκείνο το δωμάτιο. Έκανε όλα τα γνωστά της κόλπα, αλλά δεν θύμιζε ούτε κατά διάνοια τον γνωστό χαρωπό εαυτό της· φαινόταν νευρική και φοβισμένη. Σίγουρα πίστευε τα χειρότερα για το συγκρότημά μας· για κάποιον που ζούσε στη Νέα Υόρκη και υποτίθεται στο «downtown», μου γύριζε το στομάχι. Αν είχα πιει περισσότερο Jack, ίσως να είχα πει φωναχτά αυτό που σκεφτόμουν: *Βούλωσ' το, ούτε σε εμάς αρέσει που βρισκόμαστε εδώ, αλλά όλοι πρέπει να βγάλουμε πέρα τη μέρα.*

Όταν μπήκαμε στο στούντιο, συναντήσαμε τον παρουσιαστή, τον JJ Jackson, που ήταν πολύ cool. Είχαν ένα τεράστιο σκηνικό, και κάποια στιγμή είπα για πλάκα ότι έπρεπε να τα διαλύσουμε σε ζωντανή μετάδοση. Η ιδέα μάς κόλλησε και αποφασίσαμε μεταξύ μας να το κάνουμε. Έτσι αρχίσαμε τη συνέντευξη, και ο Axl άρχισε να απαντάει σε όλες τις ερωτήσεις του JJ Jackson. Περιμέναμε μέχρι να τελειώσει η εκπομπή και έπειτα, μέσα σε δέκα δευτερόλεπτα, κάναμε το στούντιο φύλλο και φτερό. Δεν το ξανασκέφτηκα παρά μόνο δύο εβδομάδες αργότερα, όταν είδα την εκπομπή. Μοιάζαμε με ζόμπι βγαλμένα από την ταινία *28 Μέρες Μετά.* Αυτή ήταν η πρώτη μας εμφάνιση σε ευρύ τηλεοπτικό κοινό, το πρώτο μας βήμα πέρα από το βίντεο που παιζόταν στο MTV· σιγά σιγά, προσεγγίζαμε τη συνείδηση του μέσου τηλεθεατή.

Φύγαμε από το MTV, μπήκαμε στο λεωφορείο μας και την άλλη μέρα ξεκινήσαμε την περιοδεία με τους Mötley. Το γεγονός ότι έπειτα από μία ευρωπαϊκή περιοδεία ως πρώτο όνομα, που έγινε με ένα μετασκευασμένο λεωφορείο για αξιοθέατα, ακολουθούσε μια περιοδεία στις μεσοδυτικές πολιτείες της Αμερικής ως support στους Mötley Crüe, ήταν όντως σουρεαλιστικό. Η περιοδεία γινόταν για την προώθηση του δίσκου τους *Girls, Girls, Girls,* και απολάμβαναν το απόγειο της δημοτικότητάς τους, ενώ εμείς ήμαστε μια μπάντα που δεν υπολόγιζε το κόστος. Πάντα συμπαθούσα τον Tommy, από την πρώτη στιγμή που τον γνώρισα – ίσως είναι το πιο αυθεντικό, πιστό και καλόκαρδο άτομο που βγήκε από αυτή τη σκηνή. Πάντα μου άρεσε ο Nikki επειδή ήταν ο εγκέφαλος των Crüe, ο άνθρωπος που κινούσε τα νήματα του marketing και είχε τις ιδέες που έδιναν ζωή στο συγκρότημα. Έτρεφα σεβασμό για την αφοσίωση και το πάθος για το όραμά του, όπως και τον τρόπο που το είχε κάνει πραγματικότητα. Οι Mötley ήταν το μοναδικό συγκρότημα από το Los Angeles που ξεπήδησε από την glam metal σκηνή και ήταν εκατό τοις εκατό αυθεντικό. Μπορεί να μην είναι και οι πιο πρωτότυποι – στο κάτω κάτω, ο Nikki ξεπατίκωσε ξεδιάντροπα ολόκληρα μουσικά μέρη από άλλα συγκροτήματα. Άσχετα όμως αν έκλεψαν τους Kiss ή άλλες τους επιρροές, οι Mötley αφομοίωσαν αυτά τα στοιχεία χωρίς να ντρέπονται, και ήταν τόσο ειλικρινείς και αφοσιωμένοι που δεν μπορούσες να τους κατηγορήσεις γι' αυτό – στο μυαλό μου, ο Nikki ενσάρκωνε όλα αυτά με τον καλύτερο τρόπο. Σε εκείνη την περιοδεία, ο Duff κι εγώ βρισκόμαστε συνήθως όσο πιο κοντά γινόταν στον Nikki, επειδή ξέραμε ότι είχε πάντα μαζί του μια μεγάλη σακούλα με κοκαΐνη.

Οι Mötley Crüe ήταν πολύ γενναιόδωροι μαζί μας· μας φέρονταν σαν περήφανοι γονείς, και όπως όλοι οι περήφανοι γονείς τούς άρεσε να δείχνουν στον κόσμο τι καρπούς είχε αποφέρει η σκληρή δουλειά τους. Ήταν η τρίτη παγκόσμια περιοδεία τους, γι' αυτό κουβαλούσαν μαζί τους μια ολόκληρη παράσταση· ένα ολόκληρο οπλοστάσιο με πυροτεχνήματα, έναν στρατό από τεχνικούς, έχοντας μπροστά τους μήνες ολόκληρους με εμφανίσεις σε sold out χώρους – το τέλειο rock and roll όνειρο. Χρησιμοποιούσαν ένα βολικό σύστημα επικοινωνίας με walkie-talkie και κωδικούς: όλα τα μέλη του συνεργείου της παραγωγής είχαν walkie-talkie που στο πίσω μέρος του ήταν κολλημένο ένα κομμάτι χαρτί που εξηγούσε τι αντιπροσώπευαν αυτοί οι κωδικοί. Υπήρχαν κωδικοί αποκλειστικά για τους τεχνικούς που είχαν να κάνουν με τον εξοπλισμό, τα φώτα, τις φορτοεκφορτώσεις, κ.λπ. Επίσης, υπήρχαν και οι κωδικοί του συγκροτήματος, που κάλυπταν τις καθημερινές τους ανάγκες. Για παράδειγμα, το 1 σήμαινε κοκαΐνη, και ήταν καταχωρημένο με ένα ψευδώνυμο. Το 2 ήταν ο κωδικός για τα κορίτσια, το 3 για το αλκοόλ, και πάει λέγοντας. Ήταν απίστευτο· ανά πάσα στιγμή, ανάλογα με τις απαιτήσεις, άνοιγαν τη γραμμή και έλεγαν: «Γεια, είμαι ο Tommy. Χρειάζομαι ένα νούμερο 1, ένα νούμερο 3, και αν βρεις τίποτε καλά νούμερο 2 καθώς έρχεσαι, φέρτα στο καμαρίνι μου. Και, σε παρακαλώ, κάνε γρήγορα. Ευχαριστώ πολύ».

Κάναμε πολλή παρέα με τους Crüe σε όλη την περιοδεία, αλλά ο Nikki φρόντιζε να επιδεικνύει συνειδητά την επιτυχία τους ώστε να μην ξεχνάμε πόσο επιτυχημένοι ήταν. Αυτός και ο Tommy ήταν οι μόνοι που μας προσκαλούσαν για να απολαύσουμε τα λάφυρα: ποτέ δεν γνωρίσαμε τον Vince, και σε ολόκληρη την περιοδεία ποτέ δεν συνάντησα τον Mick Mars. Για να πω την αλήθεια, μέχρι σήμερα δεν τον έχω γνωρίσει. Όσο κι αν άρεσε στον Micky να φαίνεται ότι μοιραζόταν μαζί μας, μου ήταν ξεκάθαρο ότι το έκανε λιγάκι και ως επίδειξη· ακόμη περισσότερο, γιατί τον βλέπαμε και απολαμβάναμε αυτά τα προνόμια μόνο όταν ο Nikki έκανε κέφι να μας δει. Όταν ήσουν μαζί του, υπήρχε πάντα κάποιο πρόγραμμα: ποτέ δεν έχασε τον έλεγχο στα ζητήματα που αφορούσαν την περιοδεία, και όποτε έχανε τον έλεγχο βρισκόταν σε περιβάλλον όπου μπορούσαν να τον φροντίσουν. Τον σεβόμουν γι' αυτό: στον Nikki δεν άρεσε να δείχνει ευάλωτος. Και η παρέα που έκανε μαζί μας δεν τον διευκόλυνε στην προσπάθειά του να μη χάσει τον έλεγχο.

Εκείνη την εποχή οι Mötley ταξίδευαν με ιδιωτικό αεροπλάνο όσο πιο συχνά γινόταν, και κάποια στιγμή, ανάμεσα σε δύο συναυλίες που απείχαν πολύ μεταξύ τους, ο Nikki μάς προσκάλεσε να πάμε μαζί τους. Λίγα ήταν τα μεγάλα ονόματα που θα έκαναν κάτι τέτοιο, και η πτήση ήταν απολαυστική. Το ταξίδι είχε απ' όλα: ποτά, κόκα και surfing ανάμεσα στους διαδρόμους κατά την απογείωση και την προσγείωση – ένα σπορ που απαιτεί να στέκεσαι με το πλάι στο διάδρομο και να αφήνεις να σε παρασύρει η αδράνεια του αεροπλάνου. Αν ποτέ βρείτε την ευκαιρία, μην παραλείψετε να το κάνετε – το συνιστώ ανεπιφύλακτα.

Εκείνη την εποχή δεν υπήρχε πιο καταστροφικός συνδυασμός από τους Guns με τους Mötley· όσο χαρούμενοι κι αν ήμαστε που τη ζούσαμε, η καθημερινότητά μας έγινε απλώς μια επαγγελματική δραστηριότητα. Η περιοδεία εκείνη αποτέλεσε την πρώτη μου επαφή με τον τρόπο που ταξίδευαν οι πραγματικοί rock stars. Σ' αντίθεση με τον Steven, δεν ήταν κάτι που καιγόμουν να ζήσω, έστω κι αν τελικά έγινε κομμάτι της ζωής μου. Για μένα, αυτό που μετράει είναι οι αναμνήσεις που έχω από τη σκηνή, όταν παίζω κιθάρα μπροστά στον κόσμο. Αυτό είχε πάντα σημασία για μένα· αυτό κάνει όλη τη βαρεμάρα και το δράμα που συνοδεύει τη συμμετοχή σε ένα rock συγκρότημα που περιοδεύει να αξίζει τον κόπο.

Έκανα τα πάντα για να διατηρήσω την απόσταση ανάμεσα στο χθες και το σήμερα.

Παρόλο που κινούμαι στη βιομηχανία του θεάματος σε όλη μου τη ζωή, στην περιοδεία των Mötley Crüe συνειδητοποίησα τελικά από πρώτο χέρι ότι για κάθε μαγική στιγμή, η ψυχαγωγία σού προσφέρει και μια αντίστοιχη στιγμή πλήξης· και αυτό είναι κάτι που απαιτεί αφοσίωση. Ακόμα και στις καλύτερες περιπτώσεις, η ζωή στο δρόμο είναι μονότονη: ξυπνάς όποτε ξυπνάς, σκοτώνεις την ώρα σου μέχρι τη συναυλία· ανεβαίνεις στη σκηνή και παίζεις· έπειτα το ρίχνεις έξω, συνήθως καθ' οδόν προς την επόμενη πόλη, όπου κάνεις πάλι τα ίδια απ' την αρχή. Η ζωή στο δρόμο, μέχρι και σήμερα, κάθε φορά που τη ζω, είναι για μένα μια καινούργια εμπειρία.

Έτσι, αυτός ο τρόπος ζωής δεν έχει γίνει ποτέ κλισέ για μένα· πάντοτε ήξερα πού βρίσκομαι. Αυτό εξακολουθεί να ισχύει μέχρι και σήμερα· ποτέ ένα δωμάτιο δεν είναι το ίδιο με το προηγούμενο. Τότε, όπως και τώρα, φρόντιζα να είμαι παρών στο soundcheck για να συντονίζομαι με την αίσθηση του χώρου. Δεν μπορούσα να το κάνω πάντα όταν παίζαμε support σε άλλους, αλλά αυτό που μπορούσα να κάνω ήταν να μάθω λίγα πράγματα για την πόλη που βρισκόμαστε. Ποτέ δεν με ένοιαζε η πολιτιστική πλευρά της, αλλά με ενδιέφερε να μάθω όσο περισσότερα μπορούσα σχετικά με το ποιο ήταν πραγματικά το κοινό μας.

Δυστυχώς, όποια συμπεράσματα είχα αντλήσει για τους ανθρώπους που έρχονταν να μας δουν όπου παίζαμε, τις περισσότερες φορές κατέληγαν στη λεκάνη της τουαλέτας των μπαρ που πήγαινα μετά τις συναυλίες. Είχα κάποιες στιγμές φώτισης, τις οποίες ξεχνούσα ολοκληρωτικά στη διάρκεια του ταξιδιού για την επόμενη πόλη. Η μνήμη μου δεν ήταν απεριόριστη, και καθώς περίμενα λαίμαργα την επόμενη στιγμή, το παρελθόν ξεθώριαζε γρήγορα. Αν μην τι άλλο, η ζωή μου στις περιοδείες θυμίζει την ιστορία του Stephen King με τίτλο *Langoliers,* όπου το παρελθόν σού δαγκώνει λαίμαργα τις φτέρνες ενώ εσύ προσπαθείς απεγνωσμένα να κάνεις ένα βήμα μπροστά.

Όταν δεν βλέπεις την ώρα να φτάσεις εκεί που πηγαίνεις, οι ώρες της ημέρας δεν σου φτάνουν ποτέ. Δεν θυμάμαι κάποια στιγμή ύπνου ή ξεκούρασης καθόλη εκείνη την περίοδο· υπήρχε ένας πυρετώδης ρυθμός στα πάντα και δεν ήθελα να χάσω ούτε στιγμή. Ένιωθα ότι αν έριχνα τους ρυθμούς μου, ο χρόνος θα με πρόφταινε και τότε όλα θα σταματούσαν.

Συνεπώς, έκανα ό,τι μπορούσα για να διατηρήσω την απόσταση ανάμεσα στο χθες και το σήμερα. Έτσι ήμουν πάντα και έτσι είμαι ακόμα και τώρα. Γι' αυτό δεν έχω κάποια αξιόλογα ενθύμια. Δεν κρατάω χρυσούς και πλατινένιους δίσκους, μόνο τις κιθάρες που σημαίνουν κάτι για μένα. Η γυναίκα μου, η Perla, σοκαρίστηκε τόσο από το γεγονός, ώστε πρόσφατα ζήτησε από τις εταιρείες να ξαναφτιάξουν πλατινένιες κόπιες όλων των δίσκων μου. Τους κρέμασε στον τοίχο που οδηγεί στις σκάλες του σπιτιού μας. Νομίζω ότι δεν κράτησαν πάνω από μία εβδομάδα· μου έδιναν τόσο στα νεύρα, που μια μέρα τους ξεκρέμασα και τους έβαλα στην αποθήκη. Δεν χρειάζομαι τρόπαια στους τοίχους για να μου θυμίζουν ποιος είμαι.

Η ΜΟΝΑΔΙΚΗ ΑΠΤΗ ΣΧΕΣΗ ΜΟΥ ΜΕ ΤΟ ΠΑΡΕΛΘΟΝ ΕΚΤΟΣ από τις αναμνήσεις μου είναι τα λεπτομερή ημερολόγια που κρατούσα σε όλη μου τη ζωή – μέχρι που το σταμάτησα όταν μου έκλεψαν ή έχασα τα περισσότερα. Όμως έχω φυλάξει όλα όσα επέζησαν, και κάμποσα απ' αυτά μου φάνηκαν πολύ χρήσιμα όταν προέκυψαν δύσκολα νομικά ζητήματα ή αυτό το βιβλίο, και χρειάστηκε να θυμηθώ λεπτομέρειες. Έτσι, σημειώνοντας όλα τα σημαντικά γεγονότα, κράτησα ζωντανή την ιστορία της ζωής μου. Παρ' όλα αυτά, δυστυχώς, η περιοδεία με τους Mötley Crüe είναι μια μαύρη τρύπα, επειδή για πρώτη φορά στη ζωή μου κάποιος έκλεψε το ημερολόγιό μου και μαζί τα λίγα ρούχα που είχα σε εκείνη την περιοδεία. Δεν ήταν και δύσκολο – τα είχα όλα σε μια μαξιλαροθήκη που μου χρησίμευε και σαν βαλίτσα. Τις αποσκευές μας τις φρόντιζε ο υπεύθυνος ασφαλείας της ομάδας μας, ο Ron Stalnaker – ήταν απ' αυτούς τους τύπους που σε πείσμα κάθε λογικής αισθάνονται την ανάγκη να κουβαλούν πράγματα και να κοπιάζουν. Έχει τη νοοτροπία ρομπότ: «Πρέπει να σηκώσω αυτό και να κουβαλήσω το άλλο...» Εμείς δεν είχαμε πρόβλημα με αυτό, επειδή ποτέ δεν χρησιμοποιήσαμε αχθοφόρους ή γκρουμ, καθώς εκείνη την εποχή δεν είχαμε να τους δώσουμε φιλοδώρημα.

Τέλος πάντων, ο Ronnie ακούμπησε τους σάκκους μας στο πλάι του λεωφορείου και γύρισε πίσω στο ξενοδοχείο για να φέρει κι άλλες αποσκευές από το λόμπι του ξενοδοχείου. Κάποιο παιδί περίμενε εκεί και βούτηξε τους δύο πρώτους σάκκους – ήταν οι μαξιλαροθήκες οι δικές μου και του Duff. Σχεδόν ποτέ δεν δίναμε τα ρούχα μας σε πλυντήριο· δεν είχαμε κανέναν να φροντίζει τα πράγματά μας. Σποραδικά –και εννοώ: πολύ σποραδικά– πηγαίναμε σε κάποιο πλυντήριο και καθαρίζαμε τα ρούχα μας. Φορούσαμε ό,τι είχαμε και απλώς αγοράζαμε καινούργια t-shirts όποτε αυτό ήταν δυνατόν. Βασικά, όταν το τζιν μου τριβόταν τόσο που δεν ήταν πια για φόρεμα, έβαζα το δερμάτινο παντελόνι μου για την υπόλοιπη περιοδεία. Ο Duff, ο Izzy κι εγώ κυριολεκτικά τα βγάζαμε πέρα με ό,τι βρίσκαμε από ενδυματολογική άποψη. Ρίχναμε τα ρούχα μας σε μια σακούλα καθαριστηρίου ή μια μαξιλαροθήκη, τα καθαρά μαζί με τα βρώμικα: κάλτσες, καινούργιο t-shirt, το ημερολόγιό μου, συν ό,τι άλλο έπρεπε να φοράω. Εκείνη την εποχή θα μπορούσαμε ήδη να σημαίνουμε πολλά για κάποιον ώστε να θέλει να κλέψει τις βαλίτσες μας, ως «έπαθλο». Το βρίσκω cool. Όμως, όταν συνέβη, ήταν μεγάλη ταλαιπωρία γιατί δεν είχα άλλα ρούχα και είχα αργήσει για μια συνέντευξη στο ραδιόφωνο. Αναγκάστηκα να την κάνω ζωντανά, τυλιγμένος με μια πετσέτα, καθώς είχα πει στον Ronnie πως δεν υπήρχε πρόβλημα στο να πάρει τις «βαλίτσες» μου στο λεωφορείο ενόσω θα έκανα ντους – σχεδίαζα να ντυθώ στη διαδρομή. Τουλάχιστον εξασφάλισα ένα t-shirt από τον ραδιοφωνικό σταθμό.

ΟΙ MÖTLEY ΗΤΑΝ ΤΟ ΜΟΝΑΔΙΚΟ ΣΥΓΚΡΟΤΗΜΑ ΑΠΟ ΤΗ ΣΚΗΝΗ του Los Angeles με το οποίο καταφέραμε να συνεργαστούμε σε παναμερικανική περιοδεία. Και ήταν λογικό· ήταν το μοναδικό συγκρότημα για το οποίο τρέφαμε σεβασμό, το μοναδικό με το οποίο μπορούσαμε να μοιραστούμε μια κοινή αίσθηση συντροφικότητας. Εξακολουθούσα να πιστεύω ότι κανείς δεν ήξερε ποιοι ήμαστε, αλλά προφανώς ήξεραν τι έρχονταν να δουν και οι συναυλίες ήταν φανταστικές. Ήταν ο απόλυτος συνδυασμός «κακών παιδιών» και συμπεριφερθήκαμε ανάλογα.

Μια νύχτα ο Nikki Sixx κι εγώ αναμετρηθήκαμε στο ποιος θα πιει περισσότερο. Ανάλογα με το ποιον θα ρωτήσετε, είτε το άρχισα εγώ, υποστηρίζοντας ότι μπορούσα να πιω περισσότερο απ' ό,τι ο Tommy και ο Nikki μαζί, είτε ο Nikki ανταποκρίθηκε στην πρόκληση λέγοντας ότι δεν μπορώ να πιω περισσότερο από κείνον. Όπως και να 'χει, καταλήξαμε στο μπαρ του ξενοδοχείου που βρισκόμαστε και στήσαμε το διαγωνισμό. Ο Nikki έπινε με σύστημα. Παράγγελνε τέσσερα σφηνάκια και εγώ έπινα τα δύο δικά μου με τη μία, ενώ εκείνος έπινε το ένα και άφηνε το άλλο για αργότερα· αλλά τελικά το έπινα εγώ γιατί το έβλεπα σαν ποτό της παρέας. Καταλάβαινα τι έκανε, αλλά έπινα πολύ γρήγορα και –δεν ξέρω αν έφταιγε η κουβέντα ή κάτι άλλο– άρχισα να «κλατάρω». Πολύ γρήγορα, όσο περισσότερα σφηνάκια υπήρχαν στο μπαρ τόσο περισσότερο έπινα. Μέσα στην έξαψη της στιγμής έπινα τα δικά μου αμέσως, και βλέποντάς τον να περιμένει έπινα και το ένα δικό του. Ποτέ δεν θα έπινα με τέτοιους ρυθμούς αν ήμουν μόνος, και δεν με είχα για κορόιδο· καταλάβαινα πολύ καλά τι έκανα... μέχρις ενός σημείου.

Στη θεωρία, πίναμε ο καθένας το σφηνάκι του με τη σειρά, αλλά μια και έπινα και τα μισά ποτά του Nikki, μπορώ να πω ότι στο τέλος εγώ είχα πιει είκοσι σφηνάκια Jack Daniels ενώ εκείνος μόνο δέκα. Μέθυσα τόσο που –όπως μου είπαν αργότερα– ξέρασα επί τόπου στο μπαρ, και ο εμετός έπεσε στα πόδια μου και στο πάτωμα, αλλά προσπάθησα να το κρύψω. Δεν το θυμάμαι καθόλου, αλλά θυμάμαι ότι έκανα αυτό που μου άρεσε πάντα να κάνω όταν μεθούσα – να παλέψω με κάποιον τύπο πολύ πιο μεγαλόσωμο από μένα. Στη συγκεκριμένη περίπτωση ο τύπος αυτός ήταν ο Nikki, στον οποίο χίμηξα ξαφνικά, προσπαθώντας να τον χτυπήσω με το σκαμπό του μπαρ. Ο Nikki είναι ψηλός, και εκείνη την εποχή ήταν ψωμωμένος· έτσι, κατάφερε να ανατρέψει την κατάσταση, με έριξε ανάσκελα και κάθισε πάνω μου. Όταν έπεσα αναίσθητος, με κουβάλησαν επάνω και με έριξαν στο κρεβάτι του τεχνικού για τις ντραμς του Tommy (Lee), του Spidy. Ξύπνησα εκεί το επόμενο πρωί ανίκανος να γυρίσω το κεφάλι μου· ένιωθα τον χειρότερο πόνο που είχα νιώσει στη ζωή μου. Κατάφερα να φτάσω κουτσαίνοντας στο δωμάτιό μου και τηλεφώνησα στον Doug, τον road manager μας, για να του πω ότι χρειαζόμουν αμέσως γιατρό. Όπως αποδείχθηκε, είχα εξαρθρώσει τέσσερις σπονδύλους στη πλάτη μου.

Δυσκολευόμουν να παίξω, επειδή ο πόνος που μου προκαλούσε το βάρος της κιθάρας στον ώμο μου ήταν αφόρητος. Πέρασα τις επόμενες εβδομάδες ακίνητος σε ένα σημείο τις σκηνής με το καπέλο κατεβασμένο όσο πιο χαμηλά μπορούσα. Οι τραυματισμένοι σπόνδυλοι βρίσκονταν τόσο ψηλά και τόσο κοντά στη βάση του κρανίου μου που ήταν αδύνατον να τους επαναφέρει στη θέση τους κάποιος χειροπράκτης. Έτσι είχα την πρώτη μου εμπειρία βελονισμού, που αποδείχθηκε πολύ χρήσιμη· για λίγους μήνες, την επαναλάμβανα πριν από κάθε συναυλία και μερικές φορές την εβδομάδα. Μέχρι να ηρεμήσει το πρήξιμο, περπατούσα σαν τον σκουριασμένο τενεκεδάνθρωπο από το *Μάγο του Οζ*.

Όμως ο τραυματισμός μου δεν ήταν η μοναδική οδυνηρή εμπειρία που προέκυψε από εκείνη τη νύχτα. Προφανώς, αφού λιποθύμησα, ο Tommy και ο Nikki με έχρισαν φωτομοντέλο: πήραν μια φωτογραφία του προσώπου μου, με τα παπάρια του Tommy να κρέμονται από πάνω του, και το άλλο πρωί την έβγαλαν σε αντίτυπα, τα οποία πλαστικοποίησαν και μοίρασαν σε όλο το προσωπικό της περιοδείας. Νομίζω μάλιστα ότι η συγκεκριμένη φωτογραφία μπήκε στην επίσημη άδεια εισόδου για τα παρασκήνια των Mötley Crüe. Έγινα ρεζίλι των σκυλιών.

Ποτέ μέχρι τότε δεν είχαν οι Guns κάποια ανάλογη σχέση με κάποιο συγκρότημα με το οποίο περιόδευαν. Ούτε υπήρχε τέτοιο επίπεδο κραιπάλης. Οι Mötley ήταν το μοναδικό συγκρότημα με μία ανάλογη αυτοκαταστροφική νοοτροπία, σε συνδυασμό με μία σχεδόν μανιακή αίσθηση ανταγωνισμού και εγωπάθειας. Σε ολόκληρη την περιοδεία προσπαθήσαμε να ξεπεράσουμε ο ένας τον άλλο σε κάθε επίπεδο, και αυτό έκανε τις συναυλίες πολύ καλύτερες. Η μοναδική φορά που η κατάσταση πλησίασε το χάος εκείνης της περιοδείας ήταν όταν οι Skid Row άνοιξαν για τους Guns N' Roses μερικά χρόνια αργότερα, και όσο κι αν δεν θέλω να το παραδεχθώ, νομίζω ότι με τον Sebastian Bach στο κόλπο το πράγμα προχώρησε ακόμη πιο πέρα.

Οι Mötley μας επιφύλασσαν ένα σπουδαίο φινάλε: τίμησαν την πανάρχαια παράδοση του αλευρώματος του support γκρουπ στην τελευταία συναυλία της περιοδείας. Οι τεχνικοί τους το κράτησαν μυστικό, και δεν είχαμε ιδέα τι μας περίμενε. Καθώς αρχίσαμε να παίζουμε το τελευταίο κομμάτι μας, δέκα κιλά αλεύρι έπεσαν από την τράσα των φωτιστικών, και όσο cool κι αν πιστεύαμε ότι είναι, μέσα σε μια στιγμή γελοιοποιηθήκαμε. Μου πήρε εβδομάδες να βγάλω το αλεύρι από τα δεσίματα της κιθάρας μου.

Σε γενικές γραμμές, η περιοδεία με τους Mötley Crüe ήταν διδακτική εμπειρία. Οι Mötley βρισκόντουσαν στο απώγειο της δόξας τους και ήταν μια καλολαδωμένη μηχανή, αλλά ποτέ δεν θα ξεχάσω το έντρομο βλέμμα στα μάτια του μάνατζέρ τους Doc McGee κάθε φορά που επεφτα επάνω του. Έπρεπε να χειριστεί ένα συγκρότημα που βρισκόταν στα άκρα: στο τέλος κάθε νύχτας εκείνης της περιοδείας ο Tommy ήταν συνήθως τόσο χάλια που έμοιαζε έτοιμος να πεθάνει. Η τελευταία ανάμνησή μου από την όλη εμπειρία ήταν το θέαμα του Doug να τσουλάει τον Tommy στις αίθουσες του αεροδρομίου πάνω σε ένα καροτσάκι για τις αποσκευές ώστε να προλάβουν την πτήση. Ο Tommy ήταν λιπόθυμος· ένας σωρός από ψηλόλιγνα άκρα που κρέμονταν πέρα δώθε και το κεφάλι γερμένο μπροστά, με το πηγούνι του να ακουμπάει στο στήθος του.

ΜΟΛΙΣ ΟΛΟΚΛΗΡΩΣΑΜΕ ΤΗΝ ΠΕΡΙΟΔΕΙΑ ΜΕ ΤΟΥΣ MÖTLEY, δεν είχαμε πολλές επιλογές – ένα συγκρότημα σαν το δικό μας δύσκολα βρίσκει κατάλληλες διεξόδους. Όμως υπήρχε κάτι που μας πήγαινε γάντι – ο Alice Cooper. Η συνεργασία μας έμοιαζε με ιδανικό γάμο. Είχαμε παίξει μια συναυλία με τον Alice παλιότερα, το 1986, στη Santa Barbara, όπου, αν στη θέση του ήταν κάποιος άλλος καλλιτέχνης του κύρους του, θα μας είχε απορρίψει την ίδια στιγμή. Όταν παίξαμε σε εκείνη τη συναυλία, υποτίθεται ότι θα κάναμε όλοι μαζί το ταξίδι της μιας ώρας που χρειαζόταν για να φθάσουμε εκεί, αλλά την τελευταία στιγμή ο Axl επέμεινε να έρθει με την κοπέλα του την Erin. Όλοι ήμαστε εναντίον, όπως και ο Alan, αλλά ο Axl τον έπεισε ότι δεν υπήρχε λόγος να ανησυχεί. Φτάσαμε στη συναυλία. Ο Axl ήταν άφαντος, αλλά σκεφτήκαμε ότι βρισκόταν καθ' οδόν. Όταν ήρθε η ώρα να ανεβούμε στη σκηνή, ο Axl εξακολουθούσε να μην είναι πουθενά, κι έτσι ο Izzy, ο Duff, ο Steve κι εγώ ανεβήκαμε στη σκηνή και αρχίσαμε να παίζουμε χωρίς τραγουδιστή. Ο Izzy και ο Duff τραγούδησαν το «Whole Lotta Rosie» των AC/DC και μερικές άλλες διασκευές. Ανοίγαμε για τον Alice Cooper, αλλά βασικά το σετ μας ήταν ένα μεθυσμένο τζαμάρισμα που άρμοζε σε κάποιο μπαρ – μόνο που βρισκόμαστε σε στάδιο. Το πράγμα πήγε τόσο άσχημα, που κάποια στιγμή ζητήσαμε από το κοινό να τραγουδήσει και έπειτα ρωτήσαμε αν υπήρχε κάποιος τραγουδιστής στο κοινό. Για μια στιγμή, γίναμε φίλοι με το κοινό, αλλά αυτό άλλαξε πολύ γρήγορα· καταλήξαμε να τους προσβάλλουμε και να τους πετάμε πράγματα. Ήταν γελοίο.

Μείναμε στη σκηνή για το προγραμματισμένο χρονικό διάστημα και έπειτα αποσυρθήκαμε από αυτή την επονείδιστη γελοιότητα. Φύγαμε όπως όπως και γυρίσαμε πίσω στο Hollywood. Ήμαστε τόσο τσαντισμένοι εκείνη τη νύχτα, που σκεφτήκαμε να διώξουμε τον Axl από το συγκρότημα και να πάρουμε άλλον τραγουδιστή. Ο Izzy κι εγώ πήγαμε αμέσως στο σπίτι του West και ήμουν αρκετά ταραγμένος ώστε να ξαναπάρω ηρωίνη. Ενώ «φτιαχνόμαστε» στο μπάνιο, ο Izzy κι εγώ συζητήσαμε για την καταστροφική μας εμφάνιση και το τι θα κάναμε στο εξής. Δεν ήταν η πρώτη φορά που κάναμε τέτοιες κουβέντες· θα έλεγα ότι το ζήτημα της απόλυσης του Axl είχε τεθεί έξι φορές, πολύ σοβαρά, στον κύκλο ζωής του γκρουπ. Ο Izzy κι εγώ αναζητούσαμε τη σωστή στρατηγική για να το κάνουμε, όταν ξαφνικά εμφανίστηκε ο Axl. Μπήκε στο μπάνιο, κάθισε στη λεκάνη και άρχισε να μιλάει.

Το εκπληκτικό με τον Axl είναι ότι σε τέτοιες καταστάσεις δεν αντιλαμβανόταν ότι είχε κάνει κάτι κακό· μια τέτοια παραδοχή ήταν εκτός του πλαισίου αναφορών του. Απ' όσο κατάλαβα, μπήκε στο μπάνιο θεωρώντας ότι δεν είχε λόγο να ζητήσει συγγνώμη. Την ίδια στιγμή, μιλούσε ακατάπαυστα, και παρόλο που η συζήτηση ξέφυγε από το ζήτημα της απουσίας του από τη συναυλία, εξέφρασε τη λύπη του. Και όταν το έκανε, εξήγησε επίσης με πολύ περισσότερο πάθος απ' ό,τι όταν ζητούσε συγγνώμη, γιατί είχε κάνει αυτό που έκανε. Το σκεπτικό για τις πράξεις του ήταν τόσο περίπλοκο που το μόνο που αποκόμισα ήταν η εντύπωση ότι είχε παντελή άγνοια των επιπτώσεων της απουσίας του και όσων είχαν συμβεί στη διάρκειά της. Υπάρχουν ορισμένα πρωτόκολλα που ο Axl δεν λάμβανε υπόψη του. Καθώς δεν βρίσκεται στο ίδιο διανοητικό πλαίσιο με τους άλλους, οι ευρέως αποδεκτοί κανόνες δεν έχουν καμία ισχύ επάνω του.

Ποτέ δεν ήσουν σίγουρος αν το γεγονός πως του εξηγούσες αυτούς τους κανόνες είχε κάποιο αντίκρισμα. Ο Axl είναι εξαιρετικά ευφυής άνθρωπος, αλλά την ίδια στιγμή ζει σε ένα σύμπαν όπου η λογική που διέπει τους άλλους δεν έχει καμία εφαρμογή. Δεν συνειδητοποιεί καν πόση αναστάτωση μπορούν να επιφέρουν οι επιλογές του στους άλλους. Δεν έχει κακό σκοπό· απλώς, έτσι είναι. Είναι πολύ δύσκολο ακόμα και να του το εξηγήσεις. Τον χαρακτηρίζει η ειλικρίνεια, αλλά το γεγονός είναι ότι ο Axl, χωρίς να λαμβάνει υπόψη τον κόσμο γύρω του, επιμένει να ζει σύμφωνα με τους κανόνες που ισχύουν μόνο στο σύμπαν που έχει χτίσει ο ίδιος. Η συναυλία με τον Alice Cooper είναι ένα χαρακτηριστικό παράδειγμα: θυμάμαι ότι εκείνη τη νύχτα ένιωθα πολύ θυμωμένος, όπως άλλωστε και ο Izzy. Αλλά, όσο τσαντισμένοι κι αν ήμαστε και όσο κι αν λέγαμε πόσο αποφασισμένοι ήμαστε να βρούμε έναν καινούργιο τραγουδιστή, παρ' όλα αυτά σε εκείνο το μπάνιο ο Axl μάς κέρδισε. Αργά αλλά σταθερά, νιώσαμε βαθιά μέσα μας ότι έπρεπε να το αφήσουμε να περάσει. Βεβαίως, το ότι είχαμε κάνει πρέζα δεν βοήθησε την αποφασιστικότητά μας... Ήμαστε τόσο λιώμα, που έπειτα από λίγο όλες οι δραματικές πτυχές του γεγονότος δεν είχαν καμία σημασία.

Όπως και να 'χει, αυτό είχε γίνει πριν από καιρό. Προφανώς, ο Alice γούσταρε την εμφάνισή μας· νομίζω ότι είδε σε μας κάτι από τον νεανικό εαυτό του. Ο Alice προωθούσε τότε το *Raise Your Fist and Yell,* και δεν ήταν και η καλύτερη χρονιά του· παραλίγο να χάσει τη ζωή του επί σκηνής όταν η διάσημη γκιλοτίνα-σκηνικό χάλασε και παραλίγο να τον αποκεφαλίσει. Επίσης, εκείνη την εποχή είχε «καθαρίσει»· έτσι, εκτός από μερικούς σαματατζήδες στο συγκρότημά του, ήμαστε τα μοναδικά σάπια μήλα που υπήρχαν σε εκείνη την εξόρμηση. Ξεκινήσαμε στο ένα σκέλος της αμερικανικής του περιοδείας με έναν ακόμη αρχάριο, εγκεφαλικά κατεστραμμένο, αλλά αξέχαστο οδηγό λεωφορείου. Ο τύπος ήταν ένας μακρυμάλλης μουσικός που του άρεσε να μιλάει για τη μουσική που έγραφε, και όσο «πλάκα» κι αν είχε να κάνεις παρέα μαζί του, έκανε συνέχεια πράγματα που μας έκαναν τη ζωή πιο δύσκολη απ' όσο έπρεπε. Το μεγαλύτερο πρόβλημα ήταν πως ήθελε πάντα να βγαίνει μαζί μας· έτσι, αντί να παρκάρει το λεωφορείο σε ένα σημείο και να μας αφήνει να πηγαίνουμε όπου γουστάραμε, προσφερόταν να μας πάει εκεί με το λεωφορείο και αναπόφευκτα χανόμαστε στους παράδρομους. Περιττεύει να πούμε ότι δεν έμεινε και πολύ μαζί μας.

Όταν ξεκινήσαμε την περιοδεία, ο Alice ήταν υπερβολικά ευγενικός και πρόθυμος να βοηθήσει. Μας καλωσόρισε χωρίς υστεροβουλία·

Στο πέρασμα του χρόνου, ο Slash είχε την ικανοποίηση να βρεθεί πολλές φορές επί σκηνής με τον Alice Cooper.

σε εκείνη την περιοδεία δεν υπήρχε ιεραρχία και τέτοιες μαλακίες. Του άρεσε στ' αλήθεια η μπάντα μας και αυτό που αντιπροσωπεύαμε – και εμείς τον θαυμάζαμε πραγματικά. Φτάνει μόνο να πούμε ότι βγάλαμε δεκάδες φωτογραφίες μαζί του, και αυτό λέει πολλά. Ήταν μια ενδιαφέρουσα μετάβαση: Κάνοντας παρέα με τους Mötley, είχαμε δει ένα συγκρότημα να στήνει μία παραγωγή ευρείας κλίμακας και να κάνει κάθε βράδυ μια προβλέψιμη εμφάνιση. Με τον Alice ήταν το ίδιο, αλλά σε ένα εντελώς διαφορετικό επίπεδο. Όσο κι αν τον θαυμάζαμε επί χρόνια ως προσωπικότητα, έχοντας ακούσει τους δίσκους και τους στίχους του, το να περιοδεύεις μαζί του ήταν το κάτι άλλο. Είχε έναν τύπο στα πλήκτρα, έναν κιθαρίστα –ένα θηρίο που θύμιζε αρσιβαρίστα– και τον Kip Winger στο μπάσο, έναν δεύτερο κιθαρίστα και έναν ντράμερ. Επίσης είχε στη διάθεσή του αρκετούς session μουσικούς και ό,τι σκηνικό περνάει από το νου, ενώ είχε πολύ ενδιαφέρον να βλέπεις πώς αλληλεπιδρούσε ο ίδιος με όλα αυτά. Είχε ένα οκταμελές συγκρότημα, τραγουδίστριες για φωνητικά, ηθοποιούς, αλλαγές κοστουμιών... μιλάμε για πραγματικό σόου.

Είχε επίσης ένα φίδι, που χάρηκα όταν το είδα. Όμως ο Alice δεν ήταν συλλέκτης φιδιών· δεν είχε κάποιο φίδι στο σπίτι του, απλά ήταν μέρος των σκηνικών. Είχε μαζί κι έναν τύπο να το προσέχει, ο οποίος δεν ήξερε και πολλά για τη φροντίδα εκείνου του φουκαρά του βόα συσφιγκτήρα καθώς ταξιδεύαμε στις παγωμένες μεσοδυτικές πολιτείες, κι έτσι του έμαθα κάνα δυο πραγματάκια. Η αλήθεια είναι ότι σκίσαμε σε εκείνη την περιοδεία.

Η παραγωγή απαιτούσε να στηνόμαστε στο μπροστινό μέρος της σκηνής, πολύ κοντά στο κοινό, και αυτό έπαιξε καταλυτικό ρόλο. Εκείνες οι συναυλίες ήταν δυναμίτης, με ελάχιστα φώτα και αίθουσες μικρότερες απ' ό,τι στην περιοδεία με τους Mötley Crüe. Σε γενικές γραμμές αποτέλεσε μια τεράστια και γρήγορη μετατόπιση από εκεί όπου ήμαστε προηγουμένως. Αυτό ήταν κάτι που μας χαρακτήριζε: αλλάζαμε συνεχώς ταχύτητες. Δραστικές όπως ήταν, αυτές οι αλλαγές μάς ανάγκασαν να μάθουμε πολλά μέσα σε μικρό χρονικό διάστημα. Αν δεν το κάναμε θα τελειώναμε. Ήταν απλό. Για ένα συγκρότημα με τόσο χαρακτηριστική συμπεριφορά, ήταν καλό που αναγκαστήκαμε να ζήσουμε τόσο διαφορετικές καταστάσεις χωρίς προειδοποίηση.

ΒΡΙΣΚΟΜΑΣΤΕ ΣΤΟ ΚΕΝΤΡΙΚΟ MICHIGAN, ΣΕ ΜΙΑ ΠΟΛΗ στη μέση του πουθενά· θυμάμαι ότι έπινα ένα ποτό στο μπαρ ενός ξενοδοχείου όταν ο tour manager μου είπε ότι η συναυλία ακυρώθηκε επειδή κάτι έπαθε ο Alice. Λίγες ώρες αργότερα μάθαμε ότι είχε πεθάνει ο πατέρας του· τις επόμενες ημέρες τις περάσαμε άπραγοι στο μπαρ του ξενοδοχείου, χωρίς να ξέρουμε αν η περιοδεία θα συνεχιζόταν. Τη δεύτερη νύχτα της αναμονής, ο Steven Adler έχασε τελείως τον έλεγχο. Ο Steven μπορούσε να γίνει απροσδόκητα συναισθηματικός από τη μια στιγμή στην άλλη, και ο τρόπος που επέλεγε για να το δείχνει ήταν η κατάφωρη ανυπακοή. Σε εκείνη τη μικρή πόλη και σε απόσταση χιλιομέτρων υπήρχαν μόνο ένα μπαρ με τηλεόραση για τα αθλητικά ματς, κάνα δυο εστιατόρια, το ξενοδοχείο και κανένα άλλο στέκι όπου θα μπορούσαμε να περνάμε την ώρα μας. Ο Duff ήταν μαζί του εκείνη τη νύχτα· είχαν βγει για να τα πιούνε, και για κάποιο λόγο ο Steven «φόρτωσε» τόσο που έκανε κομμάτια μια λάμπα του δρόμου. Έσπασε το χέρι του και αναγκάστηκε να το βάλει σε γύψο για έξι περίπου εβδομάδες.

Ο Alan μάς είχε κλείσει τέσσερις συναυλίες ως πρώτο όνομα όταν γυρίζαμε στο Los Angeles μετά την περιοδεία με τον Alice, και συνειδητοποιήσαμε ότι ο Steven δεν υπήρχε περίπτωση να έχει βγάλει το γύψο του μέχρι τότε. Έτσι αφήσαμε να κυκλοφορήσει η φήμη ότι χρειαζόμαστε ντράμερ για να τον αντικαταστήσει για λίγες εβδομάδες. Μέσα σε μια μέρα, βρεθήκαμε με τον Fred Curry, τον ντράμερ των Cinderella, που ήταν ο σωστός άνθρωπος στη σωστή θέση. Ο Fred έμαθε όλα τα τραγούδια μας αμέσως, και κάναμε πρόβες μαζί του στο λόμπι εκείνου του ξενοδοχείου στο Michigan· ο Izzy, ο Duff κι εγώ παίζαμε με ακουστικές, ενώ ο Fred μάς συνόδευε με τύμπανα ειδικά για εξάσκηση.

Έπειτα από μερικές μέρες, μάθαμε ότι ο Alice είχε ακυρώσει την υπόλοιπη περιοδεία· έτσι γυρίσαμε αεροπορικώς στο Los Angeles και προετοιμαστήκαμε για τις εμφανίσεις μας στο Perkins Palace. Εκείνο τον καιρό, όλοι βλέπαμε με στραβό μάτι τον Steve· δεν νιώθαμε καμία συμπόνια για το γεγονός ότι έπειτα από το περιστατικό με τη λάμπα του δρόμου είχε ξυπνήσει το πρωί με ένα γύψο στο χέρι, ξέροντας ότι είχε μεθύσει και είχε κάνει κάτι ηλίθιο. Τα είχε κάνει θάλασσα – και έπρεπε να αντιμετωπίσει τις συνέπειες.

Όταν γυρίσαμε πίσω στο Los Angeles, ο Steven κι εγώ μετακομίσαμε στα διαμερίσματα Franklin –επιπλωμένα διαμερίσματα που διατίθεντο για σύντομη διαμονή, στη γωνία Hollywood και Franklin– για λίγες νύχτες προτού παίξουμε στο Perkins Palace στο Pasadena και για λίγο καιρό μετά. Όταν πήγα να μείνω εκεί, είχα μαζί μου τη Sally. Είχε κάνει την εμφάνισή της στο ξενοδοχείο Drury στο Missouri, στο οποίο είχαμε κολλήσει το παρατσούκλι the Dreary Hotel in Misery [Σ.τ.Μ.: το θλιβερό ξενοδοχείο στη μιζέρια, έχοντας εξασφαλίσει πράσινη κάρτα] και ήταν έτοιμη να μείνει μαζί μου για λίγο. Ήταν μια κανονική Αγγλίδα από το Sheffield, γι' αυτό η περιοδεία μαζί μας ήταν τελείως έξω από το στοιχείο της, αλλά επέζησε. Μείναμε σε ένα διαμέρισμα δίπλα απ' αυτό του Steven.

Είχαμε λίγες εβδομάδες πριν από τις συναυλίες στο Perkins Palace στο Pasadena, και ως συνήθως, μόλις βρήκαμε μερικές μέρες ελευθερίας στο Los Angeles, έπεσα με τα μούτρα στις σεληνιακές δραστηριότητες. Ένα απ' αυτά τα βράδια ήρθαν ο Lars Ulrich και ο James Hetfield των Metallica και κάναμε μερικά εξωφρενικά πάρτι. Η Sally ήταν εκεί, και θυμάμαι ότι υπήρχε ένα κορίτσι που ο James ήθελε να πηδήξει και τον άφησα να την πάρει στην κρεβατοκάμαρά του. Ήταν εκεί μέσα για κάμποση ώρα και ήθελα να πάω στο δωμάτιο για να πάρω κάτι· έτσι μπήκα αθόρυβα και είδα τον James να την πηδάει άγρια. Στεκόταν όρθιος στο κρεβάτι και την είχε με το κεφάλι κολλημένο στον τοίχο και μούγκριζε με τη βροντερή φωνή του: «Ω, τι ωραία! Ω, τι ωραία! Ναι! Τι ωραία!»

Ο Steven, η Sally κι εγώ γινόμαστε κάθε βράδυ λιώμα. Μια φορά πήγαμε στο Cathouse, το οποίο είχε μετακομίσει στη γωνία Highland και Melrose, και εκείνη τη νύχτα πετύχαμε τον διαβόητο Mark Mansfield όπως και τον Nikki Sixx. Η μικρή μας παρέα τα βρήκε μια χαρά: εκείνο το διάστημα έκανα αποχή από την ηρωίνη, κι έτσι δεν με ενδιάφερε το ζήτημα, αλλά ο Mark είχε μαζί του λίγη πρέζα και ο Steve, ο Nikki και ο ίδιος ήθελαν να «φτιαχτούν». Εγώ δεν ήμουν ούτε καν γνώστης της κατάστασης – έφυγαν για να γυρίσουν στο διαμέρισμα του Steven και να κάνουν αυτό που ήθελαν.

Αργότερα γυρίσαμε σπίτι με τη Sally· ήπιαμε μερικά ποτά ακόμα στο δωμάτιό μας και με πήρε ο ύπνος. Η Sally έμεινε ξύπνια· νομίζω ότι ήξερε τι γινόταν στο διαμέρισμα του Steve. Δεν γνωρίζω την ακριβή ακολουθία των γεγονότων επειδή δεν ήμουν εκεί, αλλά οι τύποι έκαναν αυτό που έκαναν και κάποια στιγμή ο Nikki ήρθε τρεκλίζοντας στο δικό μου διαμέρισμα. Προφανώς, είχε κάνει μεγάλη ποσότητα, επειδή κόντεψε να πεθάνει από υπερβολική δόση στο διαμέρισμά μου.

Η Sally προσπάθησε να με ξυπνήσει όταν βρήκε τον Nikki σωριασμένο στη γωνία. Ήμουν τόσο μεθυσμένος και εξαντλημένος που αναγκάστηκε να με σύρει μέχρι το μπάνιο και να μου ρίξει νερό για να με συνεφέρει. Η κίνησή της δεν είχε και μεγάλο αποτέλεσμα· νευρίασα και έσπασα το γυάλινο διαχωριστικό του ντους. Στο μεταξύ, οι τραυματιοφορείς έβγαλαν σέρνοντας τον Nikki από την κρεβατοκάμαρα. Ο Steven ήταν κι αυτός εκεί, τελείως λιώμα, βεβαίως. Πάλι καλά που υπήρχε η Sally· εκείνη κάλεσε το ασθενοφόρο. Αλλιώς, ο Nikki μπορεί να ήταν τώρα μακαρίτης.

Λίγες ώρες αργότερα, η Christine, η βοηθός του Doc McGee, ήρθε να πάρει τα πράγματα του Nikki. Μάθαμε ότι τον είχαν πάει στο νοσοκομείο Cedar's Sinai, του είχαν κάνει ανάνηψη και λίγες ώρες αργότερα είχε πάρει εξιτήριο. Δεν είμαι σίγουρος τι έκανε μετά απ' αυτό, αλλά σύμφωνα με το θρύλο πήγε και ξανάκανε χρήση ηρωίνης ενώ απαθανάτισε εκείνο το απόγευμα στο τραγούδι «Kickstart my Heart». Όπως και να 'χει, αν τα βλέμματα σκότωναν, η Christine θα με είχε ξεκάνει. Μου φερόταν λες και η υπερβολική δόση του Nikki ήταν δικό μου λάθος· λες και η πρέζα και η ιδέα να πάρουμε ήταν δική μου, λες και του το είχα επιβάλει. Συνήθως η Christine μού φερόταν καλά, αλλά πλέον με κοιτούσε με δολοφονικό ύφος. Ποτέ δεν της ξαναμίλησα από τότε.

Σε πείσμα όλων αυτών, οι εμφανίσεις στο Perkins Palace ήταν από τις καλύτερές μας... και ντραμς έπαιζε ο Fred Curry. Ήταν τρομερό για τον Steve: στεκόταν φορώντας ένα πόντσο α-λα Clint Eastwood, ένα κράνος παίκτη του μπέιζμπολ με δυο καλαμάκια που κατέληγαν σε δυο κουτάκια μπίρα και είχε το χέρι του στο γύψο. Πραγματικά τον λυπήθηκα. Έπαιζε ντέφι· τέτοια νεύρα είχε. Ήταν ευγενικός με τον Fred, αλλά έβλεπες ότι η όλη κατάσταση δεν του άρεσε καθόλου. Τον καταλάβαινα: ήταν αναγκασμένος να κάθεται παράμερα και να μας βλέπει να παίζουμε καλά –χωρίς εκείνον– σε ένα φιλικό, δικό μας κοινό, που όμοιό του δεν είχαμε ξαναδεί.

ΠΑΡΟΛΟ ΠΟΥ ΔΕΝ ΕΙΧΑ ΚΑΜΙΑ ΣΧΕΣΗ ΜΕ ΤΗΝ ΥΠΕΡΒΟΛΙΚΗ δόση του Nikki, το γεγονός και μόνο ότι είχε συμβεί στο διαμέρισμά μου αποτελούσε ικανό λόγο ώστε οι «Αρχές» να με τιμωρήσουν εξορίζοντας εμένα, τη Sally και τον Steven από το Hollywood σε ένα Holiday Inn στο Hermosa Beach. Ήταν η πρώτη φορά που οι μάνατζερ σκαρφίζονταν τρόπους για να με κρατήσουν μακριά από την πόλη, σε μέρη με λιγότερη κίνηση, σε μια προσπάθεια να μείνω υπό έλεγχο. Οι προθέσεις τους ήταν καλές, αλλά ο τρόπος που τις έθεταν σε εφαρμογή ήταν λάθος. Το Hermosa Beach απείχε βέβαια έτη φωτός από το Los Angeles, και ένα πράγμα ήταν σίγουρο: καθώς δεν είχα αυτοκίνητο, ήμουν εγκλωβισμένος για τα καλά σε εκείνο το μικρό δωμάτιο με τη μικρή τηλεόραση και τις δυο καρέκλες. Δεν υπήρχε κουζίνα της προκοπής, δεν υπήρχε τίποτε της προκοπής, και ήταν πολύ μακριά από κάποια πόλη που θα μπορούσε να καλύψει αυτές τις ανάγκες. Δεν υπήρχε ούτε καν υπηρεσία δωματίων.

Ο Steven έμενε στο διπλανό δωμάτιο από το δικό μου και της Sally· και πρέπει να πω ότι τότε ήταν που άρχισε να παίρνει την κάτω βόλτα. Τις λίγες φορές που τον είδα, είχε χάσει κάθε έλεγχο: έκανε τόνους

OTIS

κοκαΐνης και πάντοτε είχε κάποιο κορίτσι να του κρατάει συντροφιά. Αυτά τα λέω εκ των υστέρων, γιατί εκείνη την εποχή έδειχνε ευτυχισμένος. Εγώ άδειαζα το ένα μπουκάλι Jack Daniels μετά το άλλο, καθώς η σχέση μου με τη Sally κατέληξε με δραματικό τρόπο. Από τη στιγμή που μετακομίσαμε στο Hermosa Beach αρχίσαμε να μαλώνουμε ασταμάτητα. Γινόταν όλο και πιο επιθετική και, μόλις η υπομονή μου τελικά εξαντλήθηκε, την έστειλα πίσω στο Los Angeles. Για τα επόμενα χρόνια, τη συναντούσα τυχαία, και μια φορά μάλιστα εμφανίστηκε στα πόδια του κρεβατιού μου... Όμως θα φτάσουμε και σ' αυτό σε λίγο.

Εκείνη την περίοδο γράψαμε το *Lies*· ηχογραφήσαμε όλα τα ακουστικά μέρη και έπειτα πέρασα από πάνω την κιθάρα μου. Αυτό με κράτησε απασχολημένο για λίγο, πράγμα σπουδαίο, επειδή κάθε μέρα που περνούσα στο Hermosa Beach πλησίαζα όλο και περισσότερο στην έκρηξη. Τα κιθαριστικά μέρη στο *Lies* μού πήραν ακριβώς δύο μέρες για να τα ολοκληρώσω· αν μη τι άλλο, ήμουν τόσο χαρούμενος που ξαναγύριζα στο Los Angeles, που τα έβγαλα σε χρόνο μηδέν – μακάρι να είχαν κρατήσει περισσότερο.

Μου φάνηκε ότι η εξορία μου κράτησε αιώνες· ζούσα σε ένα περιβάλλον που έκανε το εικοσιτετράωρο να μοιάζει με χρόνο. Άλλωστε, δεν ήμουν ιδιαίτερα δημοφιλής εκεί. Όταν πήγαινα στα τοπικά μπαρ δεν είχα τίποτε να κάνω, και το κλίμα δεν ήταν και το πιο φιλόξενο. Εκείνο το μέρος ήταν αγαπημένος τόπος των surfers, και όταν μια πόλη υιοθετεί κάτι τέτοιο ως πολιτιστική της ταυτότητα σημαίνει ότι δεν διαθέτει τίποτε ενδιαφέρον – τουλάχιστον για τις ευαισθησίες ενός αρουραίου της πόλης, γιατί αυτό ήμουν εκείνη την εποχή.

ΜΕΙΝΑΜΕ ΓΙΑ ΛΙΓΟ ΣΤΟ LOS ANGELES ΚΑΙ ΕΠΕΙΤΑ πήγαμε στη Νέα Υόρκη για να δώσουμε μερικές συναυλίες ως πρώτο όνομα. Τις εμφανίσεις θα άνοιγαν οι Zodiac Mindwarp μαζί με τους EZO. Εκείνες οι συναυλίες παρέπαιαν, αλλά θυμάμαι ότι παίξαμε στο Limelight. Δεν τις είδαμε και πολύ σοβαρά: το σχέδιό μας ήταν να πάμε αεροπορικώς και να παίξουμε με τα μηχανήματα κάποιας άλλης μπάντας. Προτού μπούμε στο αεροπλάνο για Νέα Υόρκη πήρα μερικά υπνωτικά, και όταν χάσαμε την πτήση μας επειδή καθυστέρησε ο Axl, κατάφερα με κάποιο τρόπο να μείνω ξύπνιος.

Πάντα ταξιδεύαμε μαζί, και ενώ περιμέναμε τον Axl και την επόμενη πτήση, άρχισα να πίνω Jack. Μέχρι να φτάσουμε στη Νέα Υόρκη είχε φτάσει η ώρα να πάμε κατευθείαν στη συναυλία· μέχρι τότε, ο συνδυασμός του αλκοόλ με τα χάπια είχε αρχίσει να φέρνει κακά αποτελέσματα επάνω μου. Στο αεροπλάνο δεν κατάφερα να κοιμηθώ πάνω από μια ώρα, κι έτσι ουσιαστικά ήμουν σκέτο ζόμπι. Ανεβήκαμε στη σκηνή χωρίς προαναγγελία, και η εμφάνιση πήγε καλά. Το μόνο πρόβλημα ήταν η τρομερή στιγμή που θα παίζαμε το «Sweet Child o' Mine». Μου πήρε σχεδόν δέκα λεπτά μέχρι να βρω τις οκτώ πρώτες νότες. Άρχιζα, σταματούσα, ξανάρχιζα και ξανασταματούσα μέχρι που τελικά κατάφερα να τις παίξω. Ήταν ντροπιαστικό και μαζί αστείο. Νομίζω ότι ήταν το ίδιο βράδυ που έκανα βουτιά στο κοινό και το πλήθος άνοιξε σαν την Ερυθρά Θάλασσα και με άφησε να πέσω στο πάτωμα. Έμεινα εκεί για μια στιγμή προσπαθώντας να καταλάβω αν είχα σπάσει κανένα κόκκαλο. Έπειτα ξανανέβηκα στη σκηνή προσπαθώντας να διατηρήσω την ψυχραιμία μου.

Η συναυλία που δώσαμε στο Ritz της Νέας Υόρκης σε εκείνο το ταξίδι είχε μεγάλο σουξέ στο MTV. Όμως, σε καμία περίπτωση δεν ήταν από τις καλύτερές μας εμφανίσεις. Ο Axl είχε προβλήματα με τη φωνή του, και παρόλο που δεν παίξαμε άσχημα, θεωρώ πως είχαμε παίξει πολύ καλύτερα στο πρόσφατο παρελθόν. Όπως και να 'χει, ήμαστε χαλαροί και ξεκούρδιστοι και ακουγόμασταν εντελώς punk. Γι' αυτούς τους λόγους και μόνο, αξίζει να σημειωθεί. Αυτό το φιλμ είναι σημαντικό επειδή αποτυπώνει την πεμπτουσία του συγκροτήματος. Το κοινό ήταν φανταστικό, και, όπως τόσο πολλές αξιομνημόνευτες στιγμές, τελείωσε προτού μπορέσω να το καταλάβω.

Στη συνέχεια παίξαμε κάμποσες συναυλίες στην Ανατολική Ακτή, όπου οι Guns N' Roses ήταν στα καλύτερά τους. Θυμάμαι μια συγκεκριμένη νύχτα στο L'Amour του Brooklyn, που ήταν ένας από τους πιο γνωστούς χώρους συναυλιών για metal/hard rock γκρουπ της Νέας Υόρκης. Όσο ήμαστε στα παρασκήνια και περιμέναμε να έρθει η ώρα να ανεβούμε στη σκηνή, ο Izzy πλακώθηκε στις μπίρες. Όμως διατήρησε την ψυχραιμία του με τον δικό του τρόπο – ο Izzy είχε πάντα πολύ πλάκα όταν προσπαθούσε κάτι τέτοιο. Εκείνη τη νύχτα την πέρασε ολόκληρη κουρνιασμένος στην προεξοχή ανάμεσα στις δυο καμπίνες του ενισχυτή του. Ήταν αστείο θέαμα.

Οι συναυλίες εκείνες ήταν φανταστικές – όλοι οι fans που ήταν παρόντες το ξέρουν καλά, όπως κι εγώ. Εκείνη την περίοδο, όταν παίζαμε ως πρώτο όνομα, είχαμε αυτοκρατορική παρουσία. Κάτι συνέβη εκείνους τους μήνες που περάσαμε τη διαχωριστική γραμμή ανάμεσα σε support και πρώτο όνομα· μέχρι τότε ξέραμε πώς να κάνουμε ό,τι καλύτερο μπορούσαμε μέσα στα σαράντα πέντε λεπτά που είχαμε στη διάθεσή μας. Ήμαστε σπουδαίο συγκρότημα για support, και όταν μας έκλειναν για να παίξουμε κι άλλο, τα αξίζαμε τα λεφτά μας. Όταν όμως παίζαμε ως πρώτο όνομα, το σετ μας είχε μια προσωπική χροιά. Εκείνες τις νύχτες που βασιλεύαμε στο χώρο, ήμαστε το αγαπημένο συγκρότημα όλου του κόσμου.

ΜΟΛΙΣ ΕΠΙΣΤΡΕΨΑΜΕ ΣΤΟ LOS ANGELES ΓΥΡΙΣΑΜΕ το βίντεο του «Sweet Child o' Mine», το οποίο μας κράτησε απασχολημένους ώσπου ο Alan να μπορέσει να μας βγάλει πάλι «στο δρόμο». Το βίντεο ήταν μια χαρά· άλλο ένα γύρισμα που κράτησε δυο μέρες, στις οποίες περισσότερο καθόσουν και περίμενες παρά δούλευες. Όμως, εφόσον υπήρχαν ζωντανές λήψεις του γκρουπ, δεν είχα πρόβλημα με την όλη διαδικασία. Στο συγκεκριμένο βίντεο εμφανίζονται τα κορίτσια όλων των μελών του γκρουπ, κάτι που, κοιτάζοντάς το εκ των υστέρων, είχε πολλή πλάκα.

Εκείνη την εποχή, ο Alan είχε αναθέσει στον Ronnie, το σωματοφύλακά μας, να με φροντίζει. Ήταν υπερβολικά πιστός και αφοσιωμένος και έσπαγα μεγάλη πλάκα με αυτό το στοιχείο του χαρακτήρα του. Ο Alan είχε τις καλύτερες προθέσεις, αλλά έμπλεκα σε μεγαλύτερες φασαρίες όταν ο Ronnie ήταν παρών απ' ό,τι στην αντίθετη περίπτωση, γιατί το να τον εξαπατώ έγινε η νέα αγαπημένη μου ασχολία. Αναγκαζόταν να με κλειδώνει στο δωμάτιό μου και να κρύβεται στο διάδρομο σε περίπτωση που δοκίμαζα να το σκάσω – γιατί έτσι έκανα συνήθως. Ο Ronnie ήταν φανταστικό παιδί· έπαιζε το παιχνίδι μου και ποτέ δεν έχασε την ψυχραιμία του, ακόμα και τις στιγμές που αφιέρωνα όλη μου την ενέργεια για να του τη σκάσω. Σε γενικές γραμμές, ήταν πολύ θετική παρουσία, μέχρι που κάποια στιγμή στην πορεία «το έχασε». Όμως γι' αυτό θα μιλήσουμε παρακάτω.

Η ΕΠΟΜΕΝΗ ΔΟΥΛΕΙΑ ΜΑΣ ΕΚΑΝΕ ΟΛΟΥΣ ΝΑ ΤΟ ΣΚΕΦΤΟΥΜΕ καλά προτού πούμε «ναι»: ήταν να παίξουμε support στην περιοδεία των Iron Maiden, που ξεκινούσε από τον Καναδά τον Μάιο του 1988, με σκοπό την προώθηση του άλμπουμ τους *Seventh Son of a Seventh Son*. Δεν πετούσαμε και τη σκούφια μας, γιατί δεν πιστεύαμε ότι ήμαστε ο τέλειος συνδυασμός. Δεν είχα τίποτε εναντίον τους, είχα αρχίσει να τους ακούω μέσω του Ron Schneider των Tidus Sloan, που του άρεσαν οι Maiden, οι Rush, οι Armageddon και οι Sabbath, κι έτσι ήξερα τα τραγούδια τους. Είχα περάσει πολλά απογεύματα που κάναμε κοπάνα από το Γυμνάσιο βλέποντας τον Ron Schneider να συνοδεύει με το Rickenbacker μπάσο του τους δίσκους των Maiden. Περισσότερο απ' όλους, μου άρεσε ο δίσκος τους *Killers*. Μετά απ' αυτόν, είχα χάσει επαφή μαζί τους.

Το κεντρικό θέμα εκείνης της περιοδείας και το βασικό θέμα του άλμπουμ τους ήταν ένα «πολικό ολοκαύτωμα»: η σκηνή έμοιαζε με τεράστιο παγετώνα από τον οποίο η μασκότ τους, ο Eddie, ξεπρόβαλλε ξεπαγωμένος από τον αρκτικό του τάφο, ή κάτι τέτοιο τέλος πάντων. Προφανώς, το άλμπουμ ήταν μεγάλη επιτυχία στη Βρετανία, και θεωρείται από τα καλύτερά τους. Για μας, το όλο πράγμα ήταν γελοίο· όλο αυτό το πανηγύρι μάς έδινε στα νεύρα και δυσκολευόμαστε να παίξουμε έχοντας πίσω μας αυτό το αρκτικό σκηνικό κάθε βράδυ. Στην πρώτη συναυλία δεν μπορούσαμε να κάνουμε soundcheck, επειδή οι τεχνικοί τους δεν είχαν προλάβει να συναρμολογήσουν ολόκληρο τον παγετώνα. Για να μη μιλήσουμε για τη συμμετοχή του Γέτι...

Σε εκείνη την περιοδεία δεν είχαμε δωμάτια κλεισμένα για όλη τη μέρα· έτσι, μέχρι να φτάσει η ώρα να παίξουμε περνούσαμε την ώρα μας στο χώρο της συναυλίας ή στο λεωφορείο μας. Οι εμφανίσεις είχαν πολύ ενδιαφέρον· ήμαστε τόσο έξω απ' τα νερά μας, που ήταν πραγματική πρόκληση. Βάλαμε τα δυνατά μας για να παίξουμε καλά, και τις περισσότερες φορές το κοινό μάς επεφύλασσε σχετικά θετική υποδοχή· δεν μας μίσησαν, ούτε μας λάτρεψαν. Για κάθε συναυλία που καταφέραμε να αποκτήσουμε επαφή με το κοινό, υπήρχαν πολλές που αυτό δεν στάθηκε δυνατό.

Ο Duff κι εγώ προσπαθήσαμε να ανοίξουμε παρτίδες με τους Maiden. Το συγκρότημα αυτό είναι πραγματικός θεσμός στην Αγγλία, και το καταλάβαμε καλά· είναι μαζί πάρα πολύ καιρό, έχουν δική τους ομάδα τεχνικών και κάνουν αυτό που κάνουν για χρόνια. Εμείς ήμαστε ένα αμερικανικό ανερχόμενο συγκρότημα που παρέπαιε και έμπαινε εμπόδιο στη λειτουργία της καλολαδωμένης μηχανής τους. Ο Duff κι εγώ το καταλαβαίναμε αυτό, και μια νύχτα βγήκαμε μαζί τους, παίξαμε βελάκια και για μια στιγμή μοιραστήκαμε μια όμορφη αίσθηση εγγύτητας. Δεν ήταν δύσκολο: ήταν τρομεροί στα βελάκια, ενώ εμείς όχι· και δεν είχαμε κανένα πρόβλημα που μας κέρδιζαν.

Για μια φευγαλέα στιγμή, τα πράγματα έδειχναν ότι είχαμε βρει κοινό έδαφος με τους Maiden. Όμως αυτό δεν κράτησε για πολύ. Λίγες συναυλίες αργότερα, ο Axl μπήκε στο χώρο του catering, που ήταν γεμάτος τεχνικούς και των δύο συγκροτημάτων, και έκανε μια δήλωση. Ο χώρος του catering είναι κάτι σαν ιερό έδαφος για τα συγκροτήματα που βρίσκονται σε περιοδείες: είναι μια ουδέτερη ζώνη, μια κοινή περιοχή· αν μη τι άλλο, είναι σαν την ουρά της τραπεζαρίας στη φυλακή ή στο στρατό. Ήμαστε λοιπόν στα μισά της περιοδείας, όταν ο Axl μπήκε εκεί μέσα και τα έκανε λίμπα. Αναποδογύρισε ένα τραπέζι και βγήκε τρέχοντας. Φαίνεται ότι μέχρι εκεί έφταναν οι αντοχές του στη συγκεκριμένη περιοδεία.

Υπήρχε ήδη μία υποβόσκουσα ένταση ανάμεσα στους Maiden και τους Guns. Το επεισόδιο αυτό ανέβασε την ένταση στο κίτρινο επίπεδο συναγερμού – αν έφτανε το κόκκινο, θα μιλούσαμε για πυρηνική έκρηξη. Τα νέα άρχισαν να κυκλοφορούν ανάμεσα στους τεχνικούς, και στο εξής δεν υπήρξε καμία κοινωνική επαφή ανάμεσα στα δύο συγκροτήματα. Ήταν κάπως άχαρο, αλλά ήμαστε αποφασισμένοι να παραμείνουμε στην περιοδεία και να τη βγάλουμε πέρα μέχρι το τέλος.

Η περιοδεία των Maiden διέσχιζε όλο τον Καναδά και έπειτα συνέχιζε νότια μέσω του Seattle και της Νότιας California. Δεν είμαι σίγουρος, αλλά νομίζω ότι ήταν σε μια συναυλία στο Bay Area που ο Axl αρνήθηκε να φύγει από το ξενοδοχείο και να παίξει στη συναυλία. Αν θυμάμαι καλά, ήταν ακόμα στο δωμάτιό του όταν οι υπόλοιποι ξεκινήσαμε για τη συναυλία, και ο Alan ήταν μαζί του. Λίγο αργότερα, πληροφορηθήκαμε από τηλεφώνου ότι ο Axl δεν ένιωθε καλά και δεν μπορούσε να τραγουδήσει. Το κοινό που περίμενε τους Maiden ήταν πολύ μεγάλο, κι έτσι ο Alan επέμεινε εγώ και ο Duff να βγούμε στη σκηνή και να τους ανακοινώσουμε ότι ο Axl ήταν αδιάθετος. Όταν βγήκαμε στη σκηνή, ακούστηκε ένα κύμα από ζητωκραυγές και ξεφωνητά, μέχρι που άκουσαν αυτό που είχαμε να τους πούμε. Ήταν πολύ δύσκολο εγχείρημα – δεν μου άρεσε καθόλου αυτό που έκανα. Μακάρι να μην είχα αναγκαστεί να το κάνω. Τέλος πάντων, καλώς ή κακώς, όταν ο Duff κι εγώ τους είπαμε τα μαντάτα, δεν τους άρεσαν καθόλου – και ήταν η πρώτη φορά στην καριέρα μας που δεχόμαστε μια τέτοια αντίδραση. Το κοινό είχε αναστατωθεί σε τέτοιο βαθμό, που έδειχνε ότι το ένοιαζε πραγματικά – και δεν ήμαστε καν πρώτο όνομα. Δεν περιμέναμε κάτι τέτοιο από τους fans των Maiden. Δεν είχαμε ιδέα για το ότι είχαμε περάσει σε άλλο επίπεδο. Ήταν μια πολύ ευχάριστη έκπληξη.

Είχαν μείνει μόνο μερικές συναυλίες στην California για να ολοκληρώσουμε την περιοδεία, και όσο κι αν δεν θέλαμε να τις κάνουμε, ήμαστε δεσμευμένοι. Οι δύο τελευταίες γίνονταν στο Irvine Meadows, αλλά η φωνή του Axl ήταν σε τέτοια κατάσταση που δεν μπορούσε να τραγουδήσει σ' αυτές – δεν υπήρχε καμία περίπτωση. Δεν είμαι σίγουρος πώς έγιναν ακριβώς τα πράγματα, αλλά η αδυναμία του Axl δηλώθηκε έγκαιρα, με αποτέλεσμα ο Alan να καλύπτεται από τους όρους του συμβολαίου. Τελικά, ανατέθηκε στους L.A. Guns να μας αντικαταστήσουν, αρκεί να εμφανιζόμαστε κι εμείς επί σκηνής για να τζαμάρουμε μαζί τους στο τέλος. Ο Duff, ο Izzy, ο Steven κι εγώ παρουσιαστήκαμε μάλλον απρόθυμα –στην καλύτερη περίπτωση– για να παίξουμε τουλάχιστον λίγα τραγούδια. Μόλις ανεβήκαμε στη σκηνή, οι τεχνικοί μας μου είπαν ότι οι L.A. Guns είχαν αποπειραθεί να σαμποτάρουν τον ήχο μας· είχαν χαμηλώσει τους ενισχυτές για να ακουγόμαστε χάλια. Υποθέτω ότι ο Tracii ανησυχούσε ότι θα έπαιζα καλύτερα από εκείνον. Τέλος πάντων, επιχείρησαν να μας βάλουν τρικλοποδιά, αλλά οι άνθρωποί μας το πήραν χαμπάρι και διόρθωσαν την κατάσταση. Όπως και να 'χει, εκείνη η συναυλία έδωσε τέλος σε κάθε μορφή «πολιτισμένης» σχέσης ανάμεσα σε μένα και τον Tracii Guns.

ΟΙ ΣΥΝΑΥΛΙΕΣ ΕΚΕΙΝΕΣ ΗΤΑΝ ΟΙ ΤΕΛΕΥΤΑΙΕΣ ΠΡΟΓΡΑΜΜΑΤΙΣΜΕΝΕΣ εμφανίσεις μας. Όταν γυρίσαμε πίσω στο Los Angeles αρχίσαμε να κάνουμε παρέα με τον West Arkeen, και ανάμεσα στα μέλη και τον ευρύτερο κύκλο του συγκροτήματος εμφανίστηκε η φήμη και η επακόλουθη ανησυχία ότι είχα πέσει πάλι στην πρέζα. Η αλήθεια είναι ότι έκανα χρήση μια φορά, κι αυτό ήταν. Όμως είχαν καλές προθέσεις: ανησυχούσαν για τη ζημιά που θα επέφερα στον εαυτό μου αν δεν είχαμε τίποτε να κάνουμε. Και δεν έκαναν ακριβώς λάθος. Είχα την τάση να είμαι απείθαρχος και δεν μπορούσαν να με κάνουν καλά. Με αυτό κατά νου, ο Alan αποφάσισε ότι ο Doug έπρεπε να με πάει στη Χαβάη για να κουλάρω λιγάκι.

Ο Doug κι εγώ πήγαμε στο Maui, και καθώς είναι φανατικός του γκολφ είχε διαλέξει το πολυτελές ξενοδοχειακό συγκρότημα που θα μέναμε γι' αυτόν ακριβώς το λόγο. Υποτίθεται ότι εγώ έπρεπε να αράζω στον ήλιο και να «χαλαρώνω»... Μιλάμε για σκέτο εφιάλτη. Υπήρχαν μόνο μπανγκαλόου, είχαμε ένα αμάξι νοικιασμένο για μια εβδομάδα και γεμίσαμε τις μικρές μας «καλύβες» με καθημερινές προμήθειες. Ήταν ακριβό ξενοδοχείο, αλλά δεν θύμιζε καθόλου κάτι τέτοιο. Είχαμε προγραμματίσει να μείνουμε δύο εβδομάδες, αλλά έπειτα από πέντε μέρες ήμουν έτοιμος να φύγω. Άρχισα να τηλεφωνώ στον Doug ζητώντας του να βγάλει αεροπορικά εισιτήρια για να πάμε κάπου αλλού όπου θα είχε περισσότερο ενδιαφέρον. «Πάμε οπουδήποτε, ρε φίλε!» του φώναζα. «Γιατί βρίσκομαι εδώ, γαμώτο;»

«Ηρέμησε, Slash, μια χαρά είναι εδώ», μου είπε. «Εντάξει, πού θέλεις να πάμε;»

«Οπουδήποτε, *γαμώτο!* Πάμε στην κωλο-Νέα Υόρκη!»

Στο τέλος, αντί να φύγουμε εμείς, συμφώνησε να πληρώσει αεροπορικά εισιτήρια για να έρθει μια σέξι στριπτιζέζ που είχα γνωρίσει στο Toronto. Ο Doug τα κανόνισε όλα και όταν έμεινα ικανοποιημένος, παρόλο που υποτίθεται ότι έπρεπε να κουλάρω, άρχισα να πίνω σαν παλαβός. Θυμάμαι μια νύχτα που είχαμε μεθύσει με τη φίλη μου, και για κάποιο ηλίθιο λόγο θεώρησα απαραίτητο να σπάσω όλα τα τζάμια της εξώπορτας του μπανγκαλόου μας. Δεν το σκέφτηκα καθόλου· εκείνη τη στιγμή μου φάνηκε πολύ φυσικό. Ξαφνικά, ενώ καθόμαστε στον καναπέ ακούστηκε ένα χτύπημα στην πόρτα και εμφανίστηκε ο φύλακας του ξενοδοχειακού συγκροτήματος, ένας θηριώδης τύπος από τη Samoa. Δεν έδειχνε καθόλου ευχαριστημένος.

«Εσύ έσπασες όλα αυτά τα γυαλιά;» ρώτησε.

«Ναι, εγώ τα έσπασα», του είπα. «Και λοιπόν;»

«Πρέπει να τα καθαρίσεις», είπε απειλητικά. «Πρέπει να συμμαζέψεις όλο αυτό το χάλι». Από ηθική σκοπιά είχε δίκιο, έπρεπε να έχω καθαρίσει τα γυαλιά που είχα σπάσει. Όμως πλήρωνα κοντά ένα χιλιάρικο τη βραδιά για να μείνω εκεί, και με τέτοια τιμή δεν είχα σκοπό να καθαρίσω τίποτε.

«Γιατί δεν τα καθαρίζεις εσύ, ρε φίλε;» του είπα.

Ο τύπος με κοίταξε για μια στιγμή, κι έπειτα με άρπαξε από το λαιμό και με κόλλησε στον τοίχο. Δεν ήξερα τι είχε κατά νου· το μόνο που ήξερα είναι ότι δεν μπορούσα να πάρω ανάσα και ότι ένιωθα την πλάτη μου απειλητικά κολλημένη στις γυψοσανίδες του τοίχου.

Το κορίτσι μου βγήκε εκτός εαυτού, πήδηξε στην πλάτη του τύπου και άρχισε να τον χτυπάει όσο πιο δυνατά μπορούσε. Όμως δεν έδειχνε να τον νοιάζει· μου έσφιγγε το λαιμό με μανία πίτμπουλ. Με το ένα χέρι χτυπούσε την κοπέλα μου, αλλά το άλλο δεν έλεγε να χαλαρώσει τη λαβή του στο λαιμό μου. Το όλο σκηνικό ξεσήκωσε μεγάλο σαματά· έπειτα από λίγα λεπτά άρχισε να μαζεύεται κόσμος. Ένα ζευγάρι που έμενε στο διπλανό δωμάτιο ήρθε να δει τι συμβαίνει, και όταν ο τύπος από τη Samoa τούς είδε, θα 'λεγες πως είδε το διάολο τον ίδιο· συνήλθε και το έβαλε στα πόδια. Την άλλη μέρα προσπάθησα να τον βρω, αλλά χωρίς αποτέλεσμα· εξαφανίστηκε και δεν ξαναγύρισε ποτέ. Προφανώς παράτησε τη δουλειά του.

ΛΙΓΟ ΜΕΤΑ ΚΑΝΑΜΕ ΜΙΑ ΜΙΝΙ ΠΕΡΙΟΔΕΙΑ. ΤΗΝ ΕΙΧΕ ΚΛΕΙΣΕΙ ο Alan για να διατηρήσουμε την κεκτημένη μας ταχύτητα. Παίξαμε σε ένα θέατρο στο Phoenix μαζί με τους TSOL, και θυμάμαι πως όταν έφτασα εκεί όλοι στην ομάδα μας χάρηκαν και ανακουφίστηκαν που με είδαν. Ήμουν ηλιοκαμμένος, και ο Doug ήταν πολύ περήφανος. Όπως έλεγε, με είχε πάει στη Χαβάη και με είχε φέρει στα ίσια μου. Μου φάνηκε πολύ αστείο.

Κάναμε την πρώτη συναυλία και όλα πήγαν μια χαρά, αλλά τη δεύτερη μέρα της περιοδείας ο Axl δεν ήρθε να τραγουδήσει: αρνιόταν να βγει από το δωμάτιό του. Δεν ξέρω πόσο σκληρά προσπάθησαν ο Doug και ο Alan να τον μεταπείσουν, και εξακολουθώ να μην καταλαβαίνω τη στάση του, αλλά ξέρω ότι ήταν ένα σοβαρό πλήγμα για το ομαδικό πνεύμα του γκρουπ. Οι υπόλοιποι ήμαστε έξαλλοι· παίζαμε πρώτο όνομα και δεν μπορούσαμε να του το συγχωρήσουμε. Δεν υπάρχουν και πολλοί λόγοι που μπορούν να σε αναγκάσουν να μην ανέβεις στη σκηνή – αν συμβεί κάποιος θάνατος στην οικογένειά σου, ή είσαι νεκρός, άρρωστος ή στην καλύτερη περίπτωση ετοιμοθάνατος, δικαιολογείσαι. Εκτός από αυτές τις περιπτώσεις, ανεβαίνεις ακόμη και έρποντας αν χρειαστεί. Το γεγονός πυροδότησε αλυσιδωτές αντιδράσεις – από εκείνη τη στιγμή οι υδατοφράχτες της δυσλειτουργίας άνοιξαν και δεν έκλεισαν ποτέ.

Ο Steven βρήκε μιαν «άκρη» στο Phoenix και «φτιαχτήκαμε» οι δυο μας. Δεν ήξερα τι έκαναν ο Izzy και ο Duff, αλλά ο Steve κι εγώ γίναμε λιώμα. Το μόνο που θυμάμαι από εκείνο το βράδυ είναι ότι το ξενοδοχείο μας έμοιαζε αχανές και σπηλαιώδες· η απόσταση από το δωμάτιό μου μέχρι το δωμάτιο του Steven μού φάνηκε γύρω στα δέκα χιλιόμετρα. Το συγκεκριμένο ξενοδοχείο ήταν σκοτεινό και καταθλιπτικό: υπήρχαν πολλοί που είχαν κλείσει δωμάτια εκεί για το πάρτι μετά τη συναυλία, το οποίο βρισκόταν σε πλήρη εξέλιξη, αλλά στην ατμόσφαιρα υπήρχε μια βαριά αίσθηση.

Όταν ξημέρωσε, ο Doug και ο Alan οργάνωσαν μια συνάντηση του γκρουπ την ώρα που πρωινού. Ο Duff, ο Izzy, ο Steven κι εγώ μπήκαμε στην τραπεζαρία και καθίσαμε μαζί με τον Alan που μας σέρβιρε τα μαντάτα. Μας είπε ότι ήμαστε έτοιμοι να καταστρέψουμε όλα όσα είχαμε δουλέψει τόσο σκληρά για να κατακτήσουμε. Χρειάστηκε να βάλω τα δυνατά μου για να κρατήσω όρθιο το κεφάλι μου για δύο δευτερόλεπτα, ενώ ο Alan μάς έλεγε ότι ήταν αδύνατον να συνεχίσουμε έτσι. Προσπαθήσαμε να εκφράσουμε τη δυσαρέσκειά μας για το παράπτωμα του Axl και το γεγονός ότι δεν ήρθε στη συνάντηση. Όμως την ίδια στιγμή καταλαβαίναμε ότι δεν μπορούσαμε να βγούμε στη γύρα και να ψάξουμε για άλλο τραγουδιστή. Τα πράγματα έδειχναν ότι ο Alan ήταν με το μέρος μας και σκόπευε να μιλήσει στον Axl. Βεβαίως, η παρέμβασή του δεν είχε κανένα αποτέλεσμα.

Επιστρέψαμε στο Los Angeles και ακυρώσαμε την υπόλοιπη περιοδεία. Η επόμενη υποχρέωση που είχαμε, ήταν να παίξουμε support στην περιοδεία των Aerosmith. Το «ελεγχόμενο περιβάλλον» του support γκρουπ φαινόταν καλό για μας τη δεδομένη εποχή. Ο μάνατζέρ τους, ο Tim Collins, τους είχε βοηθήσει να αποτοξινωθούν και το συγκρότημα είχε ξοδέψει εκατομμύρια για να καθαρίσουν και να δημιουργήσουν

Steven Tyler, Slash και Joe Perry.

ένα περιβάλλον ασφαλές από ναρκωτικά. Και είχαν διαλέξει να ανοίγει τις συναυλίες τους ένα γκρουπ που είχε αρχίσει να παραπαίει. Δεν μπορώ να φανταστώ τι ψέματα είπε ο Alan για να μπορέσει να κλείσει τη συγκεκριμένη συναυλία.

Ο Tim Collins ανακοίνωσε στον Tom Zutaut, τον Alan Niven και τον Doug Goldstein ότι ισχύει στρατιωτικός νόμος όσον αφορά τη νηφαλιότητα των Aerosmith, και έπειτα συναντήθηκε μαζί μας. Εμφανιστήκαμε στο δωμάτιο του ξενοδοχείου του στο Los Angeles, και μόλις έφυγε για να πάει στην τουαλέτα παραγγείλαμε ποτά αξίας 1.000 δολαρίων. Όταν κατέφθασε το τεράστιο καροτσάκι με τα ποτά και το φαγητό, ο Tim δεν είπε τίποτε, απλώς χαμογέλασε.

«Συγγνώμη, ρε φίλε», είπα. «Να... πεινούσαμε λιγάκι... και διψούσαμε».

Με την κίνησή μας θέλαμε να του δείξουμε ότι δεν ήμαστε διατεθειμένοι να ξεχάσουμε τον τρόπο ζωής μας, αλλά ήμαστε πρόθυμοι να ακολουθήσουμε μερικές βασικές κατευθυντήριες γραμμές. Όλα τα αλκοολούχα ποτά θα καταναλώνονταν σε αδιαφανή ποτήρια και κανένα μπουκάλι αλκοόλ δεν θα εμφανιζόταν σε κοινή θέα, και βεβαίως ούτε λόγος για κοκαΐνη και ηρωίνη. Αυτό το τελευταίο δεν αποτελούσε πρόβλημα: δεν ήταν δύσκολο να πούμε ψέματα όταν είχαμε ναρκωτικά, γιατί κανείς μας δεν ήταν από τους τύπους που τους άρεσε να μοιράζονται.

Η περιοδεία ξεκίνησε τον Ιούλιο και διήρκεσε δύο μήνες. Έπλεα σε πελάγη ευτυχίας, καθώς έπαιζα με ένα συγκρότημα που σήμαινε τόσα για μένα. Η πρόσφατη κυκλοφορία των Aerosmith, το *Permanent Vacation*, ήταν ο πρώτος δίσκος τους που περιείχε τραγούδια άλλων συνθετών, αλλά και τα πρώτα hits του συγκροτήματος για χρόνια. Παρόλο που πίστευα ότι η χρήση συνθετών εκτός μπάντας δεν ήταν ιδιαίτερα cool κίνηση, χάρηκα που τους είδα νεκραναστημένους.

Η πρώτη νύχτα της περιοδείας των Aerosmith ήταν ταραχώδης: ξεκίνησε από το Illinois, και ενώ οι υπόλοιποι πήγαμε αρκετά νωρίς ώστε να παρακολουθήσουμε το soundcheck τους, ο Axl ήταν αγνοούμενος μέχρι μισή ώρα πριν τη συναυλία. Θυμάμαι τον Steven Tyler να έρχεται και να μου λέει, «Έι... πού είναι ο τραγουδιστής σας;» Η συγκεκριμένη ατάκα έμεινε ιστορική· είναι ο συνήθης χαιρετισμός του κάθε φορά που με βλέπει. Ο Axl εμφανίστηκε την τελευταία στιγμή, κάτι που όπως ήταν αναμενόμενο προκάλεσε εντάσεις, αλλά παίξαμε αρκετά καλά ώστε να το ξεχάσουμε.

Σε εκείνη την περιοδεία παίξαμε στο στάδιο των Giants, μαζί με τους Deep Purple. Το συγκεκριμένο στάδιο είναι τόσο αχανές, και διαθέταμε τόσο χώρο επί σκηνής, που μπορούσαμε να τρέχουμε πέρα δώθε· πάντα ήμαστε καλοί σ' αυτό. Παρουσιάσαμε ένα σετ σαράντα πέντε λεπτών και παίξαμε το «Paradise City» δύο φορές, επειδή το κινηματογραφήσαμε για ένα βίντεο. Το κοινό βγήκε εκτός εαυτού. Το στάδιο χωράει ογδόντα χιλιάδες, και παρόλο που δεν ήταν πλήρως γεμάτο, δεν είχαμε παίξει σε τόσο μεγάλο κοινό. Η ενέργεια ήταν απίστευτη. Ήταν μία από εκείνες τις στιγμές που συνειδητοποίησα στ' αλήθεια πόσο δημοφιλείς γινόμαστε στον «πραγματικό» κόσμο. Ήταν μια στιγμή διαύγειας.

Θυμάμαι το soundcheck εκείνης της ημέρας· προχώρησα στο κέντρο του σταδίου, σε εκείνη την τεράστια έκταση, και έπαιξα την κιθάρα μου για λίγο, μόνο και μόνο για να βιώσω τη στιγμή σε όλη της τη διάσταση. Είχαμε ζήσει τόσο πολλές φάσεις από εκείνη την πρώτη εμφάνισή μας στο Seattle, ενώ η χημεία και η ενέργεια εξακολουθούσαν να είναι παρούσες. Αν μη τι άλλο, ήμαστε άξιοι για συναυλίες σε στάδια από την πρώτη στιγμή· μόλις κάναμε το άλμα και ανεβήκαμε κατηγορία, διαπιστώσαμε ότι δεν χρειαζόταν να αλλάξουμε και πολλά πράγματα.

Όταν κατεβήκαμε από τη σκηνή ήμουν στον έβδομο ουρανό· έτσι πήγα κατευθείαν στο λεωφορείο μας και το γιόρτασα με πέντε γραμμές κόκα και μερικά νεροπότηρα Jack Daniels. Ακριβώς τη στιγμή που τελείωνα την τελευταία γραμμή, μπήκε φουριόζος ο Gene Kirkland, ένας γνωστός μου φωτογράφος, και είπε ότι είχε έρθει για να βγάλει μερικές φωτογραφίες του Joe Perry για το εξώφυλλο του περιοδικού *Rip*

Magazine, και ότι ο Joe είχε ζητήσει να είμαι κι εγώ στη φωτογράφηση. Η κόκα είχε αρχίσει να με πιάνει για τα καλά. Ένιωθα σαν χιονάνθρωπος.

Είπα στον Gene ότι θα πήγαινα σε λίγο, ήπια όσο περισσότερο Jack μπορούσα να αντέξω, κι έπειτα έκανα το λεωφορείο φύλλο και φτερό ψάχνοντας για τα γυαλιά μου. Κοιτάχτηκα στον καθρέφτη, πήρα μερικές βαθιές ανάσες και βγήκα όσο πιο αδιάφορα μπορούσα. Πήγα κοντά στον Joe προσπαθώντας να μην τρέμω, ελπίζοντας ότι το χαμόγελό μου δεν πρόδιδε τη νευρικότητά μου. Η κόκα σε κάνει παρανοϊκό και η συγκεκριμένη παρτίδα ήταν νοθευμένη με μεθαμφεταμίνη, προϊόν της μαύρης αγοράς του New Jersey που ελεγχόταν από τη μαφία, κι έτσι ήταν δύσκολο να κρύψω τα αποτελέσματα. Είχα γνωρίσει τον Joe αλλά δεν ήθελα να βρεθώ κοντά του λιώμα από την κόκα. Κάθε φορά που βλέπω τη φωτογραφία που προέκυψε, μου έρχεται να βάλω τα γέλια· όποιος με γνωρίζει, ξέρει ότι δεν χαμογελώ ποτέ με αυτόν τον τρόπο ούτε στέκομαι τόσο σφιγμένος. Με κάποιο τρόπο κατάφερα να κρατήσω τα χείλη μου σε ευθεία γραμμή, αλλά μου ήταν πολύ δύσκολο να μείνω ακίνητος.

Σε εκείνη την περιοδεία κάναμε ό,τι μπορούσαμε για να είμαστε καλά παιδιά, αλλά ο Steven Tyler ήταν πολύ σίγουρος ότι ήμαστε όλη την ώρα «κομμάτια». Μας ανέκρινε για όσα σχεδιάζαμε και για όσα είχαμε κάνει την προηγούμενη νύχτα. Ερχόταν κάθε απόγευμα και μας έλεγε, με τον ρυθμικό, γρήγορο τρόπο του: «Τι κάνατε χθες το βράδυ; Πηδήξατε κανένα κορίτσι;» Έγινε πολύ δύσκολο να καλύπτουμε τις προσδοκίες του.

Η μοναδική φορά που η κατάσταση φλέρταρε με την καταστροφή στην περιοδεία με τους Aerosmith ήταν σε ένα μέρος κάπου στις μεσοδυτικές πολιτείες. Το ξενοδοχείο απείχε πολύ από το χώρο που παίζαμε, ο Axl είχε καθυστερήσει, και στο πρώτο αυτοκίνητο δεν υπήρχε θέση· έτσι αποφάσισα να τον περιμένω. Οι άλλοι έφτασαν κανονικά, αλλά εγώ κόλλησα σε μία ατέλειωτη ουρά από αυτοκίνητα που πήγαιναν στη συναυλία ακολουθώντας ένα δρόμο δύο λωρίδων. Την είχαμε πατήσει, πηγαίναμε με δύο χιλιόμετρα την ώρα, και ο χρόνος κυλούσε. Ο Axl ήταν ψύχραιμος, αλλά εγώ είχα απίστευτο άγχος. Με κάποιο τρόπο καταφέραμε να βρούμε αστυνομική συνοδεία και να φτάσουμε πέντε λεπτά πριν την ώρα του live. Θυμάμαι ότι μπήκα στα παρασκήνια, φόρεσα ένα καθαρό μπλουζάκι και ανέβηκα τρέχοντας στη σκηνή. Στο διάδρομο πέρασα μπροστά από τον Joe Perry, που στεκόταν με το ένα πόδι προτεταμένο όπως κάνει συνήθως, και με κοίταξε με ένα αμυδρό χαμόγελο, σαν να μου έλεγε: «Χα χα! *Αυτή* τη φορά τα κατάφερες».

Εκ των υστέρων, ήταν φανερό πως, παρά τις ραδιοφωνικές επιτυχίες των Aerosmith, πολύ σύντομα γίναμε η ατραξιόν της βραδιάς. Συνέβη πολύ γρήγορα, χάρη στη συνεχή προβολή του «Sweet Child o' Mine» απ' το MTV. Μέσα σε λίγες εβδομάδες από την κυκλοφορία του single έφτασε στο νούμερο ένα και γίναμε το πιο δημοφιλές γκρουπ της χώρας. Ακούγαμε διάφορα από τους μάνατζερ, αλλά το συνειδητοποίησα μόνο όταν στην περιοδεία εμφανίστηκαν οι άνθρωποι του *Rolling Stone*. Είχαν στείλει έναν δημοσιογράφο για να γράψει ένα κύριο άρθρο για τους Aerosmith, αλλά αφού είδε για λίγες μέρες τις αντιδράσεις του κοινού και τις εμφανίσεις μας, το περιοδικό προτίμησε εμάς για το εξώφυλλο. Ώσπου να τελειώσει η περιοδεία, η δημοτικότητά μας είχε εκτοξευτεί στα ύψη, προκαλώντας τέτοια έξαψη στο κοινό, που κάθε βράδυ μού προκαλούσε έκπληξη.

Παρ' όλα αυτά, παραμέναμε ένα τσαμπουκαλεμένο μπουλούκι που δεν ήξερε πού του πάνε τα τέσσερα. Έτσι ο μάνατζερ των Aerosmith, ο Tim Collins, μας έκανε ένα δώρο αποχαιρετισμού που χρειαζόμαστε απεγνωσμένα: βαλίτσες. Έδωσε στον καθένα μας από μια αλουμινένια βαλίτσα Halliburton, την οποία έχω μέχρι σήμερα. Ο Tim κατάλαβε ότι ήμαστε από τους τύπους που θα μπορούσαμε να βγαίνουμε άλλα δέκα χρόνια για περιοδείες χωρίς τη σωστή βαλίτσα – και δεν έκανε λάθος. Θυμάμαι πόσο ευγνώμων και χαρούμενος ήμουν για το δώρο του· έτρεξα στο καμαρίνι του Joe και του Steven και τους ευχαρίστησα από τα βάθη τη καρδιάς μου. Με κοίταξαν λες και ήμουν τρελός· τώρα συνειδητοποιώ ότι μπορεί να μην είχαν ιδέα ότι ο μάνατζέρ τους μας είχε κάνει κάποιο δώρο.

ΣΤΗ ΔΙΑΡΚΕΙΑ ΤΗΣ ΠΕΡΙΟΔΕΙΑΣ ΜΑΣ ΜΕ ΤΟΥΣ AEROSMITH, γυρίσαμε το μισό από το τρίτο μας βίντεο. Οι σκηνές συναυλίας στο «Paradise City» γυρίστηκαν σε δύο τοποθεσίες: η πρώτη ήταν στο Giants Stadium του New Jersey, και η δεύτερη στο φεστιβάλ Monsters of Rock στο Castle Donington, στα Midlands της Αγγλίας, ένα μήνα αργότερα, στις 20 Αυγούστου του 1988. Μέχρι να φτάσουμε στο Donington, το «Sweet Child o' Mine» και το «Welcome to the Jungle» είχαν σκαρφαλώσει στα charts όλου του κόσμου και το άλμπουμ μας είχε φτάσει ανάμεσα στα δέκα πρώτα. Σε εκείνη τη συναυλία η αντίδραση του κοινού ήταν κάτι το απίστευτο, που όμοιό του δεν είχαμε βιώσει ποτέ. Εκείνη τη χρονιά το φεστιβάλ έκανε ρεκόρ εισιτηρίων, ξεπερνώντας τους εκατό χιλιάδες θεατές. Δεν υπήρχε καλύτερο μέρος για να κινηματογραφήσουμε το βίντεό μας... αν εξαιρέσει κανείς το γεγονός ότι στη διάρκεια της εμφάνισής μας δύο άνθρωποι ποδοπατήθηκαν μέχρι θανάτου μπροστά στη σκηνή.

Το κοινό είχε αφηνιάσει, ήταν μια θάλασσα από ανθρώπους που πή-

Ο Slash προσποιείται ότι δεν έκανε τρία γραμμάρια κόκας. Ο Joe Perry ξέρει ότι ο Slash μόλις έκανε τρία γραμμάρια κόκας. Προσέξτε το σφιγμένο σαγόνι του Slash και τα τεντωμένα, σχεδόν αλύγιστα χέρια του.

γαινε πέρα δώθε. Ο Axl σταμάτησε κάμποσες φορές το σόου προσπαθώντας να ελέγξει το πλήθος, αλλά δεν υπήρχε τρόπος να τους κάνει να ηρεμήσουν. Δεν είχαμε ιδέα ότι είχε τραυματιστεί κάποιος, πόσω μάλλον ότι είχε σκοτωθεί. Αφού παίξαμε, πήγαμε να το γιορτάσουμε σε μία κοντινή παμπ· ο Alan μπήκε ταραγμένος και μας είπε τα μαντάτα. Ήταν τρομερό· κανείς μας δεν ήξερε τι να κάνει. Αυτό που πριν από ένα λεπτό ήταν αιτία για γιορτή, είχε ξαφνικά γίνει τραγωδία. Ήταν η πρώτη από πολλές αλλόκοτες, σουρεαλιστικές και αντιφατικές στιγμές που θα ακολουθούσαν.

ΛΙΓΟΤΕΡΟ ΑΠΟ ΕΝΑ ΜΗΝΑ ΑΡΓΟΤΕΡΑ, ΟΙ GUNS ΕΠΑΙΞΑΝ το «Welcome to the Jungle» στα MTV Video Awards και πήραμε το βραβείο πρωτοεμφανιζόμενου καλλιτέχνη. Πολύ θα ήθελα να ξέρω πού βρίσκεται σήμερα αυτό το βραβείο. Νομίζω ότι το ξέχασα σε ένα ταξί, και τώρα που το ξανασκέφτομαι, πιστεύω ότι του άξιζε. Έπειτα, στις 24 Δεκεμβρίου του 1988 –σχεδόν ένα χρόνο και δύο μήνες μετά την κυκλοφορία του, το *Appetite for Destruction* μπήκε στα charts του Billboard για να μείνει εκεί για τρεις εβδομάδες. Και έτσι ξεκίνησε η «βασιλεία του τρόμου» των Guns N' Roses. Η αλήθεια είναι πως το μόνο που επιδιώκαμε ήταν να ανέβουμε πιο ψηλά από τα ψευτο-metal συγκροτήματα που απολάμβαναν μιαν επιτυχία που δεν ανταποκρινόταν στη μηδαμινή τους αξία. Εμείς –εντάξει, τουλάχιστον εγώ– δεν ήθελα ποτέ να γίνουμε Madonna· πίστευα ότι ο κόσμος των pop stars δεν είχε καμία σχέση με όσα πρέσβευε το γκρουπ μας. Όμως προτού το καταλάβω, είχαμε φτάσει εκεί σχεδόν μέσα σε μια νύχτα.

Καθώς μας ντάντευε μέχρι να κάνουμε το δίσκο και εν συνεχεία περίμενε ένα χρόνο για να τον δει να απογειώνεται, ο Tom Zuzaut δεν είχε σκοπό να μας αφήσει να χάσουμε την κεκτημένη μας ταχύτητα: μας έπεισε να κυκλοφορήσουμε αμέσως σε κοινή συσκευασία τις ακουστικές ηχογραφήσεις που είχαμε κάνει μαζί με το *Live! Like a Suicide.* Δώσαμε στην κυκλοφορία αυτή τον τίτλο *G N' R Lies* και εμφανίστηκε στα δισκοπωλεία στις 29 Νοεμβρίου του 1988. Μέσα σε μία εβδομάδα το άλμπουμ έφτασε στην πέμπτη θέση των charts, και ξαφνικά το συγκρότημα, που παρολίγο να διώξει η Geffen, έκανε δίσκους με εγγυημένη επιτυχία: ήμαστε οι μόνοι καλλιτέχνες που είχαν την ίδια στιγμή δύο άλμπουμ στα πέντε πρώτα σε όλη τη δεκαετία του '80.

Είχαμε ήδη παίξει στην Αμερική και στο Ηνωμένο Βασίλειο, κι έτσι ο Alan μάς έκλεισε μια περιοδεία στην Ιαπωνία, την Αυστραλία και τη Νέα Ζηλανδία, όπου ο δίσκος τότε άρχισε να «απογειώνεται». Η Ιαπωνία ήταν για μας αληθινό πολιτισμικό σοκ· το πρώτο πρωινό που ξύπνησα εκεί και κοίταξα έξω από το παράθυρο, όλα τα γιαπωνέζικα παιχνίδια και οι ταινίες με τον *Godzilla* που μου άρεσε να βλέπω είχαν αποκτήσει καινούργιο νόημα. Ο Izzy την έπαθε πιο άσχημα απ' ό,τι εγώ: είχε σταματήσει την πρέζα την τελευταία εβδομάδα πριν το ταξίδι μας. Για να αντέξει λοιπόν τη δεκάωρη πτήση, τη στιγμή που ανεβήκαμε στο αεροπλάνο πήρε μερικά «βραδύκαυστα» Valium. Κοιμήθηκε σε όλο το ταξίδι και ήταν τόσο χάλια που αναγκαστήκαμε να τον κουβαλήσουμε στα χέρια για να περάσει από τον έλεγχο διαβατηρίων. Κάναμε ό,τι μπορούσαμε για να τον κρατάμε όρθιο σε όλη τη διάρκεια της διαδικασίας, αλλά έμοιαζε έτοιμος να καταρρεύσει.

Όταν ξύπνησε στο δωμάτιο του ξενοδοχείου του, δεν είχε ιδέα πού βρισκόταν. Έτσι τηλεφώνησε στη ρεσεψιόν, γιατί δεν ήταν σίγουρος ότι βρισκόμαστε στο ίδιο ξενοδοχείο. Τον συνέδεσαν με το δωμάτιο του Steve.

«Έλα, ρε φίλε, ο Izzy είμαι», είπε. «Πού βρίσκομαι;»

«Έλα, ρε φίλε!» είπε ο Steve. «Είσαι στην Ιαπωνία».

«Δεν είναι δυνατόν».

«Ναι, ρε φίλε! Είμαστε στην Ιαπωνία!»

«Κόψε την πλάκα», είπε ο Izzy. «Δεν είναι δυνατόν».

«Ναι, κοίτα έξω από το παράθυρο!»

Όπως κάθε hard rock ή heavy metal συγκρότημα που παίζει στην Ιαπωνία, συχνάζαμε στο Roppongi – άλλωστε, μέναμε στο *Roppongi Prince Hotel.* Με τόσα νερωμένα ποτά και νοθευμένη κόκα, απορροφήθηκα τελείως γιατί δεν είχα ιδέα πού αλλού μπορούσα να πάω. Τις υπόλοιπες μέρες της περιοδείας έμεινα κλειδωμένος στο δωμάτιό μου, ένα δωμάτιο που πρέπει να σημειώσω ότι είχε εμβαδόν σχεδόν τρία επί τρία, αλλά ήταν ασύλληπτα *λειτουργικό*. Υπήρχε, βεβαίως, το εμπόδιο της γλώσσας, αλλά πέρα απ' αυτό, δεν άντεχα τη νοοτροπία της *Beatlemania* που διακατείχε τους γιαπωνέζους fans. Μας υποδέχθηκαν στο αεροδρόμιο, μας ακολούθησαν στο ξενοδοχείο και περίμεναν στο λόμπι ή στο διάδρομο του ξενοδοχείου μήπως κάποιος από μας σκεφτεί να βγει. Ένιωσα κολακευμένος, αλλά το βρήκα κάπως αλλόκοτο. Τις λίγες φορές που αποφάσισα να βγω, με συνόδευσαν στο Hard Rock και σε μερικά άλλα κλαμπ, και δεν βρήκα κάποιο λόγο να το επιχειρήσω ξανά: η ψευτο-dance/club rock σκηνή που ήταν γεμάτη από Αμερικανίδες-μοντέλα εισαγωγής δεν μου έλεγε τίποτε. Ευτυχώς, πέτυχα ένα κορίτσι που το ήξερα από το Los Angeles και αυτό έκανε την κατάσταση κάπως πιο ανεκτή. Κατά τα άλλα, οι αναμνήσεις μου από τη συγκεκριμένη περιοδεία αποτελούνται από τρία πράγματα: λαπαδιασμένο ρύζι, σάκε και Jack Daniels.

Παίξαμε συνολικά πέντε βραδιές, και για να πάμε σε αυτές που βρίσκονταν εκτός Tokyo πήραμε το τρένο υψηλής ταχύτητας. Ο διοργανωτής των συναυλιών μας στην Ιαπωνία ήταν ο κύριος Udo, ο οποίος εκείνη την εποχή ήταν διάσημος για τη συνεργασία του με όλα τα hard-rock συγκροτήματα. Φρόντιζε τα πάντα, ώστε τα πιο «δύσκολα» συγκροτήματα, από τους Van Halen μέχρι τους Mötley, να περνούν από τη χώρα του δίχως απώλειες. Σύμφωνα με το έθιμο, ο κύριος Udo μάς παρέθεσε δείπνο, στο οποίο παρευρίσκονταν στελέχη από τη γιαπωνέζικη δισκογραφική μας και σημαντικοί promoters – οι οποίοι, όπως μάθαμε, ήταν μέλη της Yakuza, της γιαπωνέζικης μαφίας. Μας προειδοποίησαν να μη δείξουμε τα τατουάζ μας εκείνη τη βραδιά, επειδή οι μαφιόζοι οικοδεσπότες μας θα το εκλάμβαναν ως προσβολή: στην Ιαπωνία, τα τατουάζ έχουν πολύ μεγαλύτερο κύρος απ' ό,τι αλλού, και η δερματοστιξία παίζει βασικό ρόλο στην κουλτούρα της Yakuza. Βεβαίως, δεν τους ακούσαμε. Ο Axl φορούσε κοντομάνικο κι εγώ έβγαλα το μπουφάν μου και σήκωσα τα μανίκια του t-shirt μου, χωρίς να το σκεφτώ. Το δείπνο τελείωσε σε πολύ ευχάριστη ατμόσφαιρα, και ο κύριος Udo έδωσε στον καθένα μας από μία βιντεοκάμερα ως αποχαιρετιστήριο δώρο. Αυτές οι κάμερες ήταν μια χειρονομία αβρότητας που τελικά μας δημιούργησε προβλήματα: κανείς μας δεν σκέφτηκε να τις δηλώσει ως δώρα όταν περάσαμε από τα τελωνεία, γι' αυτό οι γιαπωνέζικες Αρχές του αεροδρομίου μάς έθεσαν υπό κράτηση όταν τις βρήκαν επάνω μας. Τουλάχιστον κάποιους από μας: μέχρι να φτάσουμε στο αεροδρόμιο εγώ είχα χάσει τη δική μου, νομίζω το ίδιο και ο Steve. Ο Duff κατάφερε να περάσει με κάποιο τρόπο, αλλά οι υπόλοιποι τέθηκαν υπό κράτηση. Έπειτα από μια ώρα ανάκρισης, ο Izzy κατέστησε την κάμερα αμφισβητήσιμο ζήτημα, αφού την έκανε χίλια κομμάτια μπροστά στους αστυνομικούς. Ωστόσο, ο Axl δεν το έκανε, και τον έψαξαν σε εξονυχιστικό βαθμό· πιστεύω ότι μέχρι που τον έγδυσαν κιόλας. Όπως και να 'χει, χάσαμε την πτήση μας περιμένοντάς τον.

Ο επόμενος σταθμός μας ήταν η Αυστραλία· κάναμε μια μικρή περιοδεία που περιλάμβανε το Sydney και τη Μελβούρνη, και μια και ο δίσκος μας δεν ήταν ακόμα τόσο γνωστός, ξεθάψαμε μερικές διασκευές όπως το «Marseilles» των Angels και το «Nice Boys Don't Play Rock'n'Roll» που είναι γραμμένο από ένα από τα μεγαλύτερα rock συγκροτήματα της Αυστραλίας, τους Rose Tattoo. Καταφέραμε να έρθουμε σε επαφή μαζί τους και κανονίσαμε να συναντηθούμε. Πρέπει να πω ότι η ψυχή του συγκροτήματος, ο Angry Anderson, ήταν αυτό ακριβώς που περίμενα. Ο Angry είχε τα περισσότερα τατουάζ που έχω δει σε άνθρωπο, και ήταν γνήσιος και έντιμος, ακριβώς όπως ανέμενα.

Μέχρι τότε, είχαμε αρχίσει ήδη να εμφανίζουμε σημάδια κόπωσης από τις απαιτήσεις των εκτεταμένων περιοδειών. Είχαμε αρχίσει να φτάνουμε στα όριά μας. Επίσης είχαμε κακομάθει από το ενθουσιώδες κοινό της Αμερικής, οπότε η Αυστραλία ήταν ολίγον απογοήτευση τη στιγμή που χρειαζόμαστε κάτι να μας «ανεβάσει». Τα κορίτσια εκεί ήταν απόμακρα και ανεξάρτητα. Δεν σκοτώνονταν να μας γνωρίσουν, όπως γινόταν οπουδήποτε αλλού. Δυστυχώς, εκείνη την εποχή, η ηρωίνη είχε αρχίσει να κάνει ξανά την εμφάνισή της: ο Izzy κι εγώ πέσαμε πάνω σε κάποιον που είχε και ψωνίσαμε λίγη. Σύντομα ανακαλύψαμε ότι στην Αυστραλία υπάρχει μία μακρόχρονη κουλτούρα ηρωίνης. Όμως προσέξαμε· πήραμε μόνο λίγη σε σποραδικές περιπτώσεις, κι έτσι η επαφή μας αυτή δεν εξελίχθηκε σε πλήρη εξάρτηση.

Καταφέραμε όμως να κάνουμε ό,τι καλύτερο κάτω από τις δεδομένες συνθήκες, και όσο ήμαστε εκεί γράψαμε καλό υλικό. Το «Civil War» ήταν ένα instrumental που είχα γράψει λίγο πριν φύγουμε για την Ιαπωνία. Ο Axl άρχισε να του βάζει στίχους και το κάναμε κανονικό τραγούδι σε ένα soundcheck στη Μελβούρνη. Πρώτα προέκυψε το μέρος της εισαγωγής και έπειτα το «βαρύ» μέρος. Αυτό το τραγούδι βγήκε πολύ γρήγορα.

Μετά από τις πέντε συναυλίες μας στην Αυστραλία, πεταχτήκαμε στη Νέα Ζηλανδία, και τότε συνειδητοποίησα ότι ήμουν εντελώς «καμμένος». Είχαμε κλείσει δύο χρόνια στο δρόμο. Την ίδια στιγμή, δεν ήθελα να γυρίσω πίσω στην πατρίδα, γιατί δεν είχα πού να πάω.

Όταν γυρίσαμε πίσω στο Los Angeles, έκανα στον εαυτό μου ένα σπάνιο δώρο: μια κιθάρα. Ένας συλλέκτης ήρθε σε επαφή με τους μάνατζερ επειδή ήθελε να μου πουλήσει μια Les Paul του '59 που ανήκε στον Joe Perry – μία tobacco sunburst με την οποία είχε φωτογραφηθεί αμέτρητες φορές. Η πρώην γυναίκα του Joe την είχε πουλήσει όταν εκείνος ήταν ακόμα χωμένος στα ναρκωτικά και είχαν οικονομικά προβλήματα. Μόλις την είδα, κατάλαβα ότι θα γίνει δική μου – ο τύπος είχε φωτογραφίες της κιθάρας και τα έγγραφα που αποδείκνυαν την προέλευσή της. Την ήξερα καλά εκείνη την κιθάρα – την κρατούσε ο Joe στο πόστερ των Aerosmith που είχα κολλημένο στον τοίχο μου μεγαλώνοντας. Είχε μια χαρακτηριστική αμυχή· ήταν η κιθάρα των ονείρων μου.

Ο τύπος ζητούσε οκτώ χιλιάδες δολάρια, και παρόλο που δεν είχα ποτέ στο παρελθόν ξοδέψει οκτώ χιλιάδες δολάρια για οτιδήποτε, έπρεπε να την αποκτήσω. Η στιγμή που κράτησα τελικά την κιθάρα στα χέρια μου ήταν μαγική· το ίδιο όργανο που έπαιξε ουσιαστικό ρόλο στο δρόμο που είχα διαλέξει στη ζωή μου ήταν τώρα ιδιοκτησία μου (και θα τη χρησιμοποιούσα στο βίντεο του «November Rain».) Ένιωθα πραγματικά λες και είχα εκπληρώσει έναν από τους σκοπούς της ζωής μου.

Αν δεν με απατά η μνήμη μου, περίπου την ίδια εποχή απέσυρα από την «κυκλοφορία» την κιθάρα που είχα χρησιμοποιήσει στο *Appetite*, εκείνη την κόπια Les Paul. Όταν παίζω, κακοποιώ τις κιθάρες μου, και μέχρι τότε την είχα κοπανήσει πολύ άσχημα. Ωστόσο εμφανίστηκε στο βίντεο του «Sweet Child o' Mine», όπως και σε αυτό του «Paradise City». Μάλιστα, την είχα χρησιμοποιήσει στα περισσότερα βίντεό μας, με λίγες εξαιρέσεις – μία απ' αυτές ήταν το «November Rain» όπου χρησιμοποίησα την πορτοκαλί Les Paul του Joe Perry, κατασκευής 1959.

Όπως και να 'χει, χρειαζόμουν καινούργιες κιθάρες για τις περιοδείες, κι έτσι ζήτησα από την Gibson δύο Les Paul Standard. Εκτιμούσαν την αφοσίωσή μου, αλλά μια και εκείνη την εποχή δεν ήμουν ακριβώς «πρώτο όνομα» ανάμεσα στους κιθαρίστες, δεν μου τις έδωσαν δωρεάν, αλλά μου τις πούλησαν σε τιμή χονδρικής. Δεν είχα κανένα πρόβλημα: Πήρα δύο κόκκινες-πορτοκαλί sunburst και αμέσως τις έξυσα ώστε να δείχνουν λιγότερο γυαλιστερές και «του κουτιού». Ήθελα να είναι λιγάκι πιο θαμπές και ξεφτισμένες. Χρησιμοποίησα τη μία στις υπόλοιπες περιοδείες του *Appetite*, σε όλη την περιοδεία του *Use Your Illusion* και στις δύο περιοδείες που έγιναν για το *Snakepit*. Η άλλη έμεινε ως εφεδρική.

Το λιγότερο που μπορώ να πω, είναι ότι αυτές οι κιθάρες έχουν περάσει πολλά στη ζωή τους. Όταν βάλαμε μπροστά τούς Velvet Revolver, ήταν τόσο χτυπημένες που αποφάσισα να μην τις βγάλω στη σύνταξη αλλά να τις χρησιμοποιώ επί σκηνής όσο λιγότερο γίνεται. Για να γεμίσω το κενό ζήτησα άλλες δύο από την Gibson· αυτή τη φορά προφανώς ήμουν κάπως πιο «μεγάλο όνομα», οπότε μου τις χάρισαν, χωρίς πολλά πολλά. Μάλιστα, το πήγαν παραπέρα: έφτιαξαν προς τιμή μου ένα μοντέλο της Les Paul με την επωνυμία Slash. Τώρα τις χρησιμοποιώ στη σκηνή και είναι τόσο ακριβή αντίγραφα που την πρώτη φορά που άνοιξα τη θήκη για να δω το πρωτότυπο, με αριθμό 0001, νόμισα ότι έβλεπα τη δική μου κιθάρα που μου την επέστρεφαν. Η κόπια έχει όλα τα γδαρσίματα, τα χτυπήματα και τα καψίματα από τσιγάρα που έχει η αυθεντική. Μέχρι που έχει και ένα χτύπημα στο λαιμό από την εποχή που εξερράγη στα μούτρα μου και την επισκεύασα – θα φτάσουμε κι εκεί εντός ολίγου. Όπως και να 'χει, έχει την ονομασία Slash Signature Model και είναι ολόιδια με τη δική μου. Με τιμάει η κίνησή τους, από τη στιγμή μάλιστα που έκαναν το ίδιο για τον Jimmy Page: αναπαρήγαγαν την κιθάρα που χρησιμοποίησε στο *The Song Remains the Same* όπως και όλα τα σπουδαία άλμπουμ των Led Zeppelin.

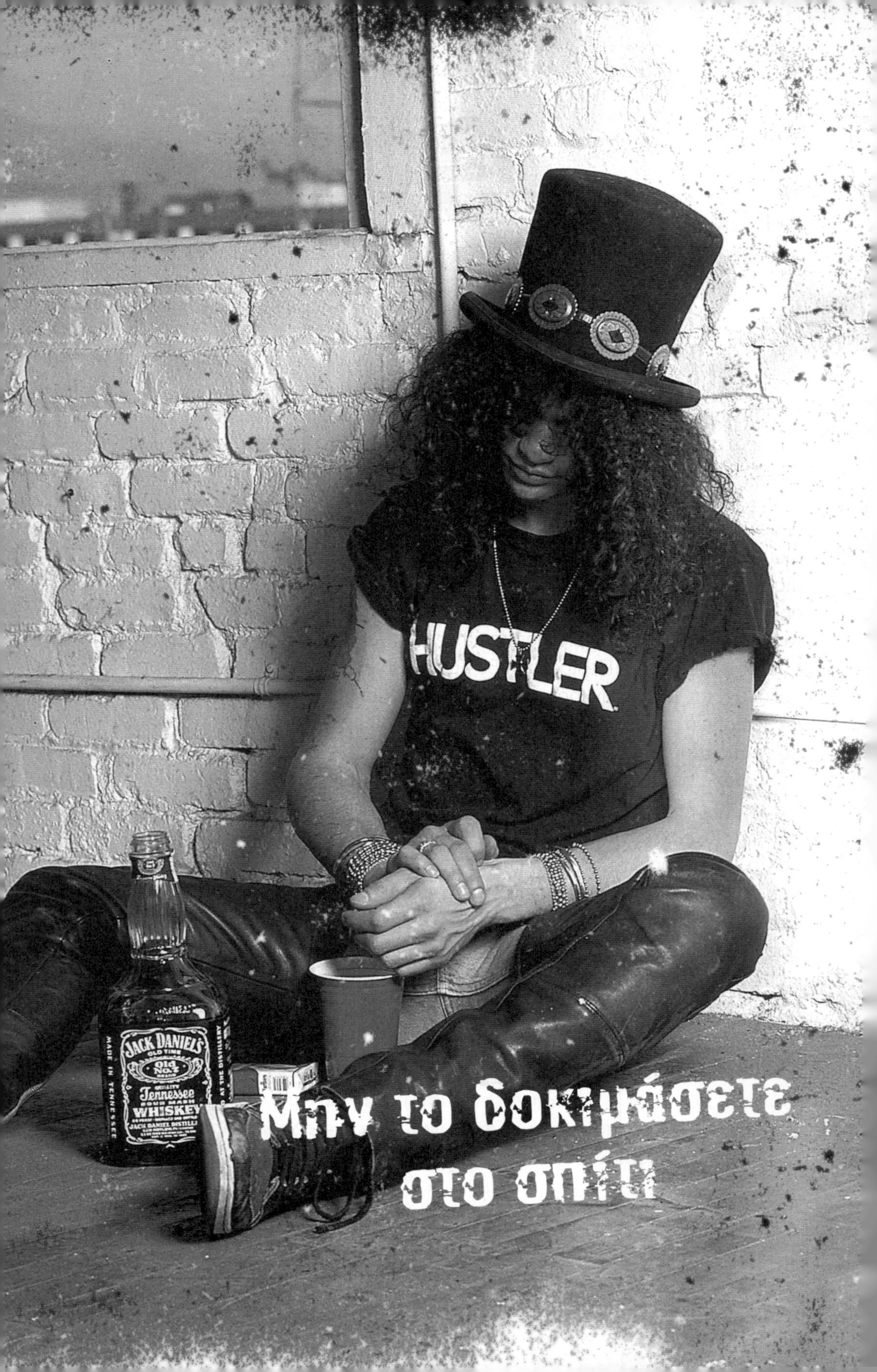
HUSTLER
JACK DANIEL'S
Old No. 7
Tennessee
WHISKEY
Μην το δοκιμάσετε
στο σπίτι

Κεφάλαιο 9

Μόλις ολοκληρώθηκε το τελευταίο σκέλος της περιοδείας του *Appetite*, γύρισα πίσω στο Los Angeles όπου υπέφερα από απραξία και νευρικότητα. Για πρώτη φορά στη ζωή μου δεν είχα κάποιο προκαθορισμένο μέρος να πάω, ούτε κάποια δουλειά να κάνω όταν ξυπνούσα. Έλειπα τόσο καιρό, που τίποτε δεν με ικανοποιούσε και η καθημερινότητα της ζωής μού φαινόταν ξένη. Μου φαινόταν αδύνατον να πάω για ψώνια στο σούπερ μάρκετ ενώ πριν μια εβδομάδα έπαιζα σε στάδια στην Ιαπωνία. Βρισκόμουν σε περιοδεία για αρκετό καιρό, ώστε να έχω ξεχάσει ότι κάποτε αγόραζα ο ίδιος τα ποτά και τα τσιγάρα μου, και δεν μπορούσα να απαλλαγώ από τη συγκίνηση του να παίζεις κάθε βράδυ. Περίμενα κάθε βραδιά να κορυφώνεται στην ίδια παραζάλη· έτσι, με το συγκρότημα σε αγρανάπαυση, ξεκίνησα μια προσωπική περιοδεία στο Los Angeles. Ήμουν σε χειρότερη φάση από ποτέ· όταν τα πράγματα σταματούν, ή αρχίζουν να προχωρούν σε πιο αργούς ρυθμούς και δεν ξέρω τι να κάνω, γίνομαι το πιο αυτοκαταστροφικό άτομο που γνωρίζω.

Δεν το βλέπω ως λάθος. Το βλέπω ως μια φυσιολογική παρενέργεια. Έπειτα από δυο χρόνια σε περιοδείες, οποιοσδήποτε θα χρειαζόταν πολύ καιρό για να ηρεμήσει. Η ζωή μου έτρεχε με ιλιγγιώδη ταχύτητα· δεν είχα ιδέα τι μου συνέβαινε. Δεν είχα κάνει τίποτε για να ηρεμήσω ή να χαλαρώσω· έτσι, δεν ήμουν καθόλου προετοιμασμένος να μείνω σε ένα μέρος. Η καριέρα μας απαιτούσε να δουλεύουμε συνεχώς για να την κάνουμε να απογειωθεί. Και έπειτα συνεχίστηκε... Πέντε χρόνια, οκτώ χρόνια... Ήμουν δεκαοκτώ, και τώρα ήμουν είκοσι τριών. Τα είχα καταφέρει· τα είχαμε καταφέρει. Και τώρα είχα γυρίσει στην πόλη μου· ήταν σαν να έπεφτα πάνω σε έναν τοίχο.

Κάποια στιγμή στη ζωή μου είχα αποκτήσει τέτοια ψύχωση με την ηρωίνη, το όπιο και οτιδήποτε παράγεται από παπαρούνες, που πήγαινα καθημερινά στη βιβλιοθήκη για να μάθω ό,τι μπορώ για την κουλτούρα και τη φύση τους. Διάβαζα ό,τι έβρισκα· από εγχειρίδια που εξηγούσαν τη χημική σύσταση των ναρκωτικών μέχρι ιστορικά βιβλία που εξιστορούσαν την εξέλιξη των Τριάδων και άλλων κινέζικων συμμοριών που κυριαρχούσαν στο λαθρεμπόριο και τη διακίνησή τους. Διάβαζα επίσης για τις ζωές όλων των rock stars που είχα ως ήρωές μου... Ήταν όλοι τους πρεζάκια. Τώρα που το ξανασκέφτομαι, κατάφερα να εισχωρήσω σε αυτό το κομμάτι της κουλτούρας των ναρκωτικών χωρίς να έχω στο μυαλό μου μια εικόνα που να προσπαθώ να την αναπαραγάγω ή να τη μιμηθώ. Ήταν μια απλή αντίφαση που μου φαινόταν πολύ λογική: όλοι στην πόλη μου έπαιρναν ηρωίνη και γι' αυτό δεν ενδιαφερόμουν γι' αυτή... αλλά μόλις πήρα ο ίδιος, χώθηκα για τα καλά... Απλώς δεν ένιωθα την ανάγκη να διαφημίσω το ενδιαφέρον μου.

Τα πρώτα αλλά και τα τελευταία rock and roll βιβλία που διάβασα ήταν γεμάτα από ηρωίνη και χρήση ναρκωτικών, και μου έκαναν μεγάλη εντύπωση. Διάβασα το *Hammer of the Gods* και το *No One Here Gets Out Alive,* τα χρονικά των Led Zeppelin και των Doors, αντίστοιχα. Τα ναρκωτικά αναφέρονται απ' την αρχή ως το τέλος, και εκείνη την εποχή είχα τέτοια ψύχωση με αυτά, που διάβαζα τα βιβλία για αυτές τις αναφορές και μόνο· δεν με ενδιέφεραν τα υπόλοιπα που είχαν να πουν. Για μένα, τα βιβλία αυτά είχαν γραφτεί προς τέρψη του ίδιου του συγγραφέα· έμοιαζαν γεμάτα ανακρίβειες και ψέματα. Εκ των υστέρων, δεν ξαναδιάβασα κάποια rock and roll βιογραφία.

Υπ' αυτή την έννοια, ποτέ δεν «έμαθα το μάθημά μου»· ποτέ δεν μελέτησα τις ζωές των άλλων junkies του rock and roll. Όμως, την ίδια στιγμή, δεν υπήρχε λόγος. Δεν είχαν αρχίσει ακόμα να μου αρέσουν ο Keith Richards, ο Eric Clapton και ο Ray Charles. Νομίζω ότι όποιος είναι αληθινό πρεζόνι νιώθει μια έμφυτη εγγύτητα προς τα άλλα πρεζόνια. Ήξερα ότι μοιραζόμαστε κοινά ενδιαφέροντα· η εξάρτηση από την πρέζα σού «μιλάει». Χωρίς να το καταλαβαίνεις, σε έλκουν κοντά τους.

Η ηρωίνη ήταν κάτι νέο για μένα· ήταν μια περιπέτεια, ένα ιδιωτικό καταφύγιο μέσα στο ίδιο μου το σώμα και το μυαλό. Αφού είχα περάσει το στερητικό και είχα «καθαρίσει» πάνω από μία φορά, η αναπόφευκτη δυσφορία είχε πάψει να με αποθαρρύνει. Μπορεί κάθε φορά που «καθάριζα» να συνειδητοποιούσα την ισοπεδωτική φύση του εθισμού, αλλά έπειτα από λίγο καιρό όντας «καθαρός», θυμόμουν πόσο μου άρεσε να «φτιάχνομαι».

ΕΙΧΕ ΠΕΡΑΣΕΙ ΚΑΜΠΟΣΟΣ ΚΑΙΡΟΣ ΚΑΙ ΗΜΟΥΝ ΕΤΟΙΜΟΣ να το ανακαλύψω ξανά. Ήταν 1989: είχαμε περιοδεύσει στο μεγαλύτερο μέρος της Αμερικής, του Καναδά, της Ευρώπης, της Ιαπωνίας και της Αυστραλίας· είχαμε δει το άλμπουμ μας να μην κάνει τίποτε για ένα χρόνο, και έπειτα να μπαίνει στα δέκα πρώτα και να δίνει ένα single στο νούμερο ένα· είχαμε γυρίσει τρία βίντεο που παίζονταν ασταμάτητα στο MTV, ένα τηλεοπτικό κανάλι που μας είχε βοηθήσει, αλλά δεν μας κινούσε το ενδιαφέρον. Παίξαμε το «Patience» στην τελετή απονομής των American Music Awards, με τον Don Henley στα τύμπανα. Είχαμε περιοδεύσει με τους φίλους και τους ήρωές μας. Τελικά και ξαφνικά, ήμαστε το συγκρότημα που ξέραμε ότι μπορούσαμε να είμαστε... και ακόμα καλύτερο.

Όταν προσγειωθήκαμε στο Los Angeles στο τέλος της περιοδείας του *Appetite*, ο καθένας μας ξεκίνησε για να ανακαλύψει ξανά αυτό που είχε αφήσει πίσω του. Ο Duff γύρισε σπίτι, στην κοπέλα του τη Mandy (την οποία είχε παντρευτεί το 1988), ο Steven γύρισε στο σπίτι της κοπέλας του (όποια κι αν ήταν εκείνη την εποχή), ο Doug έφυγε για το San Diego, ο Alan επέστρεψε στο Redondo Beach, ο Axl πήγε στης Erin, και πολύ γρήγορα εγώ και ο Izzy βρεθήκαμε να καθόμαστε μόνοι στο αεροδρόμιο του Los Angeles, με την ολοκαίνουργια βαλίτσα Halliburton, χωρίς να έχουμε κάπου να πάμε. Φαίνεται πως όλοι μας είχαμε κάνει μια στάση για να απολαύσουμε την επιτυχία μας, μόνο που δεν ξέραμε πώς.

Ο Izzy έκανε ένα τηλεφώνημα και βρεθήκαμε στο σπίτι ενός φίλου του Seymour Cassel τον οποίο θα βαφτίσουμε «Bill». Είχαμε πάρει μια μικρή δόση ηρωίνης όταν ήμαστε στην Αυστραλία, κι έτσι όταν φτάσαμε στο Los Angeles η λαχτάρα ήταν παρούσα. Εκτός αυτού, έπειτα από δύο χρόνια περιοδειών, υποσυνείδητα πιστεύαμε και οι δύο πως μας άξιζε. Τέλος πάντων, στον Bill άρεσαν πολύ τα ναρκωτικά και είχε πάντα πολλά· επίσης, ήταν πολύ γενναιόδωρος.

Όταν αρχίζεις να γίνεσαι διάσημος, αρχίζουν να συμβαίνουν μερικά χαρακτηριστικά πράγματα: όταν βρίσκεσαι σε κάποιο μπαρ στο Hollywood όλοι θέλουν να σε κεράσουν ένα ποτό, και μπορείς να μπεις σε οποιοδήποτε κλαμπ σου κάνει κέφι· είτε σου αρέσει είτε όχι, έχεις γίνει μια προσωπικότητα στο κύκλωμα της νυχτερινής ζωής. Όταν άρχισε να μας συμβαίνει αυτό, κατάλαβα ότι δεν υπήρχε κάτι που να με ενδιέφερε λιγότερο να κάνω για να περάσω την ώρα μου. Η νυχτερινή ζωή του Los Angeles ήταν το ίδιο σκατά όπως πάντα, και όσο πιο αναγνωρίσιμος γινόμουν τόσο λιγότερο μου άρεσε. Οι «μάγκες» που ήθελαν να γλεντήσουν μαζί μου ήταν τώρα τέσσερις φορές περισσότεροι· έτσι, άρχισα να απομονώνομαι εντελώς. Ακόμα και στις σπάνιες περιπτώσεις που θέλησα να βγω έξω, διαπίστωσα ότι η σκηνή του Hollywood που ξέραμε ήταν νεκρή: το Cathouse είχε κλείσει και δεν υπήρχε κάποιο άλλο μαγαζί της νύχτας στο Los Angeles που να μου κινεί το ενδιαφέρον.

Όλα τα μέλη του γκρουπ είχαν ανάγκη από λίγο χρόνο αποσυμπίεσης· εκ των υστέρων, μου φαίνεται απόλυτα λογικό που άφησα τον εαυτό μου να παρασυρθεί στη σαγηνευτική παραμυθία της ηρωίνης. Ήταν η μοναδική πλευρά της επιτυχίας και της δόξας που δεν μου φαινόταν ανιαρή· δεν υπήρχε τίποτε άλλο. Δεν ήθελα να πηγαίνω σε στριπτιζάδικα, ούτε να ψάξω για σέξι κορίτσια, ούτε να εκμεταλλευτώ με οποιονδήποτε άλλο τρόπο την πρόσφατη φήμη μου. Το μόνο που ήθελα ήταν να την αράζω στου Bill και να παίρνω ναρκωτικά.

Η μοναδική σταθερή κατάσταση που είχα γνωρίσει στη ζωή μου μέχρι τότε ήταν τα συνεχή ταξίδια, και η αντίφαση αυτή δεν μου περνούσε απαρατήρητη. Ήμουν είκοσι τριών χρονών, και από τα δεκατρία μου δεν είχα σταθερή ζωή ούτε σπίτι· για μένα, σπίτι ήταν τα διαμερίσματα των κοριτσιών μου ή τα λεωφορεία των περιοδειών. Ζούσα για να παίζω κιθάρα και να είμαι στο δρόμο, απλά και ξάστερα.

Όπως είπα, ο Bill δεν ήταν dealer, αλλά του άρεσε πού και πού να φτιάχνεται. Ηρωίνη έκανε μόνο καπνιστή και ήξερε να βάζει όρια στον εαυτό του. Στο μεταξύ, εγώ ήμουν ακριβώς το αντίθετο: είχα μια ψυχωτική, μανιοκαταθλιπτική στάση απέναντι στην ηρωίνη και ήμουν πάντα πρόθυμος να βρίσκομαι κοντά της και να παίρνω όσο περισσότερη γινόταν. Εκείνη την πρώτη νύχτα στου Bill δεν είχα μαζί μου τα σύνεργα για ένεση· έτσι την κάναμε όλη καπνιστή. Όμως δεν έβλεπα την ώρα να πάρω λίγη μαζί μου και να βγω την άλλη μέρα για να ψάξω για σύριγγες. Ήταν το ξεκίνημα μιας μακρόχρονης και εφιαλτικής εμμονής μου με την ηρωίνη, που κράτησε από το 1989 μέχρι και το 1991.

ΤΟ ΣΠΙΤΙ ΤΟΥ BILL ΒΡΙΣΚΟΤΑΝ ΣΤΗ ΔΙΑΣΤΑΥΡΩΣΗ ΤΗΣ Franklin με τη Western, στο Ανατολικό Hollywood, μακριά από τους γνωστούς δρόμους. Ο ίδιος, η γυναίκα του και οι φίλοι του ήταν αληθινά cool. Ο Izzy κι εγώ συχνάζαμε εκεί σε καθημερινή βάση και ταιριάζαμε μια χαρά με το κλίμα. Ο Bill δεν μας επέτρεπε να κάνουμε ενέσεις στο σπίτι του· έτσι λοιπόν, κάπνιζα λίγη ηρωίνη εκεί, έβαζα στην τσέπη μου λίγη για αργότερα, και την «έριχνα» με την άνεσή μου όταν πήγαινα να κάνω τις δουλειές μου ή σε ραντεβού.

Ένα από αυτά ήταν με τον Izzy για μια φωτογράφηση για το *Guitar World* με τον Glenn Le Ferman. Ήμαστε και οι δύο τελείως λιώμα· είχαμε περάσει τουλάχιστον μία εβδομάδα στου Bill. Θυμάμαι ότι εμφανιστήκαμε με τις κιθάρες μας και λιποθυμήσαμε στο πάτωμα... Δεν έγινε επίτηδες· δεν είμαι καν σίγουρος αν καταλαβαίναμε ότι το κάναμε. Απλώς θυμάμαι ότι έπειτα γυρίσαμε πάλι στου Bill.

Για την ιστορία, εκείνη η φωτογράφηση περιείχε την περίφημη φωτογραφία μου που βρίσκεται στο *Rainbow*, όπου είμαι ξαπλωμένος στο πάτωμα φορώντας το καπέλο μου και έχω στο πλάι μου ένα μπουκάλι Stolichnaya, την κιθάρα μου και τα υπόλοιπα. Αν έχετε καλή όραση και προσέξετε εμένα και τον Izzy σε εκείνες τις φωτογραφίες, θα καταλάβετε πόσο λιώμα ήμουν. Ήμουν μεθυσμένος από την όλη επιτυχία της περιοδείας. Αναζητούσαμε και οι δύο μια συγκίνηση που ποτέ δεν θα βρεις αν κάνεις βόλτες στο Hollywood και το παίζεις rock star. Έψαχνα για κάτι πιο «σκοτεινό».

Τελικά τον Bill τον συνέλαβαν και τον καταδίκασαν σε τριάντα χρόνια κάθειρξη επειδή τον έπιασαν τρεις φορές με παράνομες ουσίες σε μεγάλες ποσότητες, τις οποίες θεώρησαν ότι είχε στην κατοχή του «με σκοπό την πώληση». Ο Bill κατέληξε να κάνει έντεκα χρόνια στη φυλακή. Όμως κάποια στιγμή πριν τη σύλληψή του παρακολουθούσαν τα τηλέφωνα του σπιτιού του· κάθε κίνησή του καταγραφόταν. Δύο από τα άτομα που εμφανίζονταν τακτικά ήταν, βεβαίως, ο Izzy κι εγώ. Αργότερα, ο Bill μού είπε ότι οι μπάτσοι έδειξαν μεγάλο ενδιαφέρον για μας. Υποτίθεται ότι ήταν διατεθειμένοι να διαπραγματευτούν με τον Bill αν τους έδινε κάποιες πληροφορίες που μας αφορούσαν, επειδή τότε πια ήμαστε διάσημοι ως ένα βαθμό. Όμως ο Bill δεν «μάσησε». Ο Θεός να τον έχει καλά.

ΤΕΛΙΚΑ ΑΠΟΦΑΣΙΣΑ ΟΤΙ ΤΩΡΑ, ΠΟΥ ΤΟ ΣΥΓΚΡΟΤΗΜΑ ΕΙΧΕ γνωρίσει την επιτυχία, μπορούσα να νοικιάσω ένα δικό μου διαμέρισμα. Το διαμέρισμά μου στη Larrabee ήταν το πρώτο που έπιασα μόνος μου, δίνοντας τα δικά μου στοιχεία, και ήμουν περήφανος γι' αυτό. Ήταν μόνο ένα δωμάτιο, ένα πλήρως επιπλωμένο, τέλειο στούντιο, που η διαρρύθμισή του θύμιζε δωμάτιο ξενοδοχείου – και γι' αυτόν ακριβώς το λόγο, μου άρεσε. Δυστυχώς, όπως κάθε άλλο διαμέρισμα στο οποίο είχα ζήσει, δεν άργησαν να μου κάνουν έξωση.

Κατάφερα όμως να το κρατήσω για λίγο· για να πω την αλήθεια, αυτός που τα κατάφερε ήταν ο Ronnie Stalnaker – μία από τις δουλειές του ήταν να κρατάει τα ναρκωτικά μακριά από μένα και εμένα μακριά απ' αυτά. Ερχόταν σε τακτικά διαστήματα και καθάριζε το μέρος, ίσως για να δει αν ήμουν καλό παιδί. Δεν ήμουν, βεβαίως, ούτε τότε ούτε ποτέ· με διασκέδαζε τρομερά η πρόκληση να μπάζω στα κρυφά τους πρεζάκηδες φίλους μου στο διαμέρισμα χωρίς να το παίρνει είδηση ο Ronnie. Και ήταν πάντα μεγάλος άθλος, γιατί ο Ronnie έμενε στο διπλανό διαμέρισμα.

Το πράγμα δεν θα κατέληγε καλά με τον Ronnie –απέκτησε μια μονομανία με τη δουλειά του και μου έγινε μεγάλο τσιμπούρι–, αλλά μέχρι τότε είχε αποδείξει ότι ήταν ένας πολύ πιστός σωματοφύλακας από κάθε άποψη, παρά τις προσπάθειές μου για να τον ξεγελάσω. Για παράδειγμα, μια νύχτα, ενώ ήμαστε κάπου σε περιοδεία, αποφάσισα να κλείσω τη βραδιά εκσφενδονίζοντας ένα μπουκάλι Jack στην τηλεόραση προτού λιποθυμήσω. Όπως ήταν φυσικό, η οθόνη εξερράγη και ο Ronnie έσπευσε στο δωμάτιο. Είχαμε ήδη κάποιους ανοιχτούς λογαριασμούς, αλλά ο Ronnie αποφάσισε ότι δεν υπήρχε περίπτωση να πληρώσει για την τηλεόραση. Σκαρφάλωσε στο παράθυρό μου και πήδηξε έξω πατώντας στη μαρκίζα του κτιρίου και μπήκε σε ένα διπλανό δωμάτιο, όπου έκλεψε μια τηλεόραση και την αντικατέστησε με αυτή που είχα σπάσει. Αυτό εννοώ όταν λέω «αφοσίωση».

Μια άλλη φορά που ήμαστε στο Dallas, ο Duff κι εγώ μέναμε σε διπλανά δωμάτια που συνδέονταν με μια ενδιάμεση πόρτα και είχαμε προσκαλέσει πάρα πολλούς φίλους με βουνά κοκαΐνης. Το πάρτι μας κράτησε όλη νύχτα, και συνεχίστηκε μέχρι το άλλο απόγευμα. Όπως ήταν αναμενόμενο, η κατάσταση βγήκε εκτός ελέγχου· ένα μεγάλο γυάλινο τραπέζι έσπασε, και εγώ πάτησα πάνω στα γυαλιά ξυπόλητος και μάτωσα. Κάποια στιγμή κάποιος κλώτσησε την ενδιάμεση πόρτα τόσο δυνατά που έφυγε από τους μεντεσέδες της, αναποδογύρισε τα κρεβάτια και έσπασε όλες τις λάμπες. Ήμαστε πολλοί και φερόμαστε όλοι πολύ άσχημα για να τα βγάλει πέρα μαζί μας ο Ronnie· έτσι, σκέφτηκε έναν τρόπο για να μας βγάλει από το ξενοδοχείο χωρίς να το πάρει είδηση η διεύθυνση. Κατάφερε να μας σπρώξει όλους σε ένα ασανσέρ υπηρεσίας και έπειτα μας έβγαλε από την έξοδο υπηρεσίας και μας έβαλε απευθείας στο λεωφορείο. Οι άνθρωποι του ξενοδοχείου είχαν ακούσει όλον αυτό το σαματά και ήξεραν ότι γινόταν πάρτι, αλλά ο Ronnie είχε καταφέρει να κρατήσει την ασφάλεια του ξενοδοχείου μακριά για μία ώρα περίπου. Νομίζαμε ότι την είχαμε γλιτώσει, μέχρι που οι αστυνομικοί μάς σταμάτησαν λίγα χιλιόμετρα πιο κάτω, σε ένα ψιλικατζίδικο, όπου, αν δεν με απατά η μνήμη μου, έκλεψα κάτι σοκολάτες.

Μας παρέταξαν στη μία πλευρά του λεωφορείου και μας πήγαν στο Τμήμα, για τις ζημιές που είχαμε κάνει στο ξενοδοχείο. Ήταν *ακριβό,* και μπορώ να πω με πάσα ειλικρίνεια ότι ήταν η τελευταία φορά που διέλυσα δωμάτιο ξενοδοχείου. Εντάξει, από τότε έχω σπάσει κάνα δυο τηλεοράσεις και έχω κάνει μερικά ακόμα ηλίθια πράγματα, αλλά ήταν η τελευταία φορά που έλαβα μέρος σε μια πραγματική καταστροφή, επειδή το συγκεκριμένο το πλήρωσα εγώ.

Ο Ronnie ήταν αναμφισβήτητα αφοσιωμένος αλλά, παρ' όλ' αυτά, δεν ήταν εύκολο να κρατήσει την κατάσταση στο πρώτο μου διαμέρισμα υπό έλεγχο. Το πρώτο χτύπημα ήρθε όταν ο μικρός μου αδελφός, ο Albion ή «Ash», ήρθε να μείνει εκεί ενόσω εγώ έλειπα σε περιοδεία. Ο Ash είναι εκπληκτικός δημιουργός graffiti, και όταν γύρισα, είδα ότι είχε καλύψει και το τελευταίο εκατοστό τοίχου με μία φανταστική τοιχογραφία που όμως δεν ήθελα να έχω στο σπίτι μου. Ήμουν αφάνταστα τσαντισμένος, αλλά το μόνο που του είπα ήταν ότι αυτό που είχε κάνει ήταν «απερίσκεπτο». Στο κάτω κάτω, ήταν μόνο δεκάξι χρονών. Από τότε ο Ash έχει δημιουργήσει την Conart, μία από τις πιο πρωτοποριακές εταιρείες t-shirt· τα σχέδια βασίζονται στα έργα του.

Ο Ronnie κάλυψε την τοιχογραφία, καθάρισε το σπίτι και έκανε ό,τι μπορούσε για να μη μας διώξουν από εκεί. Εκείνο το μέρος ήταν πολύ λιτό. Είχα ένα φούρνο μικροκυμάτων, ένα ψυγείο γεμάτο με τις συνήθεις εργένικες προμήθειες και μπαχαρικά. Δεν υπήρχαν πολλά πράγματα, αλλά ακόμα κι έτσι, δεν άντεξαν και πολύ. Σαν να μην έφταναν όλα αυτά, ο West Arkeen περνούσε συνέχεια από εκεί και οι δυο μας καπνίζαμε πολλά κιλά κρακ. Ανάβαμε την πίπα, ακούγαμε μουσική και τα μυαλά μας άρχιζαν να σκαρφαλώνουν στους τοίχους. Εκείνες τις «πειραγμένες» μέρες που περνούσα με τον West, συνειδητοποίησα πλήρως τι καλό παιδί και τι χαοτικός χαρακτήρας ήταν. Την επιρροή του συμπλήρωνε ένας άλλος φίλος μουσικός, ο Jay, στο σπίτι του οποίου πήγαινα πολύ συχνά για να «φτιαχτώ» με ηρωίνη. Τώρα που το ξανασκέφτομαι, αργά αλλά σταθερά, παρά τους οικονομικούς πόρους που διέθετα, οι συνθήκες ζωής μου έγιναν τόσο δύσκολες όπως όταν ζούσα σε αποθήκη.

ΤΗΝ ΙΔΙΑ ΕΠΟΧΗ ΕΙΧΑ ΜΙΑ ΣΕΙΡΑ ΑΠΟ ΕΝΔΙΑΦΕΡΟΥΣΕΣ σχέσεις· ήταν κάποια κορίτσια που περνούσαν από το σπίτι μου, η καθεμία για διαφορετική νύχτα. Κάποια στιγμή, εκείνους τους μήνες, ο μάνατζέρ μου είχε τη φαεινή ιδέα να με βάλει να απονείμω κάποιο βραβείο στην τελετή των MTV Video Music Awards. Δεν μπορώ να θυμηθώ σε ποιον το δώσαμε, αλλά συμπαρουσιάστριά μου στην απονομή ήταν η Traci Lords, η πορνοστάρ, και ο Alan σκέφτηκε ότι θα είχε πλάκα να βρεθώ επί σκηνής μαζί της. Προφανώς έβλεπε τα κουτσομπολιά στα οποία μπορούσε να δώσει βάση η κοινή μας εμφάνιση, κάτι που δεν ήταν καθόλου κακή ιδέα.

Έτσι λοιπόν, η Traci κι εγώ βρεθήκαμε στα παρασκήνια και αρχίσαμε να τα λέμε και έπειτα –σχεδόν αμέσως– αρχίσαμε να βγαίνουμε. Ήταν πολύ όμορφη και, όπως ανακάλυψα σύντομα, κάπως διχασμένη.

Βρισκόμουν σε περίεργη θέση· ήμουν λιγάκι διάσημος, ήμουν διαβόητος, αλλά όσο αφορούσε την ποιότητα ζωής μου εξακολουθούσα να είμαι εγκλωβισμένος σε μια βάρβαρη κατάσταση αθλιότητας. Εκείνη την εποχή μπορεί να είχα στην τράπεζα 15 εκατομμύρια δολάρια, αλλά δεν είχα αλλάξει στο παραμικρό τον τρόπο ζωής μου: δεν είχα αυτοκίνητο, χαιρόμουν που είχα μια γκαρσονιέρα που έμοιαζε με δωμάτιο ξενοδοχείου και δεν χρειαζόμουν τίποτε άλλο – αυτά ήθελα, αυτά είχα. Την ίδια στιγμή, ήξερα να φέρομαι σαν τζέντλεμαν, που ήταν ακριβώς αυτό που περίμενε από έναν συνοδό της η Traci Lords. Έτσι, με κάποιο τρόπο τα βρήκαμε και αρχίσαμε να βγαίνουμε.

Όμως η Traci δεν ήθελε να τη βλέπουν μαζί μου· αν πηγαίναμε κάπου όπου μπορούσε να μας προσέξει κάποιος, με έβαζε να ακολουθήσω μια ηλίθια διαδικασία, σύμφωνα με την οποία έπρεπε να μπω μετά από εκείνη, και να κάνουμε ότι βρεθήκαμε τυχαία. Προφανώς, ήμουν αναγνωρίσιμος· έτσι, επέμενε πάντα να μπαίνουμε από κάποια αθέατη πίσω πόρτα. Έχω τη γνώμη ότι κανείς απ' όσους μας έβλεπαν δεν έδινε δεκάρα· απλώς όλο αυτό έκανε τις κοινές μας εξόδους μεγάλο μπελά. Πείτε με αφελή, αλλά δεν το «έπιανα» καθόλου· δεν είχα ιδέα από ποιον κρυβόταν. Απ' όσο κατάλαβα, ήθελε να κρατήσει χαμηλό προφίλ επειδή δεν ήθελε να την περάσουν για groupie ή κάποια από τις πορνοντίβες που συνήθιζαν να βγαίνουν με τύπους σαν και μένα. Στην πραγματικότητα, ο μόνος λόγος που την είχα γνωρίσει ήταν επειδή την είχα δει σε μια ταινία όπου ήταν σκυμμένη μπροστά και κρατούσε τους αστραγάλους της και ήταν *εκπληκτική*. Το εκτίμησα ιδιαιτέρως αυτό, και νόμιζα ότι το εκτιμούσαν και όλοι οι άλλοι. Δεν καταλάβαινα όλα αυτά τα τερτίπια της.

Εκείνο το διάστημα, η Traci είχε σταματήσει πια να γυρίζει πορνό και προσπαθούσε να ξεκινήσει καριέρα τραγουδίστριας αλλά και να περάσει σε πιο σοβαρές ταινίες. Γι' αυτό δεν ήθελε να τη θεωρούν μια ηθοποιό του πορνό που πηδιόταν με έναν rock star – ήθελε να ξεφύγει από όλα αυτά. Με είχε πείσει να παίξω σε ένα από τα τραγούδια της και να πάω σε κάποιο στούντιο στο Vancouver όπου ηχογραφούσε το άλμπουμ της. Το μόνο που μπορώ να πω είναι ότι είχε μπλέξει με τους πιο ατάλαντους και ύποπτους «μουσικούς παραγωγούς» που είχα δει, και της το είπα. Παρ' όλα αυτά τη βοήθησα σε μερικά κομμάτια, αλλά τίποτε δεν μπορούσε να κάνει το δίσκο της να ακούγεται σαν κάτι παραπάνω από ένα αστείο.

Όλα όσα κάναμε μαζί ήταν πολύ τυπικά και καθωσπρέπει· μου φαινόταν ότι είχε κολλήσει σε μια εικόνα του εαυτού της που δεν είχε καμία σχέση με αυτό που ήταν πραγματικά. Ειλικρινά, το μόνο που ήθελα ήταν να τη ρίξω στο κρεβάτι.

Βέβαια, μόλις άρχισα να βγαίνω μαζί της, ο West έφερε να δούμε το *New Wave Hookers*. Ήταν πολύ διασκεδαστικό, αλλά με έβαλε σε πειρασμό, επειδή έπειτα από ένα μήνα που βγαίναμε δεν είχαμε κοιμηθεί μαζί. Η «σχέση» μας είχε αρχίσει να γίνεται μεγαλύτερος μπελάς απ' όσο άξιζε.

Η Traci μού είχε τηλεφωνήσει στις αρχές μιας εβδομάδας για να κανονίσουμε να βρεθούμε, και την ίδια μέρα πέρασε από το σπίτι ο West με μια σεβαστή ποσότητα κρακ. Τα επόμενα δύο μερόνυχτα δεν κλείσαμε μάτι, και όταν εμφανίστηκε η Traci για να με πάρει να βγούμε, ο West κι εγώ είχαμε φτάσει σε σημείο να κυλιόμαστε στα χαλιά ψάχνοντας για τρίμματα του ναρκωτικού. Το ήξερα ότι θα περνούσε από το σπίτι, αλλά δεν μπορούσα να κάνω κάτι γι' αυτό: ήμαστε σε άθλια κατάσταση, και το μόνο άτομο που δεν θα είχε πρόβλημα με αυτό ήταν μια πόρνη του κρακ. Το διαμέρισμά μου ήταν σαν χοιροστάσιο, και το γεγονός ότι ο West ήταν κάτι σαν κατοικίδιος πυγμαίος δεν βοηθούσε καθόλου την κατάσταση. Ήταν ένα και εξήντα με μακριά ξανθά μαλλιά, που έπειτα από δυο μέρες που είχαμε περάσει καπνίζοντας κρακ ήταν μια βρομερή, λαδωμένη μάζα. Ο West είχε διαρκώς ζωγραφισμένο στο πρόσωπό του ένα διαρκές χαμόγελο, που όσο περισσότερο «φτιαγμένος» ήταν τόσο πιο ειρωνικό γινόταν. Το συγκεκριμένο απόγευμα ήταν τόσο εκτός εαυτού, που άρχισε να γλυκοκοιτάζει την Traci. Ήταν σε τέτοια κατάσταση, που δεν δίστασε να πάει στη βιβλιοθήκη, να πάρει το *New Wave Hookers* και να της δείξει το εξώφυλλο λέγοντας: «Έι, αυτή είσαι εσύ, έτσι δεν είναι; Είσαι η Traci Lords!» Όλη την ώρα την κοιτούσε με ένα παρανοϊκό χαμόγελο.

Η Traci ήταν ένα κορίτσι που έψαχνε τον άνδρα που θα της εξασφάλιζε τα πράγματα που ήθελε από τη ζωή: ακριβά ρούχα, ακριβά αυτοκίνητα, ακριβή ζωή. Και παρόλο που θα μπορούσα να της τα έχω προσφέρει, δεν ήμουν αρκετά ώριμος ώστε να αντιλαμβάνομαι ότι αυτά θέλουν τα περισσότερα κορίτσια – ειδικά τα κορίτσια σαν την Traci. Τότε δεν το καταλάβαινα επειδή, έτσι όπως ζούσα, δεν έδινα καμία σημασία σε τέτοιες λεπτές έννοιες. Όμως τώρα βρισκόταν σε ένα κατασκότεινο δωμάτιο που μύριζε καμμένο λάστιχο έπειτα από το σαρανταοκτάωρο πάρτι μας με το κρακ. Και είχε μπροστά της τον West, κοντό και ιδρωμένο, να την κοιτάζει με τα σάλια να τρέχουν. Και ήμουν κι εγώ εκεί.

Η Traci κοίταξε γύρω της αργά. «Έρχομαι αμέσως», είπε με τη λεπτή φωνούλα της, σουφρώνοντας τα σαρκώδη της χείλη. «Κάτι ξέχασα στο αμάξι μου».

«Ωραία», είπα. «Και μετά την κάνουμε». Ήμουν «φτιαγμένος», και δεν είχα ιδιαίτερη αίσθηση του χρόνου, αλλά σύντομα συνειδητοποίησα ότι είχε φύγει πολύ μακριά για να γυρίσει πίσω ξανά.

Εγώ ήμουν ο «μοναχικός κιθαρίστας με το φίδι», που έκανε τα δικά του, και γύριζε τη σκηνή του.

ΤΟ ΕΠΟΜΕΝΟ ΣΠΙΤΙ ΜΟΥ ΗΤΑΝ ΕΝΑ ΔΙΑΜΕΡΙΣΜΑ ΠΟΥ νοικιάσαμε με τον Izzy στο Hollywood Hills, και κράτησε περίπου ένα μήνα. Ήταν επιπλωμένο με όλα τα βασικά που μπορούσε να χρειαστεί κάποιος – κρεβάτια, φούρνο μικροκυμάτων, και όλα τα υπόλοιπα. Όσο ήμαστε εκεί περάσαμε καλά, ενώ καταφέραμε επίσης να γράψουμε νέο υλικό. Σε εκείνο το σπίτι έγραψα το «Coma» και οι δυο μας γράψαμε το «Locomotive»· υπήρχε δημιουργική διάθεση.

Μαζί μας έμενε και ο Adam Day. Πρόκειται για τον τεχνικό για τις κιθάρες μου που βρίσκεται στο πλευρό μου δεκαεννέα χρόνια. Ο Adam μετακόμισε μαζί μας, και παρόλο που η προσωπική μας σχέση βελτιώθηκε από τότε, ήταν η τελευταία φορά που προσπάθησε να ζήσει κοντά μου.

Την ίδια περίπου εποχή γυρίσαμε τα βίντεο για το άλμπουμ *Lies,* το οποίο βρισκόταν στις πρώτες θέσεις των charts, μαζί με το *Appetite*. Γυρίσαμε το βίντεο του «Patience» σε δύο τοποθεσίες: η μία ήταν το στούντιο Record Plant, όπου είχαμε ηχογραφήσει τα τραγούδια. Εκεί γυρίσαμε τις σκηνές όπου παίζουμε ζωντανά. Τα υπόλοιπα –οι σκηνές με τα μέλη του γκρουπ– γυρίστηκαν στο ξενοδοχείο Ambassador, που είναι το μέρος όπου δολοφονήθηκε ο Bobby Kennedy. Εκείνη την εποχή ήταν κλειστό για το κοινό, αλλά διαθέσιμο για γυρίσματα ταινιών και βίντεο.

Είχα δύο φίδια που μου είχαν χαρίσει όταν είχα το διαμέρισμα στη Larrabee. Το ένα ήταν ένας δίμετρος βόας συσφιγκτήρας με κόκκινη ουρά που τον έλεγα Pandora και μου τον είχε χαρίσει η Lisa Flynt, η κόρη του Larry. Το άλλο ήταν ένας τρίμετρος θηλυκός πύθωνας με το όνομα Adrianna. Και τα δυο τους ζούσαν στην ντουλάπα του υπνοδωματίου μου, και εμφανίζονται στο βίντεο. Μόλις είχα μετακομίσει στο καινούργιο σπίτι και θυμάμαι ότι την ημέρα του γυρίσματος έστειλα τον Adam να τα φέρει· όταν γύρισε, ήταν εντελώς φρικαρισμένος και χωρίς τα φίδια.

«Χμ... να, προσπάθησα να τα πάρω», είπε με νευρικότητα. «Όμως είναι έξω από τα κλουβιά τους, ελεύθερα, και έχουν λουφάξει πάνω στο κρεβάτι σου». Έτσι αναγκάστηκα να πάω ο ίδιος στο σπίτι για να τα φέρω – κανείς άλλος δεν μπορούσε να το κάνει.

Θυμάμαι καλά εκείνη την ημέρα· είχα αρχίσει να γίνομαι ένας από αυτούς τους πρεζάκηδες μουσικούς που υποθέτουν ότι αυτό που κάνουν είναι τόσο συνηθισμένο και αποδεκτό ώστε το κάνουν δημόσια. Όταν εμφανίστηκα στο γύρισμα, βρέθηκα περιτριγυρισμένος από όλους τους τεχνικούς για τα φώτα και τις κάμερες που δούλευαν όλη μέρα προετοιμάζοντας τη σκηνή, και κλειδώθηκα στο μπάνιο. Πλέον ήμουν ένας κιθαρίστας που η φήμη του προηγείτο της παρουσίας του, και έκανα ό,τι μπορούσα για να το επιβεβαιώσω. Έμεινα εκεί για οκτώ λεπτά και έπειτα βγήκα «φτιαγμένος». Αφού ξάπλωσα στο κρεβάτι άφησα το βόα να τυλιχτεί γύρω μου. Δεν έκανα και πολλά καθώς εκείνοι τραβούσαν το υλικό που χρειάζονταν. Δεν νομίζω ότι είπα λέξη σε κανέναν. Η σκηνή θα πρέπει να ήταν σουρεαλιστική· δεν ήμαστε πια στη δεκαετία του εξήντα, αλλά στα τέλη των 80s. Στα 60s, οι μουσικοί ταξίδευαν με την ακολουθία τους και έκαναν τέτοια τρελά πράγματα. Εγώ ήμουν ο «μοναχικός κιθαρίστας με το φίδι», που έκανε τα δικά του, και γύριζε τη σκηνή του.

ΑΦΟΥ ΕΜΕΙΝΑ ΓΙΑ ΛΙΓΟ ΚΑΙΡΟ ΑΚΟΜΑ ΣΤΟ ΝΟΙΚΙ, έκανα ό,τι θα έκανε οποιοσδήποτε νεόπλουτος: αγόρασα ένα σπίτι ακολουθώντας τη συμβουλή του μάνατζέρ μου. Εξακολουθούσα να μην έχω ιδέα για το μέλλον μου ή τη διαχείριση των οικονομικών μου· δεν είχα ούτε στο ελάχιστο υλικές επιδιώξεις. Εκείνη την εποχή, δεν ξόδευα πολλά· τα χρήματα εξακολουθούσαν να αποτελούν για μένα μια αφηρημένη έννοια. Τα υλικά αγαθά δεν είχαν ποτέ καμία σημασία για μένα, αν και ξαφνικά όλοι γύρω μου είχαν αρχίσει να νοιάζονται γι' αυτά.

Βρήκα ένα σπίτι κοντά στο Laurel Canyon, που ήταν η περιοχή του Los Angeles όπου χαλάρωνε το μυαλό μου και ξαναζωντάνευε τις καλύτερες αναμνήσεις από την παιδική μου ηλικία. Αγόρασα το πρώτο μου σπίτι στην Walnut Drive, που ξεκινάει από το Laurel Canyon και έμεινε στην ιστορία ως Walnut House. Συμπτωματικά, η Walnut Drive ήταν δίπλα στο δρόμο όπου έμενε η τριαντάχρονη που είχε πηδήξει ο Steven σε εκείνο το πάρτι πριν από χρόνια.

Το Walnut House ήταν ένα βολικό διαμέρισμα με δύο υπνοδωμάτια, που χρειαζόταν άμεσα εσωτερική διακόσμηση. Μου φάνηκε λοιπόν πολύ φυσικό να προσλάβω την ομάδα των διακοσμητών που ήταν υπεύθυνη για το styling του βίντεο του «Patience» για να μεταμορφώσουν το καινούργιο μου σπίτι σε ένα ανάλογο «τσιγγάνικο» περιβάλλον. Βρήκαν όλα τα έπιπλα σε παλαιοπωλεία και μαγαζιά με μεταχειρισμένα και όταν τελείωσαν, πήγα να μείνω στο σπίτι της υπεύθυνης Τύπου του συγκροτήματος, της Arlette. Την είχαμε προσλάβει όταν κάναμε εκείνες τις τρεις πρώτες εμφανίσεις μας στο Marquee. Η Arlette είχε αποκτήσει για μένα μητρική διάσταση, ίσως επειδή εκείνη την εποχή ήμουν ένα αδέσποτο κουτάβι. Με άφησε να φέρω στο σπίτι τον Clyde, που έμενε για κάποιο διάστημα με τον Del James, όπως και την Pandora και την Adrianna. Μάλιστα, κουβάλησα και μερικά άλλα φίδια εκεί, στο καθιστικό του μικρού διαμερίσματός της στη γωνία της Synthia με την San Vicente στο Δυτικό Hollywood, όπου η Arlette μένει μέχρι σήμερα. Στάθηκε εκπληκτικά γενναιόδωρη· μέχρι που με άφησε να μεταφέρω εκεί όλα μου τα κατοικίδια. Δυστυχώς, έπρεπε να τα βγάλει πέρα με τον ανεξέλεγκτο εθισμό μου με την ηρωίνη: κάθε βράδυ, κάποιος μυστήριος τύπος ερχόταν και μου χτυπούσε το παράθυρο... ή, για την ακρίβεια, χτυπούσε το παράθυρό της. Ήξερα ότι δεν της άρεσαν και πολύ τα ερπετά, αλλά ακόμα λιγότερο της άρεσε να με βλέπει να μένω ξάγρυπνος όλη νύχτα κάνοντας ενέσεις ηρωίνης και να δέχεται ακάλεστους επισκέπτες στο σπίτι της μέσα στην άγρια νύχτα.

Όμως κάτι περίεργο συνέβη με τα φίδια. Στην αρχή η Arlette τα φοβόταν, αλλά στη συνέχεια, χωρίς να την ενθαρρύνω, έγινε λάτρης τους. Τελικά της χάρισα έναν μικρό βιρμανέζικο πύθωνα που μεγαλώνοντας έφτασε σε μήκος τα πέντε μέτρα. Έγιναν κολλητοί: τον έπαιρνε μαζί της για μπάνιο και του μιλούσε λες και ήταν σκυλί. Ήταν πεισμένη ότι το φίδι ήταν άνθρωπος και καταλάβαινε ό,τι του έλεγε, και οφείλω να πω ότι κι αυτό αντιδρούσε ανάλογα.

Η Arlette ανησυχούσε πολύ για μένα όσο έμενα μαζί της και μου τόνιζε το προφανές: ότι είχα μεταμορφωθεί από πρόσχαρος, ξέγνοιαστος αλκοολικός σε νοσηρός, ακόρεστος πρεζάκιας που δεν θύμιζε σε τίποτε τον Slash που γνώριζε όλα αυτά τα χρόνια. Ήξερα ότι είχε δίκιο· ήξερα ότι δεν έδειχνα καθόλου υγιής, ούτε ένιωθα έτσι άλλωστε. Έμεινα μαζί της τρεις ή τέσσερις μήνες, αλλά έκανα πολύ λίγα πράγματα για να αλλάξω.

Προτίμησα να ασχοληθώ με την ανακαίνιση του σπιτιού μου. Είχε γίνει το τσιγγάνικο οποιοποτείο που ονειρευόμουν: αναπαλαίωσαν όλα τα γύψινα και τα ξύλα του σπιτιού και έβαψαν όλα τα δωμάτια με σκούρες αποχρώσεις. Η κουζίνα είχε ένα βαθύ πράσινο· το αγαπημένο μου μπάνιο όπου έκανα ηρωίνη ήταν κατάμαυρο. Ένα δωμάτιο ήταν βαμμένο στο σκούρο μπλε της νύχτας και το καθιστικό σε σκούρο μοβ. Ένα άλλο δωμάτιο είχε μια απόχρωση σέπιας, λες και ήταν από παλιά ταινία γουέστερν. Αγόρασα επίσης το πρώτο μου αυτοκίνητο για να ταιριάζει με το καινούργιο μου σπίτι: ήταν ένα Honda CRX, και όπως όλα τα αυτοκίνητα που είχα, ήταν κατάμαυρο μέσα έξω.

Εκείνη την εποχή είχα χάσει κάθε έλεγχο. Θυμάμαι που πήγα να συναντήσω τον εργολάβο για να μιλήσουμε για την ανακαίνιση του μπάνιου μου, και σκεφτόμουν ότι μερικές «γραμμές» θα ήταν καλή ιδέα για να σπάσουμε τον πάγο.

Στεκόμαστε στο μπάνιο και μου έδειχνε τη δουλειά που έπρεπε να γίνει.

«Ναι, ναι, πολύ ωραία», είπα. Κατέβασα το καπάκι της λεκάνης και άπλωσα τέσσερις παχιές γραμμές κοκαΐνη. «Θέλεις μία;»

Έδειξε μάλλον ανήσυχος. «Όχι, όχι, ευχαριστώ. Τώρα δουλεύω», είπε.

«Εντάξει, δεν υπάρχει πρόβλημα», είπα. «Θα κάνω και τις δικές σου»

«Όχι, δεν είναι αυτό· η ώρα είναι οκτώ το πρωί», είπε χαμογελώντας μου απολογητικά.

Εκείνη τη στιγμή ενσάρκωνα κάθε εφιαλτικό κλισέ που θα είχε ακούσει εκείνος ο τύπος σχετικά με τους rock stars. Επιπλέον, τον είχα προσλάβει για να μεταμορφώσει το δεύτερο μπάνιο του σπιτιού μου με το μεγάλο γωνιακό τζακούζι σε πελώριο εκτροφείο φιδιών που καταλάμβανε το ένα τέταρτο του δωματίου. Έπρεπε να υψώσει γυάλινους τοίχους από το πάτωμα μέχρι το φεγγίτη για να κυκλώσει την μπανιέρα, που ήταν ήδη υπερυψωμένη, και να κατασκευάσει σκαλοπάτια από πλέξιγκλας ώστε να μπορεί να βλέπει κανείς τα κατοικίδιά μου, όπου κι αν βρίσκονταν κρυμμένα. Δεν έβλεπα την ώρα να το γεμίσω με δέντρα και όλα τα υπόλοιπα που αρέσουν στα φίδια. Στο Walnut House συντηρούσα περίπου ενενήντα φίδια και ερπετά· είχα σαύρες, καομάνους, κάθε είδους ζώο.

Όταν οι εργασίες ολοκληρώθηκαν και μετακόμισα τελικά στο Walnut House, το γιόρτασα με ένα γερό «φτιάξιμο». Είχα ένα μεγάλο ξύλινο ανατολίτικο τραπέζι με περίπλοκα σκαλίσματα και γυάλινη επιφάνεια. Ήταν το μέρος όπου «κόβαμε» κάθε είδους ναρκωτικό, αλλά εκείνη τη νύχτα ο Izzy κι εγώ καθίσαμε εκεί με έναν μόνο γλόμπο ανοιχτό, σε εκείνο τον σκούρο κόκκινο βελούδινο καναπέ. Περιττό να πούμε ότι δεν καθάρισα αμέσως.

Λίγο καιρό αφότου μετακόμισα εκεί, είδα ξανά τη φίλη μου τη Sally. Το κρεβάτι σε εκείνο το σπίτι ήταν ένα πατάρι στον δεύτερο όροφο, σε ένα δωμάτιο που ήταν κατασκότεινο, εκτός από το φως που έριχνε ένα λαμπατέρ δίπλα στο μαξιλάρι. Στη μία άκρη του κρεβατιού είχα κιβώτια γεμάτα περιοδικά και στο εσωτερικό τους είχα προσαρμόσει τηλεκοντρόλ για την τηλεόραση που δέσποζε σε ένα ντουλάπι στη βάση του κρεβατιού. Εκείνο το λαμπατέρ ήταν μια αντίκα με ένα ροζέ καπέλο που έριχνε ένα απαλό φως· το λάτρευα. Τέλος πάντων, θυμάμαι πολύ καλά εκείνη τη νύχτα. Είχα πάει για ύπνο πιο νωρίς απ' ό,τι συνήθως και έξαφνα ξύπνησα με ένα παράξενο προαίσθημα. Άναψα το λαμπατέρ για να καταλάβω τι μου γίνεται και την είδα μπροστά μου. Η Sally ήταν όρθια στα πόδια του κρεβατιού· η σκιά της έπεφτε στο ταβάνι και τον τοίχο. Στην αρχή δεν κατάλαβα ποια ήταν. Πήρα μεγάλη τρομάρα. Σε εκείνη τη φάση της ζωής μου είχα όπλα, αλλά δεν είχα κάποιο μαζί μου εκείνη τη στιγμή και χαίρομαι γι' αυτό. Σε αντίθετη περίπτωση, είναι πολύ πιθανόν να την είχα πυροβολήσει· τόσο με τρόμαξε.

Δεν ήταν εύκολο να μπει μέσα στο σπίτι· έπρεπε πρώτα να πηδήξει ένα φράχτη και να κατέβει μια απότομη σκάλα, και είχε σταθεί αρκετά τυχερή ώστε να βρει το δεύτερο κλειδί μου κάτω από το χαλάκι της πόρτας – βεβαίως, έπειτα απ' αυτό έπαψα να το κρύβω εκεί. Δεν φαινόταν στα καλά της, κι έτσι την άφησα να κοιμηθεί εκεί εκείνο το βράδυ και το πρωί την πήγα στη Laurel Canyon και την άφησα στη γωνία με τη Sunset. Δεν ήταν η τελευταία φορά που την έβλεπα, αλλά ήταν η τελευταία φορά που μπήκε έτσι στο σπίτι μου. Απ' όσα άκουσα, περιπλανήθηκε στο Los Angeles και έμπλεξε σε φασαρίες. Την τελευταία φορά που την είδα ήταν στη Νέα Υόρκη, όπου έκανε παρέα με τον Michael Alig και τη διαβόητη παρέα του Limelight· μετά απ' αυτό, ξαναγύρισε στην Αγγλία. Και τώρα είναι πολύ πιο ευτυχισμένη.

Είναι δύσκολη υπόθεση να περιφέρεσαι στις σκληρές παρυφές της κοινωνίας αν δεν είσαι μουσικός ή κάποιος που έχει ως σκοπό να βρίσκεται εκεί. Όλοι οι άλλοι είναι αναλώσιμοι και τους καταπίνει το κενό. Οι περισσότερες από τις κοπέλες που έβγαιναν μαζί μας εκείνη την εποχή ήταν αθώα κορίτσια που η ζωή τους άλλαξε για πάντα αφότου κάποιος από μας πέρασε απ' αυτή, όσο κι αν κράτησε αυτό το πέρασμα. Εκείνη την εποχή ήμαστε σαν ηλεκτρική σκούπα που ρουφούσε τους ανθρώπους και έπειτα τους έφτυνε· πάρα πολλοί άνθρωποι που βρέθηκαν γύρω μας έπεσαν στον γκρεμό. Κάποιοι πέθαναν, όχι επειδή τους κάναμε εμείς κάτι· ο θάνατός τους ήταν μια παρενέργεια του γεγονότος ότι βρέθηκαν πολύ κοντά στη φλόγα. Οι άνθρωποι έλκονταν από τον παράξενο, αυτοκαταστροφικό τρόπο ζωής μας και πνίγονταν στο παλιρροϊκό ρεύμα που γεννούσε.

Ο STEVEN ΚΑΙ Ο DUFF ΑΓΟΡΑΣΑΝ ΣΠΙΤΙΑ ΚΟΝΤΑ ΣΤΟ ΔΙΚΟ ΜΟΥ, λίγο πιο πάνω από τη Mulholland Drive, στην πλευρά του Laurel Canyon που ανήκει στο Valley. Βρίσκονταν στα δύο άκρα του ίδιου δρόμου.

Όπως προανέφερα, ο Steven έστηνε τη δική του εκδοχή οικιακής ζωής με κάποιο κορίτσι, ενώ ο Duff και η μελλοντική του σύζυγος, η Mandy, ξεκινούσαν την κοινή τους ζωή. Ο Duff ήταν πάντα πολύ καλός στο να διατηρεί ένα σπιτικό· ποτέ δεν υπέκυψε στον πλανόδιο τρόπο ζωής που ακολουθούσα εγώ. Μπορεί να έμενα λιγότερο από τρία χιλιόμετρα από αυτούς, αλλά δεν τους έβλεπα και πολύ συχνά. Αν πουλούσαν ναρκωτικά, είμαι σίγουρος ότι θα συνέβαινε το αντίθετο.

Αφού το σκέφτηκα, κατάλαβα ότι έπρεπε να «καθαρίσω» λιγάκι εφόσον ήθελα να ξαναρχίσω πρόβες. Ο Duff δεν ήθελε να γράφει κομμάτια μαζί μου όταν ήμουν «φτιαγμένος» και δεν τον κατηγορούσα γι' αυτό. Όταν κάποια στιγμή εμφανίστηκε έλλειψη από ναρκωτικά στο Los Angeles, και αυτό μου δημιούργησε πρόβλημα, η υποσυνείδητη ανάγκη μου να παίξω υπερνίκησε τη δίψα μου για ναρκωτικά. Κλειδώθηκα σπίτι μου και με τη βοήθεια του Dr. Stoli [Σ.τ.Μ.: σύντμηση του «Stolichnaya»] και των βοηθών του τα έβγαλα πέρα με το στερητικό.

Μόλις έκοψα την πρέζα, ο Duff κι εγώ ξαναβρεθήκαμε και σχεδιάσαμε να αρχίσουμε πρόβες. Σε εκείνη τη φάση, το κάναμε χωρίς κάποια επιβεβαίωση από τον Axl. Τα μόνα μηνύματα που έπαιρνα απ' αυτόν έρχονταν από τους μάνατζερ μέσω του Doug Godlstein, ο οποίος μιλούσε με τον Axl σε τακτική βάση.

Δεν είχε σημασία που δεν ήμαστε όλοι· ο Steven, ο Duff κι εγώ αρχίσαμε να τζαμάρουμε στο Mates, το αγαπημένο μας στέκι. Ο Izzy δεν ήταν και πολύ πρόθυμος να μας ακολουθήσει: περνούσε πάρα πολύ καιρό γύρω απ' το σπίτι του Bill και βάδιζε σε ένα μονοπάτι εξίσου σκοτεινό με το δικό μου. Πού και πού ερχόταν στις πρόβες, αλλά ποτέ δεν τον περιμέναμε. Τουλάχιστον προσπαθούσαμε να είμαστε παραγωγικοί· δεν είχα ιδέα με τι καταπιανόταν εκείνη την εποχή ο Axl επειδή δεν μιλούσαμε, ίσως επειδή κάποιοι από μας είχαμε χάσει τελείως τον έλεγχο από «χημική» άποψη.

Το αλκοόλ έγινε ξανά το επίκεντρο του κόσμου μου. Γυρνούσα σπίτι από την πρόβα εντελώς λιώμα, ανεβαίνοντας τη Laurel Canyon με αντικανονικές προσπεράσεις. Έτρεχα με εκατόν πενήντα χιλιόμετρα την ώρα με το μικρό Honda CRX μου· αν είχα χτυπήσει κάπου, θα ήμουν νεκρός. Χαίρομαι που δεν χτύπησα κάποιον, που δεν με συνέλαβαν και είμαι ακόμα ζωντανός – κάποιος με προσέχει, με δεδομένες όλες αυτές τις φορές που έφτασα τόσο κοντά στο θάνατο και κατάφερα να βγω ζωντανός.

Μια ξεχωριστή νύχτα έστριψα από τη Laurel Canyon στην Kirkwood, το δρόμο που οδηγούσε στην οδό που έμενα, την Walnut Drive. Στην Walnut υπήρχε ένα αυτοκίνητο που ετοιμαζόταν να στρίψει αριστερά στην Kirkwood. Είχε βγει πολύ έξω, ήταν σχεδόν στη λωρίδα μου· και όπως το έβλεπα, μου έκλεινε το δρόμο. Αντί να σταματήσω ή να κόψω ταχύτητα, έπεσα επάνω του – επίτηδες.

Προσπάθησα να κάνω όπισθεν και να φύγω, αλλά τα αμάξια μας είχαν κολλήσει· τον είχα πετύχει στον πίσω δεξί τροχό και η μούρη του αυτοκινήτου μου είχε κολλήσει στο δικό του. Τότε σκέφτηκα ότι ίσως δεν θα έπρεπε να το είχα κάνει.

Κάθισα εκεί, προσπαθώντας να κάνω πίσω, αλλά το μόνο που κατάφερα ήταν να κάνω τον προφυλαχτήρα μου κομμάτια γιατί είχε σφηνωθεί στο αμάξι του τύπου. Τότε βγήκε και πλησίασε στο παράθυρό μου.

«Λοιπόν;» ρώτησα, και τον κοίταξα για λίγο με μισόκλειστα μάτια.

Ο τύπος βρομούσε αλκοόλ. Ήταν εντελώς λιώμα και με κοιτούσε μπερδεμένος.

«Είσαι τύφλα», είπε, μασώντας τα λόγια του.

«Όχι, δεν είμαι», είπα. «*Εσύ* είσαι τύφλα».

Άναψα ένα τσιγάρο και καταλήξαμε στη διαπίστωση ότι είμαστε τόσο μεθυσμένοι και οι δύο που το να καλέσουμε την αστυνομία ήταν μάλλον κακή ιδέα.

«Έχεις ασφάλεια;» με ρώτησε ο τύπος. «Εγώ όχι».

«Άκου... δεν υπάρχει περίπτωση να μπω σε μπλεξίματα με την αστυνομία», είπα.

«Ας κάνουμε ότι δεν συνέβη ποτέ», είπε εκείνος.

«Δεν υπάρχει πρόβλημα».

Καταφέραμε να ξεκολλήσουμε τα αυτοκίνητά μας· ο τύπος έγινε καπνός και εγώ ανέβηκα όσο πιο γρήγορα μπορούσα τον μικρό λόφο. Έβαλα το αμάξι στο γκαράζ και κάθισα άπραγος για ένα λεπτό. Η καρδιά μου χτυπούσε δυνατά καθώς συνειδητοποιούσα τι θα μπορούσε να είχε συμβεί. Είχα μια καλοδεχούμενη στιγμή διαύγειας: οι επιπτώσεις μιας άτυχης στιγμής θα μπορούσαν να είχαν φρενάρει τα πάντα.

Δεν χρειαζόταν μάντης για να καταλάβουμε ότι αν θέλαμε να ξαναγίνουμε συγκρότημα, ο Izzy, ο Duff, ο Steven κι εγώ έπρεπε να γράψουμε καινούργιο υλικό και να κινήσουμε ξανά το ενδιαφέρον του Axl, ώστε να γίνει ξανά μέλος της ομάδας. Είχαμε αρχίσει να δουλεύουμε κάποια κομμάτια, αλλά έπρεπε να επιταχύνουμε το ρυθμό και να μείνουμε προσηλωμένοι. Σχεδόν τα είχαμε καταφέρει· το πράγμα γινόταν ξανά συναρπαστικό. Η αρχική λαχτάρα ξαναγύριζε και η φωτιά έμενε ζωντανή. Ήθελα να κάνουμε τη μουσική των Guns βασική μας προτεραιότητα.

Συνεχίσαμε τις πρόβες, και μόλις καταφέραμε να μαζέψουμε μερικά τραγούδια πήγαμε στο σπίτι του Izzy στη γωνία Valley Vista και Sepulveda για να παίξουμε παρέα και να δούμε τι είχε στο μυαλό του. Δεν χρειάστηκε και πολύ για να καταλάβω: όταν πήγα στο μπάνιο για να κατουρήσω, πρόσεξα ότι η μπανιέρα και ο νιπτήρας του είχαν ένα στρώμα σκόνης ένα εκατοστό πάχος. Είχε εβδομάδες να τα χρησιμοποιήσει – τόσο «φευγάτος» ήταν ο Izzy. Μέχρι και ο Axl εμφανίστηκε εκείνη την ημέρα και αρχίσαμε να δουλεύουμε ένα τραγούδι που κατέληξε να γίνει το «Pretty Tied Up». Θυμάμαι ότι ο Izzy είχε πάρει ένα πιατίνι, ένα σκουπόξυλο και μερικές χορδές και είχε φτιάξει μ' αυτά ένα σιτάρ. Ήταν εντελώς κομμάτια.

Δεν χρειάστηκε να τον συνεφέρουμε· μια νύχτα πήρε τέτοια τρομάρα που ήρθε μεμιάς στα ίσια του. Ό,τι κι αν συνέβη, τάραξε τόσο τον Izzy, ώστε δεν είχε διάθεση ούτε να μιλήσει γι' αυτό. Τηλεφώνησε στον μπαμπά του, ο οποίος ήρθε από την Indiana και τον πήρε πίσω στο σπίτι της οικογένειας, και έτσι ο Izzy καθάρισε. Από τότε είναι καθαρός.

Οι υπόλοιποι συνέχισαν να δουλεύουν, και μόλις είχαμε κάποιο υλικό στα χέρια μας και είχαμε αρχίσει να επικοινωνούμε με τον Axl, μας είπε ότι εκείνος και ο Izzy ήθελε να γράψουμε το επόμενο άλμπουμ στην Indiana. Καταλάβαινα το γιατί: και οι δυο τους είχαν φύγει από την Indiana αμέσως μόλις μπόρεσαν να έρθουν στο Los Angeles, και ποτέ δεν έδειχναν πολύ ενθουσιασμένοι στην ιδέα να γυρίσουν πίσω. Όπως και να 'χει, η κατάστασή μας ήταν τόσο απρόβλεπτη που δεν είχα σκοπό να μετακομίσω σε κάποιο καλαμποκοχώραφο χωρίς καμία εγγύηση ότι θα κάναμε κάτι. Σκοπός τους ήταν να βρεθούμε μακριά από τους πειρασμούς του Los Angeles και αυτό το καταλάβαινα· ο Axl ήθελε να πάμε κάπου όπου θα μπορούσαμε να έχουμε την ησυχία μας και να προσηλωθούμε στο γράψιμο. Αυτό ήθελα να κάνω κι εγώ, αλλά τουλάχιστον σε μία μεγάλη πόλη· έτσι στο τέλος συμφωνήσαμε να πάμε στο Chicago. Ήταν αρκετά κοντά στην Indiana ώστε ο Izzy να έρθει να μας βρει όταν θα ένιωθε έτοιμος, ενώ σε περίπτωση που ένιωθε ότι η προσπάθειά του κινδύνευε, θα ήταν εύκολο να γυρίσει πίσω.

Ο Doug Goldstein και εγώ πήγαμε στο Chicago για να βρούμε πού θα μπορούσαμε να μείνουμε και να κάνουμε πρόβες. Διαλέξαμε το Cabaret Metro, το διάσημο rock κλαμπ στο βόρειο μέρος της πόλης. Είναι ένας χώρος συναυλιών που στο υπόγειο στεγάζει ένα ξεχωριστό κλαμπ που λέγεται Smart Bar, και έχει επίσης ένα θέατρο στον επάνω όροφο. Ήταν τέλειο· κάναμε κατάληψη στο θέατρο και όταν τελειώναμε την πρόβα, στο υπόγειο μας περίμενε το πιο cool μπαρ του κόσμου. Για τη διαμονή μας νοικιάσαμε ένα διώροφο τούβλινο κτίριο λίγα χιλιόμετρα πιο κάτω, στην οδό Clark, δίπλα στις υπερυψωμένες ράγες του τρένου.

Μετακομίσαμε όλοι εκεί, μαζί με τους τεχνικούς μας Adam Day και

Tom Mayhew, τον μάνατζέρ μας και το σωματοφύλακά μας, Earl. O Duff, ο Steven και οι τεχνικοί έμειναν στο ισόγειο και ο Axl, ο Izzy κι εγώ πήγαμε στον πάνω όροφο. Μου έκατσε καλά που ήμουν στον πάνω όροφο γιατί ήταν όλος δικός μου· ο Axl ήρθε ένα μήνα αργότερα και ο Izzy ήταν εκεί για λιγότερο από μία ώρα τη μέρα. Γενικά κανείς δεν ξέρει εκ των προτέρων πόσο χρόνο θα πάρει στον Axl να αποφασίσει τι θα κάνει από τη στιγμή που θα συλλάβει μια ιδέα μέχρι να την πραγματοποιήσει· αυτό ακριβώς κάνει την όλη φάση ενδιαφέρουσα. Μπορεί αυτό που κάναμε να μην ήταν ο συνηθισμένος τρόπος που δουλεύαμε, αλλά ήταν μια αρχή.

Για κάποιο διάστημα, δεν είχε σημασία για μένα το ότι είχαμε μετεγκαταστήσει ολόκληρο το συγκρότημα με σκοπό να ικανοποιήσουμε τους μόνους δύο τύπους που δεν ήταν μαζί μας. Μέχρι τότε, ο Duff κι εγώ είχαμε αρχίσει να γινόμαστε δυο ενθουσιώδεις κοινωνικοί πότες, γιατί τα χιλιόμετρα με τα μπαρ στη North Clark Street ήταν ένα καινούργιο γήπεδο για μας – όλα σε απόσταση αναπνοής. Το προσωπικό μου επίπεδο κατανάλωσης εκείνη την εποχή ήταν μισό γαλόνι Stolichnaya τη μέρα, μαζί με ό,τι κατανάλωνα όταν έβγαινα τα βράδια. Ξυπνούσα το πρωί και γέμιζα ένα μεγάλο πλαστικό ποτήρι με 85% βότκα, πάγο και χυμό βατόμουρο. Το έλεγα «πρωινό των πρωταθλητών». Ο Duff ανήκε στον ίδιο όμιλο, μόνο που νομίζω ότι έφτιαχνε το ποτό του, το γέμιζε με πάγο προτού πάει για ύπνο και το άφηνε δίπλα στο μαξιλάρι του· έτσι ο πάγος το κρατούσε αρκετά κρύο ενόσω κοιμόταν, και το πρωί ήταν ωραίο και δροσερό.

Κάθε μέρα καθόμουν στο πάτωμα και ρουφούσα το πρωινό μου βλέποντας τηλεόραση, μέχρι οι υπόλοιποι να ετοιμαστούν για την πρόβα. Το απόγευμα –μερικές φορές και το βράδυ– τζαμάραμε στο Metro, και έπειτα περνούσαμε την υπόλοιπη νύχτα μπαινοβγαίνοντας στα μπαρ. Στην ουσία απλώς τα πίναμε στα μπαρ, ενώ πού και πού γράφαμε και κάποιο riff ή κάποια μέρη από τραγούδια. Όταν δουλεύαμε, ήμαστε προσηλωμένοι στο έργο μας, αλλά δεν μπορούσαμε να ολοκληρώσουμε οποιαδήποτε ιδέα μας χωρίς την παρουσία όλων των «παικτών».

Έχω μάθει πως είναι βασικό για ένα συγκρότημα, όλα τα μέλη του να είναι διαρκώς παρόντα – όταν γράφαμε το τελευταίο άλμπουμ των Velvet Revolver, το *Libertad,* ο παραγωγός μας Brendan O'Brien επέμενε σ' αυτό. Όλα τα μέλη των Guns ήταν προσηλωμένα εκείνη την εποχή στο συγκρότημα –μέχρι και ο Axl–, αλλά δεν είχαμε σταθερούς κώδικες συνεργασίας ούτε κάποια ιδέα για το πώς έπρεπε να διαχειριστούμε τη δημιουργική μας έφεση. Η επιθυμία ήταν παρούσα, αλλά χρειαζόμαστε *κανόνες.* Αν κάποιος από μας δεν ερχόταν στην πρόβα, δουλεύαμε έτσι κι αλλιώς, και αυτό ήταν ένα από τα πολλά πράγματα που μας εμπόδιζαν να δουλέψουμε κανονικά. Αν μη τι άλλο, ο Duff κι εγώ θέλαμε να πίνουμε όλη την ώρα και το θεωρούσαμε φυσιολογικό, επειδή δεν μπλεκόταν με τη δουλειά μας, αλλά η μανία μας για αλκοόλ έπαιρνε τόσο ανεξέλεγκτες διαστάσεις εκτός προβών, που αποθάρρυνε τον Izzy. Δεν του ήταν ευχάριστο να είναι μπροστά σε τέτοιες συμπεριφορές, κάτι που συνεχίζει να ισχύει μέχρι σήμερα. Εκείνη την εποχή δεν το γνωρίζαμε, αλλά ακόμα και αν το γνωρίζαμε, μπορεί να μη μας ένοιαζε – το μόνο που ξέραμε ήταν ότι δεν ερχόταν στη δουλειά, και αυτό δεν μπορούσαμε να το ανεχτούμε. Είμαι σίγουρος ότι και ο Axl είχε τους δικούς του λόγους για να κάνει ό,τι έκανε. Όμως δεν υπήρχε ικανοποιητική γραμμή επικοινωνίας μεταξύ μας για κάποιο από αυτά τα ζητήματα, κι έτσι το αποτέλεσμα ήταν σοβαρές παρεξηγήσεις. Καθώς τέτοια σημεία ενδιαφέροντος δεν γίνονταν ποτέ θέμα συζήτησης και δεν έγινε ποτέ μια κουβέντα σχετικά με το πώς έπρεπε να ορίσουμε το πρόγραμμά μας έτσι ώστε να λαμβάνονται υπόψη οι ανάγκες όλων, συνεχίσαμε να κάνουμε τα πράγματα με τον ίδιο τρόπο που τα κάναμε στο παρελθόν, κάτι που –με δεδομένο ότι είχαμε όλοι αλλάξει– προκαλούσε σοβαρές εσωτερικές εντάσεις.

Αντί να σκεφτούμε μια καινούργια μέθοδο για να αντιμετωπίσουμε τα προβλήματά μας, τα αφήσαμε να γίνουν χιονοστιβάδα. Σε τέτοιες περιπτώσεις χρειάζεται ένας καλός μάνατζερ για να ανατρέψει την κατάσταση, αλλά δεν διαθέταμε κάτι τέτοιο. Σε όλη τη διαδικασία, ο Doug και η εταιρεία μάνατζμεντ μας ήταν άχρηστοι· δεν φαίνονταν να έχουν διάθεση να ασχοληθούν. Ο Alan εξακολουθούσε να είναι επικεφαλής, και ο Doug φρόντιζε τα καθημερινά μας ζητήματα· το μόνο που έκανε ήταν να μας διευκολύνει και να μας παρέχει αυτά που θέλαμε. Η στάση τους σήμαινε ότι υποτίθεται πως έπρεπε να ξέρουμε οι ίδιοι πώς να χειριστούμε την κατάσταση. Και το είχαμε κάνει· είχαμε επιτύχει τη δημιουργικότητα χωρίς τη βοήθεια κανενός... μόνο όμως όταν ζούσαμε μαζί ως ένα, ενώ ταυτόχρονα ζούσαμε πέντε διαφορετικές ζωές. Τώρα που είχαμε γίνει ένα συγκρότημα που έπρεπε να οργανωθεί, και είχαμε ο καθένας διαφορετική οπτική γωνία, αυτή η δυναμική εξαφανίστηκε. Δεν μπορείς να κατηγορήσεις κανέναν: κάναμε ό,τι καλύτερο μπορούσαμε.

Έπρεπε να συνεχίσουμε χωρίς την παρουσία του Axl, και θεωρήσαμε την απουσία του ένδειξη έλλειψης σεβασμού. Αυτή η έλλειψη σεβασμού μεγάλωσε και έγινε τέτοια δυσφορία που όταν τελικά ο Axl εμφανίστηκε, οι υπόλοιποι ήμαστε χολωμένοι μαζί του. Ήμαστε ένα συγκρότημα εκτός ελέγχου που διέθετε ακεραιότητα, αλλά είχε χάσει την ικανότητα να τη διοχετεύει: όσο και να προσπαθούσαμε, δεν μπορούσαμε να συντονιστούμε στο ίδιο μήκος κύματος. Επίσης, δεν κάναμε καμία προσπάθεια να χειριστούμε τα πράγματα ως ενήλικοι. Τώρα που το ξανασκέφτομαι, δεν πιστεύω ότι το κάναμε από αθωότητα ή αφέλεια, αλλά όλοι βάλαμε συνειδητά ένα χέρι να γίνει αυτό που έγινε. Κανείς από μας δεν σταματούσε μια στιγμή για να ρωτήσει τους άλλους ή τον ίδιο του τον εαυτό: «Πώς το κάνουμε αυτό; Πώς γίνεται να είμαστε όλοι μαζί και να δουλεύουμε και να είμαστε ικανοποιημένοι;» Έπρεπε να είμαστε σαφείς· αν κάτι δεν λειτουργούσε, έπρεπε να συνεχίσουμε την προσπάθεια να το κάνουμε να λειτουργήσει. Όμως εμείς δεν το πράτταμε. Εκτός από το γεγονός ότι οι μάνατζερ δεν ανέλαβαν να πάρουν την κατάσταση στα χέρια τους, ο μεγαλύτερος καταλύτης για το χαμό του γκρουπ ήταν η έλλειψη επικοινωνίας ανάμεσα στα μέλη του.

Πρέπει να παραδεχθώ ότι ήμουν βλάκας και ξεροκέφαλος. Δεν ήθελα να είμαι πάντα εγώ αυτός που υποχωρεί. Μας θεωρούσα ίσους, και κατέβαλλα συνειδητή προσπάθεια για να κάνω τα πράγματα να λειτουργήσουν, αλλά δεν είχα τις προϋποθέσεις για να καταλάβω τι περίμενε ο Axl, ούτε την υπομονή να καθίσω και να του μιλήσω επ' αυτού. Όπως συμβαίνει σε κάθε σχέση, όταν κάποιος ξυπνάει την κακή σου πλευρά, είναι δύσκολο να δείξεις κατανόηση. Οι αμυντικοί μου μηχανισμοί είχαν μπει σε πλήρη λειτουργία. Με όλα αυτά σε εξέλιξη, ήταν πολύ πιο εύκολο να απολαμβάνω το καλοκαίρι του Chicago, επειδή τα μπαρ ήταν εξαιρετικά ελκυστικά.

Στον άπειρο ελεύθερο χρόνο που είχα στη διάθεσή μου, ο Duff κι εγώ κάναμε ό,τι μπορούσαμε για να κρατηθούμε σε φόρμα. Είχα πάρει μαζί ένα από τα BMX μου και πήγαινα μ' αυτό από το διαμέρισμα στο χώρο που κάναμε πρόβες, υπερπηδώντας κάθε εμπόδιο στο πεζοδρόμιο. Ήταν καλή εξάσκηση. Μερικές ημέρες ο Duff κι εγώ πηγαίναμε στο γυμναστήριο, συνήθως έπειτα από την πρωινή μας βότκα. Πηγαίναμε σε ένα από τα μεγάλα γυμναστήρια της YMCA μαζί με το σωματοφύλακά μας, τον Earl, για να σηκώσουμε βάρη. Φορούσαμε τα τζιν μας, και στα διαλείμματα καπνίζαμε σαν τσιμινιέρες – ήταν πολύ αναζωογονητικό. Στο καπάκι κουλάραμε πίνοντας κοκτέιλ σε ένα sports bar. Δεν είχε σημασία πόσο διάσημοι ήμαστε στο Los Angeles, ούτε πόσους δίσκους είχαμε πουλήσει, ούτε πόσες συναυλίες είχαμε δώσει· στο Chicago ήμαστε ένα τίποτα. Για τους φίλους που κάναμε στα μπαρ, δεν ήμαστε παρά τυπικοί μέσοι Αμερικανοί, και δεν υπάρχει μεγαλύτερος παράδεισος για τους τυπικούς μέσους Αμερικανούς από τα sports bars της North Clark Street.

Κάθε νύχτα πηγαίναμε στο Smart Bar, που ήταν πολύ cool, αλλά το σκηνικό εκεί ήταν διαφορετικό απ' ό,τι στο Los Angeles. Μιλάμε για το 1990, και το μέρος εκείνο ξεχείλιζε από techno και industrial μουσική όπως αυτή που έπαιζαν οι Ministry και οι Nine Inch Nails. Δεν κολλάγαμε και πολύ με τους θαμώνες, επειδή ήταν εμφανές ότι ανήκαμε σε άλλη κατηγορία, παρ' όλα αυτά δημιουργήσαμε έναν κύκλο από φίλους. Είχαμε δεκάδες κορίτσια· εκείνο το μέρος ήταν πραγματικός παράδεισος από αυτή την άποψη, αλλά τελικά κατέληξα σε ένα. Την έλεγαν Megan· ήταν δεκαεννιά χρονών. Η Megan ζούσε με τη μαμά και τον μικρότερο αδελφό της σε ένα κοντινό προάστιο και ήταν ένα γλυκό κορίτσι με μεγάλο στήθος και εξωτική ομορφιά.

Άρχισα να στήνω μια ωραία, ζεστή σχέση μαζί της, και άρχισα να συνηθίζω τη ρουτίνα τού να τζαμάρουμε επί ώρες την ημέρα και να βγαίνω μαζί της τις νύχτες. Τότε εμφανίστηκε ο Axl, και ο ερχομός του άλλαξε τις ισορροπίες αμέσως. Παρά τη δυσφορία μας, χαρήκαμε τόσο που τον είδαμε, ώστε κανείς δεν ήθελε να επιβαρύνει την κατάσταση στηλιτεύοντας την αργοπορία του. Αρχίσαμε να δουλεύουμε μαζί του τις ημέρες που ερχόταν στις πρόβες, αλλά δεν ήμαστε σίγουροι ποιες θα ήταν εκείνες οι ημέρες. Αν αποφασίζαμε να αρχίσουμε να τζαμάρουμε στις τέσσερις ή τις έξι το απόγευμα, μπορεί εκείνος να εμφανιζόταν στις οκτώ ή στις εννιά, ή και καθόλου. Όταν ερχόταν, ο Axl συνήθως χάζευε στο πιάνο ή καθόταν και άκουγε μερικές από τις ιδέες που είχαμε δουλέψει. Παρ' όλα αυτά, καταφέραμε να βγάλουμε μερικά καλά κομμάτια: Τα «Estranged», «Bad Apples» και «Garden of Eden».

Σε γενικές γραμμές, πίστευα ότι ο καιρός που περάσαμε στο Chicago ήταν μεγάλη σπατάλη χρόνου, κάτι που αποτελούσε σημείο τριβής ανάμεσα σε μένα και τον Axl. Έμοιαζε να πιστεύει ότι πραγματικά πηγαίναμε κάπου και ότι εγώ ήμουν αυτός που τα κατέστρεφε όλα. Ίσως να ένιωθα διαφορετικά εάν ήταν συνεχώς παρών, αλλά έπειτα από σχεδόν οκτώ εβδομάδες –έξι από τις οποίες χωρίς αυτόν– πίστευα ότι είχαμε βγάλει αρκετό υλικό, και δεν ήμουν διατεθειμένος να περιμένω για να διαπιστώσω εάν μπορούσαμε να συνεχίσουμε με συνέπεια. Η ατμόσφαιρα μεταξύ μας ήταν πολύ βαριά και δεν συνέβαλλε στην αληθινή δημιουργία. Επίσης, δεν μπορούσα να αγνοήσω πόσο επιπόλαιοι δείχναμε με τα χρήματά μας: είχαμε μετακομίσει ολόκληρη την επιχείρησή μας στο Midwest και δεν είχαμε βγάλει παρά λίγα ολοκληρωμένα τραγούδια και μερικές βασικές ιδέες, πολλές από τις οποίες τις είχαμε ήδη από το Los Angeles.

Όταν ήρθε ο Axl προσπάθησα να παραμείνω στην πορεία, αλλά δύο περιστατικά με έκαναν να βάλω ένα τέλος στην περίοδό μας στην Πόλη των Ανέμων. Το πρώτο συνέβη μια νύχτα που γυρίσαμε σπίτι έπειτα από μεθύσι και βρήκαμε στο πεζοδρόμιο μπροστά στο διαμέρισμά μας μια μεγάλη ποσότητα από φαγητά ιταλικής κουζίνας. Είδα το χάος από ψηλά, επειδή θυμάμαι ότι εκείνη τη νύχτα επέμενα να είμαι ξαπλωμένος στη σκεπή του αυτοκινήτου καθώς γυρίζαμε από μπαρ σε μπαρ. Το αγαπημένο μας ιταλικό εστιατόριο βρισκόταν στη γωνία, και προφανώς ο Axl είχε αδειάσει ολόκληρο το δείπνο του συγκροτήματος σε κάτι τύπους που είχαν ανακαλύψει ότι μέναμε εκεί και τον τσιγκλούσαν με φωνές από το δρόμο. (Παρεμπιπτόντως, το συγκεκριμένο περιστατικό δεν στάθηκε η έμπνευση για τον τίτλο του *The Spaghetti Incident*· αυτό προήλθε από μία από τις καταγγελίες του Steven εναντίον της μπάντας, τις οποίες διατύπωνε στη μήνυσή του –θα φτάσουμε σ' αυτό εντός ολίγου– αφού τον διώξαμε από την μπάντα. Δεν είμαι σίγουρος τι ακριβώς υποστήριζε... Νομίζω ότι ο Axl τού πέταξε μια μακαρονάδα στα μούτρα, μάλλον επαναλαμβανόμενο σκηνικό εκείνα τα χρόνια.)

Τέλος πάντων, αφού ο Axl άδειασε το δείπνο μας σε εκείνους τους χαβαλέδες, έκανε γυαλιά καρφιά την κουζίνα και έπειτα έσπασε κάθε γυάλινο αντικείμενο που υπήρχε στο διαμέρισμα. Και, όπως ανακαλύψαμε μερικές μέρες αργότερα, κάποια στιγμή στη διάρκεια της κρίσης του, έφτασε ο Izzy οδηγώντας από την Indiana. Έριξε μια ματιά στα τεκταινόμενα από το δρόμο, έκανε στροφή επί τόπου και έφυγε αμέσως, χωρίς καν να μπει στο κτίριο.

Υποθέτω ότι οι υπόλοιποι θα έπρεπε να είχαμε καταλάβει ότι ο Axl ήταν δυστυχισμένος και προσπαθούσε να το δείξει από εκείνο το πρώτο περιστατικό, αλλά είχαμε πια φτάσει σε τέτοιο σημείο που τον αφήσαμε να κάνει τα δικά του και το αγνοήσαμε. Ποιος ξέρει, εάν ακούγαμε με μεγαλύτερη προσοχή αυτό που ήθελε να κάνει και αντιδρούσαμε με καλύτερο τρόπο, ίσως να μην είχε φρικάρει τόσο άσχημα. Ωστόσο, ποιος μπορούσε να δει βαθιά μέσα στη ψυχή του τους λόγους που τον έκαναν δυστυχισμένο; Εμφανίστηκε με μια πικρόχολη διάθεση που έμοιαζε να πηγάζει από κάποια ισχυρή εσωτερική πίεση. Όμως, για να είμαστε ειλικρινείς, τότε ανησυχούσα περισσότερο για τον Steven παρά για τον Axl. Είχε γίνει μεγάλο πρόβλημα· έπαιρνε «κιλά» κόκας και το παίξιμό του είχε γίνει ασταθές. Στην αρχή δεν το κατάλαβα· έκρυβε την κοκαΐνη του στο ψυγείο του δωματίου του ισογείου όπου έμενε.

Αράζαμε παρέα και όλοι μοιραζόμαστε λίγη κοκαΐνη, αλλά δεν μπορούσα να καταλάβω γιατί ο Steve ήταν πάντα πολύ περισσότερο λιώμα απ' ό,τι οι υπόλοιποι. Με μια παράξενη λάμψη στα μάτια του έλεγε: «Έι, φίλε... στη βουτυριέρα...» και έδειχνε το ψυγείο.

«Εντάξει, Steve. Έγινε», έλεγα. Πήγαινα στο ψυγείο, έβαζα ένα ποτό, και γυρνούσα χωρίς να έχω παρατηρήσει κάτι αξιοσημείωτο. Δεν καταλάβαινα ότι ήθελε να κοιτάξω στη βουτυριέρα. Ήταν τόσο λιώμα που δεν τον έπαιρνα στα σοβαρά.

«Είδες;» με ρωτούσε με ένα παρανοϊκό χαμόγελο. Έπειτα συνέχιζε να δείχνει προς το ψυγείο και έλεγε: «*Βουτυριέρα*...»

«Ναι, φίλε, την είδα», έλεγα. «Έχεις πολύ ωραίο ψυγείο... και πολύ ωραία βουτυριέρα».

«Βουτυριέρα».

«Λοιπόν, Steve... τι προσπαθείς να πεις;»

Τελικά, το ανακάλυψε ο Tom Mayhew. Ο Steven είχε μια μεγάλη ποσότητα κοκαΐνης στη βουτυριέρα του.

Κάπου εκεί, κατάλαβα ότι είχαμε αρχίσει όλοι να «κλατάρουμε». Όσο έλεγχο κι αν νόμιζα ότι ασκούσαμε εγώ ή οποιοσδήποτε άλλος, συνειδητοποίησα ότι ο Steven είχε πάρει ένα δρόμο χωρίς επιστροφή. Αμέσως μόλις τελείωσε η διαμονή του γκρουπ στο Chicago, εγώ και ο Steven αρχίσαμε να έχουμε όλο και λιγότερες επαφές· όταν γυρίσαμε στο Los Angeles, απομονώθηκε πλήρως. Σε συλλογικό επίπεδο ήμαστε πολύ κοντά, ένα συγκρότημα-συμμορία, αλλά στη διάρκεια των δύο χρόνων που περάσαμε περιοδεύοντας, ανάμεσά μας είχε αναπτυχθεί μία απόσταση που όλο και μεγάλωνε.

Μία από τις λίγες κοινές αναφορές μας εκείνη την εποχή ήταν η αγάπη μας για το δίσκο των Faith No More, *The Real Thing*. Ήταν το soundtrack ολόκληρου του ταξιδιού. Έπαιζε όλη την ώρα στα στερεοφωνικά των διαμερισμάτων μας.

Συνέβη όμως και κάτι άλλο· τελικά, γι' αυτό έφυγα. Η σταγόνα που έκανε το ποτήρι να ξεχειλίσει είχε σχέση με κάτι κορίτσια που έφεραν στο σπίτι μας μια νύχτα. Το κορίτσι μου η Megan είχε βγει και εγώ ήμουν αραχτός στο κρεβάτι μου. Αργά τη νύχτα, άκουσα φασαρία· άνθρωποι έμπαιναν στο σπίτι, και περνώντας μπροστά από το υπνοδωμάτιό μου κατέληγαν στο δωμάτιο του Axl. Μέχρι εκείνη τη στιγμή, ο Axl είχε περάσει τις περισσότερες νύχτες εκεί μόνος του, μιλώντας ασταμάτητα στο τηλέφωνο. Όμως εκείνη η νύχτα ήταν διαφορετική.

Το δωμάτιό μου βρισκόταν στο μπροστινό μέρος του διαμερίσματος, και χωριζόταν από το δωμάτιο του Axl από το καθιστικό μας και έναν μακρύ διάδρομο. Έτσι, πήγα εκεί για να δω τι συνέβαινε· είδα ότι ο σωματοφύλακάς μας ο Earl, ο Tom Mayhew, ο Steve και ο Axl είχαν φέρει μαζί τους δύο πρόσχαρα κορίτσια του Chicago.

Αράξαμε όλοι παρέα, και κάποια στιγμή έπεσε η πρόταση τα κορίτσια να κάνουν έρωτα με όλους μας. Εκείνες δήλωσαν διατεθειμένες να πάρουν πίπα σε όλους όσοι βρίσκονταν στο δωμάτιο, κάτι που μου φάνηκε λογικό, αλλά δεν ήθελαν να πηδηχτούν μαζί μας. Για κάποιο λόγο, η στάση τους τσάντισε τον Axl. Τα κορίτσια είχαν ένα πολύ έξυπνο σκεπτικό, από τη σκοπιά τους, αλλά ο Axl είχε άλλη γνώμη. Η αντιπαράθεση συνεχίστηκε για λίγο, σε χαλαρό κλίμα, αλλά ξαφνικά ο Axl εξερράγη. Πέταξε έξω τις κοπέλες με τέτοια παραφορά, που έπαθα σοκ. Ο τρόπος που αντέδρασε ήταν απολύτως περιττός. Η χαριστική βολή ήταν το ότι ο πατέρας ενός από τα κορίτσια ήταν ανώτερος αξιωματικός της αστυνομίας του Chicago, ή τουλάχιστον αυτό μου είπαν. Το ίδιο πρωί, μάζεψα τα πράγματά μου και την έκανα για το Los Angeles. Λίγες μέρες αργότερα, έκανα τη Megan να έρθει να με βρει.

ΟΙ GUNS ΗΤΑΝ ΕΝΑ ΣΥΓΚΡΟΤΗΜΑ ΠΟΥ ΘΑ ΜΠΟΡΟΥΣΕ να διαλυθεί ανά πάσα στιγμή· αυτό ήταν η μισή ομορφιά του πράγματος. Εφόσον είχαμε κάποιο κοινό σκοπό, αυτό ήταν λιγότερο πιθανό να συμβεί. Όσο περισσότερο χρόνο περνούσαμε χώρια, και η κοινή δημιουργική μας διάθεση ήταν περισσότερο ανάμνηση παρά πραγματικότητα, η έλλειψη επικοινωνίας και το μειονέκτημα ότι δεν ήξερε στ' αλήθεια ο ένας τι συνέβαινε με τον άλλο ακύρωσε κάθε δυνατότητα που μπορούσαμε να έχουμε ώστε να χειριστούμε την αλλαγή.

Στο δημιουργικό επίπεδο, τα πράγματα μεταξύ μας είχαν αλλάξει δραστικά. Μέχρι το *Use Your Illusion I* και *II* οι Guns έγραφαν τραγούδια με έναν συγκεκριμένο τρόπο. Ξεκινούσαμε με μια ιδέα που έφερνε κάποιος και τα υπόλοιπα προέκυπταν μέσα από τη συνεργασία. Ο Axl ήταν τόσο παραγωγικός με τους στίχους και είχε τέτοια αίσθηση της μελωδίας που σε συνδυασμό με τις ικανότητες του Izzy, του Duff και τις δικές μου, ήταν εύκολο να δημιουργούμε σπουδαία κιθαριστικά μέρη, και έτσι με τον καιρό προέκυπταν εκπληκτικά τραγούδια. Ο Izzy και ο Axl είχαν τρομερή χημεία μεταξύ τους, επειδή ο Axl ήξερε να μετασχηματίζει τις απλές δομές του Izzy σε ολοκληρωμένα τραγούδια, άρτια από μελωδική και στιχουργική άποψη. Ένα τέτοιο παράδειγμα είναι το «Patience». Ο Axl μεταμόρφωσε αυτό το τραγούδι σε κάτι τελείως διαφορετικό σε σχέση την αρχική του μορφή. Εγώ διαθέτω τόσο δυνατή αίσθηση της μελωδίας και των riffs, ώστε έδινα στις ιδέες τους μία συνεκτική μορφή. Πολλές φορές έγραφα τον αρχικό πυρήνα του τραγουδιού με ένα σχήμα της κιθάρας και ο Duff ανέπτυσσε πάνω του μια ιδανική μπασογραμμή, ή σκεφτόμουν κάποια γέφυρα ή ένα ρεφρέν που ενέπνεε τον Axl να γράψει απίστευτους στίχους.

Όταν ο Izzy ή εγώ φέρναμε κάποιο τραγούδι στην μπάντα, πολλές φορές είχαμε ήδη μέρος ή ολοκληρωμένους τους στίχους. Αλλά όταν ο Axl τους τραγουδούσε με τον τρόπο του... τότε ήταν που γινόταν *πραγ-*

Ο Slash αραχτός σε ένα μπαλκόνι με ένα εκρηκτικό μείγμα ναρκωτικών και αλκοόλ.

ματικό τραγούδι. Παλιότερα κάτι τέτοιο ήταν εύκολη υπόθεση... αλλά το 1990 είχαμε χάσει την ικανότητα συλλογικής δημιουργίας. Η επιθυμία να βρεθείς με τους άλλους και να γράψεις μαζί τους τραγούδια είναι κάτι που μοιάζει πολύ με κανονική δουλειά. Άλλο πράγμα είναι όμως να *εμπνέεσαι* από την αμοιβαία συνεργασία. Αυτή ήταν η πιο σκληρή πραγματικότητα με την οποία έπρεπε να συμβιβαστούμε. Για πρώτη φορά, χρειαζόταν να δουλέψουμε για να αποκτήσουμε αυτή τη δημιουργική ικανότητα για την οποία μίλησα παραπάνω· παρ' όλ' αυτά, όταν τελικά την κατακτούσαμε, νιώθαμε υπέροχα, αλλά η διαδρομή μέχρι εκεί ήταν πραγματική αγγαρεία.

ΟΤΑΝ ΓΥΡΙΣΑ ΠΙΣΩ ΣΤΟ LOS ANGELES, ΔΕΝ ΑΡΓΗΣΑ να απογοητευτώ. Πήγα να μείνω στο Walnut House, μαζί με τη Megan. Δεν ξέρω τι είχα στο μυαλό μου, επειδή δεν τη γνώριζα καιρό, αλλά όπως και να 'χει, μείναμε μαζί. Όλοι οι υπόλοιποι, εκτός από τον Izzy, έμειναν στο Chicago, και με την πάροδο μιας μέρας ανακάλυψαν ότι είχα φύγει. Άρχισαν να επιστρέφουν ένας ένας, αλλά στο τέλος ο Axl έμεινε μόνος του πίσω για δύο εβδομάδες περίπου αφότου έφυγα. Παρόλο που ήταν έξαλλος μαζί μου επειδή σήμανα τη λήξη της «δημιουργικής μας ανάπαυλας» στο Chicago, δεν πέρασε εκείνο το διάστημα συνθέτοντας στο προπληρωμένο μας στούντιο όπου κάναμε πρόβες. Απ' ό,τι κατάλαβα, πέρασε τον καιρό του στο κρεβάτι του ή παθαίνοντας καταστροφικές για το διαμέρισμά του κρίσεις, και στέλνοντάς μου σχεδόν σε τακτική βάση επικριτικά μηνύματα μέσω των μάνατζερ, συνήθως μέσω του Doug. Ο Doug μού τηλεφωνούσε λες και ήταν ο κλητήρας του Axl, και παρόλο που δεν μπορώ να πω ότι τον εμπιστευόμουν με κλειστά μάτια, απαντούσα όσο πιο ειλικρινά μπορούσα και ήλπιζα ότι θα μετέφερε στον Axl την αλήθεια σχετικά με την αναχώρησή μου. Παρ' όλ' αυτά, ο Axl έμεινε εκεί και για κάποιο διάστημα έστελνε σε όλους μας μηνύματα.

Οι Guns ήταν ένα συγκρότημα που μπορούσε να διαλυθεί ανά πάσα στιγμή· αυτό ήταν η μισή «ομορφιά του πράγματος».

Ο Axl κι εγώ είχαμε πάντα μια πολύ ενδιαφέρουσα σχέση αγάπης/μίσους. Τον περισσότερο καιρό μοιάζαμε με φίλους που πάνε μαζί για ψάρεμα, και δεν έχουν και πολλά να πουν όταν δεν ψαρεύουν. Έπειτα υπήρξαν φορές που βιώναμε μια ειλικρινή σχέση, ειδικά όταν κάτι τον βασάνιζε και ερχόταν να μου μιλήσει. Εκτός από αυτές τις περιόδους, υπήρχαν διαστήματα που βρισκόμαστε εμφανώς στις αντίθετες πλευρές ενός αόρατου φράχτη και δεν επικοινωνούσαμε καθόλου. Στη διάρκεια εκείνων των μηνών, προτού αρχίσουμε να γράφουμε ξανά, ο Axl και η Erin είχαν σοβαρά προβλήματα στη σχέση τους και είχαμε κάνει πολλές σοβαρές και ειλικρινείς σχετικές συζητήσεις. Αυτό που περνούσαν ήταν πολύ σοβαρό: μάλιστα, μια φορά μετά το Chicago χρειάστηκε να πάω στο σπίτι της Erin για να βοηθήσω στην εκτόνωση μιας διαφωνίας που είχαν. Κάθε ζευγάρι έχει τον δικό του τρόπο λειτουργίας, και το μόνο πράγμα που μπορώ να πω με βεβαιότητα είναι ότι καταλάβαινα τον τρόπο που λειτουργούσε το συγκεκριμένο. Ωστόσο, ήμουν φίλος και με τους δυο τους, κι έτσι μπορούσα να μεσολαβήσω. Παρά τα όσα συνέβαιναν στους Guns, εξακολουθούσαμε να παίζουμε στο ίδιο συγκρότημα και να είμαστε φιλαράκια. Αν ο Axl με χρειαζόταν σε κάτι, ήμουν πάντα πρόθυμος να βοηθήσω.

Η «ΑΝΤΕΠΙΘΕΣΗ» ΜΟΥ ΚΑΘΕ ΦΟΡΑ ΠΟΥ ΝΙΩΘΩ ΔΗΜΙΟΥΡΓΙΚΑ καταβεβλημένος είναι να γίνομαι αυτοκαταστροφικός μέσω των ναρκωτικών. Είναι η δικαιολογία μου για να πάρω αυτό το δρόμο. Είναι ένα συνηθισμένο φαινόμενο ανάμεσα στα πρεζόνια. Έτσι, λίγο αφότου επέστρεψα στο Los Angeles για να σκεφτώ τη σχέση μου με το γκρουπ, όταν η ευκαιρία εμφανίστηκε, ήμουν κάτι παραπάνω από πρόθυμος να την εκμεταλλευτώ.

Η Megan κι εγώ είχαμε εγκατασταθεί στο καινούργιο μας σπίτι, και ήμαστε πολύ χαρούμενοι γι' αυτό. Αποδείχθηκε πολύ καλή στο ρόλο της νοικοκυράς και άρχισε να φροντίζει το σπίτι, να μαγειρεύει και να κάνει ό,τι άλλο χρειαζόταν το σπιτικό μας. Έπεφτε για ύπνο νωρίς, όταν ξυπνούσε πήγαινε στο γυμναστήριο, και έπειτα καθάριζε το σπίτι και μαγείρευε. Έπειτα από λίγες εβδομάδες ήρθε από το Chicago η φίλη της η Karen και έπεσα σε μια φίλη που είχα χρόνια να δω: ένα κορίτσι από την εποχή του El Compadre. Είναι ένα εκπληκτικό μεξικάνικο εστιατόριο στη γωνία Sunset και Gardner, και όταν οι Guns ήταν ακόμη στην άνοδο, ο Duff κι εγώ συχνάζαμε διαρκώς εκεί: πηγαίναμε κορίτσια που μας έπαιρναν πίπα ή τα πηδούσαμε κάτω από τα τραπέζια και κάναμε ένα σωρό τέτοιες τρέλες.

Η παλιά φίλη που συνάντησα ήταν κομμώτρια –κούρευε και μένα άλλωστε– και μου είπε ότι συνέχιζε να το κάνει, αλλά και ότι κάπου κάπου πουλούσε ηρωίνη. Δεν χρειαζόμουν άλλη ενθάρρυνση. Κάποια στιγμή αργότερα ήρθε με μια τσάντα καθαρά σύνεργα και προτού το καταλάβω, προτού καν ο Axl γυρίσει σπίτι και προτού η Megan και η Karen γυρίσουν από τη βόλτα τους στη Melrose και το Beverly Hills, είχα ξαναπέσει στην ηρωίνη.

Η Megan ήταν ένα από αυτά τα κορίτσια που μπλέκουν με τον λάθος τύπο. Έτσι, την έσυρα μαζί μου σε μπελάδες. Ήταν πολύ αθώα· μπορεί να πίστευε ότι ήταν ερωτευμένη, αλλά δεν νομίζω ότι είχε ιδέα με ποιον είχε μπλέξει, ή τι έτρεχε μαζί μου από τότε που γυρίσαμε στο Los Angeles. Με είχε συναντήσει όταν ήμουν ένας κανονικός μεθύστακας· και, όπως προανέφερα, εκ πρώτης όψεως, ένας έξυπνος ηρωινομανής δεν διαφέρει και πολύ, εκτός κι αν μετρήσεις πόσα ποτά πίνει. Η Megan ήταν τόσο αθώα που δεν πρόσεχε ότι ξαφνικά είχα αρχίσει να καταναλώνω μισό γαλόνι τη μέρα, παρόλο που συνέχιζα να φέρομαι σαν μεθυσμένος – αν όχι χειρότερα.

Συνεχίσαμε με μια πολύ γλυκιά αλλά σχεδόν διαστροφική σχέση που θύμιζε δεκαετία του '50. Φρόντιζε το σπίτι, έπειτα έπεφτε για ύπνο στις δέκα ή στις έντεκα ενώ εγώ έμενα ξύπνιος κάτω, στο καθιστικό, κάνοντας κάθε τόσο ενέσεις στο μαύρο μπάνιο. Μερικές νύχτες έγραφα τραγούδια στον καναπέ, κάποιες άλλες απλώς χάζευα τα φίδια. Προτού το καταλάβω είχε ξημερώσει και αράζαμε και την περνούσαμε τέλεια, μέχρι που κουραζόμουν. Ποτέ δεν έκανε ερωτήσεις, και για κάποιο διάστημα συνεχίσαμε έτσι, πολύ ευτυχισμένα. Είχαμε υποκοριστικά για τα πάντα. Για εκείνη, όλα ήταν είτε «ομορφούλικα» ή «γλυκούλικα», και εγώ ήμουν συνήθως ο «γλυκούλης» της. Τώρα που το ξανασκέφτομαι, η φωνή της Megan θύμιζε πολύ την Jennifer Tilly.

Όπως είπα ήδη, η Megan ήταν πολύ «του σπιτιού». Τακτοποιούσε το μέρος, ειδικά την κουζίνα, και το καθιστούσε βιώσιμο. Της άρεσε να καλούμε φίλους για φαγητό, αν παρουσιαζόταν η ευκαιρία. Θυμάμαι ότι μια φορά είχε περάσει ο Mark Mansfield, περισσότερο για να «φτιαχτεί» και να τσιμπήσει κάτι στα πεταχτά, αλλά η Megan μάς ετοίμασε κανονικό τσιμπούσι: μας έφτιαξε κοτόπουλο με διάφορες γαρνιτούρες, σκορδόψωμο και μια ωραία σαλάτα, και μας τα σέρβιρε με μικρά ψάθινα τραπεζομάντιλα. Ήταν πολύ ευχαριστημένη, και δεν φάνηκε να προσέχει σε τι μαύρη κατάσταση βρισκόμαστε εγώ και ο Mark. Ήμαστε τόσο μαστουρωμένοι που απλώς παίζαμε με το φαγητό. Δεν είχε σημασία· στο τέλος της νύχτας, η Megan μού είπε ότι έβρισκε τον Mark *γοητευτικό*. Η Megan ήταν ενδιαφέρουσα και με άλλους τρόπους: πολλές φορές, αντί να πηδιόμαστε, της άρεσε να μου τον παίζει και να με βλέπει... Υποθέτω ότι η σχέση μας ήταν πράγματι κάπως... παράξενη.

Η ενδοφλέβια χρήση των ναρκωτικών ανέκαθεν με διέγειρε.

Η ΤΑΣΗ ΤΟΥ AXL ΝΑ ΕΠΙΚΟΙΝΩΝΕΙ ΜΕΣΩ ΤΩΝ ΜΑΝΑΤΖΕΡ συνεχίστηκε όταν γυρίσαμε από το Chicago και κράτησε μέχρι τις τελευταίες ημέρες μου στο συγκρότημα. Αλλά στο ξεκίνημά της ίσως να βοήθησε λιγάκι στην αφύπνιση του Alan και του Doug, επειδή ξαφνικά φάνηκαν να θέλουν απεγνωσμένα να μας βάλουν στον ίδιο χώρο ώστε να δουλέψουμε κανονικά. Η επιτυχία του *Lies* είχε δημιουργήσει τεράστια ζήτηση και δεν είχαμε ακόμη κυκλοφορήσει κάτι. Θα μπορούσαμε να είχαμε κάνει μια sold out παγκόσμια περιοδεία βασιζόμενοι σε ένα δίσκο που είχαμε κυκλοφορήσει πριν από τρία χρόνια, και ενός EP που περιείχε μόνο τέσσερα καινούργια τραγούδια. Υποθέτω ότι τα περισσότερα συγκροτήματα δεν απολαμβάνουν τέτοια ζήτηση, αλλά δεν σκοπεύαμε να βιαστούμε για τον επόμενο δίσκο, ίσως επειδή δεν μπορούσαμε να στρωθούμε και να τον γράψουμε.

Όσο με αφορούσε, η ζωή μου πήρε μια τροπή πιο σκοτεινή από ποτέ· άρχισα να παίρνω μεγάλες ποσότητες από μίξη ηρωίνης και κοκαΐνης (speedball), και απολάμβανα αληθινά το μοναδικό χαρμάνι παραισθησιογόνου παράνοιας που τη συνοδεύει. Κανείς δεν με είχε μάθει πώς να την παρασκευάζω· απλώς σκέφτηκα ότι θα ήταν σαν το Reese's Peanut Butter Cup των ναρκωτικών. Η κοκαΐνη και η ηρωίνη ήταν δύο υπέροχες γεύσεις που ήξερα ότι θα ταίριαζαν πολύ.

Μου πήρε κάμποσο καιρό να καταλάβω τι ποσότητα από το κάθε ναρκωτικό μπορούσε να αποφέρει την επίδραση που λαχταρούσα κάθε φορά, και τα πειράματά μου με διασκέδαζαν αφάνταστα. Δοκίμασα διάφορες τεχνικές, αλλά συνήθως έκανα πρώτα ένεση κοκαΐνης και στη συνέχεια έπαιρνα ηρωίνη. Η μίξη τους είχε κι αυτή πολύ καλά αποτελέσματα, αλλά συχνά έπαιρνα τις δύο ουσίες ξεχωριστά επειδή μου άρεσε το τελετουργικό της βελόνας. Η ενδοφλέβια χρήση των ναρκωτικών ανέκαθεν με διέγειρε.

Το speedball ήταν το καλύτερο τρενάκι λούνα παρκ με το οποίο είχα πάει βόλτα· η επίδραση της κοκαΐνης με ανέβαζε και έπειτα η πρέζα άρχιζε να με πιάνει, οπότε το ταξίδι έπαιρνε υπέροχη τροπή· από εκεί κι έπειτα η επίδραση των δύο ναρκωτικών μπλεκόταν. Πάντα τελείωνα όλη την ηρωίνη προτού αρχίσω να σκαλίζω την κόκα· έτσι, συνήθως άγγιζα τέτοιο βαθμό διέγερσης που έφτανα στα πρόθυρα καρδιακής προσβολής. Στο τελείωμα τέτοιων νυχτών, είχα συχνά την έντονη αίσθηση ότι με παρακολουθούσαν. Έτσι, άρχισα να βρίσκω καλή ιδέα το να κόβω βόλτες στο σπίτι μου αρματωμένος σαν αστακός.

Αγόρασα κάμποσα όπλα: μια καραμπίνα, ένα τριανταοχτάρι Special, ένα σαραντατεσσάρι Magnum και μερικά περίστροφα. Κουβαλούσα το τριανταοχτάρι στην κωλότσεπή μου και μόλις η Megan έπεφτε για ύπνο, και αφού είχα πάρει αρκετή ηρωίνη και κοκαΐνη, άρχιζα να κόβω βόλτες στο σπίτι νομίζοντας διάφορα, ενώ έβλεπα τις μικρές παραισθητικές μορφές που ξεπετάγονταν στις άκρες του οπτικού μου πεδίου. Τις έβλεπα να βουτούν από τα κουρτινόξυλα ή να κινούνται στην ακτίνα της περιφερειακής μου όρασης, αλλά κάθε φορά που επιχειρούσα να τα αντικρίσω κατάματα εξαφανίζονταν. Περίπου την ίδια εποχή σταμάτησα να μιλάω σε όσους ήξερα και άρχισα να ζωγραφίζω πολύ. Σε όλη μου τη ζωή, οι ζωγραφιές μου αντανακλούσαν πάντα την κατάσταση στην οποία βρισκόμουν κάθε στιγμή. Στη διάρκεια εκείνης της περιόδου, ζωγράφιζα πολλούς δεινόσαυρους και δημιουργούσα διάφορα σχεδιάσματα και λογότυπα.

Θα έπρεπε να ζωγραφίζω τους μικρούς δαίμονες που ποτέ δεν μπορούσα να δω κανονικά ή να τους αποτυπώσω σε φιλμ – πιστέψτε με, προσπάθησα. Αμέσως μόλις άρχισα να κάνω speedball, αυτοί οι «τύποι» εμφανίζονταν παντού. Επρόκειτο για κάτι ημιδιαφανείς χαρακτήρες που τους έβλεπα από μακριά μέχρι που τελικά άρχισαν να σκαρφαλώνουν στο μπουφάν μου κάθε φορά που «φτιαχνόμουν». Από μία άποψη, ήθελα να τους γνωρίσω· έτσι όπως ήμουν ξαπλωμένος στο πάτωμα, περιμένοντας να πέσουν οι σφυγμοί μου, έβλεπα το μικρό σόου Cirque de Soleil που ανέβαζαν αυτοί οι τύποι σε όλο το δωμάτιο. Πολλές φορές σκέφτηκα να ξυπνήσω τη Megan ώστε να μπορέσει να τους δει κι αυτή. Μέχρι που τους τράβηξα φωτογραφίες στον καθρέφτη μόλις τους είδα σκαρφαλωμένους στον ώμο μου και τα μαλλιά μου. Άρχισα να μιλάω γι' αυτούς και τους έβλεπα τόσο καθαρά που μια φορά παρολίγο να κάνω την «άκρη» μου να φρικάρει. Τις σπάνιες φορές που έφευγα από το σπίτι μου για να αγοράσω ναρκωτικά, συνήθως έκανα ένεση στο σπίτι και έπειτα άρχιζα να βλέπω αυτά τα ανθρωπάκια να σκαρφαλώνουν στο μπράτσο μου.

«Έι, το είδες αυτό;» ρώτησα, τεντώνοντας το χέρι μου. «Το βλέπεις αυτό το ανθρωπάκι; Είναι εδώ».

Η «άκρη» μου με κοίταξε ανέκφραστη. Αυτός ο τύπος ήταν ένας ναρκέμπορος που είχε συνηθίσει να βλέπει πρεζόνια να φέρονται παράξενα. «Καλύτερα να την κοπανήσεις, φίλε», είπε. «Μιλάμε ότι τα 'χεις παίξει. Πήγαινε σπίτι σου». Προφανώς του χαλούσα τη δουλειά.

Μια νύχτα περιπολούσα στο σπίτι μου με την καραμπίνα, και κατέβηκα τις σκάλες που οδηγούσαν από το υπνοδωμάτιο στο καθιστικό. Έπειτα ανέβηκα τις σκάλες που έβγαζαν στο πλατύσκαλο του υπνοδωματίου και κατευθύνθηκα στη σοφίτα, όπου κοιμόταν η Megan. Φτάνοντας εκεί, η καραμπίνα εκπυρσοκρότησε και έκανε μια τρύπα στο ταβάνι απέναντι από τη σοφίτα. Η Megan ούτε που ξύπνησε, πράγμα εκπληκτικό.

Ήμουν ακόμα ξύπνιος όταν έφτασε η πυροσβεστική. Είχα ξαπλώσει, μάλλον ταραγμένος, όταν άκουσα τις σειρήνες. Παρέμεινα ξαπλωμένος και σκέφτηκα: «Τώρα, μάλιστα».

Το σπίτι μου ήταν στην πλαγιά ενός απότομου λόφου, οπότε το μικρό τετράγωνο παράθυρο της κρεβατοκάμαρας του δευτέρου ορόφου βρισκόταν λίγο πιο ψηλά από το επίπεδο του δρόμου. Άκουσα την οχλοβοή και σκέφτηκα ότι κάποιος ερχόταν για μένα, κι έτσι έχωσα το σαρανταπεντάρι μου στη ζώνη του παντελονιού μου και έτρεξα στο παράθυρο, τράβηξα τα στόρια και είδα τους πυροσβέστες να ετοιμάζονται να σπάσουν την πόρτα μου. Τους ρώτησα τι πρόβλημα υπήρχε και μου είπαν ότι ο συναγερμός πυρόσβεσης χτυπούσε εδώ και μισή ώρα.

Απέτρεψα την κατάσταση· τους διαβεβαίωσα ότι δεν υπήρχε φωτιά, και ότι η Megan δεν είχε πάρει χαμπάρι το παραμικρό. Άλλη μια φορά που θα μπορούσε να είχε καταλάβει τις νυχτερινές μου δραστηριότητες αλλά δεν συνέβη, ήταν το πρωινό αφότου με ξύπνησε στον καναπέ του καθιστικού. Προφανώς, είχα λιποθυμήσει με τη σύριγγα δίπλα μου.

«Γλυκούλη μου», είπε. «Νομίζω ότι η γάτα παίζει με κάτι».

Κοίταξα και είδα μία από τις γάτες μου να παίζει με μια σύριγγα λες και ήταν ποντίκι.

Λίγο αργότερα, ο Duff άρχισε να περνάει απ' το σπίτι μου επειδή ανησυχούσε για μένα. Δεν είμαι σίγουρος για ποιο λόγο· όλες οι συζητήσεις που είχαμε κάνει ενώ είχα γείρει έξω από το παράθυρό μου και εκείνος στεκόταν σε ένα αδιέξοδο ήταν αρκετά ευχάριστες. Είχα πάντα ένα όπλο στη ζώνη μου και δεν τον προσκαλούσα να ανέβει, βεβαίως, αλλά δεν υπήρχε πρόβλημα, επειδή ούτε εκείνος έδειχνε να θέλει να ανέβει.

«Τι έγινε, ρε φίλε, πώς τα πας;» τον ρωτούσα.

«Μια χαρά», έλεγε. «Έι, πώς πάει;»

«Έτσι κι έτσι».

«Εντάξει τότε», έλεγε ο Duff, ζυγίζοντάς με με το βλέμμα του. «Τα λέμε αργότερα».

«Έι, θέλεις να ανέβεις;»

«Όχι».

«Έγινε τότε. Τα λέμε αργότερα».

Η ΓΙΑΓΙΑ ΜΟΥ ΕΙΧΕ ΑΡΡΩΣΤΗΣΕΙ ΚΑΙ ΥΠΕΦΕΡΕ ΕΠΙ ΧΡΟΝΙΑ από καρδιακά προβλήματα, ώσπου πέθανε. Όταν συνέβη το μοιραίο, έχασα τον κόσμο κάτω απ' τα πόδια μου. Ποτέ δεν είχα σκεφτεί ότι θα πέθαινε τόσο νέα· ήταν μόνο εξήντα κάτι. Πήγα και την είδα στις τελευταίες της στιγμές στο νοσοκομείο· ήταν η μοναδική φορά που με θυμάμαι να καταρρέω.

Τη νύχτα αφότου την είδα νεκρή στο κρεβάτι του νοσοκομείου, πήγα στο Rainbow Bar and Grill και δανείστηκα καμιά διακοσαριά δολάρια από τον ιδιοκτήτη του, τον Μάριο. Αν και είχα λεφτά, ποτέ δεν κουβαλούσα μαζί μου μετρητά· ο μάνατζέρ μου δίσταζε να μου δώσει, για προφανείς λόγους. Ο Mario δεν είχε ιδέα για το πού προορίζονταν τα χρήματα καθότι ήταν η πρώτη φορά που του ζητούσα. Πήγα στο ανατολικό Los Angeles για να αγοράσω λίγη πρέζα, κι έπειτα γύρισα πίσω στο Hollywood καθότι έκανα ένεση μέσα στο αυτοκίνητό μου, σε ένα σοκάκι. Για κάποιο λόγο, τηλεφώνησα στον Izzy· είχε νοικιάσει πρόσφατα ένα διαμέρισμα στη Santa Monica, και τον ρώτησα αν μπορούσα να κοιμηθώ στο σπίτι του. Μου είπε ότι δεν είχε πρόβλημα, κι έτσι βγήκα με το μικρό μου CRX στον αυτοκινητόδρομο Pacific Coast, σε κατάσταση αλλοφροσύνης. Προτού φτάσω στου Izzy, πέρασα κάμποσες ώρες τρέχοντας σαν μανιακός στα σοκάκια της Santa Monica. Θυμάμαι να πηδάω με το αυτοκίνητό μου πάνω από σωρούς από χώμα σε ένα εργοτάξιο... Ούτε ξέρω πώς δεν με έπιασαν. Όταν τελικά έφτασα στου Izzy, με έβαλε στον καναπέ για όλη την υπόλοιπη νύχτα. Θυμάμαι ότι ενώ εκείνος κοιμόταν, εγώ έβλεπα την ταινία *Performance,* την οποία είχε νοικιάσει... Έπειτα λιποθύμησα.

Στη συγκεκριμένη φάση του 1990, ο Izzy ήταν έξω υπό επιτήρηση επειδή είχε έναν καυγά με μία αεροσυνοδό σε κάποια πτήση, πράξη που συνιστά ομοσπονδιακό αδίκημα· γι' αυτό ας πούμε ότι κρατούσε τη μύτη του καθαρή. Νωρίς το άλλο πρωί είχε ραντεβού με τον υπεύθυνο αστυνομικό και με άφησε μόνο στο διαμέρισμά του. Σηκώθηκα από τον καναπέ με ένα διαμέρισμα δικό μου, και πήγα στο μπάνιο για να κάνω ένα ντους επειδή αργότερα, το ίδιο πρωί, ήταν η κηδεία της γιαγιάς μου.

Μετά το ντους προσπάθησα να κάνω άλλη μια ένεση· ήμουν ακόμη φτιαγμένος από το προηγούμενο βράδυ, αλλά πίστευα ότι μου ήταν απαραίτητη. Δεν μπορούσα να βρω φλέβα· γέμισα με αίμα όλο το μπάνιο, τις πετσέτες, τους τοίχους, τον νιπτήρα – τα πάντα. Συνέχισα τις προσπάθειες μέχρι που βρήκα μια αρτηρία. Έπειτα έκρυψα τα σύνεργά μου στην ντουλάπα του Izzy και πήγα στην κηδεία της γιαγιάς μου, αφήνοντας το διαμέρισμα του Izzy σε ένα αιματοβαμμένο χάος.

Όταν έφτασα στην κηδεία ήμουν χάλια, ένα αξιολύπητο πρεζόνι. Χαιρέτησα τη μαμά μου και τον αδελφό μου, αλλά για κάποιο λόγο δεν ήμουν έτοιμος να δω τους υπόλοιπους συγγενείς από την οικογένεια της μητέρας μου και να παρουσιαστώ σε αυτή την κατάσταση. Έδωσα τον τελευταίο ασπασμό στη γιαγιά μου και έπειτα πήγα στην τουαλέτα για να ξανακάνω ένεση – όλο αυτό μου έπεφτε βαρύ. Τέτοιος πρεζάκιας ήμουν. Όταν βγήκα, η μητέρα μου συνειδητοποίησε ότι δεν ήμουν σε κατάσταση να βρίσκομαι σε δημόσιο χώρο, κι έτσι μου ζήτησε να γυρίσω σπίτι. Έφυγα με την παλιά μου κοπέλα, την Yvonne, που είχε έρθει στην κηδεία. Έμεινα στο σπίτι της Yvonne το μεγαλύτερο μέρος του απογεύματος, αλλά ήμουν πολύ λιώμα για να με αντέξει. Πήρα ένα ταξί και γύρισα στο σπίτι μου, όπου βρήκα να με περιμένει ένα έξαλλο μήνυμα από τον Izzy Stradlin στον τηλεφωνητή. Ο Izzy είχε βρει όλες τις σύριγγες και το κουτάλι που είχα κρύψει στην ντουλάπα του, και δεν είχε χαρεί καθόλου. Καθώς ήταν υπό επιτήρηση και θα μπορούσε ανά πάσα στιγμή να δεχθεί την επίσκεψη του επιτηρητή αστυνομικού, είχε κάθε λόγο να είναι έξαλλος.

Τώρα που ξαναθυμάμαι εκείνα τα περιστατικά, συνειδητοποιώ πόσο παρανοϊκός και αυτοκαταστροφικός ήμουν, αλλά τότε δεν το ήξερα. Τώρα μοιάζει σοκαριστικό, αλλά τότε δεν ήταν και καμιά μεγάλη υπόθεση – τουλάχιστον για μένα.

Η γιαγιά μου ήταν το πιο ανιδιοτελές, γενναιόδωρο άτομο που έχω γνωρίσει στη ζωή μου. Σου έδινε και την τελευταία της δεκάρα, όσο κι αν διαμαρτυρόσουν. Επίσης με στήριζε σε όλα όσα έκανα, αλλά ειδικά στη σχέση μου με τη μουσική. Έχω την εντύπωση ότι ένιωσε ανακούφιση όταν αποφάσισα να ασχοληθώ με εκείνη την κιθάρα· επίσης, μου έδωσε χρήματα για να αγοράσω τα πρώτα μου μηχανήματα. Ίσως φανταζόταν πως η μουσική ήταν πιο ασφαλής και πιο εκλεπτυσμένη ασχολία απ' το να τρομοκρατώ ανυποψίαστους διαβάτες με ένα ποδήλατο BMX. Πού να ξέρει πόσο λάθος έκανε! Ο γιος της, ο θείος Jacques, ζούσε μαζί της και ήταν δώδεκα χρόνια μεγαλύτερός μου. Είχε σύνδρομο Down. Επίσης, του άρεσε πολύ να ακούει μουσική, και είχε πολύ εκλεκτικό γούστο γιατί ήταν μια πολύ ζωντανή προσωπικότητα με καρδιά μικρού παιδιού. Άκουγε Village People, ABBA και Partridge Family, αλλά μου έμαθε τον James Brown και τις Runaways. Βγάλε συμπέρασμα...

Η γιαγιά μου πέθανε από καρδιακές επιπλοκές το 1990 και άφησε στη μητέρα μου τη φροντίδα του Jacques, αλλά προτού μας αφήσει, ένιωθε πολύ περήφανη που είχα κάνει καριέρα ως μουσικός. Ο θείος μου ο Jacques πέθανε το 2004.

ΕΙΝΑΙ ΠΟΛΥ ΠΙΘΑΝΟ, Η ΑΔΡΑΝΕΙΑ ΝΑ ΕΙΧΕ ΣΚΟΤΩΣΕΙ τους Guns N' Roses μια ώρα αρχύτερα αν δεν υπήρχαν οι Rolling Stones. Στο αποκορύφωμα εκείνης της περιόδου, όταν έκανα speedball σαν τον Belushi [Σ.τ.Μ.: ο John Belushi βρέθηκε νεκρός στις 5 Μαρτίου του 1982 ύστερα από υπερβολική δόση του συγκεκριμένου συνδυασμού ναρκωτικών], χρειαζόμαστε ένα λόγο για να ανασυγκροτηθούμε περισσότερο απ' όσο όταν δεν είχαμε τίποτε άλλο παρά αποφασιστικότητα αλλά πουθενά να πάμε. Θυμάμαι πως κάποια μέρα δέχθηκα ένα τηλεφώνημα.

«Έι, Slasher, μας τηλεφώνησαν οι Stones, και θέλουν να ανοίξετε γι' αυτούς τέσσερις συναυλίες στο L.A. Coliseum».

«Αλήθεια;» είπα. «Καλό ακούγεται».

«Όπου να 'ναι ξεκινάνε την περιοδεία τους και κάνουν πρόβες στο Pittsburgh».

«Ωραία, φύγαμε», είπα.

Κλείσαμε αμέσως εισιτήρια. Ο Alan, ο Doug κι εγώ πήγαμε εκεί για να δούμε τους Stones να προβάρουν. Πήρα μαζί μου μερικές σύριγγες, αρκετή πρέζα για να με βγάλει για μερικές μέρες, και ήμουν έτοιμος. Δεν υπολόγιζα σε ένα πρόβλημα, το οποίο συνιστούσε πρόβλημα για το συγκρότημά μας από την πρώτη στιγμή: πηγαίνοντας στο Pittsburgh, ο Alan είχε κανονίσει μια στάση στο Ohio για να δούμε τους Great White. Τους Great White... Δεν υπήρχε άλλο συγκρότημα που να αντιπροσωπεύει όλα όσα σιχαινόμαστε περισσότερο απ' ό,τι οι Great White, και ο μάνατζέρ μας, ο Alan Niven, ήταν και δικός τους μάνατζερ. Αυτό εξόργιζε τον Axl σε μόνιμη βάση, ειδικά αφότου ο Alan ανάγκασε τους Guns να παίξουν στη θέση τους στο Ritz της Νέας Υόρκης, σε μια συναυλία που διοργάνωνε το MTV το 1988· για κάποιο λόγο, δεν μπορούσαν να εμφανιστούν. Μόλις οι Guns πήραν την πάνω βόλτα και ο Alan άρχισε να προσπαθεί να εκμεταλλευτεί τη δημοτικότητά μας για να προωθήσει τη *δική τους* καριέρα, το ζήτημα πήρε διαστάσεις για μας, κι έτσι το να κάνουμε μια στάση για να δούμε μια συναυλία των Great White ήταν λάθος κίνηση εκ μέρους του Alan.

Δεν με ενδιέφερε να τους δω live, γι' αυτό έμεινα στο δωμάτιό μου με σκοπό να περάσω τη νύχτα παίρνοντας πρέζα μέχρι να φτάσει η ώρα για την πρωινή μας πτήση. Μέχρι τότε είχα γίνει πολύ καλός στο να κρύβω τις σύριγγες και την πρέζα· η επένδυση του μπουφάν μου ήταν πάντα μια καλή κρυψώνα, και το εσωτερικό μιας πένας ήταν εύκολη κρυψώνα για ένα μπαλονάκι με πρέζα. Υπήρχαν κι άλλες τεχνικές, αλλά καλύτερα να μείνουν κρυφές. Σε εκείνο το ταξίδι ήμουν κάπως αδέξιος, και είχα καταφέρει να σπάσω τη σύριγγά μου.

Δεν αποτέλεσε πρόβλημα· τηλεφώνησα στη ρεσεψιόν.

«Ε... χμ... ρεσεψιόν εκεί;»

«Μάλιστα, κύριε, σε τι μπορούμε να σας φανούμε χρήσιμοι;»

«Έχω μια επείγουσα ανάγκη... είμαι ο κιθαρίστας των Great White και είμαι διαβητικός και κάποιος μου έκλεψε την ινσουλίνη. Σε μια ώρα πρέπει να βρίσκομαι στη σκηνή και πρέπει προηγουμένως να πάρω τα φάρμακά μου. Υπάρχει κάποιο φαρμακείο εδώ κοντά όπου μπορείτε να στείλετε κάποιον;»

«Μάλιστα, κύριε, λυπάμαι πολύ γι' αυτό που σας συνέβη αλλά σίγουρα μπορούμε να το ρυθμίσουμε».

«Σας ευχαριστώ πάρα πολύ. Το εκτιμώ ιδιαιτέρως».

Όταν οι σύριγγες έφτασαν στην πόρτα μου, την έκανα λαχείο. Ένα πρεζόνι μπορεί να είναι πολύ πειστικό και επιδέξιο όταν πρόκειται για την εξασφάλιση της δόσης του. Όπως και να 'χει, έπιασα δουλειά σε χρόνο μηδέν, και έγινα λιώμα εκεί στο δωμάτιο, ολομόναχος. Στη διάρκεια εκείνης της νύχτας δεν είμαι σίγουρος αν έχασα στ' αλήθεια ένα από τα μπαλονάκια ηρωίνης που είχα φέρει από το Los Angeles, αλλά έκανα το δωμάτιο φύλλο και φτερό, λες και το είχα πράγματι χάσει. Αναποδογύρισα τα πάντα, έψαξα κάτω από κάθε επιφάνεια· βασικά, έμοιαζε λες και κάποιο παιδί είχε υψώσει ένα πολύ φιλόδοξο φρούριο με όλα τα διαθέσιμα έπιπλα.

Εκείνη τη νύχτα έκανα τέτοιο γλέντι και τα πάντα τόσο χάλια, που δεν καταφέραμε να φτάσουμε έγκαιρα στο Pittsburgh. Είχα καταναλώσει την περισσότερη πρέζα την προηγούμενη νύχτα, αλλά ήθελα τόσο απεγνωσμένα άλλη μια δόση όταν φτάσαμε εκεί, που είπα στον Alan να με αφήσει να ρίξω έναν υπνάκο πριν τη συναυλία. «Φτιάχτηκα» και λιποθύμησα. Κοιμήθηκα καθόλη τη διάρκεια της πρόβας των Stones. Ο Alan και ο Doug μού τηλεφώνησαν άπειρες φορές, αλλά δεν άκουγα το τηλέφωνο. Οι δυο τους είδαν το σόου και το άλλο πρωί μου είπαν πόσο σπουδαίο ήταν.

Ο Alan με κοίταξε κατάματα και μου είπε: «Slasher, θα απορρίψω την πρόταση. Δεν υπάρχει περίπτωση να ανοίξετε για τους Stones. Δεν είστε σε θέση να το κάνετε».

«Μπορούμε να το κάνουμε, σ' το υπόσχομαι», είπα. «Κλείσε τη συναυλία».

Παρά τις επιφυλάξεις του, έτσι έπραξε.

Ήμουν εθισμένος σε τελικό στάδιο, αν και οι άλλοι έμοιαζαν να ανησυχούν γι' αυτό περισσότερο απ' ό,τι εγώ. Οι περισσότεροι dealers μου είχαν αρχίσει να με αποφεύγουν. Οι λίγοι που δεν είχαν πρόβλημα μου πουλούσαν, αλλά δεν με ήθελαν και πολύ στα πόδια τους. Έριχναν το ναρκωτικό στη πίσω πόρτα του Walnut House, αλλά δεν έμπαιναν ποτέ μέσα.

Την ίδια περίπου εποχή είδα τη μητέρα μου· μέχρι και εκείνη ανησυχούσε. Πρότεινε να μιλήσω στο τηλέφωνο με τον David Bowie, γιατί η μαμά πίστευε ότι η συμβουλή του θα με βοηθούσε περισσότερο από το να εξαναγκαστώ να πάω σε κέντρο αποτοξίνωσης.

Ο David ήταν πολύ ευγενικός, και όταν μιλούσε για κατάχρηση χημικών ουσιών ήξερε τι έλεγε. Με ρώτησε τι ναρκωτικά έπαιρνα και σε τι φάση βρισκόμουν συναισθηματικά, σωματικά και με το συγκρότημα. Άρχισα να φλυαρώ, αλλά μόλις άρχισα να μιλάω για τα μικρά ημιδιαφανή ανθρωπάκια, ο David με έκοψε. Σε γενικές γραμμές, η συζήτησή μας ήταν πολύ περίπλοκη για να την κάνεις με κάποιον που έχεις να δεις από τότε που ήσουν οκτώ χρονών, αλλά δεν ήθελε να ακούσει περισσότερα.

«Άκουσέ με», μου είπε. «Δεν πας καλά. Αν κάθε μέρα βλέπεις πράγματα που δεν υπάρχουν, αυτό που κάνεις στον εαυτό σου δεν είναι καθόλου καλό. Εφόσον συμβαίνει κάτι τέτοιο, βρίσκεσαι σε πολύ χαμηλό πνευματικό σημείο». Σταμάτησε για μια στιγμή. «Εκθέτεις τον εαυτό σου στην πιο σκοτεινή σφαίρα του ασυνείδητού σου. Καθιστάς τον εαυτό σου ευάλωτο σε κάθε είδους αρνητική ενέργεια».

Ήμουν τόσο φευγάτος που δεν συμφώνησα: πίστευα ότι οι παραισθήσεις μου ήταν η διασκέδασή μου.

«Εντάξει, δεν υπάρχει προβλημα», είπα. «Εντάξει, σίγουρα είναι κακό...» πρόσθεσα έγκαιρα.

ΜΟΛΙΣ ΚΛΕΙΣΑΜΕ ΤΙΣ ΕΜΦΑΝΙΣΕΙΣ ΜΕ ΤΟΥΣ STONES, όλοι φρόντιζαν να έρχονται στις πρόβες στην ώρα τους και φαινόταν ότι είχαμε ξαναβρεί το κίνητρό μας. Αυτή τη φορά, το πιο υπεύθυνο μέλος ήταν ο Duff: πήγαινε και έπαιρνε τον Steven κάθε μέρα, αφού πρώτα τον περίμενε να κάνει όσες γραμμές χρειαζόταν για να σταθεί στα πόδια του· έπειτα περνούσε να πάρει εμένα. Εγώ με τη σειρά μου τους έκανα να περιμένουν ενώ έκανα την ένεσή μου πριν από την πρόβα.

Την παραμονή της συναυλίας των Stones κάναμε μία δοκιμαστική εμφάνιση στο Cathouse και ήταν δυναμίτης. Ήταν η πρώτη φορά που παίζαμε για κάποιο διάστημα, και είχαμε πολλή ενέργεια να βγάλουμε· ήταν μια φανταστική εμφάνιση των Guns N' Roses. Είχε βέβαια και τις δυσάρεστες στιγμές της, γιατί ο Axl πρόσβαλε τόσο άσχημα τον David Bowie από σκηνής, ώστε εκείνος έφυγε στη μέση του σετ.

Ο David είχε έρθει εκεί μαζί με τη μαμά μου και κάθισε σε ένα τραπέζι μπροστά στη σκηνή. Προφανώς ο Axl ήταν πεισμένος ότι στα παρασκήνια πριν τη συναυλία ο David την είχε «πέσει» στην Erin Everly. Η ιδέα ήταν τόσο γελοία που αργότερα η μητέρα μου με ρώτησε τι στο διάβολο είχε πάθει ο Axl. Ήταν μια πολύ αμήχανη κατάσταση, αλλά το άφησα να περάσει και προσπάθησα να εστιάσω στις θετικές πλευρές. Εκείνο το βράδυ απαθανατίστηκε στο βίντεο του «It's so Easy», που ποτέ δεν έγινε δεκτό από το MTV, ούτε μεταδόθηκε στις Ηνωμένες Πολιτείες λόγω άσεμνων στίχων.

Μας έκλεισαν δωμάτια στο ξενοδοχείο Bonaventure για τις τέσσερις νύχτες των εμφανίσεων με τους Stones. Εκεί βρισκόμουν το πρωινό της πρώτης ημέρας όταν έμαθα απ' το τηλέφωνο ότι ο Axl δεν επρόκειτο να εμφανιστεί. Το σκεπτικό του ήταν ότι ο Steven κι εγώ ήμαστε πρεζωμένοι. Η αλήθεια είναι ότι ήμαστε... αλλά αυτό ήταν άσχετο. Εδώ ανοίγαμε για τους Stones. Τελικά τον πείσαμε να κάνει την πρώτη εμφάνιση, και ήταν σκέτη καταστροφή. «Απολαύστε τη συναυλία μας», είπε ο Axl, «γιατί θα είναι η τελευταία μας. Υπάρχουν πάρα πολλοί από μας που χορεύουν με τον κύριο Brownstone».

Τσαντίστηκα τόσο μ' αυτό και με τον εαυτό μου που ήμουν πρεζόνι, που πέρασα το μεγαλύτερο μέρος της συναυλίας κοιτάζοντας τους ενισχυτές. Τίποτε δεν πήγαινε καλά εκείνο το βράδυ, το συγκρότημα ακουγόταν απαίσια. Στην κατάσταση που ήμουν έφυγα απ' τη σκηνή, μπήκα στη λιμουζίνα μου και πήγα να «φτιαχτώ» στο δωμάτιό μου.

Την επόμενη μέρα, ο Doug μού είπε ότι ο Axl θα έκανε τις επόμενες εμφανίσεις αρκεί να ζητούσα συγγνώμη, από σκηνής, από το κοινό, που ήμουν πρεζόνι. Εκ των υστέρων, καταλαβαίνω γιατί ο Axl έβαλε εμένα στο στόχαστρο αντί για τον Steven. Είμαι ο πιο δυνατός από τους δυο μας και ο Axl βασιζόταν περισσότερο επάνω μου. Η παρουσία μου ήταν σημαντική γι' αυτόν· ένιωθε ότι ήμουν ο συνεκτικός κρίκος του συγκροτήματος και δεν είχα την πολυτέλεια να βρίσκομαι εκτός ελέγχου. Ωστόσο, δεν νομίζω ότι μια τέτοια δημόσια χειρονομία ήταν απαραίτητη. Όταν είσαι φτιαγμένος, είσαι αλαζονικός· και δεν υπήρχε περίπτωση να πάρω πάνω μου το φταίξιμο με αυτόν τον τρόπο. Δεν πίστευα ότι αυτό που προκαλούσε τα προβλήματα στο συγκρότημα ήταν η πρέζα και ακόμα κι αν ήταν, δεν ήταν η κατάλληλη στιγμή για να το κάνουμε θέμα.

Όμως έπρεπε να κάνω κάτι. Έτσι, όταν ήρθε η ώρα, προχώρησα στο μικρόφωνο και αντί να ζητήσω συγγνώμη, άρχισα ένα χαριτωμένο λογύδριο περί πρέζας, και τι μπορεί να σου κάνει, και ότι είχαμε μάθει το μάθημά μας, και ότι είχα τελειώσει με το ύπουλο αυτό τέρας. Ήταν μάλλον διασκεδαστικό, επειδή δεν ήθελα να «ρίξω» το κοινό. Έτσι κι αλλιώς, όταν μιλάω μουρμουρίζω· έτσι, νομίζω ότι και μόνο η αναφορά περί «κόσμου των ναρκωτικών» ή ό,τι άλλο είπα έμοιαζε αρκετά με συγγνώμη. Όσο μιλούσα, παίζαμε μια μεγάλη εισαγωγή του «Mr. Brownstone»· γι' αυτό στο ακροατήριο ακούστηκε σαν αυτοσχεδιασμός στο εισαγωγικό μέρος του τραγουδιού.

Ό,τι κι αν έγινε, μόλις ο Doug είπε στον Axl ότι το έκανα (καθότι αρνιόταν να βγει από το καμαρίνι του αν δεν το έκανα), ο Axl ήταν ευχαριστημένος, και το όλο κλίμα άλλαξε όταν βγήκε στη σκηνή και ξεκινήσαμε το «Mr. Brownstone». Ξαφνικά η συντροφικότητά μας είχε αναστηθεί· μόλις ξεπερνούσαμε αυτά τα προσωπικά προβλήματα, ήμαστε σε θέση να εστιάσουμε στο παίξιμο.

Αυτή η δεύτερη εμφάνιση πήγε μια χαρά, και η τρίτη ακόμη καλύτερα – είχαμε βρει πια το ρυθμό μας. Η τέταρτη εμφάνισή μας ήταν *εκπληκτική* – ήμαστε στα καλύτερά μας. Εκείνες οι συναυλίες ήταν πραγματική εμπειρία, τουλάχιστον. Είναι διάσημες στο κύκλωμα των bootlegs, και όποιος ήταν εκεί τις θυμάται πολύ καλά· ακόμα και τις βραδιές που δεν ήμαστε στα καλά μας, ήταν διασκεδαστικές.

Όπως μάθαμε, οι Stones μάς είδαν και τις τέσσερις βραδιές, επειδή τους θυμίζαμε τους παλιούς εαυτούς τους. Όχι πως έκανα καθόλου παρέα μαζί τους. Παραήμουν έρμαιο της ηρωίνης για να κάνω κάτι τέτοιο. Παρά τα όσα είχα πει από σκηνής, το μόνο που με ένοιαζε ήταν να πάρω τη δόση μου το συντομότερο μόλις έπαιζα το τελευταίο ακόρντο. Συνήθως, έκανα την ένεση στο πάρκινγκ· δεν μπορούσα να περιμένω να φτάσω στο ξενοδοχείο. Όση έμπνευση κι αν μου έδωσαν εκείνες οι εμφανίσεις, άρχισα να βλέπω το συγκρότημα και το άλμπουμ ως κάτι που θα έκανα «όταν καθάριζα». Το πασίγνωστο τροπάρι του πρεζάκια.

Για να πάρω τα ναρκωτικά που χρειαζόμουν στη διάρκεια εκείνων των τεσσάρων ημερών, κάποια στιγμή αναγκάστηκα να φύγω από το ξενοδοχείο και να πάω οδηγώντας στο Hollywood και να περιμένω την πρέζα μου, κι έπειτα να κατέβω πάλι στο κέντρο για τη συναυλία. Μπορεί να έχεις φτάσει σε τέτοιο επίπεδο –να παίζεις στο Coliseum–, αλλά αν είσαι πρεζάκιας μπορεί να ζεις στην παράλληλη μίζερη πραγματικότητα όπου βρίσκεις το ναρκωτικό στο δρόμο, σε βασικό επίπεδο. Το κάνεις κι έπειτα ξαναγυρίζεις στην άλλη πραγματικότητα.

Δεν ήθελα να συμβεί ξανά· έτσι, για την τρίτη συναυλία έδωσα σε έναν dealer –ας τον πούμε «Bobby»– μια άδεια εισόδου στα παρασκήνια ώστε να μπορέσει να έρθει και να μου φέρει το ναρκωτικό ο ίδιος... και να δει τη συναυλία. Ήμουν στα παρασκήνια και τον περίμενα να φανεί. Καθώς η ώρα της εμφάνισης πλησίαζε, άρχισα να αρρωσταίνω. Το ρολόι μετρούσε αντίστροφα και είχα φτάσει σε σημείο όπου ήμουν ανίκανος να παίξω· ήμουν γεμάτος άγχος επειδή, αν δεν ερχόταν έγκαιρα, δεν θα ήμουν σε θέση να ανέβω στη σκηνή. Τον περίμενα, τον καλούσα στον βομβητή του, και προσπαθούσα να κρατήσω τα προσχήματα. Τον καλούσα. Δεν απαντούσε. Κυριολεκτικά δέκα λεπτά προτού ανεβούμε στη σκηνή, εμφανίστηκε ο Bobby. Κλειδώθηκα στο μπάνιο του τροχόσπιτου που χρησιμοποιούσαμε για καμαρίνι και «φτιάχτηκα» ανασαίνοντας με ανακούφιση. Δεν ήταν καλό. Ο Axl είχε κάθε δικαίωμα να κάνει τη φασαρία που έκανε – μια τέτοια ύπαρξη δεν μπορούσε να λειτουργήσει στο επίπεδο που ήμαστε. Όταν έχεις εγκλωβιστεί στην ηρωίνη, η μουσική παύει να μετράει. Το είχα ξεχάσει αυτό. Ο Steven ήταν σε εξίσου κακή φάση, αλλά μέχρι να καθαρίσω ξανά, δεν είχα ιδέα τι του συνέβαινε.

ΤΑ ΝΑΡΚΩΤΙΚΑ ΣΤΕΚΟΝΤΑΝ ΑΝΑΜΕΣΑ ΣΕ ΑΥΤΟ ΠΟΥ ΗΜΑΣΤΕ και σε αυτό που θα θέλαμε να γίνουμε· και μια και οι συναυλίες με τους Stones είχαν επιβάλει ξανά μία λειτουργική δημιουργική αρμονία ανάμεσα στα μέλη του συγκροτήματος, αρχίσαμε να επιλαμβανόμαστε του θέματος όσο καλύτερα μπορούσαμε. Ο Doug ήταν της γνώμης ότι μπορούσαμε να προχωρήσουμε σε μία ήπια παρέμβαση με τον Steven, πείθοντάς τον να πάει για διακοπές σε ένα ξενοδοχειακό συγκρότημα στην Arizona, που διέθετε εγκαταστάσεις γκολφ. Ο Steven ήταν ενθουσιασμένος με όσα είχε μόλις πετύχει το συγκρότημα· έτσι λοιπόν, τουλάχιστον θεωρητικά, ήθελε να συνέλθει. Συμφώνησε να φύγει για μια εβδομάδα από το Los Angeles και να κουλάρει δίπλα στην πισίνα, στην έρημο· δεν χρειαζόταν κάτι άλλο.

Εγώ ήμουν πιο περίπλοκη υπόθεση: η πρόταση για κέντρο αποτοξίνωσης δεν υπήρχε περίπτωση να προχωρήσει, ούτε άλλωστε το να με φροντίζουν. Στην πραγματικότητα, κανείς δεν μπορούσε να μου πει τίποτε εκείνη την εποχή· ήταν αναγκασμένοι να εμπιστευθούν ότι μπορούσα να συνέλθω μόνος μου. Και αυτό σκόπευα να κάνω· σκέφτηκα τον τρόπο τις πολλές νύχτες που πέρασα «φτιαγμένος» στο Walnut House. Έβαλα ένα γιατρό να μου συνταγογραφήσει Buprinex, που είναι ένας αναστολέας οπιοειδών. Μου έφερνε μπουκαλάκια από το φάρμακο και σύριγγες. Ήταν πολύ ακριβή θεραπεία, αλλά αυτός ο τύπος ήταν κανονικός Dr. Feelgood· δεν ήταν από τους καθωσπρέπει γιατρούς.

Τα πήρα όλα μαζί μου μια νύχτα που αποφάσισα αυθόρμητα να πάω να βρω τον Doug και τον Steven στην Arizona. Εκείνη την εποχή μου φάνηκε πολύ λογικό: ο ήλιος της Arizona ήταν ένα *σπουδαίο* μέρος για να ξεκινήσω την προσπάθειά μου να καθαρίσω από τη συνήθειά μου. Είπα στη Megan ότι είχα κάτι δουλειές με το συγκρότημα και ότι θα γύριζα σε τέσσερις ημέρες. Έκλεισα εισιτήριο και μια λιμουζίνα και τηλεφώνησα σε έναν dealer που ήξερα ότι είχε τη βάση του στο δρόμο για το αεροδρόμιο. Είχα υπολογίσει τα πάντα: ψώνισα αρκετή κόκα και ηρωίνη και πήρα μαζί μου τα Buprinex για να με βοηθήσουν να περάσω μερικές ωραίες, γλυκιές ημέρες σε ένα κέντρο γκολφ.

Δεν είχα τηλεφωνήσει στον Doug ή τον Steven για να τους πω ότι θα πήγαινα. Έτσι, όταν προσγειώθηκα, ήμουν ολομόναχος. Στην πόλη δεν υπήρχε σοβαρή κίνηση, αλλά δεν με ένοιαζε.

«Ει, πόσο μακριά είναι αυτό το μέρος;» ρώτησα τον οδηγό της λιμουζίνας.

«Σαράντα πέντε λεπτά περίπου, κύριε», είπε.

«Εντάξει. Άκου, μπορείς να σταματήσεις κάπου για να μου φέρεις ένα σερβίτσιο;» ρώτησα. «Έχω λίγο φαγητό στις βαλίτσες μου και έχω αρχίσει να πεινάω».

Ο οδηγός συνέχισε να οδηγεί για είκοσι λεπτά περίπου και σταμάτησε σε ένα εστιατόριο. Βγήκε και μου έδωσε ένα μαχαίρι και ένα πιρούνι, τυλιγμένα σε μια χαρτοπετσέτα. *Τέλεια,* σκέφτηκα.

«Ει», του είπα. «Άκου, μπορούμε να σταματήσουμε κάπου αλλού; Χρειάζομαι ένα πλήρες σερβίτσιο».

Έπειτα από άλλα δεκαπέντε λεπτά σταματήσαμε ξανά, και αυτή τη φορά βρήκα το κουτάλι που γύρευα. Σήκωσα αμέσως το διαχωριστικό ανάμεσα σε μένα και τον οδηγό, έβγαλα τα ναρκωτικά μου και μαγείρεψα το δικό μου γεύμα.

Έκανα την ένεσή μου και χαλάρωσα καθώς πηγαίναμε στο ξενοδοχείο. Το ετερόκλητο θαμνώδες τοπίο της Arizona ξαφνικά φαινόταν πολύ πιο ελκυστικό, και το ημιδιαφανές τζάμι του αυτοκινήτου το έκανε να μοιάζει ακόμα πιο πλούσιο.

Όταν φτάσαμε στο συγκρότημα, το Venetian, άρχισα το προσωπικό μου πάρτι στο δωμάτιο του ξενοδοχείου. Δεν ανήκε στο είδος που είχα συνηθίσει, επειδή δεν έμοιαζε με ξενοδοχείο: ήταν μια συλλογή από μπανγκαλόου μπροστά σε ένα περιποιημένο γήπεδο γκολφ... Τώρα που το σκέφτομαι, έμοιαζε πολύ με εκείνο το μέρος στη Χαβάη όπου με είχε πάει ο Doug. Το δωμάτιό μου ήταν φανταστικό: γύρω από το κρεβάτι υπήρχαν λευκές κουρτίνες, ένα μικρό τούβλινο τζάκι, και ένα μπάνιο με ένα ντους με γυάλινο παραβάν – έμοιαζε με καλά εξοπλισμένο spa. Ήταν τόσο χαλαρωτικό που δεν μπορούσα να σκεφτώ καλύτερη θεραπεία από το να «σουτάρω» κόκα και πρέζα όλη νύχτα για να γαληνέψω την ψυχή μου.

Πολύ γρήγορα ξέχασα ότι τα ναρκωτικά που είχα φέρει μαζί μου υποτίθεται ότι θα μου κρατούσαν για τέσσερις ημέρες – λειτουργούσα λες και είχα κάτι να γιορτάσω. Μέσα σε λίγες ώρες, η ηρωίνη μού είχε τελειώσει. Αυτό είναι ένα κοινό πρόβλημα στους πρεζάκηδες: όταν είσαι «φτιαγμένος», βρίσκεσαι σε μία απολαυστική κατάσταση, όλα είναι ωραία και γλυκά, και τότε κάνεις τα σχέδιά σου· τότε υπολογίζεις πόση πρέζα χρειάζεσαι. Έπειτα αρχίζεις να παίρνεις το ναρκωτικό, και όλα αλλάζουν. Καθώς προχωράει η ώρα, αναθεωρείς τα πάντα· βρίσκεις λόγους για τους οποίους μπορείς και *θα έπρεπε* να κάνεις την ένεσή σου *επί τόπου*. Και μόλις το κάνεις, βρίσκεις ένα λόγο για να αποτελειώσεις αυτό που κάνεις, επειδή, έι, δεν θα το χρειαστείς αργότερα.

Κάνεις όλα αυτά τα παρανοϊκά, ψυχωτικά πράγματα, επειδή όταν το καλοσκέφτεσαι, η πρώτη φορά που πήρες ηρωίνη, η φορά που έκανες το ναρκωτικό και το λάτρεψες, τότε που ο οργανισμός σου ήταν αγνός και αναλλοίωτος, ήταν το καλύτερο «φτιάξιμο» που είχες ποτέ. Περνάς την υπόλοιπη καριέρα σου στα ναρκωτικά κυνηγώντας αυτό το «φτιάξιμο», το οποίο δεν πρόκειται να ξαναβρείς ποτέ· πείθεις λοιπόν τον εαυτό σου ότι αν συνεχίσεις, μπορεί να ξαναγυρίσεις εκεί. Δοκιμάζεις όλους τους διαφορετικούς τρόπους για να το καταφέρεις, αλλά κυνηγάς ένα φάντασμα. Καταλήγεις να χρειάζεται να «φτιαχτείς» μόνο και μόνο για να νοιώθεις καλά: θέλεις μόνο τόσο όσο χρειάζεται για να μη νιώθεις άσχημα, όσο χρειάζεται για να σε κάνει να νιώσεις μια χαρά. Όταν όμως έχεις μια σεβαστή ποσότητα, αναζητάς να βρεις το αρχικό σου «φτιάξιμο» – και προτού το καταλάβεις, έχεις τελειώσει την ποσότητα με την οποία σκόπευες να τη βγάλεις επί τέσσερις μέρες. Και ο προσεκτικός σχεδιασμός σου έχει πάει περίπατο.

Αυτό δεν ήταν λόγος για να σταματήσω το πάρτι, και απ' όσο ήξερα, είχε μείνει αρκετή κόκα για να σουτάρω. Όσο προσεκτικός κι αν είσαι με την πρέζα, πάντα σου τελειώνει πριν την κόκα. Και όταν αρχίζεις να σουτάρεις κόκα, οι παραισθήσεις που έχεις είναι τόσο αληθοφανείς που δεν μπορείς πια να συνεχίσεις να λες στον εαυτό σου ότι είσαι απλώς φτιαγμένος και δεν πρόκειται για παιχνίδια που σου παίζει το μυαλό σου. Είναι λες και έχεις πάρει LSD, αλλά με τελείως διαφορετική στάση απέναντι στα πράγματα. Είναι τρομακτικό και ρεαλιστικό, και καθόλου ψυχεδελικό. Στην περίπτωσή μου, ήταν βίαιο και τρομακτικό. Παλιότερα απολάμβανα αυτή την πλευρά των ναρκωτικών, αλλά αυτή τη φορά ξεπέρασα τα όρια.

Εκείνη τη νύχτα συνέχισα να κάνω ενέσεις ηρωίνης μόνο και μόνο για να το κάνω· έχω αναφέρει πόσο μου άρεσε να χώνω τη σύριγγα στην επιδερμίδα μου, στη φλέβα, και να νιώθω το ναρκωτικό να μπαίνει στο σώμα μου και να με κατακλύζει. Επίσης, λάτρευα το τελετουργικό· το βράσιμο, το στράγγισμα και το δέσιμο σχεδόν όσο μου άρεσε το φτιάξιμο. Ήμουν πολύ ικανοποιημένος με τον εαυτό μου κάνοντας αυτές τις κινήσεις για λίγες ώρες.

Και τότε τα πράγματα πήραν παράξενη τροπή. Άρχισα να παλεύω με τέρατα που έβλεπα πίσω από τις κουρτίνες που περιτριγύριζαν το μεγάλο κρεβάτι. Το κεφάλι μου πηγαινοερχόταν, λες και πυγμαχούσα σε γυμναστήριο. Αυτή η σκιαμαχία συνεχίστηκε όλη νύχτα, μέχρι που βγήκε ο ήλιος πνίγοντας κάθε σκιά στο δωμάτιο και δίνοντας τέλος στη δραστηριότητά μου. Μόλις ξύπνησα από εκείνη την έκσταση, σκέφτηκα ότι θα έπρεπε να βγω για να ψάξω τον Steven και τον Doug.

Πρώτα αποφάσισα να κάνω ένα μπάνιο, για να έρθω λιγάκι στα ίσια μου. Όμως πριν απ' αυτό, αποφάσισα να πάρω άλλη μια δόση κόκας. Ένιωθα υπέροχα όταν μπήκα κάτω από τη μεγάλη, πολυτελή μπαταρία του ντους. Και ενώ βρισκόμουν κάτω από το ωραίο ζεστό νερό, οι παραισθήσεις της κοκαΐνης επέστρεψαν πιο ζωντανές απ' ό,τι την προηγούμενη νύχτα: από το φεγγίτη ερχόταν το φως της ημέρας, αλλά εγώ έβλεπα μακριές σκιές να βγαίνουν από τις γωνίες. Σέρνονταν στο πάτωμα προς το μέρος μου, σκαρφάλωναν στο τζάμι του διαχωριστικού και έπαιρναν τη μορφή των σκιωδών πλασμάτων με τα οποία είχα παλέψει νωρίτερα. Βρίσκονταν μπροστά μου, γεμίζοντας την τζαμένια πόρτα, και δεν σκόπευα να τα αφήσω να με πιάσουν· έτσι τα χτύπησα όσο πιο δυνατά μπορούσα, κομματιάζοντας ολόκληρο το γυάλινο διαχωριστικό, που γέμισε γυαλιά το πάτωμα. Στάθηκα για μια στιγμή με το χέρι μου κομμένο, κάτω από το νερό, παραλυμένος, παρανοημένος, ψάχνοντας το μπάνιο για άλλους «επιτιθέμενους». Και τότε εμφανίστηκαν τα μικρά μου φιλαράκια.

Μου θύμιζαν το πλάσμα από την ταινία *Predator,* αλλά ήταν πολύ μικρότερα και είχαν γκριζομπλέ απόχρωση· ήταν αδύνατα και μυώδη και είχαν τα ίδια μυτερά κεφάλια και dreadlocks από καουτσούκ. Ήταν πάντα ένας ευπρόσδεκτος, ανέμελος περισπασμός, αλλά αυτή τη φορά η παραίσθηση ήταν απειλητική: τα έβλεπα να μαζεύονται στο διάδρομο, ολόκληρος στρατός από δαύτα, κρατώντας μικροσκοπικά πολυβόλα και όπλα που έμοιαζαν με καμάκια για φάλαινες.

Ήμουν τρομοκρατημένος· έτρεξα πάνω στα γυαλιά που είχαν πέσει στο πάτωμα και έκλεισα απότομα τη συρόμενη πόρτα του μπάνιου. Το αίμα άρχισε να σχηματίζει μια λιμνούλα κυλώντας από τα πόδια μου, αλλά δεν ένιωθα τίποτα· είδα έντρομος τους Predators να χώνουν τα μέλη τους ανάμεσα στην πόρτα και το πλαίσιό της και να την ανοίγουν. Έπεσα πάνω της με όλο μου το βάρος, σε μια προσπάθεια να την κρατήσω κλειστή, αλλά δεν ωφελούσε· τα πλάσματα νικούσαν, ενώ εγώ κινδύνευα να χάσω την ισορροπία μου και να πέσω πάνω στα σπασμένα γυαλιά.

Αποφάσισα να το βάλω στα πόδια: πέρασα μέσα από τη συρόμενη τζαμένια πόρτα, κόβοντας ακόμα χειρότερα το σώμα μου και ψεκάζοντας όλο το χώρο με θραύσματα. Όταν βγήκα τρέχοντας από το μπανγκαλόου, η φωτεινή λιακάδα, το εκτυφλωτικό πράσινο του γρασιδιού και τα χρώματα του ουρανού μού έκοψαν την ανάσα· το κεφάλι μου πήγαινε να σπάσει από το φως και τους ήχους. Τα πάντα στο δωμάτιό μου ήταν τόσο έντονα, που στην κατάσταση που βρισκόμουν δεν ήμουν προετοιμασμένος να βρεθώ από το μισοσκότεινο δωμάτιο με τις κλειστές κουρτίνες στην εκτυφλωτική λιακάδα.

Άρχισα να τρέχω... ολόγυμνος και καταματωμένος, έτρεχα στον προαύλιο χώρο, μακριά από τη στρατιά των Predator που έβλεπα πίσω από τον ώμο μου κάθε φορά που γύριζα να κοιτάξω. Χρειαζόμουν ένα καταφύγιο από το σκληρό φως του ήλιου, κι έτσι λοιπόν έσκυψα και μπήκα από την ανοιχτή πόρτα ενός άλλου μπανγκαλόου. Κρύφτηκα πίσω από την πόρτα, έπειτα πίσω από μια καρέκλα, καθώς οι Predators άρχισαν να γεμίζουν το δωμάτιο. Υπήρχε εκεί μέσα και μία καμαριέρα που έστρωνε το κρεβάτι και όταν με είδε άρχισε να ουρλιάζει. Ούρλιαζε ακόμα πιο δυνατά όταν προσπάθησα να τη χρησιμοποιήσω για ασπίδα με σκοπό να προστατευτώ από τους μικρούς κυνηγούς που είχα στο κατόπι μου.

Άρχισα ξανά να τρέχω, όσο πιο γρήγορα μπορούσα, και διέσχισα το συγκρότημα με ένα στρατό από ημιδιαφανή πλάσματα να με κυνηγούν. Τα χρώματα και το γραφικό τοπίο απλώς ενέτειναν την παράνοιά μου. Έφτασα στο πίσω μέρος του κυρίως κτιρίου και μπήκα από την πίσω πόρτα στις κουζίνες· όλοι αυτοί οι μάγειροι και το πηγαινέλα με ζάλιζε, κι έτσι έφυγα τρέχοντας από κει και μπήκα στο λόμπι. Υπήρχαν παντού καλεσμένοι και εργαζόμενοι και θυμάμαι ότι άρπαξα έναν καλοντυμένο μπίζνεσμαν που στεκόταν εκεί με τις βαλίτσες του, χρησιμοποιώντας τον κι αυτόν σαν ανθρώπινη ασπίδα. Έδειχνε τόσο συγκροτημένος και καθωσπρέπει που πίστευα ότι μπορούσε να ανακόψει τους Predators·

έκανα όμως λάθος. Εκείνη τη στιγμή με πρόλαβαν και άρχισαν να σκαρφαλώνουν στα πόδια μου, οπλίζοντας τα μικρά τους όπλα. Ο μπίζνεσμαν δεν ήθελε να έχει καμία σχέση μαζί μου· τραβήχτηκε από κοντά μου, κι έτσι χώθηκα σε ένα αποθηκάκι με υλικά καθαρισμού κάπου κοντά στην κουζίνα. Καθώς άρχισε να μαζεύεται κόσμος, έφυγα ξανά τρέχοντας από εκεί, βγήκα ξανά έξω, και τελικά βρήκα σκοτάδι και καταφύγιο σε ένα καλύβι στον προαύλιο χώρο, όπου κρύφτηκα πίσω από μια μηχανή για το κούρεμα του γκαζόν, μέχρι που τελικά οι παραισθήσεις άρχισαν να υποχωρούν.

Μέχρι τότε είχα προκαλέσει μεγάλη αναστάτωση· οι αστυνομικοί είχαν καταφθάσει, και μαζί με ένα πλήθος περίεργων με αντιμετώπισαν στην κρυψώνα μου. Είχα πάψει πια να βλέπω τους Predators, αλλά όταν έδωσα την κατάθεσή μου στους αστυνομικούς, περιλάμβανε μια λεπτομερή αφήγηση του πώς με είχαν κυνηγήσει σε όλο το συγκρότημα, προσπαθώντας να με σκοτώσουν. Ήμουν αρκετά «φτιαγμένος» ώστε να διηγούμαι την ιστορία χωρίς αναστολές. Όλα γύρω μου εξακολουθούσαν να μου φαίνονται αλλόκοτα· ακόμα και όταν ο Steven εμφανίστηκε ανάμεσα από το πλήθος και μου έδωσε ένα εσώρουχο. Οι αστυνομικοί με πήγαν στο δωμάτιό μου και βρήκαν μια σακούλα γεμάτη σύριγγες, όχι όμως ναρκωτικά· και εφόσον είχα μια συνταγή για Buprinex (το οποίο δεν έχει ναρκωτικές ιδιότητες), η κατοχή τους μου επιτρεπόταν, οπότε δεν υπήρχε κάτι παράνομο.

Ωστόσο, οι αστυνομικοί της Arizona δεν το έχαψαν· κάποια στιγμή με άφησαν μόνο στο δωμάτιο για να αποφασίσουν τι θα κάνουν. Εξακολουθούσα να έχω τη βεβαιότητα ότι όλα όσα τους είχα πει είχαν συμβεί στ' αλήθεια, κάτι που δεν βοηθούσε στην αθώωσή μου. Με κοιτούσαν σαν να λένε: «εντάξει». Τελικά με συνέλαβαν, όταν βρήκαν υπολείμματα κοκαΐνης στο κουτάλι που υπήρχε στο πάτωμα. Όμως ο Doug έσπευσε προς βοήθειά μου· τηλεφώνησε στον Danny Zelsiko, έναν μεγάλο και τρανό διοργανωτή συναυλιών από το Phoenix, ο οποίος κατάφερε να με γλιτώσει από τη φυλακή. Ο Doug και ο Danny με έβγαλαν από εκεί φορώντας ένα παπούτσι, επειδή το ένα μου πόδι ήταν τόσο χτυπημένο που δεν χωρούσε από το πρήξιμο. Με έβαλαν σε ένα ιδιωτικό τζετ και με πήραν από εκεί. Χωρίς τη βοήθεια του Danny, θα αντιμετώπιζα σοβαρή ποινή φυλάκισης. Danny, σε ευχαριστώ και πάλι.

ΟΤΑΝ ΠΡΟΣΓΕΙΩΘΗΚΑΜΕ ΣΤΟ LOS ANGELES, ΜΕ ΠΗΡΑΝ και με έβαλαν σε μια σουίτα στο Sunset Marquis. Η τρελή κούρσα μου στο γήπεδο του γκολφ υπό την επήρεια του speedball με είχε εξουθενώσει, κι έτσι πήγα κατευθείαν για ύπνο.

Ξύπνησα και είδα τον Duff να στέκεται πάνω από το κρεβάτι μου. «Έι, φίλε... ξύπνησες;»

«Ναι», είπα, προσπαθώντας να καταλάβω πού ακριβώς βρισκόμουν.

«Ντύσου, θα σε περιμένω στο άλλο δωμάτιο», είπε. «Πρέπει να σου μιλήσω για κάτι».

«Εντάξει, έγινε».

Μπήκα στο καθιστικό, όπου όλες οι καρέκλες ήταν πιασμένες: οι μάνατζέρ μου, η μαμά μου, οι υπόλοιποι Guns N' Roses (πλην του Izzy και του Axl) – εκτός από την «άκρη» μου, όλοι όσοι ήξερα βρίσκονταν εκεί. Ήταν μια επίσημη σύσκεψη-παρέμβαση. Προσπαθούσα ακόμη να σταθώ στα πόδια μου, αλλά αμέσως σκέφτηκα πως ήταν γελοίο το ότι ήταν παρών και ο Steven, καθότι είχε την ίδια ανάγκη για αποτοξίνωση με εμένα, αν όχι μεγαλύτερη. Τον κοιτούσα και σκεφτόμουν: *Παλιοϋποκριτή!* Η παρουσία όλων των άλλων σήμαινε κάτι για μένα. Δεν είμαι σίγουρος τι, αλλά σίγουρα σήμαινε κάτι. Επίσης, σχεδόν ο καθένας απ' όσους βρίσκονταν εκεί είχε κάτι να πει.

Ο σωματοφύλακάς μου ο Earl είπε: «Slash, ήσουν δραστήριος και ζωντανός στο Chicago. Στο Chicago ήσουν τόσο δυνατός. Δεν αντέχω να σε βλέπω έτσι, τόσο αδύναμο και πεσμένο».

Η μαμά μου με κοιτούσε αποσβολωμένη. Την περισσότερη ώρα έμεινε σιωπηλή.

Ο Alan Niven ήταν ο γνωστός εαυτός του. Είπε με στόμφο: «Slash, *πρέπει* να πας σε κέντρο αποτοξίνωσης. Είναι όλα κανονισμένα».

Μου είπαν όλοι ότι με αγαπούσαν, και –ο Θεός να τους έχει καλά– είμαι σίγουρος ότι το εννοούσαν, αλλά το να με αντιμετωπίζουν έτσι ήταν τόσο βαρύ που κάτι χανόταν στη μετάφραση. Ήμουν στριμωγμένος στη γωνία· έτσι, οι γνωστές παπαριές μου ότι ήμουν καλά δεν υπήρχε περίπτωση να πιάσουν. Δεν είχα από πού να πιαστώ, ήμουν ένοχος χωρίς δίκη, και δεν μπορούσα να κάνω και τίποτα. Όπως συμβαίνει πάντα σε τέτοιες περιπτώσεις, τα ψέματά μου δεν άντεχαν στο φως.

Ποτέ δεν έριξα το φταίξιμο στη μητέρα μου γι' αυτό που έγινε, ούτε μια στιγμή δεν σκέφτηκα ότι είναι δική της ιδέα· εκείνη τη μέρα έμοιαζε να βρίσκεται στην ίδια σύγχυση με μένα. Οι υπόλοιποι μου φαίνονταν απλώς καριόληδες μηχανορράφοι. Όμως, άσχετα με όλα αυτά, αν ήθελα να ξαναδουλέψω με το συγκρότημα έπρεπε να πάω σε κάποια κλινική στο Tucson που λεγόταν Sierra Tucson. Έτσι μπήκα για πρώτη φορά σε κέντρο αποτοξίνωσης.

Το βασικό με την αποτοξίνωση είναι ότι πρέπει να τη θέλεις. Όταν αυτό συμβαίνει, γίνονται θαύματα – όταν όμως δεν τη θέλεις, μπορεί να καθαρίσει το σώμα σου, αλλά δεν αλλάζει το μυαλό σου. Αυτό ακριβώς μου συνέβη την πρώτη φορά: πέρασα τη φάση της σωματικής αποτοξίνωσης σε ένα πολύ ασφαλές, αποστειρωμένο περιβάλλον, αλλά σε καμία περίπτωση δεν σκόπευα να συμμετάσχω στο δεύτερο στάδιο της κοινότητας απεξάρτησης που είναι η φάση της επανένταξης.

Όμως προτού φτάσω εκεί, έκανα ό,τι κάνει κάθε αφοσιωμένο πρεζόνι: είπα σε όλους τους ανθρώπους που είχαν συγκεντρωθεί στην παρέμβαση εκείνη ότι συμφωνούσα μαζί τους, ότι σκόπευα να ακολουθήσω τα σχέδιά τους, αρκεί να με άφηναν να περάσω μια νύχτα στο κρεβάτι μου προτού ξεκινήσω τη διαδικασία της αποτοξίνωσης το πρωί. Είπαν «εντάξει», επειδή πίστευαν ότι οι αταξίες μου είχαν τελειώσει.

Γύρισα πίσω στο σπίτι μου, έβγαλα το ναρκωτικό που είχα κρυμμένο, έκανα την ένεσή μου και την άραξα με τη Megan, η οποία δεν είχε ιδέα για όσα είχαν συμβεί. Της είπα ότι θα έλειπα για λίγο για κάτι δουλειές της μπάντας, και το πρωί σηκώθηκα νωρίς νωρίς, έκανα άλλη μια ένεση και μπήκα στη λιμουζίνα με τον Doug για να πάμε στο Tucson. Αυτό το κέντρο ήταν κυριολεκτικά στη μέση της ερήμου: δεν υπήρχαν ούτε αγορές, ούτε οικιστικά συγκροτήματα, ούτε εμπορικά κέντρα... κανένα ίχνος πολιτισμού, σε ακτίνα χιλιομέτρων. Ήταν μια μικρή όαση αποτοξίνωσης.

Με έβαλαν σε ένα δίκλινο δωμάτιο, αλλά δεν είχα συγκάτοικο για το διάστημα της νοσηλείας μου, πράγμα *υπέροχο.* Οι πρώτες τρεις από τις τέσσερις ημέρες της απεξάρτησής μου ήταν –αναμενόμενα– φρικτές, αν και λιγότερο δραστικές εξαιτίας του συνδυασμού φαρμακευτικών ουσιών που μου έδωσαν. Δεν είχα ξανακόψει με τέτοιο τρόπο· έτσι ήταν μία ευπρόσδεκτη παρηγοριά, και μπορούσα να κοιμάμαι περισσότερο από μία ή δύο ώρες τη φορά.

Έπειτα από λίγες ημέρες, μόλις ο ιδρώτας και το άγχος της αναπόφευκτης δυσφορίας καταλάγιασαν, ένιωθα αρκετά άνετα μέσα στο πετσί μου για να σηκωθώ από το κρεβάτι και να κάνω καμιά βόλτα. Ήταν το μόνο που μπορούσα να κάνω· δεν ήμουν έτοιμος για πάρε-δώσε με άλλους ανθρώπους. Όμως τη στιγμή που βγήκα από το δωμάτιό μου, όλοι οι υπάλληλοι έπεσαν επάνω μου για να με πείσουν να συμμετάσχω σε ομαδική θεραπεία. Δεν υπήρχε περίπτωση – το ότι μπορούσα να περπατήσω δεν σήμαινε ότι μπορούσα και να μιλήσω. Ήθελα τόσο να αποφύγω τους άλλους που περίμενα να φτάσω στα όρια της λιμοκτονίας προτού βγω για να αναζητήσω φαγητό, επειδή κάτι τέτοιο θα σήμαινε αναπόφευκτα μία συνάντηση με άσχετους στην καφετέρια.

Αργότερα έμαθα ότι θα έπρεπε να είχα κάνει εισαγωγή μία εβδομάδα νωρίτερα· σε τέτοια περίπτωση, θα είχα πετύχει εκεί τον Steve Clark, τον πρώτο κιθαρίστα των Def Leppard. Ο Steve ήταν εκεί για απεξάρτηση από ναρκωτικά, αλλά όπως συνηθίζεται σε τέτοια μέρη, μόλις παραδίδεσαι στις μεθόδους τους, βρίσκουν αμέτρητες άλλες «παθήσεις» από τις οποίες υποτίθεται ότι πάσχεις. Υπό αυτή την έννοια, το σεξ, όπως και οτιδήποτε άλλο, αν το κοιτάξεις από κάποια συγκεκριμένη οπτική, μπορεί να εκληφθεί ως εξάρτηση που κυβερνά τη ζωή σου. Στην περίπτωση του Steve, έμαθα ότι τον χαρακτήρισαν μανιακό του σεξ, και όταν παρέβη τους κανονισμούς και μίλησε πάνω από μία φορά με ένα κορίτσι κατ' ιδίαν, του κρέμασαν μια ταμπέλα που έγραφε «Sex Addict». Δεν του έκατσε τόσο καλά, και έφυγε την άλλη στιγμή. Δύο χρόνια αργότερα, ο Steve πέθανε από υπερβολική δόση.

Όταν δεν ήμουν στο δωμάτιό μου στο Sierra Tucson, περνούσα την περισσότερη ώρα μου καθισμένος σ' ένα τεράστιο τραπέζι με ένα πελώριο σταχτοδοχείο στο κέντρο του. Έκανα ό,τι μπορούσα για να αποφύγω κάθε συζήτηση με τους υπόλοιπους ενοίκους. Όταν δεν μπορούσα να το αποφύγω, η συζήτηση πήγαινε συνήθως κάπως έτσι: Κάποιος άγνωστος καθόταν κοντά μου και άρχιζε να καπνίζει.

«Έι, για τι είσαι εδώ;» με ρωτούσε.

«Ηρωίνη».

Συνήθως, στο άκουσμα της λέξης, τουλάχιστον ένας ή περισσότεροι ασθενείς γύρω μας άρχιζαν να ξύνονται και να τινάζονται.

«Α, μάλιστα. Αυτό δεν είναι τίποτε. Πού να σου πω τη δική μου ιστορία».

Οι περισσότεροι άνθρωποι που συνάντησα εκεί είχαν πολλαπλές εξαρτήσεις και προσωπικότητες τόσο περίπλοκες ώστε αναθεώρησα όλες τις προηγούμενες απόψεις μου. Ήταν ένας παράξενος συρφετός ανθρώπων από όλα τα κοινωνικά στρώματα· ήταν όπως στη *Φωλιά του Κούκου,* και όπως ο χαρακτήρας που υποδυόταν ο Jack Nicholson, ήμουν πεισμένος ότι ήμουν ο λιγότερο κατεστραμμένος απ' όλους. Λειτουργούσα έχοντας την εντύπωση ότι ήξερα τι έκανα όταν το έκανα –ό,τι κι αν ήταν αυτό–, ενώ εκείνοι οι άνθρωποι δεν έδειχναν να αντιλαμβάνονται τι έκαναν σε οποιαδήποτε δεδομένη στιγμή και δεν είχαν ιδέα τι είχαν κάνει και τους είχαν κλείσει εκεί.

Έπειτα από τρεις ή τέσσερις ημέρες, δεν το άντεξα· αποφάσισα ότι *ΦΤΑΝΕΙ!* Είχα σιχαθεί την απεξάρτηση σε κάθε επίπεδο, από τα μέλη του προσωπικού που με ενθάρρυναν να μοιραστώ τις εμπειρίες μου μέσω της ομαδικής θεραπείας μέχρι τους –και καλά– φίλους που γνώριζα όταν έκανα ένα τσιγάρο και ήθελαν να βρεθούμε για να ψωνίσουμε μαζί ναρκωτικά όταν θα έβγαιναν σε λίγες εβδομάδες.

Τώρα που το σκέφτομαι, δεν ήμουν καθόλου προετοιμασμένος να παραδοθώ με οποιονδήποτε τρόπο. Βρισκόμουν στη μέση της ερήμου, έκανε απίστευτη ζέστη και δεν έβλεπα κάποιον παραγωγικό τρόπο για να περάσω τις είκοσι δύο μέρες μου εκεί. Είπα στην προϊσταμένη ότι ήθελα να φύγω αμέσως, και έκανε ό,τι μπορούσε για να με σταματήσει. Μέχρι και ο ιδρυτής του κέντρου ήρθε να μου μιλήσει.

Ήταν ένας καουμπόι της Νέας Εποχής που θα μπορούσε να υπάρχει μόνο στις νοτιοδυτικές πολιτείες της Αμερικής: φορούσε τεράστιο καουμπόικο καπέλο, πολλά κοσμήματα με τιρκουάζ και καουμπόικες μπότες, και μου μίλησε πολλή ώρα για το προσωπικό του ταξίδι προς τη διαύγεια. Ήταν αυστηρός και επέμεινε ότι δεν είχα καν αρχίσει την *πραγματική* δουλειά. Μπορεί να μην είχε άδικο, αλλά δεν μου καιγόταν καρφάκι – ούτε με ένοιαζε να αποδεχθώ τον τρόπο που είχε κόψει τα ναρκωτικά εκείνος.

«Άκου, ρε φίλε», είπα τσαντισμένος. «Δεν μπορείς να με κρατήσεις εδώ με το ζόρι. Δώσ' μου λοιπόν ένα τηλέφωνο και φέρε μου τα πράγματά μου, επειδή φεύγω. Φεύγω αυτή τη στιγμή».

«Κάνεις μεγάλο λάθος», είπε. «Τα παρατάς. Στάθηκες αδύναμος, και πρέπει να το ξανασκεφτείς. Έλα σε μια συνάντηση μαζί μου».

«Δεν πάω πουθενά μαζί σου», είπα. «Δεν υπάρχει περίπτωση. Σε ευχαριστώ πάρα πολύ για τη βοήθειά σου. Όμως, όπως και να 'χει, έχω ήδη φύγει».

Παρήγγειλα μια τρίθυρη λιμουζίνα για να με πάει στο αεροδρόμιο, ενώ ο ιδιοκτήτης συνέχισε να προσπαθεί να με πείσει μέχρι τη στιγμή που μπήκα μέσα. Κατέβασα το παράθυρο και τον κοίταξα κατευθείαν στα μάτια.

«Δεν μπορώ να σε σταματήσω, αλλά κάνεις μεγάλο λάθος», είπε.

«Τα λέμε».

Λίγα μίλια πιο κάτω, συνάντησα στο δρόμο μια κάβα.

«Σταμάτα», είπα στον οδηγό.

Αγόρασα ένα μπουκάλι του λίτρου Stolichnaya. Το άνοιξα και πέταξα το καπάκι έξω από το παράθυρο. Η οργή μου για όσα είχα μόλις περάσει μεγάλωνε όσο το μπουκάλι άδειαζε. Ένιωθα προσβεβλημένος που οι δικοί μου άνθρωποι πίστευαν πως αυτό το τσίρκο στο οποίο με είχαν στείλει θα με μάθαινε πώς να ελέγχω τον εαυτό μου καλύτερα απ' ό,τι ήξερα ήδη. Ήταν αναιδές. Δεν μπορώ να φανταστώ τι σκεφτόταν ο οδηγός της λιμουζίνας μου εκείνο το απόγευμα: με είχε πάρει από το κέντρο αποτοξίνωσης και με είχε δει να κατεβάζω μισό λίτρο βότκα σε λιγότερο από μία ώρα.

Στο αεροδρόμιο, ενόσω περίμενα το αεροπλάνο μου, τηλεφώνησα

σ' έναν dealer ηρωίνης της καλής κοινωνίας, που ήταν φίλος του Mark Mansfield και του Matt Gassel από το Λύκειο. Κανόνισα να τους συναντήσω αμέσως μόλις προσγειωνόμουν. Ήξερα ότι η πρώτη ένεση ηρωίνης μετά από αποτοξίνωση είναι η καλύτερη· σκόπευα λοιπόν να πάρω την καλύτερη ποιότητα. Αφού ψώνισα, πήγα σπίτι μου, «φτιάχτηκα» και έπειτα τηλεφώνησα στον μάνατζέρ μου, τον Doug Goldstein.

«Μάλιστα;»

«Έι, Doug, εγώ είμαι, ο Slash», είπα. «Γύρισαααααα!» και έπειτα το έκλεισα.

Πάντα ήθελα να γίνονται τα πράγματα με τον δικό μου τρόπο.

ΑΡΧΙΣΑ ΝΑ ΜΕΝΩ ΞΑΝΑ ΜΕ ΤΗ MEGAN ΚΑΙ ΟΛΑ ΗΤΑΝ μια χαρά. Επίσης, άρχισα πάλι τα προσωπικά πάρτι όταν εκείνη έπεφτε για ύπνο. Δεν είχε ιδέα ότι είχα κόψει ή ότι είχα επισκεφθεί κέντρο αποτοξίνωσης. Το θέμα ήταν πως επειδή η αποτοξίνωσή μου ήταν υποχρεωτική, αρνήθηκα να «καθαρίσω»... αν και ήξερα ότι έπρεπε. Δεν σκόπευα να ξαναπέσω στην ηρωίνη – απλώς δεν σκόπευα να την κόψω με τους δικούς τους όρους.

Σχεδίασα ένα ταξίδι για μένα και τη Megan στη Χαβάη. Πήρα αρκετή πρέζα ώστε να κάνω χρήση για κάποιο διάστημα, κι έπειτα να την κόψω με τους *δικούς μου* όρους. Πήγαμε να μείνουμε σε μία βίλα στο Kauai, και από τη στιγμή που φτάσαμε εκεί, ξεκίνησα τη διαδικασία της αποτοξίνωσης. Είχα πυρετό και τρεμούλες, ίδρωνα, και σε γενικές γραμμές ένιωθα άθλια. Είπα στη Megan ότι είχα γρίπη και με πίστεψε· άλλωστε, δεν την πείραζε καθόλου να βγαίνει μόνη για ψώνια ή για να δει τα αξιοθέατα.

Δεν περίμενα αυτή η φορά να είναι τόσο άσχημη, επειδή νόμιζα ότι είχα περάσει τα χειρότερα στην Tucson. Ε, λοιπόν, όχι. Δεν ήταν καθόλου εύκολο. Ήλπιζα ότι θα μπορούσα να το ξεπεράσω με το ποτό, αλλά δεν μπορούσα· τα πάντα είχαν απαίσια γεύση και με έκαναν να νιώθω άθλια. Τα συμπτώματα ήταν πάρα πολύ πιο βίαια απ' ό,τι συνήθως: οι πόνοι στο στομάχι, ο ασταμάτητος ιδρώτας, το άγχος και οι οπτικές παραισθήσεις ήταν πολύ δυσάρεστη συντροφιά. Δεν μπορούσα να δω τηλεόραση, δεν μπορούσα να χαλαρώσω, δεν μπορούσα να κοιμηθώ. Είμαι σίγουρος ότι η Megan έμενε επίτηδες έξω την περισσότερη ώρα.

Περιττό να πω ότι ήμουν δυστυχής. Ήμουν μια εβδομάδα περίπου σε αυτή την κατάσταση· αραχτός στο Kauai, χωρίς να κάνω τίποτε. Το θέμα είναι πως όση προσπάθεια κι αν ξόδευα στα ναρκωτικά με σκοπό να συντηρώ τον εθισμό μου, ποτέ δεν επένδυσα τον απαραίτητο χρόνο για να αποκτήσω το κατάλληλο φάρμακο που θα με βοηθούσε στη διαδικασία. Πάντα μου φαινόταν μεγάλος μπελάς το να πάρω μια σειρά από συνταγές από το γιατρό μου· αισθανόμουν πάντα ότι απαιτούσε υπερβολικό σχεδιασμό πριν τη μέρα που αποφάσιζα να το κάνω. Εκτός αυτού, πρέπει πάντα να κάνω τα πάντα με το δύσκολο τρόπο· έτσι, προτιμούσα πάντα τη σωματική απεξάρτηση χωρίς υποβοηθητικά φάρμακα.

Έπειτα από μία βδομάδα έφτασα σε σημείο να μπορώ να κυκλοφορώ και τελικά άρχισα να νιώθω καλύτερα. Έβλεπα ότι είχα σχεδόν βγει από το σκοτεινό δάσος· άρχισα να καταστρώνω σχέδια με τη Megan για να κάνουμε αυτά που κάνουν συνήθως οι τουρίστες στη Χαβάη. Την ίδια στιγμή, είχα τη φαεινή ιδέα να τηλεφωνήσω στον dealer μου και να τον βάλω να μου στείλει λίγη πρέζα.

Σε γενικές γραμμές ήταν ένα πολύ ηλίθιο σχέδιο, επειδή σε εκείνη τη φάση είχα περάσει τη μισή διαδικασία της αποτοξίνωσης· θα τα είχα καταφέρει εάν μπορούσα να κρατήσω για λίγες ακόμη μέρες. Όμως αρνήθηκα, καθαρά και ξάστερα. Όπως και να 'χει, ο dealer μου μπορούσε να μου στείλει περιορισμένη ποσότητα, κι έτσι δεν ήταν παρά μια βραχυπρόθεσμη λύση. Τώρα που το ξανασκέφτομαι, πρέπει να πω ότι ήταν μια ιδιαίτερα ηλίθια απόφαση.

Ο εν λόγω dealer ήταν ο πιο ψαγμένος από τους τύπους που μου πουλούσαν ηρωίνη· με έπεισε λοιπόν ότι μπορούσε να ικανοποιήσει την επιθυμία μου με ασφάλεια, μέσω κανονικού ταχυδρομείου, με ελάχιστες πιθανότητες να με πιάσουν.

Συμφώνησα, και την επόμενη στιγμή θυμήθηκα κάτι: ο Mark, ο τύπος από τους Faster Pussycat, ο τύπος που είχαμε τυλίξει με μονωτική ταινία και τον είχαμε στείλει στο λόμπι με το ασανσέρ, είχε πρόσφατα συλληφθεί επειδή έβαλε κάποιον να του στείλει ναρκωτικά με το ταχυδρομείο. Τι μαλακίες σκεφτόμουν;

Το άλλο πρωί ήμουν γεμάτος νευρικότητα, όπως όλα τα πρεζόνια που περιμένουν την άφιξη ναρκωτικών. Συνέχισα να ανησυχώ μήπως με πιάσουν όταν θα τα έπαιρνα. Ζύγιζα τα υπέρ και τα κατά όλο το πρωί, όταν ξαφνικά χτύπησε το τηλέφωνο.

«Καλημέρα σας, κύριε, σας παίρνουμε από τη ρεσεψιόν. Έχετε ένα δέμα».

«Ε;» είπα. «Έχω δέμα; Μα δεν περιμένω κάποιο δέμα».

«Μάλιστα, κύριε, έχετε ένα δέμα από την ενδοχώρα. Νομίζω ότι σας το έστειλαν από το Los Angeles της California».

Αποφάσισα να λάβω επιπλέον προφυλάξεις· πήρα το ασανσέρ υπηρεσίας και ανέβηκα στον πρώτο όροφο. Με άφησε σε μία κρυφή γωνία απ' όπου μπορούσα να μπω στο λόμπι διατηρώντας το οπτικό πεδίο ελεύθερου σκοπευτή. Δεν είδα κάποια εμφανώς ύποπτη παρουσία στην αίθουσα, αλλά δεν ήμουν και σίγουρος αν κάποιος από τους παρευρισκόμενους ήταν αστυνομικός.

Παρ' όλα αυτά, ήμουν σίγουρος πως τα ρούχα που φορούσα ήταν εντελώς ακατάλληλα. Πλησίασα τη ρεσεψιόν από το ασανσέρ υπηρεσίας και πήγα να πάρω το δέμα, έχοντας τα μάτια μου δεκατέσσερα.

«Ξέρετε, έλαβα ένα τηλεφώνημα ότι κάποιος μου έστειλε ένα δέμα», είπα στο κορίτσι της ρεσεψιόν, η αθώα όψη του οποίου δεν απέκλειε το γεγονός να ήξερε το λόγο που βρισκόμουν εκεί. «Είναι πολύ αστείο, επειδή δεν περίμενα κάτι». Χαμογέλασα... τουλάχιστον έτσι νομίζω.

Άρπαξε το δέμα, το οποίο αποδείχθηκε ότι ήταν ένας φάκελος γεμάτος CDs που μέσα τους ήταν κρυμμένη η πρέζα. Όταν το ακούμπησε στον πάγκο μπροστά μου, πάγωσα· το κοίταξα, αλλά δεν το άγγιξα.

«Ορίστε το δέμα σας, κύριε».

«Αυτό είναι;» ρώτησα. «Είναι πολύ παράξενο, δεν περίμενα τίποτα». Κοίταξα γύρω μου στο λόμπι, με τα μάτια μου να τρυπώνουν στις γωνίες, ψάχνοντας για άνδρες της αστυνομίας ή του FBI. «Πολύ περίεργο... είμαι έκπληκτος. Δεν περίμενα να μου στείλουν εδώ κάποιο δέμα».

«Αυτό το δέμα έφτασε για σας σήμερα το πρωί, κύριε». Με κοίταξε παράξενα και μου πρότεινε ένα στιλό. «Υπογράφετε εδώ, σας παρακαλώ;»

Κοίταξα το κομματάκι του χαρτιού που βρισκόταν πάνω στο γκισέ ανάμεσά μας. Συνειδητοποίησα ότι αν μου την είχαν στημένη, αν υπήρχε κάποιο μέλος των σωμάτων επιβολής της τάξης που παρακολουθούσε τη σκηνή, αυτό ήταν το τέλος μου, και ότι μόλις υπέγραφα το χαρτί θα είχαν τις αποδείξεις που χρειάζονταν. Σήκωσα το κεφάλι μου και κοίταξα το κορίτσι, κι έπειτα κοίταξα πάλι το χαρτί στο γκισέ. Κοίταξα ξανά γύρω μου, πολύ εμφανώς. Δεν έκανα τίποτε και οι στιγμές που περνούσαν έμοιαζαν με αιωνιότητα. Έπειτα σκέφτηκα: *Ας πάει να γαμηθεί·* υπέγραψα, την ευχαρίστησα, επέστρεψα στο ασανσέρ υπηρεσίας και γύρισα βιαστικά στο δωμάτιό μου.

Η Megan έλειπε κάπου έξω, αλλά όταν γύρισε ήμουν «φτιαγμένος», ήμουν χαρούμενος και το υπόλοιπο ταξίδι μας ήταν *υπέροχο*. Πείτε μου ό,τι θέλετε, αλλά οι διακοπές μου πήραν στροφή εκατόν ογδόντα μοιρών προς το καλύτερο μόλις πήρα το φάρμακό μου. Η Megan κι εγώ αρχίσαμε να κάνουμε πράγματα, να πηγαίνουμε για ψώνια, νοίκιασα ένα Jeep και πήγαμε σε πολλά από τα αξιοθέατα.

Από τη Χαβάη, η Megan κι εγώ γυρίσαμε στο Chicago για να περάσουμε την Ημέρα των Ευχαριστιών μαζί με τη μητέρα της, την οποία θα γνώριζα για πρώτη φορά. Έκανα και την τελευταία μου ένεση στη Χαβάη, και μέχρι να φτάσουμε στο Chicago είχα αρχίσει να νιώθω τα πρώτα συμπτώματα του στερητικού. Ήξερα μόνο λίγους ανθρώπους στο Chicago, και την πρώτη νύχτα μας εκεί πέτυχα έναν απ' αυτούς στο Smart Bar. Ήταν ένας από τους τεχνικούς που είχαν στήσει το χώρο για τις πρόβες μας, και παρόλο που δεν είχε κάποια «άκρη» για ηρωίνη είχε πάντα ποσότητες κόκας, οπότε με «έφτιαξε» με μια καλή ποσότητα. Όταν γύρισα πίσω στο σπίτι της μητέρας της Megan, άρχισα να χτυπάω ενέσεις, προσπαθώντας να έρθω στα ίσια μου.

Η Megan δεν είχε ιδέα, αλλά κατάλαβα ότι η μαμά της καταλάβαινε ότι κάτι δεν πήγαινε καλά μαζί μου. Δεν είμαι σίγουρος αν ήξερε τι ακριβώς ήταν. Ήταν πολύ δύσκολο να κρατήσω κρυφές τις ασχολίες μου εκείνες τις μέρες στο Chicago, επειδή η Megan και η μαμά της έμεναν σε ένα πολύ μικρό σπίτι. Τα υπνοδωμάτια χωρίζονταν από μια κοινή ντουλάπα· όταν ήταν ανοιχτές οι πόρτες της, μπορούσες να περάσεις από το ένα δωμάτιο στο άλλο. Τη νύχτα, όταν έβλεπα τηλεόραση και έκανα ενέσεις κόκας αφότου η Megan έπεφτε για ύπνο, άρχισα να φρικάρω, σίγουρος ότι η μαμά της με παρακολουθούσε πίσω απ' αυτό το περίεργο διαχωριστικό. Αυτό συνεχίστηκε για κάμποσες νύχτες. Δεν ξέρω τι είχα στο μυαλό μου· έκανα ενέσεις κοκαΐνης στο κρεβάτι της, στριμωγμένος ανάμεσα στο σώμα της Megan και τον τοίχο. Μιλάμε για γελοία κατάσταση.

Όταν έφτασε η Ημέρα των Ευχαριστιών, έκανα ένα ντους και ετοιμάστηκα για την υποδοχή των φίλων και συγγενών· όπως παρατήρησα καθώς κατέβαινα τα σκαλιά, είχα «καθαρίσει» τον οργανισμό μου από την ηρωίνη – είναι παράλογο, αλλά η μόνη εξήγηση που έχω είναι ότι με κάποιο τρόπο η κοκαΐνη είχε πάρει το πάνω χέρι. Παρ' όλ' αυτά, ήμουν εντελώς τρελαμένος όσον καιρό ήμουν εκεί. Το τραπέζι εκείνης της Ημέρας των Ευχαριστιών ήταν απίστευτα δύσκολο για μένα, αλλά είχε και τις καλές του στιγμές. Ήπιαμε πολύ και περάσαμε όμορφα, και έπειτα η Megan κι εγώ γυρίσαμε με το αεροπλάνο πίσω στο Los Angeles. Σε εκείνη τη φάση ήμουν (σχετικά) καθαρός: δεν έπαιρνα ναρκωτικά, και έπινα πολύ λίγο αλκοόλ. Τουλάχιστον για κάποιο διάστημα.

Προτού το καταλάβω, είχαν φτάσει τα Χριστούγεννα, και η Megan άρχισε να σχεδιάζει ένα πολλά υποσχόμενο πάρτι: είχε πραγματικό ψώνιο με τη διακόσμηση, αγόρασε ένα σκεύος για fondue, και προσκάλεσε όλους τους φίλους μας στη χειμερινή της «Χώρα των θαυμάτων»: ήταν το πιο αλλόκοτο πράγμα με το οποίο είχα ασχοληθεί για μεγάλο διάστημα, και το γεγονός ότι ήμουν νηφάλιος τόνιζε ακόμη περισσότερο τον αλλόκοτο χαρακτήρα του. Την παραμονή του πάρτι, ήρθε σπίτι με σκουπίδια αξίας 400 δολαρίων, τα οποία είχε αγοράσει για να διακοσμήσει το σπίτι. Αυτή ήταν η χαριστική βολή.

Καθώς την έβλεπα να διακοσμεί το σπίτι μας, σκεφτόμουν: *Δεν ξέρω ούτε καν ποια είσαι.* Κάναμε το χριστουγεννιάτικο πάρτι μας, προσκαλέσαμε τους φίλους μας και αμέσως μόλις έφυγαν, άρχισα να λέω στη Megan ότι έπρεπε να φύγει κι αυτή. Δεν ήταν ωραίο αλλά ήταν ξεκάθαρο. Ξέσπασα πάνω της επειδή είχε πάει στην αγορά, αλλά αυτό ήταν η πρόφαση: είχα τελειώσει μαζί της, ορθά-κοφτά, και ήθελα να μου αδειάσει τη γωνιά το συντομότερο. Δεν είχε για μένα σημασία πώς είχε φτάσει εδώ, αλλά έπρεπε να τελειώνει. Έπρεπε να τελειώνει αμέσως. Το όλο πράγμα πήγε χάλια: την κοίταξα στα μάτια και είπα «Φύγε». Και έφυγε... Η φίλη της η Karen, που με μισούσε έτσι κι αλλιώς, ήρθε και τη βοήθησε να μαζέψει τα πράγματά της.

Τώρα που το ξανασκέφτομαι, μόλις «καθάρισα» έπαψα να βλέπω τη Megan όπως πριν. Ήταν γλυκιά, ήταν όμορφη... αλλά ήταν απλώς *εκεί.* Ξαφνικά έμοιαζε με έπιπλο που δεν θυμάμαι να είχα αγοράσει. Άρχισα να ρωτάω τον εαυτό μου καθημερινά, ποια ήταν τα κοινά που μας συνέδεαν. Τώρα που έβλεπα καθαρά, την ένιωθα ως ξένη. Επίσης, δεν είχα καιρό για τις χρονοβόρες ευθύνες και τους περισπασμούς μιας σχέσης. Δεν έφταιγε εκείνη, αλλά εγώ. Είχα αρχίσει να ξαναγίνομαι ο παλιός μου εαυτός· έμπαινα σε ρυθμούς δουλειάς. Το μόνο που σκεφτόμουν όταν την κοίταζα, ήταν: *Τι γυρεύεις εδώ; Πρέπει να φύγεις. Έχω πολλά να κάνω. Πρέπει να κάνουμε ένα δίσκο.* Πιστεύω ότι της το είπα. Της φέρθηκα άσχημα, και ήταν κάτι παράξενο για μένα, επειδή δεν είναι αυτό το στιλ μου. Όμως δεν μπορούσα να την αντέξω άλλο, και από τότε δεν την ξανάδα. Πάντα ήθελα να γίνονται τα πράγματα με τον δικό μου τρόπο. Είχα βρει το δρόμο μου με τον δικό μου τρόπο, είχα καθαρίσει με τον δικό μου τρόπο, άρχιζα και τελείωνα τις σχέσεις μου με τον δικό μου τρόπο. Είχα φτάσει στο περιθώριο της ζωής με τον δικό μου τρόπο. Και είμαι ακόμη εδώ. Το αν το αξίζω, είναι άλλη ιστορία.

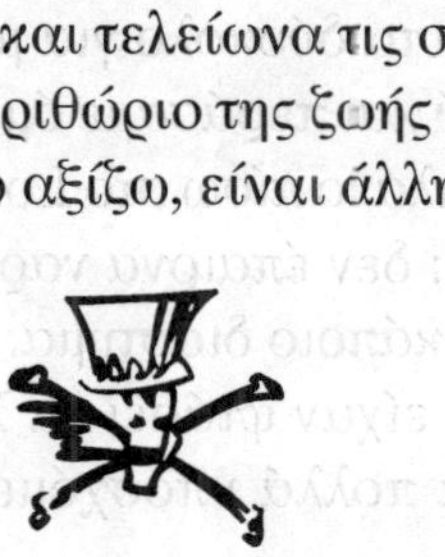

ONE FLEW OVER
THE CUCKOO'S NEST
Humpty
Dumpty

Ο Slash παίζει με τον Lenny Kravitz· προσέξτε τις κοτσίδες του Lenny, αριστερά.

Ο Slash στο γύρισμα του βίντεο για το «Enstranged».

Οι Guns το 1987 (επάνω) και το 1992 (κάτω).

Gilby Clarke, Duff και Slash, στην περιοδεία του Use Your Illusion.

Ο Duff, ο Izzy, ο Matt και ο Slash στο στούντιο πριν τις ημέρες των Velvet Revolver. Ενδέχεται να δουλεύουν ένα τραγούδι που λέγεται «Snafu», μπορεί και όχι.

Duff και Slash.

Ο Slash με τη μητέρα του.

O Slash και ο Axl επί σκηνής, τον Ιούλιο του 1988.

Στην πίστα ποδηλάτων του Ρεσέντα, σε ώρα εξάσκησης. Το ξανθό παιδί είναι ο μικρός αδελφός του Jeff Griffin. Νομίζει ότι νικάει τον Slash, αλλά ο Slash έχει την εσωτερική.

1971, σε ηλικία έξι χρονών.

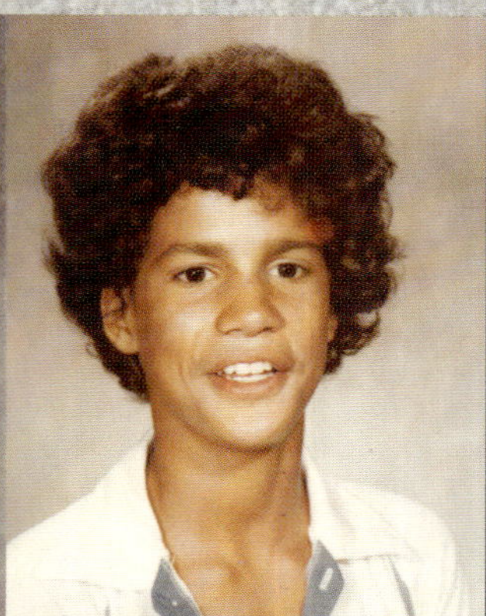

Φωτογραφίες του Slash από το Δημοτικό.

Για κάποιο λόγο, ο Slash ήταν ιδιαίτερα «δύσκολος» εκείνη τη μέρα.

Ο Ron Jeremy και ο Slash σε ρόλο κριτών, σε ένα διαγωνισμό για την ανάδειξη της Μις Γυμνή Φωτογράφηση, στην Indiana. Προσέξτε την έντονη προσήλωση στα βλέμματά τους.

Ο Slash, η Perla και το Johnnie Walker.

Ο Slash με μπλουζάκι που τα λέει όλα.

Ο Slash και ο καλός του φίλος Robert Evans, ο θρυλικός

Izzy και Slash.

Ο Iggy Pop και ο Slash μετά από μια συναυλία του Iggy, πριν ή μετά την ηχογράφηση του Slash για το άλμπουμ Brick on Brick *του Iggy, το 1990.*

Δυο καλά φιλαράκια: Ο Tommy Lee και ο Slash στα παρασκήνια κάποιων βραβείων, ίσως του σταθμού KROQ.

Ένα στριφνό πρωινό στο λεωφορείο.

Στο Hard Rock Hotel του Las Vegas, η Perla δίνει ένα πολύ special φιλί στον Slash, που στέκεται μπροστά από τη βιτρίνα με αναμνηστικά των Guns N' Roses στο λόμπι του ξενοδοχείου.

Ο Charlie Sheen και ο Slash σε ένα ιδιωτικό τζετ. Το πιθανότερο να κατευθύνονται προς το Las Vegas. Ο Slash φρόντιζε να διατηρεί το μενταγιόν που φορούσε γεμάτο κόκα.

Ανοίγοντας για τους Aerosmith στο στάδιο των Giants, στο New Jersey.

Slash και Ronnie Wood.

Slash και Steven Adler.

Ο Slash στη διάρκεια της αναγκαστικής του εξορίας στη Χαβάη. Τον έστειλαν εκεί οι μάνατζερ για δύο εβδομάδες, ώστε να αποφύγει τα μπλεξίματα.

Ο Slash στο soundcheck, κατά τη διάρκεια της περιοδείας Use Your Illusion.

Ο Slash εξουθενωμένος έπειτα από ένα μαραθώνιο σετ, παίζει τις τελευταίες νότες του «Paradise City».

10

Κεφάλαιο

Όταν ξεκινήσαμε το συγκρότημα, το μέλλον μας εξαρτιόταν από την αδιάρρηκτη ενότητά μας· η στάση μας υπαγόρευε μία πιστή συντροφικότητα που είναι πολύ σπάνια για ανθρώπους σαν και μας. Η επιτυχία διέρρηξε αυτό το δεσμό δίνοντας στον καθένα μας αυτό που χρειαζόταν και πολλά που δεν χρειαζόταν – και όλα αυτά μαζί. Τα είχαμε καταφέρει με τη συμβατική έννοια· αυτό σήμαινε χρήματα, και τα χρήματα σήμαιναν ελευθερία. Ήμαστε ελεύθεροι να τραβήξουμε ο καθένας τον δικό του δρόμο. Απομακρυνθήκαμε τόσο, που σχεδόν ξεχάσαμε πώς ήταν να είμαστε στο ίδιο δωμάτιο· κοντέψαμε να ξεχάσουμε το πώς είχαμε κερδίσει αυτή την ελευθερία.

Στο τέλος την ξαναβρήκαμε, ακριβώς την κατάλληλη στιγμή… όμως υπήρχαν απώλειες και όλο και μεγαλύτεροι μπελάδες, τους οποίους δεν γινόταν να αποφύγουμε. Για να γυρίσουμε εκεί απ' όπου είχαμε ξεκινήσει, έπρεπε να απαλλαγούμε από τα περιττά· έπρεπε να ανακαλύψουμε εκ νέου τους Guns N' Roses. Είχαν περάσει μόνο λίγα χρόνια, αλλά νιώθαμε λες και είχαμε ξεχάσει πόσο διασκεδαστική ήταν εκείνη η περίοδος. Είναι εκπληκτικό το πόσο γρήγορα ξεχνάς τι είναι σημαντικό όταν ξαφνικά έχεις όλα όσα ποτέ δεν πίστευες ότι θα είχες.

Μόλις έκοψα ξανά την πρέζα, μόλις έφυγε η Megan και μόλις άρχισα να κάνω περισσότερη παρέα με τον Duff, ακούγοντας μουσική, πίνοντας και κάνοντας πού και πού καμιά γραμμή, τα πράγματα μπήκαν σε μια σειρά. Δεν ήταν και τίποτε σημαντικό: είχα βγει από την πρέζα όπως είχα κάνει και στο παρελθόν, είχα αρχίσει να πίνω και ήμουν έτοιμος να δουλέψω ξανά. Και αυτό ήταν καλό.

Ο Izzy δεν είχε γυρίσει ακόμα από την Indiana –δεν ήταν ακόμη έτοιμος για τους πειρασμούς του Los Angeles–, κι έτσι εγώ και ο Duff αρχίσαμε να πηγαίνουμε στου Mates για να γράψουμε. Ελπίζαμε να βάλουμε τη «μηχανή» σε λειτουργία τηρώντας ένα τακτικό πρόγραμμα που στη διάρκειά του θα γράφαμε μουσική. Στήναμε τον βασικό κορμό μερικών καινούργιων τραγουδιών και δουλεύαμε τα προϋπάρχοντα. Όπως και στο Chicago, έτσι και τώρα σκοπός μας ήταν να ξαναφέρουμε κοντά μας για δουλειά τον Izzy και τον Axl, αλλά ξέραμε πως προτού μπορέσουμε να το κάνουμε, χρειαζόταν να αντιμετωπίσουμε την κατάσταση του Steven. Ο φιλαράκος μας ο Steve είχε αναπτύξει έναν πολύ άσχημο εθισμό από τα ναρκωτικά και ήταν σε κατάσταση απόλυτης άρνησης. Ο Steve ποτέ δεν ξέφυγε από τις εφηβικές φαντασιώσεις του Γυμνασίου, ακόμα και όταν είχε απέναντί του το ενδεχόμενο να τις χάσει· έτσι ξέραμε τι έπρεπε να κάνουμε. Ο Duff κι εγώ περνούσαμε το χρόνο μας τζαμάροντας στου Mates. Ταυτόχρονα παρακολουθούσαμε και τον Steven, ο οποίος ευτυχώς έμενε λίγο πιο κάτω από τον Duff, αλλά τηρούσε όλες τις προφυλάξεις για να μην καταλαβαίνουμε τι έκανε με τα ναρκωτικά. Όταν ήμαστε στο Chicago, όλοι είχαν αρχίσει να βλέπουν σημάδια τού ότι είχε γίνει λιγάκι νευρωτικός και εύθραυστος, αλλά πίσω στο Los Angeles, μέσα στην παραζάλη της μάχης μου με την πρέζα, δεν είχα καταλάβει πόσο άσχημα ήταν.

Σε εκείνη τη φάση καταλάβαινα ότι η διανοητική και σωματική του υγεία διέτρεχε κίνδυνο. Υπό τις τρέχουσες περιστάσεις οι πράξεις του ήταν συγχωρητέες, αλλά νομίζω ότι κάπου στην πορεία είχαμε ξεχάσει ότι ο Steven ήταν ο τύπος του ανθρώπου που χρειαζόταν κάποιον να τον φροντίζει όλη την ώρα. Ήταν σαν ένα παράξενο παιδί που θα φοβόσουν να το αφήσεις μόνο του στο σπίτι, τη στιγμή που οι υπόλοιποι ήμαστε άτομα που μπορούσαν να τα βγάζουν πέρα στην καθημερινότητά τους. Μπορούσες να κάνεις ό,τι ήθελες στην πάρτη σου, αλλά ήσουν υποχρεωμένος να αποδέχεσαι τις επιπτώσεις των πράξεών σου. Έτσι λειτουργούσαμε εμείς.

Μέχρι την επιστροφή μας από την περιοδεία του *Appetite,* η σχέση μας με τα ναρκωτικά είχε ως βάση της τη διασκέδαση· η χρήση τους ήταν περισσότερο ψυχαγωγικού χαρακτήρα. Πιστεύαμε ότι μπορούσαμε να τα βγάλουμε πέρα, αλλά σε εκείνο το σημείο ο κόμπος είχε φτάσει στο χτένι. Μόλις είδα πόσο σκοτεινό δρόμο είχαν πάρει τα πράγματα, αποτραβήχτηκα. Ο Steve δεν διέθετε το απαραίτητο σθένος για να το δει καθαρά, ή να κάνει μερικές κινήσεις για να το αλλάξει. Ήταν σε κατάσταση άρνησης, αλλά ήταν πολύ δύσκολο για οποιονδήποτε από μας να του μιλήσει, ακόμα και για τον Duff, ο οποίος εξακολουθούσε να παίρνει κόκα. Ο Steven δεν είχε την ικανότητα του να διατηρεί μια διαχωριστική γραμμή ανάμεσα στην υπερβολή και την παραγωγικότητά του.

Κάναμε ό,τι έπρεπε να κάνουμε για να τον ξαναφέρουμε στον σωστό δρόμο, αλλά ο Steven ήταν ο τύπος στον οποίο δεν μπορούσες να μιλήσεις. Σε αμφισβητούσε και έπειτα σου έκανε ευθεία επίθεση. (Μάλιστα, ακόμα και σήμερα εξακολουθεί να αμφισβητεί τους λόγους για τους οποίους τον διώξαμε από το γκρουπ.) Μερικές φορές νόμιζα ότι τον είχα φέρει σε σημείο να καταλάβει... τότε όμως άρχιζε τα τρελά του και δεν ερχόταν στις πρόβες. Ήταν αδύνατον να μιλήσεις λογικά μαζί του – όπως με οποιονδήποτε, υποθέτω, που είχε αυτή τη νοοτροπία. Και πράγματι, από συναισθηματική άποψη ο Steven δεν ήταν μεγαλύτερος από ένα παιδί της τρίτης, το πολύ της έκτης Δημοτικού.

Η προσπάθειά μας να κάνουμε τον Steven να μειώσει τη χρήση ναρκωτικών μάς προκαλούσε –στην καλύτερη περίπτωση– αμηχανία. Εγώ, δηλαδή ο γάιδαρος που έλεγε τον πετεινό κεφάλα και είχε μόλις «καθαρίσει» αλλά εξακολουθούσε να πίνει αλκοόλ, έκανα κήρυγμα στον Steven. Το μόνο που έκανα ήταν να ασκώ κριτική στο κατοπτρικό μου είδωλο από την άλλη πλευρά του καθρέφτη. Ήξερα ότι δεν έλειπε η υποκρισία, αλλά δεν με ένοιαζε – η διαφορά ανάμεσα στον Steven και μένα, όποιο κι αν ήταν το χημικό μας διαιτολόγιο, ήταν ότι εγώ είχα επίγνωση των ορίων μου. Δυστυχώς εκείνος δεν είχε, και οι Guns N' Roses έπρεπε να προχωρήσουν πάση θυσία.

Όπως ο Izzy κι εγώ, ο Steven είχε γλιστρήσει σε ένα βουνό από κοκαΐνη και ηρωίνη, αλλά, αντίθετα από εμάς, δεν μπορούσε να ανακτήσει την ισορροπία του. Ένα απόγευμα πήγαμε στο σπίτι του για να προσπαθήσουμε να τον πείσουμε να έρθει μαζί μας στην πρόβα, και τα μάτια του μας είπαν όλα όσα χρειαζόμαστε να ξέρουμε: οι κόρες του είχαν γίνει μικρές μαύρες τελείες που ξεχώριζαν πάνω στη γαλάζια ίριδα. Επέμενε ότι δεν είχε πάρει ηρωίνη, ότι απλώς είχε πιει και είχε πάρει λίγη κοκαΐνη, αλλά εμείς άλλα καταλαβαίναμε. Το γεγονός ότι εγώ και ο Duff πάντα βρίσκαμε τα αποθέματα ναρκωτικών του, δεν βοηθούσε την επιχειρηματολογία του· συνήθως τα έκρυβε πίσω από την τουαλέτα ή πίσω απ' το κρεβάτι του. Κανείς δεν τον φρόντιζε εκτός από μας: είχε ένα κορίτσι με το οποίο είχαν χωρίσει, γι' αυτό την εποχή που βούλιαζε στον κατήφορο ζούσε μόνος. Κάναμε μερικές απόπειρες απεξάρτησης, και τον πήγαμε πάνω από μία φορά στο Exodus. Κάθε φορά, δεχόμαστε ένα τηλεφώνημα που μας πληροφορούσε ότι είχε σκαρφαλώσει στους τοίχους ή ότι το είχε σκάσει από κάποια πίσω πόρτα. Βέβαια, κάθε φορά που έκανε κάτι τέτοιο, τις επόμενες ημέρες ήταν άφαντος. Πρέπει να έκανε κάποιο ρεκόρ: στη διάρκεια εκείνης της περιόδου, ο Steven απέδρασε από το κέντρο αποτοξίνωσης είκοσι δύο φορές. Ο Duff κι εγώ τον «είχαμε από κοντά», αλλά ξέραμε ότι ήταν ζήτημα χρόνου να εξαντλήσει και το τελευταίο ίχνος καλής θέλησης που έτρεφε το υπόλοιπο συγκρότημα προς το πρόσωπό του.

Στο μεταξύ, ο Axl είχε με κάποιο τρόπο «γυρίσει στον πολιτισμό» και μας είχε συναρπάσει και τους δύο η ιδέα ότι θα δουλεύαμε για έναν καινούργιο δίσκο – μάλλον είχε φτάσει ξανά η εποχή του ψαρέματος. Ο Axl ήξερε ότι είχα καταφέρει να κόψω την ηρωίνη και ότι ήμουν αποφασισμένος να κρατηθώ μακριά. Έπειτα από τόσο πολλές εσφαλμένες εκκινήσεις, ο Axl, ο Duff κι εγώ αρχίσαμε να αποκτάμε ξανά την αίσθηση της ενότητας και ο Izzy δεν έμεινε πίσω. Όταν εμφανίστηκε στου Mates, χαρήκαμε όλοι που τον ξαναείδαμε. Δεν ερχόταν καθημερινά, ίσως δύο στις τρεις ημέρες, αλλά το προσπαθούσε. Ο Izzy είναι τόσο εύκολος άνθρωπος.

Τζάμαρε μερικά τραγούδια με τον Duff, τον Steven κι εμένα, και εκείνες τις στιγμές η παλιά ενέργεια επέστρεψε και όλα έδειχναν ξανά συναρπαστικά και ηλεκτρισμένα.

Μαζευτήκαμε όλοι στο σπίτι μου και γράψαμε τα μισά από τα τραγούδια του *Illusion* με ακουστικές κιθάρες, κυριολεκτικά σε δύο νύχτες. Αρχίσαμε δουλεύοντας το υλικό που διαθέταμε από τον παλιό καιρό, αλλά το είχαμε σε αχρηστία. Ξαναπιάσαμε το «Back Off Bitch» και το «Don't Cry». Είχαμε το «The Garden», ένα τραγούδι που είχαν γράψει ο Izzy και ο Axl μαζί με τον West Arkeen. Το «Enstranged» ήταν ένα τραγούδι που ο Axl δούλευε πολύ καιρό στο πιάνο – έπαιζε τα ίδια μέρη ξανά και ξανά από την εποχή του Chicago και έπειτα· ήταν ολοφάνερο ότι το δούλευε στο μυαλό του. Είχα αρχίσει να γράφω τα κιθαριστικά μέρη από τότε που ήμαστε στο Chicago, κι έτσι, μόλις ασχοληθήκαμε μαζί του, βγήκε αμέσως.

Το «November Rain» ήταν έτοιμο να μπει στο *Appetite for Destruction,* αλλά δεδομένου ότι είχαμε ήδη το «Sweet Child o' Mine», η πλειοψηφία των μελών της μπάντας συμφώνησε ότι δεν χρειαζόμαστε άλλη μπαλάντα. Εκτός αυτού, η αρχική δοκιμαστική ηχογράφηση του τραγουδιού είχε διάρκεια σχεδόν δεκαοκτώ λεπτά, και κανείς δεν νοιαζόταν να το τιθασεύσει στο στούντιο. Ήταν ένα τραγούδι που ο Axl έπαιζε για χρόνια, όποτε βρισκόταν μπροστά σε πιάνο· ήταν ένα παλιό τραγούδι, που τελικά έβρισκε το δρόμο του. Ο Axl είχε ενοχληθεί όταν ο Tom Zutaut είχε προτείνει να το κρατήσουμε για τον επόμενο δίσκο, επειδή ως τραγούδι σήμαινε πολλά για εκείνον. Τελικά υποχώρησε, αν και ήταν χολωμένος με την απόφαση αυτή για χρόνια.

Είχαμε το αδρό πλαίσιο του «Civil War», που το δοκιμάζαμε από εκείνη την πρώτη περιοδεία στην Αυστραλία· εγώ έγραψα τα οργανικά μέρη και ο Axl είχε γράψει και επεξεργαστεί κάμποσες φορές τους στίχους, αλλά όλα ήρθαν στη θέση τους όταν το ξαναπιάσαμε. Το «You Could Be Mine» ήταν άλλο ένα παλιό τραγούδι: είχε γραφτεί αμέσως μετά τις ηχογραφήσεις του *Appetite,* και πάντα πίστευα ότι θα έπρεπε να είναι στο άλμπουμ, επειδή θυμίζει περισσότερο εκείνη την εποχή από οτιδήποτε άλλο στο άλμπουμ *Use Your Illusion.*

Είχαμε κολλήσει στη λάσπη για πολύ καιρό, αλλά εκείνες τις βραδιές στο Walnut House η δημιουργικότητα που υπήρχε στη βάση της χημείας του γκρουπ επέστρεψε: ο Izzy κι εγώ φέραμε μερικές ακατέργαστες ιδέες, και προτού το καταλάβουμε, είχαμε βάλει όλοι το χεράκι μας για να μετασχηματιστούν σε ολοκληρωμένα τραγούδια. Είχα ένα τραγούδι που λεγόταν «Bad Apples»· το είχα πρωτοσυλλάβει στο Chicago, μαζί με το «Get in the Ring», για το οποίο είχε γράψει μουσική ο Duff. Όλοι άρχισαν να τα παίζουν αμέσως, όπως και αυτή τη μεγάλη σε διάρκεια, ριφαριστή, heavy rock mantra που είχα γράψει μαζί με τον Izzy και κατέληξε να γίνει το τραγούδι «Coma». Είχε διάρκεια οκτώ λεπτών· ήταν ένα επαναλαμβανόμενο σχήμα το οποίο εξελισσόταν με τέτοια ακρίβεια, που αποκτούσε όλο και πιο μαθηματικό χαρακτήρα. Άρεσε πολύ στον Axl, αλλά αρχικά ήταν το μόνο τραγούδι για το οποίο δεν μπορούσε να σκεφτεί στίχους. Ήταν πολύ περήφανος για το στιχουργικό του χάρισμα, οπότε το γεγονός τον αναστάτωσε... μέχρι που μια νύχτα, μήνες αργότερα, του ήρθαν οι στίχοι. Επίσης ολοκληρώσαμε άλλο ένα «έπος» που είχα ξεκινήσει να γράφω μαζί με τον Izzy, με τίτλο «Locomotive». Υπήρχε επίσης το «Dead Horse», ένα τραγούδι για το οποίο ο Axl είχε γράψει το βασικό κιθαριστικό θέμα και τους στίχους χρόνια προτού γνωριστούμε. Προτού περάσει πολύς καιρός, συνειδητοποιήσαμε ότι είχαμε περισσότερα τραγούδια απ' όσα χρειάζονταν για ένα άλμπουμ. Μέσα σε λίγες συναντήσεις καταφέραμε να συνδέσουμε όλο αυτό το υλικό γρήγορα και σχετικά ανώδυνα.

Εξακολουθούσα να μην καταλαβαίνω γιατί μας είχε πάρει τόσο καιρό, αλλά ήταν ξεκάθαρο ότι αμέσως μόλις αποφασίσαμε να βρούμε το χρόνο μας, να αφήσουμε τις μαλακίες στην άκρη και να βρεθούμε χωρίς εχθρότητα, γίναμε ξανά συγκρότημα.

Το αστείο με τους δίσκους του *Illusion* είναι ότι πέρα από κάνα δυο τραγούδια δεν υπάρχουν επικά σημεία στην ενορχήστρωση, γιατί τα γράψαμε σχετικά γρήγορα. Αυτά που έφερα εγώ, όπως τα «Locomotive» και «Coma», δουλεύτηκαν από την αρχή μόλις έφερε τους στίχους ο Axl. Με την εξαίρεση των επικών στιγμών στο πιάνο, τα υπόλοιπα τραγούδια ήταν πολύ απλά και δεν χρειάζονταν πολλή επεξεργασία. Δεν περάσαμε απογεύματα ολόκληρα μαλώνοντας για το πόσες γέφυρες χρειαζόταν κάποιο κομμάτι, ούτε σκεφτήκαμε περίπλοκες συγχορδίες για τα πεσίματα. Μόλις ξαναβρεθήκαμε, είχαμε υπέροχη διάθεση, μόνο και μόνο επειδή κάναμε παρέα όλοι μαζί για πρώτη φορά εδώ και πολύ καιρό. Τα πηγαίναμε όλοι πολύ καλά· έτσι, είχε ξανά πλάκα.

Βέβαια, τίποτε δεν είναι τέλειο. Το αστείο είναι ότι κάθε φορά που όλα πήγαιναν καλά, ο Axl έκανε την κατάσταση ενδιαφέρουσα. Ένα από τα μελανά σημεία της επανασύνδεσής μας ήταν ότι μόλις αρχίσαμε να δουλεύουμε τα κομμάτια για τα καλά, ο Axl ήθελε να προσθέσουμε πλήκτρα στον ήχο μας. Ήθελε να προσλάβει τον Dizzy Reed, τον οργανίστα των Wild, του αδιάφορου συγκροτήματος του Los Angeles που έκανε πρόβες δίπλα από το βρομερό μας στούντιο-αποθήκη στη γωνία Sunset και Gardner. Ο Dizzy ήταν καλό παιδί· αλλά δεν έβλεπα για ποιο λόγο χρειαζόμαστε οργανίστα στους Guns N' Roses. Ήμουν κατηγορηματικά ενάντιος και ένιωθα ότι ξενέρωνε τον ήχο ενός ήδη σπουδαίου rock and roll συγκροτήματος. Το απλό ή το ηλεκτρικό πιάνο μου αρέσουν, αλλά είμαι της παλιά σχολής και δεν μου αρέσουν οι κάλπικοι ήχοι του συνθεσάιζερ.

Ο Axl, από την άλλη, ήθελε με πάθος να εξελιχθεί καλλιτεχνικά το συγκρότημα. Οι συζητήσεις μας δεν ήταν τόσο έντονες, επειδή το προσπαθήσαμε. Μερικές φορές το παίρναμε στην πλάκα, και έτσι καταλάβαινε ότι οι υπόλοιποι δεν θέλαμε να το δεχθούμε. Στο μεταξύ, όσο κατηγορηματικά αντίθετος ήμουν εγώ τόσο εκείνος το ήθελε σαν τρελός.

Έτσι, σε μια προσπάθεια να διατηρήσουμε το καλό κλίμα στο συγκρότημα, τελικά δέχθηκα απρόθυμα, ενώ το ίδιο έκαναν και οι άλλοι. Δεν άξιζε να γυρίζουμε στο παρελθόν. Ο Dizzy έγινε το καινούργιο «πληρωμένο πιστόλι» και αρχίσαμε να τον δουλεύουμε ανελέητα. Ήταν σαν τον Ronnie Wood των Guns N' Roses.

Επρόκειτο για τη μόνη δημιουργική παραφωνία. Ο τρόπος που γράψαμε τα τραγούδια του *Illusion* έμοιαζε με τον τρόπο που φανταζόμουν ότι δούλευαν οι Stones τις πρώτες τους εποχές· απλώς μαζευόμαστε σε ένα σπίτι στο Hollywood Hills και δουλεύαμε τις ιδέες μας. Νιώθαμε καλά που βρισκόμαστε ξανά μαζί στο ίδιο δωμάτιο ο Izzy, ο Axl, ο Duff κι εγώ. Και λίγο πολύ νηφάλιοι. Εντάξει, πάντα είχα ένα κοκτέιλ, αλλά δεν ήθελα πια να στραγγίζω το μπουκάλι που περνούσε από μπροστά μου. Όμως ήταν λυπηρό που ο Steve δεν ήταν εκεί σε καμία σχεδόν φάση.

Όπως φοβόμουν, είχε γίνει παρείσακτος. Στις πρόβες, ο Duff κι εγώ ήμαστε επιφορτισμένοι να τον κουλαντρίζουμε. Παρόλο που ο Axl ήταν γνώστης της κατάστασης, δεν ήταν υποχρεωμένος να προσέχει τον Steven από το πρωί ως το βράδυ όπως εμείς. Και όσο για τον Izzy, δεν ήθελε να έχει καμία σχέση με το όλο ζήτημα. Κάθε μέρα που περνούσε, ο Steven γινόταν όλο και μεγαλύτερο βάρος.

Δεν θα μπορούσα να αρνηθώ ότι το να διώξουμε τον Steven από την μπάντα επειδή έπαιρνε ναρκωτικά ήταν γελοίο και υπερβολικά σκληρό.

ΟΤΑΝ ΞΕΚΙΝΗΣΑΜΕ ΝΑ ΠΡΟΒΑΡΟΥΜΕ ΤΟ ΥΛΙΚΟ, ΤΟΤΕ κατέρρευσε και ο πύργος από τραπουλόχαρτα του Steven. Όταν τον βάζαμε σε δοκιμασία, αποδεικνυόταν εντελώς άχρηστος: τις περισσότερες φορές έχανε το ρυθμό και κάπου στη μέση του τραγουδιού ξεχνούσε ολωσδιόλου πού ήμαστε. Ήταν ανίκανος να παίξει μαζί με τον Duff ή εμένα, όπως παλιά. Η κατάσταση ήταν πολύ δύσκολη· κάτι έπρεπε να γίνει. Το συγκρότημα είχε βρει επιτέλους την ορμή που χρειαζόταν· είχαμε γράψει καινούργια τραγούδια και έπρεπε να αρχίσουμε να τα ηχογραφούμε και να μη μένουμε άπραγοι. Δεν ήταν δυνατόν να θεωρούμε κατόρθωμα το να παίξουμε ένα τραγούδι απ' την αρχή ως το τέλος στις πρόβες.

Αυτό δεν σημαίνει ότι δεν δείξαμε αληθινή υπομονή με τον Steven. Δοκιμάσαμε ό,τι μπορούσαμε να σκεφτούμε. Ίσως θα έπρεπε να είχαμε προχωρήσει σε πιο δραστικά μέτρα... αν και δεν είμαι σίγουρος ποια θα μπορούσαν να είναι... Είχαμε φτάσει σε σημείο να καλέσουμε τον Bob Timmons, τον σπεσιαλίστα των απεξαρτήσεων που είχε βοηθήσει τους Mötley Crüe να καθαρίσουν, και άλλους που είχαν πείρα από την αντιμετώπιση ακραίων περιπτώσεων. Οι προσπάθειές τους ήταν μάταιες.

Δεχθήκαμε πρόταση να παίξουμε στο Farm Aid στην Indiana, στις 7 Απριλίου του 1990. Αυτή η συναυλία μάς έδωσε μεγάλη ώθηση όπως εκείνες με τους Stones πριν από καιρό. Αυτές οι αφορμές έβαζαν το συγκρότημα στο ρυθμό του και όλα άρχιζαν να κυλούν ξανά, επειδή όταν το γκρουπ δουλεύει, όλοι οι κύλινδροι παίρνουν φωτιά.

Βγάλαμε μερικά τραγούδια μόνο για τη συγκεκριμένη συναυλία· δουλέψαμε μια διασκευή του κλασικού κομματιού των U.K. Subs, «Down on the Farm», και βάλαμε τις τελευταίες πινελιές στο «Civil War». Ήθελα *σαν τρελός* να ανεβούμε στη σκηνή και να παίξουμε όλοι μαζί ξανά, αλλά τα πράγματα πήραν γρήγορα την κάτω βόλτα. Αμέσως μόλις ανεβήκαμε στη σκηνή, ο Steven έτρεξε προς τη βάση των ντραμς, η οποία ήταν μια μεγάλη πλατφόρμα που ήταν δύσκολο να μη τη δεις, και απογειώθηκε. Υποθέτω ότι σκόπευε να προσγειωθεί δίπλα στα τύμπανά του, αλλά η αίσθηση βάθους και τα αντανακλαστικά του ήταν μάλλον σε κακή κατάσταση, κι έτσι κατέληξε να προσγειωθεί ενάμισι μέτρο παραδίπλα. Το είδα λες και συνέβαινε σε αργή κίνηση... ήταν κάτι περισσότερο από ντροπιαστικό. Ο Steven έβγαλε τη συναυλία κουτσαίνοντας, και η εμφάνισή μας ήταν στην καλύτερη περίπτωση μπελαλίδικη, αν και έγινε δεκτή με θετική διάθεση από το κοινό του Farm Aid. Όλοι νιώθαμε ότι δεν ήμαστε ευτυχισμένοι· οι χρόνοι ήταν αλλού γι' αλλού. Υπάρχει ένα συγκεκριμένο groove και ρυθμός που μοιράζονταν οι Guns και ο Steven, και όταν αυτό χάθηκε, το συγκρότημα έχασε την αυτοπεποίθησή του επειδή όλα γίνονταν τυχαία. Και αυτό δεν είχε καμία σχέση με το συγκρότημα – οι Guns N' Roses βασίζονταν σε τόνους αυτοπεποίθησης.

Δεν υπήρχε καλύτερος τρόπος για να μας αποκαλύψει ο Steven ότι μας έλεγε ψέματα πως είχε καθαρίσει – ακόμα και μια ειλικρινής εξομολόγηση δεν θα είχε ακουστεί τόσο έντιμη όσο το παίξιμό του σε εκείνη τη συναυλία. Έκανε χρήση, και μάλιστα ίσως έκανε χρήση στο δωμάτιό του ένα λεπτό προτού φύγουμε για τη συναυλία. Μετά τη συναυλία εξακολουθούσε να το αρνείται, και ήταν ανοιχτός και κοινωνικός όπως πάντα. Ένιωθα τόσο άβολα μιλώντας με έναν τύπο που ξέρεις ότι σκέφτεται ακριβώς τα αντίθετα από αυτά που λέει. Η όλη παρουσία του ήταν πνιγμένη στα ψέματα.

Η αλήθεια είναι ότι αν το παίξιμό του δεν είχε πρόβλημα, δεν νομίζω ότι θα ένοιαζε κανέναν τι έκανε στον εαυτό του – εμένα, τουλάχιστον, δεν θα με ένοιαζε. Αν μπορείς να φέρεις βόλτα τη μουσική και τα ναρκωτικά, τόσο το καλύτερο για σένα. Δεν νοιαζόμαστε τόσο για την υγεία του Steven, αλλά μας τσάντιζε το γεγονός ότι η εξάρτησή του επηρέαζε το παίξιμό του, και κατά συνέπεια εμάς τους υπόλοιπους. Μια και το μπάσο με τα τύμπανα αποτελούν το θεμέλιο οποιασδήποτε rock μπάντας, η κατάσταση ήταν πολύ ανησυχητική.

Το Farm Aid ήταν η τελευταία μας εμφάνιση μαζί του. Όταν γυρίσαμε πίσω στο Los Angeles, η κατάσταση του Steven χειροτέρεψε – ποιος ξέρει, ίσως επειδή καταλάβαινε ότι πλησίαζε το τέλος, ή ίσως επειδή η ηρωίνη είναι τόσο ύπουλος διάβολος. Υπήρχαν μερικές ακόμη απόπειρες για αποτοξίνωση, αλλά ήταν βραχύβιες, και κράτησαν μόνο είκοσι τέσσερις ή σαράντα οκτώ ώρες. Η σταγόνα που έκανε το ποτήρι να ξεχειλίσει ήταν όταν μας ζήτησαν να συνεισφέρουμε σε ένα άλμπουμ οι εισπράξεις του οποίου θα πήγαιναν στα παιδιά της Ρουμανίας που είχαν ορφανέψει στη διάρκεια της ρουμανικής επανάστασης το 1989, και το οποίο θα είχε τον τίτλο *Nobody's Child*. Μας φάνηκε ένα εξαιρετικό βήμα για το «Civil War». Μέχρι τότε είχαμε πια αποξενωθεί τελείως από τον Steven. Μόλις τελείωσε η ηχογράφηση, προτού μπορέσει να το μιξάρει ο Mike Clink, διαπίστωσε ότι έπρεπε να κόψει και να ράψει όλα τα κανάλια των τυμπάνων. Μιλάμε για την εποχή πριν την ψηφιακή ηχογράφηση· ο Mike δούλευε με ταινία και του πήρε ατελείωτες ώρες στην αίθουσα του edit μέχρι να κάνει το κομμάτι να ακουστεί σωστό από ρυθμική άποψη.

Όπως ήταν αναμενόμενο, πολύ σύντομα τα πράγματα έφτασαν στο απροχώρητο. Η υπομονή του Axl όσον αφορά τον Steven είχε εξαντληθεί από καιρό, κι έτσι κάναμε την αναπόφευκτη συνάντηση για να συζητήσουμε την κατάσταση· με την υποστήριξη του Alan, ο Axl επέμεινε να δώσουμε στον Steven ένα γραπτό τελεσίγραφο. Ήταν ένα συμβόλαιο που θα ήταν υποχρεωμένος να υπογράψει. Στην καλύτερη περίπτωση ελπίζαμε ότι θα τον τρόμαζε αρκετά ώστε να «καθαρίσει», και στη χειρότερη θα ενορχήστρωνε την αποχώρησή του από το συγκρότημα. Το κείμενο ήταν ξεκάθαρο· έλεγε ότι αν ο Steven εμφανιζόταν «φτιαγμένος» στις ηχογραφήσεις, θα του επιβαλλόταν πρόστιμο. Αν το έκανε τρεις φορές, θα τον απολύαμε, ή κάτι τέτοιο πάνω κάτω. Ο Steven το υπέγραψε, συμφώνησε σε όλους τους όρους του, και, όπως κάθε άνθρωπος που έχει πέσει στην παγίδα της πρέζας, αγνόησε όλες τις υποσχέσεις που έδωσε και συνέχισε όπως πριν. Έκανε μία μόνο προσπάθεια – δοκίμασε Buprinex, αλλά ήταν πολύ αδύναμος για να κόψει μια και καλή την πρέζα.

Στα δικά μου μάτια, ο Axl δεν γούσταρε τον Steven. Ο Steven έτρεφε απεριόριστη αγάπη και αχαλίνωτο ενθουσιασμό για τα ντραμς, το rock and roll και τη ζωή γενικότερα. Ήταν πάντα υπερδραστήριος και είχε πλάκα να κάνεις παρέα μαζί του. Όμως ήταν και κατάφωρα ευθύς και ειλικρινής σχετικά με τις απόψεις του για τον Axl ή οποιοδήποτε άλλο μέλος της μπάντας. Πολλές φορές οι απόψεις του έρχονταν σε ανοιχτή σύγκρουση με αυτές του Axl, και στον Axl δεν άρεσε καθόλου να λειτουργεί με αυτό τον τρόπο. Ο Steven ήταν ευθύς, και έλεγε ακριβώς αυτό που ένιωθε, χωρίς να το πολυσκέφτεται. Ο Duff κι εγώ τον είχαμε συνηθίσει και παίρναμε τα σχόλια του Steven στην πλάκα, κι έτσι καταφέρναμε να τον αποσυντονίσουμε. Όμως ο Axl ήταν πιο ευαίσθητος από εμάς, κάτι που επίσης κατανοούσαμε εγώ και ο Duff. Όταν είχα να κάνω με τον Axl, δεν ήθελα να προκαλέσω καθυστέρηση σε κάποια πρόβα ή ηχογράφηση επικρίνοντάς τον για τις αργοπορίες του ή δεν ξέρω και γω τι άλλο. Όμως ο Steven έκανε κάποιο σχόλιο κατάμουτρα, και αυτό δεν είχε ποτέ καλά αποτελέσματα. Οι αντιδράσεις του Steven δεν ήταν ποτέ προβλέψιμες· ό,τι έλεγε ήταν πάντα αλήθεια, ήταν μια αθώα «παρενέργεια» της προσωπικότητάς του. Δυστυχώς, δεδομένης της υπερσυναισθηματικής ευαισθησίας του Axl, είμαι σίγουρος ότι ο Steven, χωρίς να το καταλαβαίνει, πρόσβαλλε τον Axl. Καταλαβαίνω τον τρόπο με τον οποίο ο Steven άθελά του πατούσε τον κάλο του Axl· όμως, πέρα απ' αυτό, νομίζω ότι ο Axl ποτέ δεν εκτίμησε την πραγματική προσφορά του Steven στον ήχο των Guns, και αυτό ήταν μία συνιστώσα που πιστεύω ότι πλήγωνε τον Steven. Όμως, τι ξέρω εγώ; Ίσως υπάρχουν και άλλοι λόγοι, για τους οποίους δεν μπορώ να μιλήσω.

Ο Axl είχε ξεκαθαρίσει τα αισθήματά του απέναντι στον Steven ήδη από την εποχή που κάναμε την προπαραγωγή του *Appetite*. Όταν κοντεύαμε να ολοκληρώσουμε το άλμπουμ, αρχίσαμε να συζητάμε για τα συνθετικά και καλλιτεχνικά δικαιώματα που αναλογούσαν στον καθένα μας. Το συζητήσαμε στη σκηνή των Burbank Studios, και κάποιος πρότεινε ότι ως συγκρότημα θα έπρεπε να μοιράσουμε τα δικαιώματα σε ίσα μερίδια – 20% ο καθένας.

Ο Axl μούτρωσε. «Δεν υπάρχει περίπτωση να πάρει ο Steven 20%, δηλαδή το ίδιο ποσοστό με μένα. Με τίποτα», είπε. «Θέλω να πάρω 25%, και ο Steven να πάρει 15%. Είναι ο ντράμερ. Δεν συνεισφέρει στη σύνθεση όσο εμείς οι υπόλοιποι». Και τελικά, σε αυτόν το συμβιβασμό καταλήξαμε: Ο Axl έπαιρνε 25%· εγώ, ο Izzy και ο Duff από 20 % και ο Steven 15%. Νομίζω ότι ο Steven δεν το ξεπέρασε ποτέ του.

Δεν είμαι σίγουρος για τις ακριβείς χρονικές παραμέτρους, αλλά ο Steven δεν άργησε να παραβιάσει τους όρους του συμβολαίου νηφαλιότητας που του δώσαμε. Μόλις το διέπραξε, το πράγμα είχε τελειώσει. Δεν μου ήταν εύκολο να συμφωνήσω, γιατί η απλή αλήθεια είναι ότι ο Steven δεν είχε ποτέ τη δύναμη που χρειαζόταν για να τα παρατήσει εύκολα – αν ποτέ τα παρατήσει. Όμως, σε εκείνη τη φάση, όλοι είχαν προσπαθήσει να τον βοηθήσουν –κορίτσια, φίλοι, ειδικοί του μάνατζμεντ–, αλλά τίποτε δεν μπόρεσε να τον κάνει να αντιμετωπίσει το πρόβλημα. Ο Steven είχε χάσει τη μάχη, επειδή όσο κι αν ήθελα να τον βοηθήσω να μείνει μαζί μας, αν το συγκρότημα έχανε την ορμή του, θα σήμαινε το τέλος μας. Ήμαστε τόσο περίπλοκοι χαρακτήρες ώστε υπήρχαν ισάριθμες μεταβλητές. Και τώρα που επιτέλους τα βρίσκαμε και προχωρούσαμε, το παράθυρο της ευκαιρίας ήταν ανοιχτό – όμως ίσως να μην έμενε ανοιχτό για πολύ. Δεν μπορούσα να αρνηθώ, ότι το να διώξουμε τον Steven από την μπάντα επειδή έπαιρνε ναρκωτικά ήταν γελοίο και υπερβολικά σκληρό. Επίσης, ήταν υποκριτικό. Τώρα που το σκέφτομαι, ακούγεται σαν αστείο: «Διώχθηκε από τους Guns N' Roses επειδή έπαιρνε ναρκωτικά; Πώς είναι δυνατόν;»

Το μόνο που θυμάμαι είναι ότι την επόμενη φορά που είδα τον Steve ήταν στο δικαστήριο, επειδή μας έκανε μήνυση, κάτι που έμοιαζε βλακώδες. Ήταν σε τέτοια χάλια, που καταλάβαινα τι έκανε όταν στη μέση της ακροαματικής διαδικασίας πήγε στην τουαλέτα. Μας έκανε μήνυση ζητώντας δύο εκατομμύρια δολάρια για μία παρατυπία στο συμβόλαιο νηφαλιότητας που είχε υπογράψει. Έπρεπε να υπάρχει δικηγόρος παρών κατά την υπογραφή, αλλά εκείνος δεν είχε. Βεβαίως, χάρη στους δικηγόρους μας, δεν το ξέραμε. Σοκαρίστηκα όταν έμαθα ότι ο Steven είχε κερδίσει τη μήνυσή του και έπρεπε να του καταβάλουμε δύο εκατομμύρια δολάρια.

Όσο δύσκολο κι αν ήταν, τουλάχιστον είχε τελειώσει. Τώρα ήταν ώρα να βρούμε καινούργιο ντράμερ.

ΑΥΤΗ Η ΕΠΙΠΟΝΗ ΑΠΟΣΤΟΛΗ ΑΝΑΤΕΘΗΚΕ ΣΤΟΝ DUFF, ΤΟΝ IZZY και μένα. Οργανώσαμε τις οντισιόν σε ένα μικρό στούντιο για πρόβες, όπου από την πρώτη κιόλας μέρα ανακάλυψα πόσο δύσκολο θα ήταν. Στο πίσω μέρος του μυαλού μου υπήρχε η σκέψη: «*Σιγά, ο καθένας μπορεί να παίξει τύμπανα*». Ναι, βέβαια, οι τρεις μας πιστεύαμε ότι θα ήταν εύκολο να βρούμε αντικαταστάτη, δεδομένου ότι όλα τα τραγούδια μας είχαν απλούς rock ρυθμούς στα 4/4 με πολύ λίγες εντυπωσιακές αλλαγές – πόσο δύσκολο θα μπορούσε να είναι κάτι τέτοιο; Στο κάτω κάτω, αν τα είχαμε βγάλει πέρα με τον Fred Curry όταν είχε τραυματιστεί ο Steven, οι προοπτικές έδειχναν καλές. Όμως, έπειτα από μερικές φρικτές ημέρες που προσπαθούσαμε να παίξουμε με ακατάλληλους υποψηφίους, συνειδητοποιήσαμε την αφέλειά μας. Το παίξιμο ενός ντράμερ εμπερικλείει σε μεγάλο βαθμό την προσωπική αντίληψή του για το ρυθμό, και οι ανεπαίσθητες αλλοιώσεις του χρόνου επηρεάζουν ολόκληρο το κλίμα του τραγουδιού – όπως και ολόκληρο το συγκρότημα που στηρίζεται πάνω του.

Φύγαμε από το Redondo Beach και γυρίσαμε πίσω στου Mates για να αναλάβουμε μια πιο ενδελεχή έρευνα. Δοκιμάσαμε τον Martin Chambers των Pretenders, που είναι σπουδαίος ντράμερ και πολύ καλό παιδί, αλλά έπρεπε να καταλάβουμε ότι δεν μας έκανε από τη στιγμή που μπήκε στην πρόβα με το τεράστιο ντραμ σετ με το οποίο έπαιζε στους Pretenders. Ήταν πιο *φανταστικό* –πώς αλλιώς να το χαρακτηρίσω;– από ένα κανονικό ντραμς. Αυτό το πράγμα είχε έναν στρογγυλό σκελετό, που κύκλωνε από πάνω τον ντράμερ, και στον οποίο κρέμονταν πιατίνια – ήταν πραγματικά γελοίο. Το έστησε ενώ ο Duff κούρδιζε το μπάσο του και ετοιμάστηκε να παίξει για λίγο μαζί του· ο Duff ήταν η πρώτη γραμμή. Ο ντράμερ έπρεπε να «κολλάει» μαζί του – αν αυτό δεν συνέβαινε, δεν υπήρχε λόγος να πιάσουμε τις κιθάρες.

Ήμουν στο μπάνιο και διάβαζα ένα περιοδικό καθισμένος στη λεκάνη όταν άρχισαν να παίζουν ο Martin με τον Duff, και καθώς άκουγα πίσω από την πόρτα, σκέφτηκα: *Ωχ!* Αυτό που έκανα εκείνη τη στιγμή ήταν πιο ελκυστικό απ' αυτό που άκουγα, κι αυτό αρκεί για να δείξει ότι αν βάλεις δύο σπουδαίους μουσικούς στο ίδιο δωμάτιο δεν σημαίνει ότι αυτό που θα παίξουν θα ακουστεί εξίσου σπουδαία. Το να παίξεις σπουδαία μουσική είναι κάτι πολύ πιο σύνθετο· σχετίζεται με τη χημεία και τη σύγκλιση των στιλιστικών εμμονών των μουσικών. Αυτό που προκύπτει, δεν έχει καμία σχέση με το άθροισμα των συστατικών μερών του: μοιάζει περισσότερο με το να φτιάχνεις ένα τέρας του Φρανκενστάιν: χρειάζεσαι ευφυΐα... και φως.

Όταν βγήκα από το μπάνιο, ο Duff συνέχιζε να παίζει, αλλά μου έριξε ένα βλέμμα που τα έλεγε όλα. Έτσι περιττεύει, νομίζω, να ειπωθεί ότι η συνεργασία μας με τον Martin δεν τελεσφόρησε. Την είχαμε άσχημα, επειδή εκείνη την εποχή ο Martin ήταν η καλύτερη εκδοχή από μια λίστα πιθανών υποψηφίων που είχαμε ήδη εξαντλήσει. Προς τιμή του Steven, και χωρίς να το ξέρει κάποιος, η γενική αίσθηση και η ενέργεια του *Appetite* οφειλόταν σε μεγάλο λόγο σε εκείνον. Είχε ένα αμίμητο στιλ παιξίματος που ήταν πραγματικά αναντικατάστατο, μία σχεδόν εφηβική αστάθεια που έδινε στην μπάντα τη «σπίθα» της.

Ξαφνικά, η ορμή που είχαμε χτίσει τους τελευταίους μήνες σταμάτησε απότομα και, παρόλο που δεν το έδειχνα, ήμουν πανικόβλητος. Σκεφτόμουν: *Αυτό ήταν,* είμαστε τελειωμένοι. Ήμουν πεισμένος ότι οι Guns N' Roses θα διέλυαν επειδή δεν μπορούσαμε να βρούμε ντράμερ. Και ανησυχούσα για το τι θα έκανα στον εαυτό μου σε μια τέτοια περίπτωση.

ΤΗΝ ΙΔΙΑ ΕΠΟΧΗ Ο DUFF ΚΙ ΕΓΩ ΓΙΝΑΜΕ ΣΧΕΔΟΝ ΑΧΩΡΙΣΤΟΙ. Είχε χωρίσει με τη Mandy, κι έτσι βγαίναμε μαζί έξω όποτε δεν δούλευε το συγκρότημα – τις περισσότερες φορές πηγαίναμε στο Bordello, ένα κλαμπ που είχε ο πρώην ιδιοκτήτης του Cathouse, Rilki Rachtman. Ήταν εκπληκτικό μέρος· υπήρχε ένα μικρό δωμάτιο για τζαμαρίσματα όπου έπαιζε μια blues μπάντα, και πολλές φορές ανέβαινα και έπαιζα μαζί τους. Όμως η αλήθεια είναι πως ακόμα κι αν είσαι διάσημος και όλοι σε λατρεύουν και όλα τα υπόλοιπα, έπειτα από λίγο η σκηνή, όπως και κάθε σκηνή, αρχίζει να γίνεται μίζερη, πληκτική και μονότονη. Αφού το έχεις κάνει δύο, άντε τρεις φορές, είναι απλώς βαρετό. Ακόμα και σήμερα, η σκηνή των rock κλαμπ του Hollywood δεν μου λέει τίποτα· απλώς υπάρχει, και όσες εποχές και στιλ κι αν έχουν αλλάξει, στην ουσία παραμένει ίδια. Αν έχεις μόλις παίξει σε κάποια συναυλία και χρειάζεσαι να ηρεμήσεις λιγάκι, είναι πολύ ωραία. Αλλά αν απλώς κάνεις βόλτες στην πόλη, είναι λες και ζεις κάποιο ξεθυμασμένο κλισέ. Πέραν των κοριτσιών, μοιάζει λες και όλα προσπαθούν να ανταποκριθούν στις πλέον κοινότυπες φαντασιώσεις των πιτσιρικάδων για το πώς είναι να είσαι rock star. Και δεν θέλω να ανήκω σ' αυτόν τον αντικατοπτρισμό.

Αυτό που θέλω να πω είναι ότι σε γενικές γραμμές προτιμούσα να κάθομαι σπίτι, να πίνω όλη μέρα, να παίζω κιθάρα και να γράφω μουσική. Δεν ήμουν αποκομμένος όπως συνέβαινε με την πρέζα, αλλά στο μυαλό μου είχα μπει σε ρυθμούς δουλειάς· έτσι, το να βγαίνω και να επιδίδομαι σε κοσμικότητες ήταν το τελευταίο που είχα κατά νου – είχα αφοσιωθεί στο να είμαι παραγωγικός και να συμβάλλω στο να ανέβει το συγκρότημα ένα σκαλί παραπάνω. Μία από τις νύχτες που ο Duff με «έψησε» να πάμε σε ένα κλαμπ που λεγόταν Peanuts για να τζαμάρω με εκείνο το σπουδαίο blues συγκρότημα, καταλήξαμε να κάνουμε παρέα με ένα κορίτσι, την Pilar, με το οποίο ο Duff είχε ανοίξει παρτίδες. Η Pilar ήταν μια σέξι μεσανατολίτισσα ή λατίνα – δεν είμαι σίγουρος. Είχε μαζί της μια φίλη με την οποία καλά καλά δεν ανταλλάξαμε κουβέντα, που την έλεγαν Renee. Και η Renee ήταν από τα πιο cool άτομα που είχα γνωρίσει· κρατούσε ψηλά το κεφάλι της και είχε έναν πολύ αλαζονικό αέρα. Ήταν πανέμορφη και το ήξερε, και η ακτινοβολία της με βάρεσε κατακούτελα, επειδή, οποιοδήποτε κορίτσι μπορούσε να μου κάνει τη ζωή δύσκολη, οποιοδήποτε κορίτσι μού ήταν δύσκολο να το ρίξω στο κρεβάτι, ήταν στο μυαλό μου το κορίτσι που άξιζε να κυνηγήσω. Σύμφωνα με τα διάσημα λόγια του Lemmy Kilmister: «The chase is better than the catch» [Σ.τ.Μ.: σε κάπως ελεύθερη απόδοση: *Το κυνήγι του θηράματος αξίζει περισσότερο από τη σύλληψή του.* Τραγούδι των Motorhead από το δίσκο τους *Ace of* Spades (1980)]. Η Renee δεν έτρεφε κανένα ενδιαφέρον γι' αυτά που έκανα ή τη φήμη που τα συνόδευε· δεν ήταν σε καμία περίπτωση αυτό που θα λέγαμε «rock κορίτσι».

Ήταν μοντέλο, επίδοξη ηθοποιός και πολύ ανεξάρτητη. Μέσα σε δύο εβδομάδες είχα παρατήσει το Walnut House και έμενα κανονικά στο σπίτι της. Είχε ένα πολύ ωραίο σπίτι που ο μπαμπάς της, προτού πεθάνει, της είχε αγοράσει στο Valley Vista – νομίζω ότι τα μόνα έπιπλα ήταν μια μικρή τραπεζαρία, ένα κρεβάτι και ένας καναπές. Ιδού πώς περνούσαμε την ώρα μας: σηκωνόμουν το πρωί και την άραζα στο πάτωμα· έπινα βότκα και κάπνιζα τσιγάρα ώσπου να ξυπνήσει κι εκείνη. Έπειτα έφευγε για να κάνει αυτά που είχε να κάνει, εγώ έκανα το ίδιο, και αυτή ήταν η ζωή μας. Εκείνη τη εποχή είδα πολλές εκπομπές μαγειρικής· το *Galliping Gourmet,* το *Great Chefs of East and West* και το κανάλι Food Network. Ήταν η αρχή μιας εμμονής με τις εκπομπές μαγειρικής, αν και μέχρι και σήμερα δεν μαγειρεύω ποτέ. Τα βράδια, παραγγέλναμε.

Αυτή ήταν η οικιακή ζωή μου. Στο μεταξύ, η αναζήτηση ντράμερ συνεχιζόταν.

ΠΑΡΟΛΟ ΠΟΥ ΕΞΑΝΤΛΗΣΑΜΕ ΟΛΕΣ ΤΙΣ ΛΟΓΙΚΕΣ ΠΙΘΑΝΟΤΗΤΕΣ, δεν ήμουν διατεθειμένος να αφήσω την αναζήτηση ντράμερ να δώσει τέλος στο συγκρότημα. Ο Duff, ο Izzy κι εγώ σπάγαμε το κεφάλι μας. Ψάχναμε τους καλύτερους ντράμερ που είχαμε δει τελευταία, αλλά κανείς κατάλληλος δεν περνούσε από το μυαλό μας... μέχρι που μια μέρα είχα μια επιφοίτηση... Θυμάμαι ότι πριν από μερικούς μήνες είχα δει τους Cult στο Universal Amphitheater και ο ντράμερ τους με είχε υπνωτίσει. Ήταν εκπληκτικός· στεκόμουν στην κονσόλα του ήχου και το παίξιμό του με είχε γοητεύσει. Σε ολόκληρη τη συναυλία, δεν έδωσα σημασία σε κάποιον άλλο από την μπάντα. Το παίξιμό του ήταν εκπληκτικά σφιχτό και ο ήχος του είχε φανταστική παρουσία· ήταν δυνατό, πομπώδες και γεμάτο κύρος. Μόλις τον θυμήθηκα, δεν μπορούσα να πιστέψω ότι είχα υποφέρει τόσες ηλίθιες οντισιόν χωρίς να συνειδητοποιώ ότι ήξερα το κατάλληλο άτομο.

Ο Mike Clink, ο παραγωγός μας, είχε δουλέψει με τον Matt Sorum, τον εν λόγω ντράμερ, κι έτσι του τηλεφώνησα αμέσως και του άφησα ένα μήνυμα. Λίγο αργότερα, όντας ελαφρώς μεθυσμένος, ξαπλωμένος ανάσκελα, με το κεφάλι μου να κρέμεται από το κρεβάτι της Renee, κοιτούσα το τηλέφωνο στο πάτωμα και περίμενα να χτυπήσει. Τελικά χτύπησε. Το σήκωσα αμέσως.

«Γεια», είπε ο Michael, με τη χαρακτηριστική απαλή φωνή του.

«Έι, είμαι ο Slash», είπα. «Γνωρίζεις τον ντράμερ των Cult; Χρειαζόμαστε ντράμερ, και είδα αυτόν τον τύπο! Είναι εκπληκτικός, κι έτσι προσπαθώ να μάθω αν είναι διαθέσιμος».

«Δεν ξέρω», είπε ο Mike. «Άσε με να κάνω ένα τηλεφώνημα».

«Εντάξει, έγινε».

Το τηλέφωνο χτύπησε ξανά κατά το βραδάκι. «Slash», είπε ο Mike, «έμαθα ότι είναι πιθανόν να είναι διαθέσιμος. Έχεις ένα στιλό; Έχω το τηλέφωνό του».

Εκείνη την ημέρα δεν είχα κουνηθεί από το σπίτι. Περίμενα το τηλεφώνημά του, επειδή ήξερα ότι αυτός ο τύπος ήταν ο κατάλληλος. Έγραψα το νούμερο του τηλεφώνου του στα σεντόνια, ή στον τοίχο, ή στο χέρι μου, δεν είμαι σίγουρος πού.

Σχημάτισα τον αριθμό και περίμενα. Ο Matt το σήκωσε.

«Γεια».

«Έι, Matt, εσύ; Εδώ Slash», είπα. «Είμαι από τους Guns N' Roses και ψάχνουμε ντράμερ. Ενδιαφέρεσαι;»

Δυο μέρες αργότερα, ο Matt ήρθε στην πρόβα, και έπειτα από δυο τρία τραγούδια, ο Duff κι εγώ καταλάβαμε ότι είχαμε βρει τον κατάλληλο άνθρωπο. Είχαμε βρει έναν ντράμερ με τη δική του ιδιοσυγκρασία και προσωπικό στιλ, που «κολλούσε» μια χαρά με μας τους υπόλοιπους. Διέθετε τη δύναμη, τα κότσια και το στιλ που χρειαζόταν για να καλύψει το κενό – και να προσθέσει τη δική του πινελιά στον υπό διαμόρφωση ήχο του γκρουπ.

Νομίζω ότι ο Duff κι εγώ τον βγάλαμε έξω για να τον ρωτήσουμε αν ήθελε να γίνει μέλος της μπάντας –δεν θυμάμαι πού ήμαστε, πιθανόν στο Rainbow–, τέλος πάντων, βγήκαμε, ήπιαμε και κάναμε λίγη κόκα, τέτοια πράγματα. Κολλούσε μια χαρά. Ήταν ενθουσιασμένος: ήταν η κατάσταση την οποία ονειρεύεται κάθε μουσικός που κάνει περιοδείες. Δεν υπάρχει πιο ταιριαστή κατάσταση για έναν rock and roll μουσικό. Μετά την έξοδό του με τον Duff και μένα, ήταν ολοφάνερο πως ο Matt πίστευε ότι οι Guns ήταν το μεγαλύτερο συγκρότημα του πλανήτη, και μια παρέα από αχαλίνωτους γλεντζέδες. Τα λεφτά ήταν καλά και δεν υπήρχαν κανόνες, εκτός από έναν: το μόνο που έπρεπε να κάνεις ήταν να παίζεις καλά.

Όμως ο Matt έπρεπε να μάθει πάρα πολλά τραγούδια σε πολύ μικρό χρονικό διάστημα. Είχαμε demo από τριάντα έξι τραγούδια που σκοπεύαμε να ηχογραφήσουμε για τα άλμπουμ. Μια και αυτές οι ηχογραφήσεις δεν αποτελούσαν ικανό υλικό για εκκίνηση, ο Duff, ο Izzy κι εγώ ήμαστε αναγκασμένοι να του μάθουμε τα πάντα σε ένα εύλογα σύντομο χρονικό διάστημα, και γι' αυτό οι υπόλοιποι έπρεπε να γίνουν επαγγελματίες πολύ γρήγορα. Υπήρξαν πολλές δεύτερες σκέψεις, τουλάχιστον από μεριάς μου αλλά και από τους υπόλοιπους, που είχαμε διώξει τον Steven· όταν όμως μπήκε στην μπάντα ο Matt, εμφύσησε νέα ζωή στη διαδικασία. Ένα φως φάνηκε στην άκρη του τούνελ, πάνω που νομίζαμε ότι το σκοτάδι είχε πέσει για τα καλά.

ΥΠΗΡΧΑΝ ΚΑΙ ΜΕΡΙΚΑ ΑΛΛΑ ΠΡΑΓΜΑΤΑ ΠΟΥ ΒΡΙΣΚΟΝΤΑΝ σε εξέλιξη εκείνη την περίοδο, καθώς οι Guns έβαζαν τα δυνατά τους για να ξαναβγούν στην επιφάνεια – κάναμε μερικές εμφανίσεις που αξίζουν αναφοράς. Μία απ' αυτές ήταν τη νύχτα που ο Duff κι εγώ παραλάβαμε το American Music Award καλύτερου rock άλμπουμ για λογαριασμό της μπάντας. Ποτέ δεν είχα δώσει σημασία στα Grammy ή τα AMA ή κάποια απ' αυτά τα βραβεία· ποτέ δεν είχα δει αυτές τις εκπομπές στην τηλεόραση, ούτε ενδιαφερόμουν γι' αυτές. Ο Duff κι εγώ πήγαμε τέλος πάντων –περισσότερο για τα ποτά–, αλλά δεν είχαμε ιδέα για το ότι η βράβευση σήμαινε ότι *κέρδιζες* κάτι, και αν κέρδιζες περίμεναν από σένα να ανέβεις στη σκηνή και να *πεις* κάτι – τόσο στο πλήθος όσο και στο τηλεοπτικό κοινό που έβλεπε από το σπίτι του.

Εκείνη την εποχή έβγαινα με τη Renee και ο Duff ήταν με την Pilar, και έτσι τα βραβεία αυτά ήταν μια έξοδος όπου άξιζε να πάρουμε μαζί μας τα κορίτσια. Η όλη εκδήλωση ήταν βαρετή και μίζερη. Το μόνο που σέρβιραν ήταν κρασί, και ήπιαμε τουλάχιστον οκτώ μεγάλα ποτήρια ο καθένας. Καθόμαστε εκεί, όταν ξαφνικά κάλεσαν στη σκηνή τους Guns N' Roses για να τους απονείμουν το βραβείο καλύτερου rock άλμπουμ για το *Appetite for Destruction.* Μείναμε αποσβολωμένοι. Ο προβολέας έπεσε στις θέσεις μας και ανεβήκαμε στη σκηνή τρεκλίζοντας. Μόλις συνειδητοποίησα ότι είχα κερδίσει, ήθελα να ευχαριστήσω ένα σωρό άτομα: έτσι λοιπόν ευχαρίστησα τον Zutaut, τον Niven και όλους τους ανθρώπους της Geffen διανθίζοντας το λόγο μου με αμέτρητα «fuck» που είχαν προκαλέσει το κρασί και η νευρικότητα. Δεν είχα ιδέα ποιο ήταν το πρωτόκολλο σε αυτές τις τελετές. Τέλος πάντων, είχα πει μερικά ονόματα, όταν μας έκοψαν τον ήχο του μικροφώνου. Συνέχισα να μιλάω για μια στιγμή, κι έπειτα συνειδητοποίησα ότι μας είχαν κόψει. Μας συνόδευσαν πίσω για να βγάλουμε φωτογραφίες και να δώσουμε τη συνέντευξη Τύπου. Ήμουν μισομεθυσμένος, είχα περάσει καλά και έκανα σε όλους κωλοδάχτυλο.

Την άλλη μέρα, το μόνο που άκουγα ήταν για την εμφάνισή μας στα βραβεία. Έμεινα έκπληκτος από την έριδα, επειδή μέχρι σήμερα το περιστατικό εξακολουθεί να μη σημαίνει και πολλά για μένα. Παρ' όλα αυτά, ήμουν υπεύθυνος για την καθυστέρηση των επτά δευτερολέπτων από τη λήψη της εικόνας μέχρι την προβολή της σε όλες τις μελλοντικές τελετές απονομής βραβείων· εκτός αυτού, ο Dick Clark έκανε οκτώ χρόνια να μου μιλήσει. Δεν μου επέτρεπαν την είσοδο στα AMA μέχρι πριν από ένα χρόνο, όταν και μου ζήτησαν να απονείμω κάποιο βραβείο.

Δεν έγινε επίτηδες, αλλά παρ' όλα αυτά έστειλε το μήνυμα: *Το πνεύμα των Guns ήταν ακόμα ζωντανό.*

ΠΙΣΩ ΣΤΟ ΣΤΟΥΝΤΙΟ, ΕΙΧΑΜΕ ΤΡΙΑΝΤΑ ΕΞΙ ΤΡΑΓΟΥΔΙΑ, τα οποία αρκούσαν και με το παραπάνω για να γεμίσουμε ένα διπλό άλμπουμ. Ήθελα να διαλέξουμε τα δώδεκα καλύτερα από τα τριάντα έξι και να τα δουλέψουμε σε σημείο τελειότητας, αλλά άφησα αυτή τη σκέψη επειδή όσο συνεχίζαμε να προχωρούμε, ήμουν ευτυχισμένος. Ο Axl ήθελε να ηχογραφήσουμε και τα τριάντα έξι και να κάνουμε διπλό δίσκο. Δεν ήθελε να κολλήσουμε σε αυτά τα τραγούδια. Το καταλάβαινα· πολλά απ' αυτά ήταν ήδη παλιά – είχαν «ξεμείνει» από το προηγούμενο άλμπουμ, μερικά δε ήταν ακόμα πιο παλιά. Επίσης, υπήρχαν ένα σωρό τραγούδια που αντιπροσώπευαν το πού βρισκόμαστε εκείνη την εποχή. Μπορεί να τα λέω εκ των υστέρων, αλλά η γενική αίσθηση που επικρατούσε ήταν ότι έπρεπε να σβήσουμε τον πίνακα, να βγάλουμε ό,τι είχαμε. Στο σύνολό τους, αυτά τα τραγούδια εκπροσωπούσαν κάτι σημαντικό: το παρελθόν και το παρόν του συγκροτήματος. Ήταν ένα απίστευτο ταξίδι, και ο μόνος τρόπος για να το εκφράσουμε ήταν αυτό το υλικό.

Ο Matt ήταν εκπληκτικός: έγινε κολλητός με τον Duff και μένα. Ο Izzy ήταν παρών, αλλά κάπως διαφορετικά. Όχι μόνο ήταν εκατό τοις εκατό νηφάλιος, αλλά εκείνη την εποχή ήταν κατηγορηματικά αντίθετος με το αλκοόλ και τα ναρκωτικά. Όταν γνώρισε τον Matt άρχισαν να τα πηγαίνουν καλά, αλλά η γνωριμία τους έγινε υπό τον όρο ότι η απόφαση ήταν ήδη ειλημμένη: όλα ήταν μια χαρά, αλλά νομίζω ότι ο Izzy ένιωθε ότι η απόφαση αυτή του υπαγορεύτηκε, και νομίζω ότι αυτό το σιχαινόταν. Από τη στιγμή που γύρισε πίσω στο συγκρότημα μέχρι τη στιγμή που έφυγε, ο Izzy ήταν πολύ εύθραυστος· και τώρα που το ξανασκέφτομαι, όλη αυτή η αλλαγή δεν του «κάθισε» καλά. Όταν προβάραμε ήμαστε όλοι παρόντες ως συγκρότημα· και παρόλο που το κλίμα ήταν καλό, κάτι έλειπε. Ο Izzy δεν ήταν χαρούμενος... αλλά δεν το εξέφραζε, ενώ ο Axl είχε απομακρυνθεί από την καθημερινότητα της μπάντας τόσο πολύ που πίστευε ότι εφόσον είχαμε ντράμερ και όλοι ήταν παρόντες και έπαιζαν μαζί, ήμαστε μια χαρά και έτοιμοι να προχωρήσουμε.

Η πρώτη μας ηχογράφηση με τον Matt ήταν το «Knocking on Heaven's

Door», για το soundtrack της ταινίας *Ημέρες Κεραυνού [Days of Thunder]* (το οποίο κατέληξε επίσης στο *Use Your Illusion*). Με θυμάμαι να παίζω το σόλο του κομματιού πηγαίνοντας κάπου με μια Gibson Explorer του '58. Ήταν μια φανταστική ηχογράφηση: μπήκα στο στούντιο με το κορίτσι μου και μερικούς φίλους, έπιασα την κιθάρα και το σόλο *έγραψε*. Έβαλα τον πάνω μαγνήτη στα μπάσα, μπήκα στο κομμάτι και άφησα την κιθάρα μου να *ουρλιάξει*. Μου αρέσει πάρα πολύ ο τρόπος που βγήκε αυτό το σόλο – ήταν γεμάτο συναίσθημα, αλλά την ίδια στιγμή χαλαρό.

Το «Knocking on Heaven's Door» ήταν επίσης το πρώτο τραγούδι που μπορούσαμε να ακούσουμε και να πάρουμε μια ιδέα για το πώς θα ακουγόταν το συγκρότημα με τον νέο ντράμερ. Βγήκε πολύ καλό, αλλά υπήρχε μια σημαντική διαφορά στη συνολική αίσθηση των νέων Guns από τους παλιούς. Είχαμε χάσει κάτι από τον punk-rock πανικό, αυτή τη χαοτική, σέξι κίνηση. Τώρα ο ήχος μας ήταν πιο επικός, πιο συμπαγής και «ογκώδης». Αυτό είναι και καλό και κακό, εξαρτάται από το ποιον ρωτάς. Όσο με αφορούσε, ήμουν χαρούμενος που προχωρούσαμε.

Στη συνέχεια στρωθήκαμε στη δουλειά και ο Matt έμαθε και τα τριά-

Το Λύκειο του Beverly Hills θα πρέπει να είναι υπερήφανο:
Ο Slash στη σκηνή παρέα με τον Lenny Kravitz.

ντα έξι τραγούδια σε χρόνο μηδέν, βασικά παίζοντάς τα ζωντανά μαζί μας, επειδή δεν υπήρχαν σε κάποια ηχογραφημένη μορφή για να «πατήσει» επάνω τους. Κλείσαμε ώρες στο στούντιο A&M στο Hollywood και ηχογραφήσαμε τριάντα έξι τραγούδια σε τριάντα έξι ημέρες. Ανάμεσα στις ηχογραφήσεις πήγαινα στο Crazy Girls, το στριπτιζάδικο που βρισκόταν στο απέναντι πεζοδρόμιο, το οποίο –λυπάμαι που το λέω– δεν υπάρχει πια. Τα βράδια βγαίναμε και μεθούσαμε, και ξαναπηγαίναμε το επόμενο απόγευμα και πιάναμε ένα νέο κομμάτι από την αρχή. Ήταν τριάντα έξι ημέρες, που στη διάρκειά τους ο Duff κι εγώ συνειδητοποιήσαμε ότι ο Matt ήταν εκπληκτικός ντράμερ αλλά και ο καινούργιος μας σύντροφος στις κραιπάλες. Προτού η σχέση μας με τα ναρκωτικά βγει εκτός ελέγχου και πριν το επεισόδιο με τον Steven, υπήρχαν μερικές σκοτεινές περίοδοι, αλλά είχαμε περάσει πια σε άλλο επίπεδο: ήμαστε αλκοολικοί που λειτουργούσαν και κάναμε περιστασιακή χρήση κοκαΐνης. Μάλιστα, αμφιβάλλω αν ήταν και τόσο περιστασιακή – ο Matt και ο Duff έπαιρναν πολλή κόκα. Εγώ δεν έκανα τόσο πολλή, αλλά δεν είχε σημασία, επειδή, όπως κι αυτοί, είχα αναπτύξει μεγάλη ανοχή στα πάντα, σε σημείο που ήμαστε πια ένα τέλεια παραγωγικό και επαγγελματικό συγκρότημα παράλληλα με τις επιδόσεις μας στη χημεία.

ΣΕ ΕΚΕΙΝΗ ΤΗ ΦΑΣΗ ΕΙΧΑ ΑΡΧΙΣΕΙ ΝΑ ΒΓΑΙΝΩ ΚΑΙ ΝΑ κυκλοφορώ περισσότερο. Ο Duff κι εγώ πετύχαμε τον Iggy Pop και μας ζήτησε να παίξουμε στο *Brick by Brick*. Πήγαμε να τον συναντήσουμε στο Rainbow, όπου μας έβαλε στο αμάξι του και ακούσαμε τα demos, κάτι που ήταν πολύ cool. Ο Iggy είναι ο απόλυτος ήρωας του Duff, ενώ υπάρχει και κάποιο κομμάτι ιστορίας που με αφορά λόγω του Bowie – μαζί με τη μαμά μου είχαν επισκεφθεί τον Iggy στην ψυχιατρική πτέρυγα του νοσοκομείου Cedars-Sinai. Πήγαμε στο Hollywood και γράψαμε μερικά κομμάτια μαζί του: το «Home Boy», το «Pussy Power» και ένα τραγούδι που γράψαμε εγώ και ο Iggy, το «My Baby Wants to Rock 'n' Roll». Ήταν μία από τις πιο διασκεδαστικές ηχογραφήσεις που έχω κάνει. Λίγο μετά, γυρίσαμε μαζί του το βίντεο για το «Home Boy».

Η συνεργασία μας ήταν πραγματική τιμή για μας· ήταν άλλο ένα σημάδι τού ότι οι Guns είχαν αρχίσει να επιστρέφουν στη σκηνή και ότι είχαμε περάσει σε πολύ πιο σοβαρό επίπεδο ως μουσικοί. Οι άνθρωποι ήθελαν να μας δουν ξανά να παίζουμε. Εκείνη την εποχή, το 1990, τα *Appetite* και *Lies* είχαν σημειώσει τεράστια εμπορική επιτυχία. Αυτή η καινούργια προσοχή έστρεψε επίσης επάνω μου τους προβολείς ως κιθαρίστα, κάτι που έκανε τους μάνατζέρ μας να δεχθούν πολλά τηλεφωνήματα. Ήταν κολακευτικό να ανακαλύπτω ότι άλλοι μουσικοί είχαν αρχίσει να αναγνωρίζουν το ότι ήμουν ένας πολύ καλός κιθαρίστας.

Μια συνεργασία που έκανα εκείνη την εποχή, ήταν με τον Lenny Kravitz. Τον γνώριζα ήδη· πήγαινε στο Λύκειο του Beverly Hills την ίδια εποχή με μένα, και παρόλο που εγώ ήμουν στο τμήμα μετασχολικής εκπαίδευσης και εκείνος μαθητής κανονικής φοίτησης, απ' ό,τι ήξερα ήμαστε οι μόνοι δύο κατά το ήμισυ μαύροι μουσικοί στο Λύκειο. Ο Duff κι εγώ ήμαστε fans του, και ο αγαπημένος μας δίσκος εκείνη την εποχή ήταν το ντεμπούτο του, το *Let Love Rule.* Όταν μας σύστησαν σε κάποια τελετή απονομής βραβείων, εκστασιάστηκα όταν μου ζήτησε να παίξω στον επόμενό του δίσκο, το *Mama Said,* ο οποίος βρισκόταν στο στάδιο της ηχογράφησης. Λίγο αργότερα συναντηθήκαμε σε ένα μικρό στούντιο στο Robertson του Los Angeles, όπου έπαιξα ένα σόλο στο «Fields of Joy». Ενώ ζεσταινόμουν εκείνη την ημέρα στο σαλόνι του στούντιο, έπαιξα ένα funky σχήμα που είχα σκεφτεί πρόσφατα, αλλά δεν είχε βρει τη θέση του σε κάποιο από τα κομμάτια που δούλευα εκείνη την εποχή με τους Guns. Ήταν μια από τις ασκήσεις που έπαιζα εκείνη την εποχή.

«Έι, man, τι είναι *αυτό* που παίζεις;» ρώτησε ο Lenny.

«Δεν ξέρω... Κάτι που έχω βγάλει», είπα. «Είναι πολύ funky για τους Guns, αλλά μου αρέσει. Είναι πολύ cool».

«Ναι, man. Μην το ξεχάσεις. Φέρ' το να το παίξουμε στην πρόβα», είπε. «Ας το δουλέψουμε. Θα ήθελα να γράψω μερικούς στίχους».

Όταν έφτασε η ώρα να γράψουμε και να ηχογραφήσουμε το κομμάτι, ο Lenny μού έκανε τα εισιτήρια για να πάω στη Νέα Υόρκη. Ζούσε στο Manhattan, αλλά είχε κλείσει ένα στούντιο στην άλλη όχθη του ποταμού, στο Hoboken του New Jersey. Εκεί είχε ηχογραφήσει το πρώτο του άλμπουμ, και τώρα έγραφε τις βάσεις για το δεύτερο. Πήγαμε εκεί με το τρένο, και έπαιζε τύμπανα ενώ εγώ έγραφα την κιθάρα για το κομμάτι που κατέληξε στο «Always on the Run». Ήταν πολύ διασκεδαστικό· τραχύ και γυμνό, όπως έπρεπε να είναι. Δεν παίζουμε και πολλά σ' αυτό το τραγούδι, αλλά ακούγεται πολύ καλό· αργότερα πρόσθεσε το μπάσο και τα φωνητικά. Το στούντιο έμοιαζε με το φρούριο του Lenny: κάθε όργανο ήταν στη θέση του – μπορούσε να αφήσει την κιθάρα και να πιάσει τα τύμπανα και το μπάσο και να ηχογραφεί όπως του υπαγόρευε η έμπνευσή του.

Σε εκείνο το ταξίδι είχα πάρει μαζί μου τη Renee και μέναμε στο κέντρο, σε ένα ξενοδοχείο κοντά στο διαμέρισμα του Lenny. Την προηγούμενη νύχτα, ένα Σάββατο, το είχα περάσει μεθοκοπώντας. Ήταν καλοκαίρι, και έκανε τρελή ζέστη. Μόλις έφτασα στο σπίτι του Lenny εκείνο το κυριακάτικο πρωινό, ανακάλυψα ότι εξαιτίας κάποιου απαρχαιωμένου νόμου που αναφερόταν ως «Γαλάζιος Νόμος» (Blue Law) στα νομικά βιβλία της Νέας Υόρκης, όλα τα μπαρ και τα καταστήματα οινοπνευματωδών ήταν κλειστά.

Δεν είχα φανταστεί ότι η συνεργασία μας θα εξελισσόταν μ' αυτόν τον τρόπο, και θα είχα πρόβλημα. Θυμάμαι ότι άραζα στο διαμέρισμα του Lenny περιμένοντας να ετοιμαστεί. Το διαμέρισμα έμοιαζε λες και η μεγαλύτερη ντουλάπα με ρούχα άλλων εποχών είχε αδειάσει το περιεχόμενό της παντού: υπήρχαν παντού ρούχα, που κάλυπταν κάθε διαθέσιμη επιφάνεια. Ήταν δέκα το πρωί, απολάμβανα το θέαμα, και χρειαζόμουν *απεγνωσμένα* ένα ποτό.

«Έι, φίλε, έχεις τίποτε να πιούμε;» ρώτησα.

«Όχι, man, δεν νομίζω», είπε ο Lenny. «Θέλεις να καπνίσεις ένα τσιγαριλίκι;»

«Εντάξει, αλλά χρειάζομαι ένα ποτό», είπα. «Μπορούμε να κάνουμε μια στάση πηγαίνοντας σε κανένα μπαρ ή καμιά κάβα;»

«Δεν ξέρω, φίλε», είπε. «Δεν νομίζω. Είναι όλα κλειστά τις Κυριακές».

«Αλήθεια;» είπα, ενώ είχα αρχίσει να νιώθω νευρικότητα. «Δεν έχουν καθόλου αλκοόλ οι γείτονές σου; Χρειάζομαι ένα ποτό, man».

Ο Lenny έκανε ό,τι μπορούσε· εμφανίστηκε με κάτι που έμοιαζε με δαχτυλήθρα γεμάτη βότκα από το γείτονά του. Την κατέβασα, αλλά ήταν λες και έβαζα τσιρότο σε τραύμα από καραμπίνα. Καθώς πήραμε το τρένο για το Hoboken, που απέχει περίπου είκοσι λεπτά, άρχισα να βιώνω το στερητικό σύνδρομο του αλκοόλ. Είχα ζαλάδες, ήμουν ευέξαπτος, και ανήσυχος. Δεν ήταν τίποτε το μυστηριώδες – απλώς χρειαζόμουν ένα γαμημένο ποτό, *εκείνη τη στιγμή*. Τα αποθέματα ευγενείας μου είχαν παρομοίως στεγνώσει.

«Έι, Lenny man, πρέπει να βρούμε αμέσως λίγη βότκα», είπα. «Δεν μπορώ να παίξω αν δεν πιω».

Ο Lenny μπορούσε να με καταλάβει ως ένα βαθμό, υποθέτω: χρειαζόταν το χόρτο του για να δημιουργήσει και να γράψει μουσική – η μόνη διαφορά ήταν πως το σώμα του δεν δυσλειτουργούσε αν δεν την είχε. Κάθε μπαρ στη διαδρομή έμοιαζε λες και είχε να ανοίξει από το 1955. Όταν φτάσαμε στο στούντιο, ο Lenny έστειλε τους ανθρώπους του να βρουν ποτό. Δεν ξέρω πώς τα κατάφεραν, αλλά επέστρεψαν με λίγη βότκα γύρω στις δώδεκα, και αμέσως μετά ξεκινήσαμε. Ηχογραφήσαμε το «Always on the Run» σε λιγότερο από μία ώρα· η ακατέργαστη, πηγαία ενέργεια του κομματιού μπορεί να ακουστεί στο δίσκο.

Η ΚΑΝΟΝΙΚΗ ΗΧΟΓΡΑΦΗΣΗ ΤΩΝ ΜΕΡΩΝ ΤΗΣ ΚΙΘΑΡΑΣ και της φωνής των άλμπουμς *Illusion* έγινε στο στούντιο Record Plant στο Los Angeles. Ήταν πολύ καλή στιγμή στην καριέρα μου ως κιθαρίστας – είχαμε πάρα πολλά τραγούδια, και το καινούργιο υλικό μάς πρόσφερε άπειρες δυνατότητες για ήχους και τεχνικές. Εκείνη την εποχή ήμουν πραγματικά στην καλύτερη φάση μου ως μουσικός, και στις ηχογραφήσεις μπορούσα να παράγω με ευκολία και άνεση τους ήχους που ήθελα. Είχα μερικές πολύ καλές κιθάρες στις οποίες μπορούσα να βασιστώ, γιατί για πρώτη φορά στη ζωή μου είχα τα μέσα για να συλλέξω ένα ολόκληρο οπλοστάσιο.

Εκείνη την εποχή είχα μια Gibson Flying V του 1958, μία Gibson Explorer του 1958 και μερικές Travie Bean, καθώς και μερικές ακουστικές – Martin, Gibson, Taylor, κ.λπ. Είχα μια εκπληκτική ισπανική φλαμένκο και κάνα δυο Dobro, αλλά και κάμποσες παλιές Les Paul, συν τη βασική μου κιθάρα, την κόπια Les Paul με μαγνήτες Seymour Duncan. Υπήρχαν στιγμές που χρειαζόμουν μια Travis Bean, συνήθως όταν έπαιζα slide («The Garden»), ή μια Dobro («You Ain't the First»), όπως και μια κιθάρα με τρέμολο («You Could Be Mine»). Ήταν ο παράδεισος του κιθαρίστα. Έφτασα να παίρνω μαζί μου στις περιοδείες είκοσι κιθάρες· ήμουν αποφασισμένος να τις παίξω όλες, να βγάλω όλους αυτούς τους ήχους στο καινούργιο μας άλμπουμ με οποιονδήποτε τρόπο, μορφή ή σχήμα. Είχα να παίξω τριάντα έξι τραγούδια: αυτό σήμαινε ότι έπρεπε να ηχογραφώ κιθάρες για δύο συνεχόμενες εβδομάδες. Ήμουν στον έβδομο ουρανό, απορροφημένος από τις κιθάρες μου, εντελώς στο στοιχείο μου. Ήταν υπέροχα, η σάλα ηχογραφήσεων είχε φανταστικό ήχο και λάτρευα το Record Plant.

Ένα γεγονός που έκανε τρομερή αίσθηση κατά τη διάρκεια της ηχογράφησης του *Illusion I* και *II* έλαβε χώρα στην πίσω αυλή του Record Plant. Αποδείχθηκε ότι οι αστυνομικοί είχαν βρει ένα ακρωτηριασμένο χέρι και ένα κεφάλι στον σκουπιδοτενεκέ πίσω από το στούντιο. Το μόνο που ξέρω είναι ότι δεν το κάναμε εμείς, αλλά ο Izzy έγραψε ένα στίχο βασισμένο στο γεγονός, στο τραγούδι «Double Talking Jive». Στο ίδιο κομμάτι κατάφερα να παίξω ένα ωραίο flamenco πέρασμα, που η εγγραφή του είχε πολλή πλάκα. Υπάρχει ένα πολύ ωραίο ηλεκτρικό σόλο που μετασχηματίζεται σε ακουστικό flamenco groove.

Στα συγκεκριμένα άλμπουμ υπάρχουν μερικά κομμάτια πολύ περίπλοκα από κιθαριστική άποψη. Το «Enstranged» είναι ένα μεγάλο σε διάρκεια κομμάτι. Το έγραψα με μία Les Paul Gold Top. Ηχογράφησα όλες τις μελωδίες με τον μπάσο μαγνήτη και το ποτενσιόμετρο στα μπάσα. Το «November Rain» ήταν δύσκολο, όπως κι ένα άλλο τραγούδι του Axl με τον τίτλο «Breakdown». Τα κομμάτια αυτά ήταν γραμμένα σε πιάνο και χρειάζονταν συνοδευτικά μέρη· η κιθάρα και το μπάσο έπρεπε να μελετηθούν και να παιχτούν με ακρίβεια. Οφείλω να πω ότι ήταν πολύ cool κομμάτια, αλλά χρειάστηκαν πολλή δουλειά.

Το «November Rain» ηχογραφήθηκε μέσα σε μία μέρα, αλλά προηγουμένως είχε χρειαστεί ώρες για να γράψουμε τα συνοδευτικά μέρη. Το πιο αστείο ήταν ότι το σόλο της κιθάρας που κατέληξε στο δίσκο είναι ακριβώς το ίδιο με αυτό που έπαιξα την πρώτη φορά που δοκίμασα το κομμάτι, πριν από χρόνια. Αποτυπώνει την αίσθηση που μου προκαλούσε το κομμάτι κάθε φορά που φτάναμε στο συγκεκριμένο μέρος. Έτσι, σε όλη την ιστορία της μπάντας, όταν παίζαμε τα τραγούδια ζωντανά ή τα ηχογραφούσαμε, εκτός από μερικές σκόρπιες νότες, τα σόλο μου είχαν πάντα την ίδια ακολουθία από νότες που μου ενέπνευσε η μουσική από την αρχή.

Όπως και να 'χει, η διαδικασία ηχογράφησης των τυμπάνων και του μπάσου, όπως και των δύσκολων αλλαγών στο πιάνο για το «Breakdown» στο A&M, ήταν πολύ περίπλοκη. Είναι ένα πολύπλοκο τραγούδι, και παρόλο που ακούγοντάς το κανείς νομίζει ότι κάναμε πάρτι όταν το ηχογραφούσαμε, η αλήθεια είναι πως όσο το δουλεύαμε, ήμαστε πολύ προσηλωμένοι. Το συγκεκριμένο τραγούδι ήταν πολύ δύσκολο για τον Matt – το έχασε μερικές φορές προσπαθώντας να βγάλει τα τύμπανα του κομματιού «τέλεια». Όπως είπα, ηχογραφούσαμε ένα τραγούδι την ημέρα – αλλά μερικές μέρες κρατούσαν περισσότερο από άλλες.

Είχαμε περίπλοκα τραγούδια, και νομίζω ότι μόνο συγκροτήματα σαν τους Metallica έκαναν κάτι παρόμοιο με εμάς. Στο *Black Album* δούλεψαν σοβαρά με τις αλλαγές των μέτρων και άλλα παρόμοια, και δεν ξέρω ποια ήταν η δική τους διαδικασία, αλλά εμείς δουλεύαμε μαζί το πλαίσιο, κι έπειτα απλώς τζαμάραμε. Αν κάναμε κάποιο λάθος ή το χάναμε, σταματούσαμε και το πηγαίναμε από την αρχή, και συνήθως το βγάζαμε αρκετά γρήγορα. Όλα τα μέλη του συγκροτήματος είχαν προβληματική ικανότητα συγκέντρωσης εκείνη την εποχή, και κανείς δεν ήθελε να δουλεύει πολλή ώρα πάνω στο ίδιο πράγμα. Ξοδεύαμε μερικές ημέρες για τη δομή και την ενορχήστρωση, αλλά όταν ερχόταν η ώρα της ηχογράφησης, το προβάραμε μία φορά κι έπειτα το γράφαμε. Ήταν δεδομένο ότι θα γίνονταν μερικά overdubs στην κιθάρα και τις φωνές, αλλά όσο αφορούσε τη βασική κιθάρα, το μπάσο και τα τύμπανα, έπρεπε να κρατηθούν όλες οι live λήψεις. Κανείς δεν ήθελε να απογοητεύσει τον εαυτό του αναγκάζοντας όλους τους υπόλοιπους να το πάμε ξανά και ξανά μέχρι να το παίξει όπως έπρεπε. Αυτό συμβαίνει όταν υπάρχουν σωστοί μουσικοί και καλή χημεία... Σωστοί άνθρωποι σε ένα καλό συγκρότημα.

Οι Guns έκαναν κανονική κατάληψη στο Record Plant. Ήταν απολαυστικό, αλλά είχαμε πολλή δουλειά να κάνουμε και νιώθαμε υπέροχα που ήμαστε ξανά οι Guns N' Roses. Έγραφα τις κιθάρες στο ένα στούντιο, ενώ ο Axl σε γενικές γραμμές είχε μετατρέψει το άλλο στούντιο σε κανονικό σπίτι, δεδομένου ότι είχε αποφασίσει ότι θα δούλευε περισσότερο αν έμενε εκεί. Μετέφερε τα όργανα γυμναστικής του, όπως και ένα κρεβάτι και καναπέδες – το μετέτρεψε σε μια λαμπερή σάλα όπου μπορούσαν να νιώθουν άνετα εκείνος και η συνοδεία του. Είναι αλήθεια ότι πολύς κόσμος μπαινόβγαινε στο Record Plant εκείνη την εποχή.

Κατά τη γνώμη μου, τίποτε απ' όλα αυτά δεν συνέβαλλε στο να κάνουμε τη δουλειά μας πιο γρήγορα. Στο μεταξύ, ενώ ηχογραφούσαμε τα άλμπουμ του *Illusion,* ζούσαμε σε ένα πολύ μποέμ, 60s σκηνικό γύρω από το στούντιο. Ο συνδυασμός των φίλων μας –μουσικών ή μη– και όλων των άλλων ανθρώπων που γνωρίζαμε, δημιουργούσε ένα πολύ cool περιβάλλον. Μια οποιαδήποτε νύχτα μπορούσα να γράφω κιθάρες στο ένα στούντιο ενώ ο Axl ηχογραφούσε φωνητικά στο άλλο, την ίδια ώρα που ένα πολύ ενδιαφέρον πλήθος από χαρακτήρες χάζευε εκεί, συμμετέχοντας με τον ένα ή με τον άλλο τρόπο. Ο Shannon Hoon από τους Blind Melon περνούσε συχνά επειδή ήταν παλιός φίλος του Axl από την Indiana. Έκανε δεύτερα φωνητικά στο «Don't Cry», κάτι που έδωσε περισσότερη ψυχή στο κομμάτι.

Η μεγαλύτερη αλλαγή στην μπάντα, εκτός από την αντικατάσταση του Steven από τον Matt, ήταν η καταλυτική παρουσία των πλήκτρων και των συνθεσάιζερ. Όταν ηχογραφούσαμε το «Paradise City» την εποχή του *Appetite,* ο Axl είχε προτείνει μια υψηλόσυχνη γραμμή από συνθεσάιζερ. Υποθέτω πως αυτή ήταν η αρχή· ήμουν αντίθετος από την πρώτη στιγμή. Όπως ανέφερα, στα άλμπουμ του *Illusion* ο Axl επέμεινε να βάλουμε πιάνο με ουρά και συνθεσάιζερ. Αφού τελειώσαμε τις βάσεις, ολοκληρώσαμε τα μέρη της κιθάρας και έφτασε η ώρα να ηχογραφήσει ο Axl τα φωνητικά του. Εκείνος όμως πέρασε πολύ χρόνο προσθέτοντας μέρη με συνθεσάιζερ. Ήταν σαν παιδί σε ζαχαροπλαστείο μπροστά σε όλους αυτούς τους πύργους από συνθεσάιζερ που είχε εγκαταστήσει στο στούντιο. Καθόταν εκεί και πάλευε για ώρες για να βγάλει τον κατάλληλο ήχο για κάποιο συγκεκριμένο μέρος του τραγουδιού, ενώ μην ξεχνάμε ότι εκείνος δεν ένιωθε στέρηση από τα ναρκωτικά, ούτε ήταν λιώμα, αν και ήταν «φτιαγμένος» με χόρτο την περισσότερη ώρα – κάτι που ίσως ενέτεινε την εμμονή του με τα συγκεκριμένα μουσικά μέρη. Στον Axl άρεσαν οι μεγαλειώδεις παραγωγές, κάτι που από τη μία πλευρά δεν ήταν και τόσο καλό. Όμως, η ανάγκη του να εκφραστεί με τέτοιο τρόπο ήταν τόσο ειλικρινής ώστε ξόδευε όσο χρόνο χρειαζόταν για να σιγουρευτεί ότι το ηχητικό γεγονός θα ήταν *τέλειο*. Και το αποτέλεσμα ήταν ιδιοφυές. Δεν ξέρω αν αντιπροσώπευε τους Guns που είχα στο μυαλό μου, αλλά παρ' όλα αυτά ακουγόταν εκπληκτικό. Όταν παίξαμε το «Live and Let Die», ήταν όλο συνθεσάιζερ – αυτά τα πνευστά δεν είναι πραγματικά πνευστά. Αυτό που έκανε ο Axl ήταν πολύ περίπλοκο: πέρασε ώρες προσπαθώντας να χωρέσει όλους αυτούς τους ήχους μέσα στο κομμάτι – φροντίζοντας και την τελευταία λεπτομέρεια, και πρέπει να του το αναγνωρίσω. Το ίδιο έκανε και για το «November Rain», με όλα αυτά τα έγχορδα – όλα από τα συνθεσάιζερ. Έχω ακούσει τραγούδια που έχουν πραγματικά έγχορδα και ακούγονται λιγότερο αυθεντικά. Η μόνη φορά που φέραμε έξτρα μουσικούς σε αυτούς τους δύο δίσκους ήταν για τα γυναικεία gospel φωνητικά του «Knockin' on Heaven's Door» και τη φυσαρμόνικα στο «Bad Obsession». Το μοναδικό εφέ που δεν ήταν συνθεσάιζερ είναι ο βηματοδότης στην εισαγωγή του «Coma». Κι όμως, αυτό ήταν αληθινό.

ΑΦΟΥ ΤΕΛΕΙΩΣΑ ΤΑ ΜΕΡΗ ΤΗΣ ΚΙΘΑΡΑΣ ΜΟΥ, ΕΚΚΕΝΩΣΑ το στούντιο Β. Τότε ο Axl το κατέλαβε και μεταμόρφωσε ολόκληρο το Record Plant σε ένα οικιστικό συγκρότημα όπου μπορούσαν να αράζουν οι φίλοι του ενώ εκείνος τελείωνε τα φωνητικά του και πρόσθετε τα συνθεσάιζερ για τα οποία μιλήσαμε παραπάνω. Οι υπόλοιποι δεν ήμαστε και πολύ χαρούμενοι με αυτό, επειδή κάθε μέρα το στήσιμο μας κόστιζε πολλά χρήματα. Θα ήταν μια χαρά όλο αυτό εάν υπήρχε δραστηριότητα όλη την ημέρα, αλλά κανείς από μας δεν είδε κάτι να γίνεται βάσει προγράμματος Στο τέλος, ο Axl τελείωσε τη δουλειά του, αλλά *γαμώτο,* αυτοί οι δύο δίσκοι μάς κόστισαν μια περιουσία για να γίνουν – και μιλάω μόνο για τις ώρες του στούντιο.

Ήταν τότε που ο Axl άρχισε να αποκτάει μανιακή εμμονή με τις λεπτομέρειες των θεμάτων που αφορούσαν τους Guns N' Roses, ξεκινώντας με τα ποσοστά των συνθετικών δικαιωμάτων των τραγουδιών για τα *Illusion I* και *II*. Η εποχή που τα μέλη του συγκροτήματος έπαιρναν ένα ατόφιο 20% είχε παρέλθει, επειδή αυτή τη φορά υπήρχαν πάρα πολλοί δημιουργοί, ειδικά στα παλιά τραγούδια που υπήρχαν προτού φτιαχτούν οι Guns, όπως το «Back Off Bitch». Έπρεπε επίσης να υπολογίσουμε τον Matt, ο οποίος δεν ήταν κανονικό μέλος: δεν ήταν μαζί μας από τότε που άρχισαν να γράφονται τα κομμάτια, αν και είχε παίξει σε όλα. Τελικά, λόγω της συμμετοχής τρίτων, όπως ο Paul Huge, ο West Arkeen και ο Del

James, ο Axl επέμεινε τα παλιά μέλη να μοιραστούν το 22.75 ή το 32.3% σε κάθε τραγούδι. Το είχε δουλέψει με μαθηματικούς όρους σύμφωνα με το ποιος έγραψε τι, αλλά την ίδια στιγμή ήταν υπερβολικό και περίπλοκο, όπως θα το έκανε μια εταιρεία.

Τα τραγούδια που είχαν δουλευτεί στο Chicago παρουσίαζαν άλλο ένα πρόβλημα: επειδή εκείνους τους μήνες ήμαστε τόσο μακριά ο ένας από τον άλλο, και στο μεγαλύτερο μέρος ο Axl δεν ήταν καν εκεί, τα μερίδια που υπολογίσαμε για τραγούδια όπως το «Garden of Eden», το «Don't Damn Me» και το «Get in the Ring» ήταν εντελώς αυθαίρετα. Ο Duff κι εγώ τα γράψαμε χωρίς φωνή, εν τη απουσία του Axl. Υπήρχαν κομμάτια βασισμένα στο πιάνο στα οποία ήμουν αναγκασμένος να γράψω περίπλοκα κιθαριστικά μέρη, αλλά δεν αναφέρομαι στη σύνθεσή τους. Συγκεκριμένα, συνέβη το ίδιο με το «November Rain» και το «Estranged». Το λιγότερο που μπορώ να πω ήταν ότι με απασχόλησε, αλλά προτίμησα να το παραβλέψω.

ΟΤΑΝ ΤΟ ΑΛΜΠΟΥΜ ΕΦΤΑΣΕ ΣΤΟ ΣΤΑΔΙΟ ΤΗΣ ΜΙΞΗΣ, έπρεπε να πάρουμε μία απόφαση. Οι Thompson και Barbiero, οι οποίοι είχαν μιξάρει το *Appetite,* είχαν πάψει να αποτελούν ομάδα. Το ταμπεραμέντο του γκρουπ, όπως είχε διαμορφωθεί εκείνη την εποχή, δεν τους έκανε, ή ίσως το δικό τους ταμπεραμέντο δεν ταίριαζε σε μας. Δεν θυμάμαι τι από τα δύο. Αποφασίσαμε να προσλάβουμε τον Bob Clearmountain, έναν τύπο που οι περγαμηνές του μιλούσαν από μόνες τους: είχε μιξάρει καλλιτέχνες όπως οι Kinks, ο Bowie, οι Stones και ο Springsteen. Είχαμε πολλά τραγούδια έτοιμα, τα οποία θα μπορούσε να αρχίσει να μιξάρει ενόσω ο Axl θα συνέχιζε να δουλεύει τα υπόλοιπα. Ο Clearmountain ήρθε και άρχισε να μιλάει ασταμάτητα για το σύστημα Q Sound 5.1, μια τεχνολογία που βρισκόταν ακόμη σε αρχικό στάδιο. Έκανε πραγματικά σαν τρελός, και θυμάμαι ότι κατάφερε να μεταδώσει τον ενθουσιασμό του και στον Axl. Όλα αυτά ήταν σπουδαία, αλλά δεν «μάσαγα»· το Q Sound μού ακουγόταν σαν μια σκέτη βαβούρα. Δεν με ένοιαζε που ο Bob επέμενε ότι ήταν το μέλλον· για να το ακούσεις όπως έπρεπε χρειαζόσουν πέντε ηχεία, και ειδικά εκείνο τον καιρό, στις αρχές της δεκαετίας του '90, οι περισσότεροι άνθρωποι είχαν μόνο δύο. Και αν άκουγες κάτι που είχε μιξαριστεί σε σύστημα Q Sound με δύο ηχεία, ακουγόταν σαν μια ακαθόριστη φασαρία. Ήταν ένα απ' αυτά τα πολυδιαφημισμένα πράγματα που ο χρόνος αποδεικνύει ότι δεν ήταν παρά μια βραχύβια, μεταβατική τεχνολογία: όπως το minidisk και το Laserdisc, το Q Sound ήταν μια εμβρυακή, ατελής εκδοχή αυτού που επρόκειτο να ακολουθήσει.

Ως εκ τούτου, αντί να κάνω φασαρία και να πάρω το συγκρότημα στα χέρια μου, πράγμα που θα είχε οδηγήσει σε ατέλειωτες αντιπαραθέσεις ανάμεσα σε μένα και τον Axl για τα υπέρ και τα κατά του Q Sound, έκανα τη καρδιά μου πέτρα και ευχήθηκα να δουλέψει. Και πράγματι, δούλεψε! Ο Clearmountain έσκαψε μόνος το λάκκο του σχεδόν αμέσως: ένα απόγευμα ανακαλύψαμε ένα σημειωματάριο όπου είχε σημειώσει όλα τα ηχητικά δείγματα (samples) τυμπάνων που σκόπευε να προσθέσει πάνω από τα κανάλια των τυμπάνων του Matt. Δεν είμαι ντράμερ, κι έτσι δεν μπορώ να εξηγήσω τα τεχνικά, αλλά είχε φέρει ηχητικά δείγματα που θα άλλαζαν δραστικά τον ήχο των τυμπάνων του Matt. Το δείξαμε στον Matt ο οποίος δεν είχε ιδέα και δεν χάρηκε καθόλου – αυτή ήταν η δικαιολογία που χρειαζόμαστε για να απολύσουμε τον Bob Clearmountain.

Καταλήξαμε να προσλάβουμε τον Bill Price. Αν μη τι άλλο, σεβόμασταν το βιογραφικό του Bill: είχε κάνει τη μίξη στον πρώτο δίσκο των Pretenders και στο *Never Mind the Bollocks* των Sex Pistols. Όσο με αφορά, δεν χρειαζόταν να μάθω τίποτε άλλο για να θέλω να δουλέψει μαζί μας. Ο Bill δούλευε σε ένα στούντιο στο Larchmont της California, και το είδα ως θέμα τιμής να βρίσκομαι εκεί καθημερινά, βλέποντάς τον να δουλεύει, συνεισφέροντας όπου μπορούσα και φροντίζοντας οι μίξεις που έκανε κάθε μέρα να στέλνονται αμέσως στο σπίτι του Axl στο Malibu.

Ήταν μια μακροχρόνια, κουραστική διαδικασία: πήγαινα στο στούντιο νωρίς το απόγευμα και άκουγα τη μίξη που δούλευε ο Bill. Μόλις έφτανε στο σημείο όπου ήμουν ικανοποιημένος, κάναμε ένα αντίγραφο και το στέλναμε στον Axl. Μέχρι να το παραλάβει περιμέναμε στο στούντιο ή αρχίζαμε να δουλεύουμε το επόμενο τραγούδι. Όταν ο Axl το έπαιρνε στα χέρια του, οφείλω να πω ότι το άκουγε αμέσως και μας τηλεφωνούσε για να μας πει τα σχόλιά του, που συνήθως ήταν πολύ χρήσιμα. Έπειτα κάναμε τις διορθώσεις που χρειάζονταν, το μιξάραμε ξανά και του στέλναμε άλλη μια κασέτα. Και έτσι πήγαινε το πράγμα, τραγούδι-τραγούδι. Χρειάστηκαν αιώνες μέχρι να τα φτάσουμε εκεί που θέλαμε, αλλά άξιζε τον κόπο.

ΣΤΗ ΔΙΑΡΚΕΙΑ ΤΗΣ ΔΙΑΔΙΚΑΣΙΑΣ, Η ΕΧΘΡΟΤΗΤΑ ΑΝΑΜΕΣΑ στον μάνατζέρ μας, τον Alan Niven, και τον Axl έφτασε στο απροχώρητο. Οι υπόλοιποι προσπαθούσαν να το υποβαθμίσουν για κάποιο διάστημα, αλλά η κόντρα του Axl με τον Alan σιγόβραζε για χρόνια – από τότε που ανακάλυψε ότι εκτός από μάνατζερ των Guns, ο Alan ήταν και μάνατζερ, παραγωγός και μέλος της συνθετικής ομάδας των Great White. Συν το γεγονός ότι ο Alan ήταν αμετάπειστος σε πολλά ζητήματα και ο Axl δεν συμφωνούσε πάντα με τις απόψεις του. Έτσι, μερικές φορές, ο Axl ένιωθε λες και ήταν αναγκασμένος να κάνει πράγματα που δεν ήθελε απαραίτητα να κάνει. Ο Axl πίστευε ότι ο Alan είχε αναπτύξει ένα τεράστιο εγώ, ότι από Malcolm McLaren είχε γίνει Peter Grant [Σ.τ.Μ.: μάνατζερ των Yardbirds, των Led Zeppelin και των Bad Company]. Και πράγματι, το εγώ του Alan ήταν το ίδιο φουσκωμένο με τα δικά μας.

Παρ' όλα αυτά, ήμουν υποστηρικτής του Alan, μέχρι που ένα περιστατικό με έστρεψε εναντίον του. Μια νύχτα που η Renee κι εγώ ήμαστε στο σπίτι του μαζί με τον ίδιο και τη γυναίκα του, την Camilla, ο Alan είπε κάτι πολύ ανάρμοστο στη Renee. Δεν θυμάμαι τι ακριβώς, αλλά ήταν αρκετά κακοπροαίρετο ώστε να φύγουμε αμέσως. Δεν το ξέχασα ποτέ μου, και δεν σκοπεύω να το επαναλάβω εδώ. Και όσο κι αν αγαπούσα τον Alan για όσα είχε κάνει για να μας βοηθήσει, δεν διαμαρτυρήθηκα και πολύ όταν ο Axl πήρε την πρωτοβουλία να τον διώξει. Ήξερα ότι θα συνέβαινε κάποτε, αλλά δεν πίστευα ότι αυτό θα ήταν το σημείο καμπής για το συγκρότημα. Τώρα που το ξανασκέφτομαι, νιώθω ότι εκείνη η κίνηση αποτέλεσε την παύση στο απόγειο της επιτυχία της μπάντας... και την αρχή της πτώσης του.

Την ίδια στιγμή, έβλεπα τον Doug να έρχεται. Είχε μπει για τα καλά στη ζωή του Axl, και μόλις ο Axl ξεκαθάρισε τα αισθήματά του σχετικά με τον Alan, δεν ήταν τυχαίο το γεγονός ότι ο Doug δήλωσε παρών για να αναλάβει τα ηνία. Είχε ανέβει ένα ένα τα σκαλιά με στρατηγικό τρόπο, από την πρώτη στιγμή. Ενέδρευε σαν αρπακτικό. Αν και, τελικά, κανείς δεν είναι περισσότερο υπεύθυνος για τη διάλυση των Guns N' Roses από τους ίδιους τους Guns N' Roses, ο Doug Goldstein έπαιξε καταλυτικό ρόλο. Η στρατηγική τού «διαίρει και βασίλευε» τον βοήθησαν πολύ στο να πετύχει το σκοπό του.

Αν μελετήσετε την ιστορία της διάλυσης των μεγάλων rock and roll συγκροτημάτων, πολύ συχνά θα ανακαλύψετε ότι πολλά απ' αυτά απέλυσαν τον αρχικό τους μάνατζερ προσπαθώντας να πιάσουν την καλή· μόλις το έκαναν, καταστράφηκαν. Με τσαντίζει άγρια το γεγονός ότι ακολουθήσαμε την ίδια παράδοση.

ΟΣΟ ΑΥΤΟΚΑΤΑΣΤΡΟΦΙΚΟΙ ΚΑΙ ΝΑ ΗΜΑΣΤΕ, ΚΑΙ ΠΑΡΑ τα εμπόδια επικοινωνίας ανάμεσα στα μέλη, είχαμε την επιθυμία να

Ήταν ένα όνειρο που έγινε πραγματικότητα... όμως, καθώς προετοιμαζόμαστε για αυτή την περιοδεία-μαμούθ, το τελευταίο πράγμα που είχαμε στο μυαλό μας ήταν να προστατεύσουμε αυτό που αγαπούσαμε.

παίξουμε μουσική και να προχωρήσουμε με κάθε κόστος. Είναι κρίμα που μία εξωγενής επιρροή οδήγησε το συγκρότημά μας στη διάλυση.

Νομίζω ότι ο Doug Goldstein χρειάστηκε δυο μέρες για να εκλεγεί επισήμως νέος μάνατζερ των Guns N' Roses. Εκείνο το διάστημα δεν είχαμε ακόμα ολοκληρώσει τη μίξη του δίσκου, αλλά ο Doug, από την πρώτη στιγμή, ήθελε να κάνει «όνομα» στη μουσική βιομηχανία και να βγάλει χρήματα, οπότε εμείς ήμαστε το τέλειο όχημα για κάτι τέτοιο. Κλείσαμε αμέσως μια σειρά από συναυλίες, ενώ σε στρατηγικά κενά θα πηγαίναμε στο στούντιο για να ολοκληρώσουμε τα άλμπουμ. Για λίγο καιρό, το πρόγραμμα των περιοδειών μας καθιστούσε την κυκλοφορία των άλμπουμ απροσδιόριστη χρονικά υπόθεση.

Πάντως, σίγουρα περάσαμε καλά. Ο Doug μάς έβγαλε από το στούντιο και μας πήγε να παίξουμε στο Rock in Rio στη Βραζιλία, το 1991, που θα ήταν η πρώτη ζωντανή εμφάνιση του Matt και του Dizzy με τους Guns N' Roses. Ήταν απίστευτο· παίξαμε δύο συνεχόμενες βραδιές στο στάδιο Maracana, μπροστά σε 180.000 fans. Ήταν ένα φεστιβάλ που συνεχιζόταν για εβδομάδες, όπου είχαν παίξει άπαντες: από τους Megadeth και τους Faith No More μέχρι τους INXS, τους Run-D.M.C. και τον Prince. Ήταν το κάτι άλλο· δεν είμαι σίγουρος ότι έχω ξαναδεί τόσο ξεσαλωμένο κοινό των Guns N' Roses – και αυτό λέει κάτι. Όταν μπήκαμε στη γέφυρα του «Paradise City», άνθρωποι βουτούσαν στο κενό από το επάνω διάζωμα του σταδίου – με κίνδυνο να σκοτωθούν! Δεν υπάρχουν λέξεις ικανές για να περιγράψουν το βαθμό της έντασης: έξω από το ξενοδοχείο μας είχε συγκεντρωθεί τόσος κόσμος που δεν μπορούσαμε να φύγουμε. Δεν μπορούσαμε ούτε στην πισίνα να πάμε, επειδή κάθε φορά που το επιχειρούσαμε, οι fans σκαρφάλωναν πάνω από έναν τοίχο ύψους τριών μέτρων και έτρεχαν καταπάνω μας σαν να μας επιτίθεντο. Δεν ήθελαν να μας κάνουν κακό, αλλά σίγουρα ήθελαν να αποσπάσουν ένα κομμάτι μας και να το κρατήσουν για τους ίδιους. Ήταν παρανοϊκό. Δεν μπορούσαμε να φύγουμε από τα δωμάτιά μας, και οι γυναίκες μας, τα κορίτσια μας ή όποιο κορίτσι εμφανιζόταν μαζί μας χαρακτηριζόταν στόχος τους.

Δώσαμε μερικές ακόμα συναυλίες. Παίξαμε τρεις βραδιές στο Los Angeles, το San Francisco και τη Νέα Υόρκη, στις οποίες άνοιξαν για μας διάφορα συγκροτήματα όπως οι Blind Melon, οι Faith No More και οι Raging Slab. Στην εμφάνιση της Νέας Υόρκης γυρίσαμε κάποιο υλικό που αποτέλεσε τη βάση για το βίντεο του soundtrack της ταινίας *Εξολοθρευτής 2 – Η ημέρα της Κρίσης.* Το συγκεκριμένο βίντεο περιείχε σκηνές με τον Arnold Schwarzenegger, τον ίδιο τον *Εξολοθρευτή,* στο Rainbow. Έπειτα ξεκινήσαμε μια περιοδεία μαζί με τους Skid Row στις Ηνωμένες Πολιτείες, η οποία περιλάμβανε δύο εμφανίσεις στο Inglewood Forum του Los Angeles. Το να είμαστε ένα τόσο μεγάλο συγκρότημα, ήταν *απίστευτη* εμπειρία. Οι Skid Row ήταν για μένα το ιδανικό συγκρότημα για να κάνουμε μαζί περιοδεία: η πλήρης αποχαλίνωση.

Πολύ πριν τελειώσουμε τη μίξη και το master των δίσκων, ο Axl είχε στρέψει την προσοχή του στο να βρει την κατάλληλη εικόνα για το εξώφυλλό μας. Μια και ήταν αυτός που ανακάλυψε τον εκπληκτικό πίνακα του Robert Williams για το *Appetite,* τον εμπιστευθήκαμε για τα εξώφυλλα των δύο νέων άλμπουμ. Τα κατάφερε για άλλη μια φορά. Η εικόνα που θα αντιπροσώπευε το γαλαξία τραγουδιών που είχαμε φτιάξει ήταν του Mark Kostabi. Επρόκειτο για μια φιγούρα ολλανδικής τεχνοτροπίας σε στάση «σκεπτόμενου» την οποία είχε εμπνευστεί από έναν αναγεννησιακό πίνακα. Εκείνη την εποχή, ο Axl ήθελε την ίδια εικόνα και στα δύο εξώφυλλα. Στο τέλος κάναμε το ένα κόκκινο και το άλλο μπλε και όλοι οι υπόλοιποι είπαν: «Εντάξει, φίλε, μια χαρά». Αυτό έκανε το concept των δύο άλμπουμ περισσότερο προσπελάσιμο.

Αυτή ήταν μία από τις λεγόμενες «σοβαρές αποφάσεις» που συλλογικά αφήσαμε στον τραγουδιστή μας. Όμως δεν μετανιώνω στο ελάχιστο. Αν ήταν το ζήτημα για το οποίο ο Axl θα αποφάσιζε να μου ρίξει το γάντι, όλα θα ήταν μια χαρά. Με ένοιαζε πολύ περισσότερο να κυκλοφορήσουν ξεχωριστά τα δύο άλμπουμ του *Illusion* ώστε οι fans μας να μην είναι υποχρεωμένοι να ξοδέψουν τριάντα ή σαράντα δολάρια για να αποκτήσουν τα καινούργια μας τραγούδια. Θα μπορούσαν να διαλέξουν το ένα ή το άλλο άλμπουμ και να καταναλώσουν ανάλογα με τις προτιμήσεις τους. Ευτυχώς, ήθελαν και τα δύο. Τελικά, το *Use Your Illusion I* πούλησε περισσότερο από το *Use Your Illusion 2.*

HUMPTY DUMPTY

Όταν κυκλοφόρησαν τα άλμπουμ, οι fans έκαναν ουρά έξω από τα δισκοπωλεία όλης της χώρας. Μπορώ να εγγυηθώ ότι στο Tower Records, στη Sunset, υπήρχε μια ουρά που έπιανε όλο το τετράγωνο, γιατί πέρασα από εκεί πηγαίνοντας για το αεροδρόμιο μαζί με τη Renee. Είπα στον οδηγό της λιμουζίνας να σταματήσει. Τρυπώσαμε από την πίσω πόρτα και μας ανέβασαν στο ίδιο μικρό δωμάτιο στον επάνω όροφο όπου με είχαν οδηγήσει όταν με έπιασαν να κλέβω τότε που πήγαινα στο Γυμνάσιο. Κοίταξα τα παιδιά που περίμεναν στην ουρά για να αγοράσουν τους δίσκους πίσω από το ίδιο παράθυρο-καθρέφτη απ' όπου με παρακολουθούσε κάποιος μάνατζερ τη μέρα που με έκαναν τσακωτό. Ήταν σουρεαλιστικό.

Οι δίσκοι έφτασαν στην πρώτη και δεύτερη θέση των charts την εβδομάδα της κυκλοφορίας τους, κάτι που αποτελούσε ρεκόρ. Και έμειναν εκεί. Παντού ακούγονταν διθύραμβοι. Έπρεπε να οργανωθούμε για την περιοδεία μας. Θα ήταν ό,τι «μεγαλύτερο» είχαμε κάνει.

Τα καινούργια τραγούδια ήταν πολύ περισσότερο περίπλοκα, γι' αυτό η ζωντανή τους παρουσίαση θα απαιτούσε έξτρα μουσικούς. Αναγορεύτηκα ανεπίσημος καλλιτεχνικός διευθυντής της περιοδείας, και μου ανατέθηκε να βρω άτομα για τα δεύτερα φωνητικά και τα πνευστά. Δυσκολεύτηκα να καταπιώ το concept των τριών κοστουμαρισμένων τύπων που παίζουν πνευστά. Βεβαίως, χρειαζόμαστε και όμορφες τραγουδίστριες. Το έκανα με κωμικό –και κάπως ειρωνικό– τρόπο. Καλέσαμε επίσης τον Teddy «Zig Zag» Andreadis, αυτόν τον σπουδαίο blues μουσικό με τον οποίο είχα τζαμάρει αμέτρητες φορές, για να παίξει πιάνο και φυσαρμόνικα. Μάλιστα, βασίστηκα στον Teddy για να στρατολογήσει όλες τις γυναίκες μουσικούς· και έκανε τρομερή δουλειά!

Καθώς ετοιμαζόμαστε να βγούμε ξανά στο δρόμο, ασχολήθηκα πολύ και με τη διαμόρφωση της σκηνής. Συνέβαλα στο σχεδιασμό μιας λειτουργικής και όμορφης σκηνής στην οποία θα *ζούσαμε* για τα επόμενα δυόμισι χρόνια. Υπήρχαν ράμπες, μικρές σκηνές για τις κοπέλες πάνω από τους ενισχυτές, ένας χώρος για τα πλήκτρα, και ένα πιάνο που έβγαινε από το πάτωμα για τον Axl. Επίσης, για πάτωμα είχαμε ένα πολύ έξυπνο μεταλλικό πλέγμα ώστε τα φώτα να λάμπουν από κάτω μας.

Ασχοληθήκαμε με κέφι για το όλο στήσιμο της τεράστιας σκηνής που είχαμε σχεδιάσει. Στο πάτωμα δέσποζε το σήμα των Guns N' Roses, που ήταν επίσης πολύ cool. Ήταν απίστευτο για μας ότι είχαμε τα χρήματα και την απαίτηση του κοινού για να σχεδιάσουμε το απόλυτο όχημα των εμφανίσεών μας... Ήταν ένα όνειρο που έγινε πραγματικότητα... Όμως, καθώς προετοιμαζόμαστε για αυτή την περιοδεία-μαμούθ, το τελευταίο πράγμα που είχαμε στο μυαλό μας ήταν να προστατεύσουμε αυτό που αγαπούσαμε.

Διάλεξε την ψευδαίσθησή σου

Ο Slash ενσωματώνει τα κόλπα του BMX στο παίξιμο της κιθάρας του στην περιοδεία Use Your Illusion.

11
Κεφάλαιο

Έχω βιώσει ένα σωρό σκαμπανεβάσματα, και τα έβγαλα όλα πέρα μέχρι το τέλος. Όταν όμως είναι τόσο κοντά το ένα στο άλλο ώστε να φαίνεται ότι διαπλέκονται, γίνεται αλλοτριωτικό. Είναι κάτι άλλο· ξαφνικά, αυτό που ήταν κάποτε οικείο μοιάζει με ξένο, και τίποτε δεν είναι σταθερό. Όταν ήμουν παιδί, είχα σταθεί πολλές φορές στο πλάι πολλών σκηνών, που μου φαίνονταν μεγαλύτερες κι από τη ζωή την ίδια. Τώρα έπαιζα σε μια ακόμη μεγαλύτερη, με το σήμα του συγκροτήματός μου στο έδαφος κάτω από τα πόδια μου. Σε όλο τον κόσμο, στάδια ολόκληρα γεμάτα fans περίμεναν να μας δουν. Είχαμε κυκλοφορήσει δύο άλμπουμ την ίδια μέρα, που είχαν καρφωθεί στην πρώτη και τη δεύτερη θέση των charts. Τα πράγματα δεν θα μπορούσαν να πηγαίνουν καλύτερα. Και στα παρασκήνια, πίσω από όλα αυτά, απομακρυνόμαστε ο ένας από τον άλλο σαν τα άτομα στο εσωτερικό μιας ατομικής βόμβας.

Σήμερα που το ξανασκέφτομαι, μπορώ να δω τη ρίζα της όλης κατάστασης, αλλά εκείνη την εποχή δεν διέθετα τέτοια διορατικότητα. Υφίστατο ανέκαθεν, αλλά στην εποχή μετά το *Appetite* η κατάσταση απέκτησε μορφή: ο Axl μεταμορφώθηκε σε Dr. Jekyll και Mr. Hyde. Ήταν άλλο πράγμα όταν στη διάρκεια της ηχογράφησης των δίσκων του *Illusion* έκανε κατάληψη στο στούντιο και φερόταν με υπερβολική εγωπάθεια· σε κανέναν μας δεν άρεσε πάρα πολύ, αλλά ήμαστε διατεθειμένοι να το ανεχτούμε. Σίγουρα, δεν πιστεύαμε ότι θα χειροτέρευε. Σε εκείνες τις ηχογραφήσεις οι υπόλοιποι αρχίσαμε να αφήνουμε τα πράγματα να κυλούν, παρόλο που ξέραμε ότι δεν πήγαιναν καλά. Ήταν κουραστικό αλλά είχε πλάκα. Κοροϊδεύαμε όμως τους εαυτούς μας πιστεύοντας ότι η κατάσταση θα άλλαζε μόλις κυκλοφορούσε το άλμπουμ. Ήταν πολύ δύσκολο για μένα, επειδή υπήρχαν περίοδοι που ένιωθα πολύ κοντά στον Axl όταν δουλεύαμε μαζί για την επίτευξη ενός κοινού σκοπού, και έπειτα, όχι πολύ αργότερα, ένιωθα λες και βρισκόμαστε στις αντίθετες πλευρές ενός φράχτη. Αυτό ξεκίνησε μία κατάσταση αγάπης-μίσους μεταξύ μας.

Η σχέση μου με τον Axl ήταν ταραχώδης από την αρχή, κάτι που συνεχίστηκε μέχρι την τελευταία φορά που μιλήσαμε, για τον απλό λόγο ότι είχαμε εντελώς διαφορετικό τρόπο θέασης και χειρισμού των πραγμάτων. Δεν του καταλογίζω κακή πρόθεση· ξέρω ότι η εκδοχή του για τα πράγματα είναι εξίσου βιώσιμη με τη δική μου... απλώς διαφέρει. Μου πήρε πολύ καιρό για να αρχίζω να καταλαβαίνω τον Axl –αν τον κατάλαβα ποτέ–, πόσω μάλλον να προβλέψω αυτό που τον έκανε να αντιδρά όπως αντιδρούσε. Ήθελα να ξέρω τι τον έκανε ευτυχισμένο, τι τον τσάντιζε, τι τον ενέπνεε από δημιουργική άποψη· όλα αυτά τα πράγματα είναι ουσιαστικά όταν δουλεύεις τόσο κοντά με κάποιον σε ένα δημιουργικό εγχείρημα.

Από πολύ νωρίς, όταν πρωτογνωριστήκαμε, αυτά που έκανε μερικές φορές με ξάφνιαζαν. Νιώθαμε κοντά επειδή και οι δυο μας είμαστε επαναστατικές και αναρχικές φύσεις, αλλά ποτέ δεν μπόρεσα να καταλάβω γιατί τραβούσε την εξέγερση τόσο ώστε να κάνει τη ζωή του δύσκολη χωρίς πραγματικό λόγο. Μπορώ να καταλάβω τι σημαίνει να υπερασπίζεσαι αυτό που πιστεύεις και τη σύγκρουση που προκύπτει από αυτό. Όμως ο Axl το έφτασε σε σημείο να υπονομεύει τον εαυτό του, κάτι που δεν καταλάβαινα. Πέρασα πολύ καιρό προσπαθώντας να βγάλω άκρη, να το κατανοήσω λογικά, μέχρι που συνειδητοποίησα ότι δεν υπήρχε καμία λογική σ' αυτό.

Ο Axl με έλκυε επειδή είναι εκπληκτικός τραγουδιστής και performer και διαθέτει τόσο ισχυρή ακτινοβολία. Θαύμαζα επίσης το γεγονός ότι είχε πάντα μια άποψη που την υποστήριζε με πάθος και ειλικρίνεια. Είναι έξοχος στιχουργός και τόσο βασανισμένη καλλιτεχνική ψυχή, που με κέρδισε επειδή η νοοτροπία μου ήταν πάντα να υποστηρίζω τα αουτσάιντερ – και κατά ένα μεγάλο μέρος, σ' αυτό βασιζόταν η ιδιοφυΐα του.

Έμαθα να δέχομαι τα καλά και τα κακά της φιλίας μας, επειδή ο Axl είχε πολλά ζητήματα. Κάναμε προσωπικές, εκ βαθέων κουβέντες, ειδικά κατά την περίοδο που το συγκρότημά μας ξεκινούσε και ζούσαμε όλοι μαζί. Υπήρχαν στιγμές που ένιωθα ότι τον αγαπούσα μέχρι θανάτου, όταν ήταν απίστευτα cool και έκανε στενές, από καρδιάς συζητήσεις στις οποίες είχε τον πρώτο λόγο. Ένιωθα πολύ όμορφα που ήξερα κάποιον σαν κι αυτόν, επειδή εγώ μπορώ να μιλάω ώρες γι' αυτά που νιώθω, αλλά ο Axl δεν είναι έτσι: χρειαζόταν να έχει κάποιον να τον ακούει για να εκφράσει τα συναισθήματά του. Κάναμε μακρές, γαλήνιες συζητήσεις για όσα τον ενοχλούσαν και για όσα είχε στο μυαλό του όταν θα καταλάγιαζε ο θόρυβος. Μιλούσαμε για προσωπικές καταστάσεις από το παρελθόν του, για όλα όσα τον απασχολούσαν, όσα τον ενδιέφεραν, τους στόχους που είχε για τον εαυτό του και για το συγκρότημα, για όσα ήθελε να κάνει στη ζωή του. Ήταν η βαθιά ενδοσκόπηση μιας προσωπικότητας που ήδη θαύμαζα, και μου άρεσε πολύ εκείνες τις στιγμές, επειδή ήταν ανθρώπινος και ευάλωτος και ένιωθα λες και είμαστε πολύ κοντά.

Η άλλη πλευρά του Axl, ο Mr. Hyde, ήταν όταν τη στιγμή που ένιωθες ότι είχες έναν ισχυρό δεσμό μαζί του, έκανε κάτι και ακύρωνε τελείως αυτό που ήξερες. Ένα από τα σπουδαία πράγματα σχετικά με το συγκρότημά μας ήταν ότι πάντα μπορούσαμε να βασιζόμαστε ο ένας στον άλλο σε οποιαδήποτε κατάσταση. Τελικά αυτό έγινε δύσκολο με τον Axl. Ποτέ δεν μου έκανε κάτι προσωπικά· έκανε όμως πράγματα που έθεταν σε κίνδυνο ολόκληρο το συγκρότημά μας, καθώς και το κύρος του ανάμεσα στους ομοτέχνους και τους fans μας. Αυτό ήταν κάτι που δεν μπόρεσα να καταλάβω ποτέ. Όμως δεν είχε και μεγάλη σημασία, γιατί ο Axl ήταν πάντα παρών για να ερμηνεύσει τη στάση του και πάντα είχε πολλά να πει για τους λόγους που έκανε ό,τι έκανε.

Όμως, όσο συνεχιζόταν αυτή η συμπεριφορά τόσο άρχισα να τρέφω δυσπιστία απέναντί του, επειδή ο τύπος με τον οποίο μιλούσα από καρδιάς δεν ήταν ο ίδιος τύπος που αργότερα έπαιρνε απερίσκεπτες αποφάσεις. Ήταν μία αντίφαση την οποία σταδιακά μου ήταν όλο και πιο δύσκολο να χειριστώ. Σε κάποιες περιστάσεις οι αντιδράσεις του Axl σε ορισμένα πράγματα ήταν επιζήμιες για το γκρουπ – στην αρχή, δεν ήταν τόσο σημαντικό· συνήθως συμβιβαζόμαστε για να μην ανακοπεί η συλλογική μας πρόοδος. Ο Izzy αντιμετώπιζε πάντα με πολύ ήρεμο τρόπο τον Axl, και εγώ έκανα πολύ παρέα με τον Izzy εκείνη την εποχή. Και ο Duff, άλλωστε, είχε τον τρόπο του με τον Axl, που ήταν επίσης πολύ ήπιος.

Ο Steven, από την άλλη, εκνευριζόταν, επειδή για εκείνον η συμπεριφορά του Axl δεν είχε καμία λογική. Όπως είπα και προηγουμένως, ο Steven δεν τον καταλάβαινε και δεν είχε την ικανότητα να τον καταλάβει· έτσι, «έβγαινε στα μούτρα» του Axl. Όμως, από μεριάς μου, πέρασα πολλές ώρες προσπαθώντας να καταλάβω τον Axl και όσα είχε ζήσει, γιατί αν θέλαμε να πετύχουμε, έπρεπε να πετύχουμε *εμείς οι πέντε,* ενωμένοι, ενάντια σε ολόκληρο τον κόσμο. Έπρεπε να κρατήσουμε σφιχτούς τους ζυγούς μας. Όποτε ο Axl έκανε κάτι που μείωνε εμάς τους υπόλοιπους, η απόσταση ανάμεσά μας μεγάλωνε, κάτι που δεν θα έπρεπε να συμβαίνει. Κατά τη γνώμη μου, υπέσκαπτε τα θεμέλιά μας.

Αυτή η κατάσταση συνεχιζόταν για χρόνια, και ισορροπούσαμε ανάμεσα στην ενότητα και το συμβιβασμό. Στη διάρκεια της ηχογράφησης του πρώτου μας δίσκου, αυτά τα περιστατικά με τον Axl δεν είχαν τόσο δραματική χροιά. Καθώς το συγκρότημα γινόταν όλο και πιο γνωστό, οι απαιτήσεις μεγάλωναν. Και καθώς προχωρούσε ο καιρός, υιοθετήσαμε το συνήθειο να τον καλμάρουμε. Βραχυπρόθεσμα δεν ήταν τόσο σημαντικό, απλώς του δίναμε ό,τι ήθελε· του λέγαμε αυτό που ήθελε να ακούσει. Έτσι όμως συνήθισε να παίρνει πάντα αυτό που ήθελε.

Ένα από τα πιο δύσκολα πράγματα επάνω του εκείνη την εποχή ήταν πως όταν κανείς δεν συμφωνούσε μαζί του, η εκδίκηση του Axl ήταν σκληρή: πετούσε κάτι, έσπαγε κάτι, εγκατέλειπε το μέρος ή έφευγε σε έξαλλη κατάσταση λέγοντας ότι αποχωρεί από το συγκρότημα. Κάτι τέτοιες στιγμές, δεν μπορούσες να μιλήσεις λογικά με τον Axl· ήταν σαν ξεροκέφαλο παιδί με νευράκια. Με έκανε να αναρωτιέμαι για τον τρόπο που είχε μεγαλώσει. Δεν είμαι σε θέση να πω λεπτομέρειες, αλλά απ' όσα μου είπε ο Axl, είχε δύσκολη παιδική ηλικία.

Όταν ξεκινούσαμε, η συμπεριφορά του γινόταν ανεκτή επειδή προχωρούσαμε όλοι στην ίδια κατεύθυνση και μπορούσαμε να δικαιολογήσουμε τις υποχωρήσεις που έπρεπε να κάνουμε. Όταν γυρίσαμε από το τελευταίο σκέλος της περιοδείας του *Appetite,* δύο χρόνια αργότερα, και περάσαμε όλη αυτή την εμπειρία τού να ξαναβρεθούμε και τελικά να δουλέψουμε και πάλι μαζί στο Chicago, άρχισα να βλέπω την παράλογη πλευρά του να έρχεται όλο και πιο συχνά στην επιφάνεια – γι' αυτό σηκώθηκα και έφυγα από τις πρόβες. Ο Axl ποτέ δεν κατάλαβε γιατί έφυγα από το Chicago επειδή πίστευε ότι καταφέρναμε να κάνουμε πολλά, αλλά ήταν πολύ δύσκολο να χειριστώ την αρνητική του ενέργεια. Ξέρω ότι δεν είμαι ο μόνος που νιώθει έτσι· σχεδόν όλοι όσοι δούλεψαν για μας, θα έλεγαν κάτι παρόμοιο. Ο λόγος που οι άνθρωποι που δούλευαν μαζί μας έμεναν στην ομάδα μας ήταν ο ίδιος λόγος για τον οποίο συνέχιζε να υπάρχει το συγκρότημα: υπήρχαν ένα σωρό σπουδαίες, εκπληκτικές στιγμές που έκαναν όλες τις αρνητικές, αληθινά σκοτεινές στιγμές να αξίζουν τον κόπο. Ο Axl ήταν τόσο εγωκεντρικός που όλοι επηρεάζονταν από τη συμπεριφορά του. Μπορώ να υποθέσω ότι οι υπόλοιποι του γκρουπ κατάφεραν να το εξισορροπήσουν. Όμως τι ξέρω εγώ; Το μόνο που ξέρω είναι ότι ο Axl είχε τη δική του εκδοχή για τα γεγονότα, που ήταν εξίσου έγκυρη με τη δική μου.

ΟΤΑΝ ΤΟ ΣΥΓΚΡΟΤΗΜΑ ΜΠΗΚΕ ΣΤΟ ΣΤΟΥΝΤΙΟ ΓΙΑ ΝΑ ΗΧΟΓΡΑΦΗΣΕΙ τα άλμπουμ του *Illusion,* όλα όσα συνέβαιναν στα παρασκήνια χειροτέρεψαν πολύ γρήγορα: υπήρχαν τόσο πολλές άσχημες στιγμές που περνούσαν χωρίς κανείς να θίξει το ζήτημα, επειδή κανείς δεν είχε διάθεση για κάτι τέτοιο· τόσο εύθραυστο ήταν το κλίμα μεταξύ μας. Η αλήθεια είναι ότι κανείς από το συγκρότημα δεν είχε βγάλει το Λύκειο, και σίγουρα δεν διέθετε πτυχίο ψυχολογίας· κανείς μας δεν ήξερε πώς να προσεγγίσει αποτελεσματικά τον Axl. Μερικές φορές, όταν άραζες ήρεμα στο χώρο του, κάτω από το άγρυπνο βλέμμα του, ήταν εύκολο· υπ' αυτές τις ιδανικές συνθήκες, μπορούσες να βγάλεις κάποια άκρη. Στην πραγματικότητα, αυτός ήταν ο μοναδικός τρόπος για να συζητήσεις οτιδήποτε μαζί του. Οποιαδήποτε άλλη προσέγγιση δεν ήταν παραγωγική: συνήθως, το μόνο που κατάφερνε ήταν να μεγαλώσει τη ζημιά και να τον φέρει σε χειρότερη κατάσταση.

Η επίπτωση σε μένα προσωπικά ήταν μια βαθιά πίκρα επειδή ήμουν υποχρεωμένος να ασχοληθώ με την κατάσταση· κάποια στιγμή έπαψα να θέλω να λογικέψω τον Axl. Άρχισα να δουλεύω πολύ σκληρά για να πετύχω κάτι πολύ απλό: πήγαινα και του μιλούσα επί ώρες για πράγματα για τα οποία δεν ήθελα να του μιλήσω, μόνο και μόνο για να μπορέσω να του μιλήσω για ένα απλό ζήτημα. Άρχισε να φορτώνεται στις πλάτες μου ο καθημερινός χειρισμός των αποφάσεων που απαιτούσαν τη συμμετοχή του Axl, κάτι που έπειτα από λίγο δεν ήθελα να το κάνω· ήθελα να παραχωρήσω αυτή την ευθύνη σε κάποιον άλλο. Ήθελα απλώς να παίξω μουσική.

Όταν ο Doug Goldstein πέρασε αρκετό καιρό μαζί μας στις περιοδείες, ήταν ο άνθρωπος που ανέλαβε αυτό το ρόλο. Παρακολουθούσε με μεγάλη προσοχή το πώς αλληλεπιδρούσαμε ο ένας με τον άλλο, και πήρε την πρωτοβουλία να παίξει τον τύπο που θα «αναλάμβανε τον Axl». Ο Doug χρησιμοποίησε πολλούς τρόπους για να καταφέρει το στόχο του: έκανε τις αναγκαίες συζητήσεις με τον Axl... όχι όμως όπως θα τις έκανε κάποιο μέλος του γκρουπ. Προσωπικά, έχω την άποψη ότι ο Doug σκόπευε να κάνει τα πράγματα να λειτουργήσουν για τους λάθος λόγους. Βρισκόταν εκεί για να βγάλει λεφτά και να ανέλθει στην ιεραρχία της μουσικής βιομηχανίας καθιερώνοντας τη φήμη του ως μάνατζερ των Guns N' Roses. Έλεγε στον Axl αυτά που ήθελε να ακούσει και έκανε ό,τι μπορούσε για να κρατήσει ενωμένους τους Guns όχι επειδή νοιαζόταν για μας, αλλά επειδή το να μας έχει πελάτες ήταν πολύ σημαντικό για τη φήμη του – όμως, βεβαίως, αυτή είναι απλώς η γνώμη μου.

Πρέπει να πω ότι διέβλεψα από πολύ νωρίς τις προθέσεις του Doug. Όταν αντικατέστησε τον Alan Niven, τον Μάιο του 1991, καθώς αρχίζαμε να περιοδεύουμε ξανά, δεν πιστεύω ότι αποφάσισε να μεσολαβήσει για τους σωστούς λόγους – δηλαδή για το συμφέρον του γκρουπ. Παρ' όλ' αυτά, βασίστηκα επάνω του για να με βοηθήσει να τα βγάλω πέρα με τον Axl. Μπορούσε να μας βοηθήσει να ξεπεράσουμε όποιο εμπόδιο έμπαινε στο δρόμο μας όσο αφορούσε στις απαιτήσεις του Axl, αλλά αυτό ήταν μια αδιέξοδη κατάσταση, επειδή ήταν ολοφάνερο ότι ο Doug δεν έλεγε στον Axl αυτό που έπρεπε να μάθει για το κοινό καλό. Με τον Axl χρειαζόταν να συζητήσεις· όχι να τον καθησυχάζεις. Αυτό άλλωστε είχε συμβεί για πολύ καιρό. Όμως ο Doug δεν υπήρχε περίπτωση να κάνει κάτι τέτοιο· σκόπευε μόνο να πει όσα είχαν βραχυπρόθεσμο αποτέλεσμα. Επαναλαμβάνω: αυτή ήταν η γνώμη μου, βεβαίως.

Μέσα σε δύο χρόνια οι Guns N' Roses είχαν γίνει ένας περιστρεφόμενος δερβίσης της ασυνεννοησίας που ξόδευε χρήματα σαν νεράκι. Κάθε μέρα ο Doug έλεγε στους υπόλοιπους από μας ότι θα έδινε ένα τέλος σ' όλα αυτά, αλλά τίποτε δεν άλλαξε. Το μόνο που θέλαμε να κάνουμε οι υπόλοιποι ήταν να προχωρήσουμε ως συγκρότημα, να περνάμε καλά και να κάνουμε αυτό που έπρεπε. Σε μένα, αυτό ποτέ δεν φαινόταν δύσκολο.

Μια διαρκής αλλαγή στη διάθεση του γκρουπ παρατηρήθηκε την πρώτη φορά που έγινε κουβέντα για τα συμβόλαια και την κατοχή του ονόματος του συγκροτήματος· και όλα αυτά συνέβησαν όταν διώξαμε τον Steven. Ο Axl επέμεινε ότι η ιδιοκτησία του ονόματος ήταν κάτι που έπρεπε να διευθετήσουμε νομικά, και η μετατροπή της ταυτότητάς μας σε «αγαθό» μάς έκανε να νιώθουμε ότι δεχόμαστε υπαγορεύσεις – κάτι στο οποίο δεν αντιδρούσαμε ποτέ καλά. Αυτή η νομική διευθέτηση κατέστρεψε την αίσθηση αμοιβαίου σεβασμού, επειδή έκανε όλους εμάς τους υπόλοιπους να νιώθουμε δεδομένοι. Μπορούσαμε να ανεχθούμε πολλά επειδή ήμαστε τόσο άνετοι, αλλά σιγά σιγά χτιζόταν μία υποδόρια ένταση, που το θέμα του συμβολαίου την έφτασε στο απροχώρητο. Ακόμα και τότε, ποτέ δεν μιλήσαμε σχετικά, επειδή είχαμε αποκτήσει την ικανότητα να αφήνουμε τα πράγματα να ηρεμούν, αλλά ξέρω ότι ο Izzy το ένιωσε. Ξέρω ότι το νιώσαμε και εγώ με τον Duff· κάθε φορά που προέκυπτε το ζήτημα, ανταλλάσσαμε λοξές ματιές.

ΤΟ ΔΙΕΥΡΥΝΟΜΕΝΟ ΧΑΣΜΑ ΑΝΑΜΕΣΑ ΣΤΟΝ AXL ΚΑΙ ΜΕΝΑ και το υπόλοιπο συγκρότημα μεγάλωσε πολύ στη διάρκεια της διαδικασίας της μίξης των δίσκων του *Illusion*. Όπως είπα, ο Axl ήταν στο σπίτι του και εγώ στο στούντιο και του έστελνα τη μίξη κάθε κομματιού μόλις τελείωνε· έπειτα περίμενα τα σχόλιά του. Παρά τα όσα συνέβαιναν, βρισκόμαστε σε συλλογική δημιουργική μέθεξη, αλλά δεν υπήρχε κάποιο πνεύμα αλληλεγγύης· ήταν μία μονόπλευρη σχέση. Ωστόσο, για μένα, αυτή η κατάσταση ήταν ανεκτή. Υποσυνείδητα νομίζω ότι άρχισα να βλέπω το συγκρότημα σαν έναν τύπο που καθόταν σε έναν ψηλό θρόνο, εντελώς αποκομμένος από το πλήθος των ανθρώπων που περιφέρονταν στα πόδια του.

Η πρώτη εύφλεκτη κατάσταση στην οποία έμπλεξα με τον Axl ήρθε όταν μπήκα στο εξώφυλλο του περιοδικού *Rolling Stone* μετά την κυκλοφορία των δίσκων του *Illusion*. Η εντύπωση που έδωσα στο δημοσιογράφο, η οποία ήταν αυθεντική, ήταν πως ήμαστε ένα συγκρότημα που είχε γνωρίσει πολύ γρήγορα την επιτυχία και ότι τρία χρόνια αργότερα συνεχίζαμε την προσπάθεια να συμβιβαστούμε με αυτό που είχαμε γίνει. Ο Axl πήρε τη συνέντευξη και τη διάβασε, και απ' ό,τι καταλάβαμε δεν είχε κανένα πρόβλημα μαζί της, ή τουλάχιστον δεν είδε τίποτε στραβό στην αρχή. Όμως προφανώς, ξαναδιαβάζοντάς τη βρήκε κάτι που είπα προσβλητικό. Τουλάχιστον, αυτό νομίζω... Στην πραγματικότητα, δεν ξέρω τι συνέβη.

Την επόμενη φορά που είδα τον Axl ήταν στο Long Beach Arena, όπου γινόταν η συναρμολόγηση του σκηνικού της περιοδείας του *Illusion* και δεν μου μιλούσε καθόλου. Φρόντισε μάλιστα να καταλάβω ότι ήταν τσαντισμένος. Πριν από λίγο καιρό του είχα χαρίσει έναν πολύ cool ζουρλομανδύα για τα γενέθλιά του και εκείνη την ημέρα τον είχε φέρει μαζί του, ώστε να τον αφήσει πάνω στον ενισχυτή μου όταν έφυγε.

Τις επόμενες μέρες, ενώ το συγκρότημα έκανε πρόβες, δεν μιλήσαμε καθόλου. Τόσο εύθραυστη είχε γίνει η ύπαρξη των Guns N' Roses.

Η περιρρέουσα αίσθηση ήταν *κακή*· απλώς προσπάθησα να κάνω κάθε μέρα τη δουλειά μου χωρίς προβλήματα. Όμως η αλήθεια ήταν πως με ένοιαζε πάρα πολύ, επειδή στην πραγματικότητα είμαι πολύ πιο ευαίσθητος απ' όσο δείχνω. Με απασχολούσε το τι εξόργιζε τόσο τον Axl επειδή δεν είχα ιδέα τι είχα κάνει· δεν έλεγε τίποτε, ούτε κανείς άλλος ήξερε κάτι. Τελικά ήρθαν στο φως όσο περισσότερα μπορούσαν... και χρειάστηκε μια *μεγάλη συζήτηση* για να διευθετήσουμε το ζήτημα.

Κάθε βράδυ κάναμε εκπληκτικά, θεϊκά πράγματα.

ΕΤΣΙ ΗΤΑΝ Η ΚΑΤΑΣΤΑΣΗ ΜΕΤΑΞΥ ΜΑΣ ΟΤΑΝ ΞΕΚΙΝΗΣΑΜΕ τη μεγαλύτερη περιοδεία μας με την πιο δύσκολη παραγωγή μέχρι τότε. Η περιοδεία ήταν συναρπαστική – αυτή μας κράτησε μαζί παρά τις όλο και πιο δύσκολες στιγμές μεταξύ μας. Αφού ολοκληρώσαμε την προπαραγωγή, με τις τραγουδίστριες για τα δεύτερα φωνητικά, τα πνευστά και

Ο Duff και ο Slash απολαμβάνουν το Grand Jet της MGM.

όλα τα υπόλοιπα, και κάναμε μια εβδομάδα πρόβες με όλα τα υλικά παρόντα, ξαφνικά βρεθήκαμε στη Νότια Αμερική, μπροστά σε ένα πλήθος 130.000 ατόμων στο Rock in Rio II, στις 20 Ιανουαρίου του 1991. Ο καινούργιος μας δίσκος δεν είχε ακόμα κυκλοφορήσει· βασιζόμαστε μόνο στη δύναμη του *Appetite* και του *Lies,* τα οποία εκείνη την εποχή ήταν τεσσάρων και δύο χρόνων αντίστοιχα.

Πήγαμε εκεί αεροπορικώς, με το ιδιωτικό 727 που είχε στη διάθεσή του το MGM Grand Hotel του Las Vegas και... αυτό ήταν, «κολλήσαμε»! Αποφασίσαμε ότι δεν μπορούσαμε να κάνουμε χωρίς αυτό την υπόλοιπη περιοδεία. Ήταν υπέρκομψο· διέθετε πολλά μικρά σαλόνια και υπνοδωμάτια· ήταν τέλειο για ύπνο. Και ήταν ο καλύτερος τρόπος για να πηγαίνεις από χώρα σε χώρα, επειδή απογειωνόσουν και προσγειωνόσουν σύμφωνα με το δικό σου πρόγραμμα παρακάμπτοντας την τυπική διαδικασία διαβατηρίων. Οι γραφειοκρατικές διατυπώσεις διεκπεραιώνονταν όσο εμείς βρισκόμαστε στο αεροπλάνο, και στα δύο χρόνια που νοικιάσαμε το αεροπλάνο δεν νομίζω ότι υπήρξε φορά που τελωνειακοί υπάλληλοι ανέβηκαν και μας έψαξαν. Όσο χαρούμενος και αν ήμουν που το είχαμε –όπως και οι υπόλοιποι του συγκροτήματος– δεν νομίζω ότι ήμαστε συγκρότημα τέτοιας κλίμακας που να το δικαιολογούμε – είμαι σίγουρος ότι ο Axl είπε στον Doug ότι το χρειαζόμαστε, και έτσι η συμφωνία έκλεισε.

Εκείνη η περιοδεία ήταν μια υπέροχη εμπειρία: ο Duff κι εγώ είχαμε έναν καινούργιο σύντροφο στις κραιπάλες, τον Mutt, και όσες μέρες κι αν κάναμε να κοιμηθούμε, μπορούσαμε πάντα να ανέβουμε στη σκηνή και να βγάλουμε πέρα τη συναυλία. Ένιωθα λες και ήμαστε οι βασιλιάδες του κόσμου· περνούσαμε καλά με το καθετί και πάντα κάναμε τη δουλειά μας. Δυστυχώς, ο Izzy έμοιαζε λες και είχε υποστεί σοκ στο πεδίο της μάχης· έκανε ό,τι μπορούσε για να μένει μακριά από τα γλέντια, κι έτσι εκείνη η περιοδεία από την αρχή δεν ήταν τόσο διασκεδαστική για εκείνον. Και ο Axl... δεν μπορώ να πω ότι καταλάβαινα πώς ένιωθε· δεν θα προσποιηθώ ότι ένιωθα τι συνέβαινε μαζί του, τότε, τώρα ή ποτέ. Όμως ξέρω ότι όλοι βρεθήκαμε μαζί και απολαύσαμε αυτό που δεν θα μπορούσαμε να έχουμε χωρίς το συγκρότημα: την αμοιβαία απόλαυση του να παίζεις στη σκηνή κάθε νύχτα.

Στο μεταξύ, καθώς η περιοδεία εξελισσόταν, αρχίσαμε να βγαίνουμε στη σκηνή όλο και πιο αργά. Γι' αυτό ευθυνόταν αποκλειστικά ο Axl και δεν έγινε μόνο μια δυο φορές, γινόταν κάθε βράδυ. Αυτό μου φαινόταν η μεγαλύτερη προδοσία. Δεν πιστεύω ότι ένα συγκρότημα πρέπει να τρέφει το κοινό του ή να νιώθει λες και βρίσκεται στο έλεός του, αλλά είναι *δουλειά* μιας μπάντας να παίζει για τους ανθρώπους που έχουν *αγο-*

ράσει εισιτήριο για να τη δουν. Έγινε μεγάλο ζήτημα για μένα. Όταν με ρωτούν γιατί έφυγα από τους Guns N' Roses, μπορώ να σκεφτώ τρεις λόγους: Ο πρώτος είναι το γεγονός ότι σε εκείνη την περιοδεία σχεδόν ποτέ δεν ανεβήκαμε στη σκηνή στην ώρα μας· ο δεύτερος ότι ακυρώναμε συναυλίες χωρίς κάποιον καλό λόγο· και ο τρίτος είναι το διαβόητο συμβόλαιο που περνούσε στην κατοχή του Axl το όνομα του συγκροτήματος σε περίπτωση που διαλύαμε. Εκείνο το συμβόλαιο ήταν πραγματικό χαστούκι. Θα φτάσουμε και σ' αυτό εντός ολίγου, αλλά εκείνη την εποχή απλώς σκεφτόμουν: *Πάρε το κωλοόνομα και χώσ' το στον κώλο σου.*

Όλες αυτές οι προϋποθέσεις συνέκλιναν σε μία κατάσταση όπου το συγκρότημα και ό,τι το αφορούσε βρισκόταν υπό τον πλήρη έλεγχο του Axl. Το ότι ξεκίνησε με το θέμα του ονόματος και προχώρησε στο γεγονός ότι ήθελε κάθε μουσικός να δεσμεύεται με ένα συμβόλαιο το οποίο μπορούσε να λήξει λόγω «κακής συμπεριφοράς» – αυτό δεν ήταν καθόλου υγιές. Ούτε η απερίσκεπτη συμπεριφορά του στους ανθρώπους που έρχονταν κατά χιλιάδες για να μας δουν, και τους τεχνικούς και όλα τα μέλη της ομάδας μας που ήταν αναγκασμένα να δουλεύουν υπερωρίες κάθε νύχτα καθώς βγαίναμε όλο και πιο αργά στη σκηνή. Το να συνεχίσω την περιοδεία έγινε πραγματικά εξευτελιστικό για μένα, επειδή όσο και να μας θεωρούσαν ένα παράτολμο συγκρότημα, ήταν γνωστό ότι μπορούσαμε να ελέγχουμε τις υποθέσεις μας. Ήταν πολύ άσχημο για το συγκρότημα και τους τεχνικούς το γεγονός ότι δεν μπορούσαμε να κάνουμε πάντα ό,τι καλύτερο επειδή μας εμπόδιζαν καταστάσεις για τις οποίες εμείς οι υπόλοιποι δεν φέραμε καμία ευθύνη.

Ίσως δεν υπάρχει καλύτερος τρόπος για να μεγαλώσεις τη δυσφορία ή να φορτώσεις όσους συμμετέχουν σε μία περιοδεία ή κάποια άλλη συλλογική προσπάθεια με μίσος από το να καλλιεργείς την έλλειψη σεβασμού. Δεν είμαι άνθρωπος που θυμώνει εύκολα – πρέπει να με οδηγήσεις στα όρια· έτσι παρέμεινα όσο πιο ελαστικός μπορούσα σε όλη την περιοδεία, αλλά κάποια στιγμή το πράγμα άρχισε να με κουράζει. Υπήρχαν τόσο πολλές ευκαιρίες για την μπάντα που τις χάσαμε επειδή ο Axl αρνήθηκε να τις δεχθεί – συνήθως έπαιρνε αυτές τις αποφάσεις με τον Doug, και μερικές φορές οι υπόλοιποι το μαθαίναμε αργότερα. Ωστόσο, την ίδια στιγμή, το συγκρότημα ήταν συγκλονιστικό, και όποιος ήρθε να μας δει σε κάποια απ' αυτές τις μαγικές νύχτες των Guns N' Roses στα δυόμισι χρόνια που κράτησε η περιοδεία έπαθε την πλάκα του. Ήμαστε ένα απίστευτο συγκρότημα, με έναν απίστευτο τραγουδιστή· ο Axl ήταν εκπληκτικός. Παρά τις παρασκηνιακές εντάσεις, επί σκηνής εξακολουθούσε να μας συνδέει μια χημεία απίστευτη· κάθε βράδυ κάναμε εκπληκτικά, θεϊκά πράγματα. Μερικές απ' αυτές τις νύχτες, το παίξιμό μας ήταν τόσο «δεμένο» που μας προκαλούσε ανατριχίλα.

Σε γενικές γραμμές, ήταν ένας πολύ δύσκολος κύκλος από κυκλοθυμικές μεταπτώσεις. Αυτή είναι η δική μου εκδοχή της ιστορίας· βεβαίως, υπάρχει και αυτή του Axl. Είμαι σίγουρος ότι έλεγε πως πίναμε πάρα πολύ και παίρναμε πάρα πολλά ναρκωτικά. Φυσικά, αυτό είναι αλήθεια· μπορώ να εγγυηθώ μόνο για τον εαυτό μου και λέω ναι, έπαιρνα, αλλά, στην τελική, ούτε μία φορά μια εμφάνιση του συγκροτήματος δεν ακυρώθηκε ούτε καθυστέρησε να αρχίσει εξαιτίας των υπόλοιπων μελών του συγκροτήματος. Ανεξάρτητα από τα πάθη του καθενός, εμείς οι μουσικοί της δεύτερης γραμμής ήμαστε πάντοτε παρόντες. Υπήρχαν μερικές φορές που παρολίγο να μην τα καταφέρουμε, ή μερικές συναυλίες όπου το παίξιμο δεν ήταν το καλύτερο, αλλά στο κάτω κάτω, μιλάμε για μια rock and roll μπάντα. Σε όλη την περιοδεία υπήρχαν παράπονα από την πλευρά του Axl για αυτά που κάναμε –ο Duff, ο Matt κι εγώ– , ενώ και ο Izzy παραπονιόταν κι αυτός για τα καμώματά μας. Μπορούν να λένε ό,τι θέλουν για τον τρόπο που ζούσαμε· όταν έπρεπε να κάνουμε αυτό που είχαμε να κάνουμε, οι συνήθειές μας δεν επηρέαζαν τη λειτουργία της περιοδείας. Βεβαίως, αυτή είναι η δική μου εκδοχή· είμαι σίγουρος ότι ο Axl και οι υπόλοιποι έχουν τη δική τους, που μπορεί να διαφέρει τρομερά από αυτά που έχω να πω εγώ.

ΔΕΝ ΣΚΟΠΕΥΩ ΚΑΝ ΝΑ ΠΡΟΣΠΟΙΗΘΩ ΟΤΙ ΘΥΜΑΜΑΙ ΚΑΘΕ λεπτομέρεια από τα δυόμισι χρόνια που περάσαμε περιοδεύοντας για τα *Use Your Illusion I* και *II*. Ακόμα κι αν το προσπαθήσω, δεν νομίζω ότι αν ανακαλούσα στη μνήμη μου κάθε συναυλία, κάθε καλή στιγμή, κάθε ανάμνηση, «θα το έκανα όπως τους αξίζει». Η απαρίθμησή τους θα τα έκανε να φαίνονται πιο βαρετά απ' ό,τι και η πιο ανιαρή μέρα στο δρόμο. Σκοπεύω όμως να υπογραμμίσω τις συναυλίες, τα «περιστατικά», τις συγκρούσεις και τα απόλυτα highs που ξεχωρίζουν από μία βόλτα δυόμισι χρόνων που ήταν τόσο συναρπαστική ώστε με κυριεύει δέος να την αφηγηθώ εξ ολοκλήρου.

Το ξεκίνημα της περιοδείας ήταν έντονο και συναρπαστικό· μπήκαμε υπό το φως του προβολέα και είχαμε χιλιάδες ανθρώπους που έρχονταν να μας δουν. Ποτέ δεν βίωσα αυτό το συναίσθημα με τόση αμεσότητα. Είχαμε ξαναπαίξει μπροστά σε τεράστιο κοινό στο παρελθόν, αλλά αυτό ήταν άλλο πράγμα: συνήθως παίζαμε δεύτεροι ή τρίτοι πριν το τέλος, κι έτσι υπήρχε πολλή ενέργεια, αλλά είναι άλλο πράγμα να παίζεις από μία ώρα και σαράντα πέντε λεπτά μέχρι τρεις ώρες μπροστά σε ογδόντα χιλιάδες ανθρώπους που έχουν έρθει να δουν εσένα.

Μετά τις συναυλίες έκανα βόλτες στο χώρο της συναυλίας, «ζυγίζοντας» το μέγεθος των άδειων σταδίων και το μέγεθος της σκηνής μας, και κάθε φορά ένιωθα την ίδια έκπληξη. Είχα πολύ χρόνο για να το κάνω αυτό κάθε βράδυ, επειδή συνήθως μας έπαιρνε τόσο καιρό να φύγουμε όσο το να ανέβουμε στη σκηνή – αλλά αυτό είναι μια άλλη ιστορία. Ας πούμε ότι δεν μπορούσαμε να ξεκινήσουμε μέχρι η ώρα να είναι «κατάλληλη».

Όπως και να 'χει, είχα δει αρκετές σκηνικές παραγωγές από τότε που ήμουν παιδί που σπανίως εντυπωσιαζόμουν, αλλά καθώς βόλταρα και τσέκαρα το μέγεθος της σκηνής, τα μάτια μου έκαναν πουλάκια. Το να συμμετέχω σε μία τέτοια παραγωγή, ήταν ένα όνειρο που γινόταν πραγματικότητα. Οφείλουμε ευχαριστίες στη σπουδαία ομάδα των τεχνικών μας, όλα αυτά τα εκπληκτικά παιδιά που έστηναν και έλυναν όλη τη σκηνή κάθε μέρα. Καθόμουν και τους έβλεπα να τη διαλύουν: όλοι οι άνθρωποι του συνδικάτου, που φόρτωναν τα τεράστια εξαρτήματα σε ένα στόλο από νταλίκες – ήταν απίστευτα σκληρή δουλειά. Ήμαστε σε διαρκή κίνηση, σε τέτοια ευτυχία που ακόμα και οι αρνητικές πλευρές επισκιάζονταν από την ευχαρίστησή μας γι' αυτό που ζούσαμε. Δυστυχώς, αυτό το έντονο, καθημερινό αίσθημα εδραιώθηκε και έγινε ένα στερεότυπο: η διαρκής εναλλαγή τσαντίλας και χαράς που ζούσαμε τόσα χρόνια μάς είχε φέρει εδώ που είχαμε φτάσει, οπότε... ποιος λόγος υπήρχε να το αλλάξουμε; Λαμβάνοντας υπόψη τα πάντα, το διατηρήσαμε πολύ καλά· μόνο αργότερα, αναπόφευκτα, εξερράγη.

Μετά τις συναυλίες στο Rio, ξεκινήσαμε με τρεις συναυλίες σε κλαμπ για ζέσταμα – με τους Blind Melon στο Los Angeles, με τους Faith No More στο San Francisco και με τους Raging Slab στη Νέα Υόρκη. Οι Raging Slab ήταν εκπληκτικοί: έσκασαν μύτη με ένα λεωφορειάκι VW με το οποίο είχαν έρθει από τα βόρεια της πολιτείας με όλο τον εξοπλισμό τους· εμείς ήμαστε στις λιμουζίνες μας. Μου φάνηκε πολύ ωραίο που τέτοια συγκροτήματα έπαιζαν μαζί μας στην ίδια συναυλία – ένα από τα τυχερά τού να βρίσκεσαι σε αυτό το επίπεδο είναι ότι στ' αλήθεια *μπορείς να κάνεις ό,τι σου κατέβει στο κεφάλι.*

Έτσι ήμαστε έτοιμοι για το κεντρικό γεγονός – να περιοδεύσουμε σε αρένες με τεράστια σκηνή και την παραγωγή δική μας. Όλη η περιοδεία έλαβε χώρα σε στάδια. Είχαμε μαζί μας τον Dizzy Reed, τον Teddy «Zig Zag», τους μουσικούς που έπαιζαν πνευστά, και τις τραγουδίστριες. Το στήσιμο της σκηνής ήταν τρελό σε σύγκριση με αυτό που είχαμε συνηθίσει. Πρώτα απ' όλα δεν υπήρχε set list – ποτέ δεν παίξαμε το ίδιο σετ δύο συνεχόμενες μέρες. Υπήρχαν μερικά στάνταρντ, όπως τα «November Rain», «Paradise City» και «Welcome to the Jungle», αλλά τα υπόλοιπα ήταν εμπνεύσεις της στιγμής.

Τα κορίτσια –οι τραγουδίστριες που έκαναν δεύτερα φωνητικά και αυτές που έπαιζαν πνευστά– έπρεπε να βρίσκονται συνεχώς επί σκηνής, κάτι που γεννούσε προβλήματα τα οποία δεν είχαμε σκεφτεί, όπως το τι θα γινόταν αν ήθελαν να πάνε τουαλέτα. Είχα χρίσει τον Ted «Zig Zag» υπεύθυνο αυτής της ομάδας των μουσικών – και είχε πλάκα να τον βλέπεις να τις φέρνει βόλτα. Τα κορίτσια μάλωναν για τις εμφανίσεις τους· ποια θα φορούσε τι. Ποτέ στο παρελθόν δεν είχαμε βιώσει κάτι τέτοιο σε περιοδείες μας. Όταν τα κορίτσια είχαν περίοδο, που για κάποιο λόγο έμοιαζε να την έχουν ταυτόχρονα, έμαθα ότι ήταν καλύτερα να μην τις πλησιάζω.

Ο Axl ήταν μια απομονωμένη οντότητα τον καιρό που ήμαστε στο δρόμο· έπειτα από λίγο, τον βλέπαμε μόνο στη σκηνή ή στο αεροπλάνο. Ανάμεσα στις συναυλίες, ο Duff, ο Matt κι εγώ κάναμε παρέα με τα κορίτσια· την Anne, που έπαιζε τρομπέτα, και ένα αμφισεξουαλικό κορίτσι από τη Νέα Υόρκη που δεν μπορώ να θυμηθώ το όνομά της και έπαιζε βαρύτονο σαξόφωνο. Υπήρχαν ακόμη δύο τραγουδίστριες, δύο χαριτωμένα, ζωηρά κορίτσια που συνήθως μάλωναν για τις περούκες τους. Τέλος, η Roberta, ένα πολύ όμορφο μαύρο κορίτσι, και η Tracy, μια χαριτωμένη μικρόσωμη μιγάδα, όλες τους πολύ cool.

Η ΠΡΩΤΗ ΣΥΝΑΥΛΙΑ ΠΟΥ ΜΑΣ ΕΔΩΣΕ ΜΙΑ ΙΔΕΑ ΓΙΑ ΤΟ ΤΙ θα ακολουθούσε στην περιοδεία, δόθηκε στο Uniondale της Νέας Υόρκης, στο Nasau Coliseum, όπου αργήσαμε να ανέβουμε στη σκηνή. Ωστόσο, εκείνη τη νύχτα ο Axl ζήτησε συγγνώμη από τους fans για την αργοπορία του, κάτι που, όταν πια έγινε τακτικό φαινόμενο, ποτέ δεν μπήκε στον κόπο να ξανακάνει.

Βεβαίως, το πρώτο σοβαρό περιστατικό συνέβη στο St. Louis, και πήρε διαστάσεις στον Τύπο. Ο Axl τσαμπουκαλεύτηκε με έναν τύπο μπροστά στη σκηνή ο οποίος είχε μια βιντεοκάμερα. Ο Axl το είπε στους άνδρες της ασφάλειας του κτιρίου και εκείνοι δεν έκαναν τίποτα. Η στάση τους και η κατάφωρη έλλειψη σεβασμού εκ μέρους του τύπου εκνεύρισαν τον Axl, που πήδηξε στο πλήθος για να του πάρει την κάμερα. Όταν πήδηξε ήταν καλή στιγμή, γιατί παίζαμε το riff της εισαγωγής του «Rocket Queen». Όταν ο Axl ανέβηκε ξανά στη σκηνή, για μια στιγμή ήταν κάτι σαν θρίαμβος... έπειτα άρπαξε το μικρόφωνο και είπε: «Η ασφάλεια της συναυλίας είναι τόσο χάλια, που φεύγουμε». Το κοπάνησε κάτω και έφυγε από τη σκηνή.

Το συγκρότημα συνέχισε να παίζει. Είχαμε εξασκηθεί στον αυτοσχεδιασμό για να καλύπτουμε τα κενά σημεία –σόλο ντραμς, σόλο κιθάρας, τζαμαρίσματα–, διαθέταμε πολλά κόλπα για να κρατάμε ζωντανή τη συναυλία κάθε φορά που ο Axl έκανε την ξαφνική του αποχώρηση. Συνεχίσαμε να τζαμάρουμε, και πήγα στο πλάι της σκηνής.

«Πού είναι;» ρώτησα τον Doug.

Με κοίταξε με οδύνη: «Δεν πρόκειται να ξαναέρθει».

«Τι εννοείς *δεν πρόκειται να ξαναέρθει;*» φώναξα, συνεχίζοντας να παίζω το riff.

«Δεν υπάρχει περίπτωση να ξαναέρθει», είπε ο Doug. «Δεν μπορώ να κάνω κάτι».

Παίζαμε ήδη ενενήντα λεπτά, που ήταν το μίνιμουμ, σύμφωνα με το συμβόλαιο, αλλά το σχέδιό μας ήταν να παίξουμε ένα δίωρο σετ και το κοινό δεν ήταν καθόλου ικανοποιημένο. Ήξεραν ότι απέμεναν πολλά τραγούδια ακόμα. Εκείνη τη στιγμή θα έκανα τα πάντα για να ξαναφέρω τον Axl στη σκηνή.

«Πες του το ξανά!» ούρλιαξα. «Μάθε αν δεν είναι στ' αλήθεια διατεθειμένος να ξανανέβει». Από την έκφραση του Doug έπρεπε να έχω καταλάβει ότι ήταν ανώφελο.

Εφόσον ήταν οριστικό, δεν είχαμε άλλη επιλογή. Αφήσαμε τα όργανά μας, και ήταν λες και έβγαζες από την πρίζα το στερεοφωνικό: το τραγούδι τελείωσε με ένα τεράστιο ερωτηματικό. Ολόκληρο το στάδιο στεκόταν περιμένοντας να συμβεί κάτι, αλλά εμείς φύγαμε από τη σκηνή χωρίς κουβέντα. Και αυτό τους εξόργισε. Δεν είχαμε ιδέα πόσο.

Μαζευτήκαμε όλοι στα καμαρίνια· ο Axl δεν ήταν εκεί, και η διάθεσή μας ήταν τουλάχιστον βαριά. Και τότε ξεκίνησε το πανδαιμόνιο. Ακούγαμε κρότους από πράγματα που έσπαγαν· ακόμα και πίσω από τις πόρτες, ακουγόταν σαν μακελειό. Ξαφνικά ο Axl μπήκε στο καμαρίνι και είπε: «Ας βγούμε ξανά».

Μπήκαμε στο διάδρομο που έβγαζε στη σκηνή, και ήταν σαν τη σκηνή από το *Yellow Submarine* των Beatles, όπου περπατάνε σε έναν προθάλαμο και όλα είναι καλά, αλλά κάθε φορά που ανοίγουν μια πόρτα βλέπουν ένα τρένο να έρχεται καταπάνω τους ή μία γάτα να στριγγλίζει. Εμείς ανοίγαμε τη μία πόρτα και ακούγαμε ουρλιαχτά, έπειτα ανοίγαμε μιαν άλλη και βλέπαμε ανθρώπους σε φορεία, αιμόφυρτους αστυνομικούς, νοσοκομειακά φορεία παντού, πανδαιμόνιο... Εκείνη την εποχή γυρίζαμε ένα ντοκιμαντέρ, όπου έχουμε καταγράψει πολλά απ' αυτά.

Το κοινό του St. Louis δεν έλεγε να δεχθεί την ακύρωση – έκαναν ολόκληρο το στάδιο φύλλο και φτερό. Έκαναν απίθανα πράγματα. Ήταν –το λιγότερο– τρομακτικό· μάθαμε να μην παίζουμε σε τέτοιο βαθμό με τα πλήθη. Τουλάχιστον ο Axl έμαθε να μη φτάνει ποτέ ένα ακροατήριο σε τέτοιο σημείο.

Ήμαστε παγιδευμένοι στα παρασκήνια και δεν ξέραμε τι να κάνουμε. Ξαφνικά ο Doug εμφανίστηκε και είπε ότι έπρεπε να μας βγάλει αμέσως έξω και ότι στην αποβάθρα φόρτωσης υπήρχε αστυνομική συνοδεία. Μπήκαμε σε εκείνα τα δυο βαν σκυμμένοι για να μη μας δει κανείς και πήγαμε κατευθείαν στο Chicago. Δεν υπήρχε περίπτωση να παίξουμε περαιτέρω επειδή στο St. Louis έκαναν κομμάτια τον εξοπλισμό μας. Το τίμημα εκείνης της συναυλίας ήταν πολύ ακριβό: το κοινό έκανε ζημιές 200.000 δολαρίων μόνο στο στάδιο.

Μείναμε για λίγο στο Chicago, ενώ τα επακόλουθα όλο και μεγάλωναν. Ήταν μια μεγάλη καταστροφή για τους ανθρώπους και την πόλη, και απαγορεύτηκε στους Guns N' Roses να ξαναπαίξουν εκεί.

Όταν επέστρεψα στο St. Louis με τους Snakepit το 1995, τη βραδιά πριν την εμφάνισή μου, περπατούσα από το ξενοδοχείο μου σε μια σειρά από μπαρ κάπου εκεί κοντά. Δεν απομακρυνόμουν, κι έτσι δεν είχα μαζί μου σωματοφύλακα επειδή ήξερα ότι θα συναντούσα εκεί την ομάδα των τεχνικών μας, αλλά καθώς περπατούσα στον κεντρικό δρόμο είδα πέντε μηχανόβιους μπροστά μου και για μια στιγμή ανησύχησα. Ήταν πολύ σκοτεινή νύχτα, σε έναν πολύ σκοτεινό δρόμο, με ελάχιστα φώτα. Τους πλησίασα και είδα ότι με κοιτούσαν· τους κοίταξα λοιπόν κι εγώ. Ένας απ' αυτούς κατέβηκε από τη μηχανή του, με πλησίασε, και εκείνη τη στιγμή δεν ήμουν καθόλου σίγουρος πώς θα τελείωνε αυτή η συνάντηση.

«Έι, φίλε», είπε χαμογελώντας. «Είμαι ο τύπος που χτύπησε ο Axl». Λες και έπρεπε να τον χτυπήσω φιλικά στην πλάτη γι' αυτό. Είχε μια στάση του τύπου, «Έι, είμαστε και οι δύο κατά του Axl, έτσι;» Φαινόταν να πιστεύει ότι είχαμε κάτι κοινό, αλλά δεν είμαι τέτοιος τύπος: αν μιλάς άσχημα για τον Axl, θα σου μπω στο μάτι. Μόνο εγώ μπορώ να το κάνω αυτό· επειδή εγώ έχω το δικαίωμα, όχι κάποιος αλήτης του δρόμου που δεν τον γνωρίζει καν. Τα πράγματα πήραν προς στιγμήν μια έντονη χροιά, αλλά έπειτα ο τύπος άρχισε να λέει την ιστορία του, με σχεδόν απολογητικό ύφος.

Είχε μόλις κερδίσει ένα σωρό χρήματα από τη μήνυση· νομίζω ότι πριν από δυο μέρες είχε πάρει την αποζημίωσή του από το δικαστήριο. Η στιγμή ήταν γεμάτη ένταση· μου ήταν ξεκάθαρο ότι ήταν ένας τύπος που χαιρόταν τα χρήματα που είχε κερδίσει και δεν υπήρχε περίπτωση να τα ξοδέψει με σύνεση. Οι «φίλοι» του έμοιαζαν να απολαμβάνουν την καλή του τύχη μαζί του. Αυτό ήταν σίγουρο, επειδή ήταν ξεκάθαρο πως έρχονταν από άλλη πόλη. Ο άνδρας που μου μιλούσε ήταν ο πιο κοντός της παρέας, και όπως συνηθίζουν όλοι οι κοντοί τύποι, προσπαθούσε να εντυπωσιάσει τους πάντες. Είχε κερδίσει το δικαίωμα να κομπάζει –μαζί με ένα σοβαρό ποσό από τα λεφτά μας–, αλλά, όπως μου είπε στα λίγα λεπτά που σταμάτησα για να μιλήσω μαζί του, τις μέρες μετά το περιστατικό δεν μπορούσε να βγει από το σπίτι του. Δεχόταν απειλές θανάτου μέσω τηλεφώνου, απειλητικές επιστολές, τα πάντα. Μόνο όταν οι Αρχές της πόλης κέρδισαν τη μήνυση –και έτσι κέρδισε κι εκείνος– το πράγμα πήρε ευνοϊκή τροπή για εκείνον.

Ο τύπος δεν με εντυπωσίασε καθόλου. Του το είπα, όπως και ότι έπρεπε να πηγαίνω, και αυτό ήταν όλο. Ποια ήταν λοιπόν η δική μου θέση σε όλα αυτά;

ΜΕΤΑ ΤΟ ΠΕΡΙΣΤΑΤΙΚΟ ΣΤΟ ST. LOUIS ΚΑΝΑΜΕ ΕΝΑ ΔΙΑΛΕΙΜΜΑ λίγων εβδομάδων και βάλαμε τις τελικές πινελιές στα άλμπουμ του *Illusion.* Το γιορτάσαμε με μερικές εμφανίσεις στο L.A. Forum, που κατέχουν ξεχωριστή θέση στην ιστορία του συγκροτήματος. Όταν σκεφτόμουν το Forum, το μυαλό μου πήγαινε στον Bowie, τους Led Zeppelin, τους Aerosmith και τους AC/DC· είναι ένα ιστορικό μέρος. Σε τοπικό επίπεδο, ήταν σαν να έπαιζες στο Long Beach Arena – αλλά καλύτερο. Δεν ξέρω πώς ένιωθαν γι' αυτό οι υπόλοιποι, αλλά καθώς η λιμουζίνα κατέβηκε στη ράμπα, το μόνο που μπορούσα να σκεφτώ ήταν η φορά που είδα εκεί τον Rod Stewart μαζί με τη μαμά μου· όλες αυτές οι ιστορίες περνούσαν από το μυαλό μου. Οι συναυλίες ήταν όλες sold out και ήταν *εκπληκτικές.* Η τελευταία κράτησε τρεισήμισι ώρες – στην ιστορία του γκρουπ, ήταν το μεγαλύτερο σετ που είχαμε παίξει. Ήταν 29 Ιουλίου του 1991, την ίδια μέρα που τελείωσε η μίξη των δίσκων. Όπως είπε ο Axl από σκηνής: «Ο γαμιόλης *τελείωσε!*»

Ενώ οι δίσκοι ήταν έτοιμοι για κυκλοφορία, συνεχίσαμε και κάναμε τις υπόλοιπες συναυλίες με support τους Skid Row – μπορείτε να φανταστείτε σε τι βαθμό ακολασίας επιδοθήκαμε ο Matt, ο Duff, ο Sebastian Bach κι εγώ. Ο Sebastian ήταν υπερενθουσιώδης και μέσα σε όλα. Το είχαμε διαπράξει κατά το παρελθόν, αλλά το κάναμε ξανά με τον Sebastian. Το σκέλος της περιοδείας από τις Ηνωμένες Πολιτείες στην Ευρώπη ήταν ακόλαστο και νοσηρό και εκτόξευσε τον ηδονισμό σε νέα επίπεδα. Είχε πολλή πλάκα επειδή οι Skid Row γίνονταν γνωστοί εκείνη την εποχή, και ήταν νέοι και λαίμαργοι όσο εμείς με τους Mötley.

Είναι πολύ κρίμα που ο Sebastian δεν συμπαθεί πια και πολύ τον Matt, τον Duff κι εμένα. Τον δοκιμάσαμε όταν ψάχναμε για τραγουδιστή, για το σχήμα στο οποίο κατέληξαν οι Velvet Revolver, αλλά δεν πήγε καλά. Ο συνδυασμός έμοιαζε με κάτι που θα το ονόμαζα Skid Roses. Πρέπει να πω ότι μου προκαλεί μεγάλη έκπληξη το γεγονός ότι τώρα τελευταία ο Sebastian μιλάει πολύ άσχημα για μας.

Όπως και να 'χει, όταν πήγαμε στην Ευρώπη με τους Skid Row, όλα πήγαν πολύ καλά, business as usual, μέχρι που φτάσαμε στο Mannheim της Γερμανίας στις 21 Αυγούστου του 1991. Σε εκείνη τη συναυλία παίζαμε με τους Nine Inch Nails για support. Βγήκαμε αργά –ακόμα και για τα δικά μας στάνταρ–, ενώ, πολύ νωρίς στο σετ, κάτι συνέβη και ο Axl έφυγε από τη σκηνή, χωρίς να καταλάβω το λόγο. Δεν τον αποδοκίμασε κανένας, ούτε του πέταξαν κανένα μπουκάλι, απ' όσο είδα, απλά σηκώθηκε και έφυγε. Η σκηνή σε εκείνο τον συναυλιακό χώρο απείχε ενάμισι χιλιόμετρο από το γραφείο παραγωγής και τα παρασκήνια. Έτσι, υπήρχε ένα βαν εκεί για να μας μεταφέρει. Όταν ο Axl έφυγε από τη σκηνή, πήγε στο βαν και ξεκίνησε για τα παρασκήνια.

Οι υπόλοιποι κατεβήκαμε από τη σκηνή προσπαθώντας να καταλάβουμε αν ο Axl θα επέστρεφε ή αν το βαν του τον είχε πάει στο ξενοδοχείο. Στον τρόπο που αντιμετώπιζε τον Axl, ο Matt θύμιζε πολύ τον Steven – απλώς δεν μπορούσε να αντιληφθεί γιατί ο Axl δεν δύνατο να παίξει το ρόλο του.

Θυμάμαι ότι στεκόμουν παράμερα με τον Duff, ενώ ο Matt έβγαζε καπνούς. Ήταν αρκετό καιρό στο συγκρότημα ώστε να έχει πάψει να είναι πια ο καινούργιος, και το είχε καταφέρει με την αξία του.

«Να πάει να γαμηθεί», είπε. «Θα πάω να τον συνεφέρω».

Ο Matt πίστευε ότι ο Duff, ο Izzy κι εγώ ήμαστε πολύ επιεικείς απέναντι στον Axl εδώ και πολύ καιρό. Όπως κι ο Steve, ήθελε να του μιλήσει στα ίσια και να τον βάλει στη θέση του, επειδή κάτι τέτοιο θα είχε ίσως αποτέλεσμα με τους περισσότερους ανθρώπους. Τόσο ο Duff όσο κι εγώ είχαμε κατέβει ήδη στο βαν σε μια προσπάθεια να τον πείσουμε, αλλά χωρίς κανένα όφελος. Έτσι ο Matt πήγε στο βαν του Axl για να τον φέρει στα συγκαλά του, αλλά μόλις κατέβηκε, έπεσε πάνω στον Axl, ο οποίος είχε βγει για να επιστρέψει στη σκηνή. Ο Matt ήταν τόσο «αρπαγμένος» που μόλις είδε τον Axl τον «πήρε απ' τα μούτρα», σε σημείο που παραλίγο να έρθουν στα χέρια.

«Τι στο διάολο είναι αυτά που κάνεις;» ούρλιαξε ο Matt. «Γύρνα πίσω στη σκηνή!»

Έτρεξα και μπήκα ανάμεσά τους, επειδή η τροπή που είχε πάρει η κατάσταση δεν μου άρεσε καθόλου. Όταν το αποφασίζει, ο Axl μάχεται σαν ψυχωτικός, και ο Matt έχει δυο φορές το βάρος μου – και παίζει και τύμπανα. Έτσι, δεν ήταν και το καλύτερο μέρος που θα μπορούσα να βρεθώ. Ο Axl γύρισε πίσω στο βαν του, και όλα έδειχναν πως δεν υπήρχε περίπτωση να ξαναβγεί. Στο μεταξύ, τα λεπτά κυλούσαν.

Οι προμότερ είδαν το δράμα που βρισκόταν σε εξέλιξη και έκλεισαν τις πόρτες γύρω από το χώρο της συναυλίας, ώστε να μην μπορούμε να φύγουμε. Είχαν ακούσει για όσα είχαν συμβεί στο St. Louis· και πάλι καλά. Αν δεν το ήξεραν, είμαι σίγουρος ότι οι τριάντα οκτώ χιλιάδες fans μπορεί να είχαν προκαλέσει ταραχές και εμείς μπορεί να είχαμε θεωρηθεί υπεύθυνοι και να είχαμε συλληφθεί, ενώ μπορεί να είχαν πεθάνει και άνθρωποι. Η τοπική αστυνομία ήταν ήδη παρούσα με εξοπλισμό ελέγχου πλήθους, έτοιμη να αντιμετωπίσει εκτεταμένα επεισόδια. Ήταν μια τρομακτική σκηνή γεμάτη υπερένταση, όπου παρολίγο να την πατήσουμε άσχημα.

Μόλις ο Axl συνειδητοποίησε ότι δεν έχει άλλη επιλογή καταφέραμε να τον πείσουμε να ανέβει στη σκηνή, οπότε το υπόλοιπο της συναυλίας εξελίχθηκε χωρίς προβλήματα. Το μόνο που θυμάμαι ότι σκεφτόμουν καθώς κατέβαινα από τη σκηνή μετά την εμφάνισή μας ήταν: *Χριστούλη μου, παρολίγο*. Το άλλο πρωί αποδείχθηκε ότι δεν είχα άδικο. Ο Izzy έστειλε ένα μήνυμα με το οποίο μας πληροφορούσε ότι εγκατέλειπε το συγκρότημα. Θα συμμετείχε στις τελευταίες συναυλίες αυτού του σκέλους της περιοδείας, αλλά μόλις ολοκληρωνόταν θα έφευγε.

Ο Izzy δεν μπορούσε να αντέξει όλο αυτό το φλερτ με την καταστροφή, και για να λέμε την αλήθεια θα έπρεπε να τον είχαμε ακολουθήσει όλοι μας. Αλλά με τόσο πολλούς fans να κάνουν σαν τρελοί για να δουν το συγκρότημα να παίζει ζωντανά, δεν έβλεπα για ποιο λόγο έπρεπε να αφήσουμε όλες αυτές τις βλακείες να μας βγάλουν από την πορεία μας. Όταν έχει να κάνει με τη δουλειά μου γίνομαι ψυχαναγκαστικός και δίνομαι ολόψυχα· έτσι, δεν μπορούσα να αφήσω τα πράγματα να πάρουν λάθος δρόμο.

Ο Izzy ολοκλήρωσε την περιοδεία, και παρόλο που προσπάθησα πολλές φορές να τον πείσω να μη φύγει, την ίδια στιγμή τον καταλάβαινα απόλυτα.

«Φίλε, το ξέρω ότι είναι δύσκολο, αλλά νομίζω ότι μπορούμε να τα καταφέρουμε», με θυμάμαι να του λέω. «Οι συναυλίες είναι φανταστικές, φίλε. Το κοινό είναι εκπληκτικό και παίζουμε σε στάδια...»

«Το ξέρω», είπε. «Όμως, ρε φίλε, δεν μπορώ. Δεν αντέχω άλλο». Ο τρόπος που με κοίταξε εκείνη τη στιγμή, δεν μου άφησε κανένα περιθώριο.

Ο Izzy έστειλε μια δήλωση σε όλους μας, και την επόμενη μέρα ο Alan κατέφθασε αεροπορικώς για να μιλήσει μαζί του. Τον πήρε παράμερα, κι έπειτα ήρθε και μας ανακοίνωσε ότι δεν υπήρχε περίπτωση ο Izzy να αναθεωρήσει την απόφασή του. Νομίζω ότι με τον Axl δεν συζήτησε καν.

Αφού η υπόθεση έκλεισε και αποφασίστηκε ότι το δεύτερο από τα ιδρυτικά μέλη των Guns N' Roses ήταν παρελθόν για το συγκρότημα, ολοκληρώσαμε την ευρωπαϊκή μας περιοδεία. Η τελευταία συναυλία του Izzy έγινε μπροστά σε εβδομήντα δύο χιλιάδες άτομα στο Wembley Stadium του Λονδίνου, όπου τα εισιτήρια ξεπουλήθηκαν πιο γρήγορα από οποιουδήποτε άλλου καλλιτέχνη στην ιστορία. Αξίζει όμως να αναφέρω ότι μόλις ο Izzy μάς ενημέρωσε ότι φεύγει από το συγκρότημα, όλες οι υπόλοιπες συναυλίες μας στην Ευρώπη άρχισαν στην ώρα τους.

ΜΕΤΑ ΤΟ WEMBLEY ΓΥΡΙΣΑΜΕ ΠΙΣΩ ΣΤΟ LOS ANGELES και αρχίσαμε γυρίσματα για το βίντεο κλιπ του «Don't Cry», όπου ο Dizzy Reed φοράει ένα t-shirt που γράφει «Where's Izzy?» [Σ.τ.Μ.: *Πού είναι ο Izzy?*] Έπειτα κάναμε ένα διάλειμμα, αν και εγώ το πέρασα ψάχνοντας τον αντικαταστάτη του Izzy, ώστε να μπορέσουμε να συνεχίσουμε τις περιοδείες. Ήταν το ίδιο κουραστικό όπως τότε που αναζητούσαμε ντράμερ. Ο Axl ήταν πεπεισμένος ότι έπρεπε να προσλάβουμε τον Dave Navaro, αλλά δεν το έβρισκα καθόλου καλή ιδέα. Νομίζω ότι ήταν θέμα στιλ. Όποιος έπαιρνε τη θέση του Izzy έπρεπε να παίζει σαν τον Izzy, που ήταν ένας εξαιρετικός ρυθμικός κιθαρίστας και το παίξιμό του προσέθετε μια μοναδική, ξεχωριστή διάσταση στα τραγούδια. Ο Dave Navaro είναι ένας εκπληκτικός κιθαρίστας, που θα ταίριαζε όμως καλύτερα στη θέση μου αντί για τη θέση του Izzy. Άλλωστε, εκείνη την εποχή ήταν εξαρτημένος από την ηρωίνη, και αυτό προφανώς ήταν μεγάλο ζήτημα.

Ο Axl έκανε μερικές κουβέντες με τον Dave σχετικά με την προσχώρησή του στο συγκρότημα· δεν έλεγε να το βάλει κάτω, γι' αυτό τελικά υποχώρησα και προσπάθησα να κανονίσω μια πρόβα με τον Dave. Συμφωνήσαμε κάποια συγκεκριμένη ώρα, αλλά εκείνος δεν εμφανίστηκε ποτέ, κάτι που επανέλαβε τρεις φορές.

Μετά την τρίτη φορά, τηλεφώνησα στον Axl. «Φίλε, αυτός ο τύπος έχει προβλήματα», του είπα. «Νομίζω ότι δεν πρέπει να προχωρήσουμε μαζί του».

«Εντάξει, εντάξει», μου απάντησε. «Θα του μιλήσω».

Ο Axl με έπεισε ότι ο Dave ήταν πραγματικά αφοσιωμένος στη μουσική και ότι αν του ξανατηλεφωνούσα θα ερχόταν στην πρόβα. Πράγματι του τηλεφώνησα, αλλά όπως το περίμενα, δεν εμφανίστηκε. Αυτό ήταν· έγινα έξαλλος. Ήταν η τελευταία φορά που στάθηκα διατεθειμένος να σκεφτώ την προοπτική του Dave Navaro.

Σκεφτόμουν τον μοναδικό κιθαρίστα που είχα δει και μου θύμιζε τον Izzy. Έπαιζε σε ένα συγκρότημα που λεγόταν Candy και είχαν ανοίξει για τους Hollywood Rose στο Madame Wong's West προτού ακόμα βρεθώ στο ίδιο συγκρότημα με τον Axl. Τον έλεγαν Gilby Clark, και απ' όσο θυμόμουν ήταν ο μόνος που διέθετε την αίσθηση του Izzy στο παίξιμο, κάτι που δεν ήταν εύκολο να βρεθεί.

Ήρθα λοιπόν σε επαφή με τον Gilby και είδα ότι ήθελε τη θέση περισσότερο από τον οποιοδήποτε. Έβγαλε εξήντα τραγούδια σε δύο εβδομάδες. Ήρθε για την οντισιόν και έμεινε για πάντα. Μία δύο βδομάδες αργότερα, έπαιξε με ολόκληρο το συγκρότημα· βγάλαμε ένα σετ και αυτό ήταν, ήμαστε ξανά μάχιμοι.

Ήταν μια παράξενη καμπή για το συγκρότημα. Η αποχώρηση του Izzy συνέβη αθόρυβα, δίχως φανφάρες και χωρίς να την πάρουν χαμπάρι τα μέσα ενημέρωσης. Ήταν μια τεράστια αλλαγή στους κόλπους της μπάντας, αλλά για τον έξω κόσμο ήταν σαν μην είχε αλλάξει τίποτε. Ίσως επειδή την επισκίασε το γεγονός ότι μόλις πριν ξαναβγούμε σε περιοδεία κυκλοφόρησαν οι δίσκοι.

Στις 17 Σεπτεμβρίου του 1991, το *Use Your Illusion II* κατέλαβε την πρώτη θέση των charts και το *Use Your Illusion I* τη δεύτερη. Είχαμε καταρρίψει ένα ρεκόρ: κανείς άλλος rock καλλιτέχνης δεν έχει καταφέρει κάτι τέτοιο από την εποχή των Beatles. Τα έντυπα ήταν γεμάτα ύμνους για μας, ενώ την ίδια στιγμή στους κόλπους του συγκροτήματος βρισκόταν σε εξέλιξη ένα αληθινό δράμα. Μέχρι τότε είχα ήδη συνηθίσει όλες αυτές τις δυσκολίες που αντιμετώπιζα κι είχα την εντύπωση ότι επρόκειτο για κάτι το φυσιολογικό.

ΜΟΛΙΣ Ο GILBY ΕΝΣΩΜΑΤΩΘΗΚΕ ΓΙΑ ΤΑ ΚΑΛΑ ΣΤΟ ΣΥΓΚΡΟΤΗΜΑ και ξαναγυρίσαμε στην περιοδεία, προσθέσαμε τους Soundgarden ως support για το επόμενο σκέλος της, που άρχισε το Δεκέμβριο του 1991 στο Worcester της Μασαχουσέτης. Οι Soundgarden ήταν ένα από τα αγαπημένα μας συγκροτήματα και μας άρεσε που τους είχαμε μαζί, αλλά δεν είχαμε καλή επικοινωνία μεταξύ μας. Δεν ανήκαμε στην ίδια κατηγορία με τα grunge συγκροτήματα επειδή ήμαστε «μεγάλο όνομα». Ήμαστε οι Led Zeppelin της εποχής –έτσι μας έβλεπαν από την underground, indie σκοπιά– και πίστευαν ότι ήμαστε χοντροί, τεμπέληδες και αλαζόνες. Τους πήραμε μαζί μας στην περιοδεία, αλλά εκείνοι δεν μας μιλούσαν. Το βρήκα υποκριτικό από μεριάς τους, επειδή δεν ήθελαν πραγματικά να το κάνουν, αλλά, αν δεν κάνω λάθος, δεν είπαν και όχι. Παρ' όλα αυτά, ο Duff κι εγώ τα πήγαμε καλά με τον Chris Cornell και τον Kim Thayl, και κατάλαβα ότι ήθελαν ειλικρινά να διώξουν από πάνω τους τη σφραγίδα του grunge.

Όμως η κατάσταση ήταν πολύ περισσότερο ανταγωνιστική με το άλλο συγκρότημα που άνοιγε τις συναυλίες μας, τους Faith No More· ειδικά όταν ο τραγουδιστής τους, ο Mike Patton, άρχισε να μας θάβει από σκηνής. Το αφήσαμε να συμβεί μια δυο φορές, αλλά κάποτε η υπομονή μας εξαντλήθηκε. Έπρεπε να πούμε δυο λογάκια μαζί του. Ο Axl ήρθε μαζί μου, όπως κι ο κιθαρίστας τους Jim Martin, επειδή ήταν εξίσου μπουχτισμένος με τα τερτίπια του Mike όσο κι εμείς.

«Άκου, ρε φίλε», είπα. «Αν δεν σου αρέσει εδώ σήκω φύγε. Δεν γίνεται να συνεχίσουμε έτσι. Ή θα βάλουμε τα δυνατά μας να το κάνουμε όσο καλύτερα μπορούμε ή ξέχνα το, γύρνα σπίτι!»

Τελικά ολοκλήρωσαν την περιοδεία χωρίς άλλο ξέσπασμα του Mike στη διάρκεια του σετ τους.

Παίξαμε τρεις βραδιές στο Madison Square Garden, στις 9, 10 και 13 Δεκεμβρίου του 1991· ήταν ο ίδιος χώρος όπου οι Led Zeppelin έκαναν τα γυρίσματα για το *The Song Remains the Same*. Μια από εκείνες τις βραδιές γνωρίσαμε έναν από τους ήρωες του Axl, τον Billy Joel. Ακούγεται παράξενο, αλλά ο Axl λατρεύει μεγάλους τραγουδοποιούς σαν τους Eagles, τον Elton John και τον Billy Joel· ξέρει καλά ποιες είναι οι ρίζες της τέχνης του. Εγώ δεν ήξερα τίποτα για τον Billy εκτός από το γεγονός ότι η καλύτερη φίλη της μαμάς μου άκουγε συνέχεια το άλμπουμ που τον έκανε γνωστό, το *Stranger*, το 1978. Χάρηκα όμως που γνώρισα τον Billy εκείνη τη βραδιά, επειδή είναι πραγματικά εμβληματικός καλλιτέχνης και επίσης επειδή ήταν πάρα, μα πάρα πολύ μεθυσμένος. Δεν είχα ιδέα ότι ήταν τέτοιο μπεκρόμουτρο, και αυτό μου άρεσε. Ο Duff κι εγώ κάναμε καλή παρέα μαζί του. Ο Axl έπλεε σε πελάγη ευτυχίας. Φέραμε τον Billy στο καμαρίνι μας όπου είχαμε όλα τα ποτά, και άρχισε να ψάχνει κάνοντας μεγάλο σαματά. «Πού είναι το Johnnie Walker Black Label;» φώναζε περισσότερο για να το ακούσει ο ίδιος παρά εμείς. «Δεν υπάρχει Johnnie Walker Black Label;» Δεν χρειάζεται να πούμε ότι την άλλη στιγμή είχαμε στείλει κάποιον να φέρει ένα μπουκάλι για τον Billy.

ΤΗΝ 1η ΦΕΒΡΟΥΑΡΙΟΥ ΤΟΥ 1992 ΠΑΙΞΑΜΕ ΤΗΝ ΤΕΛΕΥΤΑΙΑ ΜΑΣ συναυλία με τους Soundgarden στο Compton Terrace της Arizona, και αποφασίσαμε να γιορτάσουμε το γεγονός στήνοντάς τους μια μικρή φάρσα. Βρήκαμε μερικές φουσκωτές κούκλες και ο Matt, ο Duff κι εγώ γδυθήκαμε κι ανεβήκαμε στη σκηνή την ώρα που έπαιζαν. Τώρα που το ξανασκέφτομαι, ήμουν ο μόνος που ήταν εντελώς τσίτσιδος. Όπως και να 'χει, εκείνη την εποχή προωθούσαν το άλμπουμ τους *Badmotorfinger* και το κοινό τους δεν είχε συνηθίσει να τους βλέπει να κάνουν πλάκες επί σκηνής· έτσι, λοιπόν, ένιωσαν ντροπιασμένοι. Κοίταξαν γύρω τους και μας είδαν να πηδάμε τις φουσκωτές κούκλες. Ήμουν εντελώς λιώμα και κάποια στιγμή έπεσα λιπόθυμος στη σκηνή. Πήραν από πάνω μου την κούκλα, και εκείνη τη στιγμή με είδαν όλοι όπως με γέννησε η μάνα μου. Μιλάμε για τρελό σκηνικό.

ΔΩΣΑΜΕ ΤΡΕΙΣ ΣΥΝΑΥΛΙΕΣ ΣΤΟ TOKYO DOME ΣΤΗΝ ΙΑΠΩΝΙΑ, στις 19, 20 και 22 Φεβρουαρίου του 1992· εκείνες οι εμφανίσεις ήταν το κάτι άλλο. Μάλιστα, εγώ έπαιξα πέντε συνεχόμενες νύχτες στο Tokyo Dome, δύο με τον Michael Jackson και τρεις με τους Guns N' Roses. Τα ακροατήρια των δύο συναυλιών ήταν η μέρα με τη νύχτα· δεν μπορώ να φανταστώ κάτι πιο σουρεαλιστικό από το να παίζω τη μια νύχτα με τον Michael Jackson, που πηγαινοερχόταν σε μια σκηνή γεμάτη παιδιά και παιχνίδια, και έπειτα από δύο νύχτες να παίζω με τους Guns και ό,τι σήμαινε αυτό. Το κερασάκι στην τούρτα ήταν ότι πέρασα το ρεπό ανάμεσα στις δύο συναυλίες στην Disneyland του Tokyo.

Εγώ έφτασα στην Ιαπωνία αεροπορικώς λίγες μέρες νωρίτερα, για να παίξω με τον Michael. Είχα ηχογραφήσει μερικά κομμάτια μαζί του στο Los Angeles, το διάστημα που μεσολάβησε ανάμεσα στην ολοκλήρωση της ηχογράφησης των δίσκων του *Illusion* και την κυκλοφορία τους. Η ηχογράφηση έγινε το διάστημα που βρισκόμαστε στο Los Angeles ανάμεσα στα δύο σκέλη της περιοδείας μας. Έμενα στο Hyatt στη Sunset, όταν δέχτηκα ένα τηλεφώνημα από το γραφείο μας.

«Έι, Slash, σε ψάχνει ο Michael Jackson», είπε ο Alan. «Θέλει να παίξεις στο δίσκο του».

«Πλάκα μου κάνεις;» είπα. «Φυσικά».

Το επόμενο τηλεφώνημα ήταν από τον ίδιο τον Michael.

«Ναι», είπα.

«Έι, Slash», είπε με τη διστακτική, συνεσταλμένη φωνή του.

Από κει και πέρα τα πράγματα κύλησαν μια χαρά. Ένιωθα κολα-

Ο Slash ως φαρσέρ χορεύει επί σκηνής με μια φουσκωτή κούκλα κατά τη διάρκεια της εμφάνισης των Sourdgarden.

κευμένος αλλά και τρομοκρατημένος, όμως το πράγμα κύλησε υπέροχα. Ηχογραφήσαμε δύο τραγούδια. Το πρώτο ονομαζόταν «Give it to Me» και έμοιαζε με μια νέα εκδοχή του τραγουδιού του Michael, «Dirty Diana». Όταν πήγα να το ηχογραφήσω στο Record Plant, ο Michael ήταν εκεί με την Brooke Shields με την οποία έβγαιναν εκείνη την εποχή. Ήταν εντελώς τρελό· το στούντιο ήταν μισοσκότεινο, όπως ακριβώς άρεσε στους Guns όταν ηχογραφούσαν.

«Γεια», είπε ο Michael. «Από εδώ η Brooke».

«Χάρηκα για τη γνωριμία», είπα. Νομίζω ότι άπλωσα το χέρι μου για μια χειραψία.

«Θέλω να σε ευχαριστήσω πολύ που δέχτηκες να παίξεις στο δίσκο μου», είπε. «Δεν βλέπω την ώρα να σε ακούσω να παίζεις». Κι έπειτα έφυγαν, πήγαν κάπου για φαγητό η κάτι τέτοιο. Ηχογράφησα το σόλο μου και... αυτό ήταν. Λίγες μέρες αργότερα επέστρεψα κι ηχογράφησα την εισαγωγή για το «Black and White». Ήθελαν κάτι πριν από το κομμάτι, αλλά το μέρος μου τελικά δεν μπήκε στο άλμπουμ. Αν δείτε το βίντεο μπορείτε να ακούσετε το μέρος που μου ζήτησαν να παίξω· είναι η κιθαριστική εισαγωγή του Macaulay Culkin. Όταν το άκουσα, μου φάνηκε πολύ παράξενο· για να το πω κομψά, δεν ήταν αυτό που είχα κατά νου για το συγκεκριμένο σόλο.

Νομίζω ότι ο Michael Jackson με συμπάθησε, επειδή του άρεσε η δραστήρια προσωπικότητά μου. Πίστευα ότι με έβλεπε σαν μια καρικατούρα, αλλά αυτή ήταν η δική μου γνώμη. Ακόμη δεν ξέρω τι πιστεύει πραγματικά για μένα.

Κατάλαβα πως δεν είχε πρόβλημα με αυτό που έβλεπε.

ΜΕ ΤΑ ΑΛΜΠΟΥΜ ΜΑΣ ΣΤΙΣ ΠΡΩΤΕΣ ΘΕΣΕΙΣ ΤΩΝ CHARTS όλου του κόσμου, τον Απρίλιο συνεχίσαμε την περιοδεία μας στο Μεξικό. Όπως οι fans στη Λατινική Αμερική, έτσι και το κοινό του Μεξικού ήταν πολύ φανατικό. Έπειτα παίξαμε στο Λονδίνο, σε μια συναυλία προς τιμήν του Freddie Mercury, που ήταν εκπληκτική εμπειρία· άλλωστε ο Freddie ήταν ένας από τους ήρωες του Axl. Έτσι, παρόλο που παίξαμε λίγο, τα δώσαμε όλα. Παίξαμε το «Paradise City» και το «Knockin' on Heaven's Door». Αργότερα ανέβηκα στη σκηνή και έπαιξα το «Tie Your Mother Down» μαζί με τον Brian May και τον Roger Taylor των Queen, στο οποίο τραγούδησε ο Axl. Στο τέλος παίξαμε όλοι μαζί το «We Are the Champions». Ήταν μια πραγματικά μνημειώδης συναυλία, αλλά η πιο τρελή φάση της βραδιάς ήταν όταν έβγαλα το παντελόνι μου μπροστά στη Liz Taylor. Ήμουν στο πράσινο δωμάτιο και άλλαζα, όταν άνοιξε την πόρτα με τη συνοδεία της και με έπιασε στα πράσα, να φοράω μόνο το t-shirt μου. Δεν έδειξε αμήχανη. Η παρουσία της ήταν πραγματικά διαβολική, και από το ύφος της κατάλαβα ότι δεν είχε πρόβλημα με αυτό που έβλεπε.

ΤΟΝ ΜΑΪΟ ΤΟΥ 1992 ΑΝΑΚΟΙΝΩΣΑΜΕ ΜΙΑ ΚΑΛΟΚΑΙΡΙΝΗ περιοδεία μαζί με τους Metallica, η οποία θα ξεκινούσε στις 7 Ιουλίου. Θα ήταν η περιοδεία με τα δύο μεγαλύτερα ονόματα του rock 'n' roll εκείνη την εποχή. Ήταν φανταστικό. Οι Metallica είχαν μόλις κυκλοφορήσει το *Black Album* κι εμείς γνωρίζαμε τρελή επιτυχία με τα *Use*

Your Illusion I & II. Ξεκινήσαμε το ευρωπαϊκό σκέλος της περιοδείας μας από το Δουβλίνο, τον Μάιο του 1992.

Όσον αφορούσε στην προσωπική μου ζωή, τα είχαμε χαλάσει με το κορίτσι μου, τη Renee, στη διάρκεια του αμερικανικού σκέλους της περιοδείας μας, επειδή κάποιος από την ομάδα μας της είπε ότι την απατούσα. Της είχα υποσχεθεί ότι θα της ήμουν πιστός. Ήταν αδυναμία εκ μέρους μου το ότι ήθελα να περνάω όσο πιο καλά μπορούσα ανάμεσα στις συναυλίες, και μαζί με την αθεράπευτη κλίση μου στο ποτό, προσπαθούσα να χειριστώ όλη αυτή τη θυελλώδη συναισθηματική δραστηριότητα, όλες αυτές τις ακατάσχετες μεταπτώσεις. Αλκοόλ και κορίτσια. Έτσι τα έβγαζα πέρα. Στο μεγαλύτερο μέρος της καριέρας μου δεν είχα εκμεταλλευτεί πλήρως τον εξωφρενικό αριθμό κοριτσιών που μου ήταν διαθέσιμα, οπότε τώρα που δεν ένιωθα σίγουρος γι' αυτό που κάναμε, φρόντιζα να μην αφήνω τις ευκαιρίες να πηγαίνουν χαμένες.

Δυστυχώς, όπως συμβαίνει συνήθως, το πράγμα έσκασε με πάταγο. Ήμαστε στο Chicago, όταν έλαβα στον τηλεφωνητή μου ένα μήνυμα από τον ετεροθαλή αδελφό της Renee, που ήταν φιλαράκι μου. Εκείνη την εποχή ήμουν με ένα κορίτσι, μια ηθοποιό –κανονική ηθοποιό– την οποία είχα δει σε μια ταινία. Ήμαστε στο δωμάτιό μου, όταν του τηλεφώνησα για να δω τι συμβαίνει.

«Έι, γεια, εδώ Slash», του είπα. «Τι συμβαίνει;»

«Τι να πω, ρε φίλε», είπε, όσο πιο σοβαρά γινόταν. «Δεν ξέρω τι κάνεις όταν είστε σε περιοδεία, ούτε και είναι δική μου δουλειά. Νομίζω όμως ότι θα έπρεπε να τηλεφωνήσεις στη Renee γιατί έχει φρικάρει. Δεν μου λέει ποιο είναι το πρόβλημά της, αλλά ακούγεται πολύ τσαντισμένη».

Τηλεφώνησα στη Renee, και εκείνη άρχισε να με βρίζει. Έπειτα με απείλησε, λέγοντάς μου ότι είχε ένα θείο στο Chicago –σημειωτέον: δεν ήξερε ότι εκείνη τη στιγμή βρισκόμουν στο Chicago– ο οποίος είχε πολλές γνωριμίες και θα με «τακτοποιούσε» με χαρά αν του το ζητούσε.

Κλικ... Έκλεισε. Κατέβασα το ακουστικό. Για μια στιγμή, έμεινα κοιτάζοντας το τηλέφωνο. Έπειτα γύρισα στο κορίτσι που ήταν ξαπλωμένος στο κρεβάτι μου.

«Έι», είπα. «Καλύτερα να του δίνεις».

«Χμμ... εντάξει», είπε πικαρισμένη. Σηκώθηκε κι άρχισε να ψάχνει τα ρούχα της.

Έπειτα το ξανασκέφτηκα για μια στιγμή. «Όχι, όχι αμέσως», είπα και επέστρεψα στο κρεβάτι. Νομίζω ότι είναι περιττό να πω ότι μετά απ' αυτό, η Renee κι εγώ μείναμε χώρια για κάμποσο καιρό.

Η ΕΥΡΩΠΑΪΚΗ ΠΕΡΙΟΔΕΙΑ ΠΗΓΕ ΦΑΝΤΑΣΤΙΚΑ, ΚΑΙ ΖΗΣΑΜΕ πολλές αξέχαστες στιγμές. Δώσαμε μια συναυλία στο Παρίσι που προέκυψε ως εξής: στο μυαλό του Axl είχε κολλήσει η ιδέα να καλέσουμε μερικούς φίλους να παίξουν μαζί μας και να την κινηματογραφήσουμε για να προβληθεί σε ένα συνδρομητικό κανάλι παγκόσμιας εμβέλειας. Ο Axl τηλεφώνησε στους Aerosmith, στον Lenny Kravitz και τον Jeff Beck, και κατάφερε να οργανώσει κάτι που εμένα μου φάνηκε σχεδόν περιττό, επειδή, όπως ήδη γνωρίζετε, οι συγκεκριμένοι καλλιτέχνες ήταν οι αγαπημένοι μου: οι Aerosmith ήταν το αγαπημένο μου συγκρότημα και ο Beck ο αγαπημένος μου κιθαρίστας, ενώ είχα ήδη παίξει στο άλμπουμ του Lenny.

Κατάλαβα ότι ήταν μία προσπάθεια εκ μέρους του Axl για να με εξευμενίσει, επειδή σπάνια έκανε γενναιόδωρες χειρονομίες που είχαν σκοπό να μου δώσουν χαρά· θα έπρεπε να είναι τυφλός για να μην έχει καταλάβει πως, καθώς προχωρούσε η περιοδεία, τόσο περισσότερο νευρίαζα. Είχε αποποιηθεί όλες τις ευθύνες του συγκροτήματος και τις είχε φορτώσει σε μένα – από το να βρω τον Matt και τον Gilby μέχρι να προσλάβω πρόσθετους μουσικούς για την περιοδεία. Νομίζω ότι πίστευε πως η συγκεκριμένη συναυλία για την τηλεόραση ήταν ένα δώρο προς εμένα, επειδή όταν ο Axl ήθελε να προχωρήσει σε μια συμφιλιωτική κίνηση ποτέ δεν την προανήγγελλε με λόγια. Μακάρι όμως να το είχε κάνει, επειδή η συγκεκριμένη συναυλία μάς στοίχισε ένα σωρό λεφτά, και παρόλο που την είδαν εκατομμύρια τηλεθεατές δεν μου φαινόταν απαραίτητη. Όμως, για άλλη μια φορά πήγα πάσο. Για να λέμε την αλήθεια, ήμουν πολύ χαρούμενος που συμμετείχα, όσο υπερβολική κι αν ακουγόταν η όλη ιδέα.

Κάθε φορά που ανεβαίνω στη σκηνή για να παίξω με τους Aerosmith, αυτό συμβαίνει επειδή τυχαίνει να βρισκόμαστε στην ίδια πόλη την ίδια στιγμή· συνήθως προσκαλούν εκείνοι εμένα, αλλά είμαι τυχερός αν στείλουν ένα αυτοκίνητο για να με πάρει στη συναυλία. Εμείς φερθήκαμε σε κάθε καλλιτέχνη που έπαιζε μαζί μας εκείνο το βράδυ λες και ήταν ξεχωριστός προσκεκλημένος μας. Ταξίδεψαν όλοι στην πρώτη θέση κι έμειναν σε ένα πανάκριβο ξενοδοχείο του Παρισιού· όλα πληρωμένα από μας. Όλοι ήρθαν μια μέρα νωρίτερα και ξεκινήσαμε πρόβες για να παίξουμε το «Always on the Run» με τον Lenny και το «Train Kept A-Rolling» με τους Aerosmith, ενώ ο Jeff Beck έπαιξε μαζί μας το «Locomotive».

Όλοι ήρθαν στο soundcheck, εκτός από τον... Axl. Θυμάμαι ότι ο Steven Tyler με πλησίασε και με ρώτησε ξανά: «Πού είναι ο τραγουδιστής σας, ρε φίλε;» Όπως έχω ήδη αναφέρει, έτσι με χαιρετάει ο Steven από τότε που κάναμε την πρώτη μας περιοδεία μαζί. Αυτή τη φορά το αστείο ήταν πολύ επώδυνο για γέλια. Ο Steven δεν ήταν ο μοναδικός που ρωτούσε κάτι τέτοιο εκείνη τη μέρα· πράγματι, φαινόταν ότι όλοι το είχαν στο μυαλό τους. Δεν μου ήταν εύκολο να κάθομαι εκεί και να δέχομαι τα σχόλιά τους. Ποτέ δεν θέλησα να πω κάτι κακό για τον Axl, αλλά μου ήταν πολύ δύσκολο να μη δείχνω αγχωμένος έχοντας μπροστά μου τον Steven Tyler να με φέρνει πρόσωπο με πρόσωπο με την αλήθεια.

Θυμάμαι ότι στο soundcheck, τη μέρα της συναυλίας, παίζαμε το «Locomotive» με τον Joe Perry και τον Jeff Beck και ανταλλάσσαμε ιδέες για τα μέρη της κιθάρας. Ο Jeff έπαιζε ενώ μας μιλούσε... Ήταν απίθανο, γιατί έπαιζε απίστευτα σχήματα χωρίς να δίνει καμία σημασία.

«Ώστε συνεχίζεις να εξασκείσαι;» τον ρώτησε ο Joe. Μου φάνηκε πολύ παράξενο. Στο κάτω κάτω, ήταν ο Jeff Beck, γαμώτο!

Ο Jeff παραλίγο να κουφαθεί στη διάρκεια του soundcheck, ή μάλλον ο Matt παρολίγο να κουφάνει τον Jeff. Ο Jeff στεκόταν κοντά στα τύμπανα και έπαιζε, όταν ο Matt έριξε μια πιατινιά τόσο δυνατή, που παραλίγο να του πάρει το κεφάλι. Αυτό δεν ήταν καθόλου καλό, επειδή ήταν η παραμονή της συναυλίας και ο Jeff δεν θα μπορούσε να παίξει· δεν μπορούσε να ακούσει τίποτε, έτσι έφυγε από το soundcheck. Το πράγμα δεν μου άρεσε καθόλου, γιατί κατάλαβα ότι είχε πάθει σοβαρή ζημιά. Μερικά χρόνια αργότερα ο Matt μού είπε ότι τον άκουσε να μιλάει για το περιστατικό στη διάρκεια μιας συνέντευξης, όπου ο Jeff το περιέγραψε κάπως έτσι: «Χτύπησε το πιατίνι, ακούστηκε ένα σπλας και αυτό ήταν· μετά σιωπή».

Ο Jeff μάς έλειψε, αλλά η συναυλία πήγε πάρα πολύ καλά. Ο Lenny ανέβηκε στη σκηνή και έκανε τα δικά του, το ίδιο και ο Joe με τον Steve. Δυστυχώς, η εμφάνισή τους έγινε στο τέλος ενός δίωρου σετ, το οποίο είχε καθυστερήσει μία ώρα να αρχίσει· έτσι ήταν αναγκασμένοι να περιμένουν στα παρασκήνια όλη νύχτα. Ακόμα και σήμερα μου φαίνεται απίστευτο ότι ο Axl δεν εμφανίστηκε στο soundcheck, πόσω μάλλον ότι έφτασε στη συναυλία με μία ώρα καθυστέρηση. Οι ημέρες που ο Axl ήρθε στην ώρα του στο soundcheck κατά τη διάρκεια εκείνης της περιοδείας μετριούνται στα δάχτυλα του ενός χεριού. Φρόντιζε να μην κουράζει τη φωνή του, και δεν είχα κανένα πρόβλημα με αυτό. Όμως δεν πιστεύω ότι αυτός ήταν ο λόγος για τον οποίο δεν ήρθε στο soundcheck της συγκεκριμένης συναυλίας. Τώρα που το ξανασκέφτομαι, δεν έχω ιδέα γιατί ο Axl δεν ήρθε σε κείνο το soundcheck. Όπως και σε οποιοδήποτε άλλο.

ΜΕΧΡΙ ΝΑ ΦΤΑΣΟΥΜΕ ΣΤΗΝ ΑΓΓΛΙΑ ΟΠΟΥ ΕΠΡΕΠΕ ΝΑ ΚΑΝΟΥΜΕ μερικές συναυλίες, είχα αρχίσει να νιώθω μοναξιές και τηλεφώνησα στη Renee. Έπειτα της έκανα τα αεροπορικά εισιτήρια για να έρθει να με βρει. Πήρα την απόφαση μία από εκείνες τις νύχτες που ένιωθα μπουχτισμένος με όλα τα εξωφρενικά, πρόστυχα πράγματα που έκανα κι ένιωθα άδειος και ολομόναχος. Αυτό συμβαίνει συχνά στους μουσικούς όταν βρίσκονται σε περιοδεία για πολύ μεγάλο διάστημα. Σε μια στιγμή αδυναμίας, χωρίς να το σκεφτούν καλά, αποφασίζουν να δράσουν, και συνήθως εμπλέκουν το λάθος πρόσωπο.

Τέλος πάντων, μια δυο μέρες αργότερα, να σου η Renee. Την περίμενα στο μπαρ του ξενοδοχείου, και όταν εμφανίστηκε ήμουν εντελώς αλλού· είχα εντυπωσιαστεί επειδή ήταν εκεί ο Jonathan Winters, που είναι ένας από τους αγαπημένους μου κωμικούς, οπότε αρχίσαμε να τα πίνουμε παρέα μαζί με τη γυναίκα του, και περνούσαμε τέλεια.

Με τη Renee τα πράγματα κύλησαν ήρεμα. Ήρθε μαζί μου σε όλο το σκέλος της περιοδείας στην Αγγλία και είχαμε αρχίσει να συζητάμε το ενδεχόμενο να ξανασμίξουμε. Όμως κουβαλούσε την ίδια νοοτροπία με την οποία την είχα γνωρίσει· δεν έκανε ούτε βήμα πίσω, και με είχε «από κοντά». Ήταν αδύνατον να μείνει για πολύ μαζί μας στην περιοδεία.

Στη συνέχεια γυρίσαμε στην Ευρώπη, και όταν φτάσαμε στη Γερμανία κάποιοι από μας συμμετείχαν στο γύρισμα του βίντεο του Michael Jackson για το τραγούδι στο οποίο είχα παίξει στο άλμπουμ του *Dangerous*, το «Give in to Me». Το τραγούδι κυκλοφόρησε σε single στην Ευρώπη, αλλά όχι στις Ηνωμένες Πολιτείες. Στο βίντεο του Michael συμμετείχαν ο Gilby, ο Ted Andreadis –επίσης γνωστός ως Teddy «ZigZag»– και εγώ. Τα γυρίσματα έγιναν σε μια ζωντανή συναυλία σε ένα κλαμπ στο Μόναχο, που ήταν γεμάτο fans. Μαζί μας έπαιζε ο μπασίστας των Living Colour, ο Muzz Skillings, και η όλη ιδέα ήταν πως ο Michael εμφανιζόταν σαν τραγουδιστής σε ένα heavy metal συγκρότημα. Δυστυχώς, το βίντεο παίχτηκε μόνο στο ευρωπαϊκό MTV.

ΣΤΗΝ ΠΕΡΙΟΔΕΙΑ ΕΚΕΙΝΗ ΕΠΙΚΡΑΤΟΥΣΕ ΕΝΑ ΚΛΙΜΑ εξωφρενικής σπατάλης, που όμοιό του δεν είχαμε ξαναζήσει. Στα ρεπό μας νοικιάζαμε γιοτ. Στο West Λονδίνο οργανώθηκε για χάρη μας ένα ράλι με καρτ, διάρκειας πέντε ωρών. Στην Αυστραλία, φαινόταν απαραίτητη μια εξόρμηση με σκάφος στον Μεγάλο Κοραλλιογενή Ύφαλο για να διασκεδάσει το συγκρότημα. Μιλάμε για άπειρα λεφτά στο βρόντο. Ο Doug ενέκρινε όλες τις τρελές ιδέες και έκανε ό,τι μπορούσε για να γεμίσει τον ελεύθερο χρόνο μας σε βάρος της τσέπης μας. Αν εξαιρέσεις τον Axl, σε κανέναν δεν θα έλειπαν όλα αυτά, αφού έτσι κι αλλιώς οι υπόλοιποι μπορούσαμε να περνάμε καλά σε κάθε γωνιά του κόσμου ξοδεύοντας ψίχουλα.

Το μόνο σίγουρο είναι ότι το μεγάλο μας λάθος ήταν πως ποτέ δεν ζητήσαμε λογαριασμό για τα έξοδα που έκανε ο Doug. Στο πίσω μέρος του μυαλού μου ήξερα ότι η ενοικίαση ενός γιοτ ή το κλείσιμο ενός εστιατορίου αποκλειστικά για μας κόστιζαν ένα σωρό λεφτά, αλλά την ίδια στιγμή δεν ήθελα να το θίξω, επειδή κάποιες φορές αυτά τα γεγονότα φαίνονταν να διατηρούν το status quo του συγκροτήματος. Ήξερα τα κίνητρα του Doug. Έκανε ό,τι μπορούσε για να μας κρατάει ικανοποιημένους. Αλλά την ίδια στιγμή, κάθε φορά που ετοίμαζε μια από τις μεγαλειώδεις χειρονομίες του, στη συνείδησή μου έπεφτε άλλο ένα σκαλί χαμηλότερα. Από αυτή την άποψη δεν μου άρεσε η επιρροή του, αλλά δεν μπορούσα να του το πω κατάμουτρα. Ο Doug ήταν τόσο «κώλος και βρακί» με τον Axl εκείνη την εποχή, που κυριολεκτικά φρόντιζε οι επιθυμίες του να γίνονται πραγματικότητα προτού ακόμη ο Axl τις εκφράσει.

Πάντα μου φαινόταν ύποπτο που αν και ήταν ο μάνατζέρ μας, ήταν μαζί μας στις περιοδείες όλη την ώρα. Και έβρισκε χιλιάδες δικαιολογίες για την παρουσία του. Παρόλο που κάποιες απ' αυτές είχαν βάση, η αλήθεια είναι πως τουλάχιστον στο δικό μου μυαλό ήταν εκεί για να κρατάει τον Axl υπό τον έλεγχό του κι έτσι να προστατεύει τη δική του θέση. Ήξερα ότι από τη στιγμή που είχε γίνει κολλητός με τον Axl την εποχή που ήταν road manager στις περιοδείες μας, είχε εξασφαλίσει τη θέση του μελλοντικά ως μάνατζέρ μας. Ήθελα τόσο πολύ να παραμείνει ζωντανό το συγκρότημα, που δεν είχα την πολυτέλεια να ανησυχώ για τα περιφερειακά ζητήματα, αλλά πίστευα ότι αυτός τον οποίο πληρώναμε για να καθοδηγεί την καριέρα μας όχι μόνο ήταν τόσο αλαζόνας ώστε να επιτρέπει αυτές τις άσκοπες δαπάνες, αλλά είχε και το θράσος να συμμετέχει σε αυτά τα γλέντια αυτοπροσώπως, λες και ήταν εκείνος που ανέβαινε κάθε βράδυ στη σκηνή για να βγάλει το ψωμί του.

ΜΕ ΤΟ ΤΕΛΟΣ ΤΗΣ ΕΥΡΩΠΑΪΚΗΣ ΠΕΡΙΟΔΕΙΑΣ ΜΑΣ ΕΠΙΣΤΡΕΨΑΜΕ στις Ηνωμένες Πολιτείες, και τη στιγμή που πατήσαμε το πόδι μας στο αεροδρόμιο JFK της Νέας Υόρκης, στις 12 Ιουλίου του 1992, οι Αρχές συνέλαβαν τον Axl. Ήταν καταζητούμενος, λόγω των ενταλμάτων σύλληψης που είχαν εκδοθεί σε βάρος του από τις αρχές του St. Louis, σχετικά με τις ταραχές του 1991. Δυο μέρες αργότερα, από το εδώλιο του δικαστηρίου του St. Louis, δήλωσε αθώος για τις τέσσερις κατηγορίες για επίθεση και τη μία για φθορά ξένης περιουσίας, και η δίκη του ορίστηκε για τον Οκτώβριο. Έτσι, τρεις ημέρες μετά, μπορέσαμε να ξεκινήσουμε την περιοδεία μας με τους Metallica, όπως ήταν προγραμματισμένο.

Ενώ ο Axl φρόντιζε για τα νομικά του προβλήματα, εγώ είχα πέντε ημέρες ρεπό στο Los Angeles· έτσι, την πρώτη μου νύχτα στην πόλη βγήκα για φαγητό με τη Renee. Μετά το δείπνο, και αφού είχαμε εξαντλήσει όλα τα ασήμαντα, η συζήτηση πέρασε στο ζήτημα της επανασύνδεσης της σχέση μας.

«Όχι», είπε. «Δεν υπάρχει περίπτωση να ξανάκανα κάτι τέτοιο».

«Ώστε έτσι;» τη ρώτησα, παίζοντας το παιχνίδι της. «Και γιατί όχι, παρακαλώ;»

«Θα ξανασμίξω μαζί σου μόνο αν παντρευτούμε».

«Α, ναι;» είπα. «Αλήθεια;»

Μου είχε δώσει το οριστικό της τελεσίγραφο, επειδή ο γάμος ήταν το πιο μακρινό πράγμα στη ζωή μου εκείνη την εποχή. Υπέφερα από συναισθηματική στέρηση και δεν ξέρω αν το κατάλαβε, αλλά η απειλή της έπιασε τόπο και έκανα πίσω. Της είπα ότι έπρεπε να το σκεφτώ, και την επόμενη φορά που την είδα είχα μαζί μου ένα δαχτυλίδι και ορίσαμε ημερομηνία.

Η ΠΕΡΙΟΔΕΙΑ ΜΕ ΤΟΥΣ METALLICA ΞΕΚΙΝΗΣΕ ΑΠΟ ΤΗΝ WASHINGTON, τον Ιούλιο του 1992. Προτού βάλουμε μπροστά, κάναμε μια σύσκεψη, επειδή η πλευρά των Metallica ανησυχούσε. Είχαμε μεγάλα προβλήματα με την έγκαιρη παρουσία μας στη σκηνή, ήμαστε ασυνεπείς και απρόβλεπτοι. Οι Metallica δεν ήταν από τις μπάντες που ανέχονταν τέτοιες παπαριές, κι έτσι προτίμησαν –σοφά ποιούντες– να εμφανίζονται πρώτοι, για να αποφύγουν οποιαδήποτε σχέση με τη δική μας ασυνέπεια.

Σέβομαι απεριόριστα τον James, τον θεωρώ έναν από τους πιο παραγωγικούς τραγουδιστές, συνθέτες και κιθαρίστες που έχουν υπάρξει. Θαύμαζα τους Metallica από την εποχή του *Master of Puppets,* που είχε κυκλοφορήσει λίγο πριν το *Appetite*. Όταν αποφασίσαμε να κάνουμε την περιοδεία μαζί, από τη μία ήμουν ενθουσιασμένος και από την άλλη ανησυχούσα για το πώς θα εξελίσσονταν τα πράγματα και για το εάν ο Axl θα είχε διάθεση να προσαρμοστεί στους ρυθμούς μιας τέτοιας περιοδείας. Οι Metallica ήταν ένα γκρουπ που είχε ανδρωθεί στο δρόμο και ήξερε να δουλεύει σκληρά και με συνέπεια. Έκαναν μεγάλες περιοδείες και έβγαιναν πάντα στην ώρα τους στη σκηνή· δεν τους άρεσαν τέτοιες μαλακίες. Είχαν μία παραδοσιακή αντίληψη περί εργασίας και ήταν πιστοί στους οπαδούς τους, πράγμα που το έβρισκα αξιέπαινο. Αντιπροσώπευαν όλα όσα είχαν νόημα για μένα από επαγγελματική άποψη, και δεν ήθελα να τα κάνουμε θάλασσα, δεν ήθελα να τους προδώσω.

Από την πρώτη κιόλας ημέρα της περιοδείας, ο Axl επεδίωκε να εντυπωσιάσει τους Metallica κι όλους τους άλλους με τον τρόπο του. Αποφάσισε να οργανώνει πάρτι στα παρασκήνια κάθε βράδυ, θεματικά πάρτι ως προσφορά στους καλεσμένους μας, όπως έκαναν οι Stones στις δικές τους περιοδείες. Ο Axl είχε προσλάβει τον ετεροθαλή αδελφό του Stuart και την αδελφή του Amy στην ομάδα του μάνατζμεντ, με αποστολή να οργανώνουν τα πάρτι σύμφωνα με τις εμπνεύσεις του Axl. Βεβαίως, δεν είχαν ίχνος εμπειρίας από τη συγκεκριμένη δουλειά. Έβλεπα τα αποτελέσματα των προσπαθειών τους· εκείνα τα πάρτι ήταν όχι μόνο άθλια, αλλά και μεγάλη σπατάλη χρημάτων. Δεν πήγα ούτε σε ένα, σε ολόκληρη την περιοδεία. Μου φαίνονταν ναρκισσιστικά, εγωκεντρικά και επιδεικτικά σε τέτοιο βαθμό που δεν ήθελα να έχω καμία σχέση.

Ή, μάλλον, ψέματα: πήγα σε ένα, μια φορά, για να ψάξω για κάποιον. Αν θυμάμαι καλά ήταν ένα πάρτι που είχε ως θέμα τα ρωμαϊκά λουτρά, με ένα τεράστιο jacuzzi στη μέση του δωματίου. Νομίζω ότι είχαν οργανώσει μια βραδιά καζίνο, μια μεξικάνικη φιέστα, και κάνα δυο άλλες ιδέες. Τα αδέλφια του Axl δούλευαν όλη μέρα για να τα προετοιμάσουν. Οι τύποι από τους Metallica δεν ήθελαν να έχουν καμία σχέση με όλο αυτό το παρανοϊκό καρναβάλι. Ήταν λες και κανείς δεν ήθελε να πει κουβέντα για αυτά. Η συμπεριφορά του Axl και τα θέματα των πάρτι μού θύμιζαν το πρώτο επεισόδιο της πρώτης ταινίας *Creepshow,* με εκείνο το πλάσμα που ζούσε κάτω από τις σκάλες σε ένα κουτί και έτρωγε ανθρώπους αλλά κανείς δεν μιλούσε για αυτό.

Περνούσαμε καλά, αλλά, ταυτόχρονα, ο Axl και η αδυναμία τού να ανεβούμε στη σκηνή στην ώρα μας ήταν σαν τον μεγάλο λευκό ελέφαντα στο δωμάτιο, που κανείς δεν μιλούσε για αυτόν, αλλά ήταν εμφανές ότι όλοι τον σκεφτόμαστε. Ο Lars Ulrich ποτέ δεν μου έκανε κουβέντα, αλλά μίλησε στον Matt και ήταν πραγματικά εξευτελιστικό και επονείδιστο το πόσο άθλια ήταν εκείνα τα πάρτι και πόσο απογοητευμένοι ήταν οι Metallica μαζί μας που δεν καταφέρναμε να βγούμε στην ώρα μας.

Νομίζω ότι ο λόγος που ο Axl αργούσε τόσο πολύ να ανεβεί στη σκηνή (και ποτέ δεν κατάλαβε πόσο προσβλητικό, εγωιστικό και ασυνεπές υπήρξε αυτό για όλους όσοι εμπλέκονταν στην περιοδεία, από τους fans μέχρι το συγκρότημα) ήταν το γεγονός ότι το έβλεπε ως κάτι άλλο από αυτό που ήταν στην πραγματικότητα. Έτσι, πίστευε ότι έκανε κάτι που οι άλλοι άνθρωποι απλώς δεν μπορούσαν να καταλάβουν. Νομίζω ότι κάπου βαθιά μέσα του πίστευε ότι ήταν πολύ cool να έχεις στημένους τους άλλους να σε περιμένουν, λες και αυτό ενίσχυε την αδημονία αντί να προκαλεί εκνευρισμό. Πιστεύω ότι όλα είχαν να κάνουν με την ιδέα που είχε στο μυαλό του για τους Guns. Και απλώς δεν μπορούσε να κατανοήσει ότι αυτό που έκανε δεν είχε απολύτως κανένα νόημα για μας ή για τον υπόλοιπο κόσμο. Και δεν μπορούσα να κάνω τίποτε γι' αυτό. Οι Metallica έπαιρναν ακριβώς τα ίδια χρήματα με μας σε κάθε συναυλία, αλλά ενώ εκείνοι έβαζαν στην τσέπη τους όλο το ποσό, εμείς ξοδεύαμε το 80% για να πληρώνουμε εισφορές για τις υπερωρίες στις οποίες αναγκάζαμε τους ανθρώπους μας να δουλεύουν επειδή αργούσαμε να ανέβουμε στη σκηνή και για τα έξοδα αυτών των ηλίθιων πάρτι. Ήταν απλώς ηλίθιο.

Η χημεία μεταξύ μας στη σκηνή ήταν τέλεια, παρά το δράμα που βρισκόταν σε εξέλιξη στο εσωτερικό του συγκροτήματος.

ΕΙΝΑΙ ΠΟΛΥ ΚΡΙΜΑ, ΑΛΛΑ ΤΟ ΤΡΕΛΟ ΚΑΡΝΑΒΑΛΙ ΤΗΣ δυσλειτουργίας χτύπησε κόκκινο στην περιοδεία μας με τους Metallica. Τις βραδιές που τα πράγματα κυλούσαν χωρίς προβλήματα, ο συνδυασμός των δύο συγκροτημάτων ήταν σκέτος δυναμίτης. Η χημεία μεταξύ μας στη σκηνή ήταν τέλεια, παρά το δράμα που βρισκόταν σε εξέλιξη στο εσωτερικό του συγκροτήματος. Αλλά υπήρχαν και φορές που τα πράγματα έφταναν στο απροχώρητο. Η πολύωρη αναμονή μέχρι να βγεις στη σκηνή ήταν κάτι που υπέσκαπτε και την ίδια τη μουσική· ήσουν σαν αθλητής που είχε κάνει ζέσταμα, έπειτα είχε αναγκαστεί να «κρυώσει», κι έπειτα είχε αναγκαστεί να τρέξει ξανά. Μας έπαιρνε λίγη ώρα μέχρι να μπούμε στο κόλπο, αλλά τα καταφέρναμε πάντα.

Παρ' όλ' αυτά, εκτός σκηνής η χημεία μεταξύ μας ήταν φρικτή, κι όσο προχωρούσε η περιοδεία γινόταν όλο και πιο δύσκολο να το αγνοήσεις. Η ένταση ήταν τέτοια που ο Duff κι εγώ καταναλώναμε τεράστιες ποσότητες αλκοόλ μόνο και μόνο για να βγάλουμε τη μέρα. Ενόσω καθόμαστε στα παρασκήνια περιμένοντας κάνα τρίωρο μέχρι να βγούμε στη σκηνή, κατεβάζαμε μισό γαλόνι βότκα για πλάκα. Η έλλειψη σεβασμού και εμπιστοσύνης που ενέπνεε η συμπεριφορά του Axl υπονόμευε την ουσία της μπάντας. Ο Axl φερόταν ως αμυντικός που αρνιόταν να δώσει πάσα, ακόμα και όταν η ομάδα έχανε.

Στο γήπεδο των Giants, στα τέλη Ιουλίου, ο Axl με δυσκολία κατάφερε να βγάλει τη συναυλία μέχρι το τέλος, επειδή η φωνή του ήταν σε πολύ κακή κατάσταση. Ο γιατρός του τον συμβούλευσε να ξεκουραστεί για μια εβδομάδα· έτσι ακυρώσαμε τις επόμενες τρεις συναυλίες. Η περιοδεία ξανάρχισε στον Καναδά, και τότε ήλθε η χαριστική βολή, η σταγόνα που έκανε το ποτήρι των προβλημάτων μας να ξεχειλίσει.

Το πράγμα εξερράγη στο Montreal, στις 8 Αυγούστου του 1992. Οι Metallica ανέβηκαν για να παίξουν, και στα μισά του σετ τους ο James Hetfield κινδύνεψε να καεί από ένα πυροτέχνημα. Υπέστη σοβαρά εγκαύματα στο χέρι και τον ώμο και το συγκρότημα αναγκάστηκε να διακόψει την εμφάνισή του. Εμείς βρισκόμαστε ακόμα στο ξενοδοχείο μας όταν συνέβη το περιστατικό, και μας ζήτησαν να βγούμε πιο νωρίς· δεν το συζητήσαμε καν. Δεχτήκαμε την ίδια στιγμή. Πήγαμε αμέσως στο χώρο της συναυλίας και αρχίσαμε να συζητάμε για το τι θα παίξουμε ώστε να γεμίσουμε και το χρόνο των Metallica εκτός από τον δικό μας. Είχαμε πολύ καιρό να σκεφτούμε τις επιλογές μας, αλλά δεν μπορούσαμε να τις κάνουμε πραγματικότητα, επειδή, βεβαίως, ο Axl ήταν άφαντος.

Όχι μόνο δεν ανεβήκαμε στη σκηνή αρκετά νωρίς ώστε να καλύψουμε το κενό των Metallica, αλλά βγήκαμε με τρεις ώρες καθυστέρηση από την ώρα που ήταν προγραμματισμένο. Είχαν περάσει περίπου τέσσερις ώρες από τη στιγμή που οι Metallica αναγκάστηκαν να διακόψουν την εμφάνισή τους μέχρι την ώρα που ανεβήκαμε εμείς στη σκηνή. Και όταν τελικά τα καταφέραμε, ο Axl έδωσε σύντομα τέλος στην εμφάνισή μας, αφού είχαμε παίξει μόλις ενενήντα λεπτά από τις δύο ώρες που είχαμε προγραμματίσει. Είμαι σίγουρος ότι είχε τους λόγους του, αλλά απ' όσο ξέρω, ούτε εγώ ούτε το κοινό δεν ήξερε ποιοι ήταν.

Δεν μπορώ να πω ότι ένιωσα έκπληξη όταν το ακροατήριο άρχισε να τα κάνει λαμπόγυαλο. Επειδή ήμαστε παλιές καραβάνες σε κάτι τέτοια, μείναμε στο καμαρίνι που βρισκόταν κάτω από το γήπεδο του χόκεϊ, στο χώρο των αποδυτηρίων. Ακούγαμε την οχλοβοή πάνω από τα κεφάλια μας και ξέραμε ότι δεν υπήρχε περίπτωση να ξαναβγούμε. Το πλήθος κατέστρεψε τα πάντα στον εξωτερικό χώρο της συναυλίας, από τους γερανούς μέχρι τους πάγκους για τα αναψυκτικά. Κάποια στιγμή ανεβήκαμε επάνω με ένα ασανσέρ, και όταν κοιτάξαμε τον προθάλαμο του σταδίου είδαμε παιδιά να πετάνε πέτρες στις βιτρίνες. Όταν μία από αυτές έσπασε, άρχισαν να αρπάζουν τα εμπορεύματα.

Την ώρα του δραπετεύαμε, είδαμε αναποδογυρισμένα αυτοκίνητα στο πάρκινγκ, παιδιά να ρίχνουν τους τεράστιους πύργους των φωτιστικών, να ανάβουν φωτιές και να σπάνε ό,τι έβλεπαν μπροστά τους. Ήταν απίστευτο φιάσκο.

Τελικά ο Axl είχε κάποια δικαιολογία που διέκοψε νωρίς τη συναυλία, την οποία φρόντισε να δημοσιοποιήσει. Είχε ακυρώσει τη συναυλία μας στη Βοστόνη και άλλες 2 λόγω της κακής κατάστασης του λαιμού του, και είπε ότι οι φωνητικές χορδές του είχαν καταστραφεί και γι' αυτό δεν μπορούσε να τραγουδήσει. Όλα αυτά ακούστηκαν σαν κροκοδείλια δάκρυα, αφού στο Montreal δεν είχε αναφέρει την παραμικρή ενόχληση πριν από τη συναυλία.

Ήταν μια πολύ κακή στιγμή για το συγκρότημα. Για μένα και για πολλούς άλλους, ήταν η σταγόνα που έκανε το ποτήρι να ξεχειλίσει. Ήταν πολύ σοβαρό, επειδή είχαμε ντροπιαστεί μπροστά στους Metallica. Δεν τηρήσαμε την υπόσχεση που δώσαμε –σε αυτούς, στους fans και στους ίδιους μας τους εαυτούς– ότι θα προσπαθούσαμε να κάνουμε ό,τι καλύτερο μπορούσαμε υπό οποιεσδήποτε συνθήκες. Τη στιγμή που είχε τη μεγαλύτερη σημασία από όλες, εμείς νιώθαμε λες και είχαμε δώσει τα λιγότερα. Είχα γίνει ρεζίλι. Δεν τολμούσα να κοιτάξω στα μάτια τον James, τον Lars και τους υπόλοιπους τους συγκροτήματος, σε όλη την υπόλοιπη περιοδεία.

Ακυρώσαμε τις συναυλίες του επόμενου μήνα, μέχρι που ο James έγινε καλά και μπορέσαμε να συνεχίσουμε. Προφανώς έτσι βρήκαν χρόνο για να αναρρώσουν και οι φωνητικές χορδές του Axl. Όταν ξαναρχίσαμε την περιοδεία στις 25 Αυγούστου στο Phoenix, ο James έβαλε έναν από τους τεχνικούς να παίζει κιθάρα στη θέση του, ενώ εκείνος τραγουδούσε. Στεκόταν στο κέντρο της σκηνής φορώντας έναν μεγάλο γύψο στο χέρι του. Τόσο γαμάτο συγκρότημα ήταν. Βλέποντάς τον, ντράπηκα. Κοκορευόμαστε ότι είμαστε ένα σκληροπυρηνικό rock and roll συγκρότημα που δεν δίσταζε μπροστά σε τίποτα, αλλά είχαμε αδυναμίες που μας έκαναν ευάλωτους. Είχαμε γνωρίσει τρομερή επιτυχία, είχαμε γίνει θρύλος, οπότε αυτές οι μικρομαλακίες ήταν πολύ κουραστικές.

Ήμουν τσαντισμένος με τον εαυτό μου που είχα «πεθάνει».

ΞΑΝΑΡΧΙΣΑΜΕ ΤΗΝ ΠΕΡΙΟΔΕΙΑ ΜΑΣ ΜΕ ΤΟΥΣ METALLICA αναπληρώνοντας τις συναυλίες που είχαμε αναγκαστεί να ακυρώσουμε. Όμως τον Σεπτέμβριο είχαμε ένα επεισόδιο με τους Faith No More που άνοιγαν τις συναυλίες μας, και τελικά αποφάσισαν να εγκαταλείψουν την περιοδεία νωρίτερα απ' ό,τι ήταν προγραμματισμένο. Λίγο αργότερα διέλυσαν. Τους αντικαταστήσαμε με τους Body Count του Ice-T, οι οποίοι λίγο μετά την κυκλοφορία του *Cop Killer* ήταν πασίγνωστοι. Πήραμε μαζί μας και τα φιλαράκια μας τους Motorhead. Στο Rose Bowl ανέβηκα στη σκηνή κι έπαιξα μαζί τους το «Back in my Car».

Όταν φτάσαμε στο Bay Area για να παίξουμε στο Oakland Stadium, στις 24 Σεπτεμβρίου του 1992, έμπλεξα σε φασαρίες. Μέναμε σε ένα ξενοδοχείο στο San Francisco, και προτού πάω στο χώρο της συναυλίας το απόγευμα για το soundcheck τσακώθηκα άγρια με τη Renee για το προγαμιαίο συμβόλαιό μας. Αρχίσαμε να ουρλιάζουμε και να καυγαδίζουμε με τέτοια μανία που ήμουν απίστευτα τσαντισμένος. Έφτασα στη συναυλία τόσο θυμωμένος που είχα αποφασίσει να κάνω ό,τι κάνω συνήθως όταν θέλω να βγάλω από μέσα μου αυτό που με βασανίζει: να πάρω λίγη πρέζα. Είχα πολύ καιρό να το κάνω, επειδή, όσο άσχημα κι αν ένιωθα για την κατάσταση στο συγκρότημα, δεν ήμουν σε καμία περίπτωση διατεθειμένος να φερθώ αντιεπαγγελματικά. Αλλά η κατάσταση αυτή μου έδινε μια καλή δικαιολογία.

Φτάνοντας στο χώρο της συναυλίας, έπεσα τυχαία πάνω σε μία παλιά φίλη· μία πορνοστάρ την οποία ας ονομάσουμε Lucky και την οποία είχα γνωρίσει πριν από μερικά χρόνια. Ήταν φίλη με μία πρώην κοπέλα μου, την πορνοστάρ Savannah, με την οποία έβγαινα για λίγους μήνες όταν είχαμε χωρίσει με τη Renee. Η Savannah ήταν άγριο θηλυκό. Δεν είχα ιδέα ότι ήταν πρεζόνι. Θα έπρεπε να το είχα καταλάβει, επειδή της άρεσε να κάνουμε έρωτα μόνο αφού είχε κάνει ένεση. Πλακωθήκαμε άγρια μια νύχτα όταν της ήρθε ξαφνικά να μου πάρει μια πίπα στη μέση ενός μπαρ στη Νέα Υόρκη.

Γνώρισα για πρώτη φορά τη Lucky όταν ήρθε να μας βρει στο ξενοδοχείο Mondrian. Αυτή και η Savannah γδύθηκαν και όταν παραγγείλαμε σαμπάνια φώναξαν τον τύπο του room service μέσα στο δωμάτιο να τις δει να φασώνονται. Το θέαμα έκανε τα μάτια του να πεταχτούν έξω.

Τέλος πάντων, πέτυχα τη Lucky στη συναυλία και αρχίσαμε να τα λέμε. Της έδωσα κάρτες εισόδου και περίπου επτακόσια δολάρια σε μετρητά για να μου φέρει όσο περισσότερη ηρωίνη μπορούσε να βρει. Παίξαμε στη συναυλία· ήταν σπουδαία εμφάνιση και έπειτα πήγα κατευθείαν στο δωμάτιό μου στο ξενοδοχείο και περίμενα. Όλη την ώρα έπινα, ίσως να έκανα και λίγη κόκα, και τέλος πάντων, όταν εμφανίστηκε η Lucky στις 5 το πρωί, ήμουν στα πρόθυρα της λιποθυμίας.

Η Lucky κι ο φίλος της φτάνουν με μια τεράστια ποσότητα από κρακ και πρέζα κι εγώ κάθομαι στο πάτωμα και τους βλέπω να απλώνουν όλα αυτά τα ναρκωτικά πάνω στο τραπεζάκι του δωματίου. Έχουν λάστιχα, σύριγγες, σύνεργα, όπως θέλετε πείτε τα, και έχουν και αχρησιμοποίητες βελόνες. Ξεκινάμε τη διαδικασία, οι τρεις μας, τρελαμένοι για το ναρκωτικό. Σκόπευα να είναι μία διασκεδαστική παρέκκλιση –στιγμιαία, όπως ήθελα να πιστεύω–, αλλά το πράγμα «ξέφυγε». Κάνουμε όλοι από μία ένεση, αλλά το ναρκωτικό δεν είναι δυνατό, κι έτσι κάνω μερικές ακόμα· οι άλλοι βγάζουν την πίπα του κρακ και αρχίζουμε να καπνίζουμε.

Οι ώρες περνούν κι έχουμε γίνει λιώμα. Κάποια στιγμή κοντά στα ξημερώματα, μου τηλεφωνεί ο Matt και με προσκαλεί στο δωμάτιό του να κάνουμε λίγη κόκα.

«Εντάξει... έγινε... έρχομαι». Σηκώνομαι με τα γόνατά μου να τρέμουν, τρεκλίζοντας από την τελευταία δόση του κρακ, και κοιτάζω τη Lucky και το φίλο της: βρίσκονται στον έβδομο ουρανό· ποτέ δεν έχουν πάρει τόσο πολλά ναρκωτικά χωρίς να πληρώσουν ούτε σεντ. Διασχίζω τη μοκέτα του δωματίου πηγαίνοντας προς την πόρτα· σέρνω τα πόδια μου, συνειδητοποιώ ότι ζαλίζομαι και ότι δεν μπορώ να μιλήσω. Ανοίγω την πόρτα, δεν ξέρω τι μου γίνεται. Βλέπω μια καμαριέρα στο διάδρομο, που σπρώχνει ένα καροτσάκι με σύνεργα καθαρισμού και τη ρωτάω προς τα πού είναι το ασανσέρ. Τουλάχιστον αυτό προσπαθώ να της πω, το θυμάμαι σαν σε αργή κίνηση. Θυμάμαι ότι άκουγα τη φωνή μου από κάπου πολύ μακριά.

Σωριάστηκα στο διάδρομο σαν πάνινη κούκλα. Έχασα τις αισθήσεις μου και η καρδιά μου σταμάτησε για οκτώ λεπτά· τουλάχιστον έτσι μου είπαν. Δεν ξέρω ποιος τηλεφώνησε στο ασθενοφόρο. Ο σωματοφύλακάς μου ο Ronnie ήταν παρών, το ίδιο και ο Earl, ο σωματοφύλακας του Axl. Οι δυο τους με φρόντισαν και τηλεφώνησαν στους νοσοκόμους. Ξύπνησα όταν οι απινιδωτές έκαναν ηλεκτροσόκ στο στήθος μου και έκαναν την καρδιά να ξαναρχίσει να χτυπάει. Ήταν λες και κάποιος μου έριξε ένα χαστούκι στο πρόσωπο με τόση δύναμη που μπορούσε να με ξυπνήσει από έναν βαθύ ύπνο. Θυμάμαι τη λάμψη από τα φώτα στα μάτια μου και έναν κύκλο ανθρώπων να σκύβουν πάνω μου. Ήταν ο Ronnie, ο Earl και οι νοσοκόμοι. Δεν ήξερα τι μου γινόταν. Η επιστροφή μου στον κόσμο των ζωντανών δεν ήταν εύκολη· με έβαλαν σε ένα ασθενοφόρο και με πήγαν σε ένα νοσοκομείο όπου μου είπαν να μείνω όλη νύχτα για παρακολούθηση, αλλά εγώ δεν ήθελα ούτε να το ακούσω. Έπειτα από μια δυο ώρες πήρα εξιτήριο με δική μου ευθύνη και γύρισα πίσω στο ξενοδοχείο, με τον Ronnie να με ακολουθεί. Δεν αισθανόμουν τύψεις που είχα πάρει υπερβολική δόση, αλλά ήμουν τσαντισμένος με τον εαυτό μου που είχα «πεθάνει». Η βόλτα στο νοσοκομείο μού είχε «φάει» τη μέρα. Ήλπιζα να τα βγάλω πέρα χωρίς πρόβλημα κι έβριζα τον εαυτό μου επειδή δεν είχα μπορέσει να διατηρήσω το μέτρο και να μείνω ξύπνιος όλη την ώρα, όπως σχεδίαζα.

Πίσω στο ξενοδοχείο, η ατμόσφαιρα ήταν βαριά. Προφανώς, το σύντομο ταξίδι μου στον άλλο κόσμο δεν είχε κάνει τόσο καλή εντύπωση. Όλοι νόμιζαν ότι είχα πεθάνει και φέρονταν με ανάλογη σοβαρότητα, κάτι που δεν μπορούσα να καταλάβω. Εκείνη την ώρα, το μόνο που σκεφτόμουν ήταν: *Ει, τα κατάφερα, πάμε, φύγαμε!* Η βασική μου προτεραιότητα ήταν να βρω τη Lucky και το φίλο της. Απ' ό,τι μου είπαν, ο Earl τούς είχε τρομάξει και το είχαν βάλει στα πόδια. Το καταλάβαινα απόλυτα: ο Earl ήταν τρομακτικός. Ήταν ένας μεγαλόσωμος μαύρος πάνω από δύο μέτρα, με διάπλαση παίκτη του ράγκμπι και απροσδόκητα γλυκό πρόσωπο. Αυτό το τελευταίο χαρακτηριστικό του στην πραγματικότητα τον έκανε πολύ πιο απειλητικό, επειδή όταν ήταν τσαντισμένος το καταλάβαινες μεμιάς.

Είμαι σίγουρος ότι η απειλή της φυλακής και ο πιθανολογούμενος θάνατός μου ήταν αρκετά για να κάνουν τη Lucky και τον δικό της να γίνουν καπνός. Όμως δεν έφταιγαν αυτοί επειδή εγώ δεν μπορούσα να κάνω τα κουμάντα μου. Δεν ξέρω στα σίγουρα, αλλά ο Earl πρέπει να πέταξε την πρέζα την ώρα που τους έδιωχνε με τις κλωτσιές. Τουλάχιστον έτσι έλεγα στον εαυτό μου, επειδή δεν μου είχαν αφήσει ούτε ίχνος. Και αυτό μου τη χάλαγε περισσότερο απ' όλα.

Χαλάρωσα στο δωμάτιό μου για λίγες ώρες, με τους δύο σωματοφύλακες να στέκονται έξω από την πόρτα μου στο διάδρομο για να είναι σίγουροι ότι δεν θα πήγαινα πουθενά. Τελικά εμφανίστηκε ο Doug Goldstein, που για να μου δείξει πόσο νοιαζόταν αποδύθηκε σε έναν από τους πιο ελεεινούς μονολόγους που έχει γνωρίσει το ανθρώπινο γένος. Μου έβγαλε ένα μακρύ λογύδριο· ούρλιαζε σαν τρελός, με ρωτούσε πώς είχα μπορέσει να κάνω κάτι τέτοιο, μου έλεγε ότι οι άνθρωποι με αγαπούσαν, και όλα τα υπόλοιπα. Ήταν πολύ επιθετικός, πολύ δραματικός και πάρα πολύ ψεύτικος. Για να υπογραμμίσει τη σοβαρότητα της κατάστασης, πέταξε ένα μπουκάλι Jack Daniels στην τηλεόραση. Όταν έφυγε, πήρα το μπουκάλι –το οποίο δεν είχε σπάσει– και έβαλα να πιω ένα σκέτο για να συνέλθω.

Λίγο αργότερα, ο Doug συγκάλεσε σύσκεψη του συγκροτήματος στο δωμάτιο του Axl. Μαζευτήκαμε όλοι· σε εκείνη τη φάση ήμουν ακόμα λιώμα. Όλοι διατύπωσαν τις ανησυχίες τους για την κατάστασή μου, αλλά το σχόλιο του Axl ξεχώριζε. Μάλιστα με έκανε να ξυπνήσω απότομα.

«Μας τρόμαξες όλους», είπε, κοιτάζοντάς με κατάματα. «Νομίσαμε ότι πέθανες. Νόμισα ότι θα έπρεπε να ψάξω για καινούργιο κιθαρίστα».

Το άλλο πρωί νοικιάσαμε ελικόπτερα και πήγαμε στο Oakland για τη συναυλία· όλη την ώρα ο Ronnie και ο Earl με παρακολουθούσαν σαν τα γεράκια που έχουν βάλει στο μάτι κάποιο ποντίκι. Στη συνέχεια παίξαμε στο L.A. Coliseum και έπειτα στο San Diego, όπου η συναυλία ήταν απίστευτη: οι Motorhead, οι Body Count, οι Metallica και εμείς. Αμέσως μετά παίξαμε στο Rose Bowl στο Pasadena –έναν τεράστιο χώρο– και κλείσαμε την περιοδεία μας στο Seattle. Έπειτα από μερικές μέρες όλοι είχαν συνειδητοποιήσει ότι αυτό που είχα κάνει δεν είχε συνέχεια.

Όσο καλά κι αν είχε πάει η περιοδεία μας, τη στιγμή που τελείωσε αισθάνθηκα ανακουφισμένος. Χαιρόμουν που δεν ήμουν υποχρεωμένος να βλέπω τους τύπους από τους Metallica ούτε μέρα παραπάνω, λαμβάνοντας υπόψη ότι δεν ήμουν ποτέ σίγουρος για το τι σκόπευε να κάνει ο Axl στην επόμενη συναυλία. Εκείνη την τελευταία μέρα ένιωσα όπως ένιωθα σε ολόκληρη την περιοδεία. Ήμουν χαρούμενος για αυτό που είχαμε καταφέρει, αλλά μου την έδινε που δεν ήταν τόσο εκπληκτικό όσο θα έπρεπε να ήταν.

ΜΕ ΤΟ ΤΕΛΟΣ ΤΗΣ ΠΕΡΙΟΔΕΙΑΣ ΜΑΣ ΠΟΥ ΚΡΑΤΗΣΕ ΕΝΑ ΧΡΟΝΟ, διαπιστώσαμε το μεγαλύτερο λάθος μας απ' όλα. Δεν μας είχαν μείνει σχεδόν καθόλου χρήματα. Με όλες αυτές τις υπερωρίες για το προσωπικό, που προέκυπταν από το γεγονός ότι ο Axl ερχόταν καθυστερημένος στη συναυλία κάθε νύχτα, και τα θεματικά πάρτι που μας είχαν κυριολεκτικά ξεπουπουλιάσει, δεν μας είχε μείνει σχεδόν τίποτα για όλη αυτή τη σκληρή δουλειά που είχαμε ρίξει. Τελικά ο Doug μίλησε στον Axl για τις σπατάλες του γκρουπ στην περιοδεία με τους Metallica και το γεγονός ότι οι υπερβολές μας είχαν εξαφανίσει τα περιθώρια κέρδους μας. Νομίζω ότι ο Axl έκανε μερικές προτάσεις για περικοπές των εξόδων, που δεν είχαν και σοβαρά αποτελέσματα, αλλά τελικά ο Doug κατάφερε να του μεταφέρει το μήνυμα. Είπε στον Axl ότι εάν ήθελε να κρατήσει την υπερπολυτελή έπαυλή του στο Malibu, έπρεπε να βγάλει κάποια χρήματα.

Έτσι λοιπόν ο Doug μάς έκλεισε άλλον ένα χρόνο περιοδειών, που περιλάμβανε συναυλίες στην Αμερική, την Ευρώπη, την Ιαπωνία και την Αυστραλία, από τον Οκτώβριο του 1992 μέχρι τον Ιανουάριο του 1993. Όσο δύσκολο κι αν ακουγόταν, οι υπόλοιποι δεν του έφεραν καμία αντίρρηση· άλλωστε, όλοι θέλαμε να παίξουμε. Έτσι κι αλλιώς, τι άλλο είχα να κάνω; Συγχρόνως, πίστευα ότι ίσως τα πράγματα άλλαζαν. Επιπλέον, δεν ήμουν καθόλου σίγουρος ότι ο Doug είχε κλείσει την καινούργια περιοδεία από έγνοια για την οικονομική μας κατάσταση και όχι για να εξασφαλίσει την παχυλή του προμήθεια.

Τον Οκτώβριο του 1992, λίγο προτού ξεκινήσουμε, παντρεύτηκα τη Renee. Δεν μπορούμε να πούμε ότι ήμαστε φειδωλοί· ο γάμος μας ήταν αληθινή υπερπαραγωγή, αλλά εγώ είχα πολύ μικρή σχέση με όλα αυτά. Οι μόνες μου αναμνήσεις από την εποχή που προετοιμάζαμε την τελετή, είναι η Renee δίπλα μου να μου δείχνει άπειρα βιβλία γεμάτα από δώρα για να διαλέξουμε. Δεν μου άρεσε τίποτε από όλα αυτά, και η απουσία ενδιαφέροντος εκ μέρους μου την εκνεύριζε αφάνταστα. Η τελετή πραγματοποιήθηκε σε μια αίθουσα του Four Seasons, στο Marina Del Ray, με τον Duff στο ρόλο του κουμπάρου, καμιά διακοσαριά καλεσμένους –ανάμεσά τους τα μέλη των Guns και οι τεχνικοί μας–, και τη μουσική συνοδεία ενός συγκροτήματος lounge. Αμέσως μετά το γάμο φύγαμε για ένα ταξίδι στην Αφρική, συγκεκριμένα στην Τανζανία, όπου κάναμε δεκαπενθήμερο σαφάρι αντί για μήνα του μέλιτος. Για έναν φανατικό της άγριας ζωής όπως εγώ, η Αφρική ήταν από τα μέρη που ήθελα περισσότερο να επισκεφθώ. Εκεί μπορούσα να δω αυτά για τα οποία σε όλη μου τη ζωή διάβαζα στα βιβλία και έβλεπα στην τηλεόραση. Όσο ήμαστε εκεί, είχα αληθινό πάθος με τις λεοπαρδάλεις. Σηκωνόμουν κάθε πρωί στις πέντε και έφευγα για σαφάρι μέχρι τις έξι το απόγευμα· ήταν το καλύτερο μέρος στον κόσμο για να ξεχνάς ό,τι σε απασχολούσε. Είναι πολύ δύσκολο να σκεφτείς πως οτιδήποτε έχει σημασία, όταν στέκεσαι στη μέση του κρατήρα Ngorongoro, μακριά από κάθε ίχνος πολιτισμού.

Πριν το γάμο, η Renee κι εγώ δώσαμε ένα κοινό bachelor party στο Troubadour, επειδή δεν ήθελε να με αφήσει μόνο μου με τα παιδιά. Και σε εκείνο το πάρτι, πέτυχα μια παλιά φίλη, την Perla.

Με την Perla μάς είχαν συστήσει στο Las Vegas, όταν παίζαμε στο Thomas & Mack Center στη διάρκεια του πρώτου σκέλους της περιοδείας του *Illusion*. Εκείνη την εποχή κοιμόμουν με όποια έβρισκα· ήταν η εποχή που δεν βγαίναμε πολύ συχνά με τη Renee. Η Perla δεν είχε ιδέα για τους Guns N' Roses, ούτε την ένοιαζε να μάθει – είχε έρθει από το Los Angeles επειδή είχε δει μια φωτογραφία μου κι ήθελε να με γνωρίσει. Ο Ron Jeremy μας σύστησε πριν τη συναυλία και αργότερα συναντηθήκαμε στο ξενοδοχείο μου και μείναμε μαζί όλη νύχτα. Ας πούμε ότι μου έκανε πάρα πολύ μεγάλη εντύπωση, η οποία εξελίχτηκε σε τρελό πάθος.

Μετά από αυτό, ανταλλάξαμε τηλέφωνα και διατηρήσαμε επαφή όσο ήμουν στην περιοδεία. Τελικά έγινε νοικάρισσά μου. Νοίκιασε το Walnut House για ένα χρόνο και ήταν η καλύτερη νοικάρισσα που είχα ποτέ. Είναι ενδεικτικό του χαρακτήρα της Perla το γεγονός ότι έμεινε εκεί αλλά δεν έχασε τα μυαλά της, δεδομένου ότι το μέρος αυτό είχε καταστροφική επίδραση σε όποιον πήγαινε να μείνει εκεί – εμού του ιδίου συμπεριλαμβανομένου, υποθέτω.

Οι πρώτες μου νοικάρισσες ήταν δύο αμφισεξουαλικά κορίτσια που είχα γνωρίσει στη διάρκεια μιας από τις τέσσερις συναυλίες μας στο L.A. Forum. Στέκονταν μπροστά από τη σκηνή και ήταν πολύ προκλητικές στη διάρκεια ολόκληρης της συναυλίας. Αργότερα τις είχα ανεβάσει στα καμαρίνια για τη συνέχεια και διατηρήσαμε επαφή. Τις φώναζα και τις έβαζα να χαϊδεύονται, ενώ εγώ χάζευα, και την περνούσαμε ζάχαρη. Τους νοίκιασα το σπίτι όταν έφυγα για περιοδεία, κάτι που μου φάνηκε καλή ιδέα, αλλά εκείνες έχασαν εντελώς τον έλεγχο· κάποια μέρα «φτιάχτηκαν» με μεθαμφεταμίνη, και το ένα κορίτσι σκότωσε τη γάτα του άλλου κι έπειτα της επιτέθηκε. Το «θύμα» μετακόμισε και η άλλη κοπέλα κάλεσε έναν έμπορο αμφεταμίνης να μείνει στο σπίτι. Αναγκάστηκα να πάω αυτοπροσώπως για να φροντίσω την κατάσταση, και όταν είδα εκείνο το κορίτσι δυσκολεύτηκα να την αναγνωρίσω. Ο δεύτερος νοικάρης μου ήταν ένας τύπος που τον έλεγαν Jim και δούλευε σε έναν ζωολογικό κήπο ως εκτροφέας φιδιών. Τον προσέλαβα για να φροντίζει τα φίδια μου και τελικά έγινε νοικάρης μου. Προφανώς υπέφερε και αυτός από ψυχολογικά προβλήματα, και το διάστημα που ζούσε εκεί έχασε κι αυτός τον έλεγχο. Η Perla ήταν η μόνη που το μέρος δεν την επηρέασε· η μόνη που πλήρωνε στην ώρα της το νοίκι και της άρεσε που ζούσε εκεί.

Τέλος πάντων, μόλις τα ξαναβρήκα με τη Renee και αρραβωνιαστήκαμε, έκανα ό,τι μπορούσα για να αποφύγω την Perla επειδή ήξερα ότι αυτό που υπήρχε μεταξύ μας ήταν σοβαρό και δεν μπορούσα να το αρνηθώ. Όμως μετά τον καβγά μου με τη Renee για το προγαμιαίο συμβόλαιο και την υπερβολική δόση μου στο San Francisco δεν έδινα δεκάρα, και κανόνισα να συναντήσω την Perla στη συναυλία μας στο San Diego, πριν το τέλος της περιοδείας και λίγες μόνο εβδομάδες πριν το γάμο μου. Περάσαμε μαζί τη νύχτα, και την επόμενη φορά που την είδα ήταν όταν εμφανίστηκε στο bachelor party μου. Ήταν επικίνδυνο. Η έλξη μεταξύ μας ήταν τέτοια που κανείς από τους δυο μας δεν μπορούσε να της αντισταθεί. Την ίδια στιγμή, η Perla παραήταν φιλόδοξη και δραστήρια για να ανοίξουμε σχέση. Εκείνη ήταν δεκαεπτά ετών κι εγώ είκοσι πέντε. Ήταν θεοπάλαβη, κι έτσι δεν ήμουν σε θέση να θέλω να ακυρώσω το γάμο μου για να είμαι μαζί της. Η ιστορία μας ήταν ένα πραγματικό πυροτέχνημα και η χημεία μεταξύ μας ήταν τόσο δυνατή που πέρασα μαζί της τη νύχτα άλλη μια φορά... την παραμονή του γάμου μου.

ΣΤΑ ΤΕΛΗ ΝΟΕΜΒΡΙΟΥ ΞΕΚΙΝΗΣΑΜΕ ΓΙΑ ΝΑ ΠΑΙΞΟΥΜΕ ΣΤΗ Λατινική Αμερική. Όταν παίξαμε στο Caracas της Βενεζουέλας, βρεθήκαμε στο επίκεντρο πολιτικών ταραχών. Οι διεφθαρμένοι αστυνομικοί, τα άφθονα ναρκωτικά και το πιο πιστό και φανατικό κοινό του κόσμου ήταν τα χαρακτηριστικά γνωρίσματα της νοτιοαμερικανικής ηπείρου· έτσι, δεν μπορώ να πω ότι ξαφνιάστηκα. Είχαμε προγραμματίσει να δώσουμε τη μεγαλύτερη συναυλία στην ιστορία της χώρας. Και μια και δεν υπήρχε αρκετά μεγάλος συναυλιακός χώρος για να χωρέσει τις σαράντα πέντε χιλιάδες κατόχους των εισιτηρίων μας, ο διοργανωτής έστησε τη συναυλία σε ένα τεράστιο πάρκινγκ. Ήταν μια εκπληκτική εμφάνιση, και όλα πήγαιναν ρολόι. Μέχρι την επόμενη νύχτα, όταν στη χώρα έγινε ξαφνικά πραξικόπημα, αμέσως μόλις φύγαμε για την Κολομβία. Καταφέραμε να απογειωθούμε, αλλά κάποιοι τεχνικοί μας και πάνω από τα μισά μας μηχανήματα έμειναν πίσω, αιχμάλωτοι του χάους που ξέσπασε στο αεροδρόμιο.

Είχαμε προγραμματίσει να παίξουμε δύο βραδιές στην Bogotá της Κολομβίας, αλλά χωρίς το τεράστιο φορτίο του εξοπλισμού μας δεν υπήρχε τέτοια περίπτωση. Ο διοργανωτής αποφάσισε να ενσωματώσει τις δύο βραδιές σε μία συναυλία που θα γινόταν τη δεύτερη μέρα, και έτσι είχαμε μια ημέρα ελεύθερη για να χαλαρώσουμε στο τεράστιο ξενοδοχείο μας που ανήκε σε ένα συγκρότημα με μια αχανή κινηματογραφική αίθουσα στο ισόγειο. Θυμάμαι ότι όταν πήρα το ασανσέρ και ανέβηκα στην ταράτσα βρέθηκα μπροστά σε ένα τεράστιο φλιπεράκι με θέμα «Jurassic Park». Μόλις είχα δει την ταινία, κι ήθελα οπωσδήποτε να παίξω το συγκεκριμένο φλιπεράκι. Συνδύαζε δύο από τα αγαπημένα μου ενδιαφέροντα: τους δεινόσαυρους και το φλιπεράκι. Όταν έφτασα στο δωμάτιό μου ζήτησα να μου το φέρουν εκεί, και πέρασα ολόκληρη την υπόλοιπη μέρα παίζοντας φλιπεράκι.

Στη διάρκεια της παραμονής μας στο ξενοδοχείο, οι Αρχές έλαβαν την πληροφορία ότι είχαμε ναρκωτικά. Έτσι, με άλλη μια κίνηση χαρακτηριστική του κλίματος της Λατινικής Αμερικής, οι Αρχές εξασφάλισαν εντάλματα για να ψάξουν τα δωμάτιά μας, ελπίζοντας να βρουν κάτι με το οποίο θα μας εκβίαζαν να τους δωροδοκήσουμε, υποθέτω. Την ημέρα της συναυλίας, οι αστυνομικοί μπούκαραν στα δωμάτιά μας και μας έψαξαν όλους. Δεν είχα τίποτε· μπήκαν μέσα με τα όπλα προτεταμένα, και βρήκαν εμένα που μόλις είχα βγει από το μπάνιο, να παίζω φλιπεράκι τυλιγμένος με μια πετσέτα.

«Έι, γεια», είπα. «Τι γίνεται;»

Μου έδειξαν το ένταλμα κι άρχισαν να ψάχνουν το δωμάτιό μου. Παρόλο που έκαναν άνω κάτω τα πράγματά μου, εγώ το διασκέδαζα αφάνταστα.

«Señor, σας πειράζει να συνεχίσω να παίζω;» ρώτησα.

Η συναυλία εκείνης της βραδιάς –ήταν 22 Νοεμβρίου του 1992– ήταν μαγική. Ήταν μία από αυτές τις στιγμές που δεν μπορείς να το πιστέψεις ότι συμβαίνουν, ακόμα και την ώρα που τις βλέπεις να εξελίσσονται, ακόμα και την ώρα που γίνεσαι μέρος τους. Την προηγούμενη μέρα είχε ρίξει νεροποντή την ώρα που οι τεχνικοί μας έστηναν τη σκηνή. Το βάρος του νερού έκανε το στέγαστρο της σκηνής –που δεν ήταν δικό μας– να λυγίσει και γκρέμισε μια τεράστια τράσα για τα φώτα. Ευτυχώς, κανείς δεν τραυματίστηκε, αλλά ολόκληρη η σκηνή έπρεπε να στηθεί από την αρχή. Έπειτα, την ημέρα της συναυλίας, μια ξαφνική θύελλα έβγαλε εκτός λειτουργίας ένα μέρος από τα μηχανήματά μας. Παρόλο που εξακολουθούσε να βρέχει, οι άνθρωποι γέμισαν το χώρο της συναυλίας και σχημάτισαν ουρές έξω από αυτόν, όπου και ξέσπασαν συμπλοκές· μερικά αμάξια κάηκαν και η Αστυνομία χρησιμοποίησε δακρυγόνα για να ελέγξει το πλήθος.

Όταν ανεβήκαμε στη σκηνή γύρω στις έντεκα, το κοινό *παραφρόνησε*. Παίξαμε πάρα πολύ καλά, και είχε σταματήσει να βρέχει σε όλο το πρώτο μέρος του σετ μας, μέχρι που παίξαμε το «November Rain». Ενώ ξεκινούσαμε το τραγούδι, λες και το είχαμε συνεννοηθεί, άνοιξαν οι ουρανοί και ξανάρχισε η νεροποντή. Ήταν μία από αυτές τις δυνατές τροπικές καταιγίδες που μια σταγόνα της αρκεί για να γεμίσει ένα φλιτζάνι του καφέ. Έπεφτε σαν ένα μαύρο πέπλο που γινόταν ένα με τους υδρατμούς που αναδίνονταν από το κοινό. Δεν μπορούσα να δω καλά από τα σύννεφα που σχηματίζονταν στο χώρο της αρένας. Οι άνθρωποι ήταν μια θάλασσα από σιλουέτες· το σκηνικό είχε μια δραματική υφή και ήταν πανέμορφο. Ένιωθα ότι κοινό και συγκρότημα είχαν γίνει ένα. Το ακροατήριο ήταν εξίσου συγκινημένο με εμάς· απολάμβαναν το πάθος. Έβρεξε τόσο πολύ, που μόλις τελειώσαμε το τραγούδι αναγκαστήκαμε να κάνουμε ένα διάλειμμα μέχρι να περάσει η καταιγίδα, κι έπειτα ξαναβγήκαμε στη σκηνή και τα δώσαμε όλα.

Ανάμεσα στη συναυλία μας στη Βενεζουέλα και τις συναυλίες μας στην Κολομβία μάς έτυχε κάθε πιθανό εμπόδιο, και με δεδομένη τη χημεία της μπάντας στο πρόσφατο παρελθόν, θα περίμενε κανείς ότι αυτές οι κακουχίες θα μας είχαν οδηγήσει στη διάλυση. Αυτό όμως ήταν το ωραίο με τους Guns. Ήμαστε αυτοκαταστροφικοί όταν όλα κυλούσαν εύκολα, αλλά τις στιγμές που όλα έδειχναν να είναι εναντίον μας, όλοι μαζί –ακόμη και ο Axl– βάζαμε τα δυνατά μας για να τα βγάλουμε πέρα. Οι αντίξοες συνθήκες μπορεί να με έκαναν να νιώθω λες και δεν υπήρχε αύριο, όταν όμως καταφέρναμε να βγάλουμε πέρα αυτή τη μεγαλειώδη rock and roll παραγωγή παρά τις δυσκολίες, ένιωθα ότι είμαστε ανίκητοι· ότι είμαστε το πιο δυνατό συγκρότημα του κόσμου. Εκείνες οι στιγμές ανανέωναν τη συλλογική μας πίστη και ανύψωναν το ηθικό μας περισσότερο από κάθε τι. Αντί να εκνευριστούμε με όσα μας έτυχαν στη Λατινική Αμερική, αφήσαμε τα ακροατήρια αυτών των συναυλιών να μας μπολιάσουν το πάθος τους και να μας κάνουν να θέλουμε να δώσουμε τους καλύτερους εαυτούς μας. Το παίξιμό μας βελτιώθηκε· η ένταση των αντιδράσεων του κοινού μάς παρέσυρε. Φτάσαμε στο σημείο για το οποίο μιλούν οι μουσικοί, όπου είσαι τόσο απορροφημένος από αυτό που κάνεις, που ξεχνάς ποιος είσαι – είσαι μέρος της παράστασης με τρόπο τόσο καταλυτικό, που σταματάς να σκέφτεσαι. Αυτές οι στιγμές είναι μαγικές, και ολόκληρη η συγκεκριμένη περιοδεία ήταν έτσι κάθε βράδυ. Ήταν το συγκρότημά μας στα καλύτερά του· ήταν κάτι που ο καθένας θα έδινε το δεξί του χέρι να συμμετέχει, αν συνέβαινε με κάποια χρονική συνέπεια. Όμως δεν ήταν ποτέ τόσο απλό· όταν δεν ζούσαμε τέτοιες υπερβατικές στιγμές, εξασκούμαστε στην αυτοκαταστροφή.

ΤΟΝ ΙΑΝΟΥΑΡΙΟ ΤΟΥ 1993, ΞΕΚΙΝΗΣΑΜΕ ΓΙΑ ΜΙΑ ΠΕΡΙΟΔΕΙΑ στην Ιαπωνία, την Αυστραλία και τη Νέα Ζηλανδία, έχοντας μαζί μας ένα συνεργείο ογδόντα ατόμων. Στην Ιαπωνία πετύχαμε τον Ronnie Wood, και αυτό ήταν πολύ ωραίο. Οι δυο μας γίναμε αμέσως φίλοι – και παραμένουμε μέχρι σήμερα. Έτσι ανέβηκε στη σκηνή του Tokyo Dome για να παίξει μαζί μας το «Knockin on Heaven's Door», ενώ μετά τη συναυλία ο Duff, ο Matt και εγώ βγήκαμε για μία βόλτα μαζί του στο Tokyo. Ήταν μια πολύ καλή βραδιά. Οι υπόλοιπες συναυλίες εκείνης της περιοδείας κύλησαν λίγο πολύ με τον ίδιο τρόπο: πολύ καλές συναυλίες με λίγες δραματικές στιγμές, και μαζί πανάκριβοι αγώνες με go-karting, βόλτες με κότερα και δείπνα σε πανάκριβα εστιατόρια. Τα θεματικά πάρτι μπορεί να είχαν περιοριστεί, όχι όμως και τα καταστροφικά ρεπό.

Στις αρχές Φεβρουαρίου επιστρέψαμε στις Ηνωμένες Πολιτείες και πήραμε ένα μήνα ρεπό προτού ξεκινήσουμε το επόμενο σκέλος μίας αμερικανικής περιοδείας με την ονομασία *Skin and Bones*. Η συγκεκριμένη εξόρμηση είχε αποκλειστικό στόχο να μας εξασφαλίσει κάποια χρήματα, επειδή η παραγωγή ήταν σχεδόν στοιχειώδης: κρατήσαμε τον Dizzy, αλλά ο Teddy και τα πνευστά έλειπαν, όπως και οι τραγουδίστριες για τα δεύτερα φωνητικά. Η συγκεκριμένη περιοδεία περιλάμβανε ένα ακουστικό μέρος στη μέση του σετ, με τις επιτυχίες του *Lies*, μαζί με μερικές άλλες διασκευές, όπως το «Dead Flowers». Για μένα ήταν παράδεισος. Επιτέλους, περιοδεύαμε σαν ένα κανονικό rock and roll συγκρότημα.

Όσο με αφορούσε, η συγκεκριμένη περιοδεία ήταν η καλύτερη ευκαιρία για να παρουσιάσουμε στο κοινό τους δίσκους του *Use Your Illusion*, όπως τους άκουγα στο μυαλό μου. Την ημέρα που τελείωσα την ηχογράφηση του τελευταίου κιθαριστικού μέρους των ηχογραφήσεων, έφυγα από το στούντιο με μια απλή, ακατέργαστη μίξη του δίσκου, προτού προστεθούν τα συνθεσάιζερ και τα δεύτερα φωνητικά. Δεν είχα ξεχάσει ποτέ πόσο μου άρεσε αυτή η απλή, δυνατή, άμεση εκδοχή τους. Μακάρι να είχα μια κόπια από εκείνη τη μίξη, ή να υπήρχε κάπου στο Internet. Πιστέψτε με, ακουγόταν υπέροχα. Τα κομμάτια ήταν τελείως διαφορετικά από τις εκδοχές που τελικά κυκλοφόρησαν. Δεν πρόκειται να αρχίσω να λέω εκ των υστέρων τι θα μπορούσε να είχε γίνει, αλλά οι δύο προσεγγίσεις ήταν εντελώς διαφορετικές. Όπως και να 'χει, βρήκαμε την ευκαιρία να παίξουμε τα τραγούδια γυμνά και ακατέργαστα, με το συγκρότημά μας να έχει επιστρέψει στις κανονικές του διαστάσεις. Ήμουν περιχαρής.

Η περιοδεία ξεκίνησε από το Austin του Texas στα τέλη Φεβρουαρίου, και η πρώτη συναυλία πήγε μια χαρά, αλλά αμέσως μετά κολλήσαμε. Τις εβδομάδες που ακολούθησαν, αναγκαστήκαμε να ακυρώσουμε τέσσερις συναυλίες λόγω καιρικών συνθηκών. Στις αρχές Απριλίου στο Sacramento, κάποιος από το κοινό πέταξε στη σκηνή ένα μπουκάλι Jack, που πέτυχε τον Duff στο κεφάλι και τον ξάπλωσε αναίσθητο. Ήταν γελοίο, πόσω μάλλον επικίνδυνο. Κάθε φορά που οι άνθρωποι εκσφενδονίζουν διάφορα πράγματα στη σκηνή για να αποσπάσουν κάποια αντίδραση από τους μουσικούς –υποθέτω επειδή τα rock συγκροτήματα τους φαίνονται μεγαλύτερα και από τη ζωή την ίδια–, είναι τρελό. Ποτέ δεν είμαι σίγουρος τι επιδιώκουν όταν πετούν κάτι που μπορεί να προκαλέσει τραυματισμούς. Μέχρι εκείνη τη στιγμή είχαμε παίξει περίπου ενενήντα λεπτά, αλλά η εμφάνιση τελείωσε απότομα επειδή ο Duff είχε χτυπήσει άσχημα.

Προθυμοποιήθηκα να επιστρέψω στη σκηνή και να πω στο κοινό ότι τα είχαν κάνει σκατά. Με υποδέχτηκαν με επευφημίες, αλλά δεν χάρηκαν καθόλου όταν άκουσαν αυτά που είχα να τους πω.

«Εκείνο το μπουκάλι που χτύπησε τον Duff τον έκανε να χάσει τις αισθήσεις του και τώρα πηγαίνει στο νοσοκομείο», είπα. «Δεν υπάρχει περίπτωση να ξαναβγούμε. Η συναυλία τελείωσε. Σας παρακαλώ, φύγετε ήρεμα και μην κάνετε ζημιές στο χώρο».

Ακυρώσαμε μια συναυλία στην Atlanta, τόσο για να αφήσουμε τον Duff να αναρρώσει όσο και επειδή ο Axl είχε συλληφθεί εκεί στη διάρκεια της περιοδείας του *Appetite,* επειδή είχε κλοτσήσει στο κεφάλι έναν άνδρα της Ασφάλειας, τον οποίο υποτίθεται ότι είχε δει να χτυπάει μέλη του κοινού. Ο Doug δεν εμπιστευόταν ούτε τον Axl ούτε την Ασφάλεια του χώρου, και μάλλον είχε δίκιο και στις δύο περιπτώσεις.

Έπειτα, γύρω στα τέλη Απριλίου, όταν γυρίσαμε πίσω στο Los Angeles, ο Gilby είχε ένα ατύχημα με μοτοσικλέτα και έσπασε τον καρπό του. Δεν ήμαστε σίγουροι πόσο άσχημα είχε χτυπήσει, μέχρι που εμφανίστηκε σε μια μάζωξη του γκρουπ με έναν γύψο που δεν προοιώνιζε τίποτα καλό.

«Ουάου», είπα. «Δείχνει πολύ άσχημο».

«Πόσο καιρό θα πάρει μέχρι να γίνει καλά;» τον ρώτησε ο Axl.

Ο Gilby έδειχνε πολύ στενοχωρημένος. «Δυο τρεις βδομάδες».

«Να πάρει!»

«Το ξέρω, φίλε», είπε ο Gilby. «Πολύ μεγάλη ατυχία».

Είχαμε κλείσει μία ευρωπαϊκή περιοδεία που ξεκινούσε δύο εβδομάδες αργότερα, με δύο συναυλίες μας στη Ρωσία.

«Ξέχνα το», είπε ο Axl. «Ας πάρουμε τον Izzy».

Ξαφνιάστηκα ευχάριστα μαθαίνοντας ότι ο Izzy ήταν πρόθυμος. Αν και μπερδεύτηκα όταν έμαθα ότι ο Izzy δεν ήθελε να κάνουμε ούτε μία πρόβα· όχι ότι είχαμε πολύ χρόνο, έτσι κι αλλιώς. Όπως αποδείχτηκε, η πολιτική κατάσταση στη Ρωσία τον Μάιο του 1993 ήταν πάρα πολύ ασταθής για να παίξουμε στη Μόσχα, κι έτσι πήγαμε αεροπορικώς στο Tel Aviv του Ισραήλ για να κάνουμε πρόβες με τον Izzy κι έπειτα να ξεκινήσουμε την περιοδεία από εκεί, με μία εμφάνιση στην Hayarkon Park Arena. Κλείσαμε ένα στούντιο για πρόβες στο Tel Aviv και είχε πολύ φάση. Το προβάδικο εκείνο ήταν συγχρόνως στούντιο ηχογραφήσεων, και νομίζω ότι οι ηχολήπτες δεν πίστευαν ότι το συγκρότημα που είχε κλείσει τις ώρες ήμαστε εμείς, μέχρι που μας είδαν να μπαίνουμε. Βρεθήκαμε σε αυτό το φτηνό παλιό προβάδικο που ήταν πολύ ζεστό και φιλόξενο –με μια εξωτική αύρα– και το είχαν κάτι ηλικιωμένοι τύποι, που ήταν πολύ cool. Ήταν ένα μέσο στούντιο με μέτρια μηχανήματα, και σίγουρα δεν είχε ξαναμπεί πότε κάποιος σαν και μας εκεί μέσα. Έτσι οι ιδιοκτήτες έπαθαν πλάκα· και μόνο γι' αυτόν το λόγο άξιζε τον κόπο. Ο Izzy εμφανίστηκε με κοτσίδες rastafari και δεν είχε προβάρει ούτε ένα τραγούδι. Έτσι, κάναμε ό,τι μπορούσαμε.

Δύο μέρες αργότερα παίξαμε για πρώτη φορά στο Ισραήλ μπροστά σε πενήντα χιλιάδες ανθρώπους· ήταν η μεγαλύτερη συναυλία που είχε γίνει ποτέ στη χώρα. Δυστυχώς δεν παίξαμε και τόσο καλά, επειδή ο Izzy είχε μείνει λίγο «πίσω» και δεν ήταν και τόσο συνεπής όσο αφορούσε στην εξάσκηση. Οι εφημερίδες μάς άσκησαν πολύ αρνητική κριτική, λέγοντας ότι είχαμε χρησιμοποιήσει τη συναυλία μας στο Tel Aviv ως ευκαιρία για ζέσταμα, κάτι που δεν ήταν αλήθεια. Θέλαμε να παίξουμε όσο πιο καλά γινόταν, αλλά με έναν ρυθμικό κιθαρίστα που δεν ήταν ακόμη εξοικειωμένος με το υλικό δεν μπορούσαμε να κάνουμε και πολλά πράγματα. Παίξαμε τη συναυλία, και έπειτα μείναμε στο Tel Aviv για κάνα δυο μέρες και επισκεφθήκαμε όλα τα αξιοθέατα.

Ο Izzy, ο Duff κι εγώ επισκεφθήκαμε το μέρος όπου γεννήθηκε ο Χριστός και πήγαμε για φαγητό στην πλατεία γύρω από το Τείχος των Δακρύων, και ενώ καθόμαστε στα τραπεζάκια ενός καφέ κοντά στον ζωολογικό κήπο είδα ένα λεωφορείο γεμάτο μαθητές που έφταναν για μια σχολική εκδρομή. Στις δύο άκρες του λεωφορείου υπήρχαν οπλοφόροι –γονείς, δάσκαλοι ή επόπτες ανηλίκων– που κρατούσαν αυτόματα. Έβαζαν τα παιδιά στη γραμμή για να κάνουν μια βόλτα στον ζωολογικό κήπο, και ο ένας οπλοφόρος πήγαινε μπροστά, ο άλλος πίσω και ένας τρίτος περπατούσε στη μέση· όλοι τους με τα αυτόματα ζωσμένα στο στήθος. Δεν είχα ξαναδεί κάτι τέτοιο στη ζωή μου. Εκείνη τη στιγμή μού ήρθε στο μυαλό ένας φίλος μου από το Ισραήλ που είχε γυρίσει πίσω στη χώρα του για να κάνει δύο χρόνια υποχρεωτικής στρατιωτικής θητείας. Όταν επέστρεψε, ήταν ένας διαφορετικός άνθρωπος. Είχε φύγει σπασίκλας και επέστρεψε σπασίκλας με πολεμικές αρετές.

Ο IZZY ΕΜΕΙΝΕ ΓΙΑ ΛΙΓΟ ΜΑΖΙ ΜΑΣ ΣΤΙΣ ΕΜΦΑΝΙΣΕΙΣ ΜΑΣ στην Ελλάδα και την Τουρκία, δυο χώρες όπου δεν είχαμε ξαναπαίξει στο παρελθόν. Δεν το σκεφτόμουν και πολύ εκείνη την εποχή, αλλά ο

Izzy έκανε αυτό που κάνει καλύτερα απ' όλα· ζύγιζε την κατάσταση, παρατηρούσε τα πάντα, συμμετείχε, αλλά ποτέ δεν δεσμεύτηκε για κάτι. Ήθελε να δει τι είχε αλλάξει και τι είχε μείνει ίδιο. Τελικά πρόσεξε πόσο αλκοόλ πίναμε, όπως και σε τι φάση είχε μπει ο Axl. «Δοκίμασε τα νερά» για να δει αν μπορούσε να τα βγάλει πέρα. Εκείνη την εποχή εξακολουθούσα να πιστεύω ότι είχε φύγει από το συγκρότημα λόγω των ταραχών που είχαν ξεσπάσει στο St. Louis και παραλίγο να ξεσπάσουν στη Γερμανία. Δεν είχα συνειδητοποιήσει ότι τα περιστατικά εκείνα ήταν απλώς οι αφορμές.

Σε ολόκληρη την περιοδεία του *Illusion,* που κράτησε δύο χρόνια και βάλε, είχαμε δύο οπερατέρ που κατέγραφαν κάθε στιγμή. Εκείνοι οι τύποι ήταν στενοί μας φίλοι, κι έτσι τους επιτρέπαμε την είσοδο παντού. Πραγματικά, αποτύπωσαν τα πάντα. Απαθανάτισαν την ιστορία που δεν μπορούσε να δει κανείς άλλος εκτός από τα μέλη του γκρουπ. Ήταν μαζί μας σε όλο το σκέλος της περιοδείας, όπως και ο Del James, ο οποίος μερικές φορές γινόταν ένας de facto αφηγητής, παίρνοντας συνεντεύξεις και ξεναγώντας τους τύπους με τις κάμερες. Μια νύχτα ο Del James και οι οπερατέρ πέτυχαν τον Izzy κι εμένα να τζαμάρουμε με ακουστικές κιθάρες παίζοντας χαλαρά, όπως κάναμε όταν ήμαστε μόνοι μας. Νιώθαμε τόσο άνετα και το όλο πράγμα ακουγόταν τόσο φυσικό και χαλαρό που πολύ θα ήθελα να είχα μία ηχογράφησή του. Έχουμε υλικό δύο χρόνων που βρίσκεται σε μια κρύπτη η οποία θα μείνει κλειστή για πάντα, εκτός κι αν ο Axl και οι υπόλοιποι καταφέρουμε να εξομαλύνουμε τις διαφορές μας. Αυτό το κινηματογραφικό υλικό είναι το ιερό δισκοπότηρο των Guns N' Roses. Αν προέκυπτε κάποια ταινία που να συμπυκνώνει τις καλύτερες στιγμές του υλικού αυτού σε δύο ώρες, μιλάμε για την απόλυτη καταγραφή της ουσίας των Guns N' Roses.

Ο Izzy έμεινε μαζί μας μέχρι τα τέλη Μαΐου, ολοκληρώνοντας τη συμμετοχή του με δύο συναυλίες στο National Bowles του Milton Keynes, στην Αγγλία. Ο Gilby έφτασε αεροπορικώς, και οι δυο τους τα πήγαν μια χαρά. Ευτυχώς, η αλλαγή σκυτάλης έγινε χωρίς δράματα.

Στη συνέχεια διασχίσαμε τη βόρεια Ευρώπη. Δώσαμε την πρώτη μας συναυλία με την κανονική σύνθεση στη Νορβηγία· ήταν η δεύτερη φορά που επιχειρούσαμε να παίξουμε εκεί. Την πρώτη φορά αναγκαστήκαμε να το ακυρώσουμε επειδή ο Axl είχε τεθεί «υπό κράτηση» στο Παρίσι. Το ταξίδι στη Νορβηγία ήταν μεγάλη υπόθεση για τον Matt, επειδή η οικογένειά του κατάγεται από εκεί· έτσι απόλαυσε όλα τα ιστορικά αξιοθέατα της χώρας.

Μια βραδιά που ξεχωρίζει στη μνήμη είναι όταν παίξαμε στην Κολονία. Ήταν μία από αυτές τις νύχτες που εγώ δεν θυμάμαι με λεπτομέρειες, αλλά για τις οποίες με θυμούνται οι άλλοι. Είχαμε ρεπό, οπότε με τον Gilby βγήκαμε να δούμε τα αξιοθέατα. Αργότερα συναντήσαμε τους υπόλοιπους της μπάντας μαζί με μερικούς φίλους σε ένα ιταλικό εστιατόριο, όπου καταλάβαμε ένα τεράστιο γωνιακό τραπέζι. Υπήρχαν τόνοι φαγητού, άφθονο κρασί, και στο τέλος του δείπνου ο Gilby κι εγώ αποφασίσαμε να απολαύσουμε μερικά σφηνάκια γκράπα. Τα πρώτα κατέβηκαν εύκολα κι όλα πήγαιναν καλά. Όμως συνεχίσαμε να πίνουμε, και ξαφνικά όλα πήγαν κατά διαόλου. Άρχισα να ξερνάω παντού. Μιλάμε για εμετό τύπου *Εξορκιστή*. Έτσι όπως καθόμουν στη γωνία του τραπεζιού, ο εμετός ξεχύθηκε παντού, έκανε χάλια τα πιάτα και όλα τα υπόλοιπα κι άρχισε να στάζει στο πάτωμα. Δεν ξέρω αν οι ιδιοκτήτες του εστιατορίου ήταν στα καλά τους, αλλά το βρήκαν γοητευτικό. Ήταν τέτοια τιμή για εκείνους το ότι τρώγαμε εκεί, που δεν τους πείραξε που ξέρασα στο τραπέζι. Απαθανάτισα τη βραδιά σημειώνοντας στο βιβλίο επισκεπτών: «Από τα εστιατόρια όλου του κόσμου, αυτό είναι σίγουρα ένα απ' αυτά». Παρεμπιπτόντως, τη συγκεκριμένη ατάκα την είχα κλέψει από τον Mike «McBob» Mayhew.

Η περιοδεία μας συνεχίστηκε σε όλη την Ευρώπη κι έπειτα επιστρέψαμε στη Νότιο Αμερική. Παίξαμε την τελευταία μας συναυλία στην Αργεντινή, στις 17 Ιουλίου του 1993. Απ' ό,τι θυμάμαι, παίξαμε μέχρι τις δύο τα ξημερώματα περίπου κι έπειτα επιτάξαμε το μπαρ του ξενοδοχείου μέχρι τις έξι το πρωί. Και όταν επιστρέψαμε στο Los Angeles είχαμε την τιμή να έχουμε πραγματοποιήσει τη μεγαλύτερη περιοδεία στην ιστορία του rock: είχαμε δώσει εκατόν ενενήντα δύο συναυλίες σε δυόμισι χρόνια, έχοντας επισκεφθεί είκοσι επτά χώρες. Πάνω από επτά εκατομμύρια άνθρωποι μας είχαν δει να παίζουμε. Δεν κρατάω αρχείο των επιτευγμάτων μου, αλλά αν το έκανα, αυτό θα έβαζα πρώτο.

ΓΥΡΙΣΑ ΣΤΟ LOS ANGELES ΕΞΟΥΘΕΝΩΜΕΝΟΣ ΚΑΙ ΠΗΓΑ κατευθείαν στο σπίτι της μητριάς της Renee, όπου γινόταν κάτι σαν οικογενειακή συγκέντρωση. Τη μητριά της την έλεγαν Dee, αλλά όλη τη φώναζαν Ma, επειδή ήταν μια πολύ γλυκιά ηλικιωμένη κυρία γύρω στα εβδομήντα. Το σπίτι της ήταν ζεστό και είχε παντού οικογενειακές φωτογραφίες. Ήταν ωραίο, από κάθε άποψη. Και στη μέση αυτής της ευχάριστης συγκέντρωσης, μου έπεσε από την τσέπη ένα βραχάκι κόκα.

Προτού ξεκινήσουμε το τελευταίο σκέλος της νοτιοαμερικανικής περιοδείας μας, ο Matt, ο Duff κι εγώ περνούσαμε πολλή ώρα βολτάροντας στο Los Angeles και κάνοντας κόκα. Μία από εκείνες τις βραδιές προτού φύγουμε, είχαμε κάνει πολλή και θυμάμαι ότι σκεφτόμουν πως είχαμε αγοράσει περισσότερο απ' όσο μπορούσαμε να καταναλώσουμε. Είχα βάλει εκείνο το βραχάκι στο μπουφάν μου και το ξέχασα. Μάλιστα, αργά μια νύχτα προσπάθησα να το βρω, αλλά στάθηκε αδύνατον. Έψαξα στο μπουφάν και το τζιν μου, κι έμεινα με την εντύπωση ότι μου είχε πέσει κάπου στο δρόμο· έτσι έπεσα για ύπνο με τη Renee.

Ακριβώς τη στιγμή που είδα το βραχάκι στο πάτωμα του σπιτιού της μητριάς της, το είδε και η Renee και αμέσως έβαλα το πόδι μου επάνω του προτού το προσέξει η ίδια ή οποιοσδήποτε άλλος. Και έπειτα τσέκαρα αδιάφορα το παπούτσι μου και το μάζεψα. Όταν γυρίσαμε σπίτι και αρχίσαμε να το καταναλώνουμε, συνειδητοποίησα ότι αυτό το πράγμα βρισκόταν στο μπουφάν μου σε ολόκληρη τη διάρκεια της νοτιοαμερικανικής περιοδείας! Αν είναι δυνατόν, είχα εισαγάγει κοκαΐνη στη Λατινική Αμερική και την είχα φέρει πίσω, πράγμα απίστευτα γελοίο, γιατί το τελευταίο μέρος όπου χρειάζεται να πηγαίνεις κουβαλώντας τη δική σου κόκα είναι η Λατινική Αμερική.

Δεν ήταν η πρώτη φορά που απέφευγα παρά τρίχα διεθνές επεισόδιο. Την πρώτη φορά που περιοδεύσαμε στη Νότιο Αμερική, παραλίγο να με απελάσουν στην Αγγλία επειδή δεν είχα μαζί μου ούτε αμερικανικό ούτε βρετανικό διαβατήριο και η άδεια εργασίας μου στο εξωτερικό είχε λήξει. Ολόκληρο το συγκρότημα πέρασε χωρίς πρόβλημα από το τελωνείο, ενώ εμένα με κράτησαν οι Αρχές του αεροδρομίου του Los Angeles. Ο μόνος που έμεινε μαζί μου ήταν ο σωματοφύλακάς μου ο Ronnie. Η κατάσταση δεν φαινόταν καθόλου καλή. Ήμουν στο κρατητήριο περικυκλωμένος από ένοπλους φρουρούς και φορούσα σορτς, δερμάτινο μπουφάν και ψηλό καπέλο. Υπήρχε ένας Αμερικανοασιάτης υπάλληλος ο οποίος με στρίμωχνε άγρια, ενώ ο νεαρός βοηθός του ήξερε ποιος ήμουν, γεγονός που έμοιαζε να μεγαλώνει το μίσος του προϊσταμένου του για μένα. Στο τέλος αναγκαστήκαμε να πληρώσουμε εκατό δολάρια για μία υπεύθυνη δήλωση, αλλά δεν είχα καθόλου χρήματα πάνω μου, ούτε άλλωστε ο Ronnie· έτσι, για να τα μαζέψουμε αναγκαστήκαμε να κάνουμε τράκα από τους περαστικούς στο κτίριο αφίξεων του αεροδρομίου του Los Angeles.

ΑΝΑΜΕΣΑ ΣΕ ΟΛΑ ΑΥΤΑ ΤΑ ΠΑΝΩ ΚΑΤΩ ΚΑΙ ΤΑ ΠΕΡΑ ΔΩΘΕ, δώσαμε μερικές εκπληκτικές συναυλίες οι οποίες, τώρα που το ξανασκέφτομαι, στέκονται στο επίπεδο των συγκροτημάτων που θαύμαζα όταν ήμουν παιδί. Είχαμε μια πολύ «δουλεμένη» χημεία και μια δυναμική που ήταν αληθινά ανεκτίμητη. Είχαμε γράψει ιστορία, αλλά όταν η περιοδεία τελείωσε ένιωθα εντελώς «καμμένος», κι όσο δύσκολο κι αν μου ήταν να το παραδεχτώ, για πρώτη φορά στη ζωή μου χαιρόμουν που είχα γυρίσει σπίτι. Οι αντιπαραθέσεις και ο αγώνας για να τα βγάλω πέρα στην περιοδεία με είχαν κουράσει αφάνταστα. Η αστάθεια που προκαλούσε αυτό το συναισθηματικό σκαμπανέβασμα με είχε εξουθενώσει. Όταν γύρισα σπίτι, χρειαζόμουν –το λιγότερο– να επανεκτιμήσω την κατάσταση. Είχα πουλήσει το Walnut House και μαζί με τη Renee είχαμε αγοράσει ένα σπίτι κοντά στη Mulholland Drive, όπου δοκιμάσαμε να «ρίξουμε» τους ρυθμούς μας για λίγο, πράγμα πολύ δύσκολο για μένα. Εγκατέστησα έναν κανονικό ζωολογικό κήπο εκεί· ένα σωρό φίδια και ερπετά κάθε είδους. Στο γκαράζ έστησα ένα μικρό στούντιο ηχογραφήσεων, και όταν η επιθυμία να δουλεύω άρχισε να γίνεται έντονη, καταπιάστηκα με το να δουλεύω demos τραγουδιών που είχα γράψει όσο ήμαστε σε περιοδεία.

Άρχισα να κάνω περισσότερη παρέα με τον Matt και να ηχογραφούμε οι δυο μας για πλάκα· μερικές φορές περνούσαν και έπαιζαν μαζί μας ο Mike Inez από τους Alice in Chains και ο Gilby. Οι τρεις μας αρχίσαμε να τζαμάρουμε και να ηχογραφούμε κάθε βράδυ. Δεν ξέραμε πού θα κατέληγε αυτό το υλικό. Κάποια στιγμή το έβαλα στον Axl να το ακούσει, αλλά μου έδειξε απροκάλυπτα ότι δεν του προκαλούσε κανένα απολύτως ενδιαφέρον.

Δεν είχα κανένα πρόβλημα με αυτό. Έγραφα μόνο και μόνο επειδή μου άρεσε, απλώς έπαιζα μουσική που έδειχνε το πού βρισκόμουν εκείνη τη στιγμή. Δεν με απασχολούσε το αν οι Guns θα ηχογραφήσουν άλλο δίσκο, ούτε τι θα γινόταν στο μέλλον. Απλώς περνούσα καλά, χωρίς να νιώθω οποιαδήποτε πίεση.

Ηχογραφήσαμε περίπου δώδεκα τραγούδια. Τα τελευταία τα είχα μιξάρει την παραμονή του σεισμού στο Northridge, το 1994. Τελείωσα γύρω στις τέσσερις τα ξημερώματα και κατέβηκα στην κρεβατοκάμαρά μας. Η Renee κοιμόταν, η τηλεόραση ήταν ανοιχτή, και έβαλα την ψηφιακή κασέτα με τα δώδεκα demos που έμελλαν να αποτελέσουν το *Slash's Snakepit* στο κομοδίνο και έπεσα για ύπνο. Τη στιγμή που έσβηνα το φως, χτύπησε ο σεισμός. Υπήρχε μια τηλεόραση σε ένα ντουλάπι που σηκωνόταν και έπεφτε στα πόδια του κρεβατιού. Εκείνη τη στιγμή ήταν σηκωμένο και η τηλεόραση που ήταν ανοιχτή και χτυπούσε πάνω στο κρεβάτι ανάμεσα στη Renee κι εμένα εξερράγη, ενώ την ίδια στιγμή έπεσε το ρεύμα. Τα επόμενα πέντε λεπτά ήταν λες και δεχόμαστε την επίθεση του Γκοτζίλα. Χρειάστηκα μερικές στιγμές μέχρι να συνειδητοποιήσω τι συνέβαινε.

Εκείνη την εποχή έμενε μαζί μας ένας ξάδερφος της Renee. Ήταν η πρώτη φορά που ερχόταν στο Los Angeles, κι όταν τρώγαμε μαζί του στο Melrose νωρίτερα, με είχε ρωτήσει πώς ακριβώς ήταν οι σεισμοί. Μέσα στη σύγχυση το μυαλό μου πήγε σ' εκείνον. Κοιμόταν στο γραφείο δίπλα σε ένα δωμάτιο γεμάτο δηλητηριώδη φίδια. Ξύπνησα τη Renee, τη σήκωσα και την πήγα στην πόρτα της κρεβατοκάμαράς μας. Ήταν τόσο νυσταγμένη που στην προσπάθειά της να ανοίξει την πόρτα κοπάνησε το κεφάλι της πάνω της τρεις φορές προτού σκεφτεί να παραμερίσει. Αφού την έστησα εκεί που έπρεπε, κατέβηκα στο χολ και χτύπησα την πόρτα. Σε εκείνο το δωμάτιο υπήρχε μια τεράστια ντουλάπα, κι ο ξάδελφος της Renee κοιμόταν ακριβώς μπροστά της, στο πάτωμα. Πανικοβλήθηκα και τον φώναξα, αλλά δεν πήρα απάντηση. Σκέφτηκα ότι θα πρέπει να είχε παγιδευτεί κάτω από την ντουλάπα, μέχρι που τελικά τον άκουσα να απαντάει. Όπως κι η ξαδέλφη του, ο Greg κοπάνησε επανειλημμένα το κεφάλι του στην πόρτα στην προσπάθειά του να βγει.

Το σπίτι συνέχισε να τρέμει, ενώ οι τρεις μας είχαμε λουφάξει κάτω από το άνοιγμα της πόρτας της κρεβατοκάμαράς μας. Η Renee ήταν ανάμεσά μας χωρίς μπλουζάκι, και σκέφτηκα ότι ήταν πολύ καλοφτιαγμένη. Παρά τα όσα συνέβαιναν γύρω μας, μου φάνηκε αστείο. Νιώσαμε τα κύματα του σεισμού το ένα μετά το άλλο. Έμοιαζε λες και το καθένα τους έκανε επίθεση στο σπίτι. Ο θόρυβος ήταν εκκωφαντικός· γυαλιά έσπαζαν, έπιπλα αναποδογύριζαν, οι οκτώ αγριόγατές μας ούρλιαζαν κι ένα μικρό πούμα που είχαμε στο μπάνιο αλυχτούσε σαν τρελό. Περιμέναμε εκεί για κάποιο διάστημα που μας φάνηκε ώρες, μέχρι που έσβησε και η τελευταία δόνηση. Η καταστροφή ήταν κάτι το απίστευτο. Υπήρχαν τηλεοράσεις πεσμένες πάνω σε φλιπεράκια, το ψυγείο μας είχε πεταχτεί στην άλλη άκρη της κουζίνας, τα τεράστια παράθυρα του σπιτιού είχαν γίνει κομμάτια. Ανησυχούσα για το πού θα μπορούσαν να είναι οι τρεις κόμπρες μου, τα Τζίλα και τα υπόλοιπα δηλητηριώδη και εν δυνάμει επικίνδυνα ερπετά μου. Περίμενα μέχρι που φώτισε αρκετά για να ανοίξω την πόρτα του δωματίου όπου τα φυλούσα, επειδή το να ψάχνεις για δηλητηριώδη φίδια στο σκοτάδι δεν είναι καλή ιδέα. Όμως, ευτυχώς, κανένα από τα κλουβιά δεν έσπασε, και όλα τα φίδια μου ήταν μια χαρά. Το σπίτι είχε καταστραφεί εντελώς, και το χάος ήταν τέτοιο που ήταν αδύνατον να το φέρουμε βόλτα· έτσι πήγαμε στο Four Seasons στην Marina Del Ray κι αποφασίσαμε να γυρίσουμε αεροπορικώς με τον Greg στο Chicago. Είχαμε μαζί μας τον Curtis, το μικρό μου πούμα· τον μπάσαμε κρυφά στο ξενοδοχείο με το κλουβί του και τον κλειδώσαμε στο μπάνιο. Όπως τα περισσότερα ζώα μου ήταν ένα ορφανό που είχα υιοθετήσει και μεγαλώσει στο σπίτι μου.

Καθαριστήκαμε λιγάκι και γυρίσαμε στο εστιατόριο. Ενόσω περιμέναμε το ασανσέρ, γύρισα και είδα το πούμα που είχε ανοίξει την πόρτα του μπάνιου αλλά και την πόρτα του δωματίου και μας είχε ακολουθήσει. Συνειδητοποίησα ότι έπρεπε να τακτοποιήσω το ζήτημα αμέσως· έτσι, τηλεφώνησα σε ένα φίλο που ασχολείται επαγγελματικά με τη φροντίδα άγριων ζώων για να τον μαζέψει και να τον πάει στην περιοχή των φαραγγιών, όπου ένας φίλος μου έχει εγκαταστάσεις φιλοξενίας εξωτικών ζώων. Την επόμενη μέρα πετάξαμε για το Chicago όπου μείναμε με το θείο της Renee, τον Bernie, ο οποίος αποδείχθηκε πολύ ξηγημένος τύπος. Σίγουρα, όχι απ' αυτούς που θα με σκότωναν αν απατούσα την ανιψιά τους.

Όταν τελικά επιστρέψαμε στο Los Angeles, η Renee κι εγώ αποφασίσαμε να πουλήσουμε αμέσως εκείνο το σπίτι. Έπρεπε να γκρεμιστεί και να ανοικοδομηθεί. Έτσι νοικιάσαμε ένα μέρος, και στο μεταξύ εστίασα στις ηχογραφήσεις μου με παραγωγή του Mike Clink και τους Matt και Mike Inez στα τύμπανα και το μπάσο. Ηχογράφησα όπως έπρεπε τα demos που είχαμε κάνει. Βρήκαμε και έναν τραγουδιστή –τον Eric Dover των Jellyfish– ο οποίος ταίριαζε καλά μαζί μας εκείνη την εποχή. Γράψαμε οι δυο μας τους στίχους για τα δώδεκα τραγούδια, και νομίζω ότι είναι πολύ εύκολο να καταλάβει κανείς ποια τραγούδια έγραψε εκείνος και ποια εγώ. Όλα τα δικά μου απευθύνονται σε ένα άτομο. Εκείνη την εποχή δεν το κατάλαβε κανείς. Χρησιμοποίησα το δίσκο ως μια ευκαιρία να διώξω από πάνω μου τις μαλακίες που ένιωθα να μου βαραίνουν το στήθος.

Ο Matt κι εγώ μπλέξαμε σε μια διαφωνία επειδή είχα επιλέξει τον Eric χωρίς την έγκρισή του. Ήταν πραγματικά τσαντισμένος, κι έτσι είχαμε κάποια «θέματα» για λίγο. Τέλος πάντων, όταν ο Dover ολοκλήρωσε την ηχογράφηση των φωνητικών, το πήγα στην Geffen και αποφάσισαν να το υποστηρίξουν. Όλα ήταν μια χαρά και ετοιμαζόμαστε να βγάλουμε τους Snakepit σε περιοδεία, αν δεν μας εμπόδιζε το γεγονός ότι ο Matt και ο Mike Inez δεν ήταν σε θέση να ακολουθήσουν. Όμως δεν είχα σκοπό να αφήσω αυτό το γεγονός να με αποθαρρύνει, κι έτσι στρατολόγησα τον Brian Tishy και τον James Lamenzo από το συγκρότημα του Zakk Wylde και ολοκλήρωσα τη σύνθεση με τον Gilby Clark. Οργανώσαμε μια περιοδεία στις Ηνωμένες Πολιτείες, την Ευρώπη, την Ιαπωνία και την Αυστραλία. Γυρίσαμε δύο βίντεο και κυκλοφορήσαμε ένα single, το «Beggars and Hangers On». Και περάσαμε πολύ καλά: δεν υπήρχε ούτε ένα δράμα. Κλείναμε συναυλίες, ανεβαίναμε στη σκηνή και παίζαμε. Εμφανιστήκαμε σε κλαμπ και αίθουσες συναυλιών, και η εμπειρία ήταν υπέροχη. Με βοήθησε να ανακαλύψω εκ νέου τι ήταν αυτό που μου άρεσε να κάνω. Εκείνο το πρότζεκτ ήταν και η ουσιαστική ενδοσκόπηση που είχα ανάγκη, επειδή ένιωθα ότι τα δύο τελευταία χρόνια είχα ξεχάσει τον εαυτό μου. Ήταν μεγάλη αποκάλυψη για μένα το να καταλαβαίνω πόσο αληθινό ήταν αυτό που πίστευα ανέκαθεν: ότι το να παίζεις σε ένα συγκρότημα δεν χρειάζεται πάντα να είναι εξουθενωτικό από συναισθηματική και ψυχολογική άποψη· μπορεί να έχει απλώς να κάνει με το να παίζεις μουσική.

ΣΤΟ ΔΙΑΣΤΗΜΑ ΠΟΥ ΗΧΟΓΡΑΦΗΣΑ ΤΟ DEMO ΤΩΝ SNAKEPIT, έστησα την μπάντα και βγήκαμε σε περιοδεία, υπήρχαν κι άλλα πράγματα που συνέβαιναν ταυτόχρονα στο στρατόπεδο των Guns. Ηχογραφήσαμε το *The Spaghetti Incident,* ένα δίσκο με punk διασκευές, και τον ετοιμάσαμε για κυκλοφορία. Είχαμε δουλέψει πολύ εκείνα τα κομμάτια σε διάφορες φάσεις τα δύο προηγούμενα χρόνια. Είχαμε ηχογραφήσει το «Buick McCain», το «Ain't it Fun» και τα περισσότερα από τα υπόλοιπα στο Record Plant, αλλά μερικά, όπως το «Since I Don't Have You», ηχογραφήθηκαν στα ρεπό από τις περιοδείες, ίσως στη διάρκεια της περιοδείας *Skins and Bones,* επειδή στο πιάνο συμμετείχε ο Dizzy.

Ο δίσκος κυκλοφόρησε τον Νοέμβριο του 1993, και το single –το οποίο δεν ήταν και η καλύτερη επιλογή– ήταν το «Since I Don't Have You», αν και σε μια πολύ «πειραγμένη» διασκευή. Για το κομμάτι αυτό γυρίσαμε και ένα βίντεο κλιπ. Εκείνη την εποχή έκανα παρέα και γλεντούσα συχνά με τον Gary Oldman, και την ημέρα του γυρίσματος τον είχα πάρει μαζί μου στο πλατό. Μετά το «November Rain» και το «Enstranged» είχα βαρεθεί τα μεγαλόπνοα βίντεο του συγκροτήματος, και το καινούργιο, όπως όλα έδειχναν, ήταν άλλο ένα τέτοιο – άλλη μια μεγαλειώδης έμπνευση του Axl. Παραλίγο να εγκαταλείψω το γύρισμα, όταν μου είπαν ότι έπρεπε να σταθώ σε μια πισίνα με νερό και να παίζω κιθάρα για δεκαπέντε περίπου λήψεις. Όμως τότε παρενέβη ο Gary.

«Όχι, όχι», είπε, «όλα θα πάνε καλά. Περίμενε».

Εξαφανίστηκε στο καμαρίνι για λίγο κι έπειτα εμφανίστηκε με ένα αυθεντικό βικτωριανό κοστούμι που τον έκανε να μοιάζει με τον Μαρκήσιο ντε Σαντ, και μερικά θεατρικά σκηνικά, και αποφάσισε ότι θα έκανε τον βαρκάρη με τον οποίο θα διέσχιζα τα νερά της Στυγός ενώ θα έπαιζα το σόλο μου υπό καταρρακτώδη βροχή. Μέχρι να φτάσουμε στο πλατό έχασε το κοστούμι του και κατέληξε να παίξει τον ασπροπρόσωπο δαίμονα με κολλητό μαύρο σορτσάκι· μπορώ να πω ότι έκανε πολύ καλή δουλειά. Έπειτα από εκείνο το απόγευμα, την επόμενη φορά που έμαθα νέα του, ο Garry ήταν σε κέντρο αποτοξίνωσης.

Ο DUFF, Ο AXL, Ο GILBY ΚΙ ΕΓΩ ΒΡΙΣΚΟΜΑΣΤΕ ΠΟΥ ΚΑΙ ΠΟΥ και δοκιμάζαμε να γράψουμε καινούργιο υλικό, χωρίς όμως ιδιαίτερη έμπνευση. Μέχρι τότε η ομάδα υποστήριξης που με βοηθούσε να τα βγάζω πέρα με τον Axl ήταν παρελθόν. Ο Izzy ήταν ο τελευταίος από το συγκρότημα ο οποίος μπορούσε να διατηρεί κάποιους δημιουργικούς διαύλους μαζί του. Όσο για τον Duff κι εμένα, απλώς δεν είχαμε τα κατάλληλα εργαλεία για να επικοινωνήσουμε αποτελεσματικά μαζί του.

Έπειτα από μερικούς μήνες που στη διάρκειά τους ο καθένας έκανε τα δικά του και δεν έβγαινε τίποτε από τις συναντήσεις μας, ο Axl απέλυσε τον Gilby χωρίς να ρωτήσει κανέναν. Το σκεπτικό του ήταν ότι ο Gilby ήταν «πληρωμένο πιστόλι», ένας session μουσικός με τον οποίο δεν μπορούσε να συνεργαστεί όταν γράφαμε τραγούδια. Στη συνέχεια, ο Axl επέμεινε να προσλάβουμε τον Paul Huge, έναν τύπο που τον ήξερε από την Indiana και ο οποίος για κάποιο λόγο αποκαλεί τον εαυτό του Paul Tobias. Είχαν κοινό παρελθόν οι δυο τους: είχαν γράψει μαζί το «Back off Bitch», όπως και άλλα τραγούδια. Ήμουν δεκτικός στην ιδέα, μέχρι που ο Paul έκανε την εμφάνισή του.

Δεν διέθετε ίχνος προσωπικότητας ούτε κάποιο ιδιαίτερο στιλ παιξίματος ή ήχο με τον οποίο να μπορώ να ταυτιστώ. Χωρίς αμφιβολία, ήταν το πιο αδιάφορο και πιο άχρωμο άτομο που έχω δει να παίζει κιθάρα. Έκανα ό,τι μπορούσα για να δουλέψω μαζί του, αλλά το πράγμα δεν κατέληξε πουθενά. Η αμηχανία ήταν μεγαλύτερη απ' ό,τι ακούγεται, επειδή η προβληματική μας επικοινωνία λάμβανε χώρα στις πρόβες μπροστά σε πολλούς.

Προσπάθησα να τα βρω μαζί του, αλλά δεν ήμουν ο μόνος που είχε την αίσθηση ότι προσπαθούσαν να μας επιβάλουν κάποιον τύπο χωρίς ιδιαίτερα χαρακτηριστικά, ο οποίος δεν άξιζε για τη θέση που του προσφέραμε, ούτε μπορούσε να ανταποκριθεί. Όμως ήταν μάταιο· δεν μπορούσαμε να πείσουμε τον Axl. Έκανα ό,τι μπορούσα. Προσπάθησα πολλές φορές να βρεθώ τετ-α-τετ με τον Paul για να διαπιστώσω αν υπήρχε στο χαρακτήρα του κάποια φλόγα που είχε δει ο Axl, μάταια όμως. Ο τύπος ήταν αδιόρθωτος. Ήταν σαν να μιλούσα σε έναν τοίχο· και μάλιστα, έναν ξιππασμένο τοίχο. Ήταν απίστευτα αλαζονικός, και με τη συμπεριφορά του μου έδινε την εντύπωση ότι ήταν το αγοράκι του Axl· ότι ήταν ήδη στο συγκρότημα και ότι όλοι οι υπόλοιποι απλώς έπρεπε να το αποδεχτούν. Με δυο λόγια, το ύφος του έλεγε: «Είμαι σπουδαίος, και να πάτε να γαμηθείτε». Η απάντησή μου ήταν «Αλήθεια; Για δες».

Τέλος πάντων, ο Duff κι εγώ τον σιχαινόμαστε, ο Matt τον σιχαινόταν και ο Axl έψαχνε από κάπου να πιαστεί. Ωστόσο, ήταν αποφασισμένος να επιβάλει την απόφασή του. Δεν ήξερα γιατί, αλλά ήθελα να ξέρει πώς αισθανόμαστε· έτσι μια μέρα τον πήρα παράμερα και του είπα:

«Axl, άκου, ρε φίλε... Προσπάθησα να συνεργαστώ με τον Huge και προσπάθησα να καταλάβω τι μπορεί να συνεισφέρει στο συγκρότημα, αλλά δεν βγάζω άκρη. Η "χημεία" μας δεν κολλάει, και το ίδιο συμβαίνει και με τους υπόλοιπους. Δεν καταλαβαίνω πώς θα δουλέψει το πράγμα με αυτόν τον τύπο, δεν μπορώ ούτε μια μπίρα να πιω μαζί του».

Ο Axl έδειξε ενοχλημένος: «Και γιατί πρέπει να πιεις μπίρα μαζί του;» είπε.

«Ξέρεις τι εννοώ».

«Όχι», είπε. «Δεν ξέρω».

Η συζήτηση δεν μπορούσε να συνεχιστεί.

Κάναμε πρόβες με τον Huge και προσπάθησα να γράψω μερικά καινούργια τραγούδια μαζί του στο στούντιο που είχα στο σπίτι μου, αλλά κάθε φορά το πράγμα πήγαινε απ' το κακό στο χειρότερο. Η Renee δεν άντεχε το γεγονός της παρουσίας μας, γιατί δεν μπορούσε να αντέξει την αρνητική ατμόσφαιρα που απλωνόταν σε όλο το σπίτι. Και να φανταστεί κανείς ότι δεν βρισκόταν ούτε καν στο στούντιο. Το όλο κλίμα ήταν τόσο μπλοκαρισμένο κι αμήχανο, που ο Duff κι εγώ μάλιστα ήρθαμε σε σύγκρουση, κάτι που δεν είχε συμβεί ποτέ στο στούντιο. Και αυτή ήταν για μένα η σταγόνα που έκανε το ποτήρι να ξεχειλίσει. Το άλλο πρωί είπα στον Doug να πει σε όλους ότι έπρεπε να κάνουμε πρόβες αλλού, γιατί δεν ήθελα πια να μαζευόμαστε στο στούντιό μου.

Ο Axl έδειξε απογοητευμένος και λιγάκι τσαντισμένος. Την επόμενη φορά που τον είδα μου έκανε επίθεση: «Γιατί δεν μπορούμε να γράφουμε κομμάτια στο σπίτι σου;» ρώτησε. «Τι πρόβλημα έχεις;»

«Έχω φτάσει στο αμήν, φίλε», είπα. «Η ατμόσφαιρα είναι απίστευτα αρνητική, και δεν τη θέλω σπίτι μου. Όλα όσα κάνουμε τώρα ξεχειλίζουν από κακή ενέργεια».

Μετά απ' αυτό κάναμε καιρό να ξαναμιλήσουμε με τον Axl. Αφοσιώθηκα στους Snakepit και δεν ξαφνιάστηκα όταν του έστειλα μερικά demos μου και μου έδωσε να καταλάβω ότι η μουσική που έγραφα δεν τον ενδιέφερε στο ελάχιστο.

ΑΝ ΕΧΕΤΕ ΑΝΑΡΩΤΗΘΕΙ ΠΟΤΕ ΤΙ ΗΧΟ ΠΑΡΑΓΕΙ ΕΝΑ ΣΥΓΚΡΟΤΗΜΑ τη στιγμή της διάλυσής του, ακούστε τη διασκευή των Guns N' Roses στο «Sympathy for the Devil», η οποία ηχογραφήθηκε για το soundtrack της ταινίας *Συνέντευξη με ένα Βρυκόλακα*, το φθινόπωρο του 1994. Αν υπάρχει ένα τραγούδι των Guns που δεν θα ήθελα να ακούσω ποτέ ξανά, είναι το συγκεκριμένο. Το όλο πράγμα το κανόνισε ο Tom Zutaut και ήταν φανταστική ιδέα. Το «Sympathy for the Devil» είναι ένα εκπληκτικό, κλασικό τραγούδι, η ταινία υποτίθεται ότι θα γινόταν μεγάλη επιτυχία· θα μας έβαζε όλους μαζί στο ίδιο περιβάλλον εργασίας ξανά και θα έδινε στο κοινό ένα προϊόν για να κρατήσει ζεστό το ενδιαφέρον του μέχρι την επόμενη κυκλοφορία. Δεν είχαμε κάνει περιοδεία για το *Spaghetti*, ούτε είχαμε σχέδια για να ξεκινήσουμε το νέο άλμπουμ. Έτσι ο Tom σκέφτηκε πρακτικά, υπολογίζοντας ότι ίσως αυτή να ήταν η μοναδική μας κυκλοφορία για κάποιο διάστημα. Έμεινα έκπληκτος με το γεγονός ότι ο Axl δέχτηκε να το κάνει, γιατί μέχρι τότε είχε σταματήσει εντελώς να μιλάει με τον Tom Zutaut. Σε γενικές γραμμές, ο Axl είχε περιορίσει και αντικαταστήσει όλους όσοι είχαν βοηθήσει το γκρουπ να φτάσει εκεί που έφτασε. Πάντα είχε κάποιο λόγο γι' αυτό· πιστεύω ότι στην περίπτωση του Tom, ο Axl υποστήριζε ότι κάποια στιγμή τον έπιασε να φλερτάρει την Erin. Όμως δεν βάζω και το χέρι μου στη φωτιά.

Τέλος πάντων, εγώ ήμουν ενθουσιασμένος με την ιδέα της συγκεκριμένης διασκευής, επειδή ήμουν εξοικειωμένος με τα βιβλία της Ann Rice. Τα έβρισκα εκπληκτικά, και γι' αυτό μου ήταν δύσκολο να φανταστώ τον Brad Pitt και τον Tom Cruz στους συγκεκριμένους ρόλους. Τέλος πάντων, ο Axl κι εγώ πήγαμε σε διαφορετικές προβολές της ταινίας και μας έκανε τελείως διαφορετική εντύπωση. Εγώ τη βρήκα απαίσια· από τις χειρότερες ταινίες που είχα δει.

Αμέσως μετά τηλεφώνησα στον Tom. «Έι, Tom, είμαι ο Slash», του είπα.

«Πώς σου φάνηκε;»

«Τη βρήκα άθλια. Για τα σκουπίδια», είπα.

«Μάλιστα».

«Ναι, για τα σκουπίδια. Πες στους παραγωγούς να αγοράσουν τα δικαιώματα για την εκτέλεση των Stones, επειδή εμείς δεν υπάρχει περίπτωση να το κάνουμε».

Ο Axl, από την άλλη, είχε λατρέψει την ταινία. Τη βρήκε εκπληκτική και ήθελε να παίξουμε το τραγούδι. Ένιωθα απίστευτα απογοητευμένος, εκνευρισμένος και μπερδεμένος. Το μοναδικό καλό που μπορούσα να δω στην κίνηση αυτή ήταν ότι θα καταφέρναμε αυτό που δεν είχαμε μπορέσει να κάνουμε –σε καμία περίπτωση– τους τελευταίους επτά μήνες: θα μπαίναμε όλοι μαζί στο στούντιο. Κλείσαμε χρόνο στο Rumbo. Ηχογραφήσαμε τις βάσεις με τον Mike Clink μέσα σε λίγες ημέρες, και ο Matt κι εγώ πηγαίναμε εκεί καθημερινά, βασικά κάνοντας ό,τι καλύτερο μπορούσαμε για να φέρουμε σε πέρας αυτό που ήθελε μόνο ο Axl, ενώ εκείνος δεν εμφανίστηκε ούτε μια φορά στην ηχογράφηση. Από τις βάσεις μέχρι τα τελικά overdubs, δεν είδαμε ούτε μια φορά τον Axl, ούτε ακούσαμε κάποιο νέο απ' αυτόν. Ηχογραφούσαμε παρά τη θέλησή μας, και γι' αυτό η απαξίωσή του για το χρόνο μας και τη δέσμευσή μας μάς επηρέασε αρνητικά, με αποτέλεσμα μια ηχογράφηση χωρίς έμπνευση. Περιττό να πούμε ότι το επίπεδο της πίκρας και της εχθρότητας «χτύπησε κόκκινο». Και σαν να μην έφταναν όλα αυτά, μόλις ολοκληρώσαμε την εμφανώς μέτρια διασκευή του «Sympathy for the Devil», ο Axl έκανε πάνω από μια βδομάδα να εμφανιστεί στο στούντιο για να κάνει τα φωνητικά.

Μόλις ακούσαμε το ολοκληρωμένο αποτέλεσμα είχαμε κάποιες εποικοδομητικές παρατηρήσεις. Μέσω τρίτων έμαθα ότι έπρεπε να ηχογραφήσω ξανά το σόλο της κιθάρας μου ώστε να μοιάζει πιο πολύ με πιστό αντίγραφο αυτού που έπαιζε ο Keith στην πρώτη εκτέλεση του κομματιού. Αυτό με τσάντισε απίστευτα, ακόμη περισσότερο επειδή το μήνυμα μου έφτασε από τρεις διαφορετικές πλευρές, λες και παίζαμε κάποιο χαζό παιχνίδι με τα τηλέφωνα.

Η αρχική μου παρόρμηση ήταν να πω «όχι». Μου άρεσε αυτό που είχα παίξει, επειδή αν θέλαμε να *διασκευάσουμε* το κομμάτι στη δική μας εκδοχή, δεν υπήρχε κανένας λόγος να αντιγράψω τον Keith. Η απάντηση του Axl, πάντα μέσω τρίτων, ήταν: Αν δεν το αλλάξεις, δεν το τραγουδάω. Κατάπια την περηφάνια μου για άλλη μια φορά και πήγα στο στούντιο να ηχογραφήσω ένα σόλο που έμοιαζε περισσότερο με το σόλο του Keith, παρόλο που αυτό ήταν το τελευταίο πράγμα που ήθελα να κάνω. Το παίξιμό του στο συγκεκριμένο τραγούδι είναι τόσο υπέροχο που δεν θα ήθελα να παίξω κάτι που να μοιάζει με αυτό, αλλά το έκανα. Και αυτό με έκανε να νιώθω περισσότερο τσαντισμένος από ποτέ.

Μία βδομάδα μετά, άκουσα ότι ο Axl είχε βρει τελικά χρόνο να ηχογραφήσει τα φωνητικά, κι έτσι πήγα να τον δω αυτοπροσώπως. Περίμενα τρεις ολόκληρες ώρες. Όταν τελικά εμφανίστηκε, μπήκε στο σαλόνι που καθόμουν και άρχισε να μου μιλάει διαβάζοντας συγχρόνως ένα περιοδικό, χωρίς να με κοιτάζει στα μάτια για περίπου δεκαπέντε λεπτά. Δεν μπορούσα να το αντέξω, όποτε σηκώθηκα και έφυγα. Όταν πήρα την ψηφιακή κασέτα με τα φωνητικά του Axl πρόσεξα ότι υπήρχε μια δεύτερη κιθάρα εκτός από τη δική μου. Είχε βάλει τον Paul Huge να παίξει πάνω από το σόλο μου. Με άλλα λόγια, ο τύπος είχε κοπιάρει αυτό που έπαιζα σε ένα άλλο κανάλι που ακουγόταν παράλληλα με το δικό μου. Ήταν σαν αποτυχημένη λογοκλοπή.

Έγινα έξαλλος. Το γεγονός ότι είχαν βάλει έναν άλλο κιθαρίστα να ηχογραφήσει πάνω από το μέρος μου, μαρτυρούσε τέτοια έλλειψη σεβασμού που δεν ήμουν διατεθειμένος να την ανεχτώ. «Ένιψα τας χείρας μου» από αυτό το τραγούδι, «ένιψα τας χείρας μου» από τους Guns, και εστίασα στην ενέργεια των δικών μου τραγουδιών και του δικού μου πρότζεκτ, του ντεμπούτου των Slash Snakepit, με τίτλο *It's Five O'Clock Somewhere*.

ΜΟΛΙΣ ΟΙ SNAKEPIT ΒΡΗΚΑΝ ΤΟΥΣ ΡΥΘΜΟΥΣ ΤΟΥΣ, ΕΝΙΩΘΑ απόλυτα ικανοποιημένος. Για πρώτη φορά σε διάστημα χρόνων, το να βρίσκομαι σε περιοδεία ήταν ξανά ευχάριστη εμπειρία, οι συνεργάτες μου στην μπάντα είχαν πολλή πλάκα και απεχθάνονταν τις δραματικές καταστάσεις, ενώ κάθε συναυλία είχε σχέση με το να παίζεις rock and roll και όχι με το να αποδεικνύεις κάτι ή να στήνεις ένα κολοσσιαίο θέαμα. Όλα κυλούσαν μια χαρά. Ο δίσκος πουλούσε, η περιοδεία πήγαινε απίθανα. Ήμουν στο «δρόμο» και δεν ήξερα πότε θα γυρνούσα πίσω. Πάνω που ήμαστε έτοιμοι να κλείσουμε άλλο ένα σκέλος για την περιοδεία, οι άνθρωποι της Geffen με πληροφόρησαν ότι ο δίσκος είχε πουλήσει ένα εκατομμύριο αντίτυπα. Έτσι, είχαν αποκομίσει τα κέρδη που ήθελαν, και δεν έβλεπαν για ποιο λόγο έπρεπε να συνεχίσουμε την περιοδεία μας. Έπρεπε να γυρίσω στο Los Angeles επειδή ο Axl ήταν έτοιμος να αρχίσει να δουλεύει στον νέο δίσκο τον Guns N' Roses. Το είχαν σκεφτεί από όλες τις πλευρές. Αν έφερνα αντιρρήσεις, μου ξεκαθάρισαν ότι θα ανέστελλαν την οικονομική υποστήριξή τους στην περιοδεία των Snakepit.

Επέστρεψα στο Los Angeles με ένα φόβο μέσα μου για το τι θα μπορούσε να με περιμένει· όπως αποδείχθηκε, είχα δίκιο. Αυτό που με περίμενε ήταν η αρχή του τέλους, ή αλλιώς το κλείσιμο των ημιτελών και δυσάρεστων καταστάσεων. Γιατί εδώ που τα λέμε, το τέλος είχε αρχίσει από καιρό· απλώς τώρα γυρνούσα σπίτι για την κηδεία. Είναι αστείο, αλλά όταν οι fans με ρωτούν, όπως συμβαίνει σχεδόν κάθε μέρα, αν θα επανασυνδεθούν ποτέ οι Guns με την αρχική τους σύνθεση, μου είναι δύσκολο να τους πάρω στα σοβαρά, γιατί αυτή η ερώτηση μου φαίνεται βλακώδης. Αν ήξεραν τι είχε συμβεί πραγματικά, θα γνώριζαν και την απάντηση. Όμως η αντίδρασή μου είναι πάντα η ίδια. Τους λέω: δείτε τι κάνει ο καθένας σήμερα. Ο Duff, ο Matt κι εγώ παίζουμε σε ένα πετυχημένο συγκρότημα. Ο Izzy είναι ευχαριστημένος με αυτό που κάνει. Το ίδιο και ο Steven. Και ο Axl περιοδεύει με τους νέους Guns. Κανείς δεν μας τηλεφωνεί για να δει αν μπορούμε να ξαναστήσουμε το συγκρότημα. Αυτό είναι το σημείο που βρισκόμαστε. Μόλις το σκεφτείτε αυτό, η απάντηση στο ερώτημα της επανασύνδεσης γίνεται ξεκάθαρη, αν θέλετε τη γνώμη μου. Είμαστε εντάξει τώρα;

Κατάρρευση

12
Κεφάλαιο

Μερικές φορές, η αλήθεια βρίσκεται μπροστά στα μάτια σου και μοιάζει τόσο παράλογη που απλά δεν τη βλέπεις. Είναι λες και στέκεσαι μπροστά στο είδωλό σου, στο «σπίτι με τους καθρέφτες» ενός λούνα παρκ. Είναι δύσκολο να πιστέψεις ότι η παραμορφωμένη σιλουέτα που σε κοιτάζει είσαι εσύ ο ίδιος. Ένα τέτοιο τέρας είχαν γίνει οι Guns. Ήμαστε μια τόσο αλλόκοτη εκδοχή αυτού που υπήρξαμε κάποτε, που καλά καλά δεν μπορούσα να μας αναγνωρίσω. Όμως, αντίθετα από το «σπίτι με τους καθρέφτες», δεν μπορούσα να αποδράσω· όταν έπαιρνα το βλέμμα μου από το γυαλί, το είδωλο εξακολουθούσε να βρίσκεται εκεί.

Με είχαν διατάξει να διακόψω την περιοδεία και να γυρίσω πίσω. Μου είχαν πει να σταματήσω κάτι που απολάμβανα σε κάθε του πτυχή. Δίσταζα να το κάνω. Ήθελα να συνεχίσω την περιοδεία και μετά την Ιαπωνία· ήθελα να πάω στην Αυστραλία· ήθελα να ολοκληρώσω αυτό που είχα ξεκινήσει. Μπορεί να φαντάζει ως δείγμα ασυνέπειας, επειδή οι Snakepit ήταν ένα μεταβατικό πρότζεκτ και έμοιαζε με σχήμα φτιαγμένο για να περνάμε καλά, αλλά είχα τις φιλοδοξίες μου γι' αυτό που έκανα. Όταν αποφασίζω να πετύχω κάτι, φοράω παρωπίδες, βάζω το κεφάλι κάτω και δεν σταματάω μέχρι να τα καταφέρω· και στη συγκεκριμένη περίπτωση δεν είχα ακόμα πετύχει όσα ήθελα.

Όταν πρωτοπήγα το δίσκο στην Geffen, ήμουν ξεροκέφαλος και αποφασισμένος. Δεν γνώριζα, ούτε καταλάβαινα τι συνέβαινε με την εταιρεία μας το 1994, όταν εμφανίστηκα στη συνάντηση που είχα μαζί τους. Ολόκληρη η δισκογραφική βιομηχανία βρισκόταν στα πρόθυρα μιας τεράστιας αλλαγής· μέσα στα επόμενα λίγα χρόνια, όλες οι πολυεθνικές θα συγχωνεύονταν, θα άλλαζαν χέρια ή θα διαλύονταν. Εκείνη την εποχή δεν το ήξερα, ούτε με ένοιαζε. Έβαλα στον Zutaut να ακούσει τους Snakepit, συμφώνησε να το κυκλοφορήσουν, κι αυτό ήταν το μόνο που ήθελα να ακούσω. Δεν διαισθανόμουν τη γενικότερη σύγχυση και δεν διέβλεπα πόσο αγχωμένοι ήταν όλοι σχετικά με την κυκλοφορία του επόμενου άλμπουμ των Guns N' Roses. Δεν είχα ιδέα ότι ο David Geffen ήταν έτοιμος να πουλήσει την εταιρεία, και ότι η προοπτική ενός νέου δίσκου των Guns μπορεί να άλλαζε την απόφασή του, αλλά ακόμα κι αν το ήξερα δεν υπήρχαν πολλά που μπορούσα να κάνω για να τον παραδώσω «στην ώρα του».

Τώρα που το ξανασκέφτομαι, συνειδητοποιώ ότι ενώ οι άνθρωποι της Geffen πίστευαν ότι διακινδύνευα το μέλλον των Guns προωθώντας τους Snakepit, αποφάσισαν ότι πιο σημαντικό ήταν να με εξευμενίσουν· έτσι έκαναν ό,τι μπορούσαν για να με βοηθήσουν να κάνω αυτό που ήθελα εκείνη τη στιγμή και να εκτονωθώ. Έψαχναν αγωνιωδώς κάποιο τρόπο για να βγουν από το αδιέξοδο, αλλά αν ο Tom Zutaut ή κάποιος άλλος μου είχε εκφράσει τις ανησυχίες του, θα τους είχα πει την αλήθεια. Δεν είχα καμία πρόθεση να παρατήσω τους Guns N' Roses. Όσο τσαντισμένος κι αν ήμουν, πάντα πίστευα ότι θα ξαναγυρνούσα, έπειτα από κάποια ανάπαυλα, όταν θα είχε φτάσει η κατάλληλη στιγμή.

Έτσι λοιπόν η Geffen κυκλοφόρησε και υποστήριξε τον πρώτο δίσκο των Snakepit, *It's Five O' Clock Somewhere.* Τον προώθησαν και στήριξαν οικονομικά τις περιοδείες, αλλά κάποια στιγμή σταμάτησαν. Όπως προανέφερα, ο Axl είχε μόλις ανακοινώσει –ή, τουλάχιστον, έτσι μου είπαν–

στη δισκογραφική ότι ήταν έτοιμος να ξεκινήσει δουλειά για τον νέο δίσκο των Guns. Έτσι μου τράβηξαν τα λουριά και με διέταξαν να γυρίσω πίσω. Όπως το έβλεπαν, είχα πουλήσει ένα εκατομμύριο δίσκους και είχαν βγάλει κέρδος οπότε δεν χρειαζόταν να είμαι σε περιοδεία, ούτε να συνεχίσω την προώθηση του δίσκου. Το αστείο ήταν ότι ακόμα και έπειτα από όλα αυτά τα χρόνια δεν είδα ποτέ τις περιοδείες ως έναν τρόπο για να προωθήσω κάποιο δίσκο· για μένα ήταν απλά μια δικαιολογία για να παίζω.

Έφτασα στο Los Angeles και εγκαταστάθηκα στο καινούργιο σπίτι που είχαμε νοικιάσει με τη Renee πάνω από το Sunset Plaza, στο Δυτικό Hollywood. Μετέφερα εκεί όλα τα φίδια μου και μείναμε για κάποιο διάστημα πληρώνοντας το νοίκι μήνα με το μήνα. Μπορεί να είχαμε παντρευτεί, αλλά εκείνη την εποχή δεν είχα τη νοοτροπία του νοικοκύρη. Ήξερα ότι *έπρεπε* να έχω ένα σπίτι, αλλά δεν μπορούσα να ασπαστώ τον ανάλογο τρόπο ζωής. Είχαμε νοικιάσει ένα σπίτι σε καλή τιμή πάνω από τη Sunset, που είχε όλα όσα χρειάζομαι· ήταν το στέκι μου. Είχα τα φίδια μου, είχα τη Renee, είχα τα φλιπεράκια μου· ήταν ένα φανταστικό εργένικο καταφύγιο... για μένα και τη γυναίκα μου.

Έτσι πήγα στην πόλη με πολύ αρνητική διάθεση, επειδή στο πίσω μέρος του μυαλού μου ήξερα ότι είχα να κάνω πολλά, και τίποτε απ' αυτά δεν ήταν εύκολο. Ο Doug μάς είχε κλείσει ένα στούντιο που ονομαζόταν The Complex, το οποίο αργότερα βαφτίσαμε The Compound. Όταν πήγα εκεί, ο Axl είχε ήδη στήσει το σκηνικό που ήθελε. Το μέρος είχε μία μεγάλη αίθουσα για πρόβες και μια εξωφρενική ποσότητα από μηχανήματα και όργανα –κυριολεκτικά ένα δωμάτιο γεμάτο συνθεσάιζερ– όπως και ένα περίπλοκο ψηφιακό σύστημα ηχογράφησης με Pro Tools, το οποίο είχε νοικιάσει ο Axl. Ο Axl κι εγώ δεν είχαμε κανενός είδους επαφή μετά την επιστροφή μου, ούτε τηλεφωνική ούτε προσωπική. Έπαιρνα τις εντολές μου από τον Doug. Εμφανίστηκα την προκαθορισμένη ώρα και βρήκα εκεί τον τεχνικό για τις κιθάρες μου, τον Adam Day· τον τεχνικό του Duff, τον McBob, τον Duff, τον Dizzy Reed, τον Matt και τον Paul Huge. Ο Axl πουθενά. Εκείνη την πρώτη βραδιά έφτασα στο στούντιο γύρω στις οκτώ το βράδυ.

Η πρώτη μου σκέψη ήταν ότι αυτό το σκηνικό που αντιπροσώπευε το συγκρότημά μας μου θύμιζε πάρα πολύ την ηχογράφηση του Michael Jackson για το *Dangerous*. Όταν είχα παίξει σε εκείνη την ηχογράφηση, μου είχε κάνει τρομερή εντύπωση η ασύλληπτη σπατάλη χρημάτων. Υπήρχαν βουνά από νοικιασμένα μηχανήματα και μου είπαν ότι είχε στήσει πολλά στούντιο με τον ίδιο ακριβώς εξοπλισμό σε όλη τη χώρα, για την περίπτωση που η έμπνευση του υπαγόρευε να ηχογραφήσει οποιαδήποτε στιγμή.

Είμαι πολύ λιτοδίαιτος τύπος, κι έτσι όλη αυτή η κατάσταση δεν μου έκανε καμιά εντύπωση. Μου φάνηκε άσκοπη σπατάλη χρημάτων· το σκηνικό του Michael πρόδιδε άνθρωπο που είχε χάσει τον έλεγχο. Όταν πήγα να ηχογραφήσω, το προσωπικό ήταν φιλικό με έναν τρόπο που θύμιζε ρομπότ, σαν γκρουμ ξενοδοχείου πέντε αστέρων.

«Με τι θα θέλατε να παίξετε;» θυμάμαι ότι με ρώτησε κάποιος.

«Τι εννοείς;»

«Έχουμε πολλές κιθάρες εδώ», είπε ο τύπος. «Ποια θα θέλατε να χρησιμοποιήσετε;»

«Έχω φέρει τη δική μου», είπα. «Προτιμώ να παίξω μ' αυτήν».

Η όλη φάση ήταν ένα ασύνδετο και άψυχο μουσικό σενάριο. Το τελευταίο μέρος που περίμενα ποτέ να συναντήσω τέτοια ατμόσφαιρα ήταν στις πρόβες της μπάντας μου για την ηχογράφηση του καινούργιου μας δίσκου. Μπορώ να αντέξω πάρα πολλά πράγματα, αλλά αυτό που μου γυρίζει το στομάχι είναι η έλλειψη ευθύτητας. Μόλις αρχίζουν οι παπαριές, αρχίζω κι εγώ να κουράζομαι. Και γι' αυτό ανησύχησα όταν μπήκα σε κείνο το χώρο. Υπήρχαν ατέλειωτες σειρές από υπολογιστές και ψηφιακά μηχανήματα που λειτουργούσαν τα Pro Tools. Κάτι που δείχνει ότι ο Axl κι εγώ είχαμε τελείως διαφορετικές απόψεις σχετικά με το πώς έπρεπε να κάνουμε αυτό το δίσκο. Δεν ήμουν αντίθετος στη χρήση ψηφιακής τεχνολογίας γιατί μου αρέσει να δοκιμάζω καινούργια πράγματα, αλλά για να εξερευνήσουν καινούργιες ιδέες, οι άνθρωποι πρέπει όλοι να είναι συντονισμένοι στο ίδιο μήκος κύματος και να βρίσκονται στον ίδιο χώρο. Παρ' όλ' αυτά καταφέραμε να τζαμάρουμε λιγάκι και να βγάλουμε κάποια καινούργια πράγματα. Ο Axl έδειξε να εκτιμά κάποιες ιδέες μου και τις ηχογραφήσαμε στα Pro Tools για να τις δουλέψουμε αργότερα.

Εμφανιζόμαστε διαφορετικές ώρες κάθε βράδυ, αλλά συνήθως μέχρι τις οχτώ ήμαστε όλοι εκεί. Έπειτα περιμέναμε τον Axl, ο οποίος έφτανε με τρομερή καθυστέρηση. Έτσι γινόταν συνήθως· ήταν μια σκοτεινή, μίζερη ατμόσφαιρα που της έλειπε η συγκεκριμένη κατεύθυνση. Έμεινα για λίγο, αλλά έπειτα από μερικές ημέρες επέλεξα να περάσω τα βράδια μου στο στριπτιζάδικο της γωνίας, λέγοντας στους ηχολήπτες να με φωνάξουν σε περίπτωση που ο Axl αποφάσιζε να κάνει την εμφάνισή του.

ΜΙΑ ΔΕΚΑΕΤΙΑ ΜΕΤΑ ΤΗ ΔΗΜΙΟΥΡΓΙΑ ΤΟΥ ΣΥΓΚΡΟΤΗΜΑΤΟΣ, όλα όσα ήξερα ότι συνιστούσαν τους Guns N' Roses είχαν αλλάξει. Είχαμε χάσει τον Steven, είχαμε χάσει τον Izzy, ενώ είχαμε κερδίσει τον Matt. Είχαμε κερδίσει και στη συνέχεια είχαμε χάσει τον Gilby. Ο Duff ήταν το μοναδικό συστατικό της αρχικής σύνθεσης που παρέμενε στη θέση του· ήταν φίλος μου, ο μόνος στον οποίο μπορούσα να βασιστώ. Αλλά τώρα είχε κόψει τα πάντα· τον Μάιο του 1994 υπέστη ένα παρολίγο μοιραίο επεισόδιο με την υγεία του, όταν το πάγκρεάς του πήγε να εκραγεί. Η συσσωρευμένη επίδραση όλων αυτών των χρόνων κραιπάλης είχε τις επιπτώσεις της, κι αν ο Duff δεν σταματούσε, θα πέθαινε. Εξακολουθούσαμε να κάνουμε πολλή παρέα, και βασικά τα πράγματα ήταν τα ίδια, αλλά δεν στραγγίζαμε πια μπουκάλια. Προσπαθούσε να διατηρήσει την κατάσταση σε κάποια ισορροπία, να εξοικειώσει τον Matt με τη διαδικασία, επειδή δεν ήξερε πώς λειτουργούσαν οι Guns σε περιόδους που δούλευαν καινούργιο υλικό. Ο Duff ήταν ο μόνος σταθερός πυρήνας του γκρουπ εκείνη την εποχή, ενώ εγώ είχα αρχίσει να παρουσιάζω σημεία αποστασιοποίησης.

Το αλκοόλ εξακολουθούσε να είναι για μένα μια διασκεδαστική, ψυχαγωγική δραστηριότητα στην οποία μπορούσα να επιδίδομαι καθημερινά, αν και είχα αρχίσει να πίνω περισσότερο για θεραπευτικούς λόγους, παρά για να περνάω καλά. Όπως και να 'χει, η κοινή κοινωνική ζωή των Guns εκτός στούντιο δεν ήταν σπουδαία· έτσι, από τη στιγμή που ξαναγύρισα στο συγκρότημα, ήμουν λίγο-πολύ μόνος. Κατανάλωνα υπερβολικές ποσότητες αλκοόλ, αλλά εξακολουθούσα να λειτουργώ ως κανονικό άτομο, ένα κανονικό άτομο που παρά το επίπεδο αλκοόλ

Ο Slash και ο Axl συζητούν κάτι στα παρασκήνια της περιοδείας Illusion. *Προσέξτε το μισό γαλόνι βότκας στο στομάχι του Slash.*

στις φλέβες του ήταν σε θέση να λειτουργεί· είχα προσπαθήσει πάρα πολύ για να καταφέρω να φτάσω σε αυτό το σημείο. Δεν είχα άλλη λύση, επειδή το αλκοόλ ήταν το μόνο πράγμα που με ικανοποιούσε και κατέστελλε την ανησυχία μου για όλα τα ζητήματα που έπρεπε να αντιμετωπίσω στη ζωή και στο συγκρότημα αν επέτρεπα στον εαυτό μου να γυρίσει για λίγο στη φυσιολογική του κατάσταση.

Το μεγάλο ζητούμενο ήταν να καταφέρουμε να βάλουμε ξανά το γκρουπ σε λειτουργία. Εν μέσω της λιγότερο δημιουργικής ατμόσφαιρας που είχα βιώσει στην ιστορία του συγκροτήματος, καταφέραμε με κάποιο τρόπο να βγάλουμε κάποιο υλικό. Το θυμάμαι αμυδρά, γιατί έκανα ό,τι μπορούσα για να το ξεχάσω. Θυμάμαι ότι πήγαινα στο στούντιο και έπαιζα στα τυφλά, χωρίς κάποια κατεύθυνση. Υπήρχε πάρα πολύ εχθρότητα στην ατμόσφαιρα, που λειτουργούσε ανασταλτικά στη δημιουργικότητά μου. Μία από τις λίγες φορές που μίλησα με τον Axl για την κατάσταση, ήταν ξεκάθαρο ότι βλέπαμε το ζήτημα από τελείως διαφορετικές οπτικές γωνίες. Προσπαθούσα να του μεταφέρω ότι η συνεργασία με τον Huge ήταν αγγαρεία, και ότι κατά τη γνώμη μου είχαμε φτάσει σε δημιουργικό αδιέξοδο.

«Δεν χρειάζεται να είστε φίλοι για να κάνετε ένα δίσκο», είπε ο Axl.

«Ίσως όχι», είπα, «αλλά χρειάζεται να υπάρχει κάποιος αμοιβαίος σεβασμός, ξέρεις».

Θα μπορούσα να αναφέρομαι σε μας τους δύο. Η αρνητική διάθεση ήταν τόσο καταλυτική που δεν με άφηνε να συγκεντρωθώ στη σύνθεση. Υπήρχαν τόσα δύσκολα ζητήματα που με απασχολούσαν, που μου ήταν αδύνατο να παραμείνω όσο ήρεμος και γαλήνιος έπρεπε για να απολαύσω το παίξιμο. Έτσι, φρόντιζα να είμαι μεθυσμένος όλη την ώρα και να κάνω ό,τι υποτίθεται ότι έπρεπε να κάνω.

Ο Axl ζήτησε κι από τον Zakk Wylde να έρθει να παίξει μαζί μας στις πρόβες μαζί με τον Paul Huge. Ίσως σκέφτηκε ότι η ιδέα θα μου άρεσε, επειδή ο Zakk ήταν φίλος μου και τον σεβόμουν ως κιθαρίστα, αλλά η παρουσία του δεν ήταν λύση. Πρότεινα να ξαναπάρουμε στο συγκρότημα τον Gilby, αλλά η ιδέα απορρίφθηκε κατηγορηματικά. Μέσω του Doug Goldstein, ανταλλάσσαμε ένα σωρό μηνύματα για τις επιθυμίες, τις ανάγκες και τις ιδέες του Axl σχετικά με το τι έπρεπε να κάνουμε. Σε εκείνη τη φάση, ο μόνος τρόπος επικοινωνίας που είχα με τον Axl ήταν μέσω του Doug. Ο Axl παρέδιδε το μήνυμα στον Doug κι εκείνος το «στρογγύλευε» καταλλήλως προτού μου το μεταφέρει. Έπειτα του έδινα εγώ ένα μήνυμα και αυτός το περνούσε στον Axl. Μερικές φορές τηλεφωνούσα κι εγώ στον Axl, αλλά συνήθως δεν το σήκωνε, ούτε με έπαιρνε πίσω. Κι όταν εμφανιζόταν στις πρόβες, δεν τραγουδούσε ποτέ.

Έχω θολές αναμνήσεις από εκείνη την περίοδο, επειδή βρισκόμαστε και τζαμάραμε ελάχιστα. Πρέπει να πω όμως ότι το στούντιο ήταν στημένο πολύ καλά. Τελικά εκείνες οι πρόβες κόστισαν πάρα πολύ για ένα βαρετό, καταθλιπτικό καθησιό.

Όσο τσαντισμένος κι αν ήμουν που με είχαν αναγκάσει να γυρίσω άρον άρον στο Los Angeles για να μην κάνω τίποτε, η «υπεύθυνη» πλευρά μου ανέλαβε τα ηνία και αποφάσισα να κάνω ό,τι μπορούσα για να προκύψει κάτι καλό από όλα αυτά, παρά το γεγονός ότι συναισθηματικά κόντευα να εξαντληθώ. Δεν ήμουν σίγουρος για το τι να περιμένω από τον Zakk Wylde, αλλά ήλπιζα για το καλύτερο. Ο Zakk είναι πολύ εντάξει τύπος. Θυμάμαι ότι τον γνώρισα πριν από πολλά χρόνια στο Sunset Marquis, τη νύχτα που τον προσέλαβε ο Ozzy για βασικό του κιθαρίστα. Πήγα αμέσως στο δωμάτιό του και το γιορτάσαμε εκεί μέχρι που τον άφησα λιπόθυμο στην μπανιέρα. Η προσωπικότητα του Zakk μοιάζει πολύ με του Steven Adler, αλλά επί δέκα· δεν μασάει τα λόγια του, ούτε φοβάται τις αντιπαραθέσεις. Δεν μπορούσα να φανταστώ ότι θα άντεχε περισσότερο από μία εβδομάδα με τον Axl. Όμως, πέρα απ' αυτά, όταν τζαμάραμε στο Complex, αυτό που κάναμε δεν είχε νόημα για μένα. Η σχέση ανάμεσα στις δύο κιθάρες δεν ήταν αυτή που χαρακτήριζε τους Guns N' Roses. Ήμαστε δύο lead κιθαρίστες που έπαιζαν τα τραγούδια από τις δύο πλευρές της σκηνής, και αυτό ήταν υπερβολικό. Είχα συνηθίσει να δουλεύω και να παίζω με έναν ρυθμικό κιθαρίστα πιο χαμηλών τόνων. Αν ο Zakk κι εγώ προχωρούσαμε στη συνεργασία μας, το πράγμα θα αποκτούσε μία τελείως διαφορετική διάσταση... θα θύμιζε περισσότερο τους Judas Priest. Ακόμα κι εκείνος ένιωθε ότι δεν ήταν αυτό το ζητούμενο.

«Καλά πήγε», του είπα αφού τζαμάραμε για λίγο.

«Άκου, φίλε», είπε τελικά. «Δεν ήταν κι άσχημα. Εντάξει, θα μπορούσαμε να το κάνουμε, χέσ' το, καλά θα 'ταν. Όμως εσύ και ο Axl πρέπει να κάνετε το γκρουπ να πάρει μπρος. Ξυπνήστε και κάντε το».

Όλα είχαν να κάνουν με το γεγονός ότι ο Axl ήθελε να έχει τον απόλυτο έλεγχο, με αποτέλεσμα οι υπόλοιποι να ασφυκτιούμε.

ΜΕΧΡΙ ΤΟΤΕ ΗΔΗ, ΟΛΕΣ ΟΙ ΑΠΟΦΑΣΕΙΣ ΤΟΥ ΓΚΡΟΥΠ λαμβάνονταν από τον Axl και τον Doug Goldstein. Ο Duff, εγώ και τα υπόλοιπα μέλη μαθαίναμε τις αποφάσεις τους μέσω τηλεφώνου και φαξ – οι Guns N' Roses είχαν γίνει πια και επισήμως δικτατορία. Η πραγματικότητα ήταν ισοπεδωτική· ήταν σαν κινούμενη άμμος. Δεν μπορούσα να πιαστώ από πουθενά για να βγω. Αυτό που υποτίθεται ότι έπρεπε να κάνουμε ήταν απλό· να προσλάβουμε νέο κιθαρίστα και να ηχογραφήσουμε καινούργιο άλμπουμ. Αλλά όλη η διαδικασία βρισκόταν υπό τον ασφυκτικό έλεγχο του Axl, και παρόλο που ήξερα ότι θα ήθελε κάποια συμμετοχή εκ μέρους μου, η αφόρητη πίεση με έκανε να ασφυκτιώ και δεν μπορούσα να σκεφτώ σωστά. Νομίζω ότι τελικά ήταν ένα άγριο παιχνίδι εξουσίας ανάμεσα σε αυτόν και εμένα, με εκείνον να θέλει να ελέγχει τα πάντα ο ίδιος κι εμένα να θέλω να κρατήσω τη φάση σε ένα πιο συλλογικό επίπεδο. Πολλές φορές θεωρούσαν τον Axl κι εμένα ως τον βασικό πυρήνα των Guns N' Roses, και νομίζω ότι ο Axl συμφωνούσε σ' αυτό, αλλά η επιτυχία που είχαμε καταφέρει να κατακτήσουμε μέχρι τότε ήταν αποτέλεσμα συλλογικής δουλειάς πέντε ανθρώπων, που –απ' όσο ήξερα– κανείς δεν ήταν πιο σημαντικός από τον άλλο. Όμως αυτή η αντίληψη ανήκε πλέον στο παρελθόν, και φαινόταν ότι δεν μπορούσα να κάνω τίποτε γι' αυτό.

Παρόλο που εδώ και καιρό είχα δει πώς θα έρχονταν τα πράγματα, όταν χρειάστηκε να αντιμετωπίσω την πραγματικότητα εξακολουθούσα να αρνούμαι να την αποδεχθώ. Ένα από τα πράγματα που μας είχε ωθήσει να φτιάξουμε το συγκρότημα ήταν το γεγονός ότι δεν μας άρεσαν τα αφεντικά. Αυτό και μόνο, αρκούσε για να μας κάνει να στηριζόμαστε ο ένας στον άλλο. Ο Axl ήταν πάντα μέρος αυτής της ομάδας, τουλάχιστον διανοητικά, αν όχι σε επίπεδο φυσικής παρουσίας. Βαθιά μέσα μας, ακόμα και όταν φερόταν παράξενα, οι υπόλοιποι ξέραμε ότι ήταν μέρος της ομάδας. Τώρα ξαφνικά είχε πάψει. Όσο κι αν το παραβλέπαμε στο παρελθόν, το είχε κάνει σαφές ότι ήμαστε *το συγκρότημά του* και ότι σκόπευε να επεμβαίνει και να μας υποβάλλει σε όλα τα μαρτύρια που θεωρούσε απαραίτητα για να μας κρατάει του χεριού του. Φαινόταν να πιστεύει ότι εμείς θα καλοδεχόμαστε αυτή την ευκαιρία.

Συνεχίσαμε να βρισκόμαστε, και στον άφθονο ελεύθερο χρόνο μας λέγαμε βλακείες. Ήταν απίστευτα καταθλιπτικό. Έπειτα από λίγο δεν μου ήταν εύκολο να συμμετέχω, επειδή η διάχυτη δυσαρέσκεια ήταν ανυπόφορη. Περνούσαμε όλα μας τα βράδια στο στούντιο, γράφοντας μουσική ή τζαμάροντας, αλλά τον περισσότερο καιρό απλώς καθόμαστε και βράζαμε στο ζουμί μας, περιμένοντας να δούμε αν θα ερχόταν ο Axl –πράγμα που γινόταν συνήθως αφού οι περισσότεροι από μας είχαν φύγει– με το πρόσχημα ότι γράφαμε μουσική για τον επόμενο δίσκο των Guns. Κι εκτός από όλα αυτά, προέκυψε ένα ζήτημα σχετικά με ένα νέο συμβόλαιο, που αποσταθεροποίησε ακόμα περισσότερο το ήδη εύθραυστο κλίμα.

Αυτή τη φορά αφορούσε τον Duff κι εμένα – τα μόνα από τα ιδρυτικά μέλη των Guns που είχαμε απομείνει στη σύνθεση. Μας παρουσιάστηκε με πολύ έξυπνο τρόπο. Το συμβόλαιο δήλωνε ότι ο Axl διατηρούσε το δικαίωμα στο όνομα του συγκροτήματος και ότι μπορούσε να ξεκινήσει ένα νέο συγκρότημα με το όνομα Guns N' Roses. Βεβαίως, ο Duff και εγώ μπορούσαμε να είμαστε μέλη... αλλά μόνο με τους όρους του, κάτι που μας φάνηκε ότι μας όριζε ως «πληρωμένα πιστόλια», δηλαδή session μουσικούς. Ο Axl είχε προσλάβει ένα δικηγόρο για να προωθήσει το συμβόλαιο, κι έτσι το ίδιο κάναμε ο Duff κι εγώ, οπότε οι τρεις δικηγόροι άρχισαν να συζητούν περιδρομιάζοντας σε αυτά τα τσιμπούσια που συνηθίζουν, κι όπου το μόνο που καταφέρνουν είναι να ξεπαραδιάζουν τους πελάτες τους. Ο Doug Goldstein ήταν κι αυτός παρών, «διευκολύνοντας» τις συζητήσεις.

Όμως αυτή η κατάσταση προσέκρουσε σε έναν τοίχο: εμένα. Η υπομονή μου και η αποφασιστικότητά μου ξαφνικά άρχισαν να καταρρέουν. Έφταιγαν όλα αυτά τα αναπάντητα ερωτήματα που έγιναν και το επίκεντρο όλων των μεταγενέστερων εικασιών: Τι ήταν αυτό που τελικά οδήγησε τους Guns N' Roses στη διάλυση; Οι καλλιτεχνικές διαφορές; Το «εγώ» του Slash; Η στάση του Axl; Όλα είχαν σχέση με το γεγονός ότι ο Axl ήθελε να ασκεί έλεγχο σε τέτοιο βαθμό, που οι υπόλοιποι αρχίσαμε να ασφυκτιούμε.

Ειλικρινά δεν ήξερα τι να κάνω όταν ο Axl έστειλε επιστολή στις 31 Αυγούστου του 1995, λέγοντας ότι έφευγε από το συγκρότημα και έπαιρνε μαζί του το όνομα, σύμφωνα με τους όρους του συμβολαίου. Μετά από αυτό, προσπαθήσαμε να τα ξαναβρούμε. Μας πίεσε τόσο πολύ με το ζήτημα του συμβολαίου, ώστε εγώ και ο Duff τελικά ενδώσαμε. Υπογράψαμε ένα χαρτί σύμφωνα με το οποίο συμφωνούσαμε να δώσουμε το συμβόλαιο σε τριτεγγυητή για κάποιο χρονικό διάστημα και να προσπαθήσουμε να βρούμε κάποια λύση. Εάν όμως δεν συμφωνούσαμε να θέσουμε τους όρους του συμβολαίου σε ισχύ μετά από μια ορισμένη ημερομηνία, το συμβόλαιο θα θεωρείτο άκυρο· έτσι, υπέγραψα και το ξέχασα. Απλώς ήθελα να προχωρήσουμε, αν υπήρχε πλέον κάποιος προορισμός για τους Guns N' Roses.

Περιττό να πω ότι η εμπιστοσύνη μου στον Axl είχε χαθεί. Η ουσία όλου του συμβολαίου βρισκόταν στον αντίποδα αυτού που νόμιζα ότι ήταν οι Guns N' Roses. Αναγκάστηκα να περιοριστώ σε έναν δευτερεύοντα ρόλο, ενώ ο Axl θα έπαιρνε και επισήμως τα ηνία εάν άφηνα το παγωμένο συμβόλαιο να αποκτήσει ισχύ. Κάποια στιγμή μου τηλεφώνησε για να συναντηθούμε στο αγαπημένο του ιταλικό εστιατόριο στο Brentwood. Όταν έφτασα δεν ήταν εκεί· έτσι λοιπόν κάθισα στο μπαρ και τον περίμενα. Μόλις ήρθε, πήγαμε και καθίσαμε σε ένα σκοτεινό δωματιάκι στο βάθος του εστιατορίου, λες και ήμαστε τίποτε μαφιόζοι. Απ' ό,τι θυμάμαι, η συνάντηση ήταν βασικά μία προσπάθεια εκ μέρους του να με πείσει να δεχτώ τις προτάσεις που προωθούσαν εκείνος και οι δικηγόροι του, αλλά με λιγότερο επιτακτικό τρόπο. Ο Axl χειριζόταν την κατάσταση λες και οι δυο μας ήμαστε οι πιο σημαντικοί παράγοντες στην υπόθεση. Προσπάθησε να με πείσει ότι όλα γίνονταν για το καλύτερο· ότι ήταν κάτι που το κάναμε μαζί αυτός κι εγώ.

Σε εκείνη τη φάση προσπαθούσε να με τραβήξει στη δική του σφαίρα και να μου δείξει τη δική του εκδοχή για τα πράγματα, κάτι που ήταν πολύ καλό, αλλά εγώ δεν είχα καμία διάθεση να το κάνω. Καθόμουν και τον άκουγα χωρίς να μιλάω πολύ. Υπήρχε πάρα πολύ μεγάλη ένταση και πάρα πολλά άλυτα ζητήματα. Όσο περνούσε η ώρα, καταλάβαινα πως ό,τι κι αν έλεγα δεν υπήρχε περίπτωση να τον κάνω να αλλάξει γνώμη. Άλλωστε, κι εκείνος ήξερε πώς ένιωθα· συνεχίσαμε έτσι, αλλά τελικά όλο αυτό το ηφαίστειο δεν άργησε να εκραγεί.

Το πράγμα είχε χάσει κάθε μαγεία. Είχε γίνει αφόρητα καταθλιπτικό. Μου φαινόταν εξωφρενικό ότι αυτό το συγκρότημα είχε πάρει τέτοια κατεύθυνση, αλλά εμείς οι ίδιοι το είχαμε επιτρέψει· εμείς είχαμε παραχωρήσει όλα αυτά τα χρόνια στον Axl την ελευθερία να μετασχηματίσει την κοινή μας εμπειρία σε μια ζοφερή πραγματικότητα που υπήρχε μόνο στο μυαλό του.

Έγιναν και κάνα δυο άλλες συναντήσεις στο γραφείο του Doug Goldstein. Βεβαίως, υπήρχαν και οι συναντήσεις με τους δικηγόρους που συζητούσαν για το συμβόλαιο ξανά και ξανά. Ήταν εξουθενωτικό. Δεν μπορούσα να καταλάβω τι στο διάολο γύρευα εκεί. Είχαμε ήδη καταλάβει πως όσο καλός κι αν έβγαινε ο δίσκος, δεν θα άξιζε τον κόπο.

ΤΗΝ ΙΔΙΑ ΕΠΟΧΗ ΟΙ STONES ΗΤΑΝ ΣΤΟ LOS ANGELES· έμεναν στο Sunset Marquis και ηχογραφούσαν στο σπίτι του Don Was, δουλεύοντας το άλμπουμ τους *Bridges to Babylon*. Τους επισκέφθηκα και έμεινα σε μερικές ηχογραφήσεις τους, τους είδα σε ώρα δουλειάς, τους είδα να κάνουν τα δικά τους, και αυτό με έκανε να νιώσω ακόμα χειρότερα. Είχαν μια χημεία που έφερνε κοντά τις διαφορετικές προσωπικότητές τους, αλλά δεν τους έλειπε ο σεβασμός. Όταν έμπαινε ο Keith, άρχιζε να δουλεύει ανελέητα τον Ron, αλλά ο Ronnie ήταν τόσο καλός τύπος που δεν είχε κανένα πρόβλημα. Και έτσι έπρεπε να είναι, επειδή ο Keith είναι τόσο μοχθηρός και αθεράπευτα νάρκισσος, που κάπου πρέπει να το «βγάλει». Δεν μπορεί να το βγάλει στον Mick ή τον Charlie αν και προσπαθεί· είναι τόσο ανθεκτικοί που το πράγμα δεν λειτουργεί, κι έτσι όλο το βάρος πέφτει στον Ronnie. Όπως λέει ο Ronnie, ο Keith έχει μερικές φορές τυραννική διάθεση. Μπορεί μερικές φορές να ξεφύγουν τα πράγματα, αλλά πάντα μέσα στα όρια του αμοιβαίου σεβασμού.

Κάποιο βράδυ, μόλις είχαν τελειώσει τη δουλειά της ημέρας, πήγα στο δωμάτιο του ξενοδοχείου όπου έμενε ο Ronnie και αράξαμε για λίγο. Με ρώτησε αν γνώριζα τον Keith. Του είπα όχι, δεν είχαμε συναντηθεί ποτέ τετ-α-τετ, έτσι με πήγε στο δωμάτιό του, μας σύστησε και έφυγε. Ήταν σκοτεινά, και στο στερεοφωνικό έπαιζαν κάτι παλιά blues. Έτσι όπως ο Keith καθόταν στον καναπέ, το μοναδικό λαμπατέρ φώτιζε αμυδρά το πρόσωπό του χαρίζοντάς του μια αύρα μυστηρίου. Κάθισα σε μια καρέκλα δίπλα στο τραπεζάκι, ενώ εκείνος με ζύγιζε με το βλέμμα του. Μίλησε για λίγα λεπτά, κι έπειτα έβγαλε ξαφνικά μια τριπλή λεπίδα-πεταλούδα και την έπαιξε μερικές φορές στο χέρι του για να μου δείξει ποιος είναι το αφεντικό. Έπειτα την κοπάνησε στο τραπεζάκι ανάμεσά μας.

«Χμ... Οκέι», είπα.

Αργότερα πήγαμε για φαγητό στο Chasen. Ο Keith κι εγώ καθίσαμε στο μπαρ μιλώντας για πρέζα και φυλακές, και τότε κατάλαβα ότι είχε αρχίσει να με ανέχεται. Ήμουν όλη μέρα στο στούντιο και έκανα πρόβα, κι έτσι όταν η συζήτηση στράφηκε στο συγκρότημά μου, δεν μπόρεσα να κρατηθώ. Ο Keith με άκουσε με προσοχή και έπειτα με κοίταξε κατάματα και είπε: «*Άκου*. Μόνο ένα πράγμα δεν κανείς ποτέ: να *φύγεις*».

Ήξερα τι εννοούσε. Αν δεν φύγεις ποτέ, ό,τι κι αν σου λένε, εσύ ήσουν *εκεί*. Αν είσαι πάντα αυτός που πηγαίνει στις πρόβες και μένει μέχρι το τέλος, ακόμα κι αν οι εποχές είναι δύσκολες και οι υπόλοιποι δεν συμβαδίζουν, δεν θα μπορέσουν ποτέ να σε κατηγορήσουν ότι έφυγες. Έτσι έχουν τα πράγματα. Αν πηγαίνεις στις πρόβες και τις ηχογραφήσεις πρώτος και φεύγεις τελευταίος, είσαι ο τύπος που δεν μπορεί να του πει κανείς τίποτε. Ένα τέλειο παράδειγμα ήταν το υπέροχο τραγούδι των Rolling Stones με τίτλο «Happy» από το άλμπουμ τους *Exile on Main St*. Σύμφωνα με το θρύλο, ενώ ο Keith περίμενε τους υπόλοιπους από το συγκρότημα να εμφανιστούν, έγραψε όλο το τραγούδι μόνος του. Όταν έφτασαν, τους το παρουσίασε σαν να ήθελε να τους πει: *γιατί αργήσατε τόσο;* Σίγουρα ήθελα να είμαι ο τύπος που μπορούσε να ξεπεράσει όλα τα εμπόδια και να κάνει μουσική. Όταν είσαι πάντα παρών, κρατάς όλα τα χαρτιά στα χέρια σου.

Ο Keith μού έδωσε έμπνευση. Ένιωθα ότι έπρεπε να προσπαθήσω πιο σκληρά. Την άλλη μέρα δοκίμασα να ξαναδώ το ζήτημα από άλλη σκοπιά· εμφανίστηκα στο Complex έτοιμος να κάνω το πράγμα να «δουλέψει», με κάθε κόστος. Και τότε δέχτηκα άλλο ένα χαστούκι· ο Axl δεν ήρθε στην πρόβα, και οι διαπραγματεύσεις των δικηγόρων σχετικά με τα συμβόλαιά μας είχαν πάρει προσβλητική χροιά. Ο Θεός να έχει καλά τον Keith που προσπάθησε, αλλά δεν μπορούσα να κάνω τίποτε· έπρεπε να φύγω.

Οι πρόβες μας πάντα κρατούσαν μέχρι πολύ αργά· ακόμα πιο αργά κι από την ώρα που έφτανε ο Axl. Ερχόταν συνήθως γύρω στη μία ή στις δύο· παίζαμε για μία ώρα περίπου και τελικά βαριόμαστε και γυρίζαμε σπίτι αφήνοντάς τον μόνο στο στούντιο. Όσο καιρό ήμαστε στο Complex δεν τον άκουσα να τραγουδάει ούτε μια φορά. Τελικά, δεν ήμουν σίγουρος ότι τον είχα ακούσει να τραγουδάει από την τελευταία συναυλία μας το 1993, και είχαμε 1996. Έτσι, δεν ήξερα ούτε καν πάνω σε τι δούλευα. Υποτίθεται ότι τζαμάραμε ατελείωτα, μέχρι που έλεγε «αυτό μου αρέσει», ή «εκείνο μου αρέσει». Κανείς δεν περνούσε καλά, κι έτσι κανείς δεν είχε έμπνευση. Συνήθως γύριζα σπίτι γύρω στις τρεις τα ξημερώματα. Και ήταν μια από εκείνες τις νύχτες που με έσπρωξε στο να φύγω.

Έπεσα στο κρεβάτι και με πήρε ο ύπνος. Δύο ώρες αργότερα, γύρω στις πέντε τα ξημερώματα, ξύπνησα λουσμένος στον κρύο ιδρώτα με άθλια διάθεση και με τάσεις αυτοκτονίας. Ήθελα να τελειώσουν όλα. Ήμουν τόσο δυστυχισμένος που ήθελα όλα να εξαφανιστούν. Ποτέ δεν είχα νιώσει έτσι στο παρελθόν, ποτέ δεν είχα θελήσει να αυτοκτονήσω – είχα φτάσει πολύ κοντά στο θάνατο μερικές φορές, αλλά ποτέ σκόπιμα. Επί μισή ώρα κοιτούσα το σκοτάδι στην κρεβατοκάμαρά μου· δεν ήθελα να έχω καμία σχέση με όλα αυτά που συνέβαιναν· ήθελα να αυτοκτονήσω γρήγορα· δεν ήθελα να συνεχίσω. Αν υπήρχε καθόλου ηρωίνη στο σπίτι, θα την είχα πάρει με τη μία και τώρα θα ήμουν νεκρός.

Για την επόμενη ώρα κοιτούσα το ταβάνι και σκεφτόμουν τη ζωή μου από την αρχή ως το τέλος. Ζύγισα αν άξιζε να ζω ή όχι, προσπάθησα να καταλάβω πώς είχα φτάσει εκεί που βρισκόμουν και να αποφασίσω τι μπορούσα να κάνω γι' αυτό. Μέχρι να πάει η ώρα έξι ήμουν πια εξαντλημένος και με ξαναπήρε ο ύπνος. Δύο ώρες αργότερα, ξύπνησα με μια πεντακάθαρη σκέψη στο μυαλό μου: Αυτό ήταν. Κατά τα άλλα, το μυαλό μου έμενε σιωπηλό.

Μέχρι εκείνη τη στιγμή, ένα κομμάτι του εαυτού μου ήθελε να συνεχίσει· το άλλο κομμάτι δεν έβλεπε κανένα μέλλον. Κάτω από το φως της αυγής σκέφτηκα ξανά και ξανά όλα τα ζητήματα και όλα με οδηγούσαν στο ίδιο συμπέρασμα. Το συγκρότημα δεν ήταν αυτό που ήταν κάποτε, κι εγώ δεν ήθελα να είμαι πια μέλος του. Μόλις το είπα αυτό στον εαυτό μου, δεν είχα τίποτε άλλο να σκεφτώ.

Σηκώθηκα από το κρεβάτι και τηλεφώνησα στα γραφεία της εταιρείας που μας μανατζάριζε, της BFD, και είπα στον Doug ότι δεν θα ξαναγυρνούσα.

«Αυτό ήταν», είπα στον Doug. «Φεύγω. Τα παρατάω».

Κατέβασα το ακουστικό προτού μπορέσει να πει οτιδήποτε.

ΕΚ ΤΩΝ ΥΣΤΕΡΩΝ, ΠΙΣΤΕΥΩ ΟΤΙ ΦΕΡΘΗΚΑ ΑΦΕΛΩΣ. Δεν φρόντισα να θωρακίσω τον εαυτό μου από νομική άποψη, επειδή πίστευα ότι δεν χρειαζόταν. Στο μυαλό μου, τι ήταν το όνομα χωρίς τα άτομα; Δεν πιστεύω ότι είχα παραχωρήσει κάτι στον Axl, επειδή για μένα, τι θα μπορούσε να το κάνει το όνομα αν δεν είχε κάτι να δείξει κάτω απ' αυτό;

Δεν είπα στους δικηγόρους μου να ασχοληθούν με το θέμα, όπως θα έπρεπε να είχα κάνει· ήμουν τόσο απηυδισμένος και κουρασμένος από το όλο πράγμα, που δεν έδωσα σημασία. Δεν ήθελα να στείλω κάποιο Δελτίο Τύπου, δεν ήθελα να προκαλέσω σούσουρο ούτε να δημιουργήσω σάλο. Ήθελα να φύγω αθόρυβα. Δεν ήθελα να γελοιοποιηθούμε με διαπληκτισμούς μέσω ανακοινώσεων. Δεν έβλεπα για ποιο λόγο κάτι τόσο απλό έπρεπε να εξελιχθεί σε δικαστική διαμάχη. Νόμιζα ότι θα έπαιρνα απλώς το μερτικό μου και θα έφευγα.

Για κάποιο διάστημα, κανείς από τον οργανισμό των Guns δεν πίστευε αυτό που είχα κάνει. Ο Axl επικοινώνησε με τους πιο κοντινούς μου ανθρώπους. Τους είπε ότι έπρεπε να με πείσουν να αλλάξω γνώμη. Τηλεφώνησε στον μπαμπά μου, το σωματοφύλακά μου και τη γυναίκα μου, τη Renee, και είπε σε όλους ότι έκανα το μεγαλύτερο λάθος της ζωής μου. Τους είπε ότι με την απόφασή μου πετούσα στον υπόνομο ένα σωρό λεφτά, όμως τίποτε από όλα αυτά δεν είχε σημασία. Το θέμα είχε λήξει. Το ποτήρι είχε σπάσει, και δεν ξανακολλούσε πια. Για να πω την αλήθεια, κανείς από το στρατόπεδο του Axl δεν πίστευε ότι είχα φύγει για τα επόμενα δύο χρόνια. Ποτέ δεν έκανα κάτι που θα μπορούσε να ερμηνευτεί ως πρόθεσή μου να επιστρέψω, αλλά αυτό δεν είχε καμία σημασία για εκείνους. Απλώς αδυνατούσαν να πιστέψουν ότι προτιμούσα να μην παίζω στους Guns N' Roses από το να αντιμετωπίζω την πραγματικότητα του να είμαι μέλος τους.

ΑΠΟ ΤΗΝ ΠΡΩΤΗ ΜΕΡΑ ΠΟΥ ΒΡΕΘΗΚΑΜΕ ΓΙΑ ΝΑ ΦΤΙΑΞΟΥΜΕ τους Guns N' Roses, είχα κάνει ό,τι περνούσε από το χέρι μου για να γίνουν το καλύτερο συγκρότημα στον κόσμο. Συμμετείχα σε ό,τι κάναμε με όλη μου την καρδιά και δεν μετανιώνω στο ελάχιστο για τη συνεισφορά μου. Κάναμε πράγματα που τα άλλα συγκροτήματα μπορούν μόνο να ονειρευτούν. Μέσα σε λίγα χρόνια είχα ξεπεράσει στόχους που μπάντες σαν τους Stones χρειάστηκαν δεκαετίες για να πετύχουν. Δεν μου αρέσει να κομπάζω, αλλά αν το ψάξετε, θα δείτε ότι αυτά που κάναμε εμείς μέσα στο συγκεκριμένο χρονικό πλαίσιο παραμένουν αξεπέραστα στην ιστορία του rock and roll.

Αφού είχα περάσει το μεγαλύτερο μέρος της ζωής μου δουλεύοντας για να κάνω αυτό το συγκρότημα όλα όσα θα μπορούσε να γίνει, ο αποχαιρετισμός στο θρύλο που είχα βοηθήσει να χτιστεί ήταν κάτι τόσο παράξενο όσο το να σε εκτοξεύουν στο διάστημα. Μόλις όμως το έκανα, ένα βάρος έφυγε από τους ώμους μου κι η ψυχή μου ανάσανε. Ήταν σαν την αποσυμπίεση μετά από μια βαθιά κατάδυση. Τη μέρα που πήρα την απόφασή μου, ξύπνησα νωρίς και τηλεφώνησα στους αρμόδιους για να τους πω τα νέα και έπειτα πήγα ξανά και κοιμήθηκα. Δεν θυμάμαι κάτι άλλο από εκείνη την ημέρα, εκτός από το γεγονός πως, όταν ξύπνησα, ένιωθα *ανανεωμένος*. Ένιωθα λες και είχα κοιμηθεί μία εβδομάδα. Αργότερα τηλεφώνησα στον Duff, τον Matt και τον Adam Day και τους το είπα. Ο Duff δέχτηκε την απόφασή μου χωρίς καμία ερώτηση – ούτε και ο Matt έδειξε να εκπλήσσεται. Ήμουν ικανοποιημένος, αλλά το όλο πράγμα μού είχε αφήσει μια γλυκόπικρη αίσθηση. Ποτέ δεν είχα παρατήσει κάτι στη ζωή μου μέχρι τότε.

Απόλαυσα για λίγο μια περίοδο γαλήνης. Άρχισα να βγαίνω και –όποτε έβρισκα την ευκαιρία– να τζαμάρω. Οι δικηγόροι μου με ρώτησαν αν ήθελα να καταθέσω αγωγή για διαφυγόντα κέρδη και να προσπαθήσω να πάρω όσο περισσότερα μπορούσα αλλά εγώ αρνήθηκα, βασιζόμενος στην καλή πίστη. Δεν μπορώ να το αναλύσω. Πέρα από το γεγονός ότι προσπαθούσαν να προστατεύσουν τα δικαιώματά μου και ίσως θα έπρεπε να τους έχω ακούσει, η αλήθεια είναι ότι δεν ήθελα να δω πόσο ευμετάβλητη και αναξιόπιστη είχε γίνει η σχέση ανάμεσα στους

Guns N' Roses και εμένα. Δεν το έβλεπα έτσι τότε, αλλά όταν φεύγεις από μία εταιρεία πρέπει να εξασφαλίζεις τα συμφέροντά σου. Εκείνη την εποχή εξακολουθούσα να έχω μεγάλη εμπιστοσύνη στο τι σήμαιναν οι Guns για μένα· έτσι, δεν το πολυσκέφτηκα. Και μέχρι σήμερα υπάρχουν ακόμη ζητήματα που παραμένουν ανεπίλυτα και με στενοχωρούν.

Σε τελική ανάλυση, εξακολουθώ να στηρίζω την απόφασή μου, όπως και τον τρόπο που ενέργησα. Ακόμη και ο μπαμπάς μου με είχε προειδοποιήσει όταν ήμουν σε κατάσταση κρίσης: *μη βουλιάξεις μαζί με το πλοίο.* Θεωρώ την απόφασή μου να φύγω από τους Guns N' Roses μια από τις πιο έξυπνες που έχω πάρει στη ζωή μου. Δεν υπάρχει αμφιβολία ότι αν έμενα στο συγκρότημα κάτω από αυτές τις συνθήκες, θα είχα σίγουρα πεθάνει. Σίγουρα θα είχα βρει ξανά πρέζα ή θα με είχε βρει εκείνη. Αν ήξερα τότε όσα ξέρω τώρα, και αν ήμουν πιο έμπειρος και πιο επιφυλακτικός ή πιο καχύποπτος με τα εμπλεκόμενα μέρη –και δεν μιλάω τόσο για τον Axl όσο για τους ανθρώπους που προσέλαβε για να τον συμβουλεύσουν–, ίσως να το είχα χειριστεί διαφορετικά. Προσέλαβε ανθρώπους που δεν είχαν στο μυαλό τους τίποτε άλλο παρά το πώς θα του πάρουν περισσότερα λεφτά. Αν είχε γίνει αλλιώς, ή αν αυτός κι εγώ είχαμε μπορέσει να το συζητήσουμε τετ-α-τετ ή είχαμε προστατεύσει κατάλληλα τα αμοιβαία συμφέροντά μας ως συγκρότημα, ίσως σήμερα τα πράγματα να ήταν διαφορετικά. Όμως δεν πιστεύω στα «αν».

Δεν ήταν γραφτό. Ο δρόμος που διάλεξε ο Axl με έκανε να απομακρυνθώ. Και μόλις έφυγα, ακολούθησε ο Duff, που αποχώρησε με δική του πρωτοβουλία λιγότερο από ένα χρόνο αργότερα. Λίγο μετά, απολύθηκε ο Matt. Προφανώς με υποστήριξε κάποια φορά που μιλούσαν άσχημα για μένα στις πρόβες, και αυτό ήταν το τέλος του.

Μέχρι το 1998, ο Axl ήταν πλέον ο μοναδικός από τα ιδρυτικά μέλη του «συγκροτήματος» που είχε το νομικά κατοχυρωμένο δικαίωμα να χρησιμοποιεί το όνομα «Guns N' Roses». Μέχρι τότε ο Izzy είχε κυκλοφορήσει μερικά σόλο άλμπουμ και είχε κάνει περιοδεία, το ίδιο και ο Gilby. Ο Duff είχε σχηματίσει συγκρότημα και είχε βγάλει δύο δίσκους, όπως και εγώ· η δεύτερη εκδοχή των Snakepit ήταν στα καλύτερά της. Ο Matt από μεριάς του είχε ξαναμπεί στους Cult, είχε ηχογραφήσει ένα δίσκο και βρισκόταν σε περιοδεία. Ο Steven υπέφερε από την εξάρτησή του από τα ναρκωτικά, αλλά ο Axl δεν αντιλαμβανόταν αυτή τη δικαιολογία. Μου φάνηκε τραγική ειρωνεία το γεγονός ότι απ' όλα τα μέλη της μπάντας, αυτός που μας είχε εκφοβίσει και μας είχε πιέσει αφόρητα ώστε να διατηρήσει το όνομά της δεν είχε κάνει τίποτε με αυτό μέχρι τότε.

ΤΟ 1996, ΑΜΕΣΩΣ ΜΕΤΑ ΤΗΝ ΑΠΟΧΩΡΗΣΗ ΜΟΥ ΑΠΟ ΤΟΥΣ Guns N' Roses, έκανα ό,τι μπορούσα για να μη χάσω την επαφή μου με τη μουσική. Ήταν ο καλύτερος τρόπος για να γιατρέψω την απογοήτευσή μου από αυτό που είχε καταντήσει το κάποτε συγκρότημά μου. Γύρισα όλα τα μέρη του κόσμου παίζοντας με μουσικούς εξαιρετικούς, αλλά και διαφορετικούς μεταξύ τους, κι έμαθα όσο περισσότερα μπορούσα από όλους τους. Πήγα στην Ιαπωνία για δύο εβδομάδες με τον Nile Rodgers και την αρχική σύνθεση των Chic, κι αυτή η εμπειρία ήταν στ' αλήθεια ένα μουσικό σχολείο για μένα.

Τρέφω απεριόριστο σεβασμό για τον Nile· είχαμε δουλέψει μαζί στο soundtrack της ταινίας *Ο Μπάτσος του Beverly Hills No 2,* κι έτσι όταν μου τηλεφώνησε για να συμμετάσχω στην περιοδεία των Chic, δεν σκέφτηκα να αρνηθώ. Είχε συγκεντρώσει μάλιστα όλα τα αρχικά μέλη: τον Omar Akeem, τον Bernie Worrell, τον Bernard Edwards και μία τουλάχιστον από τις αρχικές τραγουδίστριες. Είχαν επίσης μαζί τους τον Stevie Winwood, τον Simon Le Bon, τις Sister Sledge και μένα σε όλη τη διάρκεια της περιοδείας, να εμφανιζόμαστε σε διάφορες στιγμές του σετ τους.

Όταν κάναμε πρόβες στο S.I.R. στη Νέα Υόρκη, στη διάρκεια ενός τζαμαρίσματος επιχείρησα να κάνω ένα φυσικό τρέμολο με την Les Paul μου (εκεί έγινε το σπάσιμο το οποίο προανέφερα), που γίνεται σπρώχνοντας το μέρος με τα κλειδιά προς τα έξω ενώ συγχρόνως σπρώχνεις προς τα μέσα το μπράτσο στο δέσιμο με το σκάφος, αντί να χρησιμοποιήσεις το τρέμολο της κιθάρας. Έσπασα το μπράτσο της κιθάρας, που εκσφενδονίστηκε και με χτύπησε στο πρόσωπο. Ένιωσα λες και με είχαν χτυπήσει με ένα μπαστούνι του μπέιζμπολ. Όταν έσπασε, έβγαλε έναν ήχο σαν πυροτέχνημα και μου έκανε μια μεγάλη τρύπα στο πάνω χείλος. Κάποιος κινηματογραφούσε την πρόβα εκείνη τη μέρα και πολύ θα ήθελα να ξαναδώ τη φάση. Η πληγή που μου έκανε είχε μέγεθος δεκάρας.

Ο ήχος και μόνο αρκούσε για να κάνει τους πάντες να σταματήσουν να παίζουν και να γυρίσουν προς το μέρος μου. Και με είδαν με τη μισή κιθάρα στο ένα χέρι και την άλλη μισή στο άλλο, με το αίμα να τρέχει στο πηγούνι, το λαιμό και το στήθος μου. Ήμουν ζαλισμένος. Όλοι με έδειχναν, αλλά δεν είχα ιδέα για τι πράγμα μιλούσαν. Δεδομένου ότι ήμουν στη Νέα Υόρκη, θα έπρεπε να περιμένω τρεις ώρες για να με δει κάποιος γιατρός στα επείγοντα περιστατικά. Έτσι προτίμησα να γυρίσω πίσω στο Paramount Hotel, όπου κάθισα στο Whisky Bar με μια σακούλα πάγο στο πρόσωπό μου και ένα μπουκάλι Jack μπροστά μου, μέχρι που τελικά την άλλη μέρα πήρα το αεροπλάνο μαζί με τους υπόλοιπους και ξεκινήσαμε την περιοδεία.

Στο μεταξύ, ο Adam είχε πάει την κιθάρα μου σε ένα κατάστημα επισκευής μουσικών οργάνων για να δει αν μπορούσαν να την επισκευάσουν, και όταν τον είδα καθώς πήγαινα προς τον έλεγχο διαβατηρίων, μου είπε ότι ο φιλαράκος του είχε καταφέρει να την κολλήσει.

«Έκανα ό,τι μπορούσα», είπε. Έδειχνε πολύ κουρασμένος. «Είναι κάπως σαν Φρανκενστάιν, αλλά νομίζω ότι παίζει».

Σε αυτό το σημείο θα ήθελα να πω στον Adam Day, τον τεχνικό για τις κιθάρες μου τα τελευταία δεκαεννέα χρόνια, πόσο τον αγαπώ. Είχαν υπάρξει πολλές φορές στο παρελθόν που το είχα νιώσει, όπως και πολλές άλλες από τότε, αλλά θα ήθελα να του αναγνωρίσω ότι το αξίζει μόνο και μόνο επειδή έκανε ό,τι έκανε σε εκείνη τη φάση. Η κιθάρα είχε γίνει κυριολεκτικά κομμάτια. Ή τουλάχιστον έτσι νόμιζα, αλλά εκείνος έμεινε ξύπνιος όλη νύχτα για να την επισκευάσει, και πραγματικά από τότε η κιθάρα ακούγεται καλύτερη από πριν.

ΕΚΕΙΝΗ Η ΠΕΡΙΟΔΕΙΑ ΜΕ ΤΟΥΣ CHIC ΣΤΗΝ ΙΑΠΩΝΙΑ ΗΤΑΝ εκπληκτική. Το συγκρότημα ήταν μια ομάδα από απίστευτους μουσικούς, κι έτσι η περιοδεία ήταν μια πραγματική εμπειρία εκμάθησης κι είχε πάρα πολλή πλάκα. Είχα ένα σύντομο φλερτ με μια από τις τραγουδίστριες, που ήταν πολύ σέξι. Την τελευταία νύχτα της περιοδείας καθόμουν μαζί της και με μερικά άλλα κορίτσια στον εξώστη ενός κλαμπ και το γιορτάζαμε. Μαζί μας ήταν και ο Bernard Edwards, αλλά ήταν κουρασμένος κι έφυγε νωρίς. Ένας άνδρας της Ασφάλειας τον συνόδευσε στο δωμάτιό του.

Το άλλο πρωί τον βρήκαν νεκρό στον καναπέ του, από οξεία πνευμονία. Όταν μου τηλεφώνησαν για να μου το πουν, ήταν μια από τις πιο σουρεαλιστικές στιγμές της ζωής μου. «Μα πριν από λίγες ώρες ήμουν μαζί του!» είπα. Θαύμαζα στ' αλήθεια τον Bernard, τόσο ως μουσικό όσο και ως άνθρωπο. Ήταν ένα από τα πιο γλυκά, ήπια και ευγενικά άτομα που έχω γνωρίσει. Ήταν καλός φίλος· με προστάτευε στη διάρκεια της περιοδείας, πράγμα περίεργο, δεδομένου ότι ήμουν ένας ξένος σε μια ξένη χώρα και έπαιζα με όλους αυτούς τους έμπειρους μουσικούς, και ο Bernard δεν ήξερε και πολλά για μένα ή για τη μουσική μου. Σε εκείνη την περιοδεία δεν μου φαινόταν ότι είχε κάποιο πρόβλημα υγείας ούτε ότι κάτι πήγαινε στραβά μαζί του. Απλώς πέθανε ήρεμα στον ύπνο του. Ήταν ένα τρομερό σοκ για τον Nile, επειδή ο Bernard ήταν το έτερο μέλος του συνθετικού πυρήνα των Chic, ο πιο στενός του φίλος, και είχαν ξαναφτιάξει τη σχέση τους έπειτα από πολύ καιρό. Μόλις είχαν επανασυνδέσει το γκρουπ. Είχαν διάφορα σχέδια για ηχογραφήσεις και για να περάσουν σε μια νέα φάση. Ο Nile ήταν σοκαρισμένος. Όλοι ήμαστε σοκαρισμένοι. Αποχαιρετήσαμε ο ένας τον άλλο στην Ιαπωνία και βρεθήκαμε ξανά στην κηδεία του Bernard, στο Connecticut.

ΣΥΝΕΧΙΣΑ ΝΑ ΑΝΑΖΗΤΩ ΕΜΠΝΕΥΣΗ ΒΑΖΟΝΤΑΣ ΤΟΝ ΕΑΥΤΟ ΜΟΥ να παίζει σε πρότζεκτ εκτός της συνηθισμένης γκάμας μου. Ένα από αυτά ήταν η μουσική για το soundtrack της ταινίας με τίτλο *Curdled*, στην οποία έκανε παραγωγή ο Quentin Tarantino. Όταν μου το πρότεινε η εταιρεία παραγωγής Miramax συμφώνησα αμέσως επειδή είμαι μεγάλος θαυμαστής του. Η ταινία ήταν εκπληκτική· αφορά ένα συνεργείο καθαρισμού τόπων εγκλήματος που έρχεται μετά τη σήμανση για να καθαρίσει. Κάποια στιγμή καθαρίζουν ένα σημείο όπου έχει δράσει ένας σίριαλ κίλερ, ο οποίος επιτίθεται σε πλούσιες γυναίκες, και μία από αυτές –ένα πανέμορφο κορίτσι– αποκτά μια νοσηρή έλξη για το δολοφόνο και αρχίζει να κρατάει ένα σημειωματάριο όπου καταγράφει τους φόνους του. Από κει και πέρα, το φιλμ ξεφεύγει και γίνεται πολύ άγριο.

Βρέθηκα με τον Quentin και μου είπε τα πάντα γύρω από την ταινία· έτσι άρχισα να γράφω μουσική επηρεασμένος από τον βασικό χαρακτήρα της ταινίας, την Gabriella, αλλά και την ηθοποιό που την υποδυόταν, την Angela Jones. Η Angela μοιάζει με λατίνα, αλλά είναι ένα λευκό κορίτσι από το Pittsburgh. Μου άρεσε από την πρώτη στιγμή που την είδα στο *Pulp Fiction*. Έπαιζε την οδηγό του ταξί που πήγε τον Bruce Willis στο ξενοδοχείο μετά τη μάχη. Δούλεψα πολλές ώρες για τη μουσική, που είναι οργανική, παιγμένη εξ ολοκλήρου με ακουστικά όργανα, εκλεκτική και επηρεασμένη από το φλαμένκο. Ηχογράφησα τα οργανικά μέρη με τον Jeff Leiber, που είναι ένας σπουδαίος ηχολήπτης τον οποίο γνωρίζω από το Los Angeles.

Πήγα αεροπορικώς στη Νέα Υόρκη όπου ο Nile Rodgers έκανε την παραγωγή στην ηλεκτρική εκδοχή μερικών κομματιών. Έπειτα πήγαμε μαζί με αεροπλάνο στην Ισπανία για να πείσουμε τη μεγάλη Ισπανίδα σταρ, τη Martha Sanchez, να τραγουδήσει για την ταινία. Βασικά, η Martha είναι η Ισπανίδα Madonna, και μου ήταν σαφές ότι ο Nile είχε ξοδέψει ένα σωρό λεφτά για να την πείσει να συμμετάσχει ώστε να μπορεί να είναι μαζί της. Εγώ δεν είχα κανένα πρόβλημα με αυτό, και τελικά πέρασα υπέροχα στη Μαδρίτη. Η Martha μάς πήγε σε όλα αυτά τα μικρά μπαρ και τις υπόγειες οινοθήκες κάτω από την πόλη· παντού υπήρχαν flamenco κιθαρίστες που έπαιζαν απίστευτα. Έμαθα πολλά παίζοντας μαζί τους.

Πήγα στο πάρτι για την ολοκλήρωση της ταινίας στο Miami, και πολύ γρήγορα έγινα φίλος με τον Quentin, την Angela και μερικούς άλλους. Εγώ και εκείνη αρχίσαμε να βλεπόμαστε στο Los Angeles. Το συνεχίσαμε για μήνες· βασικά, το κάναμε στο αμάξι της. Συναντιόμαστε σε ένα εστιατόριο και το κάναμε στο αμάξι. Μιλούσαμε στο τηλέφωνο, κανονίζαμε να βρεθούμε και το κάναμε στο αμάξι της.

ΣΥΝΕΧΙΣΑ ΝΑ ΤΖΑΜΑΡΩ ΟΠΟΤΕ ΕΒΡΙΣΚΑ ΤΗΝ ΕΥΚΑΙΡΙΑ, προσπαθώντας να καταλάβω τι πραγματικά ήθελα να κάνω. Έτσι κι αλλιώς υπήρχαν πράγματα που με απασχολούσαν, επειδή όσο εγώ ήμουν έξω και το γλεντούσα, ο γάμος μου κατέρρεε. Δεν μου ήταν έκπληξη· όταν ήμουν στο Los Angeles σπανίως βρισκόμουν στο σπίτι μου. Και τώρα που η ψύχωσή μου με τους Guns N' Roses είχε φτάσει στο τέλος της, είχα αποκτήσει ψύχωση με το ποια θα είναι τα επόμενά μου βήματα.

Ποτέ δεν έπαιρνα μαζί τη Renee στα ταξίδια μου, και ποτέ δεν της ήμουν πιστός όταν ήμουν σε περιοδεία. Πήγαμε μαζί στην Ιρλανδία για να επισκεφτούμε για λίγο τον Ronnie Wood με την οικογένειά του. Υπήρχαν ορισμένες πλευρές της ζωής μου με τη Renee, τις οποίες εκτιμούσα. Ήθελε να γίνει ηθοποιός και σεβόμουν την απόφασή της. Αλλά την ίδια στιγμή δεν μπορούσε να κάνει το μεγάλο βήμα και η καριέρα της δεν πήγαινε εκεί που ήθελε. Νομίζω ότι ένιωθε κάπως άβολα επειδή εγώ ήμουν ήδη «φτασμένος». Όμως εγώ είχα ξεκινήσει από το μηδέν. Τίποτε όμως από όλα αυτά δεν είχε σημασία για τη Renee, ή τουλάχιστον έτσι έδειχνε, γιατί δεν ήμαστε από τα συγκροτήματα που έπαιζαν τη μουσική που της άρεσε. Τώρα που το ξανασκέφτομαι, δεν πιστεύω ότι ήξερε πόσο μεγάλο ήταν αυτό που κάναμε. Ίσως να το έβρισκε πολύ παιδικό.

Καθώς η σχέση μας άρχισε να παίρνει την κάτω βόλτα, η Renee άρχισε να κάνει παρέα με τα χειρότερα υποκείμενα των κινηματογραφικών κύκλων του Hollywood και να το γλεντάει λίγο παραπάνω. Την ίδια στιγμή εγώ έκανα τα δικά μου, αγνοώντας εντελώς τις συζυγικές μου υποχρεώσεις.

Μόλις πήρα την αποζημίωση από την ασφαλιστική εταιρεία για το σπίτι που είχε καταστραφεί στο σεισμό, ψάξαμε για ένα καινούργιο και το βρήκαμε στη Roxbury Drive του Beverly Hills. Ήταν μια μεγάλη κατοικία ισπανικού ύφους, χτισμένη τη δεκαετία του 1920, που τελούσε υπό κατάσχεση. Είχε επίσης υπόγειο, πράγμα σπάνιο για το Los Angeles. Εκείνο το σπίτι είχε σίγουρα ατμόσφαιρα· ήταν βρόμικο και παρατημένο, ενώ από το ταβάνι του υπογείου κρεμόταν μια μεγάλη ντισκομπάλα. Το ερωτεύτηκα με την πρώτη ματιά. Στον τρίτο όροφο, δίπλα στην κεντρική κρεβατοκάμαρα, υπήρχε ένα επιπλέον δωμάτιο που ήταν κατάλευκο και έμοιαζε με σκοτεινό θάλαμο. Εκεί μέσα υπήρχαν στενόμακρα συρτάρια με φωτογραφίες, που το καθένα τους ξεχώριζε από μια ετικέτα με ονόματα κοριτσιών όπως «Candy», «Monica» και «Michelle».

Το αγοράσαμε αμέσως. Με διέγειρε το γεγονός ότι εκεί μέσα ίσως είχαν γίνει παράνομες φωτογραφήσεις, και μπορώ να φανταστώ τι είδους πάρτι γίνονταν στο υπόγειο. Το μόνο που είχε σημασία για μένα είναι ότι διέθετε υπόγειο – το ιδανικό μέρος για στούντιο ηχογραφήσεων. Έπιασα αμέσως δουλειά, και ήταν η πρώτη φορά που στ' αλήθεια «έπαιξα» με τα λεφτά μου. Άφησα τη Renee να κάνει ό,τι ήθελε στο σπίτι, και ξοδεύαμε χρήματα με όποιο τρόπο μπορούσαμε. Το Roxbury House *έπρεπε* να είναι φανταστικό – είχε ένα στούντιο, πολλά δωμάτια, εντοιχισμένα βαρέλια μπίρας, φλιπεράκια, ηλεκτρονικά παιχνίδια, μπιλιάρδα, τα πάντα. Βρισκόταν σε μια ωραία περιοχή του Beverly Hills, αλλά τίποτα απ' όλα αυτά δεν σήμαινε κάτι για μένα· έτσι, δεν αισθανόμουν πραγματικά χαρούμενος. Εκείνη την εποχή «έστηνα» τους Snakepit II, εξακολουθούσα να πίνω θανατηφόρες ποσότητες αλκοόλ και να φλερτάρω με την ηρωίνη, το Ecstasy και την κοκαΐνη. Ένιωθα κάπως άδειος και αποπροσανατολισμένος. Η Renee λάτρευε το σπίτι, αλλά εγώ σπανίως κοιμόμουν εκεί· περνούσα πάρα πολύ χρόνο πλαγιάζοντας όπου έβρισκα.

Ξόδευα τον περισσότερο καιρό στο Sunset Marquis, προσπαθώντας να ξεφύγω από τα πάντα. Ένιωθα εντελώς άδειος μετά τους Guns N' Roses. Είχα περάσει σε μία φάση όπου απλώς ξόδευα όλο το χρόνο και τα χρήματά μου στην πισίνα του ξενοδοχείου, κυνηγώντας κορίτσια, πίνοντας όλη μέρα στο μπαρ και προσπαθώντας να αποστασιοποιηθώ όσο γινόταν περισσότερο από οτιδήποτε θεωρούσα φορτικό για τη ζωή μου. Εάν ο John Lennon είχε το χαμένο του Σαββατοκύριακο, εγώ είχα τη χαμένη μου χρονιά.

Ο σωματοφύλακάς μου, ο Ronnie, φρόντιζε την κατάσταση στο σπίτι. Στο μεταξύ, συνέχισα την περιοδεία απιστίας σε όλο το Los Angeles και πολύ σύντομα άρχισα να γίνομαι απρόσεκτος. Σε μερικές κοσμικές εκ-

Ο Slash και η Perla, σε διακοπές στο Palm Springs, την περίοδο του μεγάλου τους έρωτα.

δηλώσεις παραφέρθηκα, και έτσι μερικοί άνθρωποι με πήραν χαμπάρι· το ίδιο και η Renee. Σε γενικές γραμμές, ήταν μια διασκεδαστική περίοδος χωρίς κάποια αίσθηση κατεύθυνσης, αν και η επιθυμία μου να παίξω κιθάρα παρέμενε αμείωτη· απλώς έπρεπε να διοχετεύω σε αυτό την ενέργειά μου.

ΜΙΑ ΝΥΧΤΑ ΠΟΥ ΒΡΙΣΚΟΜΟΥΝ ΣΤΟ ΜΠΑΡ ΤΟΥ SUNSET MARQUIS, μπήκε η Perla μαζί με μερικές φίλες της και με το που τις είδα σκέφτηκα ότι αυτά τα κορίτσια μπορούσαν να σε βάλουν σε μεγάλους μπελάδες. Ομολογώ ότι η Perla ήταν «γαμώ τις γκόμενες». Ήταν απίθανη. Μιλήσαμε και κάναμε πλάκα για λίγο και τότε συνειδητοποίησα ότι ήθελα να την ξαναδώ. Μου έδωσε τη διεύθυνσή της, και την επόμενη νύχτα πήγα στο σπίτι της, κοντά στο Hollywood Bowl. Μου είχε ετοιμάσει μια βότκα και αυτό ήταν: νομίζω ότι έκανα μία εβδομάδα να φύγω από το σπίτι της· ένα πρωί σηκώθηκα και τάισα τις γάτες της, και από εκείνη τη στιγμή ήμαστε αχώριστοι. Η Perla είχε πολλούς φίλους που δεν είχαν και μεγάλη σχέση με το rock and roll, αλλά για μένα ήταν ενδιαφέροντες και έφερναν κάτι καινούργιο στη ζωή μου. Μαζί της ένιωθα λες και ήμουν σε διακοπές· νέα πρόσωπα, νέα μέρη. Ήταν λες και τελικά είχα απομακρυνθεί αρκετά από τη ζωή μου ώστε να μπορέσω να χαλαρώσω. Τελικά είχα γνωρίσει ένα κορίτσι που μπορούσε να γλεντάει όσο κι εγώ, αν όχι περισσότερο. Όμως ήταν οξυδερκής, δεν έχανε ποτέ τον έλεγχο και τη σεβόμουν γι' αυτό. Ήταν όμορφη, έξυπνη και αριστοκρατική, αλλά είχε και τη σοφία του δρόμου και πάνω απ' όλα ήταν βέρα Κουβανέζα. Περιττό να πω ότι την ερωτεύτηκα.

Η Perla κι εγώ βρισκόμαστε στο κρεβάτι περίπου τη δέκατη ημέρα που είμαστε μαζί, όταν μου έριξε ένα σοβαρό βλέμμα. «Ξέρεις, είσαι παντρεμένος», μου είπε.

«Α, ναι», είπα γελώντας. «Έχεις δίκιο. Το είχα ξεχάσει».

Πράγματι· το είχα ξεχάσει. Δεν ένιωθα παντρεμένος, και από τότε που είχα μπλέξει με την Perla ο γάμος μου έμοιαζε με κάτι που είχα κάνει σε μιαν άλλη ζωή. Ήταν σχεδόν όπως όταν έφυγα από τους Guns N' Roses: είχα φτιάξει τις βαλίτσες μου πολύ πριν αποχωρήσω επισήμως.

Την επόμενη φορά που είδα τη Renee με ρώτησε επιθετικά πού είχα χαθεί, και άκουσα με έκπληξη τον εαυτό μου να της λέει ότι δεν ήθελα να προσπαθήσουμε να τα βρούμε, απλώς ήθελα διαζύγιο. Την επόμενη φορά που πήγα στο σπίτι βρήκα έναν τύπο στο κρεβάτι μαζί της και τους είπα να μη σηκωθούν, θα έφευγα εγώ. Παρά τις αντιρρήσεις της, είχα επιμείνει να υπογράψουμε προγαμιαίο συμβόλαιο – ίσως η υπερβολική δόση που είχα πάρει να με είχε κάνει να το θέλω ακόμα περισσότερο. Όλες οι λεπτομέρειες διευθετήθηκαν πολύ γρήγορα, και από τότε δεν ξανασυναντηθήκαμε ποτέ. Εκ των υστέρων πιστεύω ότι έχει ενδιαφέρον το γεγονός ότι μέσα σε διάστημα λίγων μηνών είχα ξαφνικά ξεκόψει από τις δύο πιο μακροχρόνιες και στενές σχέσεις που είχα μέχρι τότε.

ΜΟΛΙΣ ΠΗΡΑ ΔΙΑΖΥΓΙΟ, Η PERLA ΚΙ ΕΓΩ ΞΕΚΙΝΗΣΑΜΕ ΜΙΑ τρελή, συναρπαστική και θυελλώδη σχέση. Θυελλώδη, γιατί σε αντίθεση με όλα τα άλλα κορίτσια με τα οποία έβγαινα, αντιμετώπιζε με πάθος τις υποχρεώσεις μιας σχέσης και τις έπαιρνε πολύ στα σοβαρά – δεν έπαιζε. Έτσι υπήρχε μια σύγκρουση ανάμεσα στα ιδεώδη μου και τα δικά της, που έκανε τη σχέση μας πιο πικάντικη. Προχωρήσαμε, και σιγά σιγά ήρθαμε πιο κοντά. Εκτός αυτού, κάτι τέτοια συντελούν σε μια πολύ έντονη σεξουαλική ζωή· έτσι, δεν είχα σκοπό να πάω πουθενά.

Όταν τα πράγματα με την Perla άρχισαν να σοβαρεύουν, με γνώρισε στη μητέρα της, που είναι μια κυρία με πολύ ζωντανή προσωπικότητα, από την Κούβα. Είχε φτάσει στις Ηνωμένες Πολιτείες με τον παλιομοδίτικο τρόπο, με βάρκα μετά την άνοδο του Castro στην εξουσία. Τη συμπάθησα αμέσως· ήταν μια γλυκιά αλλά σκληρή γυναίκα που, όπως και η κόρη της, διαθέτει τη σοφία και την παρατηρητικότητα του ανθρώπου που έχει γνωρίσει τη ζωή του δρόμου. Με συμπάθησε από την πρώτη στιγμή, μάλλον επειδή άρεσα στην κόρη της – είναι από τους ανθρώπους που πρέπει να αγωνιστείς για να κερδίσεις την εμπιστοσύνη τους. Περίπου δύο χρόνια αργότερα, γνώρισα τον πατέρα της Perla στο Miami. Ήταν γύρω στα εβδομήντα, ένας ψηλός, αδύνατος κύριος που δεν μιλούσε καλά αγγλικά. Τα βρήκαμε αμέσως. Ήταν ένας σκληρός Κουβανέζος καουμπόι που καταλάβαινες ότι στη ζωή του είχε περάσει από σαράντα κύματα. Τη μέρα που τον γνώρισα, πήγαμε στο Disney World. Το πρωί, προτού πάμε στο πάρκο, γύρω στις οκτώ, έβγαλε μερικές κρύες Heineken από το ψυγείο και μας τις έδωσε. Καθίσαμε οι δυο μας κι είδαμε τηλεόραση μαζί, σε φιλική αλλά σιωπηλή ατμόσφαιρα, μιας και κανείς από μας δεν μιλούσε τη γλώσσα του άλλου, μέχρι που πέρασε η ώρα και ξεκινήσαμε για το πάρκο. Από εκείνη τη στιγμή, η σχέση μας χαρακτηρίζεται από αμοιβαία συντροφικότητα και σιωπηλή κατανόηση. Δυστυχώς, πέθανε ένα χρόνο αργότερα από καρδιακό νόσημα· μακάρι να είχα μπορέσει να περάσω περισσότερο χρόνο μαζί του.

Η Perla μού γνώρισε πολλούς ακόμη ανθρώπους με τους οποίους από τότε έχουμε γίνει στενοί φίλοι· ανάμεσά τους είναι ο Charlie Sheen και ο Roy Evans, όπως και ένα σωρό άλλοι άνθρωποι που μπορεί να μην είναι διάσημοι αλλά είναι πολύ cool τύποι. Περνούσαμε τις περισσότερες νύχτες μας βγαίνοντας έξω με φίλους, και εγώ τζαμάριζα σε διάφορα κλαμπ τρεις ή τέσσερις βραδιές την εβδομάδα. Τελικά η σχέση μου με τη μουσική άρχισε να αποκτά νέα έμπνευση.

Σκεφτόμουν να βάλω μπροστά ένα νέο συγκρότημα· ήθελα να κάνω κάτι σαν τους Snakepit, αλλά διαφορετικό. Ο Teddy «Zig Zag» άρχισε να με παίρνει μαζί του τα βράδια της Τρίτης για να τζαμάρουμε στο Baked Potato του Hollywood. Έπαιξα με πολλούς blues μουσικούς και έμαθα πολλά κλασικά τραγούδια, που μερικά δεν είχα ξαναπαίξει ποτέ στο παρελθόν και μου άρεσαν ιδιαιτέρως. Έπειτα δέχθηκα ένα τηλεφώνημα από ένα διοργανωτή για να παίξω σε μια συναυλία με όλα τα έξοδα πληρωμένα στη Βουδαπέστη, ως πρώτο όνομα στο jazz φεστιβάλ που γινόταν εκεί. Συμφώνησα αμέσως. Ήταν η κλωτσιά στον πισινό που χρειαζόμουν για να σηκωθώ και να φτιάξω ένα συγκρότημα. Πήρα τον Johnny Griparic, τον Alvino Bennett και τον Bobby Schneck στη ρυθμική κιθάρα. Έφτιαξα ένα σετ με διασκευές που περιλάμβανε τα πάντα: από B.B. King μέχρι Steppenwolf, και από Ottis Redding μέχρι κλασικά rhythm and blues. Έπειτα πετάξαμε για Βουδαπέστη, παίξαμε, κι ήταν απίθανα. Έπειτα απ' αυτό άρχισαν να έρχονται όλο και περισσότερα τηλεφωνήματα για συναυλίες, και προτού το καταλάβουμε αρχίσαμε να περιοδεύουμε κανονικά· παίζαμε σε όποια συναυλία μάς πρότειναν, όχι τόσο για τα χρήματα όσο για τις μπίρες. Γίναμε η πιο σκληροπυρηνική μπάντα για μπίρες που είχα δει να βγαίνει στο δρόμο και περάσαμε υπέροχα. Ταξιδεύαμε με κανονικό συνεργείο και όπου εμφανιζόμαστε κάναμε «κατάληψη». Περνούσα υπέροχα παίζοντας με μερικούς σπουδαίους τύπους που έκαναν ό,τι έκαναν μόνο για τη μουσική.

Όταν τελείωσε η περιοδεία μας, πλησίασα τον Johnny Griparic και του είπα ότι σκέφτομαι να φτιάξω μια νέα εκδοχή των Snakepit. Αφήσαμε να διαδοθεί ότι ψάχναμε για νέο τραγουδιστή. Κάποια στιγμή κάποιος τύπος ήρθε σε επαφή μαζί μου και είπε ότι ήταν ο τραγουδιστής των Jellyfish. Μια κι είχα δουλέψει με τον Eric στον τελευταίο μου δίσκο, αποφάσισα να τον συναντήσω. Και όλη η επαφή μας κατέληξε πολύ παράξενη.

Εκείνος ο τύπος ήρθε και με βρήκε στο σπίτι της Perla, και από την πρώτη στιγμή που τον είδα κάτι δεν μου πήγαινε καλά. Δεν είχε την κατάλληλη εμφάνιση· του έλειπε το rock and roll γούστο και η εμφάνισή του θύμιζε περισσότερο οικοδόμο. Του είπα να περάσει, καθίσαμε στο καθιστικό κι έβγαλα την κιθάρα μου. Η Perla ήταν επάνω στην κρεβατοκάμαρα και αυτός ο τύπος άρχισε να μου μιλάει για ένα τραγούδι που είχε γράψει για κάποιο κορίτσι. Του ζήτησα να το τραγουδήσει ενώ εγώ θα έπαιζα, και διαπίστωσα ότι ο τύπος δεν είχε ιδιαίτερες ικανότητες στο τραγούδι· έτσι άρχισα να αντιμετωπίζω με καχυποψία το γεγονός ότι έπαιζε σε ένα συγκρότημα που τα κομμάτια του περιείχαν πενταφωνικές αρμονίες. Επιπλέον, οι στίχοι ήταν πολύ αφελείς. Έτσι προσπάθησα να φανώ ευγενικός και του έδειξα την πόρτα.

Μόλις ο τύπος έφυγε, η Perla μού είπε ότι όλα όσα είχε πει ήταν παραμύθια – επίσης, η ίδια γνώριζε προσωπικά το κορίτσι για το οποίο ήταν γραμμένο το τραγούδι. Την αντιμετώπισα με σκεπτικισμό· της είπα ότι βιάζεται να βγάλει συμπεράσματα και ότι έκανε παρανοϊκές σκέψεις. Δεν με ενδιέφερε καθόλου να δουλέψω με τον τύπο, αλλά του είπα να περάσει ξανά για να διαπιστώσω αν η Perla είχε δίκιο. Όταν ήρθε, τον αντιμετώπισε χωρίς περιστροφές και ό,τι του είπε βγήκε αληθινό. Εκείνη τη στιγμή συνειδητοποίησα ότι η Perla ήταν ακόμη πιο οξυδερκής απ' όσο τη θεωρούσα. Και όσο κι αν δεν θέλω να το παραδεχτώ, ήταν μια από τις πολλές φορές που με έσωσε από πιθανή καταστροφή. Όπως και να 'χει, ο τύπος ήταν απατεώνας και μου είχε πει ψέματα· έτσι έκανα αυτό που έπρεπε: πήγαμε με τον Ronnie στο πλωτό σπίτι όπου έμενε και τον τρομάξαμε λιγάκι. Ο Ronnie τον απείλησε ότι θα ανοίξει μια τρύπα στη βάρκα με το κεφάλι του, και εγώ του είπα να μη μου τηλεφωνήσει, ούτε να προσπαθήσει να έρθει σε επαφή μαζί μου, ποτέ ξανά.

Προηγουμένως αναφέρθηκα στο πώς ο Ronnie είχε γίνει μεγάλο τσιμπούρι· ε, λοιπόν, εκείνη την εποχή συνέβη αυτό. Με τον καιρό ο Ronnie έγινε η σκιά μου και άρχισε να δείχνει σχεδόν κτητική διάθεση απέναντί μου. Με βοήθησε πάρα πολύ να μεταφέρω τα πράγματα στο νέο μου σπίτι και ήταν πάντα πιστός, αλλά όταν αρχίσαμε να βγαίνουμε με την Perla, φαινόταν να κρυφακούει τις κουβέντες μας. Η σταγόνα που έκανε το ποτήρι να ξεχειλίσει ήταν όταν ανακάλυψα ότι είχε πάρει το αυτοκίνητό μου και το είχε κάνει βίδες, χωρίς να μου πει κουβέντα. Συνειδητοποίησα ότι με έναν παράξενο τρόπο είχε υποκαταστήσει τη ζωή του με τη δική μου και κατά μία έννοια ήθελε να είμαι εγώ. Κάποια στιγμή το πράγμα έφτασε στο μη περαιτέρω και ευτυχώς έφυγε χωρίς προβλήματα. Από τότε ανακάλυψα ότι όλα τα πράγματα που του είχα δώσει –τους χρυσούς δίσκους, τα βραβεία και όλα τα υπόλοιπα– τα έχει πουλήσει στο e-bay. Όμορφα.

Τέλος πάντων, συνέχισε να ψάχνει για τραγουδιστή. Όταν ο Johnny μού έβαλε να ακούσω μία ηχογράφηση με τον Rod Jackson, ήξερα ότι τον είχαμε βρει. Είχα ηχογραφήσει τα demos τριών τεσσάρων τραγουδιών για να δοκιμάσω διαφορετικές φωνές, και ο Rod έκανε εκπληκτικά φωνητικά σε ένα κομμάτι που ονομαζόταν «All Things Considered». Η φωνή του ήταν απίστευτη. Ήταν rock and roll, αλλά ήταν και ψυχεδελικό blues σε υψηλές ταχύτητες. Έτσι, αποφάσισα να τον συναντήσουμε. Ο Ron ήταν η προσωποποίηση του κοινωνικού απόβλητου. Ήταν ψηλός, μιγάς, φορούσε γυαλιά ηλίου, μέχρι που είχε ομιλία και φερσίματα του Νότου, καθώς κατάγεται από τη Virginia. Και όταν τραγουδάει μπορεί να βγάλει από την ψυχή του soul ουρλιαχτά σαν του Ottis Redding ή να πιάσει υψηλότερες νότες σαν τον Sly Stone, αλλά έχει επίσης και μια πιο απαλή blues φωνή σαν του Teddy Pendergrass ή του Marvin Gaye. Ήταν μια φωνή διαφορετική απ' όσες έχω δουλέψει, αλλά δεν είχα τίποτε να χάσω· έτσι, αποφάσισα να δουλέψω μαζί του.

Γράψαμε μερικά πολύ καλά πράγματα στου Mates όλοι μαζί: ο Johnny G, ο Matt Lang, ο Ryan Roxie. Έπειτα εγκατέστησα το συγκρότημα στο σπίτι μου στο Beverly Hills και αρχίσαμε πρόβες και ηχογραφήσεις στο ολοκαίνουργιο στούντιό μου. Δουλέψαμε σκληρά και γράψαμε υλικό για ένα ολόκληρο άλμπουμ σε χρόνο μηδέν.

ΕΚΕΙΝΗ ΤΗΝ ΠΕΡΙΟΔΟ ΕΙΧΑ ΣΤΕΝΗ ΣΧΕΣΗ ΜΕ ΤΟΝ TOM MAHER, έναν τύπο από την BFD management που είχε πάρει το μέρος μου. Όταν έφυγα από τους Guns, με οδήγησε στο να πιστέψω ότι είχε σταματήσει να δουλεύει εκεί και ήθελε να με μανατζάρει, αλλά δεν είμαι και πολύ σίγουρος ότι αυτό συνέβαινε πραγματικά. Είναι πιθανό να ήταν βαλτός, ώστε να ξέρει ο Doug την κάθε μου κίνηση. Όμως τότε εργαζόταν ως μάνατζέρ μου.

Εκείνη την εποχή, το 1998, η μουσική βιομηχανία γνώρισε μια μεγάλη αλλαγή. Ακολούθησε η Μαύρη Παρασκευή, η μέρα που εκατοντάδες στελέχη δισκογραφικών απολύθηκαν· περπατούσαν στη Sunset κρατώντας χαρτοκιβώτια με τα προσωπικά τους αντικείμενα. Οι περισσότερες εταιρείες χρεωκόπησαν, ανάμεσά τους και η Geffen, η οποία μετονομάστηκε σε Interscope. Ήταν η αρχή του τέλους της μουσικής βιομηχανίας όπως την ξέραμε.

Μόλις η Geffen ανασυγκροτήθηκε, έπρεπε να γνωριστώ με μερικούς ανθρώπους με τους οποίους δεν είχα ξαναδουλέψει ποτέ. Δούλευα με ένα συγκρότημα που δεν είχε καμία σχέση με τον ήχο του grunge –ή όπως θέλετε πείτε το– που ξεπήδησε στα μέσα της δεκαετίες του '90. Ήταν μια πολύ cool αλλά σύντομη περίοδος. Τη θέση της είχε πάρει ένα αδύναμο και ηλίθιο rock-rap υβρίδιο και αγορίστικα φωνητικά συγκροτήματα... και η Interscope έβγαζε λίγο-πολύ gangsta rap. Δεν με ενδιέφερε τίποτε από όλα αυτά, αλλά και δεν είχα ιδέα για τις αλλαγές στους κόλπους της βιομηχανίας.

Μία νέα γενιά από στελέχη είχαν καταλάβει τις θέσεις των παλιών: ήταν πολύ πιο κυνικοί απ' οποιονδήποτε με τον οποίο είχα δουλέψει, τύποι των πολυεθνικών που είχαν μεγαλώσει μπροστά σε έναν ηλεκτρονικό υπολογιστή. Με την τυπική γοητεία του μαστούρη, δεν μπορούσα να καταφέρω τίποτα. Το μοναδικό άτομο που μου ήταν οικείο στην εταιρεία μου πλέον ήταν η Lori Earle, με την οποία συνεργαζόμαστε σε θέματα Τύπου από τότε που υπέγραψαν οι Guns.

Ο τύπος που ανέλαβε να συζητήσει τη συμφωνία μου ήταν ο Jordan Schur, και θυμάμαι πως όταν γύριζα σπίτι από μία συνάντηση μαζί του σκεφτόμουν ότι δεν τον εμπιστευόμουν καθόλου. Μου υποσχέθηκε τον ουρανό με τ' άστρα, παρόλο που τον γνώριζα μόνο είκοσι λεπτά. «Θα πουλήσουμε εκατομμύρια δίσκους, θα πάρουμε καινούργια αμάξια», και άλλες τέτοιες παπαριές. Από την πρώτη στιγμή κατάλαβα ότι ο τύπος ήταν κάλπικος. Όμως ήταν το αγαπημένο παιδί του επικεφαλής της Interscope, του Jimmy Iovine· έτσι, έπρεπε να ασχοληθώ μαζί του. Του έβαλα να ακούσει τα demos πέντε τραγουδιών από τον επερχόμενο δίσκο των Snakepit και μου είπε ότι του άρεσαν πολύ και δεν έβλεπε την ώρα να τα κυκλοφορήσει. Έπειτα συναντήθηκα με τον Jimmy Iovine, και πρότεινε να πάρω τον Jack Douglas για να κάνει παραγωγή στο δίσκο μου, κάτι που το βρήκα εξαιρετική ιδέα επειδή ο Jack είχε κάνει παραγωγή στο *Rocks* των Aerosmith και είχε δουλέψει με τον John Lennon και άλλους μεγάλους καλλιτέχνες στη δεκαετία του '70. Ο Jimmy επίσης σχολίασε ότι είχε τις αμφιβολίες του για τον τραγουδιστή μου επειδή η φωνή του παραήταν μελωδική, αλλά υποστήριξα τον Rod και του είπα: «Ο Rod έχει εκπληκτική φωνή. Δεν είναι αυτό που θα περίμενες να ακούσεις».

Σε εκείνη τη φάση η εταιρεία είχε διώξει τον Izzy, όπως και τον Duff· έτσι, είχα τις αμφιβολίες μου, αλλά ο Jordan έδειξε ειλικρινά ενθουσιασμένος. Ο Jordan κανόνισε άλλη μία σύσκεψη, στην οποία πρώτα εγγυήθηκε γι' αυτό και έπειτα έκανε στροφή εκατόν ογδόντα μοιρών και είπε ότι οι Snakepit δεν έπαιζαν τη μουσική που έβγαζε η εταιρεία του. Δεν ξαφνιάστηκα. Είπα μέσα μου: «*Έτσι μπράβο, τώρα μιλάει ο αληθινός εαυτός σου*» – το είχα καταλάβει από την πρώτη στιγμή που τον συνάντησα ότι ο τύπος ήταν εντελώς διπρόσωπος. Τότε ήταν που αποφάσισα να φύγω από την εταιρεία του, και καθώς είχαν ήδη δώσει ένα σωρό λεφτά για την ηχογράφηση του άλμπουμ, προσφέρθηκα να το αγοράσω από αυτούς. Στο μυαλό μου είχα το σπίτι, είχα το στούντιο, θα τα ηχογραφούσα όλα εκεί και έπειτα θα το πουλούσα αλλού. Ήμουν πολύ ξεροκέφαλος.

Ταυτόχρονα, ο Tom Maher δεν είχε κάνει τίποτε για να με βοηθήσει στην όλη κατάσταση· έτσι αποφάσισα να ψάξω για καινούργιο μάνατζερ και ο Jack Douglas με σύστησε στον Sam Frankel, που με τη σειρά του με γνώρισε στον Jerry Heller. Η ιδέα ήταν ότι ο Heller θα γινόταν μάνατζέρ μου, ενώ ο Frankel θα γινόταν ο τύπος που θα φρόντιζε τα καθημερινά μου ζητήματα. Συναντήθηκα με κάποιους ανθρώπους, αλλά όταν αποφασίζω να πετύχω κάτι κάνω ό,τι χρειάζεται με όποιον μπορεί να με βοηθήσει, χωρίς να το σκεφτώ. Ο Jerry ήταν αυτός ακριβώς ο τύπος, αλλά είμαι πολύ καχύποπτος χαρακτήρας, και εξακολουθούσα να μην είμαι σίγουρος για την όλη συμφωνία που είχα κλείσει μαζί του. Δεδομένου ότι ήμουν αλκοολικός και δεν μπορούσα να κρίνω καθαρά. Τέλος πάντων, δεν με ένοιαζε· ήθελα απλώς να προχωρήσουν τα πράγματα. Δώσαμε τα χέρια με τον Jerry και τον Sam, και ο Jack Douglas άρχισε να κάνει την παραγωγή στο δίσκο μου.

Ένιωσα λες και είχα γυρίσει στις πρώτες ημέρες των Guns, όταν προσπαθούσα να κάνω ένα γκρουπ να απογειωθεί χωρίς πρόσθετους μουσικούς. Ο Sam ήταν σπουδαίος στη δουλειά του, αλλά δεν είχε κάνει κάτι πρόσφατα, και παρόλο που ο Jerry είχε φτιάξει καλό όνομα στον κόσμο του hip hop, δεν είχε κάνει τίποτε που να αξίζει στη σφαίρα του rock. Ο Sam ήταν ένας καθωσπρέπει Εβραίος δικηγόρος από την Ανατολική Ακτή που επισκεπτόταν τακτικά τη μητέρα του και φαινόταν να μην έχει ιδέα από τη μουσική βιομηχανία. Ήταν το ίδιο καρναβάλι από την αρχή, εν μέσω μιας μουσικής βιομηχανίας η οποία ήταν πλέον κάτι εντελώς ξένο για μένα.

Όσον αφορούσε στο συγκρότημα, η κατάσταση δεν ήταν καλύτερη. Ο τραγουδιστής, ο Rod Jackson, αποδείχτηκε τεμπέλης και πρεζόνι, ο Johnny Griparic ήταν και παραμένει σπουδαίος μπασίστας αλλά δεν είχε την πείρα από περιοδείες που θα του ήταν απαραίτητη μακροπρόθεσμα, και ο Ryan Roxy, τον οποίο είχα βρει από το συγκρότημα του Alice Cooper και είχα προσλάβει ως δεύτερο κιθαρίστα, νοιαζόταν μόνο για τη δημοσιότητα. Ο ντράμερ, ο Matt Laug, ήταν ο πιο έμπειρος και συνεργάσιμος απ' όλους και, βεβαίως, υπήρχα κι εγώ που έπαιζα το ρόλο του αφεντικού, ρόλος με τον οποίο δεν ήμουν καθόλου εξοικειωμένος. Μοίρασα όλα τα δικαιώματα και την προκαταβολή σε ίσα μερίδια. Έτσι το πράγμα έμοιαζε περισσότερο με ομαδική προσπάθεια απ' ό,τι ήταν στην πραγματικότητα, και στο τέλος κατέληξε ένα χάος. Το μόνο που ήθελα να κάνω ήταν να τελειώσω το δίσκο και να ξαναρχίσω τις περιοδείες. Έκλεισα συμφωνία με την Koch Records, επειδή μου έκαναν την πιο καλή προσφορά. Ήταν μεγάλο λάθος, γιατί μόλις κυκλοφόρησε ο δίσκος τον ξέχασαν, κάτι που δεν βοήθησε καθόλου τα πράγματα.

Ο Jerry Heller αποδείχτηκε πραγματικός μάνατζερ-κανίβαλος. Προσπαθούσε να με κλέψει κάθε φορά που έβρισκε την ευκαιρία. Από τότε έχω ακούσει το ίδιο πράγμα και από άλλους μουσικούς. Το μόνο που έκανε ο Jerry ήταν να μας καταφέρει να ανοίξουμε την περιοδεία των AC/DC για το *Stiff Upper Lip*. Έτσι κατάφερε να κερδίσει την εμπιστοσύνη μου ως μάνατζερ.

Στο μεταξύ, ο Jerry προσπάθησε να με πείσει να υπογράψω ένα συμβόλαιο που του παραχωρούσε το 20% όλων των χρημάτων που θα έβγαζα με τους Snakepit συν το 20% των μελλοντικών κερδών μου από τους Guns... για πάντα. Η Perla δεν τον εμπιστευόταν και μου πρότεινε να μην υπογράψω, και όταν έδειξα το συμβόλαιο στον καινούργιο μου δικηγόρο, τον David Codikow, μου είπε ότι ήταν σκέτη αυτοκτονία. Τσακώθηκε γι' αυτό με τον Jerry και τον είπε μαλάκα στα ίσια. Τότε ο Jerry τον απέλυσε, πράγμα σουρεαλιστικό, επειδή δεν είχε καμία δικαιοδοσία να κάνει κάτι τέτοιο –ο μάνατζερ ενός καλλιτέχνη δεν μπορεί να απολύσει τον δικηγόρο του–, αλλά για να μην του δώσει την ευχαρίστηση, ο David παραιτήθηκε έτσι κι αλλιώς. Εκ των υστέρων είναι για γέλια, αλλά εκείνη την εποχή ήταν τραυματική εμπειρία· δεν μπορούσα να κάνω κάτι άλλο για να ισορροπήσω τα πράγματα.

Έτσι έμεινα χωρίς δικηγόρο μέχρις ότου, μια νύχτα που ήμουν σπίτι με την Perla, ακούστηκε ένα χτύπημα στην πόρτα. Ήταν η Αστυνομία, με ένα ένταλμα σύλληψης σε βάρος της για παραβίαση αναστολής. Της φόρεσαν χειροπέδες και την έβαλαν στο περιπολικό. Την είχαν συλλάβει πρόσφατα να οδηγεί υπό την επήρεια αλκοόλ ενώ υποτίθεται ότι δεν έπρεπε να οδηγεί. Ενώ έμεινε πενήντα έξι μέρες στη φυλακή της κομητείας, ο Jerry με έπεισε να υπογράψω εκείνο το συμβόλαιο, ενώ δεν ήμουν και πολύ στα καλά μου. Έπινα ασύλληπτες ποσότητες βότκας από το πρωί ως το βράδυ, και φαντάζομαι ότι δεν είχα τη σωστή διανοητική κατάσταση για να λαμβάνω λογικές αποφάσεις όσον αφορούσε στα επαγγελματικά μου.

Την πρώτη φορά που παρατήρησα το πρωινό τρέμουλο ως ένδειξη delirium tremens ήταν στην περιοδεία με τους Mötley Crüe. Άρχισα να πίνω από νωρίς το πρωί, όχι τόσο για να γιατρέψω το hangover όσο για να περιορίσω το τρέμουλο. Ήταν μία ανεπαίσθητη αλλαγή που θα συνεχιζόταν, και αργότερα θα χειροτέρευε. Το διάστημα που η Perla ήταν στη φυλακή, πήγαινα για ύπνο με ένα κοκτέιλ στο κομοδίνο μου το οποίο τελείωνα το πρωί, ώστε να είμαι σε θέση να σηκωθώ από το κρεβάτι για να πάω στην κουζίνα να φτιάξω ένα καινούργιο και να ξεκινήσω την ημέρα μου. Υπήρχαν φορές που οι Αρχές της φυλακής δεν μου επέτρεπαν να δω την Perla επειδή πήγαινα μεθυσμένος. Είχα τα χάλια μου. Εκτός από το ένα περίπου γαλόνι βότκας που έπινα στο σπίτι, έπινα ουίσκι με μπίρα όλη νύχτα στα κλαμπ. Το μέλλον έμοιαζε ζοφερό για μένα από άποψη υγείας, αλλά κανείς δεν θα μπορούσε να μου το πει τότε.

ΜΕΤΑ ΤΗΝ ΠΕΡΙΟΔΕΙΑ ΤΩΝ AC/DC, ΚΑΝΑΜΕ ΜΙΑ ΠΕΡΙΟΔΕΙΑ ως πρώτο όνομα σε θέατρα. Στην πραγματικότητα έχανα λεφτά, αλλά δεν με ένοιαζε. Έπειτα από δύο μήνες ο Koch μάς έδιωξε: απέσυραν την υποστήριξή τους από την περιοδεία μας και σταμάτησαν την προώθηση του δίσκου. Εμφανιζόμαστε σε events προώθησης του δίσκου, ενώ το προϊόν δεν βρισκόταν στα δισκοπωλεία. Αναγκάστηκα να τους τηλεφωνήσω για να στείλουν δίσκους εκείνη την ημέρα· ήταν λες και έπαιζα στο *Spinal Tap*.

Καθώς η περιοδεία προχωρούσε με δυσκολία, θυμάμαι ότι όσο περνούσαν οι ημέρες δεν ένιωθα και τόσο καλά. Στο Pittsburgh, σκέφτηκα πως θα έπρεπε να πάω στο νοσοκομείο πριν απ' το soundcheck. Το επόμενο πράγμα που θυμάμαι είναι ότι ξύπνησα στο κρεβάτι ενός νοσοκομείου δύο εβδομάδες αργότερα, με την Perla ανήσυχη στο προσκέφαλό μου. Υπέφερα από καρδιακή μυοπάθεια. Όλα αυτά τα χρόνια της υπερβολικής κατανάλωσης αλκοόλ είχαν κάνει την καρδιά μου να πρηστεί σε σημείο που ήταν έτοιμη να εκραγεί, και τόσο αδύναμη που δεν μπορούσε να τροφοδοτήσει με αίμα τον οργανισμό μου. Μου ήταν δύσκολο να συνειδητοποιήσω ότι την είχα άσχημα, όμως έτσι είχαν τα πράγματα. Οι γιατροί μού έδωσαν από έξι μέρες μέχρι έξι εβδομάδες ζωής, αλλά όχι περισσότερο. Μόλις ένιωσα αρκετά καλά για να γυρίσω πίσω στο Los Angeles, έμεινα για ένα διάστημα στο κρεβάτι για να ξεκουραστώ, ενώ μου απαγορευόταν να πίνω ή να συμμετέχω σε οποιαδήποτε κοπιαστική σωματική δραστηριότητα.

Οι γιατροί τοποθέτησαν ένα βηματοδότη για να κρατάει την καρδιά μου σε λειτουργία και τον καρδιακό παλμό μου σταθερό. Έπειτα από κάποιο διάστημα άρχισα θεραπεία ξεκινώντας με πολύ απλές ασκήσεις και προχωρώντας βήμα βήμα. Ως εκ θαύματος, η καρδιά μου άρχισε να αναρρώνει, και οι γιατροί δεν μπορούσαν να πιστέψουν ότι η κατάστασή μου βελτιωνόταν. Τελικά μπόρεσα να παίξω ξανά, και ήμουν αποφασισμένος να τελειώσω την περιοδεία μας στα κλαμπ. Είχα βγει από την κυκλοφορία για τέσσερις περίπου μήνες κι ήμουν εντελώς νηφάλιος. Όταν ξαναγύρισα στο συγκρότημα –αυτή τη φορά με καθαρό κεφάλι– συνειδητοποίησα πόσο δυσλειτουργικό ήταν.

Ο τραγουδιστής-πρεζόνι που βρισκόταν στο χείλος του στερητικού ανά πάσα στιγμή, όπως και ο μπασίστας, έδειχναν να μην θέλουν κάτι άλλο εκτός από το να ζήσουν τη ζωή για την οποία είχα γίνει διάσημος. Όμως στη νέα, νηφάλια κατάστασή μου το όλο πράγμα μου φαινόταν εντελώς αντιεπαγγελματικό και χύμα. Οι άλλοι έδειχναν λιγότερο αφοσιωμένοι απ' ό,τι τα μέλη των γυμνασιακών συγκροτημάτων που έπαιζα: αντιμετώπιζαν το όλο ζήτημα σαν μια τσάμπα βόλτα, και κανείς δεν αναλάμβανε τις ευθύνες του. Πέρασα την υπόλοιπη περιοδεία –όταν δεν ήμουν στη σκηνή– κλεισμένος στο δωμάτιό μου. Όταν γυρίσαμε πίσω στο Los Angeles μετά την τελευταία συναυλία, έμεινα εκεί μέχρι που έφυγαν όλοι, και αυτή ήταν η τελευταία φορά που τους μίλησα για αρκετό καιρό. Τώρα είμαστε ξανά καλοί φίλοι με τον Johnny και τον Matt.

Η ΕΠΙΣΤΡΟΦΗ ΜΟΥ ΣΤΗ ΝΗΦΑΛΙΑ ΚΑΤΑΣΤΑΣΗ ΕΠΙΒΕΒΑΙΩΣΕ την αίσθηση που είχα ότι ο Jerry Heller μου έπινε το αίμα και έπρεπε να φύγει. Όμως είχα υπογράψει εκείνο το συμβόλαιο που με δέσμευε. Τελικά το κατάφερα, όταν ο Jerry έκανε ένα λάθος που η Perla κι εγώ ανακαλύψαμε έπειτα από σχολαστική έρευνα. Στην αρχή της σχέσης μας, ο Jerry με έβαλε να ηχογραφήσω ένα σόλο για το κομμάτι του Rod Stewart, «Human», από το ομώνυμο άλμπουμ του. Μου είχε κλείσει εκείνος την ηχογράφηση, κάτι που συνιστούσε παραβίαση του συμβολαίου μας, γιατί ως μάνατζερ δεν μπορούσε να προχωρήσει σε μια τέτοια κίνηση και να πάρει προμήθεια, όπως είχε κάνει. Στο τέλος, οι ίδιες του οι πράξεις μου έδωσαν τη δυνατότητα να σπάσω το συμβόλαιο και να απαλλαγώ από αυτόν. Ένιωθα τυχερός.

Η συγκεκριμένη περίοδος, από το 1999 έως το 2001, ήταν χωρίς αμφιβολία η πιο ζοφερή περίοδος της ύπαρξής μου σε αυτόν τον πλανήτη. Η συνήθειά μου να πίνω για διασκέδαση, είχε μετατραπεί σε οξύ αλκοολισμό. Άφησα τον εαυτό μου να πέσει στα δόντια των λύκων – όλων αυτών των ανθρώπων που με εκμεταλλεύονταν, όταν το μόνο που ήθελα πραγματικά ήταν να παίζω μουσική και να μην ασχολούμαι με τίποτε άλλο. Ήταν μια σκληρή επιστροφή στην πραγματικότητα.

Σκεφτόμουν ότι πλήρωνα τα χρέη μου μετά τους Guns. Ήταν δύσκολη περίοδος, αλλά πιστεύω ότι έπρεπε να την περάσω ώστε να μπορέσω να ξαναβρώ την ισορροπία μου και να μάθω πόσο ανθεκτικός είμαι στ' αλήθεια. Και να διαπιστώσω πόσο πολύ το ήθελα.

ΕΚΕΙΝΟ ΤΟ ΔΙΑΣΤΗΜΑ Η PERLA ΚΙ ΕΓΩ ΕΙΧΑΜΕ ΜΕΤΑΚΟΜΙΣΕΙ σε ένα καινούργιο σπίτι στη Nichols Canyon, αποφασισμένοι να χαλαρώσουμε και να κάνουμε μια νέα αρχή. Ξεκινήσαμε μία ήρεμη οικογενειακή ζωή, βάζοντας τα δυνατά μας, ενώ εγώ συνέχισα να τζαμάρω όποτε ήθελα και περίμενα την έμπνευση για να βάλω μπροστά το καινούργιο μου συγκρότημα. Το 2001, συμφώνησα να παίξω στα τεσσαρακοστά γενέθλια του Michael Jackson στο Madison Square Garden, και έτσι πήγαμε αεροπορικώς στη Νέα Υόρκη με την Perla. Ήταν η πρώτη φορά που ανέβαινα στη σκηνή μετά την εγχείρησή μου, κι έτσι περίμενα την εμφάνιση πώς και πώς. Όντως αποδείχτηκε πραγματικά αξέχαστη... και λίγα λέω.

Έκανα δύο μέρες πρόβες για να προετοιμαστώ για τις συναυλίες που θα γίνονταν στις 8 και στις 10 Σεπτεμβρίου. Όλα έδειχναν πως θα ήταν ένα κολοσσιαίο event: ο Michael είχε καλέσει τους πάντες· από τον Jamie Foxx και τη Liza Minelli μέχρι τον Marlon Brando, τους Jackson Five και την Gloria Estefan. Ήταν μια εξαιρετική συναυλία, και όλα τα άτομα από τη συνοδεία του Michael Jackson το διασκέδασαν αφάνταστα, αν και εγώ έκανα ό,τι μπορούσα για να αποφύγω το αλκοόλ. Άλλωστε, τώρα είχα ένα βηματοδότη, κάτι που έδινε επιπλέον ενδιαφέρον στην προσπάθειά μου.

Όταν οι γιατροί μού τοποθέτησαν το βηματοδότη, το έκαναν για να διατηρούν τους σφυγμούς μου σε φυσιολογικά επίπεδα. Για τους περισσότερους ανθρώπους, κάτι τέτοιο δεν αποτελεί πρόβλημα, όμως εγώ είχα ξεχάσει να πω στους καρδιολόγους ότι τη στιγμή που ανεβαίνω στη σκηνή οι σφυγμοί μου εκτοξεύονται στο διάστημα. Ανέβηκα στη σκηνή μαζί με τον Michael και άρχισα να παίζω, όταν ξαφνικά αισθάνθηκα ένα δυνατό πλήγμα στο στήθος, και το οπτικό μου πεδίο πλημμύρισε από ένα έντονο γαλάζιο φως. Το ίδιο έγινε τέσσερις φορές στη διάρκεια κάθε τραγουδιού και δεν είχα ιδέα τι συνέβαινε. Νόμιζα ότι είχα πάθει ηλεκτροπληξία από το καλώδιο της κιθάρας μου, ή ότι το φλας κάποιου φωτογράφου με είχε τυφλώσει. Και κάθε φορά που συνέβαινε, έπρεπε να στέκομαι στη θέση μου και να προσποιούμαι ότι δεν συμβαίνει τίποτε. Αργότερα το είδα στην τηλεόραση, και πράγματι δεν μπορούσες να το καταλάβεις· έτσι υποθέτω ότι τα έβγαλα πέρα. Παρ' όλ' αυτά, ήταν κάτι πολύ ανησυχητικό, μέχρι που τελικά ανακάλυψα περί τίνος επρόκειτο.

Το πρωινό της 11ης Σεπτεμβρίου ξυπνήσαμε στις οχτώ και τέταρτο από ένα τηλεφώνημα του David Williams, του κιθαρίστα του Michael.

«Slash, άνοιξε την τηλεόραση», μου είπε.

«Την έχω ήδη ανοιχτή», είπα.

«Βλέπεις ειδήσεις;» μου είπε.

«Όχι, την έχω στο e-Channel», του είπα.

«Βάλε αμέσως ειδήσεις!» Είδα ότι ένα αεροπλάνο είχε χτυπήσει τους Δίδυμους Πύργους, και λίγα λεπτά αργότερα είδα ένα δεύτερο να κάνει το ίδιο, σε ζωντανή σύνδεση. Τα παράθυρα του δωματίου μου ήταν ανοιχτά, έτσι μπορούσα να δω τι συνέβαινε σε απόσταση. Ήταν ένα από τα πιο τρομακτικά γεγονότα που έχω βιώσει. Όπως μπορείτε να φανταστείτε, στο ξενοδοχείο επικρατούσε πανδαιμόνιο. Οι άνθρωποι έτρεχαν παντού σαν τρελοί, λες κι είχε έρθει το τέλος του κόσμου. Η Perla εξακολουθούσε να κοιμάται. Αναγκάστηκα να την ξυπνήσω και να προσπαθήσω να της εξηγήσω τι ακριβώς συνέβαινε. Νομίζω ότι χρειάστηκε μερικά λεπτά μέχρι να το καταλάβει. Ο Michael και η προσωπική του ακολουθία είχαν φύγει από το ξενοδοχείο και ήδη πετούσαν με ασφάλεια, υποθέτω για κάποιον προορισμό εκτός χώρας. Όμως εμείς ήμαστε εγκλωβισμένοι σε μια πόλη που είχε έρθει τα πάνω κάτω.

Σκέφτηκα ότι το πιο ασφαλές μέρος ήταν αυτό που βρισκόμαστε, αλλά η Perla είχε άλλη άποψη. Ήθελε να φύγουμε από κει αμέσως. Ήταν σίγουρη ότι ο αέρας ήταν γεμάτος τοξικά, όμως δεν υπήρχε τρόπος να απομακρυνθούμε. Και για κάποιον λόγο, πολλοί από τους χορευτές και τους τραγουδιστές του Michael είχαν συγκεντρωθεί στο δωμάτιό μας, επειδή όλοι ήταν παγιδευμένοι στο Manhattan χωρίς τρόπο διαφυγής. Η Perla ήθελε σαν τρελή να γυρίσει στο Los Angeles· ήταν πολύ ταραγμένη και προσπαθούσε απεγνωσμένα να βρει τρόπο να διασχίσουμε τη χώρα.

Τελικά βρήκαμε μια λιμουζίνα που μας πέρασε απέναντι από τη μοναδική γέφυρα που ήταν ανοιχτή σε εκείνη τη φάση, τη γέφυρα George Washington. Συνεχίσαμε στο New Jersey και φτάσαμε στο Poconos, που είναι ένα τουριστικό θέρετρο στην Pensylvania. Η Perla μάς βρήκε ένα δωμάτιο στο Pocono Palace, ένα ξενοδοχείο-ερωτική φωλίτσα για ζευγαράκια το οποίο ήξερε – δεν τη ρώτησα πώς. Όταν τελικά φτάσαμε εκεί, βρήκα ένα σκηνικό που είχα δει μόνο σε περιοδικά. Εκείνο το ξενοδοχείο είχε μπανιέρα σε σχήμα ποτηριού σαμπάνιας, περιστρεφόμενο κρεβάτι στρωμένο με σατέν σεντόνια και βελούδινες κουβέρτες, κόκκινη μοκέτα και καθρέφτες στο ταβάνι. Μέχρι να φτάσουμε εκεί, ήμαστε πεθαμένοι από την κούραση.

Πήραμε τις κάρτες φαγητού από τη ρεσεψιόν –γιατί τέτοιο μέρος ήταν– και πήγαμε στη δανέζικη τραπεζαρία. Όπως και σε όλα τα άλλα ζευγάρια που έμεναν εκεί, μας έδωσαν έναν αριθμό που αντιστοιχούσε σε συγκεκριμένες θέσεις ενός μεγάλου στρογγυλού τραπεζιού που ήταν γεμάτο ζευγάρια. Καθόμαστε μαζί με ηλικιωμένους από το New Jersey που είχαν έρθει να γιορτάσουν κάποια επέτειο, ξενέρωτα καθωσπρέπει ζευγάρια που είχαν μόλις παντρευτεί, και μερικά άλλα που απλώς την είχαν πατήσει. Δεν υπήρχε τίποτε όμορφο ή ρομαντικό σε εκείνο το μέρος. Όλοι με τους οποίους ήρθαμε σε επαφή ήταν ολοφάνερο ότι μας φοβόντουσαν, αλλά αυτό που φόβιζε περισσότερο εμάς σε αυτούς ήταν ότι κανείς τους δεν είχε επίγνωση της τραγωδίας που είχε συμβεί μόλις εκατόν πενήντα χιλιόμετρα μακριά.

Υπήρχε μια άθλια ορχήστρα και ένας stand-up κωμικός –υποτίθεται για να μας προσφέρουν ψυχαγωγία την ώρα του δείπνου– όπως κι ένα μίνι γκολφ, δυνατότητα για ιππασία, βόλτες με άμαξα, και κάθε κοινότοπη ειδυλλιακή δραστηριότητα που θα μπορούσε να φανταστεί κανείς. Η «αγάπη» ήταν ο Παρδαλός Αυλητής του Χάμελιν για όλα αυτά τα απόβλητα. Όταν καταφέραμε να μιλήσουμε σε μερικούς από αυτούς που ήξεραν για την επίθεση, δεν έδειξαν να νοιάζονται. Πλατσούριζαν στο νερόλακκο της αγάπης και μάλιστα με τέτοιο ζήλο, που η 9/11 δεν ήταν γι' αυτούς ένα θέμα άξιο συζήτησης. Έπειτα γυρίσαμε, με διάφορες πτήσεις, πίσω στο Los Angeles.

ΕΚΕΙΝΗ ΤΗΝ ΠΕΡΙΟΔΟ ΤΗΣ ΖΩΗΣ ΜΟΥ ΕΙΧΑ ΕΝΑ ΣΥΝΑΠΑΝΤΗΜΑ με την ηρωίνη. Είχα κρατηθεί μακριά και είχα χάσει το ενδιαφέρον μου για αυτό το ναρκωτικό για τόσο πολύ χρόνο, που πίστευα τον εαυτό μου όταν τον άκουγα να λέει ότι δεν θα το αγγίξει ποτέ ξανά. Ακόμα κι όταν άρχισα να συχνάζω σε μέρη όπου θα μπορούσε να βρεθεί ή σχεδίαζα να συναντήσω ανθρώπους που ίσως διέθεταν, εξακολουθούσα να πιστεύω τον εαυτό μου. Διαβεβαίωνα τον εαυτό μου και την Perla ότι είχα τελειώσει πια με αυτό, αλλά θα έπρεπε να ξέρω –ή τουλάχιστον να το έχω παραδεχτεί στον εαυτό μου– προς τα πού όδευαν τα πράγματα.

Μια νύχτα βρήκα λίγη και γύρισα πίσω στο Hyatt στη Sunset και έγινα τόσο λιώμα που λιποθύμησα και αποκοιμήθηκα με όλο μου το βάρος πάνω στο ένα πόδι. Όταν ξύπνησα δεν το ένιωθα καθόλου. Δεν μπορούσα να το λυγίσω, δεν μπορούσα να σταθώ όρθιος, και η κατάσταση δεν φαινόταν να καλυτερεύει όταν κατάφερα να το τεντώσω. Τα πρεζόνια το παθαίνουν συνέχεια αυτό· μερικοί μάλιστα παθαίνουν τέτοιο άσχημο κυκλοφορικό πρόβλημα που καταλήγουν με γάγγραινα.

Αναγκάστηκα να καλέσω το ασθενοφόρο και με πήγαν στο Cedars-Sinai, το οποίο εκείνη την ώρα ήταν ασφυκτικά γεμάτο από κόσμο. Έτσι με έβαλαν σε μια αίθουσα αναμονής μέχρι να μπορέσουν να μου βρουν δωμάτιο. Όσο ήμουν εκεί ξαπλωμένος και κάπνιζα, κάτι που δεν άρεσε καθόλου στους ανθρώπους του νοσοκομείου, ειδοποίησαν την Perla κι εκείνη έσπευσε και τότε της είπα τι είχε συμβεί. Το περιστατικό την τρόμαξε και απείλησε να με παρατήσει αν συνέχιζα τα ίδια. Έμεινα εκεί μία εβδομάδα και ήταν μια σπουδαία ευκαιρία για

O Slash με τον Ray Charles, ηχογραφώντας στο θρυλικό στούντιο του δεύτερου, στο Los Angeles.

να εξασφαλίσω λίγη ηρεμία και γαλήνη. Και να δω άπειρες εκπομπές στο History Channel.

Η παρουσία της Perla εκεί επιβεβαίωσε την άποψη που είχα γι' αυτήν: ότι ήταν η γυναίκα της ζωής μου. Της ζήτησα να με παντρευτεί και ευτυχώς δέχτηκε. Κάναμε μία όμορφη μικρή τελετή στο Maui και περάσαμε μία εβδομάδα μαζί, απολαμβάνοντας ο ένας τον άλλο. Τα πράγματα είχαν αρχίσει να φτιάχνουν.

Πριν από το μήνα του μέλιτος, κυκλοφορούσα παντού με την κιθάρα μου και έπαιζα όπου έβρισκα, αν και η γενική κατάσταση γύρω μου παρέμενε χαοτική. Χρησιμοποιώντας το μαύρο μου σημειωματάριο και το κινητό μου τηλέφωνο, προσπάθησα να διατηρήσω επαφή με τη μουσική. Μου έλειπε ο στόχος, αλλά ήμουν αφοσιωμένος, και μερικές φορές οι προσπάθειές μου οδηγούσαν σε όμορφες καταστάσεις. Μία από αυτές ήταν η συνεργασία μου με τον θρυλικό Ray Charles. Την επόμενη μέρα αφότου η Perla κι εγώ επιστρέψαμε από το μήνα του μέλιτος, πήγα στο κεντρικό Los Angeles για να ηχογραφήσω μαζί του το «God Bless America Again». Χρησιμοποίησα τη Fender Telecaster του '54 που έχω, και ήταν μία από τις πιο εκπληκτικές ηχογραφήσεις στις οποίες έχω συμμετάσχει. Ήταν μεγάλη τιμή για μένα και μια εμπειρία που με έμαθε να είμαι ταπεινός. Δεν νομίζω ότι ο Ray είχε ακούσει ποτέ του για μένα, αλλά παίξαμε μαζί.

Ο Ray εμπλεκόταν σε ένα φιλανθρωπικό εγχείρημα για φτωχά παιδιά με ενδιαφέρον για τη μουσική· τα άφηνε να ηχογραφούν στο στούντιό του και να χρησιμοποιούν τον εξοπλισμό του, και μάλιστα μερικές φορές ο Ray έπαιζε μαζί τους. Δούλευαν τραγούδια, τεχνικές και ενορχηστρώσεις υπό την καθοδήγησή του. Μερικές φορές πήγαινα κι εγώ εκεί και έπαιζα μαζί με τα παιδιά. Το να τους προσφέρω βοήθεια με έκανε να νιώθω απίθανα.

Έπαιξα επίσης σε ορισμένα μέρη από τα τραγούδια της ταινίας *Ray*.Βρέθηκα να παίζω με μουσικούς πολύ ανώτερης κλάσης από μένα, γηραλέους τεχνίτες του blues και της jazz που έπαιζαν σε Big Bands. Έπαιξα κιθάρα στο «Sorry Seems to Be the Hardest Word» για το άλμπουμ του Ray, *Genius Loves Company*, αλλά μετά το θάνατο του Ray ο παραγωγός της εταιρείας χρησιμοποίησε ένα φίλο του και αφαίρεσε το μέρος μου, παρόλο που Ray πίστευε ότι το δικό μου παίξιμο ήταν πιο bluesy.

Η μη δημιουργική περίοδός μου στη μουσική πλησίαζε στο τέλος της. Είχα περιπλανηθεί κι είχα μάθει. Ήμουν έτοιμος να ξαναβρώ το χαμένο κέντρο μου και να κάνω μια καινούργια αρχή. Είχε έρθει η ώρα.

Βρέθηκα με τον Pete Angelus, που ήταν ο μάνατζερ των Black Crowes και ήθελε να γίνει και δικός μου. Αυτός μου γνώρισε τον Steve Gorman, τον ντράμερ τον Crowes, και ο Alan Niven με έφερε σε επαφή με έναν μπασίστα. Αρχίσαμε να γράφουμε και καταλήξαμε με τη μουσική αυτού που θα γινόταν το «Fall to Pieces». Το μόνο που χρειαζόμαστε ήταν ένας τραγουδιστής – για άλλη μια φορά. Όμως τότε ο καλός μου φίλος Randy Castillo πέθανε και πήγα στην κηδεία του, κι από το θάνατό του προέκυψε μία αναγέννηση που δεν θα φανταζόμουν ποτέ.

Ανάσα

Οι Velvet Revolver με μερικές από τις μεγαλύτερες θαυμάστριές τους στην προκυμαία της Santa Monica, τον Ιούλιο του 2004, στη διάρκεια των γυρισμάτων του βίντεο για το «Fall to Pieces».

13
Κεφάλαιο

Δεν μπορείς να κάθεσαι άπραγος και να περιμένεις από τη μοίρα να σου δώσει αυτό που νομίζεις ότι αξίζεις. Πρέπει να το κερδίσεις, ακόμα κι αν νομίζεις ότι έχεις πληρώσει τα χρέη σου. Μπορεί να έχεις πετύχει αυτά που ήθελες· είσαι όμως σίγουρος ότι έμαθες το μάθημά σου;

Το 2001, πήγα στην Ιρλανδία και έμπλεξα με τον Ronnie Wood, με σκοπό να παίξω στην περιοδεία για το σόλο άλμπουμ του. Της έδωσε το όνομα «Not for Begginers» («Όχι για αρχάριους»). Η Perla ήρθε μαζί μου και κάναμε παρέα με τον Ronnie και τη γυναίκα του τη Joe· περάσαμε υπέροχα. Κάναμε πρόβες στο μπαρ του Ronnie: έχει ένα κτίριο ξεχωριστό από το σπίτι του που είναι μια κανονική παμπ με αμερικανικό μπιλιάρδο και Guiness βαρέλι. Παίξαμε πολύ ωραία πράγματα: κομμάτια του Woodie, τραγούδια των Stones, των Faces, ένα τραγούδι των Guns N' Roses και ένα των Snakepit. Προβάραμε εξήντα τραγούδια με ένα εκπληκτικό συγκρότημα που το αποτελούσαν ο γιος του Ronnie, ο Jessie, δύο φίλοι του στο μπάσο και στα τύμπανα, και μερικοί ακόμα μουσικοί. Δεύτερα φωνητικά έκανε η κόρη του Ronnie, η Leah. Ήταν cool, επειδή κάναμε μια περιοδεία σε μικρά κλαμπ σε όλη τη Βρετανία. Ανέβηκαν και τραγούδησαν μαζί μας οι Corrs και παίζαμε κάθε βράδυ την κλασική επιτυχία των Faces, «Ooohh La La». Είχε πολλή πλάκα και πολλή Guiness. Όπως θα ανακαλύπταμε αργότερα εγώ και η Perla, εκεί έγινε η σύλληψη του γιου μας London.

Μετά από εκείνη την περιοδεία γυρίσαμε στην Αμερική για να κάνουμε Πρωτοχρονιά στο Vegas. Προτού πάμε στη Βρετανία, είχαμε περάσει ένα Σαββατοκύριακο εκεί στα εγκαίνια ενός ξενοδοχείου που λεγόταν Green Valley Ranch, και ξεφυλλίζοντας το περιοδικό *Vegas* που υπήρχε στο δωμάτιό μας παρατηρήσαμε μία διαφήμιση για μια ζωντανή εμφάνιση των Guns N' Roses την Πρωτοχρονιά στο Hard Rock Hotel and Casino. Αποφασίσαμε ότι έπρεπε να δούμε τι ακριβώς συνέβαινε.

Τηλεφώνησα σε ένα διοργανωτή που ήξερα και με διαβεβαίωσε ότι δεν είχε κανένα πρόβλημα να μας βάλει στη συναυλία. Όταν όμως φτάσαμε στο Hard Rock για να πάμε στο δωμάτιό μας λίγες ώρες πριν από τη συναυλία, ενώ διασχίζαμε το λόμπι, πολλοί άνθρωποι μας πρόσεχαν επειδή υπήρχαν παντού fans των Guns. Ήμαστε στο δωμάτιό μας περίπου δέκα λεπτά όταν ακούστηκε ένα χτύπημα στην πόρτα. Άνοιξα και είδα δυο άνδρες της ασφάλειας του ξενοδοχείου.

«Γεια», είπα. «Συμβαίνει κάτι;»

«Κύριε, ήρθαμε να σας ενημερώσουμε ότι σας απαγορεύεται η είσοδος στην αποψινή συναυλία των Guns N' Roses».

«Αλήθεια; Και γιατί;»

«Έχουμε αυστηρές οδηγίες από το μάνατζμεντ των Guns N' Roses να μην επιτρέψουμε την είσοδό σας υπό οποιεσδήποτε συνθήκες. Λυπάμαι».

«Έλα τώρα, ρε φίλε, αυτό είναι γελοίο», είπα. «Βάλε με μέσα στα κρυφά. Δεν ήρθα για να κάνω φασαρία, απλώς θέλω να δω τη συναυλία. Είμαι σίγουρος ότι μπορείς να καταλάβεις το λόγο».

«Λυπάμαι, κύριε, δεν μπορούμε να κάνουμε τίποτα».

Ήρθα σε επαφή με το φίλο μου το διοργανωτή, αλλά ούτε εκείνος μπορούσε να κάνει κάτι. Μου είπε ότι κυκλοφορούσαν φήμες πως με είχαν δει με την κιθάρα μου και το ψηλό μου καπέλο λες και ήμουν έτοιμος να ανεβώ στη σκηνή. Αυτό ήταν εξωφρενικό, γιατί ούτε καν είχα κιθάρα μαζί μου! Ήταν ανώφελο· όλο το προσωπικό είχε εντολές να με κρατήσουν έξω από τη συναυλία με κάθε μέσο. Αποφασίσαμε ότι δεν άξιζε τον κόπο. Άλλωστε δεν είμαι από τους τύπους που τους αρέσει να δημιουργούν σκηνές.

Η Perla κι εγώ φύγαμε από το ξενοδοχείο και πιάσαμε δωμάτιο στο Green Valley Ranch. Πήγαμε στα χλιδάτα εγκαίνια του Whiskey Blue στο ίδιο συγκρότημα και περάσαμε τέλεια στην πρωτοχρονιάτικη φιέστα που είχαν ετοιμάσει. Εκείνη τη νύχτα έπεσα πάνω σε έναν τύπο που είχα ξαναδεί αλλά δεν τον ήξερα πάρα πολύ καλά, αν και εκείνος ήξερε εμένα. Με πήγε στο μπάνιο και μου άπλωσε μπροστά μου μια γραμμή από κάτι που έμοιαζε με κοκαΐνη.

Μου αρέσει να παρεκκλίνω κάπου κάπου και να κάνω ό,τι υποτίθεται δεν πρέπει να κάνω, και αυτό περιλαμβάνει και τη χρήση οποιουδήποτε ναρκωτικού μου δίνουν χωρίς να ρωτήσω τι είναι ή να αναρωτηθώ από πού προέρχεται. Σνιφάρισα αυτό το πράμα και μέσα σε πέντε λεπτά με κατέκλυσε ένα πολύ γνώριμο είδος ευφορίας. Ήξερα καλά αυτή την αίσθηση. Δεν ήταν κοκαΐνη, ήταν οπιούχο... κάποιο είδος ηρωίνης. Και μάλιστα πολύ καλής ποιότητας, γιατί ξαφνικά τα πάντα γύρω μου ήταν υπέροχα.

Του ζήτησα κι άλλο και μου έδωσε μια χούφτα χάπια. «Τι είναι;» τον ρώτησα. «Τι είναι αυτό που έκανα;»

«Oxycontin», είπε. «Βασικά, πρόκειται για συνθετική ηρωίνη. Σπας την κάψουλα και το σνιφάρεις. Έχω καλή άκρη». Όσο για αυτό... Είχε μόλις νικήσει τον καρκίνο και είχε απεριόριστα συνταγογραφημένα αποθέματα.

«Ουάου», είπα, χωρίς να κρύψω τον ενθουσιασμό μου. «Θα το έχω στο μυαλό μου».

Μέχρι τότε η Perla κι εγώ είχαμε περάσει τα πρώτα χρόνια του γάμου μας και της σχέσης μας μέσα στην κραιπάλη. Η Perla είναι ένα σούπερ cool κορίτσι. Σε όσα πάρτι κι αν είχαμε πάει, ό,τι κι αν είχαμε πάρει και ό,τι κι αν συνέβαινε γύρω μας, η Perla δεν έχανε ποτέ τον έλεγχο. Μπορούσε να παραμένει γειωμένη υπό οποιεσδήποτε παρανοϊκές συνθήκες, και ήταν πάντα αυτή που φρόντιζε όποιον χρειαζόταν βοήθεια. Σε εκείνη τη φάση πίναμε πολύ, παίρναμε πολλά Ecstasy και σνιφάραμε κόκα, αλλά το μόνο πράγμα που δεν μπορούσε να ανεχθεί ήταν η πρέζα. Με απείλησε να με αφήσει μετά το περιστατικό στο Hyatt και δεν υπήρχε περίπτωση να μου επιτρέψει αυτό το πεντακάθαρο ναρκωτικό· η καθαρότητα αυτή όμως το έκανε ακόμα πιο ελκυστικό για μένα.

Έλεγα στον εαυτό μου ότι θα της το αποκάλυπτα, και την άλλη στιγμή έσπαγα άλλη μια κάψουλα Oxycontin και τη σνίφαρα, για να βρεθώ σε μια κατάσταση μακαριότητας. Έφερα αυτή τη συνήθεια πίσω στο Los Angeles μαζί μου και για λίγο κόλλησα σε αυτό το ναρκωτικό στα κρυφά. Άρχισα να τηλεφωνώ στον καινούργιο φίλο μου για να μου εξασφαλίσει κι άλλο. Πηγαινοερχόταν ανάμεσα στο Los Angeles και το Las Vegas για να με προμηθεύει. Πολύ σύντομα ήμουν ξανά εθισμένος.

Αν μπορείς να πεις ότι είμαι κάτι, αυτό είναι ένας αιώνιος έφηβος.

ΤΩΡΑ ΗΤΑΝ 2002 ΚΑΙ ΟΙ AEROSMITH ΕΠΑΙΖΑΝ ΣΤΟ L.A. FORUM με τους Cheap Trick για support. Ήταν όλα κανονισμένα, ο φίλος μου από το Vegas είχε έρθει στην πόλη με ένα γερό πακέτο Oxycontin και ήμαστε οπλισμένοι σαν αστακοί και έτοιμοι να περάσουμε μια *γαμάτη* βραδιά. Λίγο πριν φύγω, η Perla κι εγώ είχαμε ρίξει έναν τρικούβερτο καβγά για κάτι ασήμαντο. Δεν έφτανε που δεν ήθελε να φύγω, ήθελε να λήξουμε το ζήτημα επί τόπου.

Ήμουν φτιαγμένος και ξεροκέφαλος. Δεν ήθελα ούτε να την ακούσω, θα πήγαινα στη συναυλία είτε τα βρίσκαμε είτε όχι. Ο φίλος μου περίμενε στο αυτοκίνητο και εγώ προσπαθούσα να φύγω από το σπίτι. Πήγα προς την πόρτα ενώ η Perla καθόταν στη βάση της σκάλας εξακολουθώντας να μου μιλάει, παρόλο που ήταν φανερό ότι δεν έδινα καμία σημασία.

«Slash!» ούρλιαξε. «Είμαι έγκυος!»

Όσο λιώμα κι αν ήμουν, τα λόγια της αντήχησαν μέσα μου σαν καμπάνα. Γύρισα και την κοίταξα. Ήταν λες και ο χρόνος είχε σταματήσει.

«Οκέι», είπα. «Θα το συζητήσουμε όταν γυρίσω».

Εκείνη τη νύχτα έγινα τελείως κομμάτια, τόσο σκόπιμα και εμφανώς που οι τύποι από τους Aerosmith, τους Cheap Trick και όλοι όσους συνάντησα το κατάλαβαν. Έκανα το μόνο πράγμα που είχε νόημα υπό τις τρέχουσες περιστάσεις: γλέντησα παρέα με τον David Lee Roth όλη νύχτα. Όμως, δεν μπορούσα να ξεκολλήσω από το πίσω μέρος του μυαλού μου αυτό που μου είχε πει η Perla.

Όταν γύρισα σπίτι μιλήσαμε και είπαμε για τα πάντα. Ήμαστε μόνο τέσσερις μήνες παντρεμένοι, αλλά ήμαστε μαζί πέντε χρόνια. Μέχρι τότε, τίποτε δεν είχε συμβεί και δεν είχαμε πάρει ποτέ προφυλάξεις. Δεν μας πήρε πολύ να αποφασίσουμε ότι θα κρατούσαμε το μωρό. Υποψιαστήκαμε ότι η κατανάλωση Guinness στην Ιρλανδία θα πρέπει να είχε κάποια σχέση με την ξαφνική άνθηση της αναπαραγωγικής μου ικανότητας. Συνεχίσαμε το αστείο λέγοντας ότι θα δίναμε στο παιδί το όνομα Guinness, αλλά το σκεφτήκαμε καλύτερα όταν θυμηθήκαμε πως ήταν το όνομα του σκύλου του Ronnie Wood.

Η εγκυμοσύνη της Perla λειτούργησε επάνω μου καταλυτικά. Ήταν το πιο ισχυρό κίνητρο που είχα για να καθαρίσω. Έκοψα το Oxycontin, χωρίς να πω στην Perla με τι είχα μπλέξει. Το έκανα όπως τις προηγούμενες φορές, στεγνά, αλλά τώρα ήξερα. Πέρασα το στερητικό στο πόδι και είπα στην Perla ότι είχα γρίπη. Μάταια όμως. Είχα ξεχάσει λίγο ναρκωτικό σε μία καβάτζα στον ξενώνα, και όταν το βρήκε κατάλαβε ακριβώς τι έκανα.

Όλο αυτό τον καιρό ζούσαμε από τον ένα νοικιασμένο χώρο στον άλλο και τελικά αποφασίσαμε ότι έπρεπε να αγοράσουμε ένα δικό μας σπίτι. Έβαλα πωλητήριο στο σπίτι όπου είχα ηχογραφήσει με τους Snakepit και σύντομα πουλήθηκε· ήταν σαν να κάναμε μια νέα αρχή. Θυμάμαι που ξεκίνησα την αναζήτηση του νέου μας σπιτιού ενώ έκανα αποτοξίνωση και ίδρωνα εξωφρενικά ενώ βλέπαμε τα υποψήφια σπίτια. Νομίζω ότι εκείνες τις μέρες εξακολουθούσα να προβάλλω τη δικαιολογία της γρίπης.

Είδαμε ένα σπίτι που έμοιαζε λες και είχε βγει από το παραμύθι του Χανς και της Γκρέτελ. Ήταν ένα μεσαιωνικό εξοχικό που ο ιδιοκτήτης του το είχε διακοσμήσει με εξαιρετικά γελοίο τρόπο. Αποδείχθηκε ότι ήταν το σπίτι του Spencer Proffer, του τύπου που έκανε την παραγωγή στο *Live! Like a Suicide.* Είπαμε ένα «γεια» στα πεταχτά, όταν κάναμε μια σύντομη στάση με το αυτοκίνητο. Ξαφνιάστηκα μαθαίνοντας πρόσφατα ότι δεν έχει να πει τίποτε καλό για μας. Είπε ότι στη διάρκεια εκείνης της ηχογράφησης εγώ κατουρούσα στο πάτωμα και ότι ο Axl έκανε ένεση ηρωίνης στο στούντιο και ξέρασε πάνω στην κονσόλα και προσπάθησε να πείσει τον Spencer να κάνει κι αυτός. Μπορείτε να διαβάσετε αυτά τα ψέματα και άλλα περισσότερα στην εκτεταμένη βιβλιοθήκη ανεπίσημων ιστοριών τον Guns N' Roses που διατίθεται στα βιβλιοπωλεία και στο διαδίκτυο. Τίποτε από όλα αυτά δεν είναι αλήθεια.

Πρέπει να είναι τόσο κακοπροαίρετος επειδή δεν τον προσλάβαμε για να κάνει την παραγωγή ολόκληρου του δίσκου.

Έτσι λοιπόν αποτοξινώθηκα και άντλησα δύναμη και έμπνευση από την Perla. Από το πρώτο δευτερόλεπτο που κατάλαβε ότι ήταν έγκυος μέχρι την ημέρα που γέννησε το μωρό, δεν άγγιξε ούτε μια φορά αλκοόλ, ενώ έκοψε το τσιγάρο την άλλη στιγμή. Βίωσε μία τεράστια απότομη μεταβολή· το μητρικό ένστικτο πήρε αμέσως το πάνω χέρι με τρόπο εκπληκτικό.

Η Perla είχε κάποιες επιπλοκές στην εγκυμοσύνη. Η θέση του εμβρύου ήταν τέτοια που για το μεγαλύτερο μέρος των εννέα μηνών ήταν αναγκασμένη να κάθεται με έναν συγκεκριμένο τρόπο που ήταν πολύ άβολος για εκείνη. Πέρασε τον περισσότερο καιρό στο κρεβάτι.

Στη διάρκεια εκείνων των μηνών άρχισα να ψάχνω τρόπο να φτιάξω ξανά μια μπάντα. Ο Pete Angelus, που είχε μανατζάρει τον Van Halen, τον David Lee Roth και τους Black Crowes, είχε δείξει ενδιαφέρον να αναλάβει κι εμένα, κι έτσι με έφερε σε επαφή με τον πρώην ντράμερ των Black Crowes, τον Steve Gorman, ο οποίος ήταν διαθέσιμος επειδή εκείνη την εποχή το συγκρότημα είχε μόλις διαλυθεί. Ο παλιός μου φίλος Alan Niven μου έδωσε το τηλέφωνο ενός μπασίστα που πίστευε ότι έπρεπε να ακούσω· έτσι τον φέραμε κι εκείνον, και δεν μπορώ να θυμηθώ το όνομά του, αλλά οι τρεις μας αρχίσαμε πρόβες απλώς τζαμάροντας, χωρίς κάποια συγκεκριμένη ατζέντα. Εγώ ήμουν απολύτως καθαρός, ούτε καν έπινα. Ήταν η πρώτη φορά μετά από τους τελευταίους μήνες με τους Snakepit που είχα ξαναβρεί τους ρυθμούς μου. Το μυαλό μου ήταν σε καλύτερη κατάσταση από τότε, είχα αρχίσει να σκέφτομαι ξανά να στήσω ένα συγκρότημα, και είχα αρχίσει να γράφω καινούργιο υλικό. Εκείνη την εποχή σκέφτηκα τη μουσική που εξελίχθηκε στο τραγούδι «Fall to Pieces». Τζαμάραμε μαζί για μια πολύ σύντομη χρονική περίοδο, αλλά το ίδιο διάστημα είχα πολλές ιδέες, που η πιο ολοκληρωμένη ήταν το συγκεκριμένο τραγούδι. Ήταν τα πρώτα σημάδια ότι αναλάμβανα έναν πιο υπεύθυνο, πιο ενήλικο ρόλο στη ζωή μου, γιατί αν μπορείς να πεις ότι είμαι κάτι, αυτό είναι ένας αιώνιος έφηβος.

ΠΕΡΙΠΟΥ ΤΗΝ ΙΔΙΑ ΕΠΟΧΗ ΕΜΑΘΑ ΟΤΙ ΕΙΧΕ ΠΕΘΑΝΕΙ Ο RANDY Castillo. Γνώριζα χρόνια τον Randy· είχαμε συναντηθεί στο κύκλωμα των περιοδειών του metal τη δεκαετία του '80. Ήταν ένας από τους πλέον περιζήτητους μουσικούς για ηχογραφήσεις και περιοδείες· είχε παίξει με τον Ozzy, τη Lita Ford και όποιον άλλο μπορείτε να σκεφτείτε.

Όμως ο Randy δεν είχε καμία σχέση με τον τυπικό metal μουσικό του Los Angeles: ήταν ένα από τα πιο αυθεντικά, προσγειωμένα και φιλικά άτομα που είχα γνωρίσει σε όλη εκείνη την περίοδο. Ήταν πάντα καλή παρέα και το έλεγε η καρδούλα του: ήταν εντελώς αυτοκαταστροφικός με το ποτό και την κοκαΐνη, αλλά παρέμενε πάντα ένας σπουδαίος ντράμερ και ένα παιδί μάλαμα. Δεν θυμάμαι ακριβώς πώς γνωριστήκαμε, αλλά είχαμε κοινούς φίλους, και μέσα μου ένιωθα λες και γνώριζα τον Randy ανέκαθεν. Αυτό που τον έκανε να ξεχωρίζει από όλους τους άλλους στο Los Angeles ήταν πως είχε πάντα καλή διάθεση και ποτέ δεν ήταν επικριτικός για οποιονδήποτε. Σε αντίθεση με τους περισσότερους τύπους που κυκλοφορούσαν εκείνη την εποχή, ποτέ δεν ασχολήθηκε με το θάψιμο των άλλων, ούτε περνούσε τα βράδια του σχολιάζοντας την εμφάνιση ή τα φερσίματά τους. Ο Randy δεν έδινε δεκάρα ίσως επειδή ήταν από το Νέο Μεξικό.

Έπαιξα στο Νέο Μεξικό με τους Snakepit, και τότε είχα ήδη μάθει ότι ο Randy είχε καρκίνο και ότι ήταν πολύ σοβαρά. Όταν φτάσαμε στην πόλη ήρθε στη συναυλία και έπειτα μας συνάντησε στο λεωφορείο. Εκείνη την εποχή υποβαλλόταν σε χημειοθεραπεία και δεν έδειχνε καθόλου καλά. Ήταν πολύ λεπτός και αδύναμος αλλά ένιωθα υπέροχα που είχε έρθει να μας δει.

Λίγο αργότερα έμαθα ότι ο καρκίνος του είχε σχεδόν εξαφανιστεί και ότι ήταν πολύ καλύτερα. Και όχι πολύ καιρό αργότερα, τον είδα κι ήταν ένας διαφορετικός άνθρωπος· έδειχνε μια χαρά. Όταν μου τηλεφώνησαν, ίσως πέντε μήνες αργότερα, και μου είπαν ότι ο Randy είχε πεθάνει, έπαθα σοκ. Δεν είχα μάθει ότι τα πράγματα είχαν πάρει τόσο άσχημη τροπή.

Η κηδεία έγινε στο νεκροταφείο του Forest Lawn και όλοι όσους ήξερε ο Randy ήταν παρόντες: όλοι οι παλιοί του φίλοι από τον κόσμο της μουσικής και τα συγκροτήματα στα οποία είχε παίξει, ανάμεσά τους ο Ozzy, όλοι οι συγγενείς του Randy και όλοι οι φίλοι του που τον αγαπούσαν· ήταν μια τεράστια σύναξη. Μετά την τελετή πέτυχα τον Matt Sorum, ο οποίος μου είπε ότι μαζί με μερικούς άλλους έκαναν έναν έρανο για την οικογένειά του και διοργάνωναν μια συναυλία στη μνήμη του, με σκοπό να μαζέψουν χρήματα. Ο Matt με ρώτησε αν ήθελα να παίξω στη συναυλία και μου φάνηκε σπουδαία ιδέα· οποιαδήποτε δικαιολογία για να ανέβω στη σκηνή και να παίξω κιθάρα μου φαινόταν τέλεια. Εκτός αυτού, ήθελα να το κάνω για τον Randy.

Ο Matt κι εγώ αποφασίσαμε να παίξουμε ένα σετ μαζί και συμφωνήσαμε να τηλεφωνήσουμε στον Duff, ο οποίος είχε μετακομίσει πίσω στο Seattle, για να τον ρωτήσουμε αν ενδιαφερόταν. Είχε φτιάξει μία μπάντα που ονομαζόταν Neurotic Outsiders μαζί με τον Steve Jones των Sex Pistols, είχαν κυκλοφορήσει ένα δίσκο και είχαν κάνει μια περιοδεία. Έπειτα είχαν διαλυθεί, αλλά τελικά ο Duff είχε στήσει με κάτι φίλους του από το Seattle ένα άλλο συγκρότημα, που λεγόταν Loaded. Τον είχα πετύχει μερικές φορές τον τελευταίο χρόνο: είχε έρθει στα γενέθλιά μου και μια φορά είχαμε τζαμάρει με τον Izzy σε ένα στούντιο, οπότε σίγουρα μιλούσαμε και είχαμε επαφή.

Χρειαζόμαστε έναν τραγουδιστή (ως συνήθως) και έναν ρυθμικό κιθαρίστα. Είχα στο νου μου τον Josh Todd και τον Keith Nelson από τους Buckcherry. Είχα ακούσει ότι το συγκρότημά τους είχε διαλυθεί, οπότε μάλλον ήταν διαθέσιμοι. Μου άρεσε η φωνή του Josh σε μερικά τραγούδια τους που είχα ακούσει, και η παρούσα περίσταση μου φάνηκε ως μια καλή ευκαιρία για να τον δοκιμάσω.

Θέλαμε αυτό που θα κάναμε να είναι ξεχωριστό. Έτσι ο Matt τηλεφώνησε στον B-Real και τον Sen Dog από τους Cypress Hill για να μάθει αν ήταν διατεθειμένοι να έρθουν και να πουν ένα τραγούδι μαζί μας. Τελικά μαζευτήκαμε όλοι για να προβάρουμε και ήταν ένα απόγευμα που δεν θα το ξεχάσω ποτέ. Όταν μπήκαμε στου Mates υπήρχε κάτι ξεχωριστό στην ατμόσφαιρα: το γεγονός ότι βρισκόμουν ξανά στον ίδιο χώρο με τον Matt και τον Duff με ξαναγύριζε αμέσως στη χημεία που μοιραζόμαστε στη σκηνή κάθε νύχτα με τους Guns. Σηκωθήκαμε μαζί ενώ οι άλλοι κοιτούσαν, και τη στιγμή που παίξαμε το πρώτο ακόρντο, υπήρξε μία αυτοπεποίθηση και μία μουσική συντροφικότητα που μιλούσε από μόνη της. Και έλεγε: *Αυτό πρέπει να κάνετε*.

Παίξαμε το «Paradise City», το «It's So Easy», το «Mama Kin», τα «Jailbreak» και «Rock 'n' Roll Superstar» των Thin Lizzy, αλλά και το «Bodies» των Sex Pistols. O B-Real και ο Sen Dog ράπαραν τα κουπλέ του «Paradise City». Ήταν γαμάτο. Για πρώτη φορά μετά την πρώτη εκδοχή των Snakepit, ένιωθα πλήρης από μουσική άποψη. Βρισκόμουν ανάμεσα σε μουσικούς που ήξεραν πώς να βρίσκουν και να κρατάνε ένα «κακό» groove και να το βγάζουν προς τα έξω με ακόμα πιο «κακό» τρόπο. Ο πυρήνας που δημιουργούσαμε οι τρεις μας ήταν ανεπανάληπτος. Όταν αρχίσαμε να τζαμάρουμε, διάφοροι άνθρωποι που πρόβαραν ή δούλευαν στο Mates εκείνη την ημέρα άρχισαν να μπαίνουν στην αίθουσα για να ακούσουν και να δουν. Πολύ σύντομα είχαμε ένα μικρό ακροατήριο και τους κολλήσαμε τα μυαλά στον τοίχο.

Η συναυλία στη μνήμη του Randy έγινε στο Key Club, στις 21 Απριλίου του 2002. Ήταν η πρώτη φορά που τόσο πολλά μέλη των Guns έπαιζαν μαζί. Βγήκαμε τελευταίοι και παίξαμε φανταστικά. Ο Steven Tyler ανέβηκε και τραγούδησε μαζί μας το «Mama Kin», και σε γενικές γραμμές ήταν μία μνημειώδης βραδιά. Πετούσα στα ουράνια.

Την άλλη μέρα, ήμουν στο σπίτι με την Perla όταν τηλεφώνησε ο Duff.

«Έι, φίλε», είπε τελικά, «ήταν ωραία χθες βράδυ. *Πολύ* ωραία».

«Ναι, ωραία ήταν», είπα. «Το σκεφτόμουν όλο το πρωί».

Αυτό που σκεφτόμουν ήταν ότι έχανα τον καιρό μου. Σαχλαμάριζα με άλλους μουσικούς· ταλαντούχους, σίγουρα, αλλά κανείς από όλους αυτούς δεν μου έκανε. Έψαχνα για κάτι όταν αυτό το κάτι βρισκόταν μπροστά στα μάτια μου από την πρώτη στιγμή.

«Duff, πρέπει να κάνουμε κάτι με αυτό», είπα. «Θα ήταν βλακεία μας να μην το κάνουμε. Ξέχνα ό,τι έχει σχέση με τους Guns N' Roses».

«Εντάξει... οκέι», είπε, «ας το κάνουμε».

Ο Duff κι εγώ δεν το είχαμε συζητήσει ποτέ, αλλά αποφεύγαμε συνειδητά να δουλέψουμε ο ένας με τον άλλο. Δεν θέλαμε να μας ταξινομήσουν, δεν θέλαμε να μας βάλουν «ταμπέλα»: δεν είχαμε καμία διάθεση να δεχθούμε την υποβάθμιση στην οποία μας ανάγκαζαν, ένα side-project των πρώην μελών των Guns N' Roses. Την εποχή εκείνη είχε περάσει αρκετός χρόνος, και ακόμα και στην περίπτωση που δεν είχε περάσει, είχαμε βιώσει αρκετή ενέργεια παίζοντας μαζί ώστε να ξέρουμε ότι μπορούσαμε να ξεπεράσουμε οποιαδήποτε κάλπικη προσδοκία μπορούσαν να φορτώσουν οι άλλοι στην πλάτη μας.

Ο Matt ήταν κι αυτός μέσα, και μια και ο Josh με τον Keith ενδιαφέρονταν και αυτοί, αρχίσαμε να βρισκόμαστε λίγες μέρες την εβδομάδα στο μέρος που έκαναν πρόβες στο Βόρειο Hollywood. Δεν ήμουν σίγουρος για αυτούς επειδή δεν τους ήξερα καλά, αλλά ήμουν διατεθειμένος να τους δώσω μια ευκαιρία.

Ο Keith και ο Josh έφεραν κάνα δυο καλά τραγούδια που δουλέψαμε πάνω τους, και ο Duff κι εγώ αρχίσαμε να βγάζουμε πράγματα επί τόπου, με την άνεση που μας χαρακτήριζε πάντα. Κάτι που δεν μου άρεσε στο χώρο ήταν ότι δεν μπορούσα να ακούσω καθόλου τη φωνή του Josh. Άρχισε να με ανησυχεί το γεγονός ότι έπειτα από μερικές εβδομάδες, καθώς παίζαμε όλο και περισσότερο, εξακολουθούσα να μην έχω ιδέα πώς ακούγεται συνολικά το συγκρότημα. Άρχισα να κάνω πρόχειρες ηχογραφήσεις και με περίμενε μία έκπληξη. Όταν τις ξανάκουσα, έπαθα σοκ: η φωνή του Josh ήταν υπερβολικά άκαμπτη και στριγγή. Αποσπούσε την προσοχή σου από τη μουσική, άσε που ήταν και λιγάκι φάλτσα.

«Δεν μπορώ να συνεχίσω», είπα στον Duff και τον Matt μια μέρα μετά την πρόβα. «Τελείωσα».

«Έι! Τι είναι αυτά που λες;» με ρώτησε ο Duff.

«Τι τρέχει;» ρώτησε ο Matt.

«Έχετε ακούσει καμία πρόβα από αυτές που κάνουμε;»

«Όχι», είπαν και οι δύο.

«Ε, λοιπόν, θα 'πρεπε».

Εκείνη τη νύχτα άκουσαν, και την επόμενη μέρα είχαμε και οι τρεις συντονιστεί στο ίδιο μήκος κύματος.

Η φωνή του Josh είναι τέλεια για τους Buckcherry, αλλά δεν είχε την αναγκαία μουσικότητα για αυτό που είχαμε εμείς κατά νου. Χαίρομαι που μπορώ να πω ότι οι Buckcherry επανασυνδέθηκαν και η μεγάλη επιτυχία που έκαναν το 2006 με τίτλο «Crazy Bitch» ήταν ένα από τα τραγούδια που δουλέψαμε εκείνη την περίοδο.

Είπαμε στον Josh ότι δεν θέλαμε να συνεχίσουμε μαζί του και όλα έγιναν πολύ φιλικά, αλλά δεν ξέραμε πώς να το χειριστούμε όταν ο Keith μάς είπε ότι ήθελε να συνεχίσει να παίζει μαζί μας. Οι δυο τους έγραφαν τραγούδια μαζί, ήταν φίλοι, και έπαιζαν στο ίδιο συγκρότημα· πάντα θεωρούσαμε ότι πάνε πακέτο και υποθέταμε ότι ο Keith θα έφευγε μαζί με τον Josh.

«Το αποφάσισα», είπε. «Μου αρέσει αυτό που κάνουμε. Θα μείνω».

Μόνο που υπήρχε ένα πρόβλημα: Συνήθως ο Keith έπαιζε ακριβώς αυτό που έπαιζα κι εγώ την ίδια στιγμή. Δεν γινόταν παιχνίδι ανάμεσα στις κιθάρες και δεν διέθετε την αίσθηση που χρειαζόταν για να συμπληρώνει αυτά που έπαιζα. Έτσι ο ήχος που βγάζαμε με τον Keith ήταν βασικά ο ήχος από δύο Les Paul που παίζουν ακριβώς τα ίδια σχήματα. Συνέχισε να έρχεται για άλλες δύο εβδομάδες, και ελπίζαμε ότι θα καταλάβαινε. Όμως δεν έλεγε να καταλάβει· έτσι αναγκαστήκαμε να του το πούμε. Και πάλι, χάρηκα όταν έμαθα ότι αυτοί οι τύποι ξανάφτιαξαν τους Buckcherry.

Ο MATT, Ο DUFF ΚΙ ΕΓΩ ΑΡΧΙΣΑΜΕ ΝΑ ΚΑΝΟΥΜΕ ΠΡΟΒΕΣ και να γράφουμε υλικό σαν τρελοί. Είχα τα μάτια και τα αυτιά μου ανοιχτά για κάποιον άλλο κιθαρίστα κι έναν τραγουδιστή. Είχα πάει με τον Josh Tod να δω τον Duff που έπαιζε με τους Loaded στο Metal Shop, σε μία μεταφερόμενη glam metal σκηνή που εκείνη την εβδομάδα στεγαζόταν στο Viper Room. Όταν μπήκα από την πίσω πόρτα, νόμισα ότι είχα γυρίσει πίσω στο 1984. Είδα ανθρώπους που είχα να δω από τότε, κι είχαν ακριβώς την ίδια εμφάνιση. Είδα κορίτσια και αγόρια από τα διάφορα στέκια –το Troubadour, το Whiskey, το Rainbow– να δείχνουν ακριβώς όπως έδειχναν πριν από είκοσι χρόνια. Υπήρχαν μερικοί τύποι από τους Faster Pussycat και τους L.A. Guns, και τα ίδια ακριβώς θηλυκά που ήξερα από τότε, λες και είχαν μπει στη μηχανή του χρόνου. Όλοι φορούσαν τα ίδια ρούχα και το ίδιο μέικ-απ, και υποτίθεται ότι έκαναν τα ίδια πράγματα. Και βεβαίως ήταν παρών και ο Gene Simmons για να ποζάρει ανάμεσα σε μια αρμαθιά κορίτσια. Το κερασάκι στην τούρτα ήταν ο Ron Jeremy που βρισκόταν εκεί με μερικές πορνοστάρ.

Ο Duff μού είχε πει για τη συναυλία νωρίτερα την ίδια μέρα.

«Έι, φίλε», είπε, «ο τύπος που παίζει κιθάρα στο συγκρότημά μου λέει ότι ήταν από τους κολλητούς σου στο Γυμνάσιο».

«Αλήθεια;» Δεν είχα ιδέα ποιον θα μπορούσε να εννοεί.

«Ναι, αλήθεια», είπε. «Τον λένε Dave Kushner. Ορκίζεται ότι ήσαστε κολλητοί, απλώς ήθελα να ξέρεις ότι παίζει στο συγκρότημά μου».

Ήταν αλήθεια. Ο Dave κι εγώ ήμαστε φιλαράκια στο Γυμνάσιο και το Λύκειο. Ερχόταν στις συναυλίες των Tidus Sloan προτού ακόμα πιάσει κιθάρα στα χέρια του. Ο Dave είναι φανταστικό παιδί και πάντα ευχόμουν το καλύτερο γι' αυτόν όλα αυτά τα χρόνια. Την τελευταία φορά που τον είδα, την εποχή που οι Guns N' Roses ξεκινούσαν την πτήση τους, εργαζόταν στο Tower Video και είχε σοβαρό πρόβλημα με το αλκοόλ. Δούλευε στο υπόγειο ανάμεσα στα τμήματα της μουσικής και των βίντεο, άδειαζε και γέμιζε κιβώτια και προφανώς έπινε πολύ εκεί κάτω. Παρ' όλ' αυτά είχε συνέλθει, και την εποχή που μιλάμε ήταν δεκαπέντε χρόνια καθαρός. Είχα μεγάλη περιέργεια να τον ξαναδώ.

Το καταλυτικό κλίμα της δεκαετίας του '80 με κούρασε πολύ νωρίς εκείνη τη νύχτα, αλλά προτού φύγω βρήκα την ευκαιρία να πω ένα «γεια» στον Dave. Χάρηκα πολύ που τον είδα. Μόλις έφυγε ο Keith, ο Duff πρότεινε να έλθει ο Dave να τζαμάρουμε και η ιδέα μού φάνηκε εκπληκτική. Τα βρήκαμε αμέσως. Ο Dave πρόσθεσε ένα cool πνεύμα σε αυτό που κάναμε. Δεν ήταν προμελετημένο. Αυτό ήταν, και μας ταίριαζε γάντι. Έφερε μία νέα διάσταση στον ήχο της μπάντας και ένα ενδιαφέρον στιλ παιξίματος στην κιθάρα που συμπλήρωνε το δικό μου, πράγμα που συνέβαινε και με αντίθετη φορά. Η σύνθεση ήταν τώρα ο Matt, ο Duff, ο Dave κι εγώ, και η μουσική κυλούσε φυσικά και αβίαστα. Υπήρχε βέβαια το γνωστό αιώνιο πρόβλημα: δεν είχαμε τραγουδιστή. Η ιστορία της ζωής μου.

Για ένα συγκρότημα από έμπειρους, επαγγελματίες μουσικούς, θα έλεγες ότι ξέραμε πώς να βρούμε τραγουδιστή. Όμως, καμία σχέση. Κοιτούσαμε ο ένας τον άλλο και δεν είχαμε ιδέα ποια βήματα έπρεπε να κάνουμε για να τα καταφέρουμε.

«Να βάλουμε μία αγγελία στο *Recycler*;» ρώτησα μια μέρα στην πρόβα.

«Δεν ξέρω, ρε φίλε», είπε ο Duff. «Μάλλον. Δεν ξέρουμε κάποιον τραγουδιστή».

«Μου θυμίζει την εποχή που πρωτοβρεθήκαμε», είπα. «Όταν ο Steven κι εγώ σε πρωτοσυναντήσαμε, είχαμε συγκρότημα, γράφαμε πολύ ωραία πράγματα, αλλά ήταν αδύνατον να βρούμε τραγουδιστή».

«Έχεις δίκιο», είπε ο Duff. «Είμαστε στο σημείο μηδέν. Αυτό είναι πολύ κρίμα, φίλε. Τι στο διάβολο! Μάλλον πρέπει να βάλουμε μια αγγελία στην εφημερίδα».

Προτού το κάνουμε, σκεφτήκαμε ότι θα ήταν καλή ιδέα να φτιάξουμε μια λίστα με όλους τους καλούς rock τραγουδιστές εν ζωή, άσχετα αν έπαιζαν με άλλα συγκροτήματα εκείνη την εποχή. Η λίστα μας ήταν πολύ μικρή: μεταξύ άλλων, υπήρχε ο Sebastian Bach, ο Ian Astbury και ο Steve Jones. Υπήρχε επίσης άλλο ένα όνομα που κινούσε το ενδιαφέρον όλων των μελών της μπάντας, ο Scott Weiland... Αλλά απ' όσο ξέραμε, έπαιζε ακόμη στους Stone Temple Pilots.

Αφού κάναμε τον κατάλογό μας και συνειδητοποιήσαμε ότι όλοι όσοι τον απάρτιζαν ήταν δεσμευμένοι αλλού, βάλαμε πράγματι μια αγγελία στο *Recycler*, όπως και στο *Music Connection*. Φτάσαμε σε σημείο να βάλουμε αγγελία στο *Hollywood Reporter.* Όμως το πιο σημαντικό πράγμα που κάναμε ήταν ότι βάλαμε μία ανακοίνωση στο MTV.com. Τον παλιό καιρό δεν θα μπορούσαμε ποτέ να κάνουμε κάτι τέτοιο, και ίσως ήμουν λίγο αφελής σχετικά με το αποτέλεσμα που θα είχε. Πολύ σύντομα έμαθα το μάθημά μου: ότι μια μικρή ανακοίνωση έφτανε για να προκαλέσει ένα μπαράζ από CDs και κασέτες που μας έστειλαν από παντού. Έφταναν σε καθημερινή βάση, καθώς η πληροφορία για το «αθόρυβο» ξεκίνημα της μπάντας μας έγινε δημόσιο κτήμα.

Το πρότζεκτ μας άρχισε να αναφέρεται στο ραδιόφωνο και στα blogs του Internet και ξαφνικά διαπιστώσαμε πως είχαμε τραβήξει επάνω μας τεράστια προσοχή μόνο και μόνο προσπαθώντας να βρούμε έναν τραγουδιστή και μάλιστα σχετικά αθόρυβα. Αρχίσαμε να δεχόμαστε διακόσιες υποψηφιότητες την εβδομάδα από όλο τον κόσμο, που πλημμύριζαν την ταχυδρομική μου θυρίδα. Πήγαινα και μάζευα όλα αυτά τα τεράστια κουτιά με σκουπίδια, κι οι τύποι στο ταχυδρομείο που παρακολουθούσαν το συγκρότημα, από εκείνη τη φάση κι έπειτα, άρχισαν να μου κλείνουν το μάτι με νόημα.

«Μάλιστα».

«Έι, τι κάνεις; Εδώ Izzy».

«Έλα, ρε φίλε! Καλά είμαι», είπα. «Με πετυχαίνεις την ώρα που έφευγα για πρόβα. Παίζω με τον Duff, τον Matt και έναν άλλο τύπο, τον Dave. Έχουμε κάτι καλό στα σκαριά».

«Τέλεια, έρχομαι κι εγώ».

Έτσι είναι ο Izzy: δεν τον πιάνεις πουθενά. Εμφανίζεται ξαφνικά, κάνει αισθητή την παρουσία του, κι έπειτα εξαφανίζεται για κάνα δυο μήνες. Ήρθε στο στούντιο με την κιθάρα και τον ενισχυτή του και έφερε μερικά demos. Τζαμάραμε μαζί του για δύο εβδομάδες και ήταν τέλεια: γράψαμε περίπου δώδεκα τραγούδια που θα μπορούσαν πολύ εύκολα να αποτελούν υλικό για τον καλύτερο δίσκο των Guns N' Roses. Μιλήσαμε για τον παλιό καιρό, και μοιραστήκαμε εμπειρίες πολέμου. Γελάσαμε πολύ και την περάσαμε ψώνιο.

Την ίδια στιγμή, συνεχίσαμε την αναζήτηση τραγουδιστή, κάτι που δεν έδειχνε να ενδιαφέρει τον Izzy στο ελάχιστο. Όποτε θίγαμε το θέμα, δεν ήθελε να έχει καμία σχέση με τη συζήτηση· ήθελε να αποστασιοποιείται όσο περισσότερο γίνεται. Δεν ήθελε να ανήκει στο συγκρότημα, αν αυτό ήταν που θέλαμε εμείς· απλώς ήθελε να κάνουμε παρέα. Η συζήτηση περί αναζήτησης νέου τραγουδιστή πήγαινε πολύ γι' αυτόν. Σε γενικές γραμμές, ήταν πολύ εχθρικά διακείμενος απέναντι στους τραγουδιστές. Δεν μπορώ να φανταστώ γιατί.

Οι τραγουδιστές ήταν πάντα πρόβλημα για μένα σε οποιοδήποτε συγκρότημα κι αν έπαιζα, και μου φαινόταν απίστευτο ότι έπειτα από τόσο καιρό συνέχιζε να με ταλαιπωρεί.

«Έχω μια ιδέα», είπε ο Izzy μια μέρα στην πρόβα. «Ξέρετε τι πρέπει να κάνουμε; Θα τραγουδάμε ο Duff κι εγώ, και θα κάνουμε μια περιοδεία σε κλαμπ, με ένα βαν».

Το είπε με τον γνωστό του τρόπο, πράγμα που σήμαινε ότι ήταν δύσκολο να καταλάβεις αν έκανε πλάκα ή σοβαρολογούσε.

Παρ' όλ' αυτά, ήθελα σαν τρελός να βρω έναν πολύ καλό τραγουδιστή-περφόρμερ, επειδή έπαιρνα πολύ στα σοβαρά το πρότζεκτ μας. Με είχε κουράσει το γεγονός ότι δεν μπορούσαμε να βγούμε και να παίξουμε σε κόσμο. Δεν σκόπευα να το παρουσιάσουμε μέχρι να είναι τελείως έτοιμο για κάτι τέτοιο. Όμως πρέπει να ομολογήσω ότι σκέφτηκα την ιδέα του Izzy... για μια στιγμή.

Φωνάξαμε τον θρυλικό κυνηγό ταλέντων John Kalodner για να ζητήσουμε τη γνώμη του για κάποιον τραγουδιστή. Ο John ήρθε και μας είδε να παίζουμε στην πρόβα και μας είπε ότι του φανήκαμε ό,τι καλύτερο είχε δει μετά την ανακάλυψη του ψωμιού σε φέτες... Όμως μας είπε ότι δεν ήξερε κάποιον καλό τραγουδιστή που να είναι διαθέσιμος.

Ο Izzy πρότεινε να γράψουμε μερικά από τα τραγούδια που είχαμε δουλέψει στο Rumbo, κι έτσι κάναμε. Την εποχή εκείνη αναρωτιόμουν τι είχε στο μυαλό του ο Izzy· για μένα, αυτό που κάναμε μαζί του ήταν απλώς ότι παίζαμε και περνούσαμε καλά, χωρίς κάποιες προσδοκίες για το μέλλον μας. Την ίδια στιγμή ήμουν προσηλωμένος σε αυτό που κάναμε, όπως και ο Duff με τον Matt, κι έτσι δεν ήμουν σίγουρος για ποιο λόγο ο Izzy ήθελε να το προχωρήσει σε άλλο επίπεδο προτείνοντας το στούντιο.

Όπως και να 'χει, τα τραγούδια που παίξαμε μαζί ήταν φανταστικά, και δεν σκόπευα να το σταματήσω εδώ. Οι τρεις μας ακούγαμε επίσης τα demos που συνέρρεαν. Ξεχωρίσαμε ένα που μας κίνησε την περιέργεια: ήταν ένας τύπος ονόματι Kelly από τη Florida. Του κάναμε τα εισιτήρια για να έρθει να δοκιμάσει να γράψει φωνή σε ένα δυο τραγούδια, και αμέσως μόλις εμφανίστηκε στο στούντιο, ο Izzy την έκανε. Δεν είχε κάποιο πρόβλημα μαζί μας, απλώς έπρεπε να φύγει, μας αποχαιρέτησε και την κοπάνησε.

ΕΚΕΙΝΟΣ Ο ΤΡΑΓΟΥΔΙΣΤΗΣ, Ο KELLY, ΔΕΝ «ΔΟΥΛΕΨΕ», ΑΛΛΑ ήταν ένα βήμα προς τη σωστή κατεύθυνση. Ωστόσο, περνούσαν μήνες χωρίς να πλησιάζουμε το σκοπό μας. Ήλπιζα να βρω ένα ακατέργαστο διαμάντι, κάποιο άγνωστο ταλέντο που υπήρχε στον κόσμο και δεν είχε ανακαλυφθεί. Το είπα στον Gilby, που ερχόταν στου Mates κάθε μέρα επειδή έκανε την παραγωγή σε μια μπάντα που λεγόταν the Bronx. Μου είπε ότι είμαστε τρελοί.

«*Δεν υπάρχει* περίπτωση να βρείτε τραγουδιστή», είπε, με ένα γελάκι. «Σε τέτοιο επίπεδο που βρίσκεστε ως μουσικοί, είναι αδύνατον. Μπορεί εσύ να ψάχνεις για κάποιο ακατέργαστο διαμάντι, αλλά κάτι τέτοιο δεν έχει σχέση με τις δικές σας ικανότητες. Υπάρχουν ελάχιστοι τραγουδιστές που αξίζουν να τους λάβετε σοβαρά υπόψη σας – και τους ξέρουμε όλους!» Δεν είχα σκοπό να χάσω το κουράγιο μου· επέμεινα. Δεχόμαστε άπειρα demos και έπρεπε να υπάρχει κάτι που να αξίζει ανάμεσα σε όλα αυτά – ή τουλάχιστον έτσι νόμιζα. Προβάραμε πέντε μέρες την εβδομάδα: περνούσαμε τρεις ώρες γράφοντας και τις υπόλοιπες δύο ακούγοντας τα βουνά από τα demos που μας έστελναν. Τα ακούσαμε *όλα*. Ήταν εξοντωτικό. Επιπλέον, ήταν αποθαρρυντικό. Μένω έκπληκτος που καταφέραμε να διατηρηθούμε ως συγκρότημα: κάναμε αυτό το πράγμα επί δέκα μήνες. Δεν είμαι σίγουρος ότι μπορώ να εξηγήσω πόσο βασανιστικό κατέληξε. Γι' αυτό το λόγο, ακούγαμε αυτά τα demos μετά τις πρόβες. Συνήθως ήταν τόσο κακά που έπρεπε να κοιμηθούμε μετά την ακρόασή τους για να τα ξεχάσουμε και να είμαστε σε θέση να παίξουμε την άλλη μέρα.

Τα περισσότερα ήταν τόσο κακά που υποθέταμε ότι μας τα έστελναν για να μας κάνουν πλάκα... όμως ποτέ δεν ήμαστε εκατό τοις εκατό σίγουροι. Πολλά ήταν λες και τα είχε στείλει κάποιος τύπος από το Wyoming που έμενε σε ένα γκαράζ και μας έστελνε την καλύτερη απομίμηση των Guns που μπορούσε να κάνει. Υπήρχαν τόσο πολλά demos από τραγουδιστές που λάτρευαν τους Guns, που το πράγμα κατάντούσε ανθυγιεινό. Ήθελα να ρωτήσω πολλούς απ' αυτούς αν άκουγαν στ' αλήθεια αυτό που μας έστελναν ή αν το είχαν βάλει σε κάποιον άλλο να το ακούσει προτού μας το στείλουν, και αν το είχαν κάνει, ποια ήταν η γνώμη του.

Υπήρχαν άπειρα παραδείγματα τύπων που τραγουδούσαν πολύ κακές εκδοχές του «Welcome to the Jungle»· υπήρχαν πάρα πολλοί που θεωρούσαν τους εαυτούς τους ποιητές και μας έστελναν δραματικούς στίχους επί παντός επιστητού. Δεχθήκαμε demos από folk τραγουδιστές, από thrash-metal τραγουδιστές, ανθρώπους που μας έστελναν ηχογραφήσεις τόσο άθλιες που ορκίζομαι ότι θα πρέπει να τις έκαναν με το μικρόφωνο του κασετοφώνου τους.

Μια μέρα διέσχιζα με το αμάξι μου το Βόρειο Hollywood και σκεφτόμουν πόσο παράξενη ήταν αυτή η διαδικασία. Την ίδια στιγμή πίστευα ότι έπρεπε να την καταγράψουμε επειδή ήξερα ότι κάτι καλό θα βγει. Σκέφτηκα να μιλήσω στο φίλο μου τον Eric Luftglass, έναν παραγωγό του καναλιού VH1, αλλά κυριολεκτικά πριν ωριμάσει η σκέψη μου, μου τηλεφώνησε εκείνος.

«Έι, Slash, εδώ Eric Luftglass. Μαθαίνω ότι εσύ και ο Duff στήνετε συγκρότημα και ψάχνετε για τραγουδιστή», είπε.

«Ναι, ξέρεις κάποιον;» είπα.

«Είναι αστείο! Όχι, δεν ξέρω, αλλά θα ήθελα να μάθω αν θα σας ενδιέφερε να καταγράψουμε την αναζήτησή σας για μια σειρά του VH1. Θα είναι πολύ καλή αφετηρία για το συγκρότημα. Έι, δεν έχετε όνομα;»

«Όχι, δεν έχουμε ακόμη. Έχουμε κολλήσει στον τραγουδιστή. Όμως, περίμενε, το ορκίζομαι, μόλις σκεφτόμουν να σε πάρω τηλέφωνο για να σου μιλήσω για όλα αυτά».

Ο Eric έστειλε μερικούς καμέραμεν στου Mates και δεν ήμαστε σίγουροι πώς θα λειτουργούσε όλο αυτό. Αποφασίσαμε να πάρουμε την τελική μας απόφαση αφού τους γνωρίσουμε. Τους έλεγαν και τους δύο Alex και πρόσφατα είχαν γυρίσει το επεισόδιο με τους Aerosmith για το *Behind the Music*, που μου είχε αρέσει. Αρχίσαμε να κάνουμε παρέα και ήταν πολύ cool παιδιά· έτσι άρχισαν να τραβάνε πιο «προσωπικό» υλικό. Είχαμε μερικά ενδιαφέροντα demos που ήταν πολύ καλά· τα περισσότερα είχαν γίνει με ταλαντούχους τραγουδιστές που απλώς δεν είχαν το κατάλληλο στιλ για μας, αλλά ήταν καλοί από μόνοι τους. Εκτιμώ ότι ένα από τα διακόσια demos που ακούσαμε ήταν από κάποιον που μας φαινόταν αρκετά ενδιαφέρων ώστε να του πούμε να έρθει στο στούντιο. Ένας από αυτούς τους τύπους ήταν κάποιος Earl από την Αγγλία που ήταν πολύ καλός. Έπαιζε σε ένα συγκρότημα που το έλεγαν Little Hell, αλλά μπορεί να κάνω και λάθος. Η μπάντα του ήταν σχεδόν punk rock και οι στίχοι των τραγουδιών τους είχαν πολύ τσαμπουκά και σαρκασμό. Του είπαμε να έρθει και κατέληξε στο αφιέρωμα του VH1, αλλά όχι στις τάξεις του συγκροτήματος.

Είχαν περάσει περίπου οκτώ μήνες από τότε που είχαμε αποφασίσει να παίξουμε μαζί, και είχαμε αρχίσει να κουραζόμαστε. Δεν βοήθησε καθόλου την κατάσταση η παρέμβαση ενός λιμοκοντόρου από το VH1 που είχε δει την εκπομπή και ήρθε στο στούντιο να μας πει να την κάνουμε πιο «δραματική». Οι προσωπικές σκηνές μας προφανώς δεν παρουσίαζαν ενδιαφέρον· έτσι, από εκείνη τη στιγμή αρχίσαμε πόλεμο με τους παραγωγούς. Στο τέλος, το υλικό που τράβηξαν από μερικούς τραγουδιστές το πρόβαλαν με τέτοιο τρόπο που φάνηκε πιο δραματικό απ' ό,τι ήταν στην πραγματικότητα. Δυστυχώς, το βασικό θέμα του προγράμματος έγινε το διάστημα που περάσαμε με τον Sebastian Bach.

Από τους επαγγελματίες τραγουδιστές που ξέραμε, ο Ian Astbury των Cult ήρθε να δει τι κάνουμε (εκτός κάμερας)· ο Sebastian Bach ήταν επίσης υποψήφιος, αλλά ποτέ η συμμετοχή του δεν θεωρήθηκε πιθανό ενδεχόμενο. Για κάποιο διάστημα κάναμε πρόβες με τον Sebastian· μέχρι που του είπαμε να έρθει στο στούντιο για να περάσει φωνές σε μερικά τραγούδια. Εκείνη την εποχή τραγουδούσε σε μια παραγωγή του *Jesus Christ Superstar* και χάρηκα βλέποντας μια νέα, επαγγελματική πλευρά της προσωπικότητας του Sebastian. Παρ' όλα αυτά, το πράγμα δεν «δούλεψε». Έμοιαζε πολύ σαν μια σύνοψη όλων των συστατικών μερών μας, όχι όμως σαν κάτι καινούργιο· ήταν σαν να άκουγες τους Skid Roses.

Και σε όλη τη διάρκεια της αναζήτησης, επανερχόταν συνεχώς το όνομα του Scott Weiland. Όλοι στο συγκρότημα τον ήξεραν λίγο ή πολύ, εκτός από μένα. Ο Dave είχε παίξει σε ένα συγκρότημα που το έλεγαν Electric Love Hog που είχε ανοίξει για τους STP, και ο Matt ήταν στο ίδιο κέντρο αποτοξίνωσης με τον Scott. Η γυναίκα του Duff, η Susan, ήταν φίλη με τη γυναίκα του Scott, τη Mary. Πίστευα ότι ήταν σπουδαίος κιθαρίστας, και πάντα τον είχα στο μυαλό μου για το συγκρότημα που στήναμε. Ήταν ο μόνος τραγουδιστής που ήξερα ότι διέθετε το είδος της φωνής που θα εξυπηρετούσε τέλεια αυτό που θέλαμε να κάνουμε: είχε ένα χαρακτήρα που θύμιζε John Lennon, με λίγο από Jim Morrison, και σχεδόν μια ιδέα από David Bowie. Κατά τη γνώμη μου, ήταν ο καλύτερος τραγουδιστής που είχε εμφανιστεί εδώ και πολλά χρόνια.

Μια και όλοι οι άλλοι τον ήξεραν, είπα στον Duff να του τηλεφωνήσει. Πράγματι το έκανε, και ρώτησε τον Scott αν ήθελε να έρθει να ακούσει μερικά demos που δουλεύαμε. Ο Scott δέχθηκε, έτσι φτιάξαμε τέσσερα τραγούδια μαζί, τα ηχογραφήσαμε, και τα πήγα αυτοπροσώπως στο διαμέρισμά του. Εκείνη την εποχή έμενε στο Blackburn· κατά σύμπτωση, λίγα σπίτια παρακάτω από εκεί που έμενα με τον μπαμπά μου για λίγο όταν ήμουν παιδί. Εκείνη τη νύχτα είχε μια εμφάνιση με τους STP· έτσι άφησα το CD στο κατώφλι του και έπειτα περιμέναμε με ανυπομονησία το τηλεφώνημά του.

Μια εβδομάδα αργότερα μας τηλεφώνησε, και όσο θετικός κι αν ήταν για τη μουσική μας και αυτό που πίστευε ότι κάναμε, ήταν ξεκάθαρος όσον αφορά στο γεγονός ότι οι STP παρέμεναν μαζί. Είχαν τα προβλήματά τους, αλλά ο Scott μάς είπε με ευθύτητα ότι σκόπευε να τα διευθετήσει και να δει πώς θα πήγαινε το πράγμα.

«Άκου», είπα. «Δεν θέλω να μπούμε σφήνα ανάμεσα σε σένα και το συγκρότημά σου».

Μείναμε εκεί. Και ο Duff, ο Matt, ο Dave κι εγώ γυρίσαμε πίσω στο σωρό με τα demos.

ΣΤΗΝ ΑΝΑΖΗΤΗΣΗ ΜΑΣ ΣΤΡΑΤΟΛΟΓΗΣΑΜΕ ΤΗ ΒΟΗΘΕΙΑ του παλιού μου δικηγόρου, που είχε τώρα γίνει μάνατζερ. Ήταν έξυπνη κίνηση, επειδή λίγους μήνες αργότερα, ενώ το πράγμα είχε κολλήσει, ο David μας είπε ότι οι Stone Temple Pilots είχαν διαλυθεί. Χάρηκα που το έμαθα – για εντελώς ιδιοτελείς λόγους, βεβαίως. Δεν με νοιάζουν και πολύ οι ευγένειες· ζήτησα από τον Duff να τηλεφωνήσει αμέσως στον Scott για να τον ρωτήσει αν τον ενδιέφερε να περάσει για να μας δει.

Είχαμε μόλις γράψει τη μουσική για το «Set Me Free»· έτσι, δώσαμε στον Scott το demo, του ζητήσαμε να το ακούσει και, αν του αρέσει, να περάσει και να μας δει να προβάρουμε – χωρίς πίεση. Κράτησε το demo για μια βδομάδα, και σε εκείνο το διάστημα το πήρε στο δικό του στούντιο και ηχογράφησε τη φωνή. Εκείνη την εποχή λίγο πολύ τον τσεκάραμε, ενώ ο Scott προσπαθούσε να σκεφτεί τα επόμενά του βήματα. Δεν ήταν σίγουρος ότι αυτό που κάναμε του ταίριαζε, αλλά όταν ακούσαμε τη φωνή του σε εκείνο το κομμάτι, ξέραμε ότι ήταν *ακριβώς* αυτό που ψάχναμε: αυτό που είχε κάνει ήταν πολύ ανώτερο από οτιδήποτε είχα φανταστεί για το συγκεκριμένο τραγούδι. Το οδηγούσε σε άλλο επίπεδο· ακουγόταν διαφορετικό και καλύτερο από οτιδήποτε είχαμε κάνει μέχρι τότε. Δεν ρώτησα ποτέ τον Scott πώς ένιωθε μόλις ηχογράφησε εκείνους τους στίχους... το μόνο που ξέρω είναι ότι οι υπόλοιποι ήμαστε ενθουσιασμένοι. Και έχω την αίσθηση ότι κι αυτός ένιωθε το ίδιο.

Ο Scott τραγούδησε το κομμάτι μαζί μας εκείνη τη μέρα. Ήρθε με τα πόδια στου Mates, φορώντας ένα καπέλο ψαρά κατεβασμένο χαμηλά στα μάτια και ένα φούτερ με κουκούλα και διπλή τσέπη, σαν αυτά που φοράνε οι surfers. Η πόρτα του χώρου που κάναμε πρόβες απείχε περίπου εξήντα μέτρα από τη σκηνή όπου βρισκόμαστε, αλλά ακόμα και από αυτή την απόσταση, όσο διακριτικός και αν ήταν, είχε μια εκπληκτική παρουσία που μου έκανε αμέσως εντύπωση. Όταν ανέβηκε στη σκηνή για να πει ένα «γεια», ένιωσα λες και τον γνώριζα χρόνια. Αρχίσαμε να μιλάμε, ακούσαμε το demo που είχε κάνει, και νιώσαμε κάτι παραπάνω από το ότι ξαναπιάναμε το νήμα από την αρχή.

ΕΙΧΑΜΕ ΠΑΘΕΙ ΠΛΑΚΑ ΜΕ ΤΗ ΦΩΝΗ ΤΟΥ SCOTT· ΗΜΑΣΤΕ ολοκληρωτικά δοσμένοι. Ήταν ο συνδετικός κρίκος που έκανε όλα τα στοιχεία πάνω στα οποία δουλεύαμε να συγκλίνουν. Το μόνο πρόβλημα ήταν πως δεν ήταν σίγουρος ότι ήθελε να γίνει μέλος της μπάντας μας. Σκεφτόταν να ηχογραφήσει άλλο ένα σόλο άλμπουμ, και επιπλέον είχε μερικά προσωπικά ζητήματα που ήθελε να ξεκαθαρίσει.

Ο David Codikow, που μαζί με την Dana DuFine είχαν πιάσει δουλειά στην Immortal ως ομάδα μάνατζμεντ, ενδιαφέρθηκε ενεργά για μας και έστησε μια επίδειξη για ανθρώπους της μουσικής βιομηχανίας στου Mates. Παίξαμε μόνο ένα τραγούδι: το «Set Me Free». Το κοινό μας το αποτελούσαν παραγωγοί, καλλιτεχνικοί διευθυντές και υπεύθυνοι μουσικής μεγάλων κινηματογραφικών στούντιο. Ο Tom Zutaut ήταν παρών – από μια άποψη, όλα ήταν σαν τον παλιό καλό καιρό.

Ήταν η πρώτη φορά που το συγκρότημα έπαιζε μαζί μπροστά σε κοινό. Και αυτό ήταν πολύ ενδιαφέρον, επειδή ο Scott εμφανίστηκε λίγα λεπτά πριν από την ώρα που ήταν κανονισμένο να ξεκινήσουμε. Είχαμε αρχίσει να τον ψάχνουμε και έφτασε ακριβώς πάνω στην ώρα. Δεν

Ο Slash και ο Scott βγάζουν τα σώψυχά τους στη σκηνή του Avalon Ballroom στο Hollywood, τον Μάιο του 2007.

είχαμε ακόμη τέτοια σχέση μαζί του ώστε να ξέρουμε τι έκανε τις προηγούμενες είκοσι τέσσερις ώρες· έτσι, ήμαστε λιγάκι «στην πρίζα».

Όμως δεν είχε σημασία, γιατί όταν έφτασε μπήκαμε ορμητικά στο τραγούδι, και από την πρώτη κιόλας νότα όλα ήταν μια χαρά. Ήταν μια από αυτές τις καταστάσεις όπου είσαι νευρικός προτού παίξεις, αλλά έτσι όπως στέκεσαι μπροστά στα στελέχη των δισκογραφικών, από τις πρώτες κιόλας νότες, ξέρεις ακριβώς ποιος είσαι και δεν σου καίγεται καρφάκι. Δεν υπάρχει τίποτε πιο σαχλό από μια τέτοια εμφάνιση, αλλά ήμαστε τόσο απορροφημένοι από το τραγούδι που δεν μας ένοιαζε. Απλώς κάναμε το δικό μας και αυτό ήταν όλο.

Νιώθαμε συγκρότημα. Νιώθαμε εμείς κόντρα σ' αυτούς. Εκείνη την ημέρα κάναμε καλή εντύπωση, με τα δικά μας μέτρα και σταθμά. Αυτή ήταν η πρώτη ταχύτητα, αλλά ήξερα ότι τώρα που είχαμε ξεκινήσει δεν θα σταματούσαμε. Μπροστά μας ανοιγόταν ο δρόμος.

ΜΙΛΗΣΑΜΕ ΠΟΛΥ ΓΙΑ ΤΗΝ ΑΝΑΓΚΗ ΤΟΥ SCOTT ΝΑ ΑΠΕΞΑΡΤΗΘΕΙ, επειδή αυτό ήταν οπωσδήποτε ένα ζήτημα. Του είπαμε ότι ουσιαστικά όλοι μας είχαμε περάσει από τέτοιες φάσεις και ότι θα τον στηρίζαμε με όλη μας την καρδιά σε περίπτωση που αποφάσιζε να απεξαρτηθεί. Δεν τον πιέσαμε, του δείξαμε ότι καταλαβαίναμε από πρώτο χέρι (τουλάχιστον), και νομίζω ότι τελικά τον κάναμε να νιώσει κάπως πιο άνετα. Μόλις φάνηκε ότι ο Scott ήταν «μέσα», το συγκρότημα άρχισε να περνάει σε άλλο επίπεδο.

ΝΟΜΙΖΩ ΟΤΙ ΤΟ ΠΙΟ ΣΗΜΑΝΤΙΚΟ ΠΡΑΓΜΑ Σ' ΑΥΤΟ ΤΟ συγκρότημα είναι ότι ποτέ δεν φερθήκαμε μεταξύ μας λες και ήμαστε νέο συγκρότημα· από την αρχή φερόμαστε λες και ήμαστε χρόνια μαζί. Υποθέτω ότι –κατά κάποιο τρόπο– αυτό ήταν αλήθεια. Είχαμε βρει το κατάλληλο όχημα το οποίο θα χρησιμοποιούσαμε για την πρώτη βόλτα μιας μπάντας που τα μέλη της ήταν μαζί από καιρό. Ο David και η Dana έψαξαν σε μερικά στούντιο για να μάθουν αν ετοιμαζόταν κάποια ταινία που χρειαζόταν κάποιο πρωτότυπο τραγούδι για το soundtrack. Προέκυψαν διάφορες, αλλά εμείς διαλέξαμε το *The Hulk* και το *Ληστεία α-λα ιταλικά*, τις οποίες μας προσέφερε η Kathy Nelson από τη Universal, περισσότερο επειδή φαίνονταν ωραίες ταινίες και επειδή συμπαθούσαμε την Kathy.

Μπήκαμε στο στούντιο με τον Nick Raskulinecz, και γράψαμε μια διασκευή του «Money» των Pink Floyd για το *Ληστεία α-λα ιταλικά*. Ο Scott το «κάρφωσε» με τη μία και το βγάλαμε πολύ γρήγορα. Το προβάραμε στου Mates μέσα σε ένα απόγευμα, κι έπειτα πήγαμε στα Chalis Studios στο Hollywood και το γράψαμε. Έπειτα, για το *Hulk*, πήγαμε στο Oceanway για να κάνουμε μια αξιοπρεπή εκτέλεση του «Set Me Free». Ξέραμε ότι το συγκεκριμένο κομμάτι θα ήταν αυτό που θα καθιέρωνε τον ήχο μας· είχαμε δει το αρχικό μοντάζ της ταινίας και μας άρεσε. Εκτός αυτού, ήμαστε γοητευμένοι με το γεγονός ότι το είχε σκηνοθετήσει ο Ang Lee. Βάλαμε τον Nick να μας κάνει την παραγωγή και σ' αυτό το κομμάτι, αλλά το πράγμα δεν «κύλησε» εύκολα: δυσκολευτήκαμε πολύ να το μιξάρουμε, επειδή δεν μας έβγαινε. Καταλήξαμε με μια σειρά διαφορετικές μίξεις και τελικά το ολοκληρώσαμε το πρωί της συμφωνημένης ημέρας παράδοσης.

Όμως δεν ήταν αυτή η μόνη δύσκολη συγκυρία της ηχογράφησης: πηγαίνοντας στο στούντιο Oceanway για να ηχογραφήσουμε το κομμάτι, δέχθηκα ένα τηλεφώνημα (από τον Duff), μέσω του οποίου έμαθα ότι ο Robert και ο Dean DeLeo από τους Stone Temple Pilots έκαναν την παραγωγή στους Alien Ant Farm στο διπλανό στούντιο από αυτό όπου θα γράφαμε. Ανησύχησα, γιατί δεν ήξερα πώς θα μπορούσε να αντιδράσει ο Scott. Έφτασα εκεί πριν από αυτόν, για να φροντίσω ότι δεν θα συμβεί τίποτε, και πέτυχα τον Robert στο μηχάνημα του νερού στο σαλόνι του στούντιο. Έγερνε πάνω μου ενώ γέμιζα το ποτήρι μου με νερό, χωρίς να έχω ιδέα ποιος ήταν.

«Ε... είσαι ο Slash, έτσι;» είπε.

«Ναι. Γεια».

«Γεια, είμαι ο Robert DeLeo. Χάρηκα... Σε σέβομαι απεριόριστα».

Φαινόταν πολύ ευγενικός, αλλά εξακολουθούσα να ανησυχώ για τον Scott. Μπήκε από μια πίσω είσοδο ώστε να μη χρειαστεί να συναντηθεί με τους άλλους στη διάρκεια της ηχογράφησης.

Αυτές οι δουλειές για τα soundtracks ήταν ένα τεστ· εκθέταμε τους εαυτούς μας με έναν ελεγχόμενο, περιορισμένο τρόπο. Ήμαστε ένα καθαρόαιμο rock and roll συγκρότημα, αλλά δεν είχαμε κάνει το τελικό βήμα. Εκείνη την εποχή ο Dave εξακολουθούσε να δουλεύει οικοδόμος την ημέρα, και ο Scott είχε βιώσει την αργή και κοπιώδη παρακμή της τελευταίας του μπάντας· έτσι, ήταν ακόμα επιφυλακτικός και ευάλωτος. Ο Duff, ο Matt κι εγώ ήμαστε απόλυτα αφοσιωμένοι: σε εκείνη τη φάση είχαμε παρατήσει όλα τα άλλα, για να εστιάσουμε στην μπάντα. Έτσι κρατηθήκαμε και προχωρήσαμε.

Η επιλογή ονόματος ήταν ένα θέμα που επανερχόταν διαρκώς στις πρόβες και δεν είχαμε φτάσει πουθενά επ' αυτού. Μια νύχτα η Perla κι εγώ πήγαμε σινεμά και δεν μπορώ να θυμηθώ τι είδαμε, αλλά μόλις τα φώτα έσβησαν και έπεσαν οι τίτλοι της αρχής, μου έκανε εντύπωση το όνομα «Revolution Studios». Επιπλέον, είπε και η Perla κάτι σχετικό. Κάτι καλό υπήρχε εκεί... Μου άρεσε το ξεκίνημα της λέξης. Και έτσι σκέφτηκα το «Revolver». Μου φάνηκε κατάλληλο όνομα επειδή είχε πολλαπλές σημασίες: όχι μόνο θύμιζε όπλο, αλλά υπήρχε και η υποδήλωση της περιστρεφόμενης πόρτας, που με δεδομένο το από πόσο πολλά μέλη άλλων συγκροτημάτων αποτελούνταν αυτό το συγκρότημα, έδειχνε να ταιριάζει μια χαρά. Για να μη μιλήσουμε για το γεγονός ότι είναι ο τίτλος ενός από τους καλύτερους δίσκους των Beatles.

Την επόμενη μέρα συνάντησα το συγκρότημα στα στούντιο της Universal. Θα παρακολουθούσαμε μια κλειστή προβολή του *The Hulk* για να αποφασίσουμε αν θέλαμε να δώσουμε το κομμάτι μας στο soundtrack. Πηγαίνοντας από το γραφείο της Kathy Nelson στην αίθουσα προβολής, έριξα την ιδέα της λέξης «Revolver» για πιθανό όνομα της μπάντας.

«Ωραίο, μου αρέσει», είπε ο Duff.

«Κι εμένα», είπε ο Matt.

Ο Scott έμεινε σιωπηλός για μια στιγμή. «Πώς σας φαίνεται το "Black Velvet Revolver";» είπε. «Μου αρέσει η αντίθεση ανάμεσα σε κάτι τόσο ερωτικό όπως το βελούδο και κάτι τόσο θανατηφόρο όπως το όπλο».

Το σκέφτηκα για λίγο. Συμφωνούσα απόλυτα με το δρόμο που είχε πάρει η σκέψη του, αλλά το όνομα μου φαινόταν πολύ μεγάλο.

«Έι», είπα. «Τι λέτε για σκέτο "Velvet Revolver";»

Όλοι συμφώνησαν.

Ήμαστε όλοι συντονισμένοι στο ίδιο μήκος κύματος και αυτό μου έδινε έμπνευση· κάθισα και άρχισα αμέσως να σχεδιάζω λογότυπα. Κατέληξα στο VR που χρησιμοποιούμε ακόμα και σήμερα, και φάνηκε να αρέσει σε όλους.

Το πράγμα κυλούσε· οργανώσαμε μια μικρή συνέντευξη Τύπου και μία κλειστή εμφάνιση στο θέατρο El Rey. Προοριζόταν βασικά για ανθρώπους της μουσικής βιομηχανίας, αλλά χωρίς να απαγορεύεται η είσοδος στο κοινό: θέλαμε να δηλώσουμε και επισήμως ότι είμαστε συγκρότημα, με τραγουδιστή και όνομα, και ότι πολύ σύντομα θα ηχογραφούσαμε ένα άλμπουμ. Μόλις είχαμε γράψει το «Slither». Παίξαμε αυτό, το «Set Me Free», το «It's So Easy», το «Negative Creep» των Nirvana, και το «Pretty Vacant» των Pistols. Η επιλογή των τραγουδιών δεν μας απασχόλησε· εκείνο τον καιρό ήταν τα μόνα τραγούδια που ξέραμε.

Όμως αυτό δεν είχε σημασία: τα επίπεδα ενέργειάς μας ήταν τόσο υψηλά, που η ένταση σε κολλούσε στον τοίχο. Η χημεία του συγκροτήματος όταν έπαιζε ζωντανά ήταν όσο πιο ισχυρή και αβίαστη γινόταν. Εκείνη η εμφάνιση ήταν η καθοριστική στιγμή για μας: τελικά ήμαστε συγκρότημα. Είχαμε δουλέψει μαζί κάθε διάσταση του συνόλου, εκτός από την πιο ουσιαστική – την *performance*. Εκείνη η εμφάνιση στο El Rey ήταν η στιγμή της αλήθειας. Αργότερα στα καμαρίνια, ήμαστε τόσο ενθουσιασμένοι από τη χημεία μας επί σκηνής που δεν ξέραμε τι να κάνουμε – να ηχογραφήσουμε δίσκο ή να ξεκινήσουμε περιοδεία– αμέσως!

ΔΙΑΛΕΞΑΜΕ ΝΑ ΚΑΝΟΥΜΕ ΕΝΑ ΔΙΣΚΟ, ΕΠΕΙΔΗ ΑΥΤΟ μας φάνηκε πιο πρακτικό. Εκτός αυτού, εκείνη την εποχή ήμαστε σε δημιουργική φάση και το καινούργιο υλικό μάς «έβγαινε» πολύ γρήγορα. Προτού σμίξουμε με τον Scott, συνθέταμε για πάνω από δέκα μήνες· έτσι, το να πούμε ότι τον φορτώσαμε με ένα σωρό ημιτελή τραγούδια στα οποία έπρεπε να γράψει στίχους, είναι μάλλον σεμνή διατύπωση. Του δώσαμε περισσότερο υλικό απ' όσο θα μπορούσε να ελπίζει κάποιος ότι θα άκουγε οποιοσδήποτε.

Κι όμως, τα κατάφερε. Διάλεξε μερικά και τα μεταμόρφωσε σε κάτι νέο, που δεν θα περιμέναμε ποτέ, και παρ' όλα αυτά μας άρεσαν εξίσου. Ο Scott έχει ένα μικρό στούντιο και χώρο για πρόβες στη λίμνη Toluca που το λέει Lavish, όπου δουλεύει μαζί με τον ηχολήπτη του, τον Doug Grean. Πήραν λοιπόν τα demos και άλλαξαν τα μέρη ώστε να ταιριάζουν με τα φωνητικά που είχε σκεφτεί ο Scott. Από αυτό το τεράστιο υλικό, πήραμε το «Big Machine» και το «Dirty Little Thing», ενώ συνεχίσαμε να γράφουμε καινούργιο υλικό, όπως μεταξύ άλλων τα «You Got No Right», «Slither» και «Sucker Train Blues», τα οποία δουλέψαμε όλοι μαζί, και ένα τραγούδι με τίτλο «Do It for the Kids». Ήταν πολύ cool.

Όλα φαίνονταν να πηγαίνουν πρίμα, μέχρι που μια νύχτα ο Scott Weiland συνελήφθη στο πάρκινγκ του Lavish: τον έπιασαν να κάθεται εκεί με ένα κορίτσι, και βρήκαν ναρκωτικά στο αυτοκίνητο. Ήταν ήδη με αναστολή, και αυτό ήταν το τελειωτικό χτύπημα. Ήταν μια πολύ κρίσιμη καμπή γι' αυτόν: όταν τον άφησαν από τη φυλακή, δεν πήγε σπίτι του, αλλά στο στούντιό του. Τραγούδησε πάνω σε ένα κομμάτι μουσικής που του είχαμε δώσει πριν από λίγο καιρό, ενώ έγραψε και τους στίχους για το τραγούδι «Fall to Pieces». Ο Scott έβγαλε όλα όσα είχε στην ψυχή του σε ένα τραγούδι. Επρόκειτο για την πιο έντιμη απεικόνιση του πού βρισκόταν και τι αντιμετώπιζε τη συγκεκριμένη εποχή, απ' αυτή που οποιοσδήποτε θα ήλπιζε να δει. Συνθέτει μία πλήρη εικόνα όσων συνέβαιναν μέσα του και συνεπώς συνέβαιναν και σε μας.

ΔΕΝ ΗΜΑΣΤΕ ΣΙΓΟΥΡΟΙ ΠΟΙΟΣ ΘΑ ΗΤΑΝ Ο ΠΑΡΑΓΩΓΟΣ ΤΟΥ δίσκου μας· έτσι δοκιμάσαμε μερικούς από αυτούς. Ρίξαμε στο τραπέζι κάποια ονόματα: Rick Rubin, Brendan O'Brien, και μερικοί άλλοι. Δεν είμαι σίγουρος ποιος ακριβώς πρότεινε τον Bob Ezrin, αλλά μπήκαμε στα Henson Studios και ηχογραφήσαμε μαζί του το «Slither». Είχε μόλις κάνει την παραγωγή στον τελευταίο δίσκο των Jane's Addiction, αλλά εκτός από αυτό, οι παλιότερες δουλειές του με καλλιτέχνες όπως ο Alice Cooper και οι Pink Floyd μιλούσαν από μόνες τους. Το πράγμα δεν πήγε τόσο καλά όσο ελπίζαμε· η δημιουργική συμβολή του Bob έκανε το κομμάτι να ακούγεται υπερβολικά φορτωμένο. Συνέβαιναν συγχρόνως πολλά πράγματα, χρησιμοποιούσαμε πάρα πολλά κανάλια, και το τελικό αποτέλεσμα ακουγόταν πολύ φορτωμένο και περίπλοκο για κάτι που εμείς βλέπαμε ως ένα απλό τραγούδι από ένα απλό rock and roll συγκρότημα.

Στη συνέχεια αποφασίσαμε να ηχογραφήσουμε ένα κομμάτι με τον Josh Abraham, τον οποίο γνωρίζαμε όλοι μας. Ήταν σχετικά νέος στο επάγγελμα: το μεγάλο του κατόρθωμα ήταν η παραγωγή των Staind, που έκανε μεγάλη επιτυχία. Τουλάχιστον αυτό το ήξερα, ενώ εκείνη την εποχή δούλευε στον καινούργιο δίσκο της Courtney Love. Κάναμε μαζί του μια δοκιμαστική εγγραφή σε ένα κομμάτι με τίτλο «Headspace», στα στούντιο NRG στο Βόρειο Hollywood. Το κομμάτι ακουγόταν καλά· τα ντραμς, οι κιθάρες και τα φωνητικά ακούγονταν μια χαρά. Αυτό αρκούσε για να μας κάνει να αποφασίσουμε να ηχογραφήσουμε τον υπόλοιπο δίσκο μαζί του.

Μέχρι τότε, η ύπαρξη των Velvet Revolver είχε διαδοθεί και είχαμε κινήσει το ενδιαφέρον όλων των μεγάλων εταιρειών, αν και δεν είχαν μείνει και πολλές τη συγκεκριμένη εποχή. Υπήρχε η Chrysalis, η Elektra, η RCA και η Warner's, και όλες έδειχναν ενδιαφέρον. Στο τέλος πήγαμε στην RCA.

Όμως πρώτα περάσαμε από τα γνωστά δείπνα της Νέας Υόρκης με τα στελέχη των εταιρειών για μία εβδομάδα περίπου. Δεν δυσκολευτήκαμε να αποφασίσουμε με ποιον θα πάμε, μόλις ο Clive Davis πήρε ένα αεροπλάνο και ήρθε μαζί με τον διευθυντή ρεπερτορίου του, τον Ashley Newton, να μας δει να παίζουμε στη λίμνη Toluca. Ήταν μια πολύ ισχυρή επίδειξη αποφασιστικότητας και αλληλεγγύης, αν σκεφτεί κανείς το όλο σκηνικό. Κάθισαν σε ένα δωμάτιο περίπου έξι μέτρα κάτω απ' τη γη, με ένα τραπέζι μπιλιάρδου να τους χωρίζει από εμάς τους υπόλοιπους και όλους τους ενισχυτές μας στραμμένους καταπάνω τους. Έμειναν για πέντε τραγούδια. Ήθελαν να ξεπεράσουν τις υπερβολές που ακούγονταν για το συγκρότημα και να μας δουν στο φυσικό μας περιβάλλον.

«Σπουδαίο, σπουδαίο!» είπε ο Clive όταν τελειώσαμε. «Σας ευχαριστούμε».

Τους άρεσαν ιδιαίτερα τα «Slither» και «Fall to Pieces». Μετά από αυτό, είχαμε αποφασίσει. Πήγαμε στην RCA.

Μετά την προπαραγωγή με τον Josh στο Lavish, πήγαμε στο NRG για να ηχογραφήσουμε τις βάσεις. Εντελώς τυχαία, στο διπλανό στούντιο δούλευαν –ξανά!– ο Dean και ο Robert από τους Stone Temple Pilots πάνω σε καινούργιο υλικό. Αυτή τη φορά ήταν αναπόφευκτο· βρίσκονταν κυριολεκτικά στη διπλανή αίθουσα και μοιραζόμαστε το ίδιο σαλόνι. Ό,τι κι αν κάναμε, ήταν ζήτημα χρόνου να τους πετύχει ο Scott, αλλά δεν υπήρχε πρόβλημα. Το είχαν ξεπεράσει· ο Dean κάθισε παρέα με τον Scott και δεν ξέρω τι ακριβώς είπαν, αλλά μετά δεν υπήρχε πρόβλημα ανάμεσά τους. Ο Scott μέχρι που του έβαλε να ακούσει τα demos μας. Ήμαστε όλοι παρέα, και δεν έτρεχε τίποτε. Ήταν η πρώτη φορά που έβλεπα τον Dean, και από τότε τους έχω πετύχει και τους δυο τους συχνά, και πάντα τους έχω μες στην καρδιά μου – είναι πολύ καλά παιδιά.

ΟΤΑΝ ΕΦΤΑΣΕ Η ΩΡΑ ΝΑ ΗΧΟΓΡΑΦΗΣΩ ΤΑ ΜΕΡΗ ΤΗΣ ΚΙΘΑΡΑΣ, ήθελα να πάω σε ένα μικρότερο στούντιο για να κάνω οικονομία· έτσι λοιπόν ο Josh πρότεινε να γράψω στο στούντιό του στη νότια γωνία της Highland με τη Sunset, εκεί όπου ο Jimi Hendrix ηχογράφησε το *Axis: Bold As Love*. Μπαίνοντας, είδα ότι το στούντιο ήταν εξίσου *funky*: παλιά, φθαρμένη μοκέτα, παχιά στρώματα μπογιάς στους τοίχους, κατσαρίδες... τέτοια πράγματα. Μπήκα στο στούντιο με τον Josh και είδα μια πολύ ωραία κονσόλα, αλλά σήκωσα το βλέμμα μου και πρόσεξα ότι στη θέση των ηχείων υπήρχαν δύο μικρά μόνιτορ Yamaha AS-10, που είναι σπουδαία για να ακούς αυτό που έγραψες· μόνο που εγώ συνηθίζω να ηχογραφώ την κιθάρα μου βάζοντας τους ενισχυτές μου στη μεγάλη αίθουσα, όπου βρίσκονται τα μικρόφωνα, και παίζοντας από το δωμάτιο της κονσόλας, όπου βρίσκεται ο παραγωγός και ο ηχολήπτης. Βασικά, το κάνω επειδή δεν αντέχω τα ακουστικά. Οι προδιαγραφές του συγκεκριμένου στούντιο δεν υπήρχε περίπτωση να καλύψουν τις ανάγκες μου. Μέχρι τότε, κατά κανόνα, ηχογραφούσα τους οδηγούς της κιθάρας μου ζωντανά μαζί με τους υπόλοιπους όταν γράφαμε τις βάσεις, και έπειτα ξανάπαιζα τα ίδια μέρη σε εκκωφαντική ένταση, ώστε όταν τα ηχογραφώ να αισθάνομαι ότι βρίσκομαι σε αληθινή συναυλία. Τα μόνιτορ του στούντιο λειτουργούν ως σημεία αναφοράς σε σχέση με αυτό που ηχογραφώ· έτσι, έπρεπε να είναι μεγάλα και *δυνατά*. Το ζευγάρι που είχα μπροστά μου δεν υπήρχε περίπτωση να τα βγάλει πέρα.

«Λοιπόν, έτσι γράφεις κιθάρες;»

«Ε... ναι, συνήθως αυτά τα μόνιτορ μου φτάνουν».

«Δεν έχω παίξει ποτέ έτσι και μπορώ να σου πω από τώρα ότι δεν είναι αρκετά δυνατά».

Εκείνη τη στιγμή θυμήθηκα αυτό που μου είχε πει η γυναίκα μου, η Perla, ξανά και ξανά: Ότι μου αρέσει πάντα να κάνω τα πράγματα με τον δύσκολο τρόπο. Κατάλαβα ότι προκαλούσα πανικό στον Josh και απαξίωνα το στούντιό του. Ήθελα να «δουλέψω» λιγάκι αυτή την τάση μου· έτσι, αντί να κάνω φασαρία και να επιμείνω να κλείσουμε άλλο στούντιο και ίσως να προσλάβουμε άλλον παραγωγό, προτίμησα να προσαρμοστώ.

«Άκου, ειδοποίησε να φέρουν κάποια μεγαλύτερα ηχεία και θα κάνουμε το πράγμα να δουλέψει», είπα. Ο Josh έδειξε ειλικρινά ανακουφισμένος.

Δεν μπορώ να πω ότι ήταν ευχάριστη εμπειρία. Οι ηχολήπτες νοίκιαζαν συνέχεια καινούργια ηχεία, αλλά κανένα δεν με ικανοποιούσε. Ή, μάλλον, όχι· αυτό δεν είναι αλήθεια: την τελευταία μέρα της ηχογράφησης βρήκαν το κατάλληλο σετ. Στο τέλος έμεινα ικανοποιημένος από τη δουλειά μου στο πρώτο μας άλμπουμ, αλλά όταν το ξανασκέφτομαι σήμερα, ήταν μια πολύ άβολη και περιοριστική ηχογράφηση για μένα. Σε τελική ανάλυση το παίξιμό μου είναι αρκετά «κρατημένο» σε αυτόν το δίσκο, και γι' αυτό δεν υπάρχουν όσα σόλο θα μπορούσα να παίξω. Ένιωθα πολύ περιορισμένος για να αυτοσχεδιάσω όπως κάνω συνήθως.

Νομίζω ότι ο Dave εκμεταλλεύτηκε πολύ καλύτερα από μένα τις δυνατότητες της ψηφιακής ηχογράφησης, όταν ήρθε να παίξει τα δικά του μέρη. Έκανε σπουδαία δουλειά· πρόσθεσε στον ήχο του διαστάσεις που έκαναν τις κιθάρες να ακούγονται πλήρεις.

Εκείνη την εποχή ο Scott ήταν υποχρεωμένος να μένει σε ένα κέντρο επανένταξης, με δικαστική απόφαση που προέκυψε από τη σύλληψή του. Ερχόταν, έγραφε τα φωνητικά του και γύριζε πίσω. Του επιτρεπόταν να εργάζεται μόνο για τρεις ώρες τη μέρα.

Ο DUFF ΚΙ ΕΓΩ ΠΗΓΑΜΕ ΣΤΗ ΝΕΑ ΥΟΡΚΗ ΓΙΑ ΝΑ ΕΙΜΑΣΤΕ παρόντες στη μίξη με ηχολήπτη τον George Marino, και κάπως έτσι το *Contraband* ολοκληρώθηκε. Εκείνη τη νύχτα ήπια το πρώτο μου ποτό έπειτα από χρόνια. Δεν είχα εκφράσει τα αισθήματά μου για την κατάσταση που είχε προκύψει με τον Axl και τους Guns N' Roses, μέχρι που ο Duff κι εγώ κάναμε μια μίνι περιοδεία για την προώθηση της κυκλοφορίας του πρώτου CD των Velvet Revolver. Μέχρι τότε, δεν είχα μιλήσει δημόσια για όσα είχαν διαμειφθεί ανάμεσα στον Axl και μένα, ούτε είχα σκοπό. Όμως οι δημοσιογράφοι ήθελαν να μάθουν τις απόψεις μου για το ζήτημα, και δεν μπόρεσα να συγκρατηθώ. Δεν είχα κάτι ευχάριστο να πω. Ήταν λες και είχαν αγγίξει μια ευαίσθητη χορδή και ξαφνικά, όλα όσα έβγαιναν από τα χείλη μου ήταν πικρόχολα και κακεντρεχή – αντέδρασα με τον ακριβώς αντίθετο τρόπο από αυτόν που θα ήθελα. Όταν οι Guns N' Roses και εγώ τραβήξαμε χωριστούς δρόμους, ήθελα ειλικρινά να διατηρήσω χαμηλούς τόνους και να μην αρχίσουμε τους διαπληκτισμούς μέσω των εντύπων, περισσότερο επειδή πάρα πολλοί καλλιτέχνες πριν από μένα είχαν ακολουθήσει αυτόν το δρόμο και τον έβρισκα πολύ κακόγουστο. Όμως να, που τώρα έκανα τα ίδια, με τους δημοσιογράφους να με έχουν στριμώξει από παντού, αναζητώντας λαίμαργα έριδες και κεντρίζοντας την ευαίσθητη χορδή μου. Όλα όσα είπα για τον Axl ήταν αρνητικά, αλλά ήταν προϊόν της συγκίνησής μου. Αυτό, βεβαίως, τσάντισε τον Axl και έπαιξε σίγουρα καταλυτικό ρόλο στο παραλήρημά του εις βάρος μου στο Δελτίο Τύπου που εξέδωσε το 2005, για να μην αναφέρω ότι περιέπλεξε ακόμη περισσότερο τις νομικές διαφορές των Guns N' Roses.

Ενώ το CD βρισκόταν στη φάση της συσκευασίας, ο Duff κι εγώ κάναμε μια περιοδεία συνεντεύξεων στην Ευρώπη και την Ιαπωνία, που κράτησε μερικές εβδομάδες. Το συγκρότημα βγήκε στο δρόμο προτού ακόμα κυκλοφορήσει ο δίσκος. Η πρώτη μας συναυλία ήταν στο Kansas, και από τότε παίξαμε σχεδόν σε όλες τις μεγάλες πόλεις, σε όλες τις πολιτείες. Καταφέραμε να δημιουργήσουμε αρκετό θόρυβο ώστε το άλμπουμ –που κυκλοφόρησε τον Ιούνιο του 2004– να φτάσει στο νούμερο ένα τη δεύτερη εβδομάδα. Ήμαστε στο Vegas για μια εμφάνιση, όταν ο Clive μάς τηλεφώνησε για να μας πει ότι είχαμε φτάσει στην κορυφή των charts, και πρέπει να πω ότι έπειτα από όσα έχω δει και όσα έχω κάνει, το τηλεφώνημα που μου έκανε ο θρυλικός Clive Davis για να μου ανακοινώσει τα συγκεκριμένα νέα, με έκανε να νιώσω ρίγη υπερηφάνειας. Στο δικό μου λεξιλόγιο, σήμαινε ότι τα είχαμε καταφέρει. Αυτό ήταν το ξεκίνημα μιας περιοδείας που έμοιαζε να μη σταματάει ποτέ και να αποκτάει όλο και μεγαλύτερη ορμή καθώς προχωρούσε. Συνολικά μείναμε στο δρόμο δεκαεννέα μήνες, παίζοντας παντού· από κλαμπ, μέχρι φεστιβάλ και στάδια.

Το συγκρότημα έπαιξε μπροστά σε πλήθη χιλιάδων ανθρώπων σε όλο τον κόσμο, και ο δίσκος μας πούλησε τρία εκατομμύρια αντίτυπα παγκοσμίως. Δουλέψαμε σκληρά σε εκείνη την περιοδεία. Συχνά παίζαμε πέντε νύχτες την εβδομάδα, σε διαφορετική πόλη κάθε βράδυ. Κάναμε την περιοδεία μας με ένα λεωφορείο, σε στενή επαφή μεταξύ μας. Ήταν πολύ επιτυχημένη· ξαφνικά παίζαμε ξανά σε ένα «μεγάλο» συγκρότημα.

Η τελευταία μας συναυλία ήταν στο Orlando, κι έπειτα όλοι πήγαμε σπίτια μας και ξαναρχίσαμε τη ζωή μας. Και πέσαμε όλοι στα σκατά. Κυκλοφόρησαν φήμες ότι διαλυόμαστε, ότι όλοι μας είχαμε ξαναπέσει στα ναρκωτικά και βρισκόμαστε στο χείλος της αυτοκαταστροφής, όπως και πάρα πολλές άλλες για να τις αναφέρω.

ΟΣΟ ΜΕ ΑΦΟΡΑ, ΕΙΧΑ ΓΙΑ ΑΛΛΗ ΜΙΑ ΦΟΡΑ ΜΕΓΑΛΕΣ ΔΥΣΚΟΛΙΕΣ να προσαρμοστώ στην ιδέα ότι είχα γυρίσει σπίτι. Όταν ακόμη γράφαμε τα τραγούδια του *Contraband*, πολύ πριν μπούμε για να τα ηχογραφήσουμε, γεννήθηκε ο γιος μου London, τον Αύγουστο του 2002. Είχαμε πάει με την Perla για να κάνει υπερηχογράφημα. Εκείνο το διάστημα προσπαθούσα ακόμη να συνειδητοποιήσω το γεγονός ότι θα γινόμουν πατέρας – σίγουρα, θα ήταν μια καινούργια εμπειρία για μένα. Έτσι, όταν έμαθα ότι περιμέναμε παιδί, σκέφτηκα ότι ήθελα κοριτσάκι, υπολογίζοντας ότι θα ήταν ίδια με τη μαμά της και ότι θα ήταν αχώριστες, μια αντίληψη που τροφοδοτούσε ακόμη περισσότερο την άρνησή μου να αναλάβω τις αναπόδραστες καινούργιες ευθύνες μου.

Αυτή ήταν η ειδυλλιακή άποψη που είχα περί πατρότητας, μέχρι που συνειδητοποίησα κάτι που αγνοούσα: Έχω περάσει δύσκολα με τις μεγάλες γυναίκες, οπότε φαντάσου τι θα γινόταν με τις μικρές. Μια κόρη το πιθανότερο θα με ξέκανε. Ανάσανα με ανακούφιση όταν η Perla γέννησε ένα όμορφο, υγιέστατο αγοράκι με βάρος γύρω στα τέσσερα κιλά. Του δώσαμε το όνομα London, όχι μόνο επειδή η Perla τον συνέλαβε στην Αγγλία, αλλά επειδή είχα ένα φίλο με το ίδιο όνομα στο Δημοτικό, και ποτέ δεν ξέχασα πόσο cool όνομα ήταν.

Ήταν προφανές ότι δεν διέθετα καμία πείρα από ανατροφή παιδιών, αλλά εκπαιδεύτηκα. Η Perla βίωσε μια έκρηξη του μητρικού ενστίκτου στην αρχή της εγκυμοσύνης της, και μια μέρα έφερε σπίτι ένα κουτάβι πομεράνιαν από ένα κατάστημα ζώων. Το σκυλί έγινε αμέσως ευθύνη μου, ακόμη περισσότερο επειδή οι γιατροί έδωσαν εντολή στην Perla να μείνει στο κρεβάτι για μερικούς μήνες. Αναγκάστηκα να μεγαλώσω το σκυλί και έτσι εκπαιδεύτηκα για το ρόλο του πατέρα. Ήταν η μοναδική εμπειρία που είχα από την ανατροφή ενός πλάσματος, επειδή ένα είναι σίγουρο: το να μεγαλώνεις γάτες ή φίδια δεν έχει καμία σχέση. Σε τελική ανάλυση, πρέπει να το έκανα σωστά, γιατί το σκυλί μας συμπεριφέρεται άψογα από τότε που γεννήθηκε ο London.

Η γέννηση του παιδιού με υποχρέωσε να είμαι *παρών*· με έκανε να τιμήσω την υπόσχεση περί εγκράτειας. Όταν δεν βρισκόμουν με τους Velvet Revolver, ήμουν σπίτι με τη γυναίκα μου και μεγαλώναμε το γιο μας. Ήμουν ο μπαμπάς, συναρμολογούσα την κούνια, ψώνιζα παιχνίδια, έβαζα μπαταρίες στο σύστημα ενδοεπικοινωνίας. Και τότε η Perla έμεινε έγκυος ξανά. Ανακαλύψαμε ότι ήταν άλλο ένα αγόρι, και μόλις το έμαθα άφησα άλλον έναν αναστεναγμό ανακούφισης. Το νέο μας μωρό ήρθε κι αυτό στον κόσμο έπειτα από μία δύσκολη εγκυμοσύνη, αν και οι επιπλοκές δεν κράτησαν τόσο πολύ. Όμως ήταν άλλη μια δύσκολη περίοδος για την Perla.

Όταν γεννήθηκε ο δεύτερος γιος μου, ήμουν σε περιοδεία. Κατάφερνα να ταξιδεύω σε τακτικά διαστήματα για να βλέπω την Perla στο νοσοκομείο, αλλά την παραμονή της ημέρας που περιμέναμε να γεννηθεί ο δεύτερος γιος μου, είχα συναυλία. Ήμουν αναγκασμένος να ταξιδέψω από το μαιευτήριο στο Atlantic City με νυχτερινή πτήση και έπειτα να γυρίσω πίσω πάλι με νυχτερινή πτήση για να προλάβω τη γέννησή του το επόμενο πρωί. Έχασα την πτήση της επιστροφής μου

Η οικογένεια Hudson: Ο Slash, η Perla, ο London και ο Cash σε μια κρουαζιέρα Disney όπου, χωρίς αμφιβολία, ήταν οι δακτυλοδεικτούμενοι του πλοίου.

στο Los Angeles, αλλά στάθηκα τυχερός και βρήκα μια άλλη. Οι γιατροί αναγκάστηκαν να καθυστερήσουν την καισαρική τομή της Perla για να προλάβω. Πήγα κατευθείαν στο μαιευτήριο και έφτασα εκεί λίγο πριν γεννηθεί. Πέρασα εκείνη τη νύχτα και όλο το επόμενο πρωινό με την Perla και το τέλειο μωρό μας που ζύγιζε τριάμισι κιλά, και έπειτα πήρα την πτήση της επιστροφής και συνάντησα το συγκρότημα στην επόμενη συναυλία. Κάτω από τέτοιες συνθήκες γεννήθηκαν οι δύο γιοι μου.

Δεν ξέραμε τι όνομα να δώσουμε στον δεύτερο γιο μας, μέχρι που θυμηθήκαμε ότι ο καλός μας φίλος και παραγωγός Robert Evans μας είχε πει ποιο όνομα θα έπρεπε να είχαμε δώσει στον πρώτο. Ως συνήθως, είχε μια ισχυρή άποψη που δεν μπορούσα να αγνοήσω.

«Δώστε του το πιο cool όνομα που μπορεί να έχει ένας άνδρας», μας είπε με τη χαρακτηριστική, μπάσα φωνή του. «Πείτε τον Cash».

«Robert, είναι πολύ αργά», του είπα. «Τον είπαμε ήδη London».

«Εντάξει. Όμως αν έχετε μια δεύτερη ευκαιρία», είπε, «κάντε αυτό που πρέπει».

Έπειτα από σύντομη σκέψη, αποφασίσαμε ότι είχε δίκιο. Και έτσι στον δεύτερο γιο μας δώσαμε το όνομα Cash.

ΕΠΕΙΤΑ ΑΠΟ ΔΥΟ ΧΡΟΝΙΑ ΣΤΟ ΧΑΟΤΙΚΟ ΓΑΪΤΑΝΑΚΙ ΤΩΝ αδιάκοπων περιοδειών, είχα προσγειωθεί για άλλη μια φορά στον πραγματικό κόσμο, και όσο εξοικειωμένος κι αν ήμουν με ανάλογες μεταπτώσεις, δεν μου ήταν πιο εύκολο να το αντέξω – το αντίθετο, η προσαρμογή είχε γίνει πιο δύσκολη υπόθεση. Όταν το μόνο που σε νοιάζει είναι πώς να τρέχεις από συναυλία σε συναυλία, όταν η επόμενη εμφάνιση είναι το μόνο πράγμα που γυρεύεις για μια μεγάλη χρονική περίοδο, όταν η υπηρεσία δωματίων και το δωμάτιο του ξενοδοχείου είναι η αμοιβή σου, βιώνεις έναν πολύ τυποποιημένο τρόπο ζωής.

Η ουσία ενός σπιτικού, όποιος κι αν είσαι, δεν έχει καμία σχέση με αυτόν. Όταν είσαι σπίτι πρέπει να σηκωθείς από τον καναπέ και να κάνεις τα πράγματα μόνος σου· όταν είσαι σπίτι γίνεσαι πιο φυσιολογικός από ποτέ επειδή πρέπει να στηριχτείς στις δικές σου ικανότητες. Στο παρελθόν, στηριζόμουν στο αλκοόλ και τα ναρκωτικά για να βιώσω πιο εύκολα τη μετάβαση και να μπορέσω να τη δεχτώ πιο εύκολα. Από τη στιγμή όμως που έχεις παιδιά, αν θέλεις να θεωρείσαι αξιόπιστος γονιός, αυτή η επιλογή πάει περίπατο: όταν γυρίζεις από περιοδεία και είσαι γονιός, γυρίζεις σπίτι και πρέπει να παίξεις το ρόλο σου. Περνάς από μία κατάσταση όπου σε φροντίζουν, σε μία κατάσταση όπου φροντίζεις εσύ άλλους.

Όταν γύρισα σπίτι, τα πράγματα δεν ήταν εύκολα ούτε για την Perla ούτε για μένα. Είχα αρχίσει να πίνω κρασί –πολύ κρασί– στην περιοδεία, και εκείνη με έβλεπε να γυρίζω ξανά στα παλιά μου φερσίματα. Για κάποιο λόγο, όταν ήρθε να με δει στην περιοδεία, διάλεξα τη μέρα να καθίσω στο μπαρ και να τα πιω, με το πρόσχημα ότι την περίμενα. Το μόνο που κατάφερα ήταν να γίνω τόσο λιώμα, που όταν έφτασε ήμουν εντελώς άχρηστος. Της είπα «γεια» και έπεσα λιπόθυμος. Έτσι είχαμε μερικά ζητήματα να λύσουμε.

ΟΤΑΝ ΟΙ VELVET REVOLVER ΥΠΕΓΡΑΨΑΝ ΜΕ ΔΙΣΚΟΓΡΑΦΙΚΗ, έφτιαχναν το άλμπουμ τους και ετοιμάζονταν για περιοδεία, συνέβη μια αλλαγή στο μάνατζμεντ του συγκροτήματος με την οποία δεν συμφωνούσα καθόλου. Αυτό με οδήγησε τελικά στο να προσλάβω τον δικό μου μάνατζερ, ξέχωρα από το συγκρότημα. Στη θεωρία, αυτό μου φαινόταν μια λογική λύση, αλλά στην πραγματικότητα αυτό που έκανε ήταν να με αποξενώσει από τους υπόλοιπους του συγκροτήματος και να προκαλέσει ένα κλίμα εχθρότητας ανάμεσά μας και ανάμεσα στους μάνατζέρ μας όποτε εμφανιζόταν η προοπτική μιας συμφωνίας. Αυτή η κατάσταση ενέτεινε τις εντάσεις που έτσι κι αλλιώς παρουσιάζονται όταν βρίσκεσαι δύο χρόνια στο δρόμο. Οι εντάσεις δεν επηρέασαν ποτέ τη χημεία μας επί σκηνής, αλλά την καθημερινή διαπροσωπική μας επικοινωνία. Το κλίμα ήταν εύφλεκτο, και μέχρι να τελειώσει η περιοδεία ο ένας καθόταν στο λαιμό του άλλου. Εξακολουθώ να στηρίζω την απόφασή μου, αλλά τώρα κατανοώ ότι με οδήγησε στο να γίνω ο μεγάλος μπελάς στα μάτια των άλλων. Καταλαβαίνω γιατί κόντεψα να τους τρελάνω.

Την ίδια περίπου εποχή ο Axl επέλεξε να εκδώσει ένα Δελτίο Τύπου που το μόνο του αποτέλεσμα ήταν να ρίξει λάδι στη φωτιά. Έχουν γίνει εκτενείς αναφορές σ' αυτό· έτσι, δεν πρόκειται να αναφερθώ διεξοδικά, αλλά εν ολίγοις τα πράγματα έχουν ως εξής: ο Axl δημοσιοποίησε μια ανακοίνωση στην οποία υποστήριζε ότι νωρίς κάποιο πρωί είχα περάσει από το σπίτι του, σε πλήρη διαύγεια, και του ζήτησα να διευθετήσουμε τις νομικές διαφορές μεταξύ μας, που μας απασχολούσαν για χρόνια. Ισχυρίστηκε επίσης ότι οι δυο μας τα είπαμε για λίγο και ότι είχα μόνο μειωτικά σχόλια να κάνω για τον Scott Weiland και όλα τα υπόλοιπα μέλη της μπάντας μου.

Η αλήθεια είναι ότι έχω να μιλήσω με τον Axl σε προσωπικό επίπεδο από τότε που έφυγα από το συγκρότημα, το 1996. Είναι λυπηρό, αλλά είναι αλήθεια. Πέρασα από το σπίτι του μια νύχτα –αλλά ήμουν μεθυσμένος–, όχι όμως η Perla, που οδηγούσε. Πήγα στην πόρτα του και του άφησα ένα σημείωμα που έγραφε: «Ας προσπαθήσουμε να βρούμε μια λύση – Slash» ή κάτι ανάλογο. Όμως δεν το έδωσα στον Axl, το άφησα στο βοηθό του.

Όπως και να 'χει, ο Axl έβγαλε την ανακοίνωσή του και έγινε μεγάλο θέμα στον Τύπο επειδή ήταν η πρώτη φορά που ο Axl μιλούσε δημόσια για μένα, τις νομικές μας διαφορές ή κάτι ανάλογο.

Όπως είπα, αυτό το περιστατικό γνώρισε ευρεία αναφορά στον Τύπο και στο Internet, και όποιος ενδιαφέρεται μπορεί να τα βρει και να διαβάσει τα πάντα.

Η ουσία του πράγματος είναι ότι το περιστατικό και η επακόλουθη αρνητική επίδραση που είχε στους Velvet Revolver με τάραξε άσχημα· ακόμα και σήμερα με δυσκολία μπορώ να μιλήσω γι' αυτό, πόσω μάλλον να το αφηγηθώ εδώ με λεπτομέρειες. Νόμιζα ότι θα έβλεπα όλα όσα είχα χτίσει τελικά να γκρεμίζονται.

Ας μιλήσουμε πρώτα για τα σημαντικά: Η νομική μας διαμάχη ήταν ένας εφιάλτης που δεν έλεγε να τελειώσει. Για λόγους αποφυγής νέων μηνύσεων, ο πιο εύκολος τρόπος να το εξηγήσω είναι λέγοντας ότι από το 2001 έχουμε εμπλακεί σε μια νομική αντιπαράθεση σχετικά με τα δικαιώματα και τα κέρδη που πηγάζουν από τα δικαιώματα χρήσης των τραγουδιών και του merchandise. Ήταν μια τυπική διαμάχη στους κόλπους ενός συγκροτήματος υπό διάλυση, όπου η μία πλευρά κατηγορεί την άλλη για διαφυγόντα κέρδη. Ο δρόμος του rock and roll είναι σπαρμένος με τέτοιες μαλακίες.

Όμως αυτό που με πλήγωσε περισσότερο ήταν ότι ήμουν αναγκασμένος να υπερασπιστώ τον εαυτό μου ενώπιον του συγκροτήματος. Τους βρήκα και επέμεινα ότι αυτά για τα οποία με κατηγορούσαν δεν ήταν αλήθεια, αλλά ο τρόπος που ο Axl είχε γράψει αυτή την ανακοίνωση την έκανε να ακούγεται τόσο λογικοφανής που οδήγησε τους πάντες να πιστέψουν ότι είχε βάση.

Τα παιδιά από το συγκρότημα δεν ήταν και πολύ πρόθυμα να δεχθούν τη δική μου εκδοχή. Στην αρχή σκέφτηκα ότι έπρεπε να αντιδράσω δημόσια, και τους είπα ότι θα το έκανα, αλλά αργότερα σκέφτηκα ότι το μόνο που θα κατάφερνε κάτι τέτοιο θα ήταν να περιπλέξει τα πράγματα και να παρατείνει το θόρυβο.

Δεν ήμουν σίγουρος τι να κάνω· συνέχιζα να θέλω να προχωρήσω – κινδύνευε η αξιοπιστία μου. Λίγες μέρες αργότερα είχαμε μια συνάντηση της μπάντας και ο Scott δεν εμφανίστηκε· κατάλαβα ότι εφόσον δεν είχα κάνει καμία κίνηση, ένιωθε ότι τον είχα προδώσει.

Έπειτα ο Scott εξέδωσε τη δική του ανακοίνωση. Επιτέθηκε στον Axl σε όλα τα επίπεδα. Και η άμεση αντίδρασή μου δεν ήταν «έχεις δίκιο»· ήταν «δεν μπορείς να μιλάς άσχημα για τον Axl!» Εγώ μπορώ να μιλάω άσχημα για τον Axl, μπορώ να λέω μαλακίες γι' αυτόν απ' το πρωί ως το βράδυ. Όμως ούτε ο Scott ούτε κανείς άλλος έχει τέτοιο δικαίωμα.

Αυτό είχε ως αποτέλεσμα η ένταση μέσα στο συγκρότημα να χτυπήσει κόκκινο. Έτσι πήρα τα πράγματά μου από το στούντιο στο σπίτι του Matt Sorum, όπου δουλεύαμε υλικό και κάναμε πρόβες.

Κυκλοφορούσε η φήμη ότι είχα παρατήσει τους Velvet Revolver για να γυρίσω πίσω στους Guns N' Roses. Δεν ξέρω ποιος την ξεκίνησε, αλλά κατάφερε να προκαλέσει μια εσωτερική διαμάχη που μας εξουθένωσε. Τα μέσα ενημέρωσης έδειξαν ξεχωριστό ενδιαφέρον για την ιστορία: ο Slash παράτησε τα υπόλοιπα πρώην μέλη των Guns για να τα ξαναβρεί με τον Axl και να φτιάξουν τη νέα μορφή των Guns N' Roses, όποια κι αν ήταν αυτή. Νομίζω ότι εκείνη την εποχή το *Chinese Democracy* ήταν να κυκλοφορήσει από χρόνο σε χρόνο.

Φαινόταν λες και αυτό που έκανα ήταν γεγονός, μόνο και μόνο επειδή δεν το έκανα. Αν άνοιγες οποιαδήποτε μουσική εφημερίδα εκείνο τον καιρό, άκουγες ραδιόφωνο ή τσέκαρες τα blogs που αναφέρονταν σε μας στο Internet, δεν υπήρχε τρόπος να το αποφύγεις. Η είδηση ήταν παντού: Ο Slash έφευγε από τους Velvet Revolver και ξαναγύριζε στους Guns. Η αλήθεια είναι ότι τίποτε από τα δύο δεν συνέβαινε: στη διάρκεια εκείνων των μηνών, ήμουν απλώς σπίτι, ηχογραφώντας διάφορες μουσικές ιδέες στο ψηφιακό μου δεκαεξακάναλο.

Ήταν κυριολεκτικά ένας πόλεμος νεύρων: όλοι μας χρειαζόμαστε κάποιο διάστημα για να ξεπεράσουμε όλες αυτές τις μαλακίες. Τελικά, όταν όλα ξεχάστηκαν, ξαναρχίσαμε να δουλεύουμε. Μια μέρα πήγα στο σπίτι του Matt, λες και δεν είχε συμβεί τίποτε.

«Άκου, φίλε», είπα. «Όλα αυτά είναι γελοιότητες. Μπορώ να σου πω τι συνέβη ακριβώς;»

«Ναι, ρε φίλε».

Εξέθεσα τη δική μου εκδοχή, διηγούμενος για άλλη μια φορά την ιστορία με τον τρόπο που είχε εξελιχθεί. Όπως ήταν επόμενο, ο χρόνος είχε δείξει ότι δεν τα είχα ξαναβρεί με τον Axl και ότι δεν ξαναγυρνούσα πίσω στους Guns N' Roses – γιατί τίποτε δεν είχε συμβεί! Αυτό το γεγονός φάνηκε να πείθει τα παιδιά ότι η εκδοχή μου για τα γεγονότα ήταν η αληθινή. Ποτέ δεν ένιωσα ότι χρειαζόταν να δώσω εξηγήσεις ενώπιον αυτών των τύπων, αλλά ήμουν υποχρεωμένος να το κάνω, και αυτό με τσάντιζε. Όμως το ξεπέρασα, όπως και αυτοί. Σε τελική ανάλυση, ήταν ένα τελείως περιττό δράμα, άσχετα αν ειπώθηκε κάτι ή όχι. Απλώς δεν είχα χρόνο για τέτοια. Όμως το ξεπεράσαμε. Και σήμερα όλοι αντιμετωπίζουμε το ζήτημα καλύτερα.

ΤΕΛΙΚΑ ΞΑΝΑΜΑΖΕΥΤΗΚΑΜΕ ΚΑΙ ΑΡΧΙΣΑΜΕ ΝΑ ΠΡΟΒΑΡΟΥΜΕ στο σπίτι του Matt, στο στούντιο ηχογραφήσεων που είχε στο γκαράζ. Τα είχαμε ξαναβρεί μεταξύ μας και αρχίσαμε να δουλεύουμε πάνω σε καινούργιο υλικό για τον επόμενο δίσκο μας. Εκείνη την εποχή τραυμάτισα τον περιστροφέα μυ ενώ έκανα γυμναστική σε ένα γυμναστήριο και πήγα να δω ένα γιατρό. Μου έγραψε ασκήσεις φυσιοθεραπείας και ένα μπουκάλι Vicodin. Ήξερα πολύ καλά τι ήταν το Vicodin και τι επίδραση έχει επάνω μου, αλλά συνταγογραφημένο από το γιατρό μου έδειχνε οκέι και απολύτως αναγκαίο. Πήρα τα Vicodin σύμφωνα με τη δολοσογία της συνταγής, ένα κάθε τέσσερις ώρες. Πολύ σύντομα το τετράωρο έγινε δίωρο, έπειτα μία ώρα, και τέλος ένα κάθε ένα τέταρτο της ώρας – έτσι πάει το πράγμα με μένα.

Όχι μόνο έβαζα σε κίνδυνο την κατάσταση στο συγκρότημά μου, αλλά η Perla κι εγώ αντιμετωπίζαμε πρωτόγνωρες δυσκολίες στη σχέση μας. Εγώ πήγαινα προς μία κατεύθυνση με το Vicodin και εκείνη προς την αντίθετη: μετά τη γέννηση του δεύτερού μας γιου, η Perla ήθελε να χάσει όλο το βάρος που είχε πάρει από τις εγκυμοσύνες, και στην προσπάθειά της αυτή εθίστηκε στα –συνταγογραφημένα– χάπια αδυνατίσματος. Τα χάπια αδυνατίσματος είναι, βασικά, μια εξωραϊσμένη μορφή speed και τα έπαιρνε για πολύ καιρό, με αποτέλεσμα να έχουν επιπτώσεις στην προσωπικότητά της. Ήταν ήδη ένα προστατευτικό, θετικό άτομο που βρισκόταν πάντα μερικά βήματα μπροστά από μένα. Η επίδραση του speed επέτεινε αυτά τα χαρακτηριστικά σε σημείο που μου έγινε δύσκολο να επικοινωνήσω μαζί της.

Οι επαφές μας γίνονταν όλο και πιο δύσκολες. Έτσι πήγα στο Las Vegas για να συμμετάσχω στην εκδήλωση Rock Honors 2006 του VH1, όπου μαζί με το φιλαράκο μου τον Tommy Lee παίξαμε μερικά τραγούδια των Kiss. Όσο ήμουν εκεί ήρθα σε επαφή με το φίλο μου που είχε τις άκρες με το Oxycontin και πήρα περισσότερα χάπια απ' όσα μπορούσα να χειριστώ. Ο φίλος μου είχε νικήσει τον καρκίνο, αλλά στο μεταξύ υποτίθεται ότι είχε εμπλακεί σε ένα παρολίγο μοιραίο τροχαίο ατύχημα και είχε ανανεώσει τις συνταγές του. Όταν κάποιος σου λέει ότι έχει μια τέτοια συνταγή, δεν κάνεις περισσότερες ερωτήσεις.

Μέχρι τότε είχα πια εξοικειωθεί τόσο με το ναρκωτικό που αναρωτιόμουν τι θα γινόταν αν θρυμμάτιζα τα χάπια και τα έλιωνα για να τα κάνω ένεση. Χάρηκα διαπιστώνοντας ότι η ιδέα μου λειτουργούσε. Την πέρασα ψώνιο στο Vegas· ήταν το τέλειο μέρος για να συνειδητοποιήσω πλήρως την κατεύθυνση που είχαν πάρει τα πράγματα. Έμεινα εκεί λίγες μέρες περισσότερο απ' όσο έπρεπε. Απλώς φτιαχνόμουν. Περιστασιακά. Δεν ήμουν εθισμένος.

Γύρισα στο σπίτι μου, και καθώς η σχέση μου συνέχιζε να παίρνει την κατηφόρα, επιδιδόμουν σε αυτο-θεραπεία· είχα γερά αποθέματα Vicodin και Oxycontin. Η Perla κι εγώ χωρίσαμε απότομα· μείναμε χώρια για μια μέρα· πήγα σε ένα ξενοδοχείο κοντά στο αεροδρόμιο. Γέμισα το Hammer μου με τα ρούχα μου, πήρα τη γάτα μου και στο μυαλό μου δεν υπήρχε περίπτωση να ξαναγυρίσω ποτέ πίσω. Της είπα ότι έπρεπε να πάει σε κέντρο αποτοξίνωσης.

Συμφώνησε. Το τελευταίο πράγμα που μου είπε, ήταν: «Αν τελικά πάω, φρόντισε τα παιδιά».

ΤΟ ΔΙΑΣΤΗΜΑ ΠΟΥ Η PERLA ΕΚΑΝΕ ΑΠΟΤΟΞΙΝΩΣΗ ΤΟ ΠΡΑΓΜΑ πήρε άσχημη τροπή – η νταντά μας φρόντιζε τα παιδιά, ενώ εγώ είχα πλέον αναπτύξει εξάρτηση από το Oxycontin. Βρήκα μια «άκρη» στο Los Angeles και αγόρασα αποθέματα για τρεις μήνες. Το κρατούσα κρυφό από το συγκρότημα, αλλά και από την οικογένειά μου. Όμως τελικά το ναρκωτικό πήρε το πάνω χέρι: δεν μπορούσα να κάνω πρόβα αν πρώτα δεν έκανα ένεση. Είχα επιδιώξει να συμβάλω στο δημιουργικό κλίμα του γκρουπ με καθαρό μυαλό, αλλά τελικά ήμουν ξανά... θολωμένος. Το πράγμα ξέφυγε τόσο από τον έλεγχο που έκανα ενέσεις στο μπάνιο του Matt, και ήταν εμφανές σε όλους ότι έκανα χρήση. Στο μεταξύ, κανείς δεν έλεγε κουβέντα, τουλάχιστον για λίγο, και αυτό λέει πολλά για την αμοιβαία ανεκτικότητα που μας διακρίνει ως ομάδα. Δεν προσπαθούσα ούτε καν να κρυφτώ από ένα συγκρότημα που τα μέλη του είχαν παλιά τα δικά τους προβλήματα και ο τραγουδιστής τους εξακολουθούσε να έχει τα δικά του. Ήμουν τόσο άθλιος, που μια φορά ο Matt βρήκε αίμα στον τοίχο. Αν οι ντάγκλες που έριχνα στην πρόβα δεν το πρόδιδαν, τότε σίγουρα το πρόδωσε το αίμα.

Συνεχίσαμε να κάνουμε ό,τι κάναμε, χωρίς να προχωράμε, απλώς γράφοντας και κρατώντας ζωντανή τη δημιουργική διάθεση. Συνόδευσα τον Matt σε μια εμφάνιση των Camp Freddy στο Vegas, όχι τόσο για να

Ο Slash και τα αγόρια του.

δω τη συναυλία, όσο για να ξαναβρώ την άκρη μου με το Oxycontin και να εξασφαλίσω απόθεμα. Νόμιζα ότι ήξερα τι έκανα, αλλά δεν πιστεύω ότι είχα συνειδητοποιήσει πόσο γρήγορα είχα γίνει το μαύρο πρόβατο. Θυμάμαι στα παρασκήνια εκείνης της συναυλίας, όταν μπήκα στο δωμάτιο, όλοι σταμάτησαν να μιλούν. Η ίδια κατάσταση άρχισε να με περιμένει όπου κι αν πήγαινα.

Εκείνη την εποχή μάνατζέρ μου ήταν ο Carl Stubner, και μου τηλεφώνησε ενόσω ήμουν στο Las Vegas. Μιλήσαμε για μερικά πράγματα, και παρόλο που δεν το συνειδητοποίησα εκείνη τη στιγμή, προσπαθούσε να με ψαρέψει για να δει σε τι κατάσταση βρισκόμουν. Δεν θυμάμαι για τι πράγμα μιλούσα, αλλά ξαφνικά με διέκοψε.

«Έι», μου είπε. «Πες μου με ειλικρίνεια, είσαι εντάξει;»

«Ναι, ναι, φίλε», είπα ψέματα. «Είμαι μια χαρά. Γιατί;»

«Άκου... Δεν θα σου πω εγώ πώς να ζήσεις τη ζωή σου, ούτε το παίζω μπάτσος. Θέλω απλώς να ξέρω αν είσαι καλά. Επειδή αν δεν είσαι, εγώ είμαι εδώ για να σε βοηθήσω. Όμως πρέπει να είσαι *ειλικρινής*».

«Είμαι καλά, αλήθεια λέω... είμαι μια χαρά».

Έπαιξα στη συναυλία, συνάντησα την «άκρη» μου, γύρισα πίσω στο Los Angeles και κατάλαβα ότι ήμουν πολύ χάλια για να βρίσκομαι κοντά στην Perla, η οποία είχε αποτοξινωθεί και ήταν απολύτως νηφάλια, πόσω μάλλον κοντά στα παιδιά μας. Έκανα το μοναδικό πράγμα που μου φαινόταν λογικό: κλείστηκα σε ένα ξενοδοχείο του Δυτικού Hollywood και προγραμμάτισα την ημέρα που θα πήγαινα σε κέντρο αποτοξίνωσης. Μέχρι εκείνο το πρωί είχα σκοπό να τελειώσω όλα τα ναρκωτικά που είχα αγοράσει μέσα στο δωμάτιό μου ή όπου αλλού μπορεί να με οδηγούσαν. Η Perla και όλοι οι άλλοι ανησυχούσαν για μένα. Όμως ήταν υπομονετική και ανεκτική και γι' αυτό αγαπιόμαστε όπως αγαπιόμαστε.

Δεν ήμουν καλά. Όμως ήμουν σχεδόν έτοιμος να το παραδεχθώ. Ήξερα ότι έπρεπε να δώσω ένα τέλος στην παραλυσία μου. Σχεδίαζα να απομακρυνθώ για λίγο από τη σύζυγό μου και το συγκρότημά μου αφού έμενα τους απαραίτητους τέσσερις μήνες στο κέντρο απεξάρτησης για να ξαναβρώ τον εαυτό μου· ήξερα ότι είχα ανάγκη από γαλήνη και παρηγοριά. Και τα βρήκα. Αυτή τη φορά η αποτοξίνωση αποδείχθηκε κάτι πολύ καλό για μένα, επειδή αυτή τη φορά παραδόθηκα. Πρώτα ξέκοψα από τα ναρκωτικά, έπειτα καθάρισα το κεφάλι μου, και προσπάθησα να κατανοήσω γιατί μου άρεσε να βάζω τον εαυτό μου στην ίδια θέση ξανά και ξανά. Νωρίς το πρωί της 3ης Ιουλίου του 2006 μπήκα στο κέντρο αποτοξίνωσης. Έμεινα για ένα μήνα, και παραδόθηκα χωρίς αντιστάσεις... Έμαθα περισσότερα για τον εαυτό μου απ' όσα πίστευα ότι μπορούσα. Και, από τότε μέχρι τη στιγμή που γράφονται αυτές οι γραμμές, είμαι καθαρός.

ΜΟΛΙΣ ΞΑΝΑΒΡΗΚΑ ΤΟΥΣ ΡΥΘΜΟΥΣ ΜΟΥ, ΤΟ ΣΥΓΚΡΟΤΗΜΑ ξαναβρήκε κι αυτό τους δικούς του και στρωθήκαμε για να γράψουμε και να ηχογραφήσουμε το δεύτερό μας άλμπουμ με τίτλο *Libertad.* Ήταν μια πολύ δύσκολη εμπειρία· ήμαστε διαφορετικοί άνθρωποι που εξερευνούσαμε νέες ιδέες, και μας ένωνε η συντροφικότητά μας. Υπήρχε μια αναζωογονητική αίσθηση ελευθερίας στο όλο πράγμα· ήταν λες και είχαμε ενηλικιωθεί στ' αλήθεια, ή ίσως είχαμε συμφιλιωθεί με το ποιοι ήμαστε ως συγκρότημα.

Είχαμε αρχίσει να δουλεύουμε με τον Rick Rubin πολύ πριν «καθαρίσω»· μάλιστα, πιστεύω ότι έγινε πριν και μετά την περαστική μου επαφή με το Oxycontin. Ήμαστε πολύ χαρούμενοι γι' αυτό για προφανείς λογους – το μητρώο του Rick είναι θρυλικό. Όμως το πράγμα δεν λειτούργησε. Ο Rick έχει τις δικές του μεθόδους· έχει την ομάδα του που κάνει την παραγωγή και την ηχοληψία και κάθε λίγες μέρες περνάει να δει πώς πάει το πράγμα. Συνήθως έχει μερικά συγκροτήματα που ηχογραφούν με αυτό τον τρόπο σε διάφορα στούντιο της πόλης.

Το σύστημά του δεν λειτούργησε καλά μαζί μας. Ο Rick άκουγε για λίγο αυτό που κάναμε και μας έλεγε να πάρουμε ένα μέρος κάποιου τραγουδιού και να το συνδυάσουμε με κάτι άλλο που είχε ακούσει και του άρεσε. Επίσης, αρχίσαμε να ζηλεύουμε επειδή έκανε πολλά πράγματα ταυτόχρονα· έκανε την παραγωγή σε τέσσερα άλμπουμ συγχρόνως. Μας άφηνε συνεχώς για να συναντήσει κάποια από τις παλλακίδες του, και όταν ήταν εκεί δεν ήταν πραγματικά παρών – την άραζε και μας άφηνε να κάνουμε ό,τι θέλουμε. Υπ' αυτές τις συνθήκες, θα μας έπαιρνε έναν ολόκληρο χρόνο για να τελειώσουμε το δίσκο.

Κάποια στιγμή τα σπάσαμε με τον Rick και μεταφέραμε τις δραστηριότητές μας στο στούντιο του Scott, το Lavish. Ο Scott πρότεινε να δοκιμάσουμε την τύχη μας με τον Brendan O'Brien, ο οποίος είχε κάνει την παραγωγή στους περισσότερους δίσκους των STP. Από εκεί τον ήξερα. Όταν του μίλησα στο τηλέφωνο μου φάνηκε συμπαθητικός· έτσι, του είπαμε να περάσει να τα πούμε από κοντά, και έπειτα όλα πήραν το δρόμο τους. Στον Brendan άρεσε να δουλεύει γρήγορα και σκληρά και επέμεινε όλα τα μέλη της μπάντας να είναι παρόντα καθ' όλη τη διάρκεια της ηχογράφησης. Νομίζω ότι αυτή είναι η καλύτερη συμβουλή που θα μπορούσα να δώσω σε ένα συγκρότημα.

Αν κάποιος από εμάς δεν ερχόταν στην ώρα του, ο Brendan αρνιόταν να πιάσει δουλειά μέχρι να έρθουν όλοι, κάτι που μας έδωσε δύναμη και κίνητρο για να πηγαίνουμε εκεί. Όμως ο Brendan έφερε κάτι περισσότερο από πειθαρχία: έφερε μία μουσικότητα που πηγάζει από το γεγονός ότι ο ίδιος παίζει κιθάρα, μπάσο και τύμπανα. Οποιαδήποτε στιγμή μπορούσε να παίξει μαζί μας, και αυτό βοηθούσε πολύ τη διαδικασία. Με έναν τόσο έμπειρο τύπο στην κονσόλα, το πράγμα προχώρησε πολύ γρήγορα.

ΟΙ ΗΧΟΓΡΑΦΗΣΕΙΣ ΜΑΣ ΧΑΡΑΚΤΗΡΙΖΟΝΤΑΝ ΑΠΟ ΣΥΝΕΠΕΙΑ. Ήταν όλοι εκεί, όλοι συμμετείχαν, και ο κάθε μουσικός εκτιμούσε αυτό που έκανε ο άλλος. Δεν πίστευα ότι ήταν πιθανό, αλλά η χημεία που προέκυψε από την κοινή συμμετοχή ξεπέρασε και τον πρώτο δίσκο των Guns. Όλοι νιώθαμε τέτοια έμπνευση που ό,τι κάναμε, ακόμα και οι πειραματισμοί μας, διέθεταν εγγενή μουσικότητα. Όλοι παίζαμε εξαιρετικά καλά, ο Scott τραγουδούσε φανταστικά, και καταλήξαμε να χρησιμοποιήσουμε στην τελική μορφή του δίσκου την πρώτη ή τη δεύτερη ζωντανή εκτέλεση του κάθε κομματιού. Τέτοιοι δίσκοι προκύπτουν όταν παντρεύεις ένα πολύ καλό rock and roll συγκρότημα, που αγαπάει αυτό που κάνει, με έναν παραγωγό που το καταλαβαίνει στ' αλήθεια και ξέρει τι κάνει.

Καθημερινά χαίρομαι που βρήκα τη δύναμη να ακολουθήσω το δρόμο του καλού.

Η PERLA ΚΙ ΕΓΩ ΕΧΟΥΜΕ ΤΩΡΑ ΚΑΙ ΟΙ ΔΥΟ ΚΑΘΑΡΙΣΕΙ ΓΙΑ ΤΑ καλά και είμαστε πολύ ευτυχισμένοι. Τον Ιούλιο του 2007 θα κλείσω ένα χρόνο χωρίς ουσίες, και μέσα στην τελευταία αυτή χρονιά έχω κάνει περισσότερα απ' ό,τι τις δύο προηγούμενες μαζί. Δεν υπάρχει απεριόριστος αριθμός από καρμικές εντολές που σου λένε «Βγες από τη φυλακή»· κάποια στιγμή θα τελειώσουν. Μέχρι τώρα έχω φανεί εξαιρετικά τυχερός, και δεν το ρισκάρω άλλο. Ένα πρεζόνι έχει δύο επιλογές, αλλά εγώ έχω πολλούς φίλους και στις δύο πλευρές του φράχτη. Μπορεί να καθαρίσει ή μπορεί να πεθάνει, και εγώ καθημερινά χαίρομαι που βρήκα τη δύναμη να ακολουθήσω το δρόμο του καλού.

Αν δεν με απατά η μνήμη μου...

Με έχουν ρωτήσει πολλές φορές γιατί αποφάσισα να γράψω αυτό το βιβλίο. Ορίστε λοιπόν ο λόγος: Κάποιοι άνθρωποι που με ξέρουν καλά μου έλεγαν συχνά ότι έπρεπε να το κάνω – και τελικά συμφώνησα μαζί τους. Δίσταζα να μοιραστώ τη ζωή μου με οποιονδήποτε τρόπο, ειδικά με ένα μέσο ευρείας κατανάλωσης, περισσότερο επειδή θεωρούσα τα απομνημονεύματα κάτι που κάνεις όταν δεν σου έχει απομείνει καμιά σοβαρή καριέρα. Κάτι τέτοιο δεν συμβαίνει στην περίπτωσή μου, και ακόμα κι αν συνέβαινε, δεν θα με ενδιέφερε ιδιαίτερα να το κάνω. Δεν είναι φυσικό να βλέπεις τη ζωή σου αντικειμενικά, αλλά μόλις κατάφερα να το κάνω, συνειδητοποίησα ότι η ιστορία μου μέχρι τότε ήταν πολύ διασκεδαστική. Συνειδητοποίησα επίσης ότι αν δεν τα έγραφα όλα τώρα, υπήρχε σοβαρό ενδεχόμενο να τα ξεχνούσα. Τελικά, συνειδητοποίησα ότι το συγκεκριμένο βιβλίο θα εξυπηρετούσε και έναν ακόμη σκοπό: θα έβαζε τέλος σε μια φάση της καριέρας μου και θα σηματοδοτούσε την αρχή του υπολοίπου της.

Θα ήθελα να ξεκαθαρίσω κάτι, επειδή υπάρχει άλλη μια ερώτηση που με βασανίζει καθημερινά, συνήθως επειδή μου τη θέτουν άνθρωποι που δεν με ξέρουν καθόλου. Θα ήθελα να δηλώσω, με πολύ απλό τρόπο, για άλλη μια φορά, γιατί επέλεξα να μην συνεχίσω με τους Guns N' Roses, ώστε κανείς να μην νιώθει την ανάγκη να με ρωτήσει όταν με βλέπει στο δρόμο. Πάμε, λοιπόν: 1) η συνεχής έλλειψη σεβασμού για τους πάντες, που αποκαλύπτει το γεγονός ότι ποτέ δεν καταφέρνεις να ανέβεις στην ώρα σου στη σκηνή· 2) οι νομικές λοβιτούρες στις οποίες μας υποχρέωσε ο Axl, όπως το ότι αξίωσε να πάρει την αποκλειστική ιδιοκτησία του ονόματος, μέχρι τον υποβιβασμό μας σε session μουσικούς· και 3) η απώλεια των Izzy και Steven, που αποτελούσαν εξαιρετικά ουσιώδες μέρος του ήχου και της προσωπικότητας της μπάντας... Χωρίς αυτούς, το συγκρότημα δεν διέθετε πια την αρχική του χημεία.

Η αποχώρησή μου δεν είχε να κάνει με καλλιτεχνικές διαφορές, όπως ισχυρίζονται πολλοί. Δεν έγινε απλά επειδή «ο Axl γούσταρε συνθεσάιζερ και ο Slash ήταν της παλιάς σχολής». Δεν είχε καμία σχέση με το ότι στις ηχογραφήσεις ο Axl προτιμούσε την ψηφιακή τεχνολογία ενώ ο Slash την αναλογική. Η σκέψη ότι θα διαλύαμε ένα τέτοιο συγκρότημα και μια τόσο δυνατή μουσική «χημεία» για κάτι τόσο μηδαμινό, είναι βλακώδης. Είναι αλήθεια, είμαι της παλιάς σχολής, και μου αρέσουν τα απλά πράγματα – όμως ποτέ δεν ήμουν στενοκέφαλος. Αν μη τι άλλο, είμαι ευέλικτος και διατεθειμένος να δοκιμάσω κάθε είδος τεχνικής ηχογράφησης ή να εξερευνήσω νέους ήχους, αρκεί να το κάνω σε ένα κοινό μουσικό πεδίο, με μουσικούς που δουλεύουν προς έναν κοινό στόχο. Θα έμενα στους Guns ακόμα κι αν ο Axl ήθελε να κάνει έναν industrial δίσκο ή να δοκιμάσει οτιδήποτε άλλο, αρκεί το δημιουργικό κλίμα ανάμεσά μας να ήταν θετικό. Η προσαρμοστικότητά μου είναι αυτό που με κράτησε στο συγκρότημα όλο αυτό το διάστημα – έτσι δουλεύει μια ομάδα. Δυστυχώς, κάποια στιγμή πάψαμε να είμαστε ομάδα.

Όσο για τον τρόπο που εξελίχθηκε η κατάσταση, κατάλαβα, ξανακοιτάζοντας τα πράγματα, ότι οι άνθρωποι τους οποίους προσέλαβε για να «εκπροσωπούν τα συμφέροντά του» στη διάρκεια της κατάρρευσης του συγκροτήματος θα μπορούσαν να είναι λιγάκι πιο οξυδερκείς. Ίσως η οξυδέρκεια δεν έχει καμία σχέση· αν νοιάζονταν αρκετά για εκείνον και για τους Guns N' Roses ως συγκρότημα ώστε να τον έχουν συμβουλεύσει να ακολουθήσει έναν άλλο δρόμο από αυτόν που ακολούθησε, αυτή η ιστορία μπορεί να είχε διαφορετική κατάληξη. Οποιοσδήποτε θα μπορούσε να έχει προβλέψει το αδιέξοδο στο δρόμο που διάλεξε ο Axl. Όμως, από την άλλη, αυτός το θέλησε.

Ο ΚΑΛΥΤΕΡΟΣ ΜΟΥ ΦΙΛΟΣ, Ο MARC CANTER, ΕΚΔΙΔΕΙ ΕΝΑ ΒΙΒΛΙΟ που αποτελεί το οπτικό συμπλήρωμα όλων όσων διαβάσατε εδώ. Είναι ο τύπος που παλιά, όταν ζούσα στο σπίτι της μαμάς μου, πριν ακόμα το Γυμνάσιο, είχε πάντα μία Kodak Instamatic στο χέρι του και τραβούσε φωτογραφίες. Ο Marc ερχόταν σε όλες τις συναυλίες μου όταν πήγαινα στο Λύκειο στο Hollywood, και μόλις μπήκα στους Guns σε όσες μπορούσε να μπει. Η αιωνίως παρούσα φωτογραφική του μηχανή είναι μέρος της ύπαρξής του. Ποτέ δεν της έδωσα σημασία και ποτέ δεν πίστευα ότι θα ξανάβλεπα κάποια απ' αυτές τις φωτογραφίες. Ποτέ δεν φαντάστηκα ότι μια παρενέργεια του χόμπι του θα ήταν ένα εκτεταμένο και λεπτομερές χρονολόγιο όλων όσα έκαναν οι Guns N' Roses πριν από το 1988. Όλες αυτές οι φωτογραφίες υπήρχαν στο σπίτι του Marc όλα αυτά τα χρόνια – μέχρι σήμερα. Τώρα είναι ένα φωτογραφικό άλμπουμ με τίτλο *Reckless Road*. Ποτέ δεν πίστευα ότι ο παιδικός μου κολλητός θα ήταν ικανός για τέτοιες φωτογραφίες.

ΠΡΟΤΟΥ ΤΕΛΕΙΩΣΩ ΤΗ ΣΥΓΓΡΑΦΗ ΑΥΤΟΥ ΤΟΥ ΒΙΒΛΙΟΥ, ΕΧΩ να πω κάτι σημαντικό για τους γονείς μου. Στην αφήγηση της παιδικής μου ηλικίας, εστίασα στην αρνητική αντί για τη θετική πλευρά της, επειδή οι αρνητικές πλευρές της ιστορίας της οικογένειάς μου κατέληξαν να επηρεάσουν τις αποφάσεις που έπαιρνα ως παιδί περισσότερο από τις θετικές· άλλωστε, εξηγούν καλύτερα γιατί υπήρξα αυτό που υπήρξα στη νεότητά μου. Όμως αυτό που χάθηκε στην αναπαραγωγή είναι το ότι οι θετικές επιδράσεις των γονιών μου μου έμαθαν πώς να είμαι αυτός που είμαι.

Οι γονείς μου είχαν σημαντική, ενθαρρυντική επίδραση επάνω μου όταν ήμουν ένα παιδί που αναζητούσε να μάθει ποιο ήταν και τι δρόμο θα ακολουθούσε. Δεν θα μπορούσα να είχα καλύτερους καθοδηγητές, επειδή είναι, στ' αλήθεια, δύο από τους πιο δημιουργικούς ανθρώπους που γνωρίζω – και μέχρι σήμερα έχω γνωρίσει πολλούς. Και οι δυο τους είναι εκπληκτικά ταλαντούχα άτομα, και παρόλο που τελικά δεν απέδειξαν ότι ήταν ο ένας φτιαγμένος για τον άλλο, κατάφεραν να ξεπεράσουν τις διαφορές τους για να μεγαλώσουν τα παιδιά τους με έναν μοναδικό και μοντέρνο τρόπο. Ο τρόπος που μεγάλωσαν τον αδελφό μου και μένα ήταν αντισυμβατικός, αλλά γεμάτος από αγάπη και πειθαρχία που ποτέ δεν κατέληγε σε καταπίεση.

ΖΩ ΤΟΣΟ ΕΝΤΟΝΑ ΤΗΝ ΚΑΘΕ ΣΤΙΓΜΗ ΠΟΥ ΠΟΤΕ ΔΕΝ ΕΧΩ ονειρευτεί το μέλλον πέρα από το αύριο. Ποτέ δεν κατάλαβα τους ανθρώπους που σχεδιάζουν τι θα κάνουν σε πέντε χρόνια από σήμερα. Όσο κι αν αυτοί οι τύποι νομίζουν ότι ελέγχουν τη ζωή τους, θα μου επιτρέψετε να έχω άλλη γνώμη, επειδή, αλήθεια, πόσα μπορεί κανείς να «σχεδιάσει» απ' αυτά που θα του συμβούν τις επόμενες είκοσι τέσσερις ώρες; Δεν είναι λοιπόν ότι δεν με νοιάζει τι θα συμβεί σε πέντε χρόνια από σήμερα, αλλά ξέρω ότι οι επόμενες είκοσι τέσσερις ώρες είναι το σκαλοπάτι για να φτάσουμε εκεί.

Έχω μάθει ότι το να *υπάρχεις,* μέρα με τη μέρα, το να περιμένεις να δεις τι θα γίνει και να συνεχίζεις από εκεί και πέρα, είναι ο μόνος τρόπος για να εξελιχθείς. Είναι γνωστό πως κατάφερα να ασχοληθώ με τους Velvet Revolver με σεβασμό: Κάναμε πάρα πολλά μέσα σε τόσο μικρό χρονικό διάστημα. Όποτε είμαστε στη σκηνή, η αίσθηση είναι τόσο οικεία και μαζί τόσο συναρπαστική, που νομίζεις ότι είναι η πρώτη μας συναυλία παρόλο που είναι η χιλιοστή. Αυτό που κάνω με απορροφά πλήρως, είμαι περήφανος για το *Libertad,* το δίσκο που κάναμε, και πιστεύω ότι είμαστε σε ένα σημείο όπου μόλις έχουμε αρχίσει να καταλαβαίνουμε για τι είναι ικανό αυτό το συγκρότημα.

Τη στιγμή που γράφω αυτές τις γραμμές, ο δεύτερος δίσκος μας έχει κυκλοφορήσει, αλλά δεν βλέπω την ώρα να δω πού θα καταλήξει. Είμαστε τυχεροί· συναντήσαμε κάτι στη ζωή μας που μόλις αρχίζει να εξελίσσεται και εξελίσσεται με πολύ θετικό τρόπο. Καθώς το βιβλίο αυτό πλησιάζει στο τέλος του, οι Velvet Revolver είναι έτοιμοι να ξεκινήσουν την πρώτη τους περιοδεία ως πρώτο όνομα σε κλειστούς και ανοιχτούς συναυλιακούς χώρους. Φτάσαμε σε αυτό το σημείο στο τέλος της περιοδείας μας για το *Contraband*, αλλά αυτό είναι διαφορετικό: ξεκινάμε από εκεί που σταματήσαμε, και έτσι μπορούμε να φτιάξουμε μόνο ένα μεγαλύτερο θηρίο.

Από μουσική άποψη, είμαι πιο πλήρης από ποτέ. Αυτό το συγκρότημα γράφει δημιουργικό, ειλικρινές, περίπλοκο rock and roll. Είναι αστείο, αλλά χωρίς ίχνος ειρωνείας, νομίζω ότι βρήκα το μέλλον μου ξαναγυρνώντας στο παρελθόν μου. Αφού έψαχνα γύρω μου αγνοώντας το προφανές, για να αποφύγω οτιδήποτε θα έμοιαζε με αναμάσημα. Κατέληξα να κλειστώ στο ίδιο δωμάτιο με τους ίδιους τύπους με τους οποίους έχω περάσει το μεγαλύτερο μέρος της ζωής και της καριέρας μου. Και την άλλη στιγμή, το παρελθόν απέκτησε νέα διάσταση. Και το σήμερα είναι καλύτερο από ποτέ.

Όσο για το μέλλον, εκτός από τη συμμετοχή μου στους Velvet Revolver, κάποια στιγμή θέλω να κάνω ένα δίσκο με όλους τους μουσικούς με τους οποίους έχω παίξει και τους οποίους θαυμάζω όλα αυτά τα χρόνια. Έχω μια λίστα, που είναι μεγάλη. Αυτή τη στιγμή, το μόνο που ξέρω είναι ότι θέλω να το ονομάσω *Slash and Friends.* Αυτή τη στιγμή κοιτάζω τη λίστα με τα ονόματα που θα ήθελα να συμμετέχουν – αλλά όχι, δεν πρόκειται να σας πω ποια είναι.

ΧΑΙΡΟΜΑΙ ΠΟΥ ΜΠΟΡΩ ΝΑ ΠΩ ΟΤΙ ΞΕΡΩ ΜΕ ΣΙΓΟΥΡΙΑ ΠΩΣ από το καλοκαίρι του 2007, ο Steven Adler είναι καλύτερα. Τον βοηθάω να απαλλαγεί από το κρακ, την ηρωίνη και το Jägermeister, που είναι μία συνδυασμένη εξάρτηση που καταστρέφει τη ζωή του εδώ και είκοσι πέντε χρόνια. Από την εποχή που τον διώξαμε από τους Guns N' Roses και έπειτα, είναι η πιο μεγάλη περίοδος που έχει μείνει καθαρός. Τώρα έχει καλά άτομα στο πλευρό του και χαίρομαι που μπορώ να πω ότι δείχνει πραγματικά ευτυχισμένος.

Ο Ron Schneider, ο μπασίστας των Tidus Sloan, δουλεύει μαζί του ως τεχνικός και λειτουργεί ως ηθικό στήριγμα για τον Steven. Είναι περίεργο πώς τα πράγματα κάνουν κύκλο, ακόμα και όταν νόμιζες ότι ο δικός σου κύκλος είχε αγγίξει το άπειρο. Την ίδια στιγμή, μαθαίνοντας για την

Ο Slash και οι Velvet Revolver στη Santa Barbara, τον Σεπτέμβριο του 2007.

κατάσταση του Ron, συνειδητοποίησα ότι σχεδόν όλοι όσοι έκαναν πολλή παρέα με τους Guns N' Roses αργά ή γρήγορα κατέληξαν πρεζόνια.

ΕΙΝΑΙ ΠΑΡΑΞΕΝΟ ΝΑ ΑΝΑΘΥΜΑΣΑΙ ΤΗ ΖΩΗ ΣΟΥ ΜΕ ΑΥΤΟΝ τον τρόπο· υπάρχουν σημεία που τα βλέπω λες και δεν ήμουν παρών – μερικές από αυτές τις ιστορίες τις διάβασα λες και τις μάθαινα πρώτη φορά. Όμως, πιο σημαντικό είναι ότι αποκτάς μια αίσθηση προοπτικής· αυτή η άσκηση δεν είναι εύκολη, αλλά μακροπρόθεσμα είναι πολύ καλή ιδέα.

Είναι ωραίο να καταλαβαίνεις πώς και γιατί είσαι ο ίδιος με αυτόν που ήσουν πάντα, αλλά και διαφορετικός. Είναι λες και η προσωπικότητά μου παραμένει αλλά η σοφία μου έχει μεγαλώσει. Αν υπάρχει ένα πράγμα που εξαφάνισε από τη ζωή μου τα ψέματα που έλεγα στον εαυτό μου, αυτό είναι η έλευση της πατρότητας. Δεν είχα συνειδητοποιήσει ότι θα γινόμουν πατέρας, μέχρι που βρέθηκα να κοιτάζω τις οδηγίες συναρμολόγησης μιας κούνιας. Είχαμε μόλις βάψει τον ξενώνα και έπρεπε να τη συναρμολογήσω. Δεν υπήρχε γυρισμός. Και όσο φρικαρισμένος κι αν ήμουν εκείνη τη στιγμή, μετά απ' αυτό δεν ήθελα να γυρίσω πίσω. Αν μη τι άλλο, έτρεξα προς τα εκεί, δεν απομακρύνθηκα. Άφησα τον εαυτό μου να κυριευτεί από τα μωρουδίστικα πράγματα, γεγονός υπέροχο, αφού το απολαμβάνω.

Σε γενικές γραμμές, όλα έγιναν πολύ φυσικά. Μόλις συναρμολόγησα την κούνια, κατάλαβα ότι ήταν αλήθεια: κατάλαβα ότι μπαίναμε σε μια νέα φάση. Μέχρι εγώ, η Perla και ο London να κάνουμε εκείνη τη φωτογράφηση για το εξώφυλλο ενός περιοδικού για μωρά που δεν μπορώ να θυμηθώ το όνομά του, ο νέος μου ρόλος με είχε απορροφήσει τελείως. Εκείνη η φωτογράφηση δεν ήταν για το εξώφυλλο του *Creem* ή του *Rolling Stone*, αλλά ήμουν πραγματικά ενθουσιασμένος – είχαμε γνωρίσει την επιτυχία στο μωρουδίστικο κύκλωμα. Και ήμουν το ίδιο περήφανος.

Ο ρόλος του γονιού περιλαμβάνει μερικές στιγμές στις οποίες συλλαμβάνεις ότι κάνεις αυτό που έκανες, αλλά με ένα νέο μικρό πλασματάκι που έχει ενσωματωθεί στη ζωή σου και το οποίο είναι απλώς... *εκεί*. Τα παιδιά γίνονται ένα μέρος της καθημερινής σου ύπαρξης με τόσο ενστικτώδη και φυσικό τρόπο που προτού το καταλάβεις, βρίσκονται εκεί... και δεν μπορείς να θυμηθείς πώς ήταν η ζωή σου πριν από αυτά.

Τα αγόρια μου είναι τριών και πέντε χρονών, και έχω συλλάβει τον εαυτό μου, τουλάχιστον μία ή δύο φορές τη μέρα, να συνειδητοποιεί πόσο γρήγορα αλλάζουν και μεγαλώνουν. Είναι ένας αδιάλειπτος δεσμός με την πραγματικότητα. Και πώς γίνεται να μην είναι; Όταν ο τετράχρονος γιος σου στέκεται αυθάδικα μπροστά σου και διαφωνεί μαζί σου ως ίσος προς ίσον, πώς είναι δυνατόν να μην αναρωτηθείς: «Συμβαίνει στ' αλήθεια; Διαπραγματεύομαι με ένα τετράχρονο;» Όμως δεν θα ήθελα να ήταν αλλιώς τα πράγματα. Η Perla κι εγώ κάναμε όμορφα παιδιά, και οι προσωπικότητές μας έχουν αποτυπωθεί μέσα τους με τόσο έντονο τρόπο, που μας διασκεδάζει αφάνταστα. Πρόκειται, σίγουρα, για προϊόν των γονιών τους... ή, καλύτερα, για το κατοπτρικό είδωλο των γονιών τους: είναι και τα δύο ατίθασα, αλλά γλυκά.

Φωτογραφίες

Στο βιβλίο

© Gene Kirkland: Σελίδες 13, 152, 214, 242, 247, 256, 260, 266, 291, 320, 338, 360, 375, 412, 417, 469

© Marc Canter: Σελίδες 44, 64, 74, 83, 88, 105, 109, 173, 193

© Ola Hudson: Σελίδες 16, 18, 23, 25, 28, 35, 39, 352

© Karl Larsen: Σελίδες 450, 494

© Perla Hudson: Σελίδες 433, 447, 479

© J. Nez: Σελίδα 485

© Jack Lue (recklessroad.com): Σελίδα 126

Στο ένθετο

Σελίδα 1
© Gene Kirkland

Σελίδα 2
© Ola Hudson

Σελίδα 3
© Ola Hudson

Σελίδες 4, 5, 6, 7, 8, 9, 10, 11, 12
© Gene Kirkland

Σελίδα 13
Πάνω δεξιά και αριστερά: © Gene Kirkland
Κάτω: © Karl Larsen

Σελίδες 14, 15
© Perla Hudson

Σελίδα 16
© Gene Kirkland

Διαβάστε επίσης...

BARRY MILES

HIPPIE – ΤΑ ΠΑΙΔΙΑ ΤΩΝ ΛΟΥΛΟΥΔΙΩΝ

Μετάφραση: Γιώργος Παρλαλόγλου

Μάθετε πώς γεννήθηκε από τις στάχτες του πολέμου το μεγάλο και απελευθερωμένο κίνημα των Χίπις που άλλαξε τον κόσμο μιλώντας για Αγάπη και Ειρήνη και φορώντας παλιομοδίτικα πολύχρωμα ρούχα.

Ανατρέχοντας με κάθε λεπτομέρεια στα χρόνια από το 1965 έως το 1971, το HIPPIE δίνει φωνή στα σημαντικότερα πρόσωπα του κινήματος. Πλαισιωμένο από φωτογραφίες, αφίσες, εξώφυλλα δίσκων αλλά και σπάνιες εκδόσεις της εποχής, όπως οι International Times, Oz και Rolling Stone Magazine, το βιβλίο είναι ο πληρέστερος οδηγός για ένα κίνημα και μια εποχή που επηρέασαν καθοριστικά την ανθρώπινη σκέψη.

MICHAEL HEATLEY
ROCK & POP – ΟΛΗ Η ΙΣΤΟΡΙΑ
Μετάφραση: Ανδρέας Σοκοδήμος

Η μουσική παίζει σημαντικό ρόλο στη ζωή μας. Έχει τη δύναμη να επηρεάζει τα συναισθήματά μας, να μας εμπνέει ή απλώς να μας διασκεδάζει. Σε κάθε περίπτωση, η καλή μουσική δεν πεθαίνει ποτέ. Από τον Elvis Presley και τους Rolling Stones μέχρι τις πρόσφατες επιτυχίες του James Blunt και των Kaiser Chiefs, είναι πασιφανές ότι η rock και η pop θα συνεχίσουν να ενθουσιάζουν.

Γραμμένο από μια έμπειρη ομάδα μουσικοκριτικών και μουσικών, το βιβλίο που κρατάτε στα χέρια σας περιλαμβάνει πληροφορίες για περισσότερα από ογδόντα στιλ μουσικής αποδίδοντας με εύληπτο τρόπο το πνεύμα και το πάθος του καθενός. Από την Country Rock στη Nu Metal, και από το Rock'n'Roll στην UK Garage, εξερευνάται κάθε όψη της μουσικής Rock & Pop μέσα στα τελευταία πενήντα χρόνια.

Με αναφορές στους τραγουδιστές, παραγωγούς, συνθέτες και γενικά μουσικούς που άλλαξαν το ρου της μουσικής ιστορίας, καθώς και στους ήχους, τις επιρροές και τις μόδες, το βιβλίο αυτό αναφοράς είναι ο τέλειος οδηγός για τους φίλους της μουσικής.